谢晖法学论著系列

法律方法论

文化 社会 规范

谢晖 著

法律出版社
LAW PRESS · CHINA

序：放大法律方法研究的视界

法律方法，乃是因为以法律为前提的制度事实无以应对文化—社会事实的产物，是理性建构的秩序无以应对自然长成的关系的产物，是被固定在一定时空中的人类认知无以应对边界无限开放的客观事实的产物。这客观上表明，作为人类智虑的法律，如果不借助法律方法，就无以毫无挂碍、胜任愉快地调整社会关系，特别是复杂和疑难的社会关系。但这种理解，很容易将法律方法的研究，作为一项纯粹探求法律适用技术的活计，因此，法律方法也就蜕变为“法律适用技术”——尽管自表面上看去，这并没有什么，能够通过法律适用的困境，发现一套可借用技术修补法律不足的机制，自然不但不是什么坏事，还是一件极不容易也极有意义的学术和实践志业。但问题在于，法律方法只是止步到这个阶段，还很不够。因为法律方法不是或不仅是对法律的内部修补，它事实上是人们在文化—社会视角检讨法律的产物，因此，它在规范视角之外，还须在文化—社会视角探究。

这表明，法律方法研究不能留步于技术，还应挖掘技术背后的具体事实根据和理念——其核心是从法律与文化—社会关联的视角观察法律方法存在的缘由，也在法律与文化—社会关联的视角寻求法律适用的具体方法。一直以来，受分析实证主义法学的深刻影响，法律人很乐意把法律看做一个内在自足或逻辑自洽的概念，这种追求无可厚非，但问题在于法律不仅是一套规范体系，而且它必须是作用于社会的规范体系。一旦一种内部自足的规范体系作用于开放的社会关系时，其自足很易被证伪。我们知道，这种理论主要被判例法国家的法理学者所信奉，并且也极深地影响我国法学界。问题是英美判例法体系自有一套创制和运行机理，它本身建立在独特的法律文化基础上——它既原则性地遵循先例，又变通性地先例识别，并最终把法律（先例）理由和事实（案情）理由紧密结合起来，从而实现法官的"现例创造"。显然，在那里，法律适用自身预设了一套明晰的司法对法律（先例）的纠错机制。正是此种机制，使法律（先例）即使有问题，也能够在法官裁判（创制新先例）的不断发展和不断纠错过程中，维持一种可矫正的、动态的、且能够把形式理性和实质理性两者巧妙协调的，在逻辑上自洽圆融、自圆其说的法律。正是受法律发展的这种事实之影响，所以在英美法系国家，特别是美国法学界，出现了一种与分析实证主义法学看似对极的学术观点，那便是我们熟知的、声势浩大的现实主义法学——霍姆斯、卡多佐、弗兰克、格雷、卢埃林，以及波斯纳等一系列如雷贯耳的法学家，其中多位还是职业法律人（法官）兼法学家，他们力透纸背的论述，看似在解构分析实证主义法学的过于自负，但实际上这两种法学流派在法学学术史上，真正上演了一出精彩的"二人转"——前者提供了一幅实在法的理想图式，而后者则为这幅理想图式的实现，谋划出具体描绘它的现实手法，从而惟妙惟肖地把英美判例法之"逻辑自洽"的因由，揭示得一清二楚。

但是，我们的情形却不一样——因为我们面对的是成文法。虽然在当代中国的法律改革，特别是其司法体制的改革中，有人认为其在实体法上借鉴的是大陆法系成文法的理性，在程序法尤其是刑事诉讼法上更多地借鉴了英美程序法的理念。这种观点自表面看似不无道理，但在事实上不得不关注的是，在理论上，除了全国人民代表大会，代表人民立法才具有合法性之外，其他任何机构的规范性文件，无论其技术性还是其正义性都派生自这一机构及其法律，都是对人民代表大会及其常务委员会立法的贯彻性、执行性规范。

而司法机构的裁判不能作为判例，不能作为法律，因为它不具有人民的代表性，进而也不具有把裁判升格为判例和法律的合法性——虽然我们知道，在中国悠久的法律发展历程和法律体系中，例具有十分独特的地位。从先秦之"比"，中经汉之"决事比"、晋之"故事"、唐之"法例"、宋元之"断例"、明之"事例"、清之"通行"，直到民国大理院之"例"，可以说判例之承续不绝如缕。但自从中华人民共和国成立以来，并未给司法留出“造法”的空间——即使数量庞大的司法解释在案件裁判中实际上起着重要的、有时甚至是最全权威的裁判根据的作用，但在合法性理念上，在法律的形式上，它的地位不过是法律适用的一种方式。以机关身份出面的司法解释之地位是如此，以法官个人身份主裁的判例也不可能被直接纳入“人民意志”的范畴。

如上区分说明，在我国，法律的事业是由法典所成就的，是围绕人民代表大会所制定的法典而展开的。这样一来，无论在理念上，还是在实践中，人们自觉不自觉地对法典寄予了极大期望，似乎一部法典的诞生，就能够无所遗漏地解决社会所面临的形形色色的问题。这在最近举国上下对在民事领域里制定包罗万象的民法典之翘首以盼中不难发现。此种对法典的渴望和“迷信”，毫无疑问，首先是值得赞许的。自然，这也是依法治国、建设法治国家的民意基础、观念基础和规范基础。但与此同时，必须得承认，直到目前我国立法的议论机制、技术能力、决策水平等都不尽如人意这一事实。退言之，即便这些担心都是杞人忧天，即便我们制定的法律都能大体上包罗万象地囊括所有相关社会关系，但可以肯定，谁也不能夸口它就能无所遗漏地包办、调整所有的社会关系，谁也不会有人声称，立法者根据某一时空点制定的法律，以及其所连带生成的法律之稳定、滞后、时效、范围等属性，能够随时随地地跟进日新月异、千姿百态的社会关系。因之，法典存在“病灶”，存在意义模糊、意义冲突和意义不明，乃是“大概率事件”。

这表明，标榜建构理性主义精神的成文法，寻求通过宏大的法典来设计调整和解决社会交往、社会关系和社会秩序的“一揽子”方案。这种抱负不可谓不美好，不可谓不宏大。但取法乎上，未必仅得其中。很多时候取法宏大，却收效微末。特别当人类自知其理性有限，还非要以有限理性对未来无限事务作出无死角、全方位的安排时。我们知道，人们所面对的社会，是一个过去与现在兼具、传统与未来交织、原地踏步与变动不居同在的复杂体系，如何让稳定性的法典这种人类的有限理性，来调整无限动态的社会关系？法律能否胜任愉快地调整所有的无限开放的社会关系？如果不能，能否通过法律适用者的能动性来弥补之？对此，成文法理性基本采取否定态度，这在我国尤为明显。

这就势必导致法律调整存在“不能”，但又不期望法律适用者发挥其能动性，根据与时俱变的社会事实来适当缓解法律调整与文化—社会间的紧张关系，其结果只能是把传说中神的规范操作强力地推行于人类、推行于法官。对立法者而言，这显然是强人所难。既然立法者不可能无所遗漏地设计并推行法律调整社会关系的“一揽子”方案，那么，借助法律方法来矫正法律的模糊、冲突和遗漏，就是为法律调整社会关系争取更大可能性的必要举措，也是法律适用者不得已而为之的事。

之所以对法官而言，是不得已的举措，在于成文法国家，不像判例法国家那样，存在借由司法出面，灵活地救济法律缺漏的方法机制。对法官而言，其面对诉讼请求时，绝不能以法律有模糊、有冲突或有漏洞为由而拒绝受理、拒绝裁判。除非有法律根据，否则，法官必须受理诉讼、裁判争议。问题是其一旦受理，一旦进入裁判，就需要“依法裁判”，而不能没有法律根据地裁判。这样，就势必造成法官的两难：既要法官依法裁判，但有无妥适的法律规范作为裁判根据。这正如既要马儿跑得快，又要马儿不吃草一个道理，真是有点强法官所难。如何妥当地处理这一问题？司法实践表明，解决了这一两难的基本机制，就是能够在一定程度上发挥法官能动性的法律方法。成文法世界的法律方法，就是在成文法不时面对的这种困境和尴尬中应运而生的。以上是在成文法世界运用法律方法的主要原因。

人们在论及法律方法时，皆强调它的合法律性——合乎法律精神、原则的属性。这自有其道理。但在我看来，如果法律方法仅仅考虑的是合法律性，那还不如说法律方法就是法律的组成部分，甚至说法律方法就是法律。可如果这样理解的话，法律方法就多少有点儿像鸡肋——弃之可惜，食之无味。法官以及一切法律适用者，在法律出现病症时不得不借助、运用法律方法，但法律方法就是要遵循法律，这岂不是多此一举？法律方法的目的，是在当下案情面对法律供给不足时，为消解法官决断的疑难而提供技术方案和支持，如果人们在法律原则或法律精神中已然能够找到裁判依据，那对法官而言，最多只是增加了一些论证说明义务而已，无须再耗时费力而引出什么法律方法，学者们也无须皓首穷经去探究什么法律方法了。

事实上，法律方法不仅在一头连着合法性的要求，而且在另一头连着合事实性的要求。在一定意义上，后者比前者更为重要和必要。原因如前所述，其一，如果苛求其合法性，意味着消解了法律方法；其二，法律方法就是用来解决法律根据不足或根据有问题时的当下案件的。正是在这里，法律方法的研究不仅要面对规范，弘扬分析实证主义法学的精神，而且更要面对社会、文化和事实，弘扬现实主义法学的理念。其中对社会和文化的探究，之所以于法律方法而言格外重要，就在于“法在事中”——法律方法也在事中。如果司法裁判在法律有缺漏时，不尊重事实本身，不尊重文化传统，那么，其裁判无论如何，都不会获得可接受的效果。

我国各地多次出现的因“红、白事宴客相撞”而告饭店的案件，就很典型地表明法律方法如果不考量文化因素，就无法获得当事人和社会的接受。显然，这类案件说不上复杂，但解决起来很是棘手。因为在法律上，人们找不到饭店违法的具体根据和理由；在意识形态上，这种诉求和主张甚至有违“坚持唯物主义，反对封建迷信”的一贯宣传和高尚理念。但在文化—社会观念上，同时同地举办宗旨对立、人们的感情也截然相反的两场宴会，无论对红、白事哪方主体而言，都是不能接受的。饭店的行为，违背文化习俗，违背社会道德，违背事实常理。这个时候，法官只能主要站在事实立场，尽量寻求一种不违背法律、但更符合生活事实的理由来裁判，才能抚慰当事人因此所受到的心理伤害；反之，如果一味地寻求实在法的精神、原则根据，则意味着类似的案件就根本无法下判。

正是基于此种考量，《法律方法论：文化、社会、规范》一书对法律方法的探索，不是仅局限于纯粹规范和技术视角，而是放大了法律方法的观察视界，从文化—社会的一般规定性出发，寻求法律方法的生成根据，进而扩展了法律方法的研究范围，以充实法律方法的理念，从而得出如下一般的结论：对于成文法而言，救济法律意义模糊、冲突和空缺的方案，尽管可以在法律内部寻找，但当内部寻找不能时，就只能把视野置诸事实层面，进而置诸人们日常生活和交往的文化—社会层面。

本书上编主要基于文化观念和历史法学的基本思路，把文化一般和中国文化的特色相结合，探究在中国文化背景下法律对社会关系进行调整的一般机理。尽管这部分不是直接论述法律方法，更未涉及任何具体的法律方法技术，但它对人们理解作为技术或工具的法律所依赖的文化—社会背景不无帮助，尤其对理解在最终意义上讲，作为规范体系的法律必须依从作为交往体系的事实，以及这种事实的“规定性指令”；否则，法律自身便失去了合法性，进而也对人们理解当规范体系睽违事实体系时，救济方法出场的必要和可能不无帮助。这部分的内容，与笔者一直钟情的法哲学研究密切相关，可谓是法律方法的法哲学视角。

本书中编主要基于法社会学与法人类学的理念，把习惯等民间规范作为法典调整不能或调整不周时的法律适用救济方案。虽然因为我国民事立法在近些年的推进，法律对习惯等民间规范的关注日益强化，举凡“交易习惯”“物权习惯”“婚姻习惯”“民族习惯”等社会规范不断地出现在各类民事法律和民族法律中。特别是《民法总则》第10条有关司法适用习惯的原则规定，进一步激活了法官在法律存在漏洞时的民事司法活动中，适用习惯的可能和条件。但是，法律的这种授权，一方面，为在法律方法视角探究习惯适用提供了规范权威；但另一方面，对学术研究而言，仅就此而展开论述，尚很不够，在立法上、行政中以及传统文化中深入探究习惯等民间规范在法律中的吸纳、适用以及排除，为在此一视角探究并扩展法律方法，创设了更为广阔的空间。这部分的内容，与笔者一直关注并研究的民间法这一法社会学领域明显勾连，可谓是法律方法的法社会学视角。

本书下编则基于规范法学或法律哲学的理念，直接探究法律方法的理论基础、基本功能、适用细节以及规范词的辩证。之前，我曾出版过《法律哲学》一书，总结并探究了法律病症与法律方法出场救济的一般关系，分别论述了应对法律意义模糊、冲突和空缺的三类共九种法律方法，形成了笔者关于法律方法论的体系构造。但该体系构造中在涉及法律方法的适用时，明显有过于机械的一面——毕竟在司法中，法律方法的适用不仅是单独适用，还有复杂适用。一旦其复杂适用，则如何摆正法律方法的适用顺位，就是司法和有关司法的学术研究所理应关注的话题。基于此，可以认为下编的部分篇什，是对《法律哲学》的一种纠偏和补正。熟悉笔者学术进路者应知道，笔者在法哲学和民间法研究之外，也特别关注法律方法这一被我称为法律哲学（而非法哲学）的研究领域。这部分内容，可谓是法律方法的法规范学视角。

人文—社会领域的学术研究，每每牵一发而动全身，而法学研究，由于法律自身全方位地作用于社会关系，因此，更需要在规范研究之外，深入诸人文—社会学科及其所对应的社会关系内部。之于法律方法——这种不可避免地可能用事实来救济法律之不足，拨正法律之冲突、明晰法律之模糊为目的的学问而言，就更是如此。故放大法律方法研究的视界，实乃法律方法研究面对的情境及其作用所必然。

这部书是法律出版社出版的“谢晖法学论著系列”之一部，所收入的论文，之前分别发表于《领导者》、《学术界》、《苏州大学学报》、《法律科学》（4篇）、《湖湘论坛》、《法学杂志》、《现代法学》（2篇）、《中南大学学报》、《浙江社会科学》、《西昌学院学报》、《政法论丛》、《山东大学学报》

等学术刊物。借此书出版之际，特别致谢上述各家刊物及相关编辑！也感谢我供职了整整8年时光的中南大学，感谢该校法学院前任院长陈云良教授对我的宽容、理解和支持，感谢那里的同事们和我融洽相处的8年时光，感谢我在该校所指导的所有硕士生、博士生和博士后与我师友相间的切磋交流。这部书或许是我贡献给该校的最后一部书，期待该校法学院能一如既往，关注人才、关注学术，秀茂于我国法学学术之林。最后，我必须再次郑重感谢法律出版社和周丽君副编审对我一如既往的关心和支持，特别是对出版这套个人论著系列的竭诚帮助！这也许是我学术生涯中最值得纪念的一件事。

是为序。

谢　晖

序于2020年4月6日

新冠肺炎疫情正在全球肆虐时

目录

上编

中　编

下　编

上　　编

文化治国与制度（法律）治国的逻辑背反与勾连*

一直以来，法学家和政治学家们强调以人治与法治这对范畴来关照中国古代的治理结构，或强调中国自古以来就是一个人治的国家，或主张中国古代人治法治交互作用，特别在学术思想史上，甚至也有人指出中国古人有对法律的坚定信仰。① 虽然依据这种分析路径的结果人云亦云，但这一分析路径本身业已深入人心、习以为常。在笔者看来，这是种对源自古希腊人治与法治治国范畴的生搬硬套，就如当年人们生搬硬套斯大林有关“社会发展五阶段论”来分析“亚细亚社会”的情形一样，有其致命的盲点。缘由在于中

---

* 发表于《领导者》（香港）2016 年第 4 期。

① 前者如薛忠义等：《中国历史上长期专制——人治统治的特征与根源探析》，载《辽宁大学学报》2002 年第 4 期；中者如张晋藩等：《人治与法治的历史剖析》、高格：《中国历史上的人治与法治》，皆载法治与人治问题讨论集编辑组：《人治与法治问题讨论集》，社会科学文献出版社 2003 年版，第 205～222 页、第 238～249 页；后者则有如下结论：“这种守法的精神，就是在西洋号称法治的先进国家，也不可多得，而在我国史册数见不鲜。这可以证明我国历代不但受着现代‘法’的意识的强烈支配，并且充满了现代文明国家所重视而罕有的‘法律至上’的法治精神；在现代有些国家，‘法治’往往只是一种口号，而在我国古代却有时为一般人实际思想行动的一部分。”（杨兆龙：《杨兆龙法学文选》，中国政法大学出版社 2000 年版，第 49 页）。

国古典的“文明秩序”，[①]并不全然符合古希腊经典作家有关人治和法治的基本论述。众所周知，人治和法治在柏拉图和亚里士多德那里分别被描述为：

> 除非哲学家成为我们这些国家的国王，或者我们目前称之为国王和统治者的那些人物，能严肃认真地追求智慧，使政治权力和聪明才智合而为一；那些得此失彼、不能兼有的庸庸碌碌之徒，必须排除出去……否则的话……对国家甚至我想对全人类都将祸害无穷，永无宁日。我们前面描述的那种法律体制，都只能是海客谈瀛，永远只能是空中楼阁而已。[②]

> 法治应包含两重意义：已成立的法律获得普遍的服从，而大家所服从的法律又应该本身是制定的良好的法律。[③]

以之衡量，孔子强调“为政在人”；孟子坚持“唯仁者宜在高位”；而管子则主张“君臣上下贵贱皆从法”；商鞅、韩非子尤鼓吹“垂法而治”，[④]仅就学理阐述而言，似乎古代中国与古希腊在国家治理方面上具有相若的某些思想。但是，如上阐述，在国史上并没有贯彻为实践二分形态的人治——贤人政治或法治——规则之治，反倒呈现出另一种治理方式，这便是文化治理方式。这种事实，乃是引发本文思考的重要缘由，也是本文拟反思目前业已在我国形成某种共识的法治治理方式之基础。笔者认为，一方面，文化治国和制度（法律）治国各自秉有其独特的逻辑；另一方面，它们之间又存在必然的逻辑勾连，因此，制度（法律）治国必须遵循其应有的文化逻辑。

一、文化治国和制度（法律）治国：两种不同的治国方式

立论的前提是：从古迄今，中国历时性地经历了两种不同的治国或

---

① “文明秩序”这个词，近些年於兴中论证甚力、倡导甚勤。他指出：“为了协调人与人、人与自己、人与社会和人与自然这四种关系，人们需要一种赖以正常生活的基本框架。这个基本框架就是文明秩序”；“文明秩序是人类文明的产物，其创始者是人。因此，理解文明秩序便不能脱离开对人的理解。假定人具有三种相互关联但又界限分明的属性：心、灵、脑，与这三种属性相对应，产生了三种秩序，分别为道德秩序、宗教秩序和法律秩序。感情发自于心，信仰凭借于灵，理智产生于脑，而道德诉诸感情，宗教诉诸信仰，法律诉诸理性。三者实为人类文明秩序建立和发达的首要条件。就理想而言，三者统一于某一文明秩序时，这个文明秩序便是完美的文明秩序，可以称之为三维文明秩序。”（於兴中：《法治东西》，法律出版社2005年版，第34～35页、第39页）。

② ［古希腊］柏拉图：《理想国》，郭斌和等译，商务印书馆1986年版，第214～215页。

③ ［古希腊］亚里士多德：《政治学》，吴寿彭译，商务印书馆1965年版，第199页。

④ 分别参见《礼记·中庸》《孟子·离娄上》《管子·任法》《商君书·壹言》。

国家治理方式:一是文化治国方式;二是制度(法律)治国方式。尽管这两种治国方式之间存有千丝万缕的联系,但两者又分别是逻辑取向明显不同的两种国家治理方式。

所谓文化治国方式是指人们借助文人教化、道德示范、修辞比照等规范、控制主体交往行为,并构建社会交往秩序的方式。它是通过以上方式对人们的内在(心理)的影响而实现的,因此,在实质上,这是一种倾向于内心控制的统治/治理方式。

在世界各国,历史上都曾出现过内心控制方式,最典型的就是宗教的统治。无论佛教、伊斯兰教、基督教等世界性宗教的控制,还是萨满教等民间宗教的控制,其对教民(信众)控制的基本方式就是直入内心,在天人关系上,强调绝对忠诚的信仰路径。而当其或通过武力征服,或通过教义宣扬的方式,实现了政教合一的统治地位时,在其领有的土地上,无论教民,还是非教民,都得接受基于宗教教义的规范。这种统治方式,毫无疑问在广义上也属于一种文化的统治。但是,至少从表面上看,此种统治所发生的逻辑基础不是“人文化成”的那种文化,而是人们基于利益的寻求和体验,以绝对信仰和绝对顺从来构建文明秩序的方式。

> 宗教解释跟世俗解释的不同,除了通过宗教解释证明可信的回报的巨大价值和范围不同外,把回报延续到彼岸环境去的能力也不同。我们将会看到,宗教虽然提供很多此时此地的回报,但真正强有力的宗教资源是彼世的回报。
>
> 当宗教固定在稳定的社会群体中,人们能够集体最优化他们对于宗教解释的信心和对于彼世回报的安全性的信心,并有效地加强彼此的委身。①
>
> 由于宗教与生活不可分割地紧密相连——前者无孔不入地对后者的渗透,后者无时不在地对前者的崇拜,祭司在部落中具有极大的权力和威望。他能够上传神旨,下达民意;能呼风唤雨,消灾免咎……所以,祭司不是代表宗教世界来统治社会,而是代表社会意志来使一系列的规范得以执行。
>
> ……所以,历史上出现的政教合一的社会结构,可以有效地调动整个民族或部落的智慧和力量,使社会具有更团结的向

---

① [美]罗德尼·斯达克等:《信仰的法则——解释宗教之人的方面》,中国人民大学出版社2004年版,第108页、第139页。

心力，这种向心力可以称作是宗教的群体凝聚力。[①]

与之相较，文化治国尽管倾向于内心控制，但其所发生的逻辑基础是人，而不是神；是世俗生活，而不是神圣信仰；是经验理性，而不是超验启示。被公认为中国古典政治文化奠基者的孔子，就特别强调“敬鬼神而远之”“不语怪力乱神”；而“政治实用主义”者子产也特别强调“天道远，人道迩”。[②] 这些明显基于生活现实立场上的政治主张和实践，把人们的政治生活、政治交往和政治秩序置于日常生活之下，置于人的世界，而不是神的世界。所以，这种基于经验理性的文化治国，尽管倾向于内心控制，但它所依赖的逻辑基础是人和“人文化成”，而不是神以及超验信仰。这就决定了即便广义上皆可称为“文化治国”，但东、西之文化治国仍然分属两途的基本事实。

何以中国的文化治国以人及其“人文化成”为其逻辑起点，这还需要从一些常识开始。

众所周知，传统中国作为世上最早进入农耕文明的国度之一，也是世上最早关注国家控制和政治治理方式的国度之一，是一个典型的政治文化早熟的国家。[③] 同时，中国作为列国中最早进入“封建制”的国家，[④] 也产生了其独特的控制国民的思想和方式。之所以能够较早地形成这种有效的统治方式，就在于被固定在土地上的农民，既缺乏流动性的动力和渴望，同时，也在不借助流动性的情形下，能够较好地满足其吃穿住行和生活日用。这种有效的统治方式，主要不是借助外在规范而对人们的行为予以约束和统治，而是借助文化教化来行使对心灵的统治和控制。所以，在一定意义上，这是一种借由伦理教化而深入家庭、深入内心

① 马德邻等：《宗教，一种文化现象》，上海人民出版社1987年版，第76页、第77～78页。

② 分别参见《论语·雍也》《论语·述而》《左传·召公十八年》。

③ 参见梁漱溟：《中国文化要义》，载《梁漱溟全集》（第3卷），山东人民出版社1990年版，第267～287页。

④ 周朝的天子制（地方行“封建制”）和秦汉以来的帝制（地方行“郡县制”）并不相同。柳宗元早就区分了“封建制”和“郡县制”，并贬封建而褒郡县。尽管对其观点见仁见智，但他至少厘清了“封建制”和“郡县制”的两别。后世的意识形态以及跟风学者们的人云亦云，居然把秦汉以来的统治皆谓之“封建制”，并且让诸如吕振羽、翦伯赞、杨向奎、徐中舒、王玉哲、王亚南、郭沫若、白寿彝、吴大琨、杨宽、田昌五、侯外庐、何兹全、王仲荦、王思治、赵俪生等一系列史学将才皆投入这一问题的无谓争论中（参见徐喜辰：《关于中国古代社会分期问题》，载 http://www.readers365.com/zhongguotongshi/4119.htm，2016年3月1日访问。另外，关于“封建”制和不同时代、文化背景下“封建”一词的详细考论，参见冯天瑜：《“封建”考论》，中国社会科学出版社2010年版）。

的伦理—文化控制:

> 吾人亲切相关之情,几乎天伦骨肉,以至于一切相与之人,随其相与之深浅久暂,而莫不自然有其情分。因情而有义……伦理关系,即是情谊关系,亦即是其相互间的一种义务关系。伦理之“理”,盖即于此情与义上见之……举整个社会各种关系而一概家庭化之,务使其情益亲,其义益重。由是乃使居此社会中者,每一个人对于其四面八方的伦理关系,各负有其相当义务;同时,其四面八方与他有伦理关系之人,亦各对他负有义务。全社会之人,不期而辗转互相连锁起来,无形中成为一种组织……中国人就家庭关系推广发挥,以伦理组织社会……此种组织与团体组织是不合的。它没有边界,不形成对抗。恰相反,它由近以及远,更引远而入近;泯忘彼此,尚何有于划界?自古相传的是“天下一家”,“四海兄弟”。[1]

综上所述,中国传统的文化治国一言以蔽之,主要是以文化为主、规范(法律)为辅的统治或治理,而不是相反。这样,当我们如今业已选择且客观上只能选择制度(法律)的治理方案时,就必然存在一个与传统的以文化为主的治理如何区别并相互关照的问题。因为严格说来,文化本来就有规范化的意蕴,所谓“人文化成”,就是把某种文化的教化或规矩植入人们交往行为的日常生活中,从而对人们行为形成一定的规范约束效果,也让社会交往形成井然有序的统治效果。特别当文化借助语言文字等符号形式表达和展现的时候,更能凸显其规范属性。在此意义上讲,所谓文化治国的结论似乎是一个伪命题。只要一个国家以文化治国,便意味着其遵从规范治国、制度(法律)治国的基本原则。这或许正是杨兆龙强调中国古代也存有法治且法治意识很强的缘由所在:

> 现代西洋一般文明国家所实行的“法”,实际上在我国也早就实行,不过一般人专在名称上做功夫……致误解我国一向只有“刑法”之“法”而无其他部门之“法”。换句话说,我国一向所讲的“礼”以及古圣贤的遗教(尤其儒家阐扬过的遗教),在古代虽不叫做“法”,而实具有现代“法”的性质。现代的法实包括古代的“法”与“礼”及圣贤的遗教。我国一向所称的“法”与“礼”等等都是现代“法”的体系中几个不同的部门,并非对立的

---

① 梁漱溟:《中国文化要义》,载《梁漱溟全集》(第3卷),山东人民出版社1990年版,第82页。

> 东西。从前所说的“法治”是“刑法之治”，当然是失之偏激而行不通的……现代一般文明国家所提倡的“法治”，实包括我国从前的“法治”与“礼治”……我们提倡这种“法治”，非但不违背传统的精神，并且足以发扬本位的文化。①

但须指出的是，尽管文化本身具有规范的意蕴，文化即规范，从而根据文化或者以文化为主导进行社会管理、国家治理不但无可厚非，而且理所当然。但是，这并不意味着只要运用文化治国，就一定和现代制度（法律）治国的原理相吻合。一方面，文化——语言、文字、道德教化、精神示范等作为一种规范，毕竟和专门用以规范人们交往行为的“行为规范”是两码事。如果把文化的规范性二分为精神规范性和行为规范性的话，那么，其作用主要在于人们的精神领域，因此，文化治国，无论是通过文人的诗情画意、吹拉弹唱、言传身教等来治国也罢，还是把文化具体化为伦理精神、伦理文化和伦理规则，让人们自觉地遵从伦理的规训和规范也罢，在根本上仍然是给自由的精神世界加诸规范的控制，从而是一种“思想的规范控制”。但是，现代法治强调的是“行为的规范控制”，这种规范控制即便对人们内在心理有所影响，也是因为规范控制、行为控制而由外及内、潜移默化地发生作用的。可见，两者控制的逻辑路向明显有别。因此，大而化之地强调传统的文化治国就是法治，符合现代法治的精神，仍是一个需要人们审慎地对待的命题和结论。另一方面，众所周知，现代法治的核心是一切权力受制于外在法律的规范，它不仅对基层小吏如此，而且更要求最高权力执掌者服从法律。这就是所谓“法律至上”“王在法下”“法赋权力”的基本原则。没有这些原则的兑现和实践，即便有发达的法律，有有效地借助法律的社会控制，也不能称为法治。以此来衡量，古代中国的文化治国其基本特征是对民对官对下不对君。君权授之于天，尽管在一定程度上也受天意、祖宗、人民、大臣等客观因素的制约，甚至很多时候这些客观因素还被一些文化导师们作为治道的基础，如“君子有三畏，畏天命、畏大人、畏圣人之言”“王道之三纲，可求于天”“君者，舟也；庶人者，水也。水则载舟，水则覆舟”②等。不仅如此，有时候在理论甚至在实践上，帝王权力还被置于法律之下，或者至少受法律的节制。且不说“令尊于君”的著名主张，就实践层面，汉代张释之在处理中渭桥犯跸案时，针对汉文帝对裁判的不满和质疑，提出“天

---

① 杨兆龙：《杨兆龙法学文选》，中国政法大学出版社2000年版，第48~49页。

② 分别参见《论语·季氏》《春秋繁露·基义》《荀子·哀公》。

子所与天下公共”的法律思想和实践原则,并被汉文帝所接受:

释之曰:“法者天子所与天下公共也。今法如此而更重之,是法不信于民也。且方其时,上使立诛之则已。今既下廷尉,廷尉,天下之平也,一倾而天下用法皆为轻重,民安所措其手足?唯陛下察之。”良久,上曰:“廷尉当是也。”①

不过尽管如此,上述理论主张或实践举措,也还是仅仅停留在前述文化治国和文化规训的一般宗旨之下。天意、祖宗、人民、大臣乃至法律对皇权的制约,在一定意义上是一种力量比较的必然——有作用力就势必有反作用力,而不是一种制度设计上的自觉,更不表现为制度实践中的必然。通常的情形是法律遇明君而能通行,遇昏君而遭搁置甚至被破坏。故“前主所是著为律,后主所是疏为令,当时为是,何古之法乎”?②就是古典中国政治统治的一种常见形态。这种统治形态的基础乃是温情脉脉的文化—道德教化,是文化既作为法律的基础,同时又被置于法律之上的一种治国方式。此种情形,在清末以来政治变革中文化守成者们首先强调器物可变,而制度、文化(伦纪、圣道、心术等)不可变,继而强调器物、制度可变,但文化不可变的反复中可谓昭然若揭,如张之洞就强调:

夫不可变者,伦纪也,非法制也;圣道也.非器械也;心术也,非工艺也。③

显而易见,这种对文化的刻意回护,毋宁是对千百年来的既有统治方式的回护。这种被人们经常称为“道统”的治道精神,与现代法治所追求的法律统治和治理有明显不同。如前所述,现代法治寻求的是法律至上,权力必须服从法律的治理路数。哪怕是学富五车、才高八斗的通儒硕学,只要其所言所行不合法律和法度,一律受制于法律,而不是因其圣言圣行而额外开恩,予以豁免。所以,在这里,不是文化、思想凌驾于法律之上,而是文化的发展、思想的表达悉被纳入既有法律规范的保护框架下。

这样的结论,似乎把法律立于一种全能的境地。然而在法治理念中,众所周知,固然法律不是万能的,但没有法律却是万万不能的。这样的结论,又似乎把法律和文化、制度(法律)的治理和文化的治理推向了

---

① (汉)司马迁:《史记·张释之冯唐列传》,中华书局1982年版,第2754~2755页。
② (汉)司马迁:《史记·酷吏列传》,中华书局1982年版,第3153页。
③ (清)张之洞:《劝学篇》,华夏出版社2002年版,第109页。

某种对立面，其实并不尽然。事实上，任何制度（法律）的治理，都须建立在一定的文化基础上，甚至在一定意义上，制度（法律）就是文化的产物。不同的制度（法律）乃不同文化的产物，它本身是人类文化的一个重要组成部分：

> ……作为文化的一个部分，法律本质上是一种符号。它不但具有解决问题的功能，而且秉有传达意义的性质……法律是被创造出来的，而且，它是在不同的时间、地点和场合，由不同的人群根据不同的想法创造出来的。人在创造他自己的法律的时候，命定地在其中贯注了他的想象、信仰、好恶、情感和偏见。这样被创造出来的法律固然可以是某种社会需求的产物，但是它们本身却也是创造性的。着眼于前一方面，不同社会中的不同法律可能被发现履行着同样的功能，甚至分享某些共同的原则，而由后一方面我们看到，发自人心的法律同时表达了特定的文化选择和意向，它从总体上限制着法律（进而社会）的成长，规定者法律发展的方向。①

无论法律作为人的主观创造，还是特定文化发展的产物，都表明法律与人类文化之间难以割舍的内关联性。因为作为人的创造，特别是作为人的规则创造，其目的就是通过规则打磨或规范人的行为，使其从无所拘束、狂野粗糙变得有所斟酌、能够节制，从而文质彬彬、人文化成。不同的人群、族群每每创造不同的规范，构造不同的法律文化。而作为文化的产物，文化事实上构成法律的根底，法律就是在一定文化根底上生成的。因此，把文化置于法律的规范和保护体系中，不但不意味着法律是文化的对立者，反而意味着法律襄助文化成长。

尽管文化与法律之间具有如此千丝万缕的联系，甚至法律自身是人类文化中高级的、精致的、得以不断打磨的文化内容，但法律一旦自立于人类文化丛林，便不但秉有“文化一般”的属性，而且更秉有“文化特殊”的属性；否则，法律便不成其为法律，反而只能混合或内嵌在文化中。法律无以自处，难以独立，故也难以独立地收获制度（法律）治国的效果。

在“文化一般”与“文化特殊”的两分中，或许不难发现文化治国与制度（法律）治国作为两种不同治国方式的各自主题。文化治国虽然不

---

① 梁治平编：《法律的文化解释》，生活·读书·新知三联书店1994年版，第54页。

排除甚至还需要制度(法律)治国,需要把文化的理念、主张及相关内容化作法律的具体规范,从而法律作为文化推广的工具。但无论如何,恰如前述,文化在此做了法律的主宰,成为支配法律的关键。既然文化能够支配法律,那么,法治社会所内在的法律至上、法律信仰、一断于法等基本要求就很容易被解构。特别是在崇尚决定论和终极性的文化氛围中,更容易以"文化一般"替代"文化特殊",以文化治国解构和替代制度(法律)治国。一直以来,法学者所从事的学术事业,在我国之所以很难得到传统的人文学科学者的欣赏和青睐,除了所谓"法学幼稚"①之说外,或许更在于"文化一般"对于"文化特殊"的这种居高临下和目中无人。

但是,制度(法律)治国却要求运用"文化特殊"来规范"文化一般",即以制度(法律)的"文化特殊"来引导、规范和保障"文化一般",因此,在限定的时空范围内,"文化一般"理应接受"文化特殊"的调整、引导、规范和保障,从而"法律至上"在这个时空范围内天经地义。举凡日常生活、科学技术、文学艺术、伦理道德、学术理论、思想观念、宗教信仰等文化现象和文化行为,都须接受法律的调整和规范,信从法律的引导和保障。从而在一定意义上,把"文化特殊"置于"文化一般"之上。这也决定了制度(法律)治国和文化治国相比较,具有更高的规范性、专门性和有效性。长此以往,作为"文化特殊"的法律反而在一定意义上取代了"文化一般"的文化,成为文化活动的一般前提、一般准则和一般保障。这或许正是在一个坚持实行制度(法律)治国的国度,法学家、法律家及其学术和技术对社会各界具有广泛影响的原因吧?②

---

① 早在1988年3月,戴逸在全国人民代表大会会议上提出了"法学幼稚""哲学贫困""史学危机""经济学混乱"等命题。尽管这是一位法学的外行(相信也是哲学和经济学的外行)所作出的评论,但直到如今,这些命题,尤其是"法学幼稚"的命题仍然影响着法学界的一些讨论。例如,苏力在《法律人思维?》一文中就指出:"尤其是在整个1990年代,戴逸先生一句并非刻薄的评论,'法学的幼稚',就让多少法学人多少年耿耿于怀,情何以堪?"(该文原载于《北大法律评论》第14卷第2辑)。

② 托克维尔在谈及美国法学家和司法的地位时指出:"在美国,既没有旧式贵族也没有文士,人民不信任富人。因此,法学家形成了一个高等政治阶级,他们是社会上最有知识的那部分……";"司法的语言差不多成了普通语言;法学家精神本来产生于学校和法院,但已逐渐走出学校和法院的大墙,扩展到整个社会,渗入到最低阶层,使全体人民都沾染上了司法官的部分习性和爱好"([法]托克维尔:《论美国的民主》,董果良译,商务印书馆1988年版,第308页、第310页)。其实,随着我国制度(法律)治国的不断推进,如今法学家、律师及法官法言法语对社会,特别是对知识阶层的影响日渐增大,也是不争之事实。

二、文化治国的内在逻辑

要进一步论述文化治国的内在逻辑，还需要从治国以及文化治国的基本理念发开去。“治国”尽管理应是一个国家从上至下都须了解的命题，但究竟何谓治国，人们则不求甚解，故每每知其然而不知其所以然。这样，在实践中必然导致基础不牢、地动山摇的结果。因为不能对治国给出一个大体确定的学理解释，必然使其不但言人人殊，而且在实践中各取所需，任意裁剪，结果是由任性、恣意替代理论本身对实践的应有约束。

治国的对象是国，是社会，但其手段是治，其关键也在于治。因此，关于治这个问题，也是自古迄今文人士子们所关注的核心命题。梁治平谈到治时曾指出：

> 太史公论六家要旨云：“夫阴阳、儒、墨、名、法、道德，此务治者也”……这却是异中求同，重在说明诸子百虑而一致、殊途而同归的所在。而在这里，太史公用了一个“治”字，实在是富有深意。因为，不仅先秦诸子喜谈治乱之道，而且，两千年来，中国读书人议论最多的仍旧是这个“治”字。对于现世人事的关心，以及表现于其中的理智态度，构成我们这个民族重实践、讲理性，以入世的积极态度对待人生之传统的一个方面。历代有关治乱的种种理论，也由于千百年来的反复阐释、修正和实践逐渐积淀成为一种民族心态和思考问题的方式。①

那么，何为治？在我国固有传统，乃至当下吾国观念中，似乎治不过是政府治理社会、国家统领民众的一种具体方式。这种想当然的理解，自觉不自觉地将治理的主体交给政府或国家，从而治理对普通民众而言，不是内生的，反倒是外加的；不是主体交往需要的必然产物，反倒是统治者强制性地加诸交往主体的。这种对治的理解，自然容易游离于公民需求之外。多年前，笔者在一次学术会议上，把治一分为三（三个向度），即自治、互治和他治。它们分别是指：

> 所谓自治，就是在法律规制前提下，“各人自扫门前雪”（尽管在中国传统文化中，这句话具有贬义的性质，但我在这里已赋予其中性），自己的事情自己处理。按照法律规范术语，就是每个公民自己行使自己的权利，自己履行自己的义务。这是在

① 梁治平：《说“治”》，载氏：《法辨——中国法的过去、现在与未来》，贵州人民出版社1992年版，第88页。

近代以来的主体性原则下,作为个体的主体被结构在法治秩序和社会管理体系中的基本方式。

所谓互治,则是指人们在法律前提下,主体依据法律,通过权利义务的相互交往、相互制约、相互管理的活动。如果说人类社会本来就处于社会连带关系中的话,那么,在一个大型社会和现代复杂社会,人们更被结构在复杂的社会连带关系网络中。法治社会的互治,是通过所谓社会契约和私人契约来实现的。

所谓他治,则是指在公民和其他私人主体不能自治,也难以互治的场合,由国家机关或其他公共主体出面,依法解决社会交往的秩序问题。这种治理,也可以称为“公共治理”。这里的公共主体,既包含了政府等政治国家意义上的主体,也包含了社会组织等市民社会意义上的主体。①

以此衡量,则完全可以肯定,不但中国古代士大夫钟情于对治的深沉思考,而且自从古希腊以来的西方学术传统,无不关注这一问题。甚至更进一步,只要人类在交往行为中,需要生活在一种有秩序的关系网络中,就必然地、不可避免地会关注治的话题。毕竟生活的、物质的力量是一切观念力量和行动力量的决定因素。只是西人所关注的治理,已然不仅囿于来自国家、政府或社会精英的他治,而是在法治的框架下,把自治、互治和他治这三种治理内容都囊括进来了。那么,在强调文化治国的传统中国,又是如何对待如上三种治的?一言以蔽之,文化治国不是不关注治理的三种分界,而是强调文化教化对三者的统合性。

以文化教化来统合上述治理的三个向度,关键在于文化对于治理的先决性,即把所有制度问题都视为文化问题。而所谓文化,正如前述,所强调的是温文尔雅、文质彬彬、文雅有节、人文化成的精英文化和教化文化。它的实践形态一定是德礼教化或者法律教化那一套,其执行主体或者导向尊贤任能,或者导向以吏为师。孔子一生强调圣人教化,主张六艺治国,但在其重要的诗书整理活动中,不仅删繁就简,把古时所遗留的数千篇诗歌大幅缩减为“诗三百篇”,而且,根据其治理所好,强调“《诗》三百,一言以蔽之,曰:思无邪”。其“韦编三绝”、著作《春秋》,无不按照此种有利于他治的教化理性而行事。

---

① 谢晖:《自治、互治、他治》,载谢晖:《法意与表达》,法律出版社 2014 年版,第 125 ~ 129 页。

具体来说，以文化来统合如上治理的三个向度，大体上呈现为下述三种情形：

1. 经由文化统合的良心发现

“心服口服”，这是我们耳熟能详的描述成功控制他人的词汇。如果一个人能让另一个人不但服从自己，而且心悦诚服地服从自己，那当然是最好的控制艺术和手段了。同样，在政治—社会治理层面，治理者倘能让被治理者不但口服，而且心服，那自是高超的统治艺术和方法了。在这方面，孔子的如下论述不但在古代被遵循，而且至今仍具有重要的现实影响：

> 道之以政，齐之以刑，民免而无耻；道之以德，齐之以礼，有耻且格。①

这种理念不但表达为古典中国的制度实践，而且进一步泛化为古典中国的政治理想人格。其中在三国演义中诸葛亮对孟获“七擒七纵”的故事，最能代表这一情形：

> 孔明令押过孟获来。孟获跪于帐下。孔明令去其缚，教且在别帐与酒食压惊。
>
> 却说孟获与祝融夫人并孟优、带来洞主、一切宗党在别帐饮酒，忽一人入帐谓孟获曰：“丞相面羞，不欲与公相见。特令我来放公回去，再招人马来决胜负。公今可速去。”孟获垂泪言曰：“七擒七纵，自古未尝有也。吾虽化外之人，颇知礼义，直如此无羞耻乎？”遂同兄弟妻子宗党人等皆匍匐跪于帐下，肉袒谢罪曰：“丞相天威，南人不复反矣！”孔明曰：“公今服乎？”获泣谢曰：“某子子孙孙皆感覆载生成之恩，安得不服！”孔明乃请孟获上帐，设宴庆贺，就令永为洞主；所夺之地，尽皆退还。孟获宗党及诸蛮兵，无不感戴，皆欣然跳跃而去。②

这种情形，也经常反映在古典中国的司法裁判中，甚至产生所谓的“良心裁判”。③ 最典型的莫过于陆稼所制作的“兄弟争产之妙判”。面对父亲去世后兄弟争产的诉讼，判官不是弄清是非曲直，而是纯粹以情感人、以情化人，将兄弟二人背靠背绑起来，兄呼其弟，弟答应之；弟呼其

---

① 《论语·为政》。

② 罗贯中：《三国演义》（学生版），南京大学出版社2008年版，第356～357页。

③ 参见谢晖：《中国古典法律解释的哲学向度》，中国政法大学出版社2005年版，第136～146页。

兄,兄答应之。如此“未及五十下,已各泪下沾襟,自愿息讼”。而判官如此这般裁判的理由竟然是:

> 夫同气同声,莫如兄弟,而乃竟以身外之财产,伤骨肉之至情,其愚真不可及也……所有产业,统归兄长管理,弟则助其不及,扶其不足……①

可见,这种统治面对具体个体的基本方式是通过德性教化,令其良心发现,促其心服口服。尽管这种对个体的统治方式,和现代法治制度下满足个体自治的治理方式相较格格不入,但在这里,仍然能呈现通过个体内心反思、自我悔悟、自我服从的基本意识,从而在一定意义上满足了自治—服从的政治治理需要。所以,可以把此种借助教化、良心发现的统治机理,权且称为准自治机制。说是准自治,缘由在于治理者不是采取鲁莽的办法,把其意志强加给被治理者,而是以柔性的教化、感化被治理者。毫无疑问,这种治理的最终宗旨,是肯定作为主体的被治理者具有自我调节和良心发现的能力。这和赤裸裸的强令服从相比较,显然是对被治理者的一种尊重,也在最低意义上承认了被治理者的主体地位。

这种以德礼教化为先、政刑罚杀为辅的统治策略,即使在今天看来,也并无不妥。现代法治总不能首先把刑杀镇压作为首要的治国策略来对待吧?刑法和刑罚在现代法律中,总是有收敛、“谦抑”的内容。② 但是,古代中国的问题是,它把统治的对象总是置于末位,而把统治者及其统治手腕总是置于首位,并且在这其中,永远贯穿着“唯上智与下愚不移”的精神。这样一来,文化治国中有限的自治,也不过是在圣人们的文化精神所感染、调动下的自治,是经由社会—政治精英们文化统合之下的良心发现。自然,它与现代法律统合下的主体自治以及民主的多数决

---

① 《陆稼书判牍·兄弟争产之妙判》。参见韩秀桃:《司法独立与近代中国》,清华大学出版社2003年版,第60页。

② 在我国刑法学界,刑法谦抑是近二十年来人们一直探讨的一个话题。例如,陈兴良20年前就曾指出:“对刑法(这里主要是指刑罚)的迷信,是各种政治迷信中最根深蒂固之一种。如果说,在智识未开的古代社会,这种观念还有一定市场的话,在当今文明社会,刑法迷信应当在破除之列。德国著名学者耶林指出:‘刑罚如两刃之剑,用之不得其当,则国家与个人两受其害。’基于这种对刑法功能二重性的科学认识,谦抑性就成为现代刑法追求的价值目标。谦抑,是指缩减或者压缩。刑法的谦抑性,是指立法者应当力求以最小的支出——少用甚至不用刑罚(而用其他刑罚替代措施),获取最大的社会效益——有效地预防和控制犯罪。因此,刑法的谦抑性具有限制机能,在现代法治社会,这是刑法应有的价值意蕴。”(陈兴良:《刑法谦抑的价值蕴含》,载《现代法学》1996年第3期)。

定尚有明显的差别。

2. 经由文化统合的礼仪教化

中国古人总是习惯把“政”与“教”作为一个组词来使用，所以，尽管中国历史上没有宗教意义上的政教合一，但在世俗意义上，大致可以将其称为政教合一的国家。在前一问题的论述中，我们已然得知教化与良心发现之间的关联。这里则进一步阐述教化作为治理方式，在一定程度上所秉有“互治—契约”的属性。

所有的互治，都是通过主体们在交往行为中权利义务的相互性作用而实现的。换言之，所谓权利与义务的相互性，实质上就是契约治理。一直以来，人们强调古典中国在交往中缺乏权利义务观念。在笔者看来，这是一种人云亦云的陋见。中国古典社会人们交往中的权利义务，尽管未表现为现代法律的那种样式，但在人们交往行为的实践中，绝非没有契约观念；反之，无论在权力治理层面、官方治理层面还是在民间交往层面，都具有契约的因素。我们大致上可以把古代中国的治理规则一分为四，即宪、政（官制）、礼和刑。

（1）所谓宪，主要指和最高权力相关的有关治理规范。尽管它不能和现代宪政相提并论，但即便在古代中国，它也具有权力制约的一面。因此，古代中国照例存在和权力制约相关的宪制问题。近年来，我国学术界有人对中国古典的宪制问题探讨甚勤，①也有人在宏观理论与制度上研究皇权的制约问题，强调儒家“天命”“礼教”思想，士大夫“法与天下共”的理念以及制度设计上的“谏铮制度”“宰相制度”“廷议制度”对皇权的有效制约。② 而在笔者看来，除了上述制约方式之外，举凡“天人关系观念”“君民关系观念”“身心关系观念”“登基典制”“封禅制度”“祭祀制度”“后宫制度”“分权制度”“地方制度”等，都具有一定的皇权制约意义，从而也具有权力治理上的宪制/契约意义。

---

① 例如，朱苏力就在近年来陆续发表了《何为宪制问题？——西方历史与古代中国》，载《华东政法大学学报》2013年第5期；《宗法封建宪制变迁中的政治考量——中国古代宪制研究之二》，载《石河子大学学报》2013年第6期；《宗法封建制的历史变迁及其宪制意涵》，载李秀清等主编：《法学名家讲演集：法律文化与社会变迁》，上海人民出版社2014年版；《宪制的军事塑造——中国古代宪制之六》，载《法学评论》2015年第2期；《大国及其疆域的政制构成》，载《法学家》2016年第1期；《度量衡的制度塑造力——以历史中国的经验为例》，载《“法律·政治·哲学——法治中国的历史与现实”学术研讨会论文集》（2016年·南京）等独树一帜的学术论文或讲演稿。

② 参见赵燕玲：《论中国古代皇权制约理论与制约机制》，载《湖北社会科学》2013年第3期。

(2)所谓政(官制),即行政管理。众所周知,自古以来我国就是一个行政大国,加之议行司诸权合一,行政的权力似乎没有什么疆界。所谓“有权能使鬼推磨”,只要掌管国家或一方行政,权力就可以为所欲为,无所不为!但事实上,一种为所欲为的权力,不但无以治理社会,而且自身能否真正运行都存在问题。毕竟“没有规矩不能成方圆”,这对行使日常公权的行政而言尤其如此。古代中国的官制,无论其人员编制、机构编制、职能赋予、对象规定以及机构—官员权力责任的领有,毫无疑问都既属于通过法律限制权力的范畴,也属于借助法律推进行政管理的范畴。因此,历代典制的内容,本质上是行政活动法律化、规范化、契约化的表达。在这方面,彪炳史册的《唐六典》[①]具有典型意义。在本质上,它就是一部在古代社会具有典型意义的行政法典,[②]作为行政法典,它自然也具有一定的约权管理的契约意义。可见,只要政被约定在规范的框架内,它对民众的管理,自然也不会背离契约太远。

(3)在中国文教史上,礼不仅是一个贯穿文明史的重要概念,[③]也实在是一个运用广泛、内容复杂的概念。它与法的纠缠,可谓一片乱麻。但是,民国时期一位论者在谈及中国法制特征时,特别提到了“泛文主义”这个命题。在此命题下,他特别论及礼法关系:

> 历代律法系统为成文乎为不成文乎?曰然而不然。各朝为治,皆有钜帙明文之法典以为刑赏依据,然散见流行之礼俗,又常与律文有相同之效力,是成文而不成文,不成文而成文也;无以名之,姑曰泛文主义。中国之律法广泛散见,其数量表现,亦极繁冗。法既以济礼,则向之所谓礼者,殆亦广义之法也。周之制度,统于周礼,各代立仪,归入礼志,故礼不可外于法……[④]

论者所言,立基于官方订定之礼。至于人们交往行为中的礼,不仅有日常生活“礼尚往来”之礼,也有政治活动、国际交往、公务管理之礼。前者类似于如今之民事规范的领域,而后诸者则应属于前述宪、政(官制)的领域。可见,礼是一个多层面、多层次的概念。

> 礼仪起源于原始社会的风俗习惯,在当时,人们有一系列

---

① 参见(唐)李林甫等撰:《唐六典》,陈仲夫点校,中华书局1992年版。

② 参见王超:《我国古代的行政法典——〈大唐六典〉》,载《中国社会科学》1984年第1期。

③ 这可从陈戍国所著之六卷本的《中国礼制史》(湖南教育出版社2011年版)中不难窥其全豹。

④ 张金鉴:《中国法制特有之精神》,载何勤华等主编:《民国法学论文精萃》(第1卷),法律出版社2003年版,第273页。

> 的传统习惯，作为全体氏族成员，在生产、生活的各个领域内遵守的规范。等到阶级和国家产生后，贵族们利用其中某些习惯加以改造和发展，逐渐形成各种礼仪，作为稳定阶级秩序和加强统治的一种制度和手段……中国古代，比如商、周时代的礼，具体地说，如《乡饮酒》礼起源于氏族聚落的会“食”中，它很自然地着重于尊长和养老。
>
> 其实不仅古代的风俗习惯变为后来的礼，古代的社会生产和交换行为，有些也变成后来的礼，比如“藉礼”……[①]

可见，礼与人们日常交往的紧密关联：礼对所有交往行为主体而言，都是一种约定的规范。这种规范甚至直接影响民众之间的具体契约，如古代的乡约，基本上所表达的就是乡民社会的礼制秩序。所谓“凡乡之约四，一曰德业相劝，二曰过失相规，三曰礼俗相交，四曰患难相恤”。[②]而在卷帙浩繁的“徽州契约”和“清水江契约”中，更不难发现这些契约中礼的精神。例如：

> 立当字人本寨姜德宗，为因生理缺，无处所出，自愿将党东路边山场杉木一块，党号又杉木山场一块，又党养上田一坵，三处作当与姜芝模名下，实借过本银六两六钱六分整，亲手收回应用，其言银定照月加三行利，不拘远近相还，不得有误。今恐无凭，立此当字为据。
>
> 代笔　姜开渭
>
> 外批　界字，党号……
>
> 外批　党东十八根老木在外。
>
> 嘉庆二十四年十月廿六日　立[③]

这样，我们大致上可以把文化统合下的礼仪教化，作为古典中国人们交往行为中互治的表达方式。这种互治表达方式，固然和现代法治条件下主体根据其自觉自愿所达成的互治不能同日而语，但毕竟只要有人们在交往行为中的相关规则，就可以视为一种“契约”，哪怕它是“不完全的契约”。所谓“不完全的契约”，是指契约的达成未必经过所有主体的明确同意，但面对既有的规则，多数甚至所有主体都选择了

---

① 杨向奎：《宗周社会与礼乐文明》，人民出版社1997年版，第235页。

② 《泰泉乡约》，载谢晖等主持：《民间法》（第3卷），山东人民出版社2004年版，第499页。

③ 张应强、王宗勋主编：《清水江文书》（第1辑第8册），广西师范大学出版社2007年版，第195页。

接受。亦即,只要主体没明确反对一种规则,反而在行动中默示或明示地接受了该种规则,就可以把这种规则称为"不完全的契约"。礼教传统下的民间交往及互治,正是由此而来。

然而,正是这种"不完全的契约",进而导致互治最终取决于文化—政治精英,而那些参与互治的当事人反倒成为文化—政治精英们的被决定者。譬如前文提到的古代乡约,无论是倾向于官方引导的,还是明显具有民间自治色彩的,其动议、起草大率由有一定文化水平的文化—政治精英所决定,而不是由交往行为主体自己通过票决的多数制来决定。民间契约也是一样,尽管契约主体可能通过其言说表达契约意向和契约内容,但在契约主要依靠"立字为凭"才更为可靠的文字统治时代,不会书写,就意味着与文化—政治精英间隔着距离。其意思表达,还得求助于能够识字断句、挥毫泼墨的文化—政治精英们——尽管掌握识字断句、挥毫泼墨能力的人未必一定就是文化—政治精英。由此足见,经由文化统合的礼仪教化,既然把教化作为人们交往行为的重要前提,就一定意味着互治不过是礼仪教化的"下位"产品。

3. 经由文化统合的刑罚制裁

前文我论述了文化统合与宪、政和礼的关联,但对中国古典治理规范体系中具有独特地位的刑与文化统合之间的关联,并未论及。缘由是刑在古代中国,承担着文化统合的另一种任务,那便是通过刑罚制裁的强制手段,恢复被损伤的既有的由宪、政、礼所引导的规范秩序。和它关联的,就是经由文化统合所带来的他治秩序。

众所周知,刑是中国古典法律体系中最明确也最有实效的治理规范,因此,才导致在有些学者的心目中,"除了刑法史的法制史,便觉空洞无物"[①]这种极端的印象。在我国法学界,谈到中华法系的特征时,"以刑为主""诸法合体""民刑不分""礼法结合"[②]等特点,一度被公认。尽管这些"特征"已然遭到不少学者的质疑或批评,[③]但征诸文字的、系统

---

① 蔡枢衡:《中国刑法史·序》,广西人民出版社1983年版,第4页。

② 其中在"诸法合体""民刑不分"等特征的总结上,张晋藩先生居功甚伟。不过,其观点随着研究之深入,也先后有变。如在《中华法系特点探源》(载《法学研究》1980年第4期)一文中,他强调"诸法合体",而在《再论中华法系的若干问题》(载《政法论坛》1984年第2期)一文中,发展成为"民刑不分,诸法合体与民刑有分,诸法并用"。这种措辞和结论上的变化,既表明论者研究的渐次深化,也表明中华法系自身内容和特征的复杂性。因此,这绝非三言两语即可尽述的话题。

③ 如乔伟:《论中华法系的基本特点》,载《文史哲》1986年第2期;杨一凡:《中华法系研究中的一个重大误区——"诸法合体、民刑不分"说质疑》,载《中国社会科学》2002年第6期。

化的、有确凿证据证明是官方(国家)所发布的法律文本(件),却主要是包罗了诸多行为规范,并主要借助刑罚来强制实施的刑法规范。事实上,不仅古代的刑法具有“诸法合体”的特征,即便现代的刑法,从调整的社会关系之广泛视角来看,也是“诸法合体”的。所谓“刑事法律关系”,不过是其他所有社会关系在刑罚这种高强度控制和制裁体系中的表现。它和民事、行政、经济等法律关系相比较,在层次上并非平行关系,而是严重违反这些关系之后,由于国家在刑法上的应对强制措施而形成的一种“高次”的法律关系。①

尽管刑是日常维系古老帝国运转的最终手段,但毕竟它是一种通过高压强制的手段来维系社会秩序的方式,是一种出自他者力量的他治举措。因此,即使在古代中国,人们对它的运用,也只是作为一种情非得已的举措而已。所以,纪昀强调:

刑为盛世所不能废,而亦盛世所不尚。②

而苏轼在写给其弟子由的诗中,虽指出要参与国家治理,不能不掌握“律”这种“术”:“读书万卷不读律,致君尧舜知无术”。③ 但在这诗句的背后,则反映了古代士大夫们对读律的基本态度,其中缘由怕就在于对经由文化统合的教化为先的崇尚,同样也对文化统合下刑罚为末的认可。一言以蔽之,所谓刑罚制裁的“法统”,无论如何都要符合礼仪教化的“道统”,这就是所谓中国古典法律的儒家化。④ 由此导致了儒家士大夫们普遍对文化—政治精英们礼仪教化的怀恋,对刀笔吏们刑杀制裁的防戒。此种情形,在前述孔子反对不教而诛的主张中已启其端绪,在汉代以来“春秋决狱”的主张及其对后世的深刻影响中更见其大观。其最终必然体现为:每个朝代的刑律,即便选择具有法家情怀的人来制定,但其实际贯彻执行,则一定会选择具有儒家情怀的士大夫去实

---

① 笔者的学士学位论文,所写的就是“论刑事法律关系”,对上述观点专门通过图表形式作了阐述。其部分内容发表于《宁夏社会科学通讯》1987年第5期。

② (清)纪昀:《四库全书总目提要·按语》。

③ (宋)苏轼:《戏子由》。对这句诗的理解,可谓歧见丛出。众所周知,在彼时新党人士看来,这是苏轼借诗歌反对新政的有力证据。所谓“乌台诗案”的主要根据也在于此。但如果从苏轼也作为一位有现实抱负的政治家和对法律有独到见解的思想家这一视角来看,这句诗恐怕不仅仅是反话正说,或许也表达了其对治理国家,无法离开“律”和“术”的真看法,从而不排除其“正话正说”的一面。

④ 参见瞿同祖:《中国法律的儒家化》,载瞿同祖:《中国法律与中国社会》,中华书局1981年版,第328页以下。

践和落实。[①]

客观来说,这种对高压强制法律(刑法)在实践中的软化,并不难理解,其效果对于民众利益的保护也十分有效。因此,其必然意味着:在古典的中国,刑法在和平时期是最有效力的社会治理手段,也是最后的社会治理手段。不过,彼时对刑法的运用,并非赤裸裸的刑罚,而是把文化—政治精英的教化融汇于刑罚之中,让受罚者最终也心服口服地接受处罚。尽管这种方式软化了刑法和刑罚的刚性,但不得不指出的是,这同时也增加了受罚者的内心负担,从而把他治理应坚持的规范——行为治理演化为说教——心理治理!这就是经由文化统合的刑罚制裁——他治之一般特征。

如上三个方面,共同拱卫我国古代文化治国的大厦,完善文化治国的逻辑——所谓文化治国,归根结底,就是把文化作为治国的基础和前提,以文化教化来统合自治、互治和他治。而文化的创生主体和教化主体又是文化—政治精英,因此——

> 君子劳心,小人劳力,先王之制也。[②]
>
> 劳心者治人,劳力者治于人;治于人者食人,治人者食于人。天下之通义也。[③]

数千年前,我们的先人们已经清晰地表达了此种文化治国的基本主张和其中的逻辑。

三、制度(法律)治国的内在逻辑

回过头来再看制度(法律)治国的内在逻辑。所谓制度(法律)治国,是基于对人性本恶的防范而设计的,把通过修辞拟订的规范[④]作为人们一切交往行为的逻辑起点和基础,进而把规范凌驾于一切自然的和拟制的主体之上,并以之统合自治、互治和他治的社会治理方式。尽管制

---

① 郝铁川认为,中华法系的特点之中就有"法典的法家化""法官的儒家化"(参见郝铁川:《中华法系研究》,复旦大学出版社1997年版,第25~86页)。尽管这一结论和前述瞿同祖先生关于中国法律儒家化的结论大异其趣,但如果着眼于"进一步"的立场的话,那么,说中国古代的法典制定者把儒家的主张塞进法家的规范框架,而法律执行者则把法家的规范框架置于日常的生活事实,或许并无不妥。

② 《左传·襄公九年》。

③ 《孟子·滕文公章句上》。

④ 有关修辞与法律制度的关系,参见谢晖:《论法律制度的修辞之维》,载《政法论坛》2012年第5期。

度(法律)治国一定会遵循一定的文化基础,[①]可一旦形成制度(法律)治国的事实,则其本身就构成一种独特的治国理念、治国方式和文化事实。因此,虽然法治的不同文化基础决定法治的不同样式,但这绝不意味着法治的文化基础就可以替代制度(法律)治国,毋宁说制度(法律)治国是在不同文化基础上生成,但又反过来规范并引导人们"文化的"交往行为,并以之作为对它进行治理的体系化、模式化的权威准据。尽管制度(法律)治理作为一种文化现象,仍然会随着社会文化观念的变迁而调整、发展,但无论文化如何发展变迁,仍须把其发展变迁中的种种现象和问题置于制度(法律)规范框架之下和之内解决。这种情形可以说是文化模式化的规范表达。所以,制度(法律)治国的内在逻辑,不但不排斥文化价值,反倒只能弘扬文化价值。只是举凡自治、互治与他治,在此都被纳入法律框架下的治理问题来对待而已。

1. 法律统合、权利治理与原子精神主体

在不少人看来,制度(法律)治理既不涉及人们的思想意识领域,也不涉及私人的生活领域。前者最著名的阐述,莫过于马克思的一句名言:

> 我只是由于表现自己,只是由于踏入现实的领域,我才进入受立法者支配的范围。对于法律来说,除了我的行为以外,我是根本不存在的,我根本不是法律的对象,我的行为就是我同法律打交道的唯一领域。[②]

笔者以为,这一观点是典型的立基于法律义务视角的结论,它明显地忽视了法律权利的自主和自治功能,从而也忽视了以公民视角对侵犯其思想意识自由的行为,请求政府(官方)保护的权利。当然,由此进一步的推论是:如果肯定一位主体的思想意识和法律不相关联,不受法律的调整,那就意味着公民的思想意识自由也不受法律的保护,同样,政府因此也就没有出面保护思想意识自由的义务。显然,在这一理念下,公民的思想自治、行为自主就无规范上的凭借。因此,只要强调法律统合下的自治,就不能不把包括思想、意识和行为等私人领域的事都纳入法律权利的框架中。唯其如此,这些内容也不可能不受法律之调整和保护。

至于后者,即法律和私人领域的关系,也须略加展述。谈到这一话

---

① 在这方面,无数学者都在努力研究,在笔者看来,梁治平的研究最具代表性。参见梁治平编:《法律的文化解释》,三联书店1994年版。

② 《马克思恩格斯全集》(第1卷),人民出版社1956年版,第16页。

题,笔者不禁想起十多年前的一桩往事。一位出身于史学但在法学领域也颇有影响的学者曾郑重其事地告诉笔者:“不论你们法学家如何强调法律,但法律总不能管人们吃什么、穿什么吧?”听罢,笔者不禁哑然失笑,也开诚布公但又郑重其事地告诉他:“虽然你已经名满天下,但你对法律治理的理解显然还很肤浅。法律当然管人吃什么,《食品卫生法》就是专门管这个的;法律也当然管人穿什么,《产品质量法》以及有关成衣的法定标准、私人服装和公务用装的法定标准,不正是管人们穿什么的吗?”听罢,其无言以对。笔者举这个例子,是想进一步说明,即便在私人自治的领域,绝非是法律的不入之地;反之,恰恰因为法律的权利规定,才使人们的自治有所凭借。所以,制度(法律)治理的逻辑之一是:人们的自治经由法律统合而生成。这似乎和很多人对制度(法律)治理的理解有所抵牾,似乎制度(法律)治理就是刚性的义务强加,而把公民和其他社会主体在日常权利范围内的自治行为抛出其外。如今,随着人们对制度(法律)治理理解的深化,也随着“认真对待权利”“认真对待人权”的深入人心,学者们已然对通过法律权利的自治治理关注有加。不过,权利本身的自治性,很容易被人们纳入有些学者所称的“软法之治”①的范畴。因此,有必要强调:所有在法律统合下的治理,哪怕是自治,也是“硬法之治”。被论者们时常提及的乡规民约、自治章程、习惯规范等,不过是这些主体在法律权利内的自治举措、自治方式和自治的具体表现。

法律统合下的自治,其主体来源是“原子精神主体”,或者“原子化的

---

① 如果借用以下定义:“所谓软法(soft law),是指那些不能运用国家强制力保证实施的法规范。软法是相对于硬法(hard law)而言的,后者是指那些能够依靠国家强制力保证实施的法规范”[王德强等:《农村软法与软法治理——基于对浙江省金华市W村的个案调查》,载《华中农业大学学报》(社会科学版)2014年第5期],那么,不受国家强制力干预的权利规范,在当事人没有受到他人侵犯政府也不能出面强迫人们行使权利的情形下,似乎也应属于所谓“软法”的范畴。但这样一来,权利和自治似乎就不可能和“硬法”产生关联。显然,这是不可理喻的。所以,我一向并不太赞同运用“软法”这个提法,尽管这一提法是国内学者从西方、日本学者那里“进口”来的。在我看来,所有法律,哪怕民间规则,都必须有硬的责任机制相衔接;否则,就变成了没有牙齿的老虎。事实上,在法律的世界里,人们可以根据权利“自治”,根据契约“互治”,根据权力“他治”,但这三种治理,都须责任规范的强有力保障。否则,权利会被任意剥夺,从而“自治”不再;契约可被任意毁弃,从而“互治”怠失;权力能被任意伸缩,从而“他治”恣睢。那样的境界,可谓无法无天的代称。关于软法与软法治理的相关研究,参见罗豪才等:《软法与公共治理》,北京大学出版社2006年版;《软法与协商民主》,北京大学出版社2007年版;《软法亦法:公共治理呼唤软法之治》,法律出版社2009年版;罗豪才主编:《软法的理论与实践》,北京大学出版社2010年版;罗豪才等编:《软法的挑战》,商务印书馆2011年版;梁剑兵等:《软法的一般原理》,法律出版社2012年版;张清等:《社会组织的软法治理研究》,法律出版社2015年版。

个体”。之所以称为“原子精神主体”，是表明这个概念能够更为恰确地表现作为“精神现象”的人的个体主体性。看到这样的概念，或许容易叫人联想到“个人主义”。且不说它与“个人主义”有无必然逻辑关联，但毫无疑问，人首先是一种个体性的精神存在。个体性构成了人存在的逻辑起点。没有这一起点，人的其他一切属性便无从谈起。个体的精神存在投射到制度（法律）治理的规范世界中时，所导生的就是法律权利下的自治。所以，法律统合、权利自治和个体主体之间具有必然的、三位一体的内在逻辑关联。一旦抛弃对“原子精神主体”的肯定，而强调“我们不想做‘原子化的个人’”，[①]又如何能自主地投身于社会参与？如何能在社会参与中辨识自身的社会角色？如何能以精神主体的身份投入社会参与，而不是以被动的“客体”身份被裹挟地投入社会“参与”？这些设问的背后，自然蕴涵法律统合下的自治，其规则源于法律权利，其根据则是作为“原子精神主体”的个体这种逻辑理念。在法律及其实践中，以所谓集体利益而压制个体利益，以所谓集体意志而取代个体意志，就既不可能确保法律权利的实现，也不可能有真正的自治。如果真是这样，就势必将社会治理的压力全部推向集体方，也只能让集体方承担那“出力不讨好”“出工不出活”的尴尬责任。

2. 法律统合、契约治理与连带精神主体

尽管权利治理以及随之而来的自治，是制度（法律）治理的重要内容，但说其重要并非意味着其一定就主要。重要和主要并非相当的概念，它们之间尚有区别。笔者对两者的基本区别是：重要意味着不可或缺，而主要意味着不但重要，还起决定作用。进言之，在法律统合下的治理领域，权利自治是重要的，不可或缺的，但并非主要的。因为人不仅是纯粹精神个体的存在，更是一种社会连带关系的存在，是连带的精神主体和精神存在。对此，荀况在两千多年前就通过对群、分和义三者关系的论述给出了深刻的结论：

> 人有气、有生、有知，亦且有义，故最为天下贵也。力不若牛，走不若马，而牛马为用，何也？曰：人能群，彼不能群也。人何以能群？曰：分。分何以能行？曰：义。故义以分则和，和则

① 这是我对崔卫平多年前一篇同名文章标题的借用。论者所表达的意思未必和我这里想表达的意思切合。运用这个标题是想说明，如果不做“原子化的个人”，也就不可能进一步参与社会—公共事务，成为有机/社会化的个人。参见崔卫平：《我们不想做“原子化的个人”》，载《中国新闻周刊》2004 年第 37 期。

一,一则多力,多力则强,强则胜物,故宫室可得而居也。故序四时,裁万物,兼利天下,无它故焉,得之分义也。①

而在现代社会学—法学理论中,社会连带关系几乎是一切规则得以建立的基础,也是社会分工和个体自治的必然的逻辑指向——只要自治的精神个体无力自主地解决其所面临的一切问题,则只有置诸合作的社会连带关系中时,自治方有可能,也方有必要。涂尔干指出:

分工绝对不会造成社会的支解和崩溃,它的各个部分的功能都彼此充分地联系在一起,倾向于形成一种平衡,形成一种自我调节机制。然而,这种解释也是很不充分的。这是因为,尽管各种社会功能总想共同求得相互间的适应,达成彼此固定的关系,但就另一方面而言,这种适应模式要想成为一种行为规范,就必须要靠某种群体的权威来维持。事实上,所谓规范不仅仅是一种习惯上的行为模式,而是一种义务上的行为模式,也就是说,它在某种程度上不允许个人任意行事。只有建构完整的社会才能拥有道德和物质的最高地位,它不可避免地要为个人立法,同样,也只有集体构成的道德实体才能凌驾于私人之上。而且,除了人们日复一日形成的短期关系以外,惟有上述那种连续性,即不断延续的特性才能维持规范的存在……集体的角色不仅仅在于在人们相互契约的普遍性中确立一种绝对命令,还在于它主动积极地涉入了每一规范的形成过程……②

在笔者看来,这段论述,既指明了自治(社会分工)之于社会连带关系之基础地位,也强调自治(社会分工)本身只有被置诸社会连带关系中时才有意义。这种具有实质性的社会连带关系既需要强有力的内在权威(完整的社会)以保障,也需要有效力的外在权威(法律、道德以及自治主体间的契约)以保障。因此,主体自治(社会分工)的角色只有服从社会连带关系(社会合作)的角色时,才真正具有意义。

法律统合的社会治理,即不能不面对人的个体或分工存在,但这种面对只有当人们介入或者可能介入社会连带的各种交往(无论私人交往还是公共交往)中时才有意义。倘若一个人生来即与世隔绝,自给自足,

---

① 《荀子·王制》。

② [法]埃米尔·涂尔干:《社会分工论》(第2版序言),渠东译,生活·读书·新知三联书店2000年版,第16~17页。

与他人“老死不相往来”，那么，其就只有自我行为，没有私人间的交往，更不存在公共交往。在此情形之下，还需要法律来统合、调整什么吗？众所周知，老子所追求的秩序状态就是此种小国寡民的、“邻国相望，鸡犬之声相闻，民至老死不相往来”①的境界；而庄子绍踵其志，进一步阐述其绝圣弃智、返璞归真的所谓“法律虚无主义”②理想。然而，社会的发展毕竟没有因循老庄们的设计前行；反之，随着社会分工的愈益发展，人们相互间不是少了交往需要，反而分工生产的单面性和主体需要的全方位性，不可阻挡地把人们引向了需要、合作和相互交往的连带关系世界。只有如此，个体的人、分工的主体才是真实的，人才把精神个体的力量和荣耀投入社会连带关系中，转化为笔者这里所谓的连带精神主体。进言之，“原子精神主体”借此汇聚成合作交往的连带精神主体。

法律对社会连带关系，或连带精神主体的统合，就是提供给交往合作的主体以权利义务的相互性。所谓权利义务的相互性，归根结底，就是一种契约关系。回头来思考，尽管在传统的文化治理框架下，契约关系也给人们分配权利义务，但更重要的是以此区别身份。它并不必然强调契约正义，强调契约中权利义务的“对应性”和“适应性”。尤其在强大的利维坦——国家和弱小的社会个体之间，更是如此。而在制度（法律）治理的理念和框架下，契约被赋予或者包含了自由、正义、民主、人权、法治等诸多意义，尤其表现在社会契约上。洛克的社会契约论强调个体自由前提下的社会合作及多数决定：

> 人类天生都是自由、平等和独立的，如不得本人的同意，不能把任何人置于这种状态之外，使受制于另一个人的政治权力。任何人放弃其自然自由并受制于公民社会的种种限制的唯一的方法，是同其他人协议联合组成为一个共同体……
>
> ……当某些人基于每人的同意组成一个共同体时，他们就因此把这个共同体形成一个整体，具有作为一个整体而行动的权力，而这是只有经大多数的人的同意和决定才能办到的。要知道，任何共同体既然只能根据它的各个个人的同意而行动，而它作为一个整体又必须行动一致，这就有必要使整体的行动以较大的力量的意向为转移，这个较大的力量就是大多数人的

---

① 《老子·第十八章》。

② 参见《庄子·马蹄》。

同意。①

而卢梭的社会契约则更强调自由个体基础上的公意,并使个体服从于作为公意的社会契约。这种服从,既是服从于社会契约,也是服从于被带入社会契约的每个主体自己:

> "要寻找一种结合的形式,使它能以全部共同的力量来卫护和保障每个结合者的人身和财富,并且由于这一结合而使每一个与全体相联合的个人又只不过是在服从自己本人,而且仍然像以往一样地自由。"这就是社会契约所要解决的根本问题。
>
> ……社会公约可以简化为如下的词句:我们每个人都以其自身及其全部的力量共同置于公意的最高指导之下,并且我们在共同体中接纳每一个成员作为全体之不可分割的一部分。②

正是社会契约,使法律统合的权利自治和原子精神主体,不仅摆脱了纯粹个体状态的孤立无援,而且使原子精神主体有了在交往合作(互治)中更进一步寻找、关照其位置和价值的参照。这就是把每个人的个体自治置于共同体的交往合作中。其目的既是保障个体自治的有效,也是确保交往合作的秩序。它的实现,不仅是权利单方面作用的结果,也是社会连带关系折射到法律中后法律权利义务互动的结果。它表明,权利与义务的互动形塑了交往合作主体间双向满足和双向制约的治理状态和秩序结构。一言以蔽之,这种治理状态和秩序结构,就是法律统合下的互治。一旦契约关系产生,则决定其本质的社会连带关系及其基础——个体的权利自治便消隐其后,其表现形式——契约及其治理反倒立于顶端,或者与前述本质混合为一。这种显隐关系的错位,在一定意义上是契约及其连带精神主体对权利及其原子精神主体的"异化",但这是必要的"异化",是立基于重新构造基础之上的"异化",是无论对个体还是对社会都具有生成性和增量性的"异化"。正如涂尔干所言:

> 所谓契约,惟独指那些个人之间通过自由的行动意志所达成的共识……凡是契约存在的地方,都必须服从一种支配力量,这种力量只属于社会,绝不属于个人:它越来越变得强大而又繁杂。③

---

① [英]洛克:《政府论》(下),叶启芳等译,商务印书馆年1964年版,第59页、第60页。

② [法]卢梭:《社会契约论》,何兆武译,商务印书馆1980年版,第23页、第25页。

③ [法]埃米尔·涂尔干:《社会分工论》,渠东译,生活·读书·新知三联书店2000年版,第169页。

3. 法律统合、责任治理与超验的精神主体

在法律统合下的权利自治和契约互治一定能解决所有治理和秩序问题吗？这是需要进一步思考的问题。但是，这一问题，绝非仅是理论上的追问，同时更是一个很现实的实践问题。

如前所述，无论自治还是互治，其基本特点是以精神主体的自主性为前提的。权利自治暂且不论，即便必须服从于社会力量支配的契约互治关系，其逻辑前提一定是建立在“原子精神主体”的自觉自愿基础上的。或许在实践中，一位个体的订约行为，实在是出于迫不得已，但即便如此，在现代法治条件下，这种迫不得已不应来自他者或社会对该个体的精神强制，而只能来自其权衡利弊后的精神自觉。所以，就治理的成本而言，如果一个社会（国家）能够借助制度（法律）统合，把治理永远置诸自治和互治这两种状态下，就无疑是种最良好的治理方式，但秩序构造的实践逻辑总比浪漫理想要复杂得多。这里涉及的重要问题是：一方面，人是一个生命有机体，他不是也不可能是被机械地程式设计的结果，因此，在自治特别是互治的秩序构造中，并不是所有的主体都能遵循权利自治和契约互治的原则自觉行为。反之，人类的自利本性既很难安于权利自治，相反，逸出权利的框架获取更多的权利，是其好利恶害的当然追求，也很难自觉维系契约互治——人们好利恶害的追求一旦投射到契约互治领域，无疑是对契约互治秩序的破坏，也相应地威胁权利自治。在此种情形下，纠纷总是难以避免的。一旦纠纷不能凭借当事人的“自力救济”①而解决，换言之，只要“原子”的或连带的精神主体不能解决这一问题，就须安排或请求立于“原子”或连带精神主体之上的第三者——另一种精神主体来出面处理。另一方面，无论是自治的“原子精神主体”，还是互治的连带精神主体，在秩序构造的实践中并不总是能够自治地或者互治地解决自身的问题。这时，权利（“原子”精神）主体或契约（连带精神）主体总需要第三方出面释疑解惑，提供救济。那么，这第三方究竟由何种主体出面才能担当？众所周知，在实践中，它可能是权利主体或契约主体都接受或约定的普通社会主体（私人权威、宗教权威、社

① “自力救济”，即“私力救济”。它是指权利自治主体或者契约互治主体不经由第三者出面，自行解决其权利保障或权利义务纠纷的机制。在外延上，它包含两个方面，一是单个主体的自我救济；二是契约主体的协商救济。在权利自治中，只存在前者；但在契约互治中，前述两种情形皆可出现。有关私力救济的详细论述，参见徐昕：《论私力救济》，中国政法大学出版社2005年版，第90~129页；桑本谦：《私人之间的监控与惩罚——一个经济学的进路》，山东人民出版社2005年版，第103~199页。

区组织、村落机构、现代社团等),也可能是出自社会契约,但又立于其他所有社会主体之上的国家组织。这些第三方及其权威的出场,其目的是通过其权威和强制,落实法律统合下的责任机制,实现权利治理(自治)、契约治理(互治)之外的责任治理(他治)。

应明确的是:笔者这里所谓责任治理中的责任,不是法理学上的积极责任,而是消极责任——主体违反法律之后应接受的法律制裁的后果。毫无疑问,法律统合下的社会治理,在自治和互治层面,从控制程度视角来看不过是种"弱的控制",它只能应对秩序的常态,但无以应对秩序被破坏后的例外。因此,一旦一种行为影响了自治的自由空间和互治的秩序格局,就必须以"强的控制"力量予以应对和救济;否则,法律就会失去社会统合、国家治理的基本动力。这一"强的控制"机制,在法律规范内部,就是责任。经由法律责任的社会治理和控制,就是责任治理,这是一种他治的治理。

之所以是他治,其缘由在于自治和互治主体面对这种情形,既不能依权利自治、依契约互治,也不能自我地或者协商地解决自治和互治中所出现的棘手问题。在此种情形下,他们不得不求助于有能力的第三方——无论第三方是社会主体还是国家机构。第三方出面的解决一旦生效,则对自治主体和互治主体具有另一种强制的约定效力。特别是国家主体,一旦发现自治主体或契约主体有违反法律的行为,更可以按照法律规定,无须当事人请求而直接作出强制性的责任科加,且一旦生效,被科加者要无条件地接受。可见,正是在这里,法律的强制约束力才表现得更为明显;作为自治、互治救济措施的他治才能发挥其真正作用;在法律统合下的社会治理,才完成了从自治、互治到他治的所有治理环节。

倘若进一步追问:自治的"原子精神主体"和互治的连带精神主体为何会接受来自他者的责任强加?这种责任强加的他治是不是意味着它在一定程度上对人的主体性予以否定?谈到这一情节,就必须提及主体性本身的局限性。在笔者看来,无论"原子精神主体",还是连带精神主体,都不可能完满地解决主体性问题;反之,像苏格拉底那样"认识你自己",像孔子那样"吾日三省吾身",或许是作为肉身的人类所要面对的永恒问题。人类因为肉身而富有灵性,但肉身不可能总是承载灵性无限地去天涯远足。所以,人们在自我不能的世界,需要超出"原子精神主体"和连带精神主体的羁绊,才可能解决自身所面对的无以自救地或协商地解决的问题。这就引出精神主体的第三个维度,即所谓超越精神主体。

超越精神主体是指当原子精神主体和连带精神主体在“自治不能”或“互治不能”的情形下，帮助其解决问题的主体。显然，他在人的个体之维和社会之维之外，开出了人的第三维度，那就是人的超验之维。在古代社会，这一维度被上天、佛陀、上帝、真主等所把握和控制，在现代民治国家，则转换成了通过社会契约所缔结的国家及其机构来控制。尽管人们对国家可能抱有完全不同的态度和看法，但国家对于所有其他主体的这种具有超验性的主体影响力，即便在主权观念已然弱化的背景下，仍然是至高无上的。在一定意义上，笔者不愿意把这种超越的精神主体抛出主体之外，而毋宁说是主体性在“自治不能”或“互治不能”时的超验延伸。因此，它不是对主体性的背离，而是主体性在延伸线上的表达。恰恰因为如此，法律统合下的责任治理（他治），并不是背离主体性的产物，反而是合乎主体性的产物，是主体在合乎其信仰基础之上，根据社会契约而对源出于主体但又立于所有其他主体之上的国家的信赖。人们对国家（政治）的此种信赖，甚至连新自由主义者们都予以认可：

> 通过强调政府在维护自由方面的作用，新自由主义帮助人们认识到这样一个事实，即在权利的维护和实现依赖于政治秩序这种意义上，所有的权利都是政治的。然而，权利是政治的这一论点的更深一层的意义，是它们依赖于其秩序所服务的该政治社会的价值观和信仰。①

在笔者看来，这种“价值观和信仰”，其主体性的根据既在于对自治、互治及其相关根基的坚持，也在于对主体性缺陷的深刻体认，并通过一种超越性的寄托，把救济人性缺陷、通过他治而体现秩序的期望交由超验精神主体——国家及其机构去行使。由此不难想见，人们为何会接受他治，并进而在最终意义上选择并接受制度（法律）治理的缘由。

四、制度（法律）治国的文化基础

文化治理与制度（法律）治理之不同逻辑路向的比较，并不是比较两者的对立，更不是比较两者间孰优孰劣，而只是想借此说明：

首先，文化治理和制度（法律）治理两者间尽管有诸多国别（区域）文化层面的差异，如古希腊更尊重制度（法律）治国，而古代中国乃至当代中国却崇尚文化治国。从这个意义上讲，於兴中有关分别奠基于情

---

① ［美］卡尔·J. 弗里德里希：《超验正义——宪政的宗教之维》，周勇等译，生活·读书·新知三联书店1997年版，第100～101页。

感、信仰、理性之上的三种人类文明秩序的区别是有道理的。借助情感的文化治理和借助理性的制度(法律)治理,不过是不同文明背景下社会秩序构造的不同材料和不同方式。

> 11世纪以后,西方法律在宗教的襁褓中羽翼渐丰,费时不久即成大气候,终于取代了宗教至高无上的地位。……至此法律被视为秩序的另一个同义词,而秩序的研究一直受到不应有的冷落。直到今天,西方人仍然言秩序必称法律,殊不知这个世界上有不少地方并不推崇法律而生活依然井然有序。
>
> 在中国,情形大不相同,但结果却如出一辙。自然和伦理——中国文化研究的这两大主题永远没有超脱世俗理性的支配。纯粹求知和系统论述不为警句式的教诲加顿悟的认知方式所肯定;看重修身养性,醉心于追求理想人格,以及寻求自然秩序的和谐,凡此种种最终凝聚为充满了诗意和哲理的处世智慧,代代相传,陈陈相因。中国古代大大小小的思想家无不以阐发全方位的伦理关系为己任。在这里虽然没有宗教哲学或法律哲学把秩序等同于上帝或法律,但它却被牢牢地锁在道德的阁楼里。①

其次,不同的文明秩序——文化治理和制度(法律)治理之间,并非永远不相交界的两条平行线;相反,只要具备一定的条件,两者即使不能说出现完全重合,但至少会出现相交甚至部分重合的情形,会出现一方吸纳另一方的情形。在此意义上,笔者宁可认为文化治国和制度(法律)治国的区别,毋宁是人类发展的一种历时性的区别。在共时性意义上,只要不同区域的文化能够发展到同一历时状态,则两种治理方式间的转化也会顺理成章。当然,即便如此,也不意味着两者间只是一种替代关系,而毋宁是一种包含关系:在文化治理的阐述中,人们不难发现它对制度(法律)治理在某种意义上的包含关系;在制度(法律)治理的阐述中,我们照例能够看出它对文化治理的包含关系。

这提醒我们,在包含、涵摄而不是反对、对立的意义上反思并考量我国的国家治理问题,是我们应有的一种学术立场、现实关怀和道义寄托。

1. 我国国家治理的现状

近代以来,中国就进入了一个漫长的国家治理转型的过程。众所周知,

---

① 於兴中:《法治东西》,法律出版社2005年版,第35页、第36页。

这一转型起因于西方先进的工商文明和法制文明对中国传统的农耕文明和礼法文明的冲击和洗礼。这一转型，对中国既有的文明进路而言，不是“局部手术”，而是“全身手术”，因此，被李鸿章称为“三千余年一大变局也”：

> 臣窃惟欧洲诸国，百十年来，由印度而南洋，由南洋而中国，闯入边界腹地，凡前史所未载，亘古所未通，无不款关而求互市。我皇上如天之度，概与立约通商，以牢笼之，合地球东西南朔九万里之遥，胥聚于中国，此三千余年一大变局也……①

但是，对这位先知先觉者此种尚属懵懂的现代治理理念，梁启超则作出了如下虽不无苛刻但又相当准确的评论：

> 吾敢以一言武断之曰：李鸿章实不知国务之人也。不知国家之为何物，不知国家与政府有若何之关系、不知政府与人民有若何之权限，不知大臣当尽之责任。其于西国所以富强之原，茫乎未有闻焉，以为吾中国之政教文物风俗，无一不优于他国，所不及者惟枪耳炮耳船耳铁路耳机器耳。吾但学此，而洋务之能事毕矣。此近日举国谈时务者所异口同声，而李鸿章实此一派中三十年前之先辈也。是所谓无颜效西子之颦，邯郸学武陵之步，其适形其丑，终无所得也，固宜。②

其实，不仅李鸿章如此，李鸿章的时人们，即便那些胸怀天下、心系家国的文人士子、政坛精英们，能跨越李鸿章见识和局限的又有多少？不仅李鸿章同时代的人是如此，而且其后继者们，哪怕那些彪炳史册、欲图中国从文化治理迈向制度（法律）治理格局的革命家或改革家们，又何尝不是如此？

且不说孙中山“出征未捷身先死”“革命尚未成功”，其继任者蒋介石仍坚持固守所谓“一个政党、一个领袖、一个主义……”把军政和训政作为推行其统治的主要法术，迟迟不向国民开放宪政。而所谓训政，无非是绍续传统的文化治理、精英治理的另种版本而已。

中华人民共和国的成立，照例想寻求在砸碎旧世界的基础上画出一幅最新最美的图画，所以，改革开放之前以“革命”名义所展开的中国社会的大运动、大解放和大变革，接续先前军事政治领域的武装斗争、政权更替，而深入文化领域的“文化大革命”，这些都可以视为对之前国家治

---

① 转引自梁启超：《饮冰室合集》(6)之《中国四十年来大事记》，中华书局1989年版，第39页。

② 梁启超：《饮冰室合集》(6)之《中国四十年来大事记》，中华书局1989年版，第39页。

理问题的反思和探索。在改革开放以来的近四十年间,我党在决策上先后多次关注甚至特别强调国家治理问题的改革:

1978 年邓小平在中共中央十一届三中全会前后所提出了改革和治理主张。在这个会议的预备性会议上,邓小平提出:

为了保障人民民主,必须加强法制。必须使民主制度化、法律化,使这种制度和法律不因领导人的改变而改变,不因领导人的看法和注意力的改变而改变。①

1997 年在党的十五大上,提出了"依法治国,建设社会主义法治国家"的方略,并且在此后不久,这一方略被写入《中华人民共和国宪法》中:

2001 年,江泽民在全国宣传部长会议上强调:我们在建设有中国特色社会主义,发展社会主义市场经济的过程中,要坚持不懈地加强社会主义法制建设,依法治国,同时也要坚持不懈地加强社会主义道德建设,以德治国。对一个国家的治理来说,法治与德治,从来都是相辅相成、相互促进的。二者缺一不可,也不可偏废。法治属于政治建设、属于政治文明,德治属于思想建设、属于精神文明。二者范畴不同,但其地位和功能都是非常重要的。我们应始终注意把法制建设与道德建设紧密结合起来,把依法治国与以德治国紧密结合起来。②

党十八届四中全会提出了"全面推进依法治国",并在此基础上提出了法治建设的宏伟目标:

全面推进依法治国,总目标是建设中国特色社会主义法治体系,建设社会主义法治国家。这就是,在中国共产党领导下,坚持中国特色社会主义制度,贯彻中国特色社会主义法治理论,形成完备的法律规范体系、高效的法治实施体系、严密的法治监督体系、有力的法治保障体系,形成完善的党内法规体系,坚持依法治国、依法执政、依法行政共同推进,坚持法治国家、法治政府、法治社会一体建设,实现科学立法、严格执法、公正司法、全民守法,促进国家治理体系和治理能力现代化。③

---

① 《邓小平文选》(第 2 卷),人民出版社 1983 年版,第 136 页。

② 新华社:《全国宣传部长会议召开 江泽民作重要讲话》,载 http://www.china.com.cn/chinese/2001/Jan/16566.htm,2016 年 3 月 21 日访问。

③ 中共中央《关于全面推进依法治国若干重大问题的决定》,载 http://www.cssn.cn/fx/fx_ttxw/201410/t20141030_1381703.shtml,2016 年 3 月 21 日访问。

2. 我国法治的文化基础

这里论及我国法治的文化基础，是想既要寻求目下我国法治建设的文化支持力量，也要探索我国构建法治所面对的独特文化资源。我们知道，法律是文化的产物。在一般意义上，不同的文化一定会孕育不同的法治。但是，问题是文化——一个社会的精髓不可能是“天不变，道亦不变”的。倘若钟情或拘泥于“文化不变”的立场，那么，当人们面对客观上文化迅速变迁之现实时，就不禁会感叹世风日下、礼崩乐坏，并因此而闷闷不乐、郁郁寡欢，甚至生不如死、寻求短见。众所周知，我国在近代以来，就有一些文人士子殉身于既有文化，其中王国维或许最为典型。陈寅恪在《清华大学王观堂先生纪念碑铭》中就对此申明并表彰道：

> 士之读书治学，盖将以脱心志于俗谛之桎梏，真理因得以发扬。思想而不自由，毋宁死耳。斯古今仁圣所同殉之精义，夫岂庸鄙之敢望。先生以一死见其独立自由之意志，非所论于一人之恩怨、一姓之兴亡。呜呼！树兹石于讲舍，系哀思而不忘。表哲人之奇节，诉真宰之茫茫。来世不可知者也，先生之著述，或有时而不章。先生之学说，或有时而可商。惟此独立之精神，自由之思想，历千万祀，与天壤而同久，共三光而永光。①

陈寅恪不但如此解释和表彰王国维以其肉身殉祭传统的文化情怀、文化眷恋、文化心境和文化精神，而且当共和国成立后，中国科学院托人请其出任研究人员时，他奋笔疾书，在对科学院的答复中重申了其独立的学人志向和自由情怀：

> 我认为王国维之死，不关与罗振玉之恩怨，不关满清之灭亡，其一死乃以见其独立自由之意志。独立精神和自由意志是必须争的，且须以生死力争。正如词文所示，“思想而不自由，毋宁死耳。斯古今仁贤所同殉之精义，其岂庸鄙之敢望”。一切都是小事，唯此是大事。碑文中所持之宗旨，至今并未改易。②

所以，陈寅恪对王国维之死的议论，毋宁是对其自身文化追求的明志。这种文化的固守精神固然是颇值人们钦佩的，但如果在社会进化、

---

① 陈寅恪：《清华大学王观堂先生纪念碑铭》，载 http://www.21ccom.net/lsjd/ssjt/2013/0703/86888.html?bsh_bid=254579806，2016 年 3 月 21 日访问。

② 陈寅恪：《对科学院的答复》。参见陆建东：《陈寅恪的最后二十年》（修订版），生活·读书·新知三联书店 2013 年版，第 104～107 页。

文化变革面前拘泥固执,对于和日常生活息息相关的法治建设而言,并非明智之举;反之,在人们的生活需要和规范选择之间寻求一种顺天应人的工作,从而让法治能够顺利地在一定文化基础上落地生根、开花结果,无疑也应是文人士子们文化担当的另一维度。所以,我国法治文化基础的追寻,势必有破有立,方能接驳道统和法统,真正支援法治,建立以法统合的国家治理体系。

立基于宏观轮廓,大体上可以把我国法治的文化基础描述为以下几点:

其一,现代工商文化。资本主义生产方式产生三百多年来,形成了一套奠定于现代工商文明基础上的权利文化、民主文化和科学文化。众所周知,以资本主义生产方式、生活方式为特征的现代文化,其实业基础是现代的工商业,其文明基础则是现代的工商文明。工商文明的特征既强调社会分工,也坚持社会合作,还强调主体创造。这三者在文化上分别表现为前述三者。其中权利文化就以主体自治为基础,民主文化则以主体合作为特征,而科学文化却以激发主体的创造精神为宗旨,并进而支持文化发展为使命。现代的工商文明正是在这三个方面完善人格、促进人的主体性的。所以,在法律上——

> 如果一个人获得这样三种权利:宗教信仰权、选举权和工作权——体现自主的自由、参与的自由以及创造、发明和革新的自由的三种权利,他会发现,就像相应的自由一样,这些权利都旨在使人成为一个完整的自我,一个得以充分发展的人。不让人信其所信,不让人参与对其统治者的挑选和定期更换,不让人在其能够生产和创新的领域内积极主动地发挥作用——这里的任何一种剥夺都会被视为非人道的举措,就像致人以残废和妨碍其成为一个完整意义上的人。①

当代中国毫无例外地参与到这种全球工商体系和资本体系中,尤其随着科技、信息和互联网技术的高度发达,我们的日常生活越来越多地投向工商文明,以及和工商文明相关的文化追求:主体的自治、合作与创造。因此,以保障主体权利和自由为使命的法治,自然不能轻视,更不能无视这种文化要求,反而必须奠基于此种文化追求基础之上;否则,所谓法治,就只能是游离于时代之外的自说自话。可以说,现代工商文化之

---

① [美]卡尔·J.弗里德里希:《超验正义——宪政的宗教之维》,周勇等译,生活·读书·新知三联书店1997年版,第97页。

于中国法治，具有根本性。

其二，传统固有文化。然而，即使现代工商文化对法治的支持是根本性的，但也不是唯一的和排他的。作为一个具有悠久历史文化传统的国度，无论在日常生活中，还是在情感向心上，都不可能对传统文化弃之如履。反之，一方面，其情感生活每每受传统文化影响的因素更大。因毕竟斯土斯民浸淫其中千百年，深受其形塑、规范，也广获其利导、方便。因此，无论其亲属称谓、文字语言表达、节庆典礼、内心信仰等，无不受传统文化之规范。既然传统文化已然在相当程度上规范着人们的行为和生活，只要这一文化不是现代工商文明的扼杀力量，那么，制度（法律）治理，所能做的最好是对之小心翼翼，因势利导，而不是对其大刀阔斧，移风易俗；否则，只能事倍功半，甚至南辕北辙，捡芝麻而丢西瓜。另一方面，还必须看到，即使现代工商文明的引入、培育和养成，既关联着现代的生产生活方式，同时也不得不被装置于传统文化的框架中才能获得更大的成功、更高的效益。这就是为什么同样是资本主义，在欧洲它和新教伦理①相结伴，而在东亚则形成所谓儒教资本主义②的缘由所在。因此，传统文化作为古人在生活交往基础上不断总结、不断积累起来的伟大经验总结，毕竟不完全是制度（法律）治理的包袱，而是进一步激发和创造制度（法律）治理的条件和基础。所以，对传统精神领域的道德人格、修齐治平，治理领域的礼法体系、教化精神，工具领域的语言文字、修辞艺术等，只要运用得当，都可能成为如今我们型构法治的建设性因素，而不应也不可能被悉数归于负面清单。试想，倘若在我国这样一个既庞大悠久又文化灿烂的国度，放弃我们既有的语言文字，抛弃我们既有的节庆传统，而遽然悉数搬来西人的语言文字、节庆传统以表达规范、指导交往，那种法治，还可能被运用于中国吗？还会是通行于中国的真法治吗？法治发展的事实表明，即使在在全球化的时代，制度（法律）治理也不得不关注人类文化的族群性差异。中国的法治建设，自然也不能背离这一基本事实和基本原理。

其三，社会主义文化。不得不提及的是，我国无论在人们的思想上，还是制度上，是一个深受社会主义文化影响的国家。甚至在传统意义上

---

① 参见［德］马克斯·韦伯：《新教伦理与资本主义精神》，于晓等译，生活·读书·新知三联书店1987年版。

② 参见余英时：《中国近世宗教伦理与商人精神》，台北，台湾经联事业出版公司1987年版。

看,我国自来就是一个具有儒教精神的、国家社会主义的国家。近代以来,这种基于传统而趋向与社会主义的追求就更甚。迄今为止,无论在宪法、法律上,还是在人们交往的日常生活中,社会主义文化①仍然在实践中居于主导地位。这种社会主义文化,绝非只是一种乌托邦式的意识形态说教,不是所谓空洞的宣传,反而在实际地影响甚至支配人们的日常生活和交往。

众所周知,在近二十年的集体企业和国有企业的改革中,相关改革措施遭到了一些知识分子的质疑、批评甚至反对,如郎咸平、巩献田等。特别是前些年我国在制定《物权法》的过程中,巩献田就专门上书,发表公开信指陈:"物权法(草案)"是"违背宪法和背离社会主义基本原则的",②是背离我国现行《宪法》第12条和《民法通则》第73条之宗旨的。彼时,这一争论不仅引起了民法学界、宪法学界和法理学界的积极参与,甚至也引致了社会各界的广泛关注和讨论。这一讨论本身意味着中国法治变革中应究竟如何面对积淀日久的社会主义文化(对它究竟是要不断弘扬、进行扬弃还是彻底抛弃?这一直是改革开放以来学界持论相左的话题)问题,也说明社会主义文化在理论和实践两个方面对当代中国民众从而也对当代中国法治的可能影响。

其四,当下文化创造。如前所述,近代以来,中国面临三千年未有之大变局。这一大变局至今仍未完成,甚至从国家治理视角来看,才刚刚起步,因此,在今天,甚至在可预见的未来,这一大变局依然在这个国度处于"进行时",距离"完成时"尚遥远。在这一漫长的过程中,这个世界上最大的族群——中华民族,以及其一个个具体的共和国公民,绝不能也不可能完全匍匐于既有的工商文化,守成于传统的固有文化,受控于新近的社会主义文化;反之,在这样一场堪称波澜壮阔的、涉及世界上最大族

① 在这里,笔者把社会主义文化理解为和共产主义文化可以相提并论的概念。那么什么是共产主义文化?齐泽克根据马克思的"自由人的全面发展"理论,通过对诸多相关理论主张的反思和批驳,提出了有关共产主义文化的三个要素:即"关键个体"、"理性自我"及其本能统治和理性思考的普遍空间。在这三者中,后者是"共产主义文化的关键要素""它们共同组成了一种黑格尔学派的普遍性、特殊性和个体性三部曲……在这个三部曲中,每种要素都能够使另外两种要素被隔离:普遍思想防止个体陷入社会实体……个人气质阻止社会实体奴役普遍思想;社会实体阻止普遍思想变成个人气质的抽象表现。"(参见[斯洛文尼亚]斯拉沃热·齐泽克:《共产主义文化的若干问题》,载《马克思主义美学研究》2010年第1期。)尽管众所周知,我国实际存在的社会主义文化,与这种"自由人的联合体"基础上的社会主义文化还相距甚远。

② 巩献田:《一部违背宪法和背离社会主义基本原则的〈物权法(草案)〉——为〈宪法〉第12条和86年〈民法通则〉第73条的废除写的公开信》,载《经济管理文摘》2006年第8期。

群迈向现代社会、选择制度（法律）治理的变革中，无论其行为——实践层面的文化还是思想——观念层面的文化，保有独特的创造性是完全可以想见和期待的。上述多元的、多层次的文化并存，本身也在提示人们，在中国向现代化迈进中文化创造的必要性和可能性。在一定意义上，这种基于当下的文化创造，业已是中国变革转型中的一个基本事实。

人生活、交往在文化中，这构成了人的条件和人的文化结构。但与此同时，人只有能动地参与文化，并在参与过程中进行卓越的创造时，才能够被真正地结构在一种文化中。因此，一切奴役都不可能提供人的文化参与和文化创造，从而也不能真正地把人结构在一种文化体系中，在此种情形下，毋宁说人是文化客体，而非文化主体。但众所周知，中国近代以来所一直面临的社会转型，归根结底是要实现人的解放、自由和参与的转型，是每个个体只有参与到集体转型的逻辑中，才可能实现个体主体性的转型，是以法律统合社会秩序进行社会治理的转型。这就客观地赋予了参与其中的主体进行文化创造的必要和可能。中国未来法治的特质，或许就奠基于这种文化创造基础上——尽管它不可能是这一特质的唯一决定因素。

3. 我国法治与文化包容

强调我国法治的文化基础，不是主张在这个全球追求制度治理和依法治理的时代，再回过头来温文化治国的旧梦，再回到精英政治和文化治理的老路上去，而是要强调制度（法律）治理的有效与否，效力大小、强弱、久暂等，是和文化的支持息息相关的，甚至文化的支持是其关键所系。这在另一方面对法治提出了更高的要求：制度（法律）要能全方位地统合、调整社会关系，并以法律为准构造社会秩序，从而使法律作为社会治理的基本根据和最高标准，就必须做到其自身对文化的包容。所谓在法律上对文化的包容，本质上是指法律不仅不是一切文化革命的手段或工具；反之，法律倒是所有文化保守或守成的基本方式。法治的文化包容就是法治对文化的保守态度和保守机制。对文化保守越浓厚的法律，才是能够统合文化秩序的法治。

法治的文化包容对于法治后发达国家而言，尤为重要，且是其创造性地运用制度（法律）治理原理来安排其秩序成长、最终融入整个国际交往秩序中的重要条件和基础。因为如果说法治发达国家所采取的制度（法律）治理，是遵从其自古希腊—罗马以来，就注重制度（法律）治理的文化之“自然发展”的逻辑,从而遵从的是哈耶克所谓自生自发的扩展秩序①取向的话,那么,法治后发国家的法治所面临的文化背景就要更复杂、更多元、更具有结构上的杂交优势和变迁中的脆性劣势。

结构上的杂交优势,是复杂和多元文化在交往中的必然表现。文化只要能够复杂并多元地共存,就必然表明其相互交往、相互理解和相互包容。只要法律能够提供包容复杂、多元文化共存的条件和规范,那么,复杂、多元的文化就肯定是支持法律统合的有效力量。论述至此,笔者不禁想起前些年在青海调查时遇到的两个“图像”:

一次是笔者准备去海东化隆县德恒隆乡的一个偏僻村落调查时,一位路途邂逅的回族企业家看到暴雨将临,正行径在深山里的笔者可能淋雨,热情邀请笔者搭乘其车。上车后他知道笔者的来意,顺便把笔者带到那个藏族村落里。村落实在边远,村中最显眼的是佛教寺院以及穿着鲜艳、蹲在寺院屋顶和墙头上的喇嘛们。一到寺院附近,这位头戴白帽的回族企业家,立马用熟悉的藏语和喇嘛们开始攀谈。那种亲切友好、会心倾谈的情形,倘若不是身临其境,真难以想象。常听人说这两种信仰(藏传佛教和伊斯兰教)和两个民族(藏族和回族)水火不容、有你没我,但笔者所看到的情景,与这种人云亦云完全相反。

另一次是在西宁繁华的东关清真大寺外边,一个夏夜黄昏的傍晚,正值穆斯林们虔诚地礼拜。数位身穿朱红袈裟的喇嘛们,一边好奇地观看穆斯林的虔诚礼拜,一边认真地举起手中的相机,或拍华灯初上、雄伟壮丽的清真大寺,或拍严肃训经、虔诚祷告的礼拜人群。笔者作为他们的旁观者,那种独特的感觉简直无以言说,喇嘛们仰望清真寺,认真拍照的情形,永远定格在笔者只可意会、不可言传的美好记忆中。这一“图像”,从另一个视角解构了笔者之前听到的传言:不同的宗教和民族之间相互排挤、互不往来。反倒让笔者加深了对不同族群、不同宗教只要共存,就必然交往合作的更多实际感受和印象。

这种经验及感受或许能表明,除非不同文化之间难以并存;否则,只要在相同或临近的地域内不同文化能够和平共处、相安无事,就必然意味着文化间的和平与平等交流,而只要能够和平且平等地交流,就必然意味着文化之间杂交优势之可能。例如,我国历史上著名的回族学者刘

① 关于自生自发的“扩展秩序”的论述,参见[英]F. A. 哈耶克:《致命的自负》,冯克利等译,中国社会科学出版社2000年版,第7~181页。

智的“援儒释伊”、[1]王岱舆的“以儒释伊”和“以伊释儒”[2]等，都通过其亲身的智慧实践，说明文化和平、平等交流中必然的杂交优势。这种杂交优势就意味着智慧的创新、知识的增量和文化的进化。众所周知，生物学上的杂交优势是指遗传基础有别的动植物种进行杂交，其后代比杂交双亲更为优良的情形。尽管在生物界，这种杂交优势能够持续的时间并不长，但人类在科学的路上一直通过不同动植物种的杂交，寻找更高的优势动植物。

而文化之间的交流绝不会停留于简单的接触，它必然会因接触而产生所谓杂交效应。这种文化，被人称为“杂交文化”或“杂种文化”：

> “杂种文化”的概念因墨西哥学者凯西娅·堪克里妮(Carcia Canclini)1989 年出版的名著《杂种文化——兼论进入和离开现代性的策略》而受到广泛注意。凯西娅的书描述拉美国家试图保持文化的“纯粹性”和自我特征，同时又追求现代性，结果加剧了社会不平等；在引进启蒙思想实施理性化和世俗化时，又造成既非现代、亦非传统，而是本土文化与外域文化杂陈的一种特殊的社会形态——“杂种文化”(hybrid cultures)。[3]

这种陈述和界定，看似有些悲观，它也确实揭示了文化变迁中的脆性劣势，尤其对法治后发达国家而言，因为变迁中多元文化的共存，可能更容易呈现文化变迁中的脆性劣势。毫无疑问，这已经是全球化时代后发达国家文化发展中不容忽视的一种既成事实。对这种脆性劣势的担忧，固然可以理解，但同样基于这一既成事实，有些论者却作出了另一种评估：

> Hybridity 的观念也向我们揭示了人类文化的发展是一个不同的文化接触，互相影响和交融的过程。它同中国思想中的“和而不同”，“海纳百川，有容乃大”的思想相吻合。世界文化发展表明异域文化与本土文化的接触交流并不必然导致冲突，它在大多数情况下，是互动的，改变双方的。今天，这种文化交融观念能够使我们摆脱西方中心论所架构的西方——非西方

---

① 参见乌勒返·努尔兰等：《刘智援儒释伊之“五典”说探析》，载《回族研究》2014 年第 2 期。

② 参见刘贡南：《以儒释伊和以伊释儒的有机结合——对王岱舆以儒诠经思想的一种理解》，载《青海民族研究》2006 年第 4 期。

③ 何平等：《全球化时代文化研究若干新概念简析——“文化杂交”和“杂交文化”概念的理论内涵》，载《山东社会科学》2005 年第 10 期。

的对立,并避免悲观的文明冲突论。①

其实,这就是把文化变迁中的脆性劣势转化为多元文化间的杂交优势。笔者赞同这种乐观看法并坚持认为,文化杂交不但可以更新文化,而且能够进一步生成优势文化,真正体现文化的杂交优势。这一点,在汉唐以来中国文化和西来的佛教文化的杂交及其文化的提升和优化中可以得见,也在近代以来资本主义商业文化的开放、包容及升华中可以得见,更在美国文化的多元性、开放性、包容性及其文化称霸全球的事实中可以得见。当下中国,已然进入文化多元化的时代,也具有明显的文化包容之条件。因此,在我国法治建设中强调在法治原则和精神下的文化包容,既可以持之以恒地推进和保障文化多元、交流、杂交和提升,也可以进而推助一个国家之共和之路的形成、完善和不断发展。把文化发展中的脆性劣势改造为文化杂交和共和铸造中的"杂交优势"。

众所周知,自辛亥革命以来,我国就效法西方,反对专制,强调共和。不过,何为共和,我国学界虽已展开论述,可和现代政治领域的其他关键词相比,对共和的论述尚未深入。笔者认为,在本质上讲,所谓共和就是多元性在法治保障下的交流合作与互动共存。② 这里可以用得上卢梭的一个判断:

> 凡是实行法治的国家——无论他的行政形式如何——我就称之为共和国;因为唯有在这里才是公共利益在统治着,公共事物才是作数的。一切合法的政府都是共和制的……
>
> 确切说来,法律只不过是社会结合的条件,服从法律的人民就是法律的创作者;规定社会条件的,只能是那些组成社会的人们。③

法治之所以意味着共和,就在于法治对多元性的包容、宽和与尊重。多元性这个概念在社会领域中,作为衡量主体性的重要根据,不仅指经济经营的多元性、政治参与的多元性、社会交往的多元性,更指人们生活方式——文化的多元性。甚至可进一步讲,作为"文化的动物",如果多元性不能最终呈现为人们生活方式——文化的多元性上,那么,人的主

---

① 何平等:《全球化时代文化研究若干新概念简析——"文化杂交"和"杂交文化"概念的理论内涵》,载《山东社会科学》2005年第10期。

② 笔者对于共和的论述,参见谢晖:《论民间法作为宪制的共和基础》,载《法治研究》2016年第1期。

③ [法]卢梭:《社会契约论》,何兆武译,商务印书馆1980年版,第51页、第52页。

体性就难以实现和完成。可见，文化多元性在多元性和主体性方面的关键所在。

但是，仅仅停留于文化多元性还很不够，文化多元性只有进而升华为文化共和的时候，才不是分割分散、离心离德的事物，才能实现聚沙成丘、合作共赢的效果。因此，主体性、文化多元性、文化合作以及文化共和这些概念之间，具有实践的内在相关性和多元一体性。要从主体性和文化多元性迈向稳健的文化合作，并实现文化共和，其中的制度/法律支持是不可或缺的。尽管制度是文化化育的结果，但制度绝非永远是被动的，它一旦产生，对社会秩序而言，又往往是能动的和塑造性的。因此，"一国之传统文化能塑造出一种政治制度，但政治制度也同样能培育出一种文化来。我认为对当今中国来说，政体制度的真正转型，显然比我们的文化、观念更具有重要性。对我们现在来说，制度的转型肯定更为重要。优良的制度是更为关键的问题，正是由于这个制度不太优良，所以才败坏了我们的文化精神。"①

顺着这一逻辑，完全可以说，法治不仅是多元文化化育之结果，同时也是塑造、培育多元文化，增进宪制团结力量，促进文化共和实现的一般制度基础。如同坏的制度只能败坏文化一样，好的制度自然也能增益和完善文化。法律统合的治理方式，只有增益于文化的发展和完善，才可能有制度（法律）治理这个命题的实现，才可能让法律这个拟制人格化的规范命题，深入具体的、活生生的生命主体世界，既资主体间的方便交往与合作，也助多元文化间的交流、互助与共和，更推那种令人们梦寐以求的"又有集中又有民主，又有纪律又有自由，又有统一意志又有个人心情舒畅、生动活泼的政治局面"的制度化现实——制度（法律）统合下的国家治理格局的实现。

论述至此，本该结束本文，但忽然间，笔者又回想起当年有人因"文化国家"说而反对"法治国家"的观点。笔者认为，这对一个大国的复兴而言，强调中国传统文化的复兴并无不妥，因为正如黑格尔所强调的那样，毕竟一个主权国家，不但是个政治实体，而且是个文化/精神实体。② 但即便如此，也不表明文化国家与法治国家间是对立关系；反之，它所强调的是法律要能对文化发展具有包容性和适应性。对此，杨兆龙曾指出：

---

① 高全喜：《究竟什么是共和国》，载 http://www.21ccom.net/html/2016/zhongxi_0318/2558_3.html，2016 年 3 月 24 日访问。

② 参见陈炳辉：《文化与国家——黑格尔国家哲学新论》，载《政治学研究》1999 年第 3 期。

> 也许有人要说现在西洋已有许多学者主张以所谓“文化国家”(kulturstaat)来代替“法治国家”,可见法治主义已不合现代的潮流。诚然,这种主张在德国相当流行,费希特(Fichte)、黑格尔(Hegel)及已故的新黑格尔派法学权威柯勒(Kohler)便是这种主张的提倡者。不过那些提倡“文化国家”的学者所反对者,不是法治国家的“法治”,而是从前一般人如康德等所讲的法治国家内法律之不合理,即不能适应时代的需要。大而言之,康德等所提倡的法治国家的法律是偏向于个人主义的,是一成不变而不能随时间空间进化的,是缺乏积极作用的;“文化国家”是法律顾全社会利益的,是因时间及空间的需要而不断进化的,是富于积极作用的。换句话说,“文化国家”不过是一种法律性质较为改良的法治国家,仍旧少不了法治。一般提倡文化国家者之所以避用“法治国家”的名词,其目的无非在使大家不受康德等所提倡的旧法治国家观念的影响。这并不足以证明他们轻视法治。[1]

杨先生72年前的这段精辟论述,对我国理解在文化复兴过程中,如何通过法治而包容多元文化,壮大中华精神,促进并巩固文化复兴,自然,是需要我们含咏、咀嚼再三的。

---

① 杨兆龙:《杨兆龙法学文选》,中国政法大学出版社2000年版,第51页。

依赖关系演进中人类境况的法哲学审视*

一、弁言

1957 年，当人类第一颗人造卫星发射升空，并尝试展开试管婴儿和人造生命的试验时，睿智多思的阿伦特就不无激动也忧心忡忡地这样描述人类面临的境况：

在事件发生的一瞬间，直接的反应是大松一口气，人类总算"朝着摆脱地球对人的束缚迈出了第一步"。这个奇特的宣言不是某个美国记者随口说说的，而是恰好重复了二十年前刻在一位俄国伟大科学家墓碑上的惊人之语："人类不会永远束缚在地球上。"

……哲学家把他们的身体视为思想或灵魂的监狱，但人类历史上还没有哪个人把地球本身看作人类身体的监狱，或表现出如此急切地想从地球上移居到月球上的渴望。难道肇始于一种背离……的现代解放和世俗化，要终结于更致命的对地球本身——天空下所有生物之母——的背弃吗？

科学家们告诉我们，他们在不到一百年的时间里就可以生产出的未来人类，似乎拥有一种反抗人类被给定的存在的能力，拥有一种不知从哪里来（就世俗而言）的自有天分，只要他愿意，他可以给自己换上他造出来的任何东西。①

如今，当年阿伦特所描述并关注的情形，有些业

---

* 发表于《学术界》2019 年第 9 期。

① ［美］汉娜·阿伦特：《人的境况》，王寅丽译，上海人民出版社 2017 年版，前言，第1～2页。

已是司空见惯的事实,有些也完全在可预期之中。我们身处的这个时代,人类不但期望有雄心逃离“身体的监狱”——地球,奔向月球,而且有雄心奔向火星、土星,甚至更遥远的天体;人类不但有能力通过智慧,而不是人的自然生理功能制造人、克隆人,①而且有能力重新编辑、改变、修正人体胚胎,让人生来按照其预设的模样准确成长;②人类不但可以用驰骋大地、飞翔天空的旅具轻易实现日行数万里,而且可以通过互联网技术,足不出户就在须臾之间实现和地球上任何地方的人们在线交流,甚至和“迁徙”在数百万里之外的其他星球上的人们,展开同步交流;尤其是,人类不但能通过生物技术创造和自己同等智慧甚至高于人类智慧的同类,而且通过物理技术创造完全征服人类的“异类”!人类自身的智能正在日渐明显地被人类所创造的智能所“挟持”“控制”,人类正在超越了本我数百年之后,又竭力想超越自我,实现超我。

我们面临的这种境遇,究竟对人类而言意味着什么?它是人类的福音,还是人类的祸端?于法而言,是机器的统治,还是人机合作?③ 对此,任何预言都嫌之过早,亦即,它还是一个实践过程,需要更多的事实来显现其可能对人的意义。尽管如此,不难得出的结论是,以人工智能为代表的人类技术的高度发达,已经明显地带来人类各个领域的“异化”。④谈到异化,不能不谈到马克思。众所周知,马克思曾设想人类的发展有

---

① 随着1997年克隆羊多莉在苏格兰的诞生,美国、中国台湾、澳大利亚等分别宣布他们克隆了猴子、猪和牛的消息,而中国科学家也在山东生产出克隆牛。此后不久,尽管从国际社会到各个国家,大多在法律上禁止克隆人实验,但意大利和美国科学家还是宣布其进行相关实验。这样,克隆人从德国科学家韦伯于20世纪初提出,到美国科幻作家罗维克于20世纪70年代写出《克隆人》,再到克隆技术已不再是什么神秘的事体,仅仅不到百年左右的时间。借此,大自然给万物给定的生殖方式,已然被人类智慧所突破。

② 众所周知,自2018年11月26日,南方科技大学副教授贺建奎宣布一对名为露露和娜娜的基因编辑婴儿于11月在中国健康诞生那刻起,就在全球范围内引起了轩然大波。笔者在这里思考的不是和这一事件相关的人类伦理所面临的现实挑战,而是想强调这项技术结果出自一家兴办不久的大学之一位普通的科研人员之手,足见这项技术的成熟程度——对相当多的相关科学家而言,不是做不出,而是能不能做。

③ See e. g., Frank Pasquale, “A Rule of Persons, Not Machines: The Limits of Legal Automation”, *George Washington Law Review*, Vol. 87, No. 1(January 2019), pp. 1 – 55.

④ “异化”这一概念自从黑格尔明确论述以来,就被赋予了多样的意义,但一种大体肯定的意义是:“异化就是人们的理想要求同现实之间存在的差距。”[德]D. 温科:《论西方关于异化概念的使用》,关一摘译,载《哲学译丛》1980年第5期。如果转换一下这种过分从需要视角的观察,而从事实视角观察之,则异化是人类作为主体所创造的事物(人造对象),反过来控制和支配人类的现象。在此,人类创造的对象越来越“主体化”,人反而被“客体化”,从而和近代以来“人的现代化”过程中的主体性追求背道而驰。参见[美]英格尔斯等:《人的现代化:心理·思想·态度·行为》,殷陆君编译,四川人民出版社1985年版,第22~35页。

三个阶段：

> 人的依赖关系（起初完全是自然发生的），是最初的社会形态，在这种形态下，人的生产能力只是在狭窄的范围内和孤立的地点上发展着。以物的依赖性为基础的人的独立性，是第二大形态，在这种形态下，才形成普遍的社会物质变换，全面的关系，多方面的需求以及全面的能力的体系。建立在个人全面发展和他们共同的社会生产能力成为他们的社会财富这一基础上的自由个性，是第三个阶段。第二个阶段为第三个阶段创造条件。[①]

在马克思看来，其中第二个阶段，是一个“普遍异化”与“个人关系和个人能力”“普遍性和全面性”的生产时代，[②]而第三个阶段，诚如前述引文表明的那样，是对“普遍异化”的扬弃时代。

如此看来，我们正身处马克思所设想的人类历史发展的第二个时代，我们仍处在以物的依赖关系为特征的普遍交换时代，仍在生产普遍性和全面性的“个人关系和个人能力”的同时，生产着“普遍异化”。但是，如今我们所面临的异化，不但是劳动者和劳动成果分离的分配性异化，而且更面临着劳动者和劳动成果对抗的“结构性异化”——人类生产机器人，机器人替代人类生产；人类生产快慰器，快慰器取代人类本应天经地义地享有的人道，而成为善男信女的精神“伴侣”和慰藉；人类生产人工辅助生殖技术，其自身却越来越缺乏生育能力，甚至把生育当成幸福的负担，“种的繁衍”因此面临种种危机；人类向大自然发出了“人定胜天”的号令，但大自然却无情地给予人类以额外报复：环境污染、气候变暖、沙化窘境、疾病肆掠等，真正让人现实地领会着何为“人类一思考，上帝就发笑”。与此同时，人类也很想通过种种规范措施，减缓甚至消除如上层出不穷的问题，但事实证明，这仍不过是人类“过度的自负”。[③] 因为所有的规范措施，无可避免地带来顾此失彼的效应。对此，早在两千多年前，中国哲人老子就睿智地指出：

> 大道废，有仁义；智慧出，有大伪；六亲不和，有孝慈；国家昏乱，有忠臣。

---

① 《马克思恩格斯全集》（第46卷上册），人民出版社1979年版，第104页。

② 参见《马克思恩格斯全集》（第46卷上册），人民出版社1979年版，第108～109页。

③ 对技术发展之于人类生活的一般性影响以及人类所采取相应措施的哲学上反思，可参见Michael J. Sandel, *The Case against Perfection: Ethics in the Age of Genetic Engineering*, The Belknap Press of Harvard University Press, 2007, cha. 1。

> 失道而后德,失德而后仁,失仁而后义,失义而后礼。①

这种两千多年前的智慧,之于反思在人工智慧时代人类所面临的境况,似乎并非无效,尽管人类不会,也没有必要去回味道家所开出的那种药方——“绝圣弃智、抱朴守拙”,但上述结论,却足以省察人类究竟有无能力克服异化现象,而迈向哲人开出的那种理想方案:

> 共产主义是私有财产即人的自我异化的积极的扬弃,因而是通过人并且为了人而对人的本质的真正占有;因此,它是人向自身、向社会的(人的)人的复归,这种复归是完全的、自觉的而且保存了以往发展的全部财富的。这种共产主义,作为完成了的自然主义,等于人道主义,而作为完成了的人道主义,等于自然主义,它是人和自然之间、人和人之间的矛盾的真正解决,是存在和本质、对象化和自我确证、自由和必然、个体和类之间的斗争的真正解决。它是历史之谜的解答,而且知道自己就是这种解答。②

至少就目下我们面对的事实言,这种理想不无浪漫。对此,早已有学者做过深刻反思:

> 鲍皮茨写道:“这类梦想,与其说是用浪漫主义的手法美化了建立在资本主义的技术基础之上的、空想的共产主义社会,不如说是美化了封建的和贵族的社会。用猎人、渔夫、牧人、批判家来和机械化的时代,大工业时代相对抗,几乎是不可思议的。”③

就技术发展而言,人类如今已经进化到生活在百多年前的人所不能想象的地步,但此种进步,究竟是人类劳动免遭继续异化的“隔离带”,还是令人类异化愈益发展的“助燃剂”? 事实遗憾地证明,我们所面对的情形是后者。可以说,人类梦想通过技术手段让灵魂逃离“躯体监狱”,让灵肉共同逃离“地球监狱”的想法和举措本身,实质上就是对人类本质的异化——这诚如自我是对本我的异化,超我则是对自我的异化。人工智慧社会使人类面临更多、更大的异化,处理不好,不但无以扬弃“人的自我异化”;反之,可能是人自觉地投入这种异化。因此,如何在人工智慧时代创制和运用合理规则,控制技术及其成果对人的异化,是整个人类

---

① 《道德经》第 18 章、第 38 章。

② 《马克思恩格斯全集》(第 42 卷),人民出版社 1979 年版,第 120 页。

③ [德]D. 温科:《论西方关于异化概念的使用》,关一摘译,载《哲学译丛》1980 年第 5 期。

治理不得不面对的问题——这既是一种无奈，更是一种使命。

在理论上观察和解释这样的问题，还需要回到历史。不知不觉间，人类经历了从自然制约，中经理性制约，进而迈向技术制约的时代。回视不同时代人类的基本境况，皆因应着人类自身的特征和技术理性的进化程度而循序展开：(1)当技术理性供给不足，人只能被囚于天人关系的窠臼中时，人类要解决的问题，是呈现“本我”的规定性，是如何服从大自然的安排而表达本我的境界，其规范形式也是奠定在各种自然依赖之上的道德压制法。(2)当技术理性虽有了一定进步，但人类面临的更紧迫的问题是“自我”如何在群己关系中的呈现时，则其规范形式也主要是表达人们参与其中的社会关系的规定性，进而法律也主要是自我在群己关系的理性依赖中如何展现的理性自治法。但是，人类并不满足于这种亦步亦趋地在群己关系中展现自我存在。(3)当技术理性供给过度乃至泛滥时，寻求如何借助技术理性超越自我，实现超我境地，通过法律规范调整和解决身心关系之困顿，实现一种外求的身心关系平衡，并进而超越群己关系和天人关系时代的法律。在笔者看来，这大致是迄今为止，人类需求进化、技术进化与法律进化之间的一般逻辑关系。因此，相关研究的深入，特别是法学研究的深入，不应仅仅满足于某一方面（如规则）的论证，而应着手从诸方面关系互动的逻辑出发，寻求其解释。

这种解释，不但追求关系性，而且经由历史性而追求整体性。历史性解释是对技术进化过程中人类境况，特别是人类的规范应对做“历时”的描述和升华。历史性的观察和解释与区域性或空间性的观察和解释一样，乃是整体性解释的一个必要方面。笔者知道，人类是在时空交叠中的关系性生存者和生活者。时空交叠构成人类生存和生活的自然之两维；而关系性生存则把社会的因素深嵌到自然的两维之中，使人类的生存和生活呈现为三维性。因此，下文的探讨，将从历史上人的心理境况、需要状态及其依赖关系出发，描述不同时代对相关人类所面临的主要关系的法律应对。

二、“本我”、天人关系与道德压制法

1.“本我”、自然制约与天人关系

在弗洛伊德心理学中，“本我”“自我”“超我”是人类心理的三个方面。“我们把心理区分为本我、自我和超我……自我特别受知觉的影响，广义地说，可以说知觉对自我有着本能对本我所具有的同样意义……”可见，“本我”是人类心理之不可或缺的组成部分，或者是人的意识发展

的一个阶段、一种状态——它是处于潜意识状态的“未知的和无法控制的力”。在实质上,“本我”就是由人的本能所制约的一种心理状态(尽管“自我”也受本能的深刻制约和影响)。而本能有二,即性或爱(爱与恨)的本能和生命(生与死)的本能。这种本能,亦可谓之欲望。一言以蔽之,潜意识的本能欲望,就是“本我”。[①]

笔者在此借用“本我”概念,不是想把这一概念还原到心理学的原意上去,而是在此概念的心理学原意基础上,设法把其社会化,演变成用以说明人类主要受“本我”支配的境遇状态和时代。尽管可以肯定,没有完全脱离“自我”和“超我”,而纯粹由“本我”决定和支配的历史时代,但可以肯定,主要由“本我”决定和支配的时代是存在的。在社会心理上,这个时代乃是人的需要主要受制于泯然未知的自然状态所制约的时代——人类蒙昧地受自然制约的时代:其基本特征是人类交往关系受制于天人关系下的自然制约。[②]

在笔者看来,迄今为止人类交往的关系历程,大致经过天人关系、群己关系和身心关系这样三个阶段、三个时代。这三个时代之划分,只是说在人类所身处的特定时代,该时代的特征和要素主导地位更为明显,而不是说其他两个时代的特征要素便不存在。以天人关系时代为例,尽管人的自然制约在其中具有决定意义并占据主导地位,但它并不意味着以理性制约为特征的群己关系和以技术制约为特征的身心关系在其中不起作用,而是其作用相对而言位居其次而已,或者从属于以自然制约为特征的天人关系而已。

---

① [奥]西格蒙德·弗洛伊德:《弗洛伊德后期著作选》,林尘等译,上海译文出版社1986年版,第189页、第171页。并参见该书第157~217页(该书2011年改版时,译者顺序改为张唤民、陈奇伟、林尘)。

② 众所周知,“自然状态”乃是欧洲启蒙思想家对人类尚未开化时代的一种假设和总结(这在先秦时期我国一些学者的论述中也时有所见)。尽管对该时代究竟“人对人如同狼对狼一样”,还是人人平等?这在霍布斯和卢梭之间有并不相同的见解,但该时代大体受自然制约下的“丛林法则”的支配,却是众所公认的。参见[英]霍布斯:《利维坦》,黎思复等译,商务印书馆1983年版,第92~127页;[法]卢梭:《论人类不平等的起源和基础》,李常山译,商务印书馆1961年版,第2~15页;[法]卢梭:《社会契约论》,何兆武译,商务印书馆2003年版,第3~30页。而“蒙昧时代”这个概念,与“野蛮时代”一样,自从泰勒以来,就是人们描述初民社会的重要概念。参见[英]E. B. 泰勒:《原始文化》,连树声译,广西师范大学出版社2005年版,第25~73页。不过笔者在本文中所使用的“天人关系时代”的蒙昧特征,不仅指向人类的初民时代,而且指向以自然制约为主的所有时代,包括泰勒所谓“蒙昧时代”“野蛮时代”“文明时代”的前期和摩尔根所谓“野蛮时代”“开化时代”“文明时代”的前期——前资本主义时代。参见[美]摩尔根:《古代社会》(第1册),杨东蒪等译,商务印书馆1971年版,第12~27页。

回过头来再看天人关系时代。所谓天人关系时代，是指以人的自然(身份)制约为基础并突出人在自然世界中的自然身份和自然位置的时代。自然制约意味着两个方面：一是对象决定，亦即对象以它的固有规定性决定人的存在情状。在这里，人作为大自然(对象)的一部分，在整体上并未获得独立性或主体性生存，而只是在对象决定下的依附性生存，甚至是对象成长的一部分。二是血缘身份，即人的身份定位，乃是根据其在家族内部的血缘关系而定的。在血缘关系中，尊卑长幼的基本关系是不能僭越的，人们的身份地位是“天不变、道亦不变”的。社会秩序，即人们交往行为中相互的权利义务配置，就锚定在这种身份关系中——因此，这是种“身份社会与伦理法律”：

> 一个人在法律上的权利和义务往往取决于他先天或后天具有的身份。换言之，法律根据种种不同的身份确定人们相应的权利或义务。如果这种情形极为普遍，构成社会的常态，这种社会就可称之为身份社会。
>
> 社会也好，法律也好，一切都围绕着这个“名分”，它是伦常，是纲常名教，是富于差别性的礼。所以，社会乃是身份社会，法律乃是伦理法律。又所以，国家与家族，法律与伦理，经常是混淆不分。[①]

虽然梁治平的上述结论乃是基于对中国古代社会的和法律的分析，但此种情形不因地方性因素之各异而丧失其在不同地方的类似性。身份社会并非中国古代社会所独有，因之，伦理法律也并非仅见于古代中国法律。这在著名的“梅因定理”——“所有进步社会的运动，到此处为止，是一个‘从身份到契约’的运动”中可见一斑。[②] 在这一“定理”中，“身份社会”是古代法上的一种普遍的存在，就如同“契约社会”是现代法上一种普遍的存在一样。这种“身份社会”，普遍地以血缘为纽带，以家庭为单位。

> 在人类原始观念中，除了家族关系之外，不可能理解在各个个人相互之间可以有任何关系，事实上，上述的后果就是来自这个一般的确言。“家族”首先包括因血缘关系而属于它的人们，其次包括因收养而接纳的人们；但是还有一种第三类的人，他们只是因为共同从属于族长而“参加”家族的，这些人就

---

① 梁治平：《法辨》，贵州人民出版社1992年版，第19页、第25页。

② 参见[英]梅因：《古代法》，沈景一译，商务印书馆1961年版，第97页。

是“奴隶”。[1]

这种情形,就是所谓人类关系的“自然(家族)依附”,所以,在研究古代法律时,不仅中国人瞿同祖尤为注重中国的家族以及与家族关系紧密的婚姻等的法律规制,[2]并由此进入“阶级”——身份之法律定位,又不仅日本人滋贺秀三把古代中国家族法作为其博士学位论文的研究对象,并在研究中不时提及古代中国之家与古罗马同类概念在法律上的异同,[3]而且英国人梅因也特别强调这一人类的“自然组织”及其所衍生的伦理化的自然秩序[4](尽管这一秩序对原子性的个人而言是对其权利的剥夺和义务的蔑视,也是对“自然秩序”中“伦理特权”之维系,但它在特定的时空背景中创生或认可了彼时独特的“有机个体”——家族的权利和义务)。虽然原子个体附着于“有机个体”,受“有机个体”之奴役,但与此同时,也从“有机个体”那里获取被保护的权利。这种依附—保护的机制,在规范导向与控制上的必然逻辑结果是道德压制法的生成。

2. 人的自然制约与道德压制法

压制型法与后文将要提及的自治型法和回应型法,是诺内特和塞尔兹尼克的法律进化及类型化概念。其中,压制型法在他们看来是这种类型的法律:

> 压制型法这一概念假定,任何既定的法律秩序都可能是“凝固的非正义”(congealed injustice)。仅仅存在法律并不会保证公平,更不必说实质正义了。相反,每种法律秩序都有一种压制的可能

---

① [英]梅因:《古代法》,沈景一译,商务印书馆1992年版,第94页。

② 瞿同祖强调:“中国古代法律的主要特征表现在家族主义和阶级观念上。二者是儒家意识形态的核心,和中国社会的基础,也是中国法律所着重维护的制度和社会秩序。”瞿同祖:《中国法律与中国社会》,中华书局1981年版,导论,第1页。

③ 瞿同祖谓:“适成对照的,罗马法里的agnatio的概念,虽然在内容上差不多与中国的宗一致,但……是以家长的权力这类人为性的东西为核心所构成的。Agnatio的原理随着时间的推移给cognatio的原理让道,终于归于消灭。与此相对,在中国的宗的观念历经长久的历史而毫不减弱地一直维持到最近的最大的原因,大概应在并非是权力而是植根于对血脉这种自然性的事物所具有的一定看法这一点上来求得,中国家族法应该视为这样的自然观和人生观的反应。”[日]滋贺秀三:《中国家族法原理》,张建国等译,法律出版社2003年版,第32页。

④ 梁治平将这种建立在血缘本位基础上的家及其规范形式,称为“自然秩序”。“一切自然的生命之间都会有某种交流,甚至无生命的自然也与人息息相通。生命的荣枯与世事的流变遵守着同样的法则,这法则或者是道,或者是天,或者是理,总之是自然的秩序。”“中国古代的法律观念、法律理论及其指导下的实践,都与‘自然’的概念有密切联系,而且同样确实的是,这个对于中国古代法的发展可以说是核心的概念”。梁治平:《寻求自然秩序中的和谐——中国传统法律文化研究》,上海人民出版社1991年版,第321~322页、第325页。

性，因为它在某种程度上总是非维持现状不可的，而且，它使权力披上了权威的外衣，从而更加有效……

如果统治政权对被统治者的利益漠不关心，换言之，如果统治政权倾向于不顾被统治者的利益或者否认他们的正统性，那么，它就是压制性的。

正如强制不必是压制性的一样，压制也不必直接就是强制性的。当政府取得正统性时，当它促成了奥斯丁所谓的“一般的服从习惯”时，强制就退入背景之中。[①]

这种压制型法是依据什么产生的？笔者知道，早在诺内特等之前，涂尔干就提出了压制法和恢复法的概念，并强调前者的社会基础是“机械团结”。[②] 对这种机械团结，人们或许会有完全不同的理解。但在笔者看来，大致有两种机械团结：

一是基于神圣信仰制约的神人关系。这种关系以个人、社会对神圣事物（自然、神灵）的崇拜和信仰为基础，人们在那里寻求寄托，也在彼处求得保护、洗涤罪恶：

对神圣的领悟被看作克服或战胜异化和无助之深刻感受……的唯一出路。人们一旦认识到需要这种联系，并把自己获得自由和解脱的希望寄托于神圣存在，那么领悟和把握这一终极实体……的途径，就自然展现在人们面前，信徒们在表现自己感受的过程中，表明对神圣存在的深刻体验本身并不是目的，而是感受到一种改进：超验的力量完全能够改变充满罪恶和软弱的世界，亦即能够改变人类的不幸境遇。[③]

二是基于自然血缘制约的身份关系，其所维系的也是一种机械团结关系。其基本特点是人际间的“身份关系”。我们熟知的所谓“三纲”，即“君为臣纲、父为子纲、夫为妻纲”，典型地表达了此关系中的基本“团

---

① ［美］P. 诺内特、［美］P. 塞尔兹尼克：《转变中的法律与社会：迈向回应型法》，张志铭译，中国政法大学出版社1994年版，第31页、第34页。

② 压制性（型）法的概念，在社会学家涂尔干那里业已提出。这一概念作为与“恢复性法”相对的类型划分，分别所针对的是其社会类型化的主张，即“机械团结型社会”和“有机团结型社会”。他认为压制性法的制裁目的，是予人以痛苦，这不同于恢复性法制裁的目的是“拨正反乱”。“建立在痛苦之上的、或至少要给犯人带来一定的损失。它的目的就是要损害犯人的财产、名誉、生命和自由，或者剥夺犯人所享有的某些事物，这种制裁称之为压制性制裁”；“与压制法相应的是一种‘关系一断即为犯罪’的社会团结关系。”［法］埃米尔·涂尔干：《社会分工论》，渠东译，生活·读书·新知三联书店2000年版，第32页、第33页。

③ ［美］斯特伦：《人与神——宗教生活的理解》，金泽等译，上海人民出版社1991年版，第60页。

结模式”。人际间的团结,不是取决于每个原子个体当下的内在需要,从而不是取决于自由主体间的自主约定,而是取决于天生的、“天不变,道亦不变”的人际从属关系。

在此种关系中,身份固定化是其基本特征。这使君主、父亲、丈夫天然是臣子、儿女、妻子们的支配者、奴役者,相反,臣子、儿女、妻子们则天然地是君主、父亲和丈夫们的服从者、供役者。人们不但在行动上理所当然地遵循、维持这种关系,而且在理论,乃至心理结构上给出了这样做的“天经地义”的理由:

> 臣事君、子事父、妻事夫,三者顺则天下治,三者逆则天下乱,此天下之常道也。①
>
> 君臣、父子、夫妇之义,皆取诸阴阳之道。君为阳,臣为阴;父为阳,子为阴;夫为阳,妻为阴……天之亲阳而疏阴,任德而不任刑也。是故仁义制度之数,尽取之天。天为君而复露之,地为臣而持载之;阳为夫而生之,阴为妇而助之;春为父而生之,夏为子而养之,秋为死而棺之,冬为痛而丧之,王道之三纲,可求于天。②

如此一来,人的制约关系就被赋予了神秘的、形上的自然制约之色彩。这种色彩,不但形成天人关系背景下人对自然秩序的依恋和依赖,而且形成对它的行为和心理的自觉。一个人一但置于此种关系体系中,则个体每每丧失自觉反思的能力而不得不无条件接受。因之所产生的规则,无论是法律还是其他规则,其推行并非人们的利益权衡,而是此种无条件的心理依赖和行为恪守。此种依赖,自然也是一种压制,是一种纯粹暴力外加的压制,是一种自发的、来自主体内心的压制。在一定意义上,凡不经反思和权衡的无条件接受都是压制的,并且是一种更深入骨髓的压制:它不但以之评判自己的所思所想所行,而且之于人的评价亦如此。它赋予这种压制以宗教的神性和哲学的形上性,它是一切秩序的原点,是无法更改、近乎天然的人际秩序的逻辑大前提、总前提。

这表明,在“本我”的自然依赖世界,人际关系基本可归结为天人关系的一部分,其中自然的血缘纽带是最典型的天人关系形态。人们的认知停留或者强制停留在这种情感的感性认识层面。在技术能力上,人们虽然学会了制造工具,但并没有明确的理论根据以制造工具,因此,与其

---

① 《韩非子·忠孝》。

② (汉)董仲舒:《春秋繁露·基义》。

说它是科学，毋宁说其是经验。与此相关，人们的生产活动，可谓“本能劳动”——人们劳动所运用的是工具，尽管不乏智慧作用于其中的因素，但主要还是靠身体工具。这种独特的天人—自然依赖关系和人们的交往关系，使法律成为情感而非理性权衡的记载者。法律执行的是人们交往的情感使命，而非理性使命。因此，法律接受内在情感的驱迫和压制，理所当然。不过，对道德压制性而言，仅有此种情感的、内在的压制还明显不够。在这一前提之所致的心理——情感压制基础上，还派生了另外两种法律的外在压制手段：

一是教化与道德压制。前述人们在心理和行为上，基于自然依赖对天人关系的行为及心理自觉，归根结底是人类本我意识状态和精神的实践表达，是人类自我意识不足，受未知领域压制和约束的产物。但是，这并不意味着世间所有人都没有自我意识、反思精神和“离经叛道”的行动，对此，究竟通过什么方式施加自控制之外的它控制？我们知道，在我国，这是先秦思想家们争论最为激烈的问题。道家的“无为而治”把本我精神发挥到极致，但毕竟纯粹靠因任自然的本我发现，并不能全然解决所有问题；儒家的教化先行，对那些不遵从本我原则的人而言，通过教育施加更多的道德压制。因此，以教化为工具，以道德为根据的外在强制，保留了本我自然依赖的机理，剥夺了自我理性依赖的空间。为道德压制法的实施准备了温情脉脉但又可谓“吃人”的工具。在表象上，这似乎是一种内在压制，但是，和前述人们行为和心理心悦诚服的本能压制相较，它仍是一种外在压制，是以己渡人的外在压制。

二是刑罚与暴力压制。尽管追求“先礼后兵”“教然后诛”一类道德教化的压制，是道德压制法的不二法门，①但是，“徒善不足以为政”，②仅

① 前述道德教化的法律压制机制，不仅存在于古代中国的法律运行中，也照例存在于古代以自然依赖为基础的本我意识境况中所有的法律世界。特别是宗教法——无论佛教教法、中世纪基督教教法、伊斯兰教法，还是古老的中国本土道教教法，在本质上讲，宗教的产生和实践，皆可谓之教化的规则（法律）运行方式。宗教教化的目的，就是要人们产生稳定的、规则化的信仰，使规则由外而内。放大法律与宗教的视野，两者具有普遍的、一般的相关性。所以，伯尔曼指出：“说法律与宗教关系密切，说它们相辅相成、相互作用，要求不仅有一个宽泛的法律定义，也要求一个宽泛的宗教定义。如果宗教仅仅被视为与超自然相关的一系列教义和实践，那它也很容易被孤立于包括法律在内的生活的其他方面。但是如果着眼于涉及生活目的和意义的共同直觉和信仰，着眼于关乎创造与救赎、超验价值、人类本性与命运的共同情感（以及共同思想）来定义宗教，那么，就很难把法律关系、法律过程和法律价值排除在其范围之外。”参见［美］伯尔曼：《法律与宗教》，梁治平译，中国政法大学出版社2003年版，第140页。

② 《孟子·离娄上》。

仅靠教化绝不能完成道德压制法的实践使命，因此，且无论把刑罚等暴力压制抬升到无以复加地位的韩非等学者，即便强调道德教化的学者如孔子、孟子、董仲舒等，也不能不关注刑罚的作用。所谓“德主刑辅”，并非其权宜的说法和做法，而是面对现实的无可奈何之选择，所以，“刑为盛世所不能废，而亦盛世所不尚”。[①] 刑罚及其暴力方式的运用，以外在的恐吓促成了本我意识状态下对自然的依赖，对自然秩序及其规则的皈依。

上述种种皆表明：所谓道德压制性法的压制，不但指人们在“本我”之自然依赖下的本能压制——尽管它也是自觉的，还指外在的教化的道德压制和刑罚的暴力压制。这种情形，随着技术理性的不断进步和人们交际方式的明显变化，随着从天人关系到群己关系的突出发展，社会关系的法律使命出现了全新变化，自我认知与理性依赖推出了另一法律的控制方式。

三、“自我”、群己关系与理性自治法

1. 自我、理性制约与群己关系

在前述弗洛伊德的观点中，尽管对“本我”和“自我”做了两分的处理，但“自我”与“本我”并非井水不犯河水，截然两别的事物。所以，他在界定“自我”时这样写道：

> 我们称呼出自直觉系统，并由前意识开始的统一体为“自我”……称呼心理的另一部分为“本我”，统一体会延伸到这个部分中去，这个部分的行为好像它曾是无意识的。
>
> 我们将把一个个体看作未知的和无意识的心理的本我，自我依托在它的表层，知觉系统从它的内核中发展出来……自我并不全部包住本我，而只是包住了一个范围，在这个范围里知觉系统构成了它的[自我的]表层，多少有些像胚盘依托在卵细胞上一样。自我并不与本我明显地分开：它的较低级部分并入本我。
>
> 自我特别受知觉的影响，广义地说，可以说知觉对自我有着本能对本我所具有的同样意义。同时自我象本我一样也受本能的影响，如我们所知自我只不过是本我的一个特别改变过的部分。[②]

---

① 《四库全书·政法类·法令之属按语》。

② [奥]西格蒙德·弗洛伊德：《弗洛伊德后期著作选》，林尘译，上海译文出版社 1986 年版，第 171～172 页、第 189 页。

这种根据人类心理意识状况而对人的状况所做的分类，表明“自我”只是人存在的一种状态，这种状态既是人对对象世界的外部认知状态，也是对人本身的认知状态，因此，“自我”与“本我”一样，都是描述人的存在状态的概念。只是“本我”出自人类自然依赖的本能——人不但受自然支配，而且无可奈何地受自然所致的身份关系的支配。对此，“本我”的人并未去认真反思。而“自我”却不同，“自我”已然将人从天人关系的模糊、无意识状态，位移到群己关系的清晰和有意识状态——尽管“自我”也是分阶段的。[①] 因此，“自我”寻求和关注的，不但是天人关系中的人，而且是社会（群己）关系中的人。进而在自我意识中，人们交往的权利义务关系不是像在本我世界那样，率由神灵、上苍决定，而是在群己交往中，由自我的理性意志所决定。

“自我”还意味着，当处于社会交往中的人们能够以理性眼光和精神衡量自身在群己关系中的地位——权利义务关系时，自然意味着个体作为主体而存在。人不再是任何神灵的隶属者，自然也不是任何他者的隶属者，人是一种意志自由和行为自主的存在，是主体性的存在。因此，“自我”不但意味着人们自我认知的诞生，而且意味着人的解放和“人的创世纪”。它使深受神灵或自然奴役的人，获得了精神自治的、行为自主的存在。人，从身体到灵魂，首先是自己的存在，其次才进入人际关系领域，参与社会的秩序体系中，诚如麦金太尔所言：

> 我们从最初的动物状况发展成独立的理性行动者所需要的德性，与我们面对和回应自己与他人的脆弱性和残疾所需要的德性，其实属于同一系列的德性，即依赖性的理性动物特有的德性，我们的依赖性、理性和动物性必须被置于相互关系之中来理解。[②]

可见，越是个体的、主体化的人，越需要进入关系性交往中才能呈现其个体性、主体性。表面观之，这是一种近乎悖论的事实：一方面，每个人只有以主体身份彰显其个性，才表明人的自我状态；但另一方面，如果一个人不能自觉地、理性地参与群己交往中，他的主体性生存也罢，自我

---

① 罗洛·梅就把自我分成四个阶段，即天真无知的婴儿阶段、寻求反抗的青少年阶段、一般性的自我意识阶段和创造性自我意识（“灵感”意识，尼采称之为“超我意识”）阶段。参见［美］罗洛·梅：《人寻找自己》，冯川等译，贵州人民出版社 1991 年版，第 106～109 页。作者所谓“创造性自我意识”与后文将要论及的“超我”有明显关联，但又不完全是一码事。

② ［美］阿拉斯戴尔·麦金太尔：《依赖性的理性动物：人类为什么需要德性》，刘玮译，译林出版社 2013 年版，第 9 页。

的存在状态也罢，就只能徒具其名，不过是孤居寡在的代名词而已。但这种悖论，也是一种辩证。它表明，首先，群己交往的秩序体系，必须是自主自治的主体平等参与、作用其中的秩序，这明显不同与前述本我状态之自然依赖中的自然秩序，人单向度地受制于自然的制约。其次，自我的、个体性的人，只有置身于群己交往关系中，才能真正彰显其自我本性和主体性生存，否则就与离群索居相差无几，即使这也会彰显其个体性和自我精神，甚至从事自我的对话和交流。对“自我”与社会以及“自我”与自身的这种关系，米德曾言：

> 自我，作为可成为它自身的对象的自我，本质上是一种社会结构，并且产生于社会经验。当一个自我产生之后，从某种意义上说它为自身提供了它的社会经验，因而我们可以想象一个完全独立的自我，但是无法想象一个产生于社会经验之外的自我。当它已经产生的时候，我们可以想象一个人在其余生中闭门独居，但他仍以自己为伴，并能同他自己思考、交谈，一如他曾同他人交流那样。①

不过，毋庸讳言，一旦人们离开与他人的对话、交流，而停留并满足于自我之身心的交流，毫无疑问，自我本性在更大、更广泛层面发挥其作用的机会、能力和条件会被大大制约，人的理性能力也会因此大打折扣。进而，人类的自我能力和水平也会相应地失去“真刀真枪”地锻炼的场所。毕竟肉与灵的对话、身和心的交流、形和神的商谈，其捉襟见肘、促狭局限，不难想见。因此，真正的自我状态，乃是个体自我参与并进而融入社会“大我”的状态，只有在这种状态中，“自我”才能借由与他人的理性交涉，彰显其在社会体中的价值，也有助于人们窥视“自我”在群己交往中与他人的理性交涉、商谈或对话的内在关联。

如果说“本我”在内天然依赖于人们本能的内心原始状态，在外依赖并服从于天人关系所构织的自然秩序的话，那么，“自我”在内则依赖于人们对自身和外界关系的认知，在外依赖并服从于人的理性权衡以及基于这种需要所缔结的人与人的群己关系。所以，“自我”的技术路径是理性，理性依赖决定着“自我”的存在状况以及社会关系及其法律调整的状况。

这里的关键话题是理性和理性依赖。

---

① ［美］乔治·H.米德：《心灵、自我与社会》，赵月瑟译，上海译文出版社1992年版，第125页。

理性的经济学原理，就是人们普遍地能够做到利害权衡，即在社会交往中，人们要普遍懂得“两利相权取其重，两害相权取其轻”，人们也要普遍领会和掌握所谓“数目字管理”——精细的技术权衡和管理。[①] 显然，这是一种算计理性。对于一个身置自我时代的人而言，如果不能领会并掌握精致的算计——在社会交往中对其利害得失关系的把握，那么，也就意味着其自我能力和理性水平的局限。这种情形，并不是所谓自私自利的“个人主义”，只要它普遍地存在所有主体身上，就是对人类自我的一般性写照。诚如一位论者所言：

> 如果不是将个人主义与哲学上的唯我论相混淆，我们就应该明白，个人主义并不是“我个人主义”，而是首先意味着每一个人的人格都应受到尊重。因此，自尊、自重，就意味着尊重他人，自主、自由，就意味着尊重他人自由权利，自爱就变成博爱。[②]

理性的哲学原理，则在于人类认识能否以及如何达成对事物的精确认知。对于能否达成问题，在笛卡儿这位笃信理性的学者看来，尽管困难，但是能够。他曾经强调：

> “我想，所以我是”这个命题之所以使我确信自己说的东西是真理，无非是由于我十分清楚地见到：必须是，才能想。因此我认为可以一般地规定：凡是我十分清楚、极其分明地理解的，都是真的。[③]

至于如何达成，尽管笛卡儿给出了种种“沉思”的理念；康德给出了可能性与现实性之间的距离与区分对认知的深刻影响；卡西尔在此基础上，进一步把这一区分理解为事实与符号之间的距离与区分，真理的认识只能存在于符号世界，是人们对一种符号表现能力的努力；加达默尔引入前见和诠释的哲学观念来思考达致真理的方法；而哈贝马斯则基于

---

① “数目字管理”这一说法为黄仁宇先生在其论著中检讨中国历史时所不断提及。它强调古典中国抽象单一的“间架式设计”，无以准确地应对、考量纷繁复杂和多元立体的现实世界，难以实现对国家的“数目字管理”。但何为“数目字管理”，则语焉不详。有黄仁宇的批判者在解释其观点时，借用 Theodore Porter 的说法：“社会在被量化之前一定要被重构。人类和各种事物一定要被重新分类定义，度量的标准一定要可以互相换算；土地和商品一定要能用等值的金钱重新表示；这里很多都是韦伯所称的理性化，还有大量的集权化。”维舟：《数目字管理：黄仁宇的伪命题》，载 http://www. docin. com/p - 446222421. html，2019 年 5 月 19 日访问。不过，黄仁宇运用这一词汇想揭橥的，是与粗放的道德管理相对应的精细的技术管理。

② 陈宣良：《理性主义》，四川人民出版社 1988 年版，第 9 页。

③ [法]笛卡儿：《谈谈方法》，王太庆译，商务印书馆年 2000 年版，第 28 页。

现代社会结构与事实,提出交往行为中的商谈理论等,[1]但这些零零总总的有关理性能力和方法的智慧,在用不同的理论说明理性实现的方法时,其共同之处皆在于对理性本身的充分尊重。

这种对理性的尊重,既来自文艺复兴以来人的创世纪——人对神、自然、对象绝对依赖关系的解禁,以及与此相关的宗教改革和自然科学的迅速进步,更来自因为商品交易及其导致的人类平等关系、自我能力、理性交往、认知水平的明显提升。这一切,综合性地体现在一种新型的法律形态——理性自治法形态中。

2. 人的理性制约与理性自治法

理性自治法这一概念,派生自"自治型法"(法治)的概念。当压制型法无以应对日渐成熟的"自我"之后,在规则领域,应运而生了另一种法律——所谓逻辑自洽的自治型法。它的所指绝不仅是规则本身的逻辑自洽,更指向法律与社会的有机对接,指向法律能够满足理性主体在程序内交涉和交往的一般要求。对此,诺内特和塞尔兹尼克写道:

> 最好把法治理解为一种独特的机构体系而非一种抽象的理想。这种体系的主要特征就是形成专门的、相对自治的机构;这些机构在各个规定的权能范围内要求一种有限的至上性。尽管有促成新的行话的危险,我们还是要把这种体系称为自治型的体制。这一术语并不是要表明一种牢靠的和圆满的自治。相反,它要表达的是:在这一阶段,巩固和捍卫机构自治是法律官员关注的中心。它既表明法治的弱点,也表明法治的成就。[2]

在笔者看来,法律与政治的分离、强调行为的规则模型、程序中心以及忠诚地服从实在法,乃是"自治型法"的四个主要特征。[3] 这一观点对"自治型法"的界定,着眼于法律体系——包括规范、机构和运行之内

---

① 参见[法]笛卡儿:《第一哲学沉思集》,庞景仁译,商务印书馆 1986 年版,第 1 页以下;[德]康德:《判断力批判》,邓晓芒译,人民出版社 2002 年版,第 13 ~ 34 页;[德]恩斯特·卡西尔:《人论》,甘阳译,上海译文出版社 1985 年版,第 3 ~ 80 页;[德]汉斯-格奥尔格·加达默尔:《真理与方法》(上、下),洪汉鼎译,上海译文出版社 1999 年版,第 225 ~ 628 页;[德]于尔根·哈贝马斯:《现代性的哲学话语》,曹卫东译,译林出版社 2011 年版,第 345 页以下。

② [美]P. 诺内特、[美]P. 塞尔兹尼克:《转变中的法律与社会:迈向回应型法》,张志铭译,中国政法大学出版社 1994 年版,第 59 ~ 60 页。

③ [美]P. 诺内特、[美]P. 塞尔兹尼克:《转变中的法律与社会:迈向回应型法》,张志铭译,中国政法大学出版社 1994 年版,第 60 页。

部。而笔者在此强调的理性自治法,尽管受“自治型法”的直接影响,但着眼点却取向于外部,即取向于自治法得以产生和存在的需求前提和社会基础。

这一基础即“自我”导致的理性需要,以及在理性需要基础上的群己关系。“自我”与“本我”的基本区别,在于“自我”所呈现的是人类状况的差别性存在,而“本我”所呈现的恰好相反,是人类状况的齐一性存在。“自我”是对主体自由之发现,而自由之重要意涵在于行动的深思熟虑,“尊重自由的人就是恰当地认识到他们是理性的主体,能够对理性做出反应,并以此来对待他们”。① 因此,在“本我”主导的人类境况中,无须理性、自治的法律,自然也无须人们遵循这样的法律。但是,在“自我”主导的人类境况中,这种要求理所当然。这取决于差异性的自我必须在群己交往中获得相互认同。如果差异性的“自我”不能在群己交往中获得相互认同,反而因此形成人们交往中的认同危机和信任危机,②那么,“自我”状况越发达,意味着人类的行为越没效力,也意味着人类行为的结果更多的是“互害”,而非“互利”。

因此,“自我”越是发达,越意味着理性合作的需要,所谓理性合作,在本质上是“自我”的相互依赖。我们知道,既然“自我”不是“我的自我”、“某个人的自我”,而是社会交往主体的“普遍自我”,那么,每个“自我”的自主、自治和“自我”相互间的合作依赖就是相辅相成的。一方面,只有被置于群己关系中的“自我”,才是可比较、可评价和可认知的,离群索居的“自我”,只能是“自我的自说自话”,无以真正彰显“自我”区别于其他“自我”的独特性和差异性。一言以蔽之,“自我”如果不能被置于群己交往与合作的框架中,那么,它便处于“无方向感”状态,就难以获得其他“自我”的认同。另一方面,只有“自我”合作并缔结的群己关系,才是真正的群己关系,才能避免滑入道德控制的、天人关系的自然秩序中。

---

① Jakob Huber,“Legitimacy as Public Willing:Kant on Freedom and the Law”, *Ratio Juris*, Vol. 32, No. 1(March 2019), p. 108.

② 泰勒认为:“‘认同危机’的处境,一种严重的无方向感的形式,人们常用不知他们是谁来表达它,但也可被看作是对他们站在何处的极端的不确定性。他们缺乏这样的框架或视界,在其中事物可获得稳定意义,在其中某些生活的可能性可被看作是好的或有意义的,而另一些则是坏的或浅薄的。所有这些可能性的意义都是固定的(这个地方中文版译错或者印错了,原文是unfixed)、易变的或非决定性的。这是痛苦和可怕的经验。”[加]查尔斯·泰勒:《自我的根源:现代认同的形成》,韩震等译,译林出版社2001年版,第37页。在笔者看来,认同危机——这一差异的自我之间难以获得信任的情形,乃是自我所必然面对的代价,但是,这一代价不是无法救济和弥补的,它需要“自我的理性合作”加以救济和补偿。

进而,“自我”的合作与认同,究竟是何种意义上的?是道德(情感)依赖意义上的、利益(理性)依赖意义上的还是利益的道德依赖意义上的?这里揭示的三种依赖关系显然不同。道德(情感)依赖的自我合作不是不可以,但它仍然靠近“本我”及其本能。例如,在亚太地区市场初起时,成功的企业每每表现为家族企业,它表明家族成员之间无可替代的道德情感信任与合作。但是,这只是企业发展与合作的初级形式,家族企业在市场竞争中的不断衰落,可证其道德(情感)依赖的症结所在。利益(理性)依赖,固然是处理自我合作的基础,所以,在市场交往中,人们常用“没有永恒的友谊,只有永恒的利益”这样的结论。不过,这种纯粹的利益依赖,尽管具有理性的支撑,但对“自我”的合作而言,显然有失必要的道德温情,使“自我”处在一种“冰冷的理性”中。因此,从中寻求利益(理性)的道德,以支持自我之间的合作,对获得“自我”之间的认同与信任,把差异化作互补余缺,并最终形成“自我的相互依赖”而言,是更需认真对待和检讨的话题。

谈到“利益的道德”,不禁令人想起“功利主义”的伦理追求。把功利主义和伦理联系起来,在熟悉了道德反对功利的语境中,或许是难以为人们所乍然接受的。但事实上,功利主义的代言人,无论穆勒,还是边沁,都倡导“最大多数人的最大幸福”这样一种功利主义伦理观。① 因此,功利主义不是道德反对功利语境中人们想当然的自私自利,而是对每个自我都追求其利益最大化,从而幸福最大化的肯定。只要肯定普遍的自我,就需要肯定普遍的理性权衡以及建立在这种权衡基础上的功利伦理。只有这样,才能达成在人类自我境况下的普遍善。这种普遍善所揭示的,不仅是利益本身,而且是立基于利益之上的道德,这种道德,即是“利益的道德”。

可见,“自我”对群己交往的参与,就是寻求理性地分配利益,即在冲突的、多样的“自我”及其利益交往中,寻求中道的权衡和分配。但是,一切权衡和分配,必须有一个普遍适用于所有“自我”或者被“自我”普遍接受的前提,这一前提就是理性自治法。既然为“自我”所普遍接受,就意味着法律及其执行机构、运行机制等,不但应立于任何个别的“自我”之上,而且应立于普遍的“自我”之上,除非普遍的“自我”已然不再接受

① 参见[英]约翰·穆勒:《功利主义》,徐大建译,上海人民出版社2008年版,第35页以下;[英]边沁:《道德与立法原理导论》,时殷弘译,商务印书馆2000年版,第58~63页;王润生:《西方功利主义伦理学》,中国社会科学出版社1986年版,第1页以下。

这一规则——即便不再接受法律的结果，也要通过既定的法律程序来完成——这必然导致法律对任何超越其上的个人权力和集体权力的排斥和反对。这样，在自我世界，理性自治法成为挥斥方遒、鞭扫六合的帝国；它的内可安邦、外可御敌的首都，就是法院；它的君临天下、又忠贞不贰的王侯，就是法官；它的入微探幽、条章清晰的立法者，则理应是所有"自我者"。①

理性自治法的基本功能是给自我的人们提供理性合作的前提框架。它表明，法律自身是自我理性交涉、商谈、合作的产物，因此，公认为理性自治法就是一种最广泛意义上的公共契约。卢梭在阐述其社会契约时，开宗明义就强调："我要探讨在社会秩序之中，从人类的实际情况和法律的可能情况着眼，能不能有某种合法而又确切的政权规则"；接着他又强调："社会秩序乃是为其他一切权利提供了基础的一项神圣权利，然而这项权利绝不是出于自然，而是建立在约定基础之上的。"②因此，在理性自治法时代，法律就是自我理性合作的产物。因为有了这个覆盖人们所有利益权衡——权利义务权衡的逻辑大前提，人们(不仅仅是法官)只要循此而行，社会就会呈现为法治缔造的理性模样。

这意味着，理性自治法不仅是一般意义的公共契约，也是从公共交往到私人交往，甚至再到个人独处(权利)的契约——无论社团间的契约，还是私人间的契约，无论明示的契约，还是默示的契约之基本逻辑前提。诚然，这样的法律及其法治，未必一定是逻辑自洽的、毫无破绽的，因此，它必须寻求有效的救济之道。但其救济之方略，绝不能是对理性自治法以革命的手段推倒重来，而毋宁是遵循一种温文尔雅的改良的、经验的理性主义路径，这一路径，就是德沃金笔下一再强调的下述结论：

法律是一种阐释性的概念。法官们应以阐释其他法官判

① 德沃金强调："法院是法律帝国的首都，法官是帝国的王侯，但却不是它的先知或预言家。如果哲学家们愿意的话，制定法律自身的目标，即在我们的法律之内或法律之外制定更完美的法律形式，这个任务就落在哲学家们身上。"[美]德沃金：《法律帝国》，李常青译，中国大百科全书出版社1996年版，第361～362页。对德沃金的其他结论，笔者基本赞同，但其对立法者的设想，在笔者看来本身违背人类的"自我"境遇，歧视性地把哲学家之外的"自我者"排除在立法交涉之外，这虽可能引致精英理性对立法的影响，但法律因为未获得"自我"的普罗大众的参与和检验，因之，反抗也就在所难免，又因之，才有全民公决制立法的渐起。

② [法]卢梭：《社会契约论》，何兆武译，商务印书馆1980年版，第3页、第4～5页。

断什么是法律的实践，确定什么是法律……作为整体的法律是把法学理论与实际判决结合起来，而是取决于(?)对其已经开始阐释的同一法律实践作出更精炼和更具体的阐释。[①]

总之，理性自治法是“自我”参与群己关系时理性交涉的产物，它也必须秉以理性的精神、原理和规则，规范“自我”在群己交往细节处的理性权衡与选择，并借此推进“自我”、理性和自由。理性自治法的这种追求，虽如有些学者所说，是哲人的追求：

人类精神在解脱了所有这些枷锁、摆脱了偶然性的王国以及人类进步之敌的王国以后，就迈着坚定的步伐在真理、德行和幸福的大道上前进……哲学家……正是在关照这份史表之中，他就接受了他为理性的进步、为保卫自由所做的努力的奖赏。[②]

然而，这一追求必须要普惠于所有的“自我”，并接受所有“自我”的参与和检验。不过，尽管如此，正所谓“人类一思考，上帝就发笑”。正在我们——“自我”的人类为摆脱种种偶然性的枷锁，并为所取得的理性、自由成就而庆幸时，人类在某些方面却抛弃了自己所取得的这些成就，而宁愿接受另一种“偶然性”的制约和支配。这就是“超我”及其技术依赖对心理需要之外部满足的不确定性所导致的新的法律支配形态。

四、“超我”、身心关系与技术回应法

1.“超我”、技术制约与身心关系

在弗洛伊德的论述中，“超我”是“自我”的一个独特阶段、一个等级或者一个独特状态，所以被称为“自我典范”：“在自我中存在一个等级，在自我内部存在着不同的东西，可以把它称做‘自我典范’或‘超我’。”[③]可见，“超我”不是对“自我”的超越、剥离，而是存在于“自我”中的一个“等级”。既然如此，“超我”并非是“自我”的超越者，只是“自我典范”。在另一个地方，弗洛伊德结合别人或“自我”设问的观点，反驳并

① [美]德沃金：《法律帝国》，李常青译，中国大百科全书出版社 1996 年版，第 364 页。这段翻译明显存在漏译、表意欠佳等瑕疵。行文之时，笔者请正在加拿大的陈光博士按照该书英文本翻译如下：“我极力主张第三种界定，即法律作为整体，是将法理与判决加以结合。如此，法律内容(的确定)不再依赖于特殊的惯例或独立的运动，而是建立在对将要解释的相同法律实践更为精炼而具体的解释基础之上。”

② [法]孔多塞：《人类精神进步史表纲要》，何兆武等译，生活·读书·新知三联书店 1998 年版，第 204 页。

③ [奥]西格蒙德·弗洛伊德：《弗洛伊德后期著作选》，林尘译，上海译文出版社 1986 年版，第 176 页。

引出“自我典范”的概念：

> 在自居作用中……自我用对象的种种特点来充实自己，将对象“内投”于自身中。而在那种爱的极端发展状况中，自我变得贫乏起来，它使自己屈从于对象，它用对象来取代它自身最重要的成分。不过仔细考虑一下的话，就立即会清楚地看到，这种解释会制造一种错觉，即把实际上并不存在的对比当作真实的。说实在的，并不存在什么贫乏或充实的问题……在自居作用中，对象已经丧失了，或被抛弃了，它后来在自我内部又重新形成起来，自我按照这个丧失了的对象在自身中又作了部分的改变。而在另一种场合，对象被保留下来，自我对该对象的高度精力灌注，而以自我的牺牲为代价。不过，这种解释也出现了困难，难道能够肯定，自居作用是以放弃对象的注情为前提的吗？当对象被保留时，是否不可能存在自居作用？在我们开始讨论这个微妙的问题之前，我们已经开始意识到这样一种观点：能够说明问题真正实质的是另一种区别法，即该对象是被置于自我的地位还是自我典范的地位。①

笔者不厌其烦地引述弗洛伊德的相关讨论，是想在论述“超我”、技术制约与身心关系这一问题之前，尽量能遵循“超我”这个并不为学界所特别关注的概念。在笔者看来，所谓“超我”，就是“自我”超越规定性地向外部世界开放，借用潘能伯格的话，就是人“对世界开放和对上帝开放”，并“以想象克服此在”。② 这种开放，事实上是将外在世界——自然、神灵以及他人代入其中，带入“自我”，并因这种代入，使“自我”改变且摆脱其自然规定的情形，摆脱自然对人的规定性，超越身体对心理的桎梏、自然对人类的桎梏和神灵对灵魂的桎梏。比如，“自我”的人类，幻想有朝一日成为大雁，“自由自在”地南来北往。不但如此，人类还竭尽全力设法通过技术的进步，使这样的幻想变成现实，变成比南来北往的大雁更加自由自在地存在。然而，讨论到这一层面，并没有深入“超我”之肯綮。因为“超我”尽管是“自我”的一个层级，一种形态，但它往往以迷失“自我”为代价。而当代智能技术超乎人类想象地发展的时候，可谓在更深

---

① ［奥］西格蒙德·弗洛伊德：《弗洛伊德后期著作选》，林尘译，上海译文出版社1986年版，第122页。

② 参见［德］潘能伯格：《人是什么——从神学看当代人类学》，李秋零等译，上海三联书店1997年版，第1～26页。

层次、更广范围呼应人的“超我”想象，并在客观上日益体现为一种“超我”的现实。就其表象而言，这种现实完全是以人的异化方式而存在的——人创造了智能机器人，但自我的劳动、交谊、亲情甚至性爱等，却被智能机器人掠夺或包办；人创造了互联网，但人类日益严重地被互联网支配、绑架——从身体到心理，人类发现了人的基因构成和生殖机理，却导致人自身的生殖能力日益下降、自然机理日益变异……

在此情形下，人类的身心状况不再是身心间的自我调适，不再是自我之间的相互心理满足，而是把这种满足的途径，安置在以技术依赖为基础的外在物上，人无以通过自我调适、满足其心理要求，而是通过外在的技术供应满足其“自我”的心理要求。这种情境，使人的身体变得呆板、机械、外在，从而和心理需要之间似乎没有必然联系，反倒脱离人身体之外的技术，成为满足其需要的关键所系。在这里，身心关系已经不再是“自我”的身心关系，①而是人类创造的技术这种“客我”(身)与“自我”(心)的关系。② 因此，它导致了在“自我”境况下人们身心关系的完全不同的变化，在此意义上，“自我”已经因对象的“内置”而超越，成为“超我”。身心关系也已经位移，心把身“移情”到“自我”之外，“移情”到一种外在的技术控制或满足手段上——尽管形式上“自我”之心仍在控制“自我”之身，但外在的技术依赖又在控制“自我”之心，进而控制“自我”之身。

可见，“超我”在社会关系的现实层面，把人们从群己关系的关照重点位移到对身心关系的关照。并且，这种身心关系以无限开放的心理面对无限开放的对象世界，特别是人造的对象世界，以便在“原始身体”无以满足无限开放的心理需要时，通过技术的改进而不断地向外扩张，以延展身体的时空范围，成为心理需要的“派生身体”。“自我”心理的外在满足手段，不再纯粹是人们的“原始身体”，更多时候，毋宁是“派生身体”。因之，心理对“派生身体”的依赖，也胜过了对“原始身体”的依赖，因为“派生身体”供给人们心理需要的能力、范围、强度、速度、质量等，都

---

① 近代以来关于“身心关系”的学说，要么是休谟的二元分离命题，要么是科学的一元论命题——心物相似论、相互作用论以及同一论等。参见[奥]冯·贝塔朗菲、[美]A. 拉威奥莱特：《人的系统观》，张志伟等译，华夏出版社1989年版，第98~102页。

② “客我”是米德所使用的与“主我”相对应的概念。“‘主我’是有机体对他人态度的反应，‘客我’是有机体自己采取的有组织的一组他人态度。他人的态度构成了有组织的‘客我’，然后有机体作为一个‘主我’对之作出反应。”[美]乔治·H. 米德：《心灵、自我与社会》，赵月瑟译，上海译文出版社1992年版，第155页。

明显超过了“原始身体”的供给能力。

这样一来,在人类的“超我”之境,人们的对外依赖既不是出于“本我”本能及其天人关系的自然(神灵)依赖,也不是出于“自我”认知及其群己关系的理性依赖,而是出于超越自我体验及其身心关系的技术依赖。人们只有依赖于技术,才能更好地实现超越“自我”的浪漫理想。乍看起来,既然是技术依赖,那与理性依赖有何区别?难道所有的技术,都不是理性的产物吗?没有理性,哪有科学,哪有技术?诚然,就技术本身而言,它毫无疑问是理性的产物,因为所有技术,都是人们精益求精地算计的产物。但是,技术一旦因理性而产生,它就是“自我”之外的物化的存在,而不是“自我”之内的人化的存在。所以,理性依赖存乎自我之内,而技术依赖存乎“自我”之外。这样的区分,使技术依赖的特点也昭然若揭。

当然,倘若技术依赖仅仅止于身心对人造对象作为工具的运用,技术工具就不至于成为奴役和控制人们心理的力量,而仅仅是满足人们心理需要的辅助手段。但是,我们所身处的现实是:技术工具的智慧(所谓人工智能)已越来越凌驾于人本身的智慧之上,并不断地掠取人的需要、情感、作用和地位,越来越僭越人类自身的智慧,因之,技术依赖已经从工具依赖成功地跃升至智慧依赖、情感依赖和价值依赖。前者导致人一旦离开技术智慧,“自我”便不知如何使唤其智慧,从而人反倒成为技术智慧的奴仆;中者导致“自我”把情感从群己交往中移开,而位移到技术世界,如离开手机及其互联网,人们会怅然若失,伴侣机器人比异性的人类更能满足“自我”的情感需要等;而后者则把人生存和生活的目的,寄托于技术,使技术本身获得了“自我”目的和价值的地位。可以认为,当技术依赖能够控制人类智慧、情感与价值的时候,就是一个必须重视的临界点——这个临界点表明,人类从“自我”的境遇,进至“超我”的境遇,进而人类从理性引导的群己关系,进至技术引导的身心关系。

在这种关系中,“自我”不但分享技术,而且与技术互享;“自我”不但是技术的创造者和实施者,而且技术也成为“自我”的驾驭者和支配者;“自我”固然以主体的身份活跃于技术的创造和运用中,但无论技术创造还是运用,一旦离开技术智慧本身的支持,就成了无米之炊,难以为继。因此,这是一个人类借助技术充分彰显“自我”及其主体性的时代,但同时也是一个技术支配人类,让人类一旦离开技术便不知所从,从而技术不但以客体身份存在,而且获得了一定的主体地位的时代——机器人配偶究竟是主体还是客体，人工胚胎究竟是人还是物等，都在使这个技术依赖的时代，导生了全然有别的身心关系。而身心关系是法律规范存在的基础，“如果所有拥有心灵的生物永久地消失，法律规范也将不复存在”。[①] 诚如前述，技术依赖时代的身心关系，不是向内寻求“自我”之身心平衡与和谐的关系，而是向外寻求技术满足人们需要的关系。无论创造技术的精英，还是运用技术的大众，在此都无可例外地成为向外寻求技术以满足其需要的“自我”。前者如一位技术精湛的医生，一旦缺乏外在技术，便平庸无能；后者如日常交往离开现代化的智能工具，便寸步难行。一言以蔽之，在这样的时代，“自我”的实现，必须把人类创造的“客我”“内投”于自身。但是，当“客我”控制“自我”时，尽管“自我”之心通过另一种供给渠道被满足，但“自我”却丧失了其本真。

那么，在这种“超我”的时代，在这种独特的“身心关系”境遇中，业已深入人心的理性自治法，能否适应并调整这种关系？如果不能，应当用何种规范取代之？这是笔者将在下文中所讨论的议题。

2. 人的技术制约与技术回应法

同道德压制法、理性自治法分别是对压制型法和自治型法的借鉴一样，技术回应法也是笔者相应地对回应型法的借鉴。回应型法是针对自治型法过于追求形式正义的外观完整而构筑的近乎封闭的“法律墙”，因忽视日益变迁的开放社会而导致的法律僵化现象所开出的药方，以使法律能够既开放地回应不断变革的社会之独特要求，又不失完整地保障法律的自治性和整体性。可见，回应型法是对自治型法过于机械的一种改良，而不是对它的全盘替代，是对理性的圆润和延伸，而不是鄙视理性。在诺内特和塞尔兹尼克的笔下，回应型法被描述成以目的为导向的、用以理想地调适法律“完整性和开放性”之紧张关系的法律：

> 第三类型的法力求缓解上述紧张关系。我们称之为回应的而不是开放的或适应的，以表明一种负责任的、因而是有区别、有选择的适应的能力。一个回应的机构仍然把握着为其完整性所必不可少的东西，同时也考虑在其所处环境中各种新的力量……它依靠各种方法使完整性和开放性恰恰在发生冲突时相互支撑，它把社会压力理解为认识的来源和自我矫正的机

---

① Matthew H. Kramer, “Hart and the Metaphysics and Semantics of Legal Normativity”, *Ratio Juris*, Vol. 31, No. 4 (December 2018), p. 401.

会。要采取这种姿态，一个机构就需要目的的指导。目的为批判既定的做法设立了标准，从而也就开辟了变化的途径。[①]

可见，回应型法中的“回应”一词，本义中既有自主性的一面，也有开放性的一面。前者能够保障法律的完整性，不因开放而破坏法律本应有的逻辑自洽和体系完整，进而即便法律必然面临着无限开放的社会事实，也不至于随波逐流，任洪水肆虐；后者则能保障法律因过分强调体系严谨和逻辑自洽，而对开放的外部世界漠不关心，或者以机械形式主义的不变应开放世界之万变的情形。因此，这显然是法律应对开放社会的一种理想模型。

当然，回应型法不仅是一种理想模型，它还是适应“自我”对技术依赖日渐增加、法律因技术开放也不得不面对开放的时代之实践模型。这一模型在司法实践那里不断被法官所发展和坚持，并通过法官的努力，形成了一套影响甚大的法学理念，即法律现实主义的法理念。[②] 所谓回应型法的提出，就是在前述法律实践和法律理论基础上集大成者。但是，何以法律必须迈向“回应型”的时代？形式（理性）主义框架中的法律，能否真正回应开放的社会事实？这是如下需要继续探究的话题。

可以说，法治理想及理性自治法所面对的永恒的问题是：如何处置稳定且封闭的法律和变迁且开放的事实之张力。亦即，究竟要削足适履地让开放的社会事实屈从于机械的法律，还是要海纳百川地让开放的事实源源不断地流淌到浩瀚的法律“蓄水池”？倘是前者，意味着法律的确定性规训着社会事实的开放性和不确定性；倘是后者，则意味着法律要有足够广大的容量和宽阔的边界，否则，只能任无限开放的社会事实之“洪流”冲垮有限的法律“堤坝”。同时，也使法律所固有的确定性、稳定性和可预期性面临无尽的挑战。

---

① ［美］P. 诺内特、［美］P. 塞尔兹尼克：《转变中的法律与社会：迈向回应型法》，张志铭译，中国政法大学出版社 1994 年版，第 85～86 页。

② 值得一提的是，法律现实主义在美国公认的五个代表人物中，霍姆斯、卡多佐、弗兰克都出身于法官，并在格雷、卢埃林等“职业法学家”们的参与和论述下，形成了一场从司法实践到法学理论的、实践和学术影响皆可谓巨大的“运动”。在美国法学中，至今以波斯纳为代表的“学者型法官”们，事实上仍秉持其基本理念。而在 20 世纪影响甚大的庞德法社会学、昂格尔批判法学、霍贝尔等的法律人类学，以及肇始于科斯的经济分析法学等，都深受其观念、理念和分析方法的影响，甚至连德沃金这位分别向机械形式的因袭主义和开放任意的实用主义开火的学者，在其字里行间，也不难发现秉持实用主义的现实主义法学之观点对其论述的深刻影响，甚至还是其论述的动因和出发点。这种影响也溢出美国，传播并发展到欧洲，成为人们关注“活法”的实践和理论动因。从此，法学日益纠正着法律形式主义的机械性桎梏。

面对这种挑战，学者们从不同视角设计其理想模型，如庞德把法律设想为一套社会系统工程，科斯以经济分析为据，强调法律之成本效益关系，从而法律要有取舍精神，要有所为有所不为，社会学法学和法律人类学寻求国家法的民间替代方案，而德沃金则别出心裁地强调法律是种“诠释性概念”。[①] 可以说，回应型法的提出，和前述方案一样，也是应对这一挑战的重要方案之一。在笔者看来，它们尽管各自都是一种理想模型，且之于确定封闭的法律应对变动开放的事实而言，都面临着捉襟见肘的情形，但相较而言，“回应型法”方案和“诠释性概念”的学说，至少接近变迁社会中法律调整的事实，特别是在实体上能较好地克服理性自治法的不足。因为两者都在理想模型基础上提出了具体可行的技术方案。

其中，回应型法就是在不破坏法律形式理性的前提下，为了补救其面对的社会变迁所带来的可能损害实质正义的缺陷，赋予法律机构——法院和法官在司法裁判中，一方面坚守法律理性；另一方面回应变迁、开放的社会事实，用统一的法律，实现个别的正义——法律尽管不是法官的判决，但正义必须从法官的判决中产出。这自然不是说说就能兑现的事，而是涉及法律变革的大框架。特别当技术依赖进入前述临界点：技术智慧已支配自我智慧时。

一方面，技术依赖所催生的技术迅速进步，使新生事物如雨后春笋不断生成：经由互联网技术形成的个体行为能力和影响前所未有的事实，以及主体行为的跨国效力，经由智慧机器人所带来的人类主体地位所面临的挑战，经由人类基因和生殖技术的发展所带来的人们通过技术手段对人之性状的技术改变等难以枚举的新生事物，在日益挑战理性自治法所构造的人类传统秩序。[②] 在互联网世界，如何按照既有的理性自治法维护国家的主权边界？经由互联网的意识形态鼓动而导致另一个

---

① 参见[美]罗斯科·庞德：《法律的任务 通过法律的社会控制》，沈宗灵等译，商务出版社 1984 年版，第 1～72 页；[美]罗纳德·H. 科斯：《社会成本问题》，载[美]罗纳德·H. 科斯：《企业、市场与法律》，盛洪、陈郁译，格致出版社 2014 年版，第 5 篇；[奥]埃利希：《法社会学原理》，舒国滢译，中国大百科全书出版社 2009 年版，第 1 页以下；[美]霍贝尔：《初民的法律——法的动态比较研究》，周勇译，中国社会科学出版社 1993 年版，第 289～374 页；[美]德沃金：《法律帝国》，李常青译，中国大百科全书出版社 1996 年版，第 1～79 页、第 355～368 页。

② 人工智能有关法律影响的一般性分析，可参见 Drew Simshaw，“Ethical Issues in Robo-Lawyering：The Need for Guidance on Developing and Using Artificial Intelligence in the Practice of Law”，*Hastings Law Review*，Vol. 70，No. 1 (December 2018)，pp. 173－214。有关生命技术对法律冲击的一般性分析，可参见 Mary Beth Morrissey and Wendy J. Luftig，“Bioethics and the Law：Trends and Future Directions”，*Health Law Journal*，Vol. 21，No. 1 (Spring 2016)，pp. 28－31。

国家大乱，算不算国际法上的侵略？在证据确凿的情形下，对这样的侵略，受害国（或政权）有没有权力予以武装反击？理性自治法如何对待业已成为事实的经由基因编辑技术生出的自然人？阻止其他人的基因编辑需要，是不是以法律的名义妨害人们的权利？机器人性伴侣究竟是人还是物？是主体还是客体？作为自然人的丈夫或妻子能否任意处分他、她或它？如何承担责任？如果不能，法理根据何在？丈夫或妻子能否与之正式结婚，或提出离婚？他、她或它有没有对配偶财产的继承权？凡此种种，若不采取技术回应法的方式以处理，而仍坚持以理性自治法方式对待，不但不能包容开放的社会事实，而且法律甚至可能成为社会发展的羁绊，而非动力。

另一方面，更为重要的是技术依赖的无限度发展，在一定程度上颠覆着既有的主客关系——技术为主我为客，技术智慧越来越僭越、支配和霸凌自我智慧，同时也位移既有的身心关系——产生所谓心（智）二元的事实，使“自我”陷入离开技术智慧，无所适从的“自我”智慧屈从的窘境。更为严重的是，这种技术智慧的不断发展，乃是一个无穷尽的过程！20世纪后半叶，内格尔就从哲学视角提出了以下尖锐的问题：

> 有什么办法把心理现象也作为简单地存在着的一部分包括在世界中吗？
>
> 在这里，客观地可理解的现实观念也在维护它的支配权。我们面对的不只是心与身之间的关系问题，或者把心理包括在物理世界中的问题。个人与非个人，或主观与客观之间的更广泛的争端，还产生了一种心的二元论。人们如何可能把一种具有主观属性的心理实体包括在客观的世界中，这个问题与一种物理实体如何可能具有主观属性的问题一样尖锐。①

这种在彼时看来颇为尖锐的问题，如今在对技术智慧的依赖面前业已成为事实。自我不但使物理实体获得了主观属性，而且物理实体所拥有的主观属性，在越来越强烈、全面、有效地控制“自我”的主观属性。一位经过经年文字训练的高级知识分子，一旦离开智能键盘，拿起笔便不会写相应文字；无数勤奋于工作岗位的蓝领白领，被几个小小的机器人所取代，剥夺了他们所心仪的工作岗位；一群皓首穷经的书生，吟诗作画竟敌不过一款小小软件；一位响彻人寰的弈者，基本成为一款名唤阿尔

① ［美］托马斯·内格尔：《人的问题》，万以译，上海译文出版社2000年版，第214页。

法狗(Alpha Go)的机器人之手下败将。显然,“自我”智慧面临着的,不但是技术智慧的挑战,而且是技术智慧的支配。如今这种支配被尝试广泛地运用于社会公共领域和国家管理领域,如机器人侦破案件、机器人裁判、机器人决策等。尽管人们会说,归根结底,这些智慧仍不过是人类智慧在物理世界中的投注,而不是物理世界“自我”生成的智慧,但一方面,这种情形已经典型地使物理实体心理化、主体化;另一方面,“自我”智慧可否一劳永逸地控制技术智慧,而不被技术智慧所控制?再一方面,能够给物理世界投注“自我”智慧的,不过是所谓精英,绝大多数“自我”则只是这种投注的被动接受者,对这些被动接受者而言,难以摆脱的技术智慧的绝对统治已经是一个不争的事实。

面对这样的事实和问题,在理性自治法的既有框架内修修补补,能否解决问题?仍然站在人类中心主义的立场上,能否在法律上应对技术智慧对“自我”智慧日益强大的影响、侵凌?如果不能,则究竟用何种法律来解决全新的身心关系——心对技术智慧的依赖,以及技术智慧自身所领有的心理事实?对此,只有技术回应法,或许才能解决问题。它的基本方案是:以需要—回应的方式,采取“个别调整”的思路来解决不断滋生的实质性困惑:它表明,一方面,技术回应法不破坏理性自治法的体系性、整体性和逻辑自洽,并且把业已成熟了的技术智慧纳入理性自治法的视野,以维系法律的形式合理。另一方面,技术回应法必须随时对日变日新的技术智慧予以实质性回应,评估并处理每种技术智慧与“自我”智慧可能的和现实的关系,并对因此产生的纠纷予以个别处理和个别调整,以使技术智慧本身随时被纳入法律可调整的领域,并缔造、维系法律在技术智慧面前的实质合理。在技术回应法视域中,法律话语与真实诉讼过程之运作就并非法律规则之径直运用,亦非法律原则的无约束之权衡,毋宁为卡普洛(Louis Kaplow)所言的“结构性决策程序”。① 在其中,最优信息收集与最佳决策结果都得到结构性安排与处置,法之形式安定与实质正义得到双重实现。

这种情形,一言以蔽之,即在“超我”—“自我”明显趋于技术依赖,并以之作为满足身心关系的境遇中,应用技术回应法来调整相关社会关系,以既竭力保障理性在法律中的作用及法律自身的逻辑自洽,又保障法律对开放的技术智慧之接纳和包容。这样一来,“超我”、技术依赖、身

---

① See Louis Kaplow, “On the Design of Legal Rules: Balancing Versus Structured Decision Procedures”, *Harvard Law Review*, Vol. 132, No. 3 (January 2019), pp. 992–1065.

心关系等都变成一种隐喻，面对这些隐喻，法律不再是“绝对真理”的化身，而只是经由对隐喻的解析所达致的“理解的真理”：

> 我们把理解看作是真理的基础，隐喻看作理解的主要手段，认为解释清楚隐喻怎么会是真实的将会揭示出真理是如何依赖理解的。①

因此，法律调整只能从一般调整面向个别调整；以整体的机械调整面向机动的回应性调整；从法律“绝对真理”式的调整面向对独特事实和法律以隐语理解的方式调整。以最近出现的刷脸支付、正在期待中的无人驾驶汽车、已经出现的基因编辑人等为例，在我们难以满足理性自治法所要求的调整条件前，对相关的技术依赖关系、技术依赖的结果及其纠纷等，只能采用个别回应和调整的方式。与此同时，还因为智慧产品的智能程度——包括其“思维”能力、“情感”表达、“理性”算计等，都远迈于普通人，甚至和世间最聪明的大脑相较，也毫不逊色，因此，有论者干脆称“机器人也是人”。② 这种情形，面对“自我”主导的理性依赖和群己关系，显然是种例外，因此，无论运用理性自治法将其纳入其中，或者将其排除于其调整之外，都意味着不但赋予或剥夺超我的人以相关权利，而且同样要赋予或剥夺供给人们需要的机器(人)以相关权利。人类所面对的这种独特的新境遇，明显需要法律调整机制的整体性创新，其中以回应方式在自治性与开放性间确保协调，是这种创新的重要内容。

五、从技术理性审视人类交往的规范境况

如上讨论表明，人类及其法律的进化历程，既牵涉人类自身的境况——从“本我”、“自我”到“超我”的人类进化史；③也牵涉和这种境况丝缕相关的人类关系——天人关系、群己关系和身心关系；更牵涉在不

---

① ［美］乔治·莱考夫、［美］马克·约翰逊：《我们赖以生存的隐喻》，何文忠译，浙江大学出版社2015年版，第146页。

② 参见John Frank Weaver：《机器人也是人——人工智能时代的法律》，郑志峰译，台北，元照出版有限公司2018年版，第1页以下。

③ 尽管在人类进化的历程中，“本我”、“自我”、“超我”呈现为“本我”主导—自我主导—超我主导这样一种从先到后地递进的顺序，但本我主导并不是排除“自我”和“超我”的作用，“自我”主导并非排斥“本我”和“超我”的作用，同样，“超我”主导并非排除“本我”和“自我”作用。因此，这是三种历时共在的人类心理境况，它们同时存在于人类心理世界且不因时而缺，是永远伴随人类行程的、同在的三种心理状态，每种心理状态各自执行着人之不同的使命和任务，导向人们不同的需要。只是在不同的时代(天人关系及自然依赖时代，群己关系及理性依赖时代、身心关系及技术依赖时代)，三种心理状态在人类交往中的地位和作用不同而已。

同关系体系中,人类的不同依赖对象——自然依赖、理性依赖和技术依赖。[①] 在人类因为摆脱了“本我”,实现了对自然和社会的高度认知——“自我”,并在这种认知基础上把“自我典范(超我)”作为“自我”实现的理想模型,而企图利用技术理性源源不断地满足心理需要(一种独特的身心关系)的背景下,人们事实上已经大体摆脱了过分的天人关系掣制下的自然依赖(尽管这种依赖对人类而言是永恒的),也超越了在过分的群己关系影响下的理性依赖(虽然这种依赖对人之为人而言,是近乎唯一的衡量标准),而迈向了以“超我”的理想状态为基础,以身心关系的处理为目的,以对外的技术依赖为工具的人类境遇。

仅就依赖对象与人的关系而言,这似乎是一个循环:在自然依赖中,人类把目光投注到外部,投注到认知所无法达到、人力所无法抗拒的自然外部世界;相应地,人类主要生活在一种天人关系中,法律的基本使命,就是应对自然(神灵)与人的关系,因此,道德压制法的产生及其持久的作用,就在所难免;在理性依赖中,随着人们对对象认知能力的显著提升,人类又把目光投注到自身。这时,“认识你自己”不只是一种理念,更是一种以“自我”为中心的认知现实。因此,科学理性主义和精神现象学,成为此时代人类哲学认知的最重要的成果。在这种“自我”基础上,人们也自信地依赖于理性——理性依赖、自我依赖成为常态和主导,“我思故我在”“存在就是被感知”“从来也没什么救世主,也没有神仙皇帝,要创造人类的奇迹,全靠我们自己”等成为人们笃信“自我”,并与他人交往的基本动力。因此,人类要处理的核心问题是群己关系,法律照例因循“理性的原则”制定并运行,从而导致理性自治法。然而,人类的认知能力和理性水平,特别是对对象世界的认知能力和水平发展实在过于迅速,以至于理性自治法——在我们看来一种近乎完美和美好的人类治理方式——在面对人类认知、需求及技术进步所导致的以几何级数成长的新生事物时,显得捉襟见肘、难以为继,社会正义进而变成所谓线性形态的

① 与前注与“本我”、“自我”和“超我”的心理存在形态一样,天人关系及其自然依赖、群己关系及其理性依赖和身心关系及其技术依赖这三种人类所面对的关系(依赖)类型,在人类进化的各个阶段也不是单独地、排他地存在的,而只是在不同阶段,三种(依赖)关系的主导地位有别而已。例如,在我们这个可谓身心关系(技术依赖)主导的时代,人们之间依然存在着天人关系(自然依赖)和群己关系(理性依赖)的问题,并且,天人关系(自然依赖)演化为人们解决群己关系(理性依赖)和身心关系(技术依赖)的重要手段,而群己关系(理性依赖)则是人们回顾天人关系(自然依赖),处理身心关系(技术依赖)的一个重要基础。同理,在其他关系主导的时代,相对的其余两种关系也没缺席,只是作用有别而已。

所谓“数字正义”。[①] 这种情形,必须寻求全新的法律控制机制——一切供给都是为需要而准备的,人类有了此种需要,相应地,也就产生了新的供给——无论人类的心理境况、依赖对象,还是关系境况。

于是,“超我”的人类,再次把其依赖的目光投注到外部。不过,这一次所投注的外部,和“本我”境况下对外部的投注明显不同——前次是纯粹的外部,是客体(自然、神灵)对主体的支配和压制,是人对对象的无条件依赖和服从,但这次的“外部”,却是人类理性“外溢”的结果,是“超我”对人造对象(技术)的依赖。在这种依赖关系中,要解决的核心问题是心理需要的外部满足,这种满足不是靠对神圣事物的崇拜和信仰,而是把人造的技术成果这种世俗的东西转换为崇拜和信仰——显然,这是一种典型的异化。人类越来越明显地生活在这种异化中,并乐此不疲,因此,开放的社会事实逼迫理性自治法作出必要的让步。这正是法律现实主义、社会学法学、批判主义法学、林林总总的后现代法学以及回应型法所诞生的事实根据。这些学术成果,不但是有关法律的理论,而且奠定在相关的法律实践之上。这也是在技术理性和人们的技术依赖背景下人类规范的独特境况。

值得一提的是,虽然按照罗洛·梅的论述,那种“创造性的自我意识”并不存在于普通人的日常心理体验中,而存在于“创造性研究者”的“创造性工作”中:

> 自我意识的第四个阶段却是非同寻常的,因为大多数人都很少体验到它。在此阶段,个人可能突然对某个问题茅塞顿开——突发性地、似乎无中生有地冒出久经思萦仍不得其解的那个问题的答案……我们知道这答案出自于人格中所谓的潜意识层面。这类意识可能出现于科学的、宗教的或艺术的活动之中,有时人们将其通俗地称为“灵机一动”或“灵感”。所有从事创造性活动的研究者都清楚地知道,这一意识状态可见于所有的创造性工作中。[②]

---

① 参见[美]伊森·凯什、[以]奥娜·拉比诺维奇·艾妮:《数字正义:当纠纷解决遇见互联网科技》,赵蕾等译,法律出版社2019年版,第1页以下。

② [美]罗洛·梅:《人寻找自己》,冯川译,贵州人民出版社1991年版,第106~107页。须说明的是,尽管“创造性的自我意识”与“超我”之间有明显的联系,但这并非两个同义的概念。在笔者看来,前者是后者的从属部分,表明已经验证了的“超我”,它仅仅体现于那些从事创造性活动的过程。但是,即便一位并不从事创造性活动的普通人,也照例会有“超我”的心理想象,如假若我哪天变成飞鸟、假若我能够登临月球一游等,普通人也会常有。

然而,问题在于这种只存在于个别人身上的灵感、“超我”和创造性事实,在技术理性的时代通过无可回避的技术依赖,已然在支配着无数芸芸众生。在这个意义上,技术依赖与理性依赖的最大不同,是后者所依赖的是每一个“自我”,而前者却是大多数自我依赖部分“自我”,①因此,它是一种外索的依赖关系,是通过外求(而非内求)以满足内心需要的关系。这对技术回应法而言究竟意味着什么,是特别值得继续探讨的话题。

技术回应法对此种现象的调整,就是要对这种“内需外求的满足关系”作出不断的、个别性的呼应。显然,这不是前述群己关系中“自我”和“自我”之间的相互需求和相互满足,而近乎单向度的技术对“超我”需要的满足。尽管对这种情形,人们仍可努力地在法律上把其还原为“自我”和“自我”之间的群己关系和理性回应法(如互联网法、电子商务法等),正如人们把自然依赖的天人关系也可以在法律上还原为群己关系状态,并予以统一调整(如环境保护法、大气污染防治法等)一样。但是,这些一般性的法律调整,仍属于理性自治法的范畴,仍无法满足在“超我”境况下“自我”对技术需要的满足关系,因为这种内需外求的满足关系,人们压根儿就无法把其纳入一般调整的规范视野中,故只能以个别调整的方式回应相关问题。

行文至此,还须针对我国的情况略加提醒和说明:我国目下的法律,尽管在规范上是倾向于“自我”及群己关系下的法治——理性自治法,但在观念、法律实施等方面,还存在“本我”及天人关系背景下的道德压制法,与此同时,我国又进入一个人工智能技术迅速发展并且在某些领域领先全球的时代,技术依赖致使“超我”境况下内需外求的满足关系日益凸显,身心关系的“三元重叠”(人的身心关系、智慧技术的身心关系及人与智慧技术的关系)现象也日渐突出。正因如此,故在法律领域,我们所面临的是典型的历时性法律问题,但这些历时性问题又需要共时性地解决——道德压制法的观念还很顽固,理性自治法的任务远未完成,而技术回应法的需要又横亘在眼前——显然,这是一个明显的挑战,但同时,只要论证充分、布局合理、操作得当、拿捏准确,又不禁令人向往起中华民族对人类法律治理和法律文明的创造性贡献来!

---

① 在前文中,笔者强调普遍参与的“超我”,但真正能给芸芸众生提供心理满足的技术创新、文化创造、思想观念鼎革等,却往往是“创造性研究者”的“创造性工作”。芸芸众生每每是创造性技术成果的期待(需求)参与者和分享参与者,而不是创造参与者。

“文化中国”的规范塑造*
——以清代民间法中的“家法”、“乡约”和“行规”为例

一、弁言

公认为，古代中国在文明之发端上，尽管和古巴比伦、古埃及、古印度以及受埃及文明影响甚大的古希腊等相比要晚出，但其文化的历史发展却大体一以贯之，已发掘的距今3000年前的甲骨文字，不但与今天通用的汉文字存在变化不大的意义勾连，而且通过当今不少的书法作品，能清晰地看到自甲骨文以来中国文字在字形上的沿革承续。这和已经断裂无承的古巴比伦、古埃及、古印度、古波斯等文明相比，无疑不但令人追怀，发思古之幽情，而且令人反思：这种“长寿文明”的文化基因究竟何在？它对维系一种文明的承续，其功厥伟，其对诱导文明变迁并升华，是否过亦昭彰？这些，自然非三言两语可以尽述，但上述情形，却导致士人们谈论起中国古代的统一时，对文化统一的看重每每胜过对江山一统的缅怀，对“文化中国”的情感常常胜过对“疆土中国”“社稷中国”

* 发表于《苏州大学学报》2020年第4期。

的情感。①

那么,“文化中国”究竟包含哪些内容？由于文化本身是一个近乎言人人殊的万金油式概念,因此,在很多时候,人们只是无意识地或者下意识地使用它,当面对使用者进而追问他所使用的文化一词究竟是在什么意义上讲的时候,往往或者导致言者尴尬语塞,或者致令言者不明所以——套用奥古斯丁的名言:“你不问我文化是什么的时候,我还知道文化是什么;你问我什么是文化的时候,我反而不知道文化是什么了。”②具体言之,法律能否和文化勾连？现在,这似乎不是一个什么问题了。“法律的文化解释”已是人们放大法律视界的重要方法之一,林林总总的法律文化图书在坊间书市不时可见,甚至也有了多份专题的“法律文化”方面的刊物。③ 但曾几何时,法律与文化之间,恍若隔着天堑鸿沟。回想当年笔者在宁夏大学研究“回族法文化”这一课题时,一位新任教于该校的年轻气盛的历史学硕士梗着脖子直言:“法律就法律,文化就文化,法律不是文化,文化不是法律。你们学法律的也凑文化的热闹,真是!”一位研究张贤亮的知名学者,也是笔者的忘年交疑惑地问我:“小谢,还有‘法文化’的说法啊？”

这种情形,经由法律和法制建设的不断发展,也通过法学研究的日渐深入,已经有很大的改观,人们不但在以文化方法观察和研习法律,④

---

① 如清末民初士人梁漱溟的父亲梁济先生,起初虽有殉清之意,但因期待一个更美好的、能使中国文化传统发扬光大的民国而一时放弃此念头。但观察数载,深感失望,乃留遗书曰:“夫清国者,数百年一改之国也。民国者,我三古遗传万年不改之国也。”“辛亥、壬子之间,余固欲死矣,然彼时若死,则纯然为清朝亡国,目的太小。且旧君以政权移转民国,深望民国能善治,余尚未观察明白民国是何景象,余心所欲告众人之言亦未说明,万不容糊糊涂涂牺牲此身。”“……国性不存,我生何用？国性存否虽非我一人之责,然我既见得到国性不存,国将不国,自必我一人先殉之,而后唤起国人共和国性,为立国之必要也。”(梁济:《梁巨川遗书》,黄曙辉校,华东师范大学出版社 2008 年版,第 64 页、第 62 ~ 63 页、第 102 ~ 103 页)。

② 奥古斯丁的名言是:“……时间究竟是什么？没有人问我,我倒清楚,有人问我,我想说明,便茫然不解了。”([古罗马]奥古斯丁:《忏悔录》,周士良译,商务印书馆 1963 年版,第 118 页)。

③ 例如,由马小红主编、社会科学文献出版社出版的《法律文化研究》已出版了 11 辑;由霍存福主编、知识产权出版社出版的《法律文化论丛》,也已出版 10 辑;由王勇主编、中国政法大学出版社出版的《西北法律文化资源》已出版 3 辑。这还不包括虽然没明确以法律文化命名,但事实上主要内容是刊载并研究法律文化的那些辑刊。

④ 在这方面,民国期间就有瞿同祖先生的《中国法律与中国社会》刊行(近 30 年来,有中华书局、中国政法大学出版社和商务印书馆 3 个版本。其中最新版由商务印书馆 2010 年出版);在“改革开放”以来,梁治平更是身体力行,强调“用文化去阐明法律,用法律去阐明文化”(梁治平:《法辨——中国法的过去、现在与未来》,贵州人民出版社 1992 年版,第 11 页);与此同时,他通过《法律的文化解释》(生活·读书·新知三联书店 1994 年版)等学术名篇,具体阐释了作为方法的法律的文化解释。

而且把法制类型化为与物质文化、精神文化相并列的制度文化。但是，这仍没有完全解决人们在文化视角，特别是从民间法这种活着的法文化视角观察、研究法律时的窘境。最近笔者和几位已晋升为教授的学生，应某著名大学学报之邀，完成一组有关民间法与地方立法关系的文章。该学报一位法学编委“审阅”后给出的结论是：这样的选题，不应在法学研究中鼓励、滋长，因之，约稿人只能遗憾地退稿。这足以说明哪怕一些学者，对在文化视角观察研究法律的极不待见。

回到前文的问题。“文化中国”的理念，不仅涉及辞赋章句、音乐艺术、科学技术、历史文化等精神的“物化形式”，而且更包括精神道德这类主要指向人们观念世界的内容。但是，只要人们不是绝对自我的存在，就不得不把这种内在的精神需要物化为外在的行为选择和规范，以便于人们之间的交往行为。这种对精神道德的物化机制甚多，前述辞赋章句、音乐艺术、科学技术以及历史文化等皆是，但从规范人们交往行为的视角看，这种物化形式主要是典章制度。典章制度不仅是出自国家的正式法律及其秩序，而且指在民间日常生活中形成的“自生自发的秩序”。① 这正是经济学家把制度二分为“非正式制度和正式制度”的根据，②是社会学家把秩序二分为“市民社会和政治国家”的理由，③是文化学家把传统二分为“小传统和大传统”的基础，④也是法学家把制度规范二分为“民间法与国家法”的前提。不但如此，包括民间法在内的制度规范，不但是精神道德物化的外在形式，而且是精神道德传承、形塑的基本手段。特别是民间法，它既是一国人民精神实践的结晶，也是不同民族精神道德的传承和形塑手段。因为有了这样的物化的规范形式，我们才

① 这是经济学家哈耶克所总结的一种人类秩序形态，它是“一种自我生成的或源于内部的秩序”（[英]弗里德里希·冯·哈耶克：《法律、立法与自由》（第1卷），邓正来等译，中国大百科全书出版社2000年版，第55页）；“自生自发秩序的形成是不同的个人和群体在公正的行为规则中，根据自己的知识追求各自的目标的过程中的相互冲突和相互协调的循序渐进的试错的结果”（[英]弗里德里希·冯·哈耶克：《经济、科学与政治——哈耶克论文演讲集》，冯克利译，江苏人民出版社2003年版，第343页）。

② 在诺斯笔下，被分别称为“非正式制约”和“正式制约”。参见[美]道格拉斯·C.诺斯：《制度、制度变迁与经济绩效》，刘守英译，上海三联书店1994年版，第50~74页。

③ 在西方学术史上，系统论述这一对概念的是黑格尔（参见[德]弗里德里希·黑格尔：《法哲学原理》，贺麟译，商务印书馆1961年版，第179~360页）和马克思。前者强调政治国家决定市民社会，而后者则反之。所谓市民社会，就是：“受生产力所制约、同时也制约生产力的交往形式……”[《马克思恩格斯全集》（第3卷），人民出版社1960年版，第40页]。

④ 参见[美]罗伯特·芮德菲尔德：《农民社会与文化——人类学对文明的一种诠释》，王莹译，中国社会科学出版社2013年版，第95~134页。

不但能洞悉其精神现状，而且能洞察其精神传承和形塑。深入的研析，需要我们回到对民间法的观察和了解中去。

二、民间法及其对“文化中国”的贡献

民间法是近二十年来中国法学界所持续讨论的话题之一，并且从文化视角观察民间法，可以发现它并非官方法的拾遗补阙，而是承载和形塑一个国家文化的重要规范基础。之于“文化中国”的维系和发展，其作用也是一样。但是，究竟何为民间法？民间法有哪些判准？民间法对“文化中国”理念之维系究竟能起到何种作用？这些仍是有待探讨的话题。

1. 什么是民间法？

虽然中国法律学术界对民间法这个重要的研究领域，论述可谓汗牛充栋，但对于何为民间法，学术界至今仍有并不一样的看法。如下笔者将分别引述梁治平和于语和的观点，以对相关研究情况略作说明，并引出我有关民间法及其判别标准的基本看法。

梁治平认为：

> 民间法具有极其多样的形态，它们可以是家族的，也可以是民族的；可能形诸文字，也可能口耳相传；它们或是人为创造，或是自然生成，相沿成习；或者有明确的规则，或者更多表现为富有弹性的规范；其实施可能由特定的一些人负责，也可能依靠公共舆论和某种微妙的心理机制……依其形态、功用、产生途径及效力范围等综合因素，大体可以分为民族法、宗族法、宗教法、行会法、帮会法和习惯法几类。①

于语和则指出：

> 民间法在长期的历史发展过程中逐步形成，通过对成员进行各种训练、传授、教育和影响等方式，是社会文化延续和传递的过程，是一个世代之间不断继承、创造、再继承、再创造的延绵不断的超越和隔离。通过传承，保持了民间法的地域性、民族性，实现和保持了民间法的相对稳定。”②

上述两种对民间法的界定，各有千秋。前者侧重于从外延视角界定民间法，因此，它让读者能概括地了解民间法的形成机制、表现形式、作用方式，从中发现民间法主要作为自生自发秩序的存在类型。后者也没有明确地给民间法以内涵界定，只是更为详尽地展示了民间法形成和传

---

① 梁治平：《清代习惯法：社会与国家》，中国政法大学出版社 1996 年版，第 36 页。

② 于语和主编：《民间法》，复旦大学出版社 2008 年版，第 40 页。

承的一般原理。这种论述大体反映了当代中国民间法研究的现状：人们对这一概念的描述性研究居多，但对其定性化的、概念性的研究尚不足。那么，究竟什么是民间法？

民间法是与官方法相对的规范事实，它是一定社群或区域的人们在交往行为中自发产生或者自觉制定，在官方法之外，通过人们自觉的规范意识或特定社会主体之强制，用以调整人们交往关系的规范事实。通过这一概念，可以发现其如下要点：

第一，非正式规范事实——民间法的本质。民间法与官方法相对，是官方法之外的规范（制度）事实。无论民间法还是官方法，都是制度事实。制度事实是与物质（经济）事实、精神事实相对的社会事实。它是指经由一定的普遍规范所约定或调整的社会事实。与物质事实和精神事实相比较，制度事实总是逻辑在后的，而前两者总是逻辑在先的。制度事实总是建立在一定物质事实和精神事实基础上的，在这一层面，它是物质事实和精神事实的规范桥架和沟通机制。因此，制度事实就是物质事实和精神事实的规范提升。因为非正式制度和正式制度的区别，制度事实也可二分。其中，民间法及其秩序大致属于非正式制度事实，国家法则大致属于正式制度事实。

第二，自发自觉相间的生成机制——民间法的产生。一方面，民间法的生成是人们在交往行为中，通过长期的交涉、磨合、总结、提升而自发地产生的。被称为习惯法的民间法，就基本是人们交往行为中自发的结果。

> 一般认为，习惯法者，系社会惯行而无背于公序良俗并为一般公众心理所承认，且经国家公权力认许的不成文法。①

另一方面，随着一定区域或族群的人们对规则自觉意识的提升，民间法也会像官方法那样，经由“社会权力”②主体的制定，形成成文的民

① 黄源盛：《中国法史导论》，广西师范大学出版社2014年版，第54页。此外，这里还涉及习惯法与习惯两者究竟有无区别的话题。对此，德国的学说和法国的学说有所不同，但揆诸事实，其实质并无差异。参见黄源盛：《中国法史导论》，广西师范大学出版社2014年版，第54页脚注1。

② “社会权力”这一概念，尽管在西方学者如黑格尔、马克思、哈贝马斯及众多的人类学家那里都曾论述过，但在中国，系统论述这一概念的是郭道晖先生。其论证的基本根据是现代社会的“权力多元化”导致“国家权力不再是统治社会的唯一权力了。与之并存的还有人民群众和社会组织的社会权力，有凌驾于国家权力之上的、由各国政府组成的国际组织的超国家权力，以及国际非政府组织的国际社会权力”（郭道晖：《社会权力与公民社会》，译林出版社2009年版，第36页）。尽管我仍愿意将这种力量归于“社会组织权利”的范畴，但毫无疑问，它之于国家权力而言是权利，之于参与其中的公民而言，又是权力，因此，在性质上，其明显具有权利和权力的双重性。

间法规范。这在现代民间社会中尤为常见,如乡规民约、教法教规、社区公约、行会规程、协会章程等。这说明民间法不仅不同于完全经由国家权力主体制定的官方成文法,也不同于完全借由人们在交往行为中自发形成的习惯法。民间法包括但又不唯习惯法。

第三,自觉与强制相间——民间法的运行动力。众所周知,在现代社会,由于人们日常生活与法律规范的须臾不可分,因此,传统理论对官方法运行之权力强制的强调,已然有所松动。国家强制力观念在法律运行的事实上呈现出明显“弱化”的情形。① 相应地,公民自觉自愿的法律意识在官方法的实现中越来越具有重要的作用。就此而言,似乎上述民间法的运行动力和如今官方法的运行保障之间差别不大。但细究之下,官方法如果一旦离开权力后盾和强制惩罚,则成为没有栅栏的田园,任由人们出入。特别对一个大国而言,陌生人间固有的自律缺陷,必须预备权力强制,并且把其作为法律主要的保障机制,否则,法律就是被拔掉牙齿的老虎。民间法则不同,尽管它也需要社会团体的强制力作保障,但由于其作用范围主要是小型社会和熟人交往,因此,相较而言,人们自觉自愿的规范意识对保障其实施更加现实。可以这样说:官方法实施的保障,以权力强制为主,人们自觉自愿的法律意识为辅;相反,民间法的实施,却以人们自觉自愿的规范意识为主,社会团体的强制力为辅。

第四,调整一定社区内人们的交往行为——民间法的功能。官方法和民间法都要用来规范人们的交往行为,但两者对人们交往行为的规范范围却不同。官方法是在一个国家或者其某一地区统一规范人们的交往行为。而民间法却与之不同,它只作用于特定的社区。这些社区的形成,或因族群,或因地域,或因行业,或因团体,甚至或因家族。但无论如何,与幅员辽阔、人口众多的国家相比较,其更多关乎的是熟人社会,调整的是熟人关系,是国家法律难以进入之地。因此,它虽然和国家法律一样,调整人们交往的社会关系,但就其内容而言,民间法调整的更多是一定社区的内部关系和熟人关系,而国家法所调整的,却每每是跨社群的、陌生人之间的交往关系。换言之,民间法所调整的领域,国家法一定会涉及,但国家法调整的领域,民间法却未必能够涉及。在这个意义上,民间法和官方法共同规范着人类交往秩序:“故人间秩序者,国家法与民

---

① 参见刘星:《法律“强制力”观念的弱化——当代西方法理学的本体论变革》,载《外国法译评》1995 年第 3 期。

间法相须而成也。”

当然，强调民间法与官方法的如上区别，不是说它和官方法没有联系。反之，一方面，民间法每每是官方法得以制定的规范基础，国家法中经常会记载着民间法的内容，这种记载即经由官方法的认可而把民间法纳入其中；另一方面，作为大传统的国家法律，在失去了其作为大传统的条件后，部分内容也会沉淀为作为小传统的民间法——如后文将要略微提及的彩礼。厘清了民间法概念的如上要点及其与官方法的具体区别与联系，下文笔者将进一步分析判别民间法的基本标准问题。

2. 民间法的基本判准

实践中，民间法经常以多元形式存在。有族群的，有社团的，有行业的，有宗教的，有家族的，还有特定地方的。即使在同一族群、同类社团中，在不同的地方、不同的具体社团内，仍会有并不相同的民间法。这为民间法在一个统一国家内适用的区别造成了困难。固然，民间法不需经由国家的识别，照例在事实上发挥着其在一定族群、社区、团体、宗教、家族和地区内应有的规范作用。但是，这样的规范作用，在笔者看来更适宜人类学和社会学去研究。法学研究者之关注民间法，主要目的在于寻求民间法在正式制度特别在司法中应有的作用。这样一来，在多元的民间法中，站在国家法立场上如何判别民间法，就是值得关注的话题。笔者认为，以下四个方面，是判别民间法的基本标准：

（1）获得特定时空内主体的普遍承认。官方法之外的社会规范，无论是自发地形成的，还是自觉地制定的，其要获得实际的社会效力，必须被特定时空的主体所普遍认可或承认。这既是民间法在该时空范围内普遍有效的“道德合法性”基础，也是其发挥实际效力的前提——“可接受性”[①]前提。具备这一前提，则一种社会规范就具有成为民间法的可能；不具有这一前提，则民间法“皮之不存，毛将焉附”。在此意义上，在一定时空范围内被其主体所普遍承认或普遍接受，乃是一种规范成为民间法的前提和基础。这也意味着并不是官方法之外的所有社会规范都是民间法。特别那些只对具体个人或极少量的人有效的规范，或者对一定团体内部少数人所遵从的规范，不能被判定为民间法。

① “可接受性”是一个美学概念。在法学上，可接受性既指作为“言说”的规范或立法被其“受众”——运用者接受的活动，也指人们运用这种规范后，社会主体对此所持的普遍承认的态度。

(2)对特定时空中人们权利义务的分配。官方法也罢,民间法也罢,其规范功能的技术根据,是在规范体系中能给人们分配权利和义务。或以为,权利义务概念乃是现代法学的产物。在前现代的法律中,并无明确的权利义务分配。或者即便有之,也是所谓义务本位的法律。[①] 笔者认为,这是种人云亦云的陋见。事实上,人们只要有交往,并且在规范地交往,该规范中就必然含有权利义务分配的内容。哪怕是不少初民社会人们习以为常的规则,都是如此。[②] 在中国以民谚形式表达的民间规范中,诸如“人情一匹马,买卖争分毫”“你敬我一尺,我敬你一丈”“欠债还钱,天经地义”“银货两讫,童叟无欺”等,就明显有权利义务分配的特征,是人们交往行为中权利义务分配的规范凭据。遍布中国各地的古代契约,[③]就典型地表现了古代中国在事实上对权利义务的格外重视。能够给交往行为中的人们分配权利和义务,乃是一种社会规范能够作为民间法的技术基础。没有这一技术基础,一种规范就只能被称为宣告,而不能称为法——无论官方法,还是民间法。

(3)在一定的时空内具有现实活动性。民间规范,既有历史上曾经遗留下来的,也有现实中根据人们的交往行为的实际要求而新生的。历史上曾经流行的规范,如果在现实生活中只是发思古之幽情的谈资,那么,它就不具有现实活动性,就不能作为民间法来运用。进言之,就不能作为人们交往行为的民间法凭据。可见,哪怕一种规范来自久远的历史传统,只要在当下的现实生活中人们仍在运用之,它就可能成为民间法。例如,春节传统及其习惯之于中国人民而言,尽管相当悠久,但至今其习惯规范仍活跃在人们的交往行为中,以至于国家不得不把其作为法定假日。再如,彩礼曾经是古代中国婚姻缔结的法定内容,但时移世易,如今已沉淀为中国民间活跃的小传统,这尤其在当代中国少数民族地区更为明显。

(4)纠纷解决中的根据或参照。一种稳定、普遍的规范,既可以是人

---

① 如张文显就认为前资本主义法是“义务本位法”(参见张文显:《从义务本位到权利本位是法的发展规律》,载《社会科学战线》1990年第3期)。

② 参见[美]霍贝尔:《原始人的法——法律的动态比较研究》,严存生等译,法律出版社2006年版,第63~233页。

③ 中国古代的契约十分发达。早在西周时期,就有了“万民约”和“邦国约”的事实(参见张传玺:《契约史、买地券研究》,中华书局2008年版;《中国历代契约粹编》(共3册),北京大学出版社2014年版)。另外,杜正贞就以《近代山区社会的习惯、契约与权利——龙泉司法档案的社会史研究》(中华书局2018年版)为书名,深入研究镶嵌在古代契约中的权利问题。

们交往的行动指南，也可以是人们在交往中避免走入歧途的预防机制，还可以是人们交往行为的基本预期，当然，更可以是一旦产生纠纷，人们依据之解决的规范准则。如果人们之间产生了纠纷，不能据之或参照之解决，就不是民间法。因此，一种规范要能成为民间法，必须对人们纠纷之解决有所帮助。亦即，它既要能够直接作为特定时空中民间解决纠纷的根据——这在当今中国，无论是城市社区还是农村村社，无论是汉族地区还是少数民族地区的纠纷解决中，都普遍存在。甚至在相关的纠纷处理中，国家法反倒是退居其次的。尽管不少民间纠纷的处理，其所根据的规则未必完全符合国家法，[①]甚至完全违背官方法，[②]但依其处理在实践中却比官方法更为有效。当然，民间法之于纠纷处理，不仅涉及民间纠纷处理，也能作用于司法处理。在这方面，现代不少国家在立法上，特别是在民事立法上已经授权司法者运用、参照习惯以处理纠纷。[③]

如上四个判准，对民间法的确定而言是相互关照、缺一不可的要素。缺少任何一个方面，意味着相关规范尽管在实践中存在，但不能构成民间法。它可能在一定程度上也会规范人们的交往行为，具有现实的规范作用，但它不能作为民间法。特别是在处理人们因为交往行为中涉及权利义务的纠纷时，其既不能作为民间纠纷解决的根据，也不能作为国家纠纷解决（司法）之参照。

3. 民间法与“文化中国”的内关联性

诚如前文所述，文化尽管有其与政治、经济等相对的意涵，但就其广义

---

① 例如，在贵州苗侗地区较为普遍地存在的对违背村寨传统习惯的行为，如盗窃、失火等，采取罚“3个100”或“3个罚120”的纠纷解决机制（参见徐晓光：《从苗族“罚3个100”等看习惯法在村寨社会的功能》，载《山东大学学报》2005年第3期；徐晓光：《罚3个120的适用地域及适应性变化——作为对黔东南苗族地区罚3个100的补充调查》，载《甘肃政法学院学报》2010年第1期）。再如，在藏族地区人们普遍认可的“赔命价”习惯法（参见淡乐蓉：《藏族“赔命价”习惯法研究》，中国政法大学出版社2014年版）等。

② 例如，在中国普遍存在的出嫁女继承权纠纷问题，特别是农村出嫁女土地纠纷的解决问题，实际上延续着中国千古以来执行的“出嫁从夫”原则，按照“嫁出去的女，泼出去的水”这样的理念来处理，完全违背现行法律有关“男女平等”的宣告（参见何燕侠：《女性财产继承权的历史考察——法原理与法习惯方面的纠葛》，载《大连大学学报》2003年第3期；张冠男：《出嫁女儿的继承权利与赡养义务》，载《西部学刊》2018年第1期）。

③ 如《瑞士民法典》在其第1条，我国台湾地区“民法典”在其第1条、第2条，《越南民法典》在其第3条皆有“无法律，从习惯”的类似规定。日本虽未在其《民法典》上对此有明确规定，但在其《商法典》上有专门规定。《民法总则》第10条明令：“处理民事纠纷，应当依照法律；法律没有规定的，可以适用习惯，但是不得违背公序良俗。”

而言，人类有意识构建的所有事物，无论它是自发倾向的，还是自觉倾向的，都是文化的。在这个意义上，一个国家的文化建构，乃是物质文化、精神——道德文化和制度文化共同拱卫而成的。其中，制度文化——无论其表现为非正式制度还是正式制度，都是对物质文化和精神文化的一般性、可通约性问题的规范化提升，并借此规范化，教化和规训人们的行为以此模式而展开。可见，制度文化是真正动态的文化——只要一种制度曾经、当下或者未来是活着的。

因此，我们谈希腊文化，所谈的不只是其戏曲、诗歌、哲学，也是其独特的城邦制度；而谈罗马文化，其诗歌、哲学可以忽略不计，但不能不谈及彪炳史册的罗马法；谈英美国家，可以津津乐道于他们形形色色的思想、文学，但如果不谈及英美法系，不谈及通过司法智慧把其小传统、习惯、日常做法和大传统勾连汇通的方式，自然会逊色不少；同样，谈欧陆国家，除了诗歌、音乐、小说以及伟大的哲学之外，更会谈及何以保障这些得以发达的制度缘由，以及这种制度是如何由贸易习惯、商人法、城邦法、宗教法、社团法逐渐发扬光大，而成为蔚为大观，并在如今影响了大半个地球的“大陆法系”的。可见，“文化中国”的理念和命题固然与民间或国家的制度息息相关，但“文化欧洲”“文化英美”……如果有这样的理念和事实的话，又何尝不是如此呢？

不过，中国毕竟是中国。在这里，“文化中国”被赋予了根本意义和统领全局的意义。正如在欧洲，制度具有这种根本或统领全局的意义一样。即便连治国这样的问题在一位欧美人看来天经地义应是制度或制度文化层面的话题，但在中国，却很容易被装置在文化的“容器”中加以解释。所以，在中国，任何一种事物，无论它是物质的还是制度的，只有符合文化的要求才有“合法性”。这种“合法性”即道德合法性。故“春秋之治狱，论心定罪。志善而违于法者免，志恶而合于法者诛”“德礼为政教之本，刑罚为政教之用”等不但为人们所理解，甚至天经地义。制度不是用来结构和形塑文化的，而是记载、发扬和光大文化的。无论民间法还是国家法，根据其推进的治理只是执行文化的使命而已。笔者把这种情形，称为“文化治国”。[①] 这种情形，不仅是国家法的使命，也是民间法的使命。

自宋代以来，在中国有广泛影响的蓝田“吕氏乡约”，被公认为是民

---

① 参见谢晖：《论文化治国与制度（法律）治国》，载《领导者》（香港）2016 年第 4 期。

间法成文化的典范，但其内容则典型地表达着执行“文化中国”之使命的角色。它的基本目的是实现人们按照文化的要求，心心相印，在行为上做到“德业相劝、过失相规、礼俗相成、患难相恤”这样一种明显具有文化意义的目的。这也正是自从该成文“乡约”产生以来，在南宋、元、明、清等历朝被朱熹、方孝孺、王阳明、吕坤、章璜、刘宗周、陆世仪、陆陇其、于成龙、汤斌、张伯行等学富五车的官员们特别重视，并或者在成文方面不断完善、重新订定新“乡约”，或者把既有“乡约”努力推向其治下的地方之缘由。如此一来，既能够实现一方秩序的井然有序、长治久安，也可以通达士大夫心目中那份抹不去的文化情怀，立功立德，相得益彰，地方国家，互为支持，制度文化，表里如一。“文化中国”之使命，因之而彰显，“文化中国”之践行，因之而展开。所以，笔者赞同一位学者在论述乡规民约时的如下观点：

> 传统乡规民约……立约目的在于正风厚俗、以禁非为、以全良善、和息止讼、以儆愚顽、亲爱和睦、消除怨恨、守望相助、相劝相规、相交相恤、互为扶持、以讲律法、不违法律，呈现出中华德礼法制文化的独特精神气质。传统乡规民约以“公共”为立约原则，具有乡村社会契约性质。无论经由何种方式产生的乡规民约，均始终坚持“共议”“公议”“商定”“公定”的“公共”性原则……传统乡规民约接通国家“德礼法制”与民间社会规约，在“有法可依”的基础上做到“有规而循”。所谓“朝廷有法律，乡党有禁条”，“法律维持天下，禁约严束一方”，“国有律法，民有乡规”等，正是对国家法律与乡规民约之关系以及乡规民约的性质及其自治功能的高度概括。①

如上种种，虽然把范围限定在“乡规民约”，但其不正是一般性地表达了民间法所肩负的文化使命吗？不正是一般性地说明了中国古代民间法和“文化中国”的内关联性吗？也不正一般性地廓清了民间法以规范形式在基层社会夯筑坚实文化地基的事实吗？

通过如上对民间法之含义、特征、判准及其与“文化中国”关系的描述，下文笔者将有选择性地通过对清代一些民间法——“家法”“乡约”和“行规”的描述与探讨，继续论列清代民间法对“文化中国”的表达和担当。

---

① 胡仁智：《“乡规民约”的独特法律文化价值》，载《光明日报》2018年11月6日。

三、清代民间法之"文化中国"表达和担当

清代是中国历史上一个独特的朝代。在中国"正统"的历史观看来，它是由汉族之外的"异族"所建立的一个朝代，但站在"文化中国"的立场，它又相当模范地循守并在一定程度上光大着"文化中国"的传统内容。因此，至今学界，包括法学界对清代问题的研究便格外重视。兼之"五四"以后中国固有传统的日渐失落，清代又去当代时程未远，文献档案更为齐备，因此，对它的学术研究就格外活跃。其中，有关清代法律的研究，在中外法学和历史学界多有深入的成果；①有关清代习惯法的研究也深受人们的关注。② 但是，清代民间法如所有时代的民间法一样，是一个相当多元化的存在：它有成文的，也有不成文的；有官方认可的，也有官方不认可的；有家族、宗族、宗教、族群的，也有社团、财团、行会、地方的；有完全在历史长河中自发地形成的，也有通过一定的组织自觉地制定的……凡此种种，皆为清代民间法的类型化处理带来一定的困难。因此，人们只能一般性地选取一个标准，即民间法适用的主体之标准，对清代民间法做类型化处理。笔者不准备就全清代民间法而是有选择地就清代的三类民间法——"家法""乡约""行规"予以介绍，并进而探究其对"文化中国"的作用。

1. 家国二分背景下的"家法(族规)"及其对"文化中国"的表达和担当

在古代中国的治理结构体系中，家具有独特而重要的地位。"家国同构"是人们探究古代中国家、国关系时的基本结论。孟子强调："人有恒言，皆曰：'天下国家。'天下之本在国，国之本在家，家之本在身。"③因

---

① 例如，[日]滋贺秀三等：《明清时期的民事审判与民间契约》，王亚新等译，法律出版社1998年版；张晋藩：《清代民法综论》，中国政法大学出版社1998年版；郑秦：《清代法律制度研究》，中国政法大学出版社2000年版；[英]S. 普林克尔：《清代法制导论——从社会学角度加以分析》，张守东译，中国政法大学出版社2000年版；黄宗智：《清代的法制、社会与文化：民法的表达与实践》，上海书店出版社2001年版；高道蕴、高鸿钧：《美国学者论中国法律传统》，清华大学出版社2004年版；徐忠民：《案例、故事与明清时期的司法文化》，法律出版社2006年版等。

② 仅中国学者在这方面的专门研究，笔者所掌握就要有梁治平：《清代习惯法——社会与国家》，中国政法大学出版社1996年版；孙丽娟：《清代商业社会的规则与秩序》，中国社会科学出版社2005年版；眭鸿明：《清末民初民商事习惯调查之研究》，法律出版社2005年版；张渝：《清代中期重庆的商业规则与秩序》，中国政法大学出版社2010年版；谈萧：《中国商会治理规则变迁研究》，中国政法大学出版社2011年版；程泽时：《清水江文书之法意初探》，中国政法大学出版社2011年版；杜正贞：《近代山区社会的习惯、契约与权利——龙泉司法档案的社会史研究》，中华书局2018年版等。

③ 《孟子·离娄上》。

此，在这里，社会秩序的基本构成是“修、齐、治、平”。其中“修身”，可谓个体自治；“齐家”，可谓家族自治；“治国”“平天下”，可谓把“修身”“齐家”的志业推向国家和天下①——从而实现所谓“家国天下”。

> 中国的国家观念不是一个抽象的“国家”，只能放在“家国天下”的谱系中来理解，而且它与什么是“中国”，什么是“中华民族”又有密切的关系。中国古代的国家形态不是只有一种，中原王朝与边疆王朝所建构的国家形态，一个侧重普世天下文明，另一个侧重多民族、多宗教的王权大一统……②

且无论人们对古代中国的家与国家持有何种立场和解释，在古代中国国家治理中，家族治理从来都是其中重要内容。这是由于家族本身的相对自治所决定的。众所周知，在《唐律疏议》中，就明令“刑罚不可驰于国，笞捶不得废于家”。这决定了在古代中国，有明确的皇权和族权（父权）的两分。因此，治家犹如治天下，一家不治，何以天下为？正是这种相对自治的“家”观念和事实，导致家法族规在古代中国的长盛不衰。

即便在“异族”统治的清代，被称为宗（家）族法的家法族规仍然很盛行，成为其实施“双重治理体制”③的重要治理规范。要对清代的家族法予以系统论述，在有限的篇幅里显然是力所不逮的。因此，笔者将在下文主要借助范玉伟在《清代安徽家族法研究》④一文所提供的一些例证，仅就家法族规所涉及的宗法伦常方面的规定（此外，在家法族规中，通常还会规定诸如家族日常经济事务的管理、伦常纲纪的维系、礼尚往来的规范以及违反家法族规的处置等）予以简要说明。

清代的家法族规，多载于“族谱”中，如安徽的《歙托山程氏族谱》就

---

① 这种观点，大半被归结为“家族国家论”。有些学者并不赞同这种对古代中国国家性质的解说，强调“通过‘家’论述国家的方法以及能以‘家’来阐明‘国家’的立场，都是本书所不取的。毋宁说，从‘家’和国家各个独立、特殊的职能和作用出发，努力区别和划定两者的范畴，这才是本书的着眼点。”（［日］尾形勇：《古代中国的“家”和国家》，张鹤泉译，中华书局2010年版，第2页）。

② 许纪霖：《国家认同与家国天下》，载《华东师范大学学报》2014年第4期。

③ 这种治理是指：“‘征服型’王朝”创制了“一种不同于纯中原式的国家建构模式。它不仅能在作为帝国经济基础的汉地社会和统治者的‘祖宗根本之地’之间保持着平衡，而且为进一步将其他各种非汉人群的活动地域纳入有效治理，提供了比中原汉制更有弹性、更能容纳多样化、可能性因而也更能持久的一种制度框架。”（姚大力：《一段与“唐宋变革”相并行的故事》，载葛剑雄、姚大力：《谁来决定我们是谁》，译林出版社2013年版，第200页）。

④ 对此做专门研究的还有朱勇：《清代宗族法研究》，湖南教育出版社1987年版。

达5卷,《合肥李氏宗谱》更多达22卷。在族谱中,除了一祖脉传(这本身具有"师法祖宗"、"承接血缘"、防范错乱、团结友爱的规范意义①)的前后记载之外,更常见的,则是对这一祖族人群如何维系忠义、②孝悌、③婚姻④、继承⑤的规定。通过这些规定,人们不难理解家法族规在维系一个家庭或家族中基本意义。如果说"家国同构"是中国古代国家的基本特征的话,那么,"家国两分"则是实现其"家国同构"的前提。因此,家有家(族)长,国有国君;家有"家父权",国有君权。不仅如此,家有"家规",国有"国法(典)"。因此,在一些文献中,人们把"家规"和"国典"相并提。其中有一份族谱比较经典地写道:

家之有规,犹国之有典也,国有典则赏罚以饬臣民,家有规寓劝惩以训子弟,其事殊,其理一也。⑥

正是家法族规在最基层社会筑牢了中国的文化根基,因此,"文化中国"历百代而不衰,在王朝更迭过程中,无论是中原王朝登基,还是边疆王朝上位,人们(不仅是士人)更关注的是"文化中国"的根基是否存留,而不是哪个民族掌握权柄,或者建立了什么样的社稷江山,甚至也不大在乎开疆拓土的百世之功。一个朝代,只要能够坚守"文化中国"的"命根",哪怕它是"异族"统治(如清代),无论社稷如何轮转(无论汉唐),也无计疆土广袤偏狭(如南宋),人们最终都能接受并支持之。但是,一旦"文化中国"的"命根"失守,从"士人"到普通民众,就失去了基本的文化缅怀、生活和坚守。国家因之而失魂,因之而丧失合法性。此种情形,在当下中国各阶层人士中依然如故,并且对"文化中国"之重建也得到了当下中国官方重视、鼓励和支持。⑦ 可见,

---

① 如"万物本乎天,人本乎祖。人之有祖,犹木之有根,水之有源也"(《歙托山程氏族谱》)。

② 如"公尔忘私,国尔忘家"(婺源《王氏族谱》)。

③ 如"为子者必孝顺以奉其亲,为父者必慈祥以教其子。为兄弟者必友爱以笃其手足之情,为夫妇者必恭敬以尽宾对之礼,毋徇私乖义,毋枉法犯宪,毋信妇言以间和气,毋学博弈以废光阴,毋耽酒色以乱德性,凡此数端务宜深紧"(《婺源长溪余氏宗谱·祖训》)。

④ 如"婚者,人道之始风化之源,上以乘宗祧,下以接宗支,论年次之,断不可以财色取"(《金紫方氏族谱·家规》)。与此同时,在族谱中大都规定同姓、良贱不婚等婚姻禁忌内容、婚姻成立条件和夫妇在家庭中应各守其位等内容。详见范玉伟:《清代安徽家族法研究》,载湘潭大学2011年博士学位论文。

⑤ 如"嫡长之重,所以别支庶也。庶为子兄,嫡子为弟,而必先列嫡长于前而后以次递列者,庶不先嫡,正宗祧也"(《歙县桂溪项氏族谱》)。

⑥ 《仙源东溪项氏族谱·卷一·祠规引》。

⑦ 中国当下在全国范围内所展开的弘扬"家风""家训""家教"的行动,虽然具有当局擅长社会动员的一以贯之的特点,但在一定程度上也契合了"文化中国"的古老传统及重建之的社会需求,因之,更因人们喜闻乐见而被接受。

“家法”在基层社会对“文化中国”的强大形塑功能。

2. 城乡两分背景下的“乡约”及其对“文化中国”的表达和担当

乡约，在当下中国统称为“乡规民约”。和家法相较，古代中国的乡约产生要晚一些。在《中国古代民间规约》①一书中，作者遍览群籍，所搜集编入的最早的乡约是唐代的《敦煌社邑立社条件》。这也大体能说明即便之前中国有乡约，但其成文的流传尚不足考。可以初步认为，古代中国的乡约发端于唐，成熟于宋，②发扬光大于明。在清朝，乡约则日渐被官方化。就内容与功能而言，乡约不同于家法。可以说，家法族规是血缘（姻缘）本位的，因此，调整的肯定是熟人之间的关系，可简称为“亲本位”的民间法。而乡约则是地（业）缘本位的，可简称为“业本位”的民间法。有些学者把乡约区分为广、狭两义：

> 由于中国古代是一个乡土社会，乡村民间规约构成了古代民间规约的主体，所以人们习惯上将其称为乡规民约。本文所论述的中国古代民间规约……在外延上比乡规民约为宽。因为在古代中国……除了乡村的民间规约外，还存在大量文人会社的规约、城镇的工商行规和其他民间规约。③

鉴于篇幅所限，对清代民间法中的因相对的社会自治所致的帮会法、相对的行业自治所致的行会法、相对的宗教自治所致的宗教法以及相对的族群自治所致的民族法等不能一一涉及，因此，这里借取广义的乡约概念，并以清代乡约为例来论证本文想表达的主题。

有清一代，一方面，由于王朝统治者系外来“异族”，因此，要实现其“双重治理体制”的统治，就不但要熟悉历史上中原王朝统治国家的大传统，而且要熟悉中原以汉族为主的民众进行自治或基层治理的小传统。如此一来，乡约这种行之有效的基层治理方式就被纳入其治理天下的总体体系中。另一方面，乡约实践已通行数百、成千年之久，业已成为相当

---

① 该书共分4册，由杨一凡、刘笃才编，由社会科学文献出版社2017年出版。

② 宋代最著名的乡约为《吕氏蓝田乡约》，是由“蓝田四吕”——吕大忠、吕大钧、吕大临、吕大防于公元1076（宋神宗熙宁9年）年所订定并推行的、中国最早的成文乡约。这份乡约，不但对古代中国各地的乡约具有示范意义，而且对周边彼时的朝贡国家，今天的韩国、越南等也产生过重要的影响，甚至在当下韩国和越南的乡村地区，对其秩序维系仍具有一定的影响。参见徐元宇：《朝鲜乡约的福利行政功能及其意义》，张小平译，《民间法》（第3卷），山东人民出版社2004年版；［越南］Dao Tri Uc：《越南古代和现代乡约在法治建设中的作用》，纪建文译，《民间法》（第3卷），山东人民出版社2004年版。

③ 刘笃才：《中国古代民间规约引论》，载《法学研究》2006年第1期。

成熟的统治经验，因此，急于寻求有效统治方法和经验的“异族”统治者，顺理成章地把其纳入统治规范体系中，并使乡约成为清代正式制度的重要内容。即使如此，也存在与乡约相对的“乡规”。对此，有学者的研究指出：

> 到了清代，乡约已不再是民间组织，而彻底变成了官方法律体制下的一种正式制度。根据官方的规定，每个乡村都普遍设有乡约所，开展讲乡约的活动，内容则是宣读讲解圣谕广训及钦定律条。随着乡村自治组织演变为基层政权，乡约还用以称呼农村基层政权首领，不过这时他们已经沦落为负责替官府收取钱粮、任凭官吏驱使的职役。这时具有民间规约性质的是以碑刻形式出现的乡规。
>
> 人们往往把乡约、乡规混为一谈。其实至少在清代，乡约和乡规有很大不同……清代的乡约是国家正式制度……而乡规是村落居民集体讨论制定的民间规约。①

尽管在清代乡约与乡规是二分的事物，但为了论述的方便，笔者仍以乡约指称这两者。以下分别引述官方化的一份“乡约”之部分内容和民间性的一份“社约”之部分内容，以进一步申论无论是官方化的“乡约”，还是民间性的“社约”，之于“文化中国”之维系而言，殊途同归，相得益彰。

第一份是张伯行制定的《申饬乡约保甲示》。其开宗明义强调：

> 为申饬乡约保甲之常规，以正风俗以靖地方事，照得自古治道，必使风俗醇和，地方宁谧，无不以乡约保甲为急务者。一主于劝善，以化导为先；一主于惩恶，以禁诘为重。名虽分，而实则同也。约束一乡以有物，有则保护各甲以无灾无害。总欲尔民迁善违罪，趋吉避凶，岂二道哉。有子谓：为人孝弟，则无犯上作乱。孟子谓：逸居无教，近于禽兽。又囊括于周礼比闾族党之意，谓：出入相友，守望相助。此可见乡约保甲之教民，原互相为益，所以重人道，而不坠于禽兽也。孝弟忠信节义廉

---

① 刘笃才：《中国古代民间规约引论》，载《法学研究》2006年第1期。乡约的这种官办化、国家化，在实践中呈现为保甲化（参见董建辉：《明清乡约：理论演进与实践发展》，厦门大学出版社2008年版，第227～240页；段自成：《清代前期的乡约》，载《南都学刊》1996年第5期；段自成：《论清代北方乡约和保甲的关系》，载《兰州学刊》2006年第3期；段自成：《清代北方官办乡约与绅衿富民的关系》，载《河南大学学报》2007年第5期；段自成：《清代北方官办乡约研究》，中国社会科学出版社2009年版）。

> 耻，人道之纲维，忤逆斗狠奸盗诈伪禽兽之举动。人谁肯限于禽兽，而不为人乎……讲乡约，可以跻仁寿而咏太平矣。乃认真勤讲者，能有几人。或仍视乡约为具文，未尝识官民之共赖。抑且视保甲为故套，未尝揆经纬之相兼。逢朔望，一讲乡约，宣三两条，而即回衙矣。见上司一严保甲，紧两三次，而似结案矣。如此而欲反薄归厚弭盗息民，又安可得乎。[①]

第二份是孙衣言制定的《诒善祠塾规约》，其第6～12条分别规定：

> 6. 在塾子弟以恂恂有礼为贵，每日上学向先生一揖，幼者各向长者一揖。晚间下学亦然。先生有友来塾，亦各作一揖致敬。7. 在塾子弟不许吸烟饮酒，不许聚处谈笑，不许互相谐谑，不许跛倚箕踞，不许私自出塾，不许涂画屋壁，不许折损花木。违者均于祠堂罚跪一枝香时，以示惩儆。其傲慢不遵教训者，罚跪三次，不听教，召其父兄来塾领归，俟知悔改，再令上学。8. 在塾生徒诵读书籍，各自携带。本塾所藏止应检查之用，用时可向管书人借阅，不得私行携出塾外，以致污损残缺。违者罚于祠堂跪一枝香时，并赔书籍。9. 本塾以每年正月初十前后开馆，十二月二十日前后散学。端午、中秋各节给假一日，平时生徒非家有大事，不得任意告假。10. 在塾生徒每逢节到，每人给馆童奖钱一百文，乡居赴考者赏给馆童每节二百文。11. 塾中冬月裱糊窗户，夏月支搭凉棚，由祠产公款中支用。12. 塾中每年用度于产款中酌量支应，由祠产值年者司其事，年终应将收支清册呈报房长。[②]

从如上两则引证资料均见，无论是官方化的“乡约”，还是民间性的“社约”，都明显地以承载和维系中国文化传统为使命，或者自觉地遵循“文化中国”的使命。

先看前引官方化的“乡约”对“文化中国”作用。“自古治道，必使风俗醇和，地方宁谧”，以官家手段，自觉贯彻古代中国官民共守的文化理

---

① （清）张伯行：《申饬乡约保甲示》。张伯行（1651～1725年），系清代康熙年间大臣，理学家，除了制定前述乡约，它还制定了《社仓条约十六条》，皆得保留；他对学规也也颇用心，著有《学规类编》一书。

② （清）孙衣言：《诒善祠塾规约》（光绪元年12月订）。孙衣言（1815～1894年），既是清朝道光、光绪年间的官员，也是一位相当有成就的藏书家和管理家。尤其他对规范管理的格外重视，纵在今天中国，也颇值得借鉴。其在管理中除亲自制定前述规约外，还订有《藏书规约》《诒善试馆规约》《诒善祠公产规约》等，皆流传至今。

念。其所开列的16条具体规范,①其内容皆为仔细贯彻前述乡约宗旨,进而也是在基层通过“乡约长”等半官半民的人物,以践行“文化中国”的职志。这一职志,还进一步体现在其有关抚恤贫弱、建仓济民的“乡约”——《社仓条约十六条》中。该“乡约”明令在诸乡合设一仓时,总统事务者必须是在各乡“社正、社副中,举德性优异,公正明廉者”。如果按照陆世仪“治乡三约”的说法,“乡约”及其“约正的职责,就是掌管治乡的3个约。一个是教约,用来教化乡民;另一个是恤约,用来给乡民实际好处;还有一个是保约,用来保护乡民”。这3个约线条虽粗,但结合具体的乡约实施起来,却使所有治乡的举措既获得了道德价值上的肯定,也具体入微地在制度层面彰显“文化中国”的精神内核和行为取向。

再看后引民间性的“社约”对“文化中国”的作用。有清一代,虽然国家越来越走向专制,制度越来越显得机械,但就民间结社的情形而言,无论是经常游离于官方法之外的、具有反政府色彩的一些宗教社团,还是官方法或认可保护,或放任自流的文化社团,都可谓发达。特别是士大夫和商人们并不满足于锦衣玉食的生活,更怀“兼济天下”的雄心壮志,因此,有关文化方面的“约书”,特别是诸如因藏书制定的“书约”,②因教育制定的“教约”,因经商制定的“行规”等尤为发达。前文所引,属于“教约”范畴。其字里行间,既在宏观上典型地表达着中国“礼法传统”的内在精神,如“在塾子弟以恂恂有礼为贵”,更在微观上具体入微地落实“礼法精神”,使“礼法传统”这一精神文化不但是悬置墙壁的响亮口号,而且成为私塾里人们喜闻乐见的交往实践。中国固有的道德精神价值,就是通过这种具体入微的“礼法”规范,从精神层面,转化为行为层面的;同时,作为一种载体和工具,它们又在人们生动的交往行为中保存并发扬了“文化中国”固有的精髓。俞荣根曾言:

> 在古代中国,“礼法”是秉承天道人情的根本大法。它既是最高法、正义法,统率各种国家法律、地方法规和家族规范,也

---

① 参见牛铭实:《中国历代乡规民约》,中国社会出版社2014年版,第173~186页。特别是其中第7条,至今看来,仍意义非凡:“禁鱼肉富翁。富是一方元气……此外富民,无论大小,原皆经营劳苦之所致……有司不许因事苛索,地方不许生端陷害。若彼果自犯法,则有应得之告,应得之罪,夫复何辞。然乡约长、保甲长诸人,还要为彼调停,责其不是而止其告者,毋使入于罪苦。这才是保全富翁……”(前引书第178~179页)。古今两相对照,仔细读来,真令人唏嘘慨叹、不能抑止!

② 参见梁健:《明清民间法律规则考析》,载《现代法学》2017年第5期。

是具体法、有效法、实施中的法……是主要的行为规范。“礼法”意识就是法律意识、规矩意识。①

这一论述提醒我们，有清一代，无论其“乡约”“社约”“教约”，都不背离“文化中国”道德精神的规范要求——“礼法传统”；反之，它是古老的“礼法传统”在清朝基层社会的延续，是“文化中国”在基层社会中动的践行和静的沉淀。不得不说，“文化中国”的流动、脉延、广播和开枝散叶，与它通过“家法”“乡约”一类的基层制度而日复一日地实行密不可分。这也是当代中国关注基层治理，并在诸如“乡贤文化”中寻求治理灵感、回味“文化中国”，并进一步借此发扬光大，甚至重建“文化中国”的缘由吧。②

3. 行业自治背景下的“行规”及其对“文化中国”的表达和担当

古代中国行经清代时，仍主要是一个以农立国的大国。虽然从秦汉一直到明清，商业贸易源远流长，不绝如缕，特别是在唐代，还产生了影响深远的陆上“丝绸之路”，在宋明时代，又产生了同样意义非凡的海上“陶瓷之路”，乃至事实上呈现着农商并重的格局。但是，当局农本商末的统治理念，一直延宕在整个帝国两千多年的行程中。从秦朝开始的“奖励耕战，重农抑商”，到清代仍然坚守的“无许片帆入海，违者立置重典”，使以分工生产为前提的③商业活动受到严重抑制，从而行业与“行规”的发展、健全自然也受牵连，对内抑制了经济的活力，对外则无论是在陆上还是在海上，都严重影响了“文化中国”的拓展，④反而使中国日渐受制于另一种文化——所谓蓝色文明和海洋文化的强大影响。

不过，尽管如此，在一个幅员如此广袤、人民这般众多、地区千差万别、需求纷呈各异的国度，寻求人们之间能够互补余缺、交流共济，乃是天经地义的，也是任何人为的力量所无法全然扼断的。早在司马迁的《史记》中，就专门辟有“货殖列传”，为大商巨贾树碑立传。有清一代，

---

① 俞荣根：《礼法传统与中华法系》，中国民主法制出版社 2016 年版，第 296 页。

② 从 2014 年开始，中国就展开发现、创新、弘扬“新乡贤”的活动。中宣部部长刘奇葆在相关活动中强调：“要继承和弘扬有益于当代的乡贤文化，发挥“新乡贤”的示范引领作用，用他们的嘉言懿行垂范乡里，涵育文明乡风……”参见刘奇葆：《继承和发展“乡贤文化” 建设美丽乡村》，载 http://www.china.com.cn/news/2014-09/16/content_33528006.htm，2019 年 4 月 3 日访问。

③ 《大清会典事例》卷 629《兵部》。

④ 这种举措所导致的中国明清时期之海上力量衰落，参见陈尚胜：《“怀夷”与“抑商”：明代海洋力量兴衰研究》，山东人民出版社 1997 年版，第 198～221 页。

行迹遍布中国，乃至蒙古（彼时属于中国领土）、俄罗斯，以经营毛皮、茶叶、银票、钱庄而叱咤风云、左右全国商业经济，并在四处开设“山陕会馆”，号称“凡有麻雀飞过的地方，就有山西商人”的“晋商（广义上包括陕西，甚至甘肃商人）”；[①]垄断大半个中国之盐业、茶叶、粮食、木材贸易而彪炳史册的“徽商（广义上包括彼时安徽、江西、浙江商人）”[②]等，俨然使中国展现出一幅“重商”的画卷。不但如此，从南宋叶适奠其基的“实学”学派，在儒学衰落期的清代有了更进一步的发展，在理论上支持“重商”行为。[③]

这些商帮，本身就秉有特定的文化理念而经商，并把这种理念展开为人们经商的规则。有人在比较“晋商”和“徽商”的区别时指出：

> 在文化理念上，晋商突出尊奉乡人关公……晋商把关公作为他们最尊奉的神明，以关公的“诚信仁义”来规范他们的行为和经商活动……徽商突出尊奉乡人朱熹……朱熹所制定的“家典”、“族规”，为徽商所遵循。[④]

由此可见，彼时中国的商人及其信念和规则，与“文化中国”的神脉关联何其紧密！具体而言，以商事领域及其衍生的慈善领域的“行规”“善书”等为代表的各类规范明晰、预期准确、操作方便的“行规”，被不断地制定刊行——不仅在商业发达的东南及江南是如此，即使在商业活动相对落后的西北（如甘肃、新疆）、西南（如贵州、云南、西藏）等偏僻之所，也是如此。[⑤] 仅杨一凡、刘笃才在《中国古代民间规约》（全 4 册）中所收录的两湖一带的商业行规，就达 260 余种。所涉及的行业种类五花八门，包括特许、盐业、茶叶、矿业、粮食、竹木、文具、鞋业、造纸、汇票、钱行、药业、鱼虾、山货等，真可谓琳琅满目，令人眼花缭乱。其中，大量的“行规”，就是制定于清代而存留至今的。这足以表明官方压制商业的措施，虽然在宏观层面抑制了中国商业发展的大格局，但并未从根基上消

---

① 参见黄鉴晖：《山西票号史》，山西经济出版社 2002 年版。

② 参见张海鹏：《徽商研究》，安徽人民出版社 1995 年版。

③ 参见叶坦：《宋代浙东实学经济思想研究——以叶适为中心》，载《中国经济史研究》2000 年第 4 期；吴光：《儒学在衰落时期的变革——论清代实学》，载《浙江学刊》1991 年第 5 期；吴传友：《清代实学美学研究》，上海交通大学出版社 2012 年版等。

④ 孙丽萍等主编：《晋商研究新论》，山西人民出版社 2005 年版，第 2 页。

⑤ 特别是著名的南、北“茶马古道”，更有代表性。参见邓启耀：《灵性高原——茶马古道寻访》，浙江人民出版社 2010 年版；北茶马古道研究会：《中国北茶马古道研究》，世界知识出版社 2011 年版。值得一提的是，位于甘肃南部的康县，出土了迄今仅见的茶马古道石碑——“察院明文”。虽然其可辨认的字迹有限，但它作为规范性碑文，庶几可判。

除商业在中国的发展。不但如此，商业发展及其带动衍生的其他社会各业的发展所孕育的“行规”，与前述“家法”“乡约”一样，在规范进而在人们行为层面构织、圆润和促进“文化中国”之发展。下面笔者借用一例完整的清代重庆的“靛行行规”，做以说明：

嘉庆六年靛行行规

一议，一客之货，或一舡之货，分起三两行者，无论字号各别，务□□□酌验货作价。如一人作价，一人过秤，其货完善，通知兑银，违者公罚。

一议，凡九河来靛，务须留神查看边底，分别真伪，诚恐有昧良之辈伪造来渝鲁混。一经看出，必须经众，以杜弊端。若知弊隐匿，违者公罚。

一议。作价务须公平，过秤亦当公正，如价之涨跌，应听时市之变换。至于过秤当念天良，切不可损人利己，如买者猜疑不信，彼即三面复秤，以免后患。原买者贩往下游楚吴，上至蜀北，路隔数千里之遥，远近不一，难免无盗窃之弊，若以回信始言少秤，不足为凭。倘若彼即复出秤斤，果有一行少秤作弊，则阖行公逐，永不许入帮生理，各宜守勿违。

一议，凡收各买客银两，仍照旧规，以九一色足兑，勿得每封现扣一二钱者，私行滥收。若徇情滥收，违者公罚。

一议，凡兑卖客银两，务须斟酌，尽以收回之银兑给。勿得贪图小利，以高换低，掺入酌兑，若违公罚。

一议，凡兑卖客之秤，仍旧校准常制砝码给兑，出入一体，以免争论。勿得添扣，以紊旧规，违者公罚。

一议，凡来行买靛之客，不拘多寡，其秤与价仍然一体方为公平交易，童叟无欺。倘有从中作弊，或暗地分肥，加倍重罚。

在如上共 7 条“靛行行规”中，仔细阅读，每条之中，不但涉及货物度量、银两兑换的技术标准，而且此种技术标准本身含有极强的道德价值示范，如其中反对作弊、谨守天良，公平交易、童叟无欺，奉公绝私、斟酌裁量等，都借着技术规程得以展现。因此，素来人说“无商不奸”，这种情况在一朝一代的个别时期，特别在商贸及其他社会自治行业初起之时自难避免，但一当其渐行发展而被体制化，通过彰显传统道德精神的规范体系和人们的交往行为体系，就必然意味着相关活动不是游离于传统文化之外的“异端”，反而一方面，它必然是被传统文化所结构的存在；另一方面,它又通过其具体的体现传统文化精神的规范,在社会底层——人们日常的商贸及其他社会交往中,夯实了传统文化通行的路基,以致商贸活动百业竞争,社会交往千姿百态,也不违“文化中国”之大道,反而在上述“规范事实”中,人们看到的是“文化中国”在商贸活动和人们日常社会交往中被坚定奉行,严谨落实。在一定意义上,这些规则既是商人们日常交往的准则,也是其公平交易的良心准据——把规则放在心上,也就践行了经商、举事的基本良心,这就是所谓“儆戒无虞,罔失法度”。[①]

尽管当代中国的商业贸易规范,大体秉承着近、现代商业贸易的基本要求,但随着在世界范围内华人企业家、经营家的迅速崛起,让人们不禁联想到这究竟是近、现代商业贸易规范对华人交往行为的规范结果,还是华人特别是华人企业家、经营家们遵循“文化中国”精神价值的结果?对此,可能言人人殊,但显见的事实是,在中国,已经成立了“中国实学研究会儒商文化研究专业委员会”,并创办了由教育部主管、由该会和“子贡儒商文化研究院”联合主办的《中国儒商》杂志。前者强调其“宗旨为弘扬儒家‘经世致用’哲学在经济领域的成功运用,起到搭建儒商交流平台,提高企业发展水平,弘扬儒商文化。探求敬业、强企、报国之道,重构文商格局,达到财智双赢之目的”。[②] 后者坚持其目标是:“中国儒商以聚集社会精英,共建和谐社会为使命……通过中华儒商期刊和‘子贡儒商论坛’,‘子贡儒商大讲堂’等……推动中国儒商文化的全面复兴,推动人类文明的和谐与共同繁荣。”[③]古可鉴今,今亦可鉴古。古今互鉴,或许能让我们更加确切、深刻地省察、领会清代的“行规”之于“文化中国”的实际作用。

四、结语:“文化中国”的规范塑造

毫无疑问,“文化中国”的既有内容,一方面,因为近代民族和民主革命的大功告成,以及诸如“新文化运动”“五四运动”“文化大革命”这类疾风暴雨式的、灌输式的“启蒙”,已经变得七零八落,其整体风貌不复存在,故难以复原。另一方面,随着现代以科学技术和民主法治(所谓“赛先生”“德先生”)为代表的新文化的规范实用和深入人心,已然退出历史舞台的这些文化内容也没有重新发扬光大的必要。但是,这是否意味

① 《尚书·大禹谟》。
② 见“百度/中国儒商文化研究会”词条。2019年4月3日访问。
③ 见“百度/中国儒商杂志”词条。2019年4月3日访问。

着“文化中国”的理念也就此褪去？是否意味着只要放心大胆地移植一套域外行之有效的制度体系，就足以有效、良好地治理大国广民？事实证明，除非外域文明在整体上消灭本土文明（甚至民族）或者本土文明本身就弱不禁风，经不起任何大的冲击；否则，这种以移植为使命的“高招”，未必能颠覆一个历史悠久的大国之既有理念；反之，一切外来的因素皆会被其既有理念吸收、纳入，涵化到具有包容性的“文化中国”理念中。这恰如古代中国不但曾有效地吸收了一时强大的外来佛教文化，成为“文化中国”不可分割的有机构成，而且把公认为很难同化的伊斯兰文化，也通过“以儒释伊”①的方式，转型为“文化中国”的一部分一样。当代中国或被动或主动，但持续性地接受、学习、汲取西方文化近170年以来，在继续坚持学习、汲取现代西方文化的同时，也明显开始“以我为主”地借鉴、吸收。可以预料，这一过程，在一定程度上乃是一个在“文化共和”基础上重建“文化中国”的过程。

“文化中国”的重建，在注重科学、历史、文学、艺术、学术、道德等的同时，更应自觉地、坚定地把这些内容搭架在制度（规范）之平台上。这涉及对“文化中国”与“法治（规范）中国”关系的理解问题。一直以来，人们即便不是站在对立的立场上，也是站在两分的立场上来看待这一问题。在笔者看来，如果说“文化中国”乃主要指向中国人的道德精神世界，以及和此相关的文学艺术、科学技术、学术思想、历史文化、宗教信仰等的话，那么这一切，都必须被置于“法治（规范）文化”的框架中，才既是长久的、可预期的，从而也是有效的。在此意义上，“文化中国”和“法治（规范）中国”乃是同一事物的两个方面，它们构成互为表里的关系。“文化中国”是里，“法治（规范）中国”是表。并且，两者之间也相互依存，没有“文化中国”，法治中国就缺乏基础，底色暗淡；而没有“法治（规范）中国”，“文化中国”就不成形状，难以日常。可见，“法治（规范）中国”需要“文化中国”厚实基础、铺垫底色；而“文化中国”也需要“法治（规范）中国”构划蓝图、推行实践。

更有进者，“法治（规范）中国”，绝非对“文化中国”的亦步亦趋，而

---

① 参见刘贡南：《以儒释伊和以伊释儒的有机结合——对王岱舆以儒诠经思想的一种理解》，载《青海民族研究》2006年第4期；吕耀军：《中国伊斯兰哲学中的人性论与“以儒诠经”》，载《广西社会科学》2006年第5期；李东风：《以儒释伊——南充清真寺木雕艺术人类学考察》，载《内蒙古大学艺术学院学报》2016年第2期；沙宗平：《“圣人之教，东西同，今古一”——“以儒诠经”伊斯兰教与中国传统文化之“文化会通”》，载http://www.sohu.com/a/128627478_488827，2019年4月3日访问。

且是型构“文化中国”的能动因素。这是由于一方面,法治(规范)本身是一种升华了的文化,即建立在其他文化内容基础上的规范文化,是其他文化的规范浓缩和提升;另一方面,法治(规范)的稳定性、规范性、可预期性和实践性,在持续不断地规范人们的交往行为的同时,必然会影响、改造甚至形塑文化,哪怕一种文化再持久坚固,规范的运行也会渐渐风化之,并使规范融洽地稀释在既有的文化体系中。所以,“文化中国”的重建,自然离不开规范塑造。

说以规范塑造文化,帮助“文化中国”的重建,自然离不开国家法,甚至在国家主导的时代,国家法的风化还是主要因素。但规范塑造文化也离不开民间法,至少民间法能够配合国家法更好地通过规范塑造文化帮助“文化中国”重建的事业——如果说当代中国国家法主要是外域文化在中国的规范表达的话,那么,民间法无论是作为习惯的传统民间法,还是在当代中国迅速变革的实践中新生的民间法,更可谓是本土文化的规范表达。这两者的相互作用,更能表现当代中国“文化共和”的使命,有力地襄助“文化中国”的重建。

在“文化中国”重建中民间法对文化的形塑,既须关注当代中国实践中“自然长成”的民间法,亦须关注古代中国,特别是清代中国留存至今且现实有效的民间法。这是因为:其一,这些民间法不但是现实存留的,而且对人们日常交往行为有现实的规范作用。特别是在孝道、抚养、继承、婚丧嫁娶等最日常的交往行为领域,更是如此。其二,曾经的殖民、半殖民统治,对“法治国家”和“文化中国”的建设而言,紊乱了其社会基础。强调传统且有效的民间法,可以重新理顺这种被紊乱了的社会基础,并借由民间法和官方法的合作实现“文化共和”,进而支持“文化中国”的重建。其三,当代中国的官方法或正式制度,基本上是移植的、外来的,它在中国的开花结果,需要嫁接在硕健的砧木之上。在一定意义上,本土的民间法就是移植的官方法得以嫁接的硕健砧木。因此,两者的相互作用,一定会形塑“文化中国”的高次提升,防止“文化中国”重建中的顾此失彼。其四,在一个大国,无论古今,文化、社会交往都具有多样性,只有这样,人民对规则才有一定的选择性,并最终引致人们对规范的接受。因此,规范刚性和规范包容必须兼顾。官方法对古、今民间法的认可或“放任”,既是官方法规范包容性的体现,又有助于人们在接受的同时,也巩固了官方法的规范刚性,还有益于在民间法和官方法的相互合作中,实现规范诱导的“文化共和”,以升华了的规范文化的力量,襄助“文化中国”之重建。

可见,包括民间法在内的“法治不仅是多元文化化育之结果,同时也是塑造、培育多元文化,增进宪政团结力量,促进文化共和实现的一般制度基础”①,是“文化中国”重建中的形塑力量,而不仅仅是被动的适应者。

① 谢晖:《论文化治国与制度(法律)治国》,载《领导者》(香港)2016 年第 4 期。

法律规范的事实还原与司法中法律知识的生成*

司法过程,就是把案件事实代入法律规定中去的活动,是法官在案件事实和法律规定间目光流盼、来回穿梭并据以判断和裁判的活动。倘若把法律规定视为概念(当然,严格来说,在法律的要素中专门有"概念"这一要素,但以文字表达的法律规范,在本质上都是对人们交往行为的规定性或交往行为的社会事实进行命名的活动),则可以把案件事实代入法律的过程看做就是概念(法律规范)的事实还原。简言之,所谓概念的事实还原,就是运用案件事实来检验法律规定(概念)的恰切程度,并在此基础上进一步矫正法律(概念)、发展法律(概念)、拓展法律知识的活动。这也就是司法中法律知识的生成过程。本文以此为主题,并用社会分析、规范分析和语言分析相互结合的方法,探讨以下四个相关的问题。

一、法律系统对社会事实的一阶命名:立法与法律规范

法律作为社会交往的行为规范,可能通过人们反复的行为表达(交往行动的法);也可能借助严格的歌唱、说教表达(语言说唱的法);还可能依赖严谨的文

---

* 发表于《法律科学》2015 年第 4 期。

字书写表达（文字书写的法）。[①] 但是，无论运用上述何种方式表达法律，归根结底都是对纷繁复杂的人类交往行为归类和命名的活动。所谓归类，是指对相同或类似的行为做同样的符号化处理；所谓命名，则是对归类后的不同交往行为赋予确定的意义，如买卖合同的命名是对所有买卖行为及其协议赋予确定的意义，犯罪的命名则是对所有危害社会、违反刑法、应受惩罚的行为赋予确定的意义等。而所谓确定的意义，既指命名对归类的准确表达，也指人们通过这一命名能实现对一类事物的共同理解，并最终达致在相关问题上约定俗成的效果。

事实上，对人们交往行为的归类，本身即是赋予某类行为以意义的活动，反映了人类大脑意识投射到人们交往行为的客观事实中时的思维过程。但是，这一思维过程如果不能用具体的词汇来命名，依然处于一种模糊的思维状态，从而归类的意义尚不是确切的。只有通过具体的反复一致的行为（初级命名工具）、话语（中级命名工具）和文字（高级命名工具）来表达某一类行为时，才能使对人类行为的归类结果——类型化实现意义确定的命名，以便帮助人们进行理解。这正是笔者在这里区分归类和命名的用意所在。

人类对事物命名的工具有三种，自然，对人类交往行为命名的工具也不外如下三种：

（1）行为（反复一致）的符号命名体系。一个人或一个族群反复一致的行为，是其对某一或某类事物意义确定的表达，这或许是针对聋哑人的现代手语之所以行之有效的原因。在语言和文字交流有障碍，或者语言文字相对落后、尚未普及的时候和地方，人们交往中表达确定意义的基本工具就是反复一致的行为。这种反复一致的行为表现在个人身上，表现着这位个人对某件事物确定意义的认识或看法；表现在群体身上，则表现着这个群体对某件事物确定意义的认识或看法。正因如此，反复一致的行为本身是对事物的一种命名工具。

---

① 在做这样的划分时，自然已经采用了对法律的广义的理解。之所以采用广义的理解，是因为在不同的族群中，这三种法还在现实地发挥着规范人们交往行为的功能——不仅在民事交往中，甚至也在人们的政治活动中。人类学家笔下的法，更多的是交往行动的法，如霍贝尔在《初民的法律》中所描写的那种情形（参见［美］霍贝尔：《初民的法律》，周勇译，中国社会科学出版社1993年版）和语言歌唱的法（如有些学者对苗族“理词”的学术探讨）。但法学家笔下的法，大多是文字书写的法。上述法律，在司法因疑难案件而作创造性裁判时，都可能进入法官的“法眼”，成为司法中法律知识生成的重要的规范事实基础。相关学理区分，参见谢晖：《法律的意义追问——诠释学视野中的法哲学》，商务印书馆2003年版，第35～55页。

在法律上,初民社会习惯法的长成,大率是借用反复一致的行为来实现的。换言之,反复一致的行为是初民社会命名习惯法,从而给不同交往行为确定意义的主要工具。显然,在层次上,它是人类命名(包括法律命名)的初始工具或初级工具,是人类语言文明和文字文明欠发达,甚至尚未产生语言文字时的主要命名形式。但是,值得一提的是:一方面,即使这种反复一致的落后工具,依然能够准确地以所谓“行为方式”“生活方式”为名,命名一种文化或者传统。譬如,你走在欧洲大街上,不通过其使用的语言文字,而从一个人的行为举止、举手投足就可以大体判断出其究竟是中国人、日本人还是韩国人(尽管这三个族群都属于东亚人)。另一方面,越是古老落后的命名工具,越对后世的命名活动提供强有力的佐证和支持。例如,当下的立法活动,就不得不参考人们在具有法律意义的交往行为中反复一致的行为内容。清末民初的《民事习惯调查录》,[①]大体上就是对全国不同地域具有法律意义的反复一致的行为观察、综述和整理的结果。它为后来清末“民律草案”的起草,对民国时期“民法典”的制定奠定了重要的国情基础,也为民初的司法活动提供援用习惯的条件。[②] 在一定意义上,国家制定法一方面就是在其相关条款中对这些反复一致的行为以文字形式做了更为精致的加工和整理,使其意义更为精致、明确;另一方面对具有法律意义的反复一致的行为给以文字化的指向,使其更为稳定、实用。

然而,毕竟反复一致的行为对需要更为精致、准确的法律的命名而言还是力不从心甚至无能为力。因为随着社会分工的精细发展,人们交往行为的越来越细密化、专门化和相互依赖化,反复一致的规范方式已无法适应之。细密化表明,粗放的反复一致行为已不足以定义、命名和规范相关行为;专门化表明,适用于区域分割的反复一致的命名体系和命名方式,需要被新的、适用于专业分工的命名体系和命名方式所取代;而相互依赖化表明,如果说在区域分割的交往行为背景下,人们可以“鸡犬之声相闻,民至老死不相往来”,从而仅仅维系一种族内的、地方范围的熟人交往的话,那么,在分工划界的交往背景下,专业分工和互需交往是相辅相成、不能或缺的两个方面,因此,交往行为的符号命名体系和命

---

① 参见前南京国民政府“司法行政部”编:《民事习惯调查录》(上、下),胡旭晟等点校,中国政法大学出版社 1998 年版。

② 参见眭鸿明:《清末民初民商事习惯调查之研究》,法律出版社 2005 年版,第 241 ~ 259 页。

名方式，不但需要分工范围内的人们所理解，而且需要其他分工主体也可理解。这样，才会导致因为命名符号的交换而增惠于分工主体之间的物质交换和精神交流。

(2)话语(说唱)的符号命名体系。在笔者看来，在人类交往中，所谓话语就是通过人的发声而表达的符号系统。一般来说，它包括了歌唱和说话两个方面。无论哪种发声方式，都具有人类交往意义的表达功能，而这种功能是通过对事物(物质世界、精神世界和交往行为)的命名——意义确定来实现的。正因如此，话语不但是一种交往方式，而且是人类交往方式的命名工具，是对人类交往行为类型化和命名化处理的重要手段。这决定了话语和规则(法律)的一般关联。规范及规范行为系统可以是做出来的，也可以是写出来的，还可以是说(唱)出来的。

口耳相传时代的法律就主要是靠说唱符号来维系、传播其意义的。迄今为止，在文字不甚发达的初民社会、传统村落和偏僻所在，仍然以说唱方式来阐明法律——规则的意义。在我国，苗族地区仍然零星存在的"议榔词"，①就是典型的以歌唱方式阐释和命名规则的立法行为。而人们耳熟能详的电影《刘三姐》《五朵金花》的故事，在一定意义上讲，就是把通过对歌的符号意义表达，以实现某种规范目的。因此，口耳相传的意义命名方式及其规范结果，并不是昨日的皇历，反而仍存在于当下对交往行为的归类和命名中。

当然，话语作为对事物的命名符号，具有明显的不稳定性和不确定性。尽管和反复的行为相比，它是一种进步，但它的不易保存、不稳定、欠规范、过于灵活等特征，都决定了它并不是一种对事物的高级命名手段，所以，在文明时代的立法中，纯粹话语的规范方式已经很难得见，因此，我们权可把这种命名系统在层次上称为"中级命名工具"。或以为，随着录音、录像技术的发展，无论反复的行为体系，还是话语符号体系，都具有可保存的手段，因此，其规范性大大加强。但笔者要说的是，即便录音和录像，除非它们出自根据文字文本的排练或讲演，否则，都具有明显的逻辑不周、随意以及规范不强等特征。

当然，与反复的行为符号系统一样，话语符号的命名系统对高级规范体系——文字符号的命名体系，仍是明显的支持。一方面，文字符号的命名每每所采集的就是话语符号的内容，甚至连文字符号本身都是话

① 参见谢晖等主编：《民间法》(第8卷)，山东人民出版社2009年版，第394~401页。

语符号拟声的结果,这就是影响甚大的拼音文字的产生及其规范功能。我们知道,即便汉字,也是象形文字和拼音文字有机结合的产物。[①] 另一方面,话语本身作为一种行为方式,会延展文字法律的意义,促使文字法律从“纸面上的法律”转化为“行动中的法律”。最典型的,莫过于在宗教世界对于教法的传播方式,要么通过讲经的方式以传播,要么通过歌唱的方式以传播,以便于法律从纸上深入人脑,规范人行,在耳濡目染的口诵中帮助浓缩的文字规范伸展其实践意义。可见,话语符号系统作为对人们交往行为方式的规范命名,尽管是较低层次的,但没有它的功用,文字的法律就可能失之于僵死。

(3)文字(书写)的符号命名体系。众所周知,迄今为止文字是人类最伟大的发明和创造。文字的创生,是人类从野蛮时代进入文明时代的基本标志。[②] 僵硬而欠灵活的文字,为什么对人类文明发展有这么大的功能?在笔者看来,它无非是人类找到了对其交往行为更具有规范功能的工具,即文字工具,更有利于人类对其行为方式的规范性记载和保存,更有利于唤起人们对其交往行为的集体记忆,更有利于人们确定分工与合作的基础。一言以蔽之,文字工具更有利于人们对其交往行为的准确命名,从而承载人类对事物所赋予的确定意义。

无论如何,确定性对一切皆流、变动不居的事物和人类行为而言,给人类准确的行为预期提供了一种根据,从此,人类摆脱精神的游牧状态,找到精神定居的家园。尽管这一家园对精神自由而言,可能是一种限制,一种拘束,因为人类的精神世界和行为方式,总是言有尽而意无穷的,但倘若没有这种限制和拘束,人类将永远处于精神放逐或精神流浪的状态。这或许可以给人带来吉普赛人一般的浪漫,但毕竟无法创造出像非洲、亚洲、欧洲那种瑰丽而令人不得不慨叹的文明,也不可能创生让人们行为有预期、有安全的规范体系。

文字以其强有力的命名功能、规范功能、预知功能成为人类迈向文明社会的主要规范符号,但人类的规范化交往,纯粹停留在一个个具体的文字上还远远不够。这样,经由人们对自然事物、社会事实和交往行为的类型化处理,并对这些事物、事实和行为作出规范化的再命名,乃是进一步创造预期、规范行为,使人类行为有的放矢,避免胡子眉毛一把抓

① 参见王显春:《汉字的起源》,学林出版社 2002 年版,第 4 页。

② 参见[美]路易斯·亨利·摩尔根:《古代社会》(上),商务印书馆 1977 年版,第 3~17 页。

的模糊,或者东一榔头、西一棒槌的盲目,并减少高昂成本支出,获得实际收益的重要措施——这就是借助文字的立法而把大千世界的丰富多彩规范在可举一反三的文字符号体系中。

但是,文字在秉有这些无与伦比的优点的同时,也具有明显的缺陷:当它对纷繁复杂且变幻莫测的事物进行类型化处理并给予确定的命名时,本身意味着它是对事物流动性和变动性一种遏制,更兼之所谓概念的意义确定,诚如维特根斯坦所言,“一个词的意义就是它在语言中的用法”,[①]无不表达着人对事物的客观认识和主观期望,从而也无不表现出“人类一思考,上帝就发笑”所带来的困扰和烦难。因此,如何把概念系统代入事实系统,进行本文所谓法律规范(概念)的事实还原,既是以概念来规范事实,特别是人们的交往行为事实之必需,同时也是以事实来校正概念,并在既有的概念和事实基础上修正概念、创生新概念,并最终增进法律知识成长的不二法门。

论述至此,读者不难发现笔者仍然主要停留在对符号规范和事实关系的一般原理的理解和处理上,还没深入对社会事实的一阶命名以及立法和一阶命名的关系问题。这里想进一步说明的是:立法活动,就是借助上述符号对和人类一般交往行为相关的自然对象、社会事实以及交往关系进行规范和命名的活动。而进入文明时代以来的人类立法活动,特别是现代立法活动,更是主要借助文字符号系统对上述事实的规范和命名。尽管在法律的一般要素中,存在概念、原则和规则的区分,[①]并且在一般人的印象中只有概念才担负着命名的功能,而原则和规则似乎最多可以说是“规范”活动,而不构成命名。

但是,笔者的观点如前所述,文字本身与人类所创生并广泛运用的其他符号一样,肩负对自然对象、社会事实和主体交往的命名功能。而由文字的加工、组合进一步升华为法律的文字体系,不但有文字本身的规范和命名功能,而且具有专门的、更高层次的规范和命名功能。正因如此,它能够成为文明社会、更是现代社会进行社会控制的基础规范和一般规范,也能够以它为基础实现一种被称为“法治”——人从于法的社会治理方式。

到此为止,我们大体上可以把立法或法律规范的创制活动,统称为

---

① 例如哈特,参见[英]哈特:《法律的概念》,郑成良等译,中国大百科全书出版社 1996 年版,第 81 ~ 100 页;又如德沃金,参见[美]罗纳德·德沃金:《认真对待权利》,信春鹰等译,中国大百科全书出版社 1996 年版,第 30 ~ 114 页。

法律系统对社会事实的一阶命名。所谓一阶命名,也可称为一阶命题,系指一个法律系统(从法律规范形成到法律规范对社会事实的规范化调整和治理)对社会事实系统的规范化的初始归类、规范和命名的活动,是立法借助文字等符号赋予和人类交往相关的客观对象、社会事实以及交往关系以意义的活动。尤须强调的是,这个界定中所谓的“初始”,并不是发生学意义上的“初始”,而是以一个国家、或一个国家组织系统地推进法治过程之逻辑起点为标准所确定的“初始”。譬如,在过去我国的法制宣传中,就有所谓“有法可依,有法必依,执法必严,违法必究”的十六字方针。在这个所谓法制的表述中,“有法可依”——立法就是推行法制的前提,因此在这个系统中,它是在“初始”就须完成的意义体系。① 可见,立法活动既创造着规范人们现实交往的前提要素——法律,同时这一过程也是法律系统对客观对象、社会事实和主体交往的初始命名和一般命名。

二、法律运行(尤其司法)中法律规范的事实还原:一阶法律命名的事实检验

无论是议会立法为主的成文法国家,还是议会立法与司法判例兼而有之共同担当立法功能的判例法国家,立法的基本目的不是供人们欣赏法律的文笔讲究、逻辑严谨和规范合理,②而是供人们在日常交往的实践中运用之,并实现社会交往的和谐有序。换言之,立法的结果必须被代入主体的日常交往实践中去,否则,立法徒具人类规范创作的意义,但并不具有以此为据推进社会交往实践的意义。故说这样的立法是“毫无意义的空气振动”虽然言过其实,但对于社会交往的秩序而言,其可有可无,无须挂齿。

以文字符号表达的意义相对确定但又不无僵化的立法,必须被代入多元复杂的、日常流动的社会交往行为中去。换言之,以法律命题出现的法律规范,必须经由交往行为的实践进行事实还原,或者进行法律规

---

① 而笔者对制度的论述,强调其五个要素,有时也是五个阶段,即规范要素(前提)、观念(理念)要素(保障)、组织(自然人、法人)要素(主体)、行为要素(动力)以及反馈要素(监督)。在这五种要素或五个环节中,规范要素(立法)必须优先完成,成为后四者的初始者。没有前者,后四者就失去了凭据和意义。

② 一项立法成果的流传,绝不是因为其文学或思维上的意义而流传的(即使被巴尔扎克在文字运用范本意义上赞扬的《拿破仑法典》,倘若不能发挥对法国人民民事交往的保障和协调功能,也就很难以文字样本的意义被人们所关注);反之,它的流传和受人关注,一定是因其在社会交往中实际地支配并塑造了社会严谨有致的秩序,并对后世以有益启示而实现的。

范的事实还原。所谓事实还原，一言以蔽之，即把立法所产生的法律规范或法律命题代入人们交往的社会现实和日常生活中去，从而使主体交往的现实和日常生活获得法律意义视角的观照与考量，也使法律获得主体交往和日常生活的检验。这一过程，既可以经由公民交往行为、行政行为和公权监督行为而实现，更可以通过司法行为来实现。其中，司法活动对法律规范的事实还原更具有典型性，分述如下：

(1)主体用法守法与法律规范的事实还原。法律是一定时空范围内主体交往行为的准则，是公民和其他社会主体的交往行为规范。所以，法律制定后，对公民等的交往行为而言，具有普遍的、一般的、强制的规范功能。“普遍的”是说法律对公民交往行为规范的广泛性。举凡公民的民事行为、家事行为、公共参与行为、政治行为等，无论公民自身认识到还是没认识到，都被赋予了法律上的意义，都客观地具有法律效力(合法)或被法律所否定(违法)。在人们印象中似乎只有公民的行为不规范或违法，才受法律的强制性调整，这显然是对法律调整的不求甚解，是对法律之导向性调整和放任性调整的明显忽略。[①] 它也表明我国建成法治国家亟须法理念的进一步改造和提升。

一般的是指法律一旦制定，就适用于特定时空内所有的主体，而不是对一些主体有适用性，对另一些主体没有适用性。此一特征，亦可谓法律是平等地适用于被其所调整的所有主体的。古人就知晓法律对特定时空之主体统一适用的这一特征，所以，西方古人云：“法是善良和公正的艺术”；[②]我国古人云：“法不阿贵，绳不绕曲。法之所加，智者弗能辞，勇者弗敢争，刑过不避大夫，赏善不遗匹夫”“君臣、上下、贵贱皆从法，此谓为大治”“令尊于君”。[③] 即使古人所谓法律的一般或公平适用，总是和法律自身的特权性有一定的关联的，也不减弱如上法律公平适用观念本身的价值。而民治时代的法律，虽也不乏一定的特权性，但这种特权一般是以平等预设为前提的，如对弱者权利的优先保护和救济，就建立在人人都可能成为弱者这一假设基础上；外交特权和豁免权的设立，也是建立在这一特权的主体具有流动性特别是经由民主选举的流动

---

① 有关法律调整，特别是放任型法律调整和导向性法律调整的论述，参见谢晖：《法理学》，北京师范大学出版社2010年版，第189～209页。

② [意]桑德罗·斯奇巴尼选编：《正义和法》，黄风译，中国政法大学出版社1992年版，第36页。

③ 《韩非子·有度》《管子·任法》《管子·法法》。

性基础之上的。[1] 正是这一属性,奠定了公民行为本是最广泛、最普遍地勾连法律和社会事实,并在一定意义上对法律规范进行事实还原的活动。

至于强制的,公认为是法律运行的最有特色的属性。它有两个方面的意涵:其一,强制力作为一种对违法行为的预防机制,日常地发挥其作用,一方面,习惯成为自然地养成人们依法行为的观念和选择;另一方面,给全体公民输送一种信号:法必信。其二,则意味着当主体不按既定的法律要求行为时,通过启动直接强制程序矫正违法行为。尽管随着法律与公民日常生活须臾不可分离的关系,导致法律的强制力观念在西方世界出现了普遍弱化的情形,但这一情形绝不意味着强制这一因素就不重要,更不意味着强制地把法律规定代入社会事实,或者把社会事实代入法律的活动就无意义。换言之,并不意味着对社会事实进行法律命名,并反过来对法律规范进行事实还原的活动就无意义。

尽管公民依法维权、遵循法律本身是把法律还原于事实的一种方式,也是借助事实还原及其反馈功能进一步解决法律规范和事实关系的一种方式,从而也为法律知识的成长准备和积累一定的条件。但是,此过程并不直接生产法律知识,这和司法中法律规范的事实还原具有明显的不同。

(2)行政行为和公权监督行为与法律规范的事实还原。行政行为和公权监督行为作为在两个方向上实施或保障实施国家法律的行为,照例是把国家法律代入社会事实中的活动。其中,行政行为按照法律规定的正方向把法律规定代入社会事实中,而公权监督行为则从反方向检讨法律实施的客观情状,并对相关情况作出肯定的正反馈或否定的负反馈,从而作为评估法律实施、矫正非法执法的依据。因之,这两种公权行为都是把国家法律规定还原到社会事实中的重要活动。同其他公权行为一样,它们也是国家行政主体和法律监督主体根据其职责、权限和程序所从事的活动。

行政行为和公权监督行为的提起方式可分两种情况:一是依据职权自动或主动提起,即行政或监督主体的行为,是其职责所在,亦责无旁贷。无论其他社会主体申请与否,它都必须被提起并推进,因而是法律运行的日常行为。唯其日常,便不易被人们在法律运行视角去观察和理

---

① 这一结论,当然不否定在专制国家,其元首和外交人员亦享有外交特权和豁免权,但在另一层意义上,这种规定照例体现了现代法律所预设的公平原则。

解。但是，其所作所为都是法律运行的日常表现。因此，在健全的法治国家，一切公权行为都属于法律行为。背离法律的行政行为和监督行为，皆无法律效力。二是应请求而提起的行政行为和公权监督行为。公民或其他社会主体因为私益或公益的需要，向行政机关、监督机关提起请求，相关机关必须受理并依法作出处理。这是公权主体勾连法律规定和社会事实，把法律规定代入社会事实进行事实还原的重要方面。在一定意义上，请求是区分公权和私权的重要边界。对国家机关和公权主体而言，有请求，就有回应，这是公民和公权主体之间有关法律运行的一种互动方式，是两类不同主体把法律规定代入社会事实中，从而实现法律的事实还原，并经由社会事实而进一步检验法律规定合理与否的重要方式。这样一来，法律代入事实的方式就更进了一步。

然而，尽管通过行政行为和公权监督行为可以把法律代入事实中，但是，这种情形和公民运用法律、遵守法律的行为一样，并不创生法律知识，即使在法律执行和监督中发现法律与其所规范的社会事实间存在张力、冲突或其他问题，但其职责所在，也无法创造法律知识。因为他们既不具有法律知识的创制职能，也不具有法律知识创生的最终效力。或以为，行政机关和监督机关各自在行政执法、监督活动中总结出来的执法、监督经验和办事方法，难道不构成法律知识吗？在笔者看来，它或许确实具有法律知识的因子，但未必就是整全的法律知识，毋宁称其为管理知识更妥当。这些知识可以为法律知识的创生积累条件，但本身并不是法律知识。这就是行政活动和公权监督活动所从事的法律规范的事实还原和后文将要论述的司法活动所从事的法律规范的事实还原之基本区别。

（3）司法与法律规范的事实还原。笔者要集中探讨司法中法律规范的事实还原以及通过司法的一阶法律命名的事实检验问题。尽管在一个法律治理的社会里，所有私人或公共的交往行为，在实质上是法律行为或者具有法律意义的行为，但无论前述私权主体的行为还是公权主体的行为，都不是典型的法律行为，这是因为它们一方面太日常，人们在观念上并不将其与法律联系起来；另一方面太平常，因为这些行为及其所涉及的事情司空见惯，即便其是涉及法律或具有法律意义的行为，但人们在平时的操作中并不按照刻板严肃的法律程序推开，所以，一般感觉不到其和法律的内在关联，更不认为它是在法律调整下的行为。因此，它们尽管具有法律规范的事实还原功能，但也不具有典型性。法律规范事实还原最典型的场域只能是司法活动。

司法是指法律秩序遭遇紊乱、主体交往关系遇到纷争时，应纷争当事人的诉讼请求，法官或法院出面依法予以判断和裁处的公权活动。可见，首先司法所面对的问题必然是引人关注的社会问题。如果把社会交往关系比做一出戏，那么，司法所面对的就是这出戏的冲突和高潮部分。人们每天都处在权利义务关系的交往行为中，但并非所有的交往行为都会引发一定时空中人们的普遍关注。很多日常的交往行为，除了当事人对其历历在目外，局外人往往印象淡薄。但社会纠纷却不同，它不但对纠纷当事人会产生很大的影响，而且对一定时空内的所有主体都具有吸引力，从而会引发人们对相关纠纷的深切关注。

而当一例纠纷诉诸法院后，一定时空内的主体对该事件的关注更加用神，印象更形深刻，因为它意味着相关纠纷已经溢出私人范围，而“见官”了。每发生一例纠纷，旁观者总会以自己的“证据”、好恶进行判断，而纠纷一旦“见官”，这些主体又会自觉不自觉地把法院的处理和自己事先对案件中是非曲直的看法联系起来。所以，纠纷一旦诉诸司法，尽管其判决的直接结果一般只及于双方当事人，但其间接后果会涉及特定时空内所有的好奇者、关注者和利害相关人。这正是司法解决的纠纷每每会成为一定时空内公共事件的缘由所在，也是最近数年来在不断开放且日益复杂的中国，司法备受人们关注的缘由所在。

更要者还在于：面对纠纷中当事人诉求各异、理由相反、证据冲突的主张，作为法官，必须以法律为标准来衡量当事人的是非曲直，即必须把法律规定代入案件事实中去，在案件事实中关照、解读和适用法律规定，检验法律规定和社会事实之间的相适性，发现法律规定和社会事实之间的抵牾、冲突所在。在此意义上，只有司法活动才是法律的专门活动，也只有法官，才是公权体系中最典型的法律职业者。① 因为对法官而言，离开法律而断案，便不知从何入手。即便迫不得已一定要断案，也必然是对没有法律根据或者法律根据不足的纠纷事实，作出有利于法律本来意义或者立法宗旨的解释。因此，“法官是法律世界的国王，除了法律就没

---

① 最典型的法律职业者在公权系统，是法官；在自由职业者系统，是律师。检察官虽然也是法律职业者，但其直接负责对象是政府，而不是法律；律师则是通过对当事人所承担的合同责任而对法律负责的。故相较而言，只有法官才是直接对法律负责的职业主体（参见谢晖：《法理学》，北京师范大学出版社2010年版，第103～122页）。因此，也只有法官才是最典型的法律职业者。

有别的上司”。[①] 这也决定了只有司法才是把法律规范还原到社会事实中,以检验法律妥适、发现法律不足的真正场域。

那么,司法是借助什么机制把法律规范还原到社会事实中去的?这种还原的结果又会如何?这两个问题,事实上既提出了法律规范事实还原的可能性问题,也提出了这一还原的必要性或其效果问题,是认识司法中法律规范的事实还原所必须面对的问题。

先来探讨第一个问题。如前所述,所有法律规范都是对诸多相近社会事实的类型化命名和处理。而法官所面对的所有案件事实,哪怕它属于某种法律规范的调整领域,也会和该规范所调整的其他社会事实间除了具有家族相似性之外,还存在其个体独特性,因此,法官把案件事实代入法律规范的活动,其实是把多样性代入单一性中去的活动。“法官不是在真空中开始寻找一个成文法规则或者原则的正确解释。实际情况是,他们的任务是把具有机动性的词语形式运用到由一组相当确定的事实构成的主题当中。”[②]如果法官所从事的活动,仅仅是把单一的案件代入单一的法律规范,那么,法官不过从事了一种简单的甚至低级的职业,从事了一种“自动售货机”角色的职业。问题是,法官面对的个案是否自动识别法律?没有法官从中进行加工、裁减、解释和说明,能否自动生成司法裁判?这正是把法官复杂的案件代入简单、单一的法律中进行法律规范的事实还原时,所必然面对的棘手问题。

事实上,法官的司法活动,哪怕是简单案件的裁判过程,就是把法律代入充满个性的案件事实中,并以之来检视抽象的法律对具象的事实之适应程度,发现法律面对案件事实时的适用或者不适用的过程。法律只能包容每个个案之个性,但不能包办和取代每个个案的个性。所以,在法律前提下针对个案的个性进行裁判并对法律进行事实还原的任务,只能是法官的任务。特别在复杂、疑难案件中,法官更须通过具体案情和细节来检验法律,更具体地把法律规定还原于案件事实,以或证明法律对其调整的社会事实之妥适性,或发现法律与其所调整的社会事实之内在冲突。

法官在案件处理时把事实代入法律的过程中,无论出现哪种情形,

---

① Alfred Phillips, Lawyers Hanguage: How and why Legal Languaye is Different, London: Reutedge 2002, p. 181.

② Aleks and er peczenik. Scientia Juris, Legal Doctrine as Knowledge of Law and as a Source of Law, Berlin: Springer Publisher, 2005, p. 115.

都须裁判案件,只是在妥适性前提下,法官裁判案件的逻辑也相对简单,法官只需要简单地运用三段论,把案件事实代入法律规定中进行裁判就行。尽管法律规定是常量,案件事实是变量,且作为法律规定的常量对作为案件事实的变量具有通约性。但是,一旦遇到案件事实和法律之间出现了紧张,即法律规定不能妥适地调整案件事实,则意味着法官需要更细致的思维、方法和逻辑来处理案件。这时,司法就不是简单地理解、消化和运用立法已经给予人们的法律规定和法律知识,而是自身需要在立法和法律精神基础上创生法律知识,并对案件事实进行(或提出)二阶命名。

三、法律系统对社会(案件)事实的二阶命名:司法创制法律规范

面对当事人提出的诉讼请求,司法机关不得拒绝受理,且不得拒绝对所受理的案件进行裁判,这是现代司法的通例。尽管在当下中国,这一通例面临着各方面的挑战,拒绝受理诉讼、对已受理的诉讼案件拒绝裁判等现象即便不是普遍存在,但也常有发生。[①] 这也是我国司法之所以难以创生法律知识,难以创造经典案例的基本缘由。当然,在这背后是体制性因素——审判独立尚未定制使然。尽管如此,一个日渐向市场化、民主化和法治化推进的国家,对司法按照国际通例推进的基本走向是可以期待的。司法不得拒绝裁判应是未来我国司法改革的重要内容。调解结案只能是双方当事人自愿选择的结果,从而既不能像古代判官那样强制性地采取一切可能以调解结案,也不能像先前我国的法院系统那样规定调解结案的强制性指标。司法不得拒绝裁判的期待,也预示着司法创造法律知识的可能。

如前所述,司法中法律规范被还原到案件事实中时,只要案件事实和法律之间是妥适的,也就意味着司法接受了立法的知识输送,法律针对案件的妥适性得以证立,司法自身的知识创造可以忽略不计。司法过程中的程序运用、证据甄别、案件裁定等技术手段,要么是立法的既有规定,要么是已有的知识(包括法律知识)完全能够支持的活动。因此,所有探讨司法问题,尤其是探讨司法中法律知识创生问题的论著,都不以这种直接采纳立法输送的知识进行判决的例证为样本。因为这些样本

---

① 形成此种情况的原因一方面是既有诉讼制度对司法的受案范围作出了严格限制;另一方面是片面强调和谐司法和调解结案,导致即使对已经受理的案件,也要人为地以非裁判的方式予以解决,导致司法判断是非的决疑职能难以呈现,只剩下以平息矛盾为目标的解纷职能。这样,司法的既有属性就必然被冲淡。

不能说明论题本身所关联的相关问题。

因此，司法中法律知识创生的场域，自然就面向了在法律规范的事实还原中，法律不能妥适地解决当下案件的情形，即法律规范难以容纳案件事实的情形。这表明，司法没能完成法律规范的事实还原任务，相反，在事实还原过程中，却出现了必须创生立法之外的法律知识，才能“案结事了”的司法任务。那么，在何种情形下，才会出现法律规范不能还原于社会事实（案件）的情形？一言以蔽之，是复杂或疑难案件。

复杂案件和疑难案件是两个有别的概念，疑难案件一般是复杂的，在这个意义上，疑难案件是复杂案件的子概念。但是，通常所谓复杂案件并不是在此广义上使用的，因而是和疑难案件并列的概念。复杂案件主要是指案件事实所表现的法律关系复杂，因而所涉及的法律适用问题自然也连带地复杂。但是，疑难案件则主要指把案件事实代入法律规定中时，法律规定本身的模糊、冲突和缺漏。前种情形并不必然导致法律规范事实还原上的困难，因为即使再复杂的案件，只要法官能从中索隐探赜，一定能发现抽象的法律规定和具象的案件事实之间的逻辑关联，从而把案件事实和法律规定条分缕析地勾连起来。尽管在这一过程中，法官可以发现并创生有关疑难案件办理的法律知识，并构建起相关的法律方法，但和疑难案件裁判中法官的创造相比，这些都可谓案件办理的常规，故本文不展开论述。

而所谓疑难案件，是指案件事实与法律规定之间出现了模糊、冲突或失据（法律空缺）的情形，从而使法官对案件事实的处理或者有法难依，或者无法可依。尽管疑难案件也存在事实疑难和法律疑难两种情形，但事实疑难对于司法裁判而言并不是关键所在，因为无论如何，一例案件要付诸裁判，必然意味着疑难的案件事实和证据已经被办案法官所克服并掌握。尽管这一过程的复杂程度是可想而知的，甚至其复杂性所困扰和影响的不仅是法院和法官，对刑事疑难案件而言，也会直接影响到案件的专门侦查机关。但同样可以肯定的是，一例案件事实再疑难复杂的案件，只要案件事实还没有分析理顺，证据还没有清楚明晰，则必然意味着案件无法进入裁判程序。因此，纯粹停留于事实疑难复杂阶段的案件，因无法付诸裁判，故不可能直接生成法律知识——纯粹案件事实不构成知识，尽管可能蕴涵着知识。

所以，对司法和法官而言，所谓疑难案件主要是指在裁判中案件事实没有对应的法律规定或者尽管有相关法律规定，但法律规定模糊或冲突的情形。即使法官面对了这样尴尬且棘手的问题,不得拒绝裁判的原则法官也必须提出裁判结果,从而法官面对这样的案件,就不再是运用一般的逻辑三段论可以解决的,而必须调动其创造性思维作用于疑难案件的裁判。这种创造性思维,有些时候可以在模糊、冲突或空缺的法律中找到蛛丝马迹,作为裁判规范①构建的根据,但有些时候则在法律上根本找不到据以构造裁判规范的任何规范踪迹,这时,只能借助法律的一般原则、精神、法理、其他社会规范和法官经验来构造裁判规范。

如前所述,按照笔者的观点,疑难案件主要是指法律疑难,而导致疑难案件产生的原因又有三种,即法律还原到案件事实中时,法律出现了意义模糊、意义冲突和意义空缺三种情形(法律的三种病症)。这三种情形对法官构造裁判规范的影响是各不相同的,分述如下:

(1)法律意义模糊下司法裁判规范的构造。在法律出现意义模糊的情形下,法官可以选择三种方式处理相关模糊,构造裁判规范:

一是法律解释。这是针对法律自身的意义模糊而言的,如年满16周岁的刑事责任年龄,法律的规定似乎是明晰的,但对周岁这个概念究竟从一个人生日的前一天起算还是从生日当天起算?如果不进行解释,它明显又是模糊的。在立法尚未明了时,法官可以在其中发挥创造性解释,构造裁判规范。这种解释本身具有普遍的参照性,可以成为一种法律知识。

二是法律推理。它是指尽管法律规定在字面意义上是明确的,但当案件事实与法律规定遭遇时,法律规定却出现了意义模糊。这时,法官要把法律规定作为司法裁判的逻辑大前提来运用,就必须弄清相关法律规定能否涵盖法律事实?或者逻辑大前提面对案件事实,是否具有周延性?在此,法官就是通过这样的推理工作来构造裁判规范的。显然,这样的工作具有一定的创造性。它也是法官面对疑难案件,在裁判中创生法律知识的重要方式。

三是法律论证。笔者对法律论证的界定,是建立在司法裁判中法官的裁判方案多元基础之上的。既然裁判方案多元,必然意味着在合议庭内部对案件事实以及如何适用法律产生了争议,并因此使案件处于疑难状态。或以为,几乎通过合议制审判的案件,都存在合议庭成员之间裁判意见的纷争,从而都存在如何裁判案件的法律论证。对此,可能的追问是:难道通过合议制审判的案件都是疑难案件?难道它们所面对的法

---

① 有关裁判规范的论述,参见谢晖:《大、小传统的沟通理性》,中国政法大学出版社2011年版,第313~341页。

律都是模糊的?

这是个很好的提问。笔者要继续说的是在此应划分两种不同的法律论证。第一种法律论证是针对案件事实的分歧而形成的,即只要人们对案件事实、情节等本身有分歧,则其所持的相关裁判方案肯定会有歧见,就需要针对这些不同的裁判方案在法官间进行辩驳、对话和权衡,从而在司法中借用法律论证而对法律意义模糊的解决,一定是一个争鸣和辩驳的过程,"可辩驳性是法教义学中的中心问题,可辩驳性关涉所有的法律规范,这包括法律主张、法律原则、法律规则,尤其是法律渊源、推论规则和先例等,在重要性上可辩驳性是与可衡量性密切相关的"。[①] 这是一种常规论证,它与疑难案件无关,与法律意义模糊也无关。第二种法律论证则是针对法律适用的分歧而展开的,这时,即便法律本身不存在模糊,但案件事实遭遇法律时却出现了意义模糊。[②] 法官对究竟适用什么法律,如何适用法律解决当下案件产生的分歧,必须从明晰法律意义视角入手。明晰的基本手段,就是在法官之间展开论证和争鸣。法官论证和争鸣的目的无非是寻求一个合议庭成员都能接受的裁判方案。因此,无论就论证技术还是论证结果而言,都会产生通过司法的法律知识。

(2)法律意义冲突下司法裁判规范的构造。在法律规范的事实还原中,当法律出现意义冲突时,法官构造裁判规范的基本方式也有如下三种:

一是效力识别,即在级别效力的法律之间发现其效力的高低,在水平效力的法律之间发现其效力的新旧等,以构造裁判规范。在一定意义上,这基本是按照法律规定按部就班的裁判规范构造活动,因为现代国家的法律中都赋予了诸如上位法优于下位法、新法优于旧法、特别法优于普通法等法律适用的一般原则,因此,以之作为裁判规范构造的司法活动,并没有创造新的法律知识,或者即便有创造,也无须在此特别论述。

二是利益—价值衡量。当对法律规范进行事实还原后,发现法律本身出现意义冲突,且无法通过效力识别来判别冲突的法律间效力之高下时,法官则转向对当事人利益、社会利益和国家利益的考量——适用何种法律更能够保障当事人利益、社会利益和国家利益?这就是所谓利

---

① Aleks and er Peczenik, Scientia Juris: Legal Doctrine as Knowledge of Law and as a Source of Law, Berlin: Springer Publisher, 2005, p. 115.

② 当然,这两种论证内容,往往是叠加适用的,这种情况和法律方法的复杂适用是紧密相关的。有关司法中法律方法的复杂适用,参见谢晖:《论司法法律方法的复杂适用》,载《法律科学》2012年第6期;《论法律方法及其复杂适用的顺位》,载《山东大学学报》2015年第3期。

益—价值衡量。显然,法官在利益衡量中具有较大的自由裁量权,也能较多地发挥其主观能动性(这里的能动性并不是所谓“能动司法”,更不是“司法能动主义”①)。因此,在笔者看来,它是司法中法律知识生成的重要场域之一。无论法官对利益衡量的理由说明,还是经由利益衡量所产生的裁判规范和裁判后果,都可能生成新的法律知识。

三是事实替代。事实替代是指在对法律规范进行事实还原时,发现法律规范不但不能调整其所欲调整的案件事实,而且与案件事实本身的规定性南辕北辙。强行适用该规范,只能改变案件事实的规定性,往大里说,则是以法律破坏规律。② 随着法律所调整的社会事务越来越广泛,立法所要规制的对象越来越多,这种情形的存在也将不可避免。法官在面临这种情形时,究竟要强行落实法律的规定,还是以案件事实的规定性替代法律的规定?这既反映两种不同的思维,也表现着法官对法律变革,乃至社会变革的担当程度。③ 因此,运用事实替代的法律方法以解决法律规定和社会事实的冲突,乃是司法中法律知识生成的最重要的途径之一。因为它充分激发了法官的创造性,同时也启动了法官真正的“能动司法”。

(3)法律意义空缺下司法裁判规范的构造。在法律规范的事实还原中,倘若发现法律出现意义空缺时,又该怎么办?事实上,这时法官构造裁判规范也存在三种基本的方式:

一是类推适用。众所周知,类推适用是针对法律意义的空缺,在既有的法律中发现并选择和当前案件事实最相类似,或者最贴切的法律规定来构造裁判规范。这种构造裁判规范的方式,在实质上和前述法律意义出现冲突时,以效力识别来构造裁判规范的理念大致相同,即法官都是在法律出现“病症”时,尽量围绕现有的法律规范体系来寻求个案的裁

① 参见[美]克里斯托弗·沃尔夫:《司法能动主义》,黄金荣译,中国政法大学出版社2004年版,第1页以下。

② 例如,江苏省姜堰市人民法院曾经以国家有关法律规定为标准裁判彩礼纠纷案件,结果每每是两造皆不服判。而法院改用当地习惯裁判相关案件,当事人都服判(参见汤建国等主编:《习惯在民事司法中的运用——江苏省姜堰市人民法院的实践》,人民法院出版社2008年版,第251~253页)。这表明既有法律与当地公民普遍接受的规范是南辕北辙的。此时,运用既有习俗裁判以取代运用现有法律裁判,能收获更好的裁判效果,因之事实替代理所当然。

③ 例如,被人们所津津乐道的美国里格斯诉帕默尔一案,按法律规定,即使继承人故意杀死了被继承人,也能获得继承权。这与人类的良知和道德传统完全相反。因此,当法官裁判“任何人不能因其过错而获益”时,本身可看作是对通过法律推进社会变革的历史责任的担当(相关案件及其裁判参见《里格斯诉帕尔默案判决书(中英文对照)》,赵玉增译,载http://www.xhfm.com/2006/1114/1421.html,2015年5月2日访问)。

判方案,以促进法律规范在事实还原时呈现逻辑上的相对周延。但是,这一方法并不是总能奏效的,也不能借此生成法律知识。一旦法官在现有法律体系中找不到和当前案件最相类似的法律规定,而法官又必须裁判案件,不得拒绝裁判时,法官就必须转换裁判规范的构造思路。

二是法律发现。法律发现就是当法官在现有的法律规范中找不到和当前案件最相类似的条款进行裁判时,在法律之外的其他社会规范体系,诸如地方习惯、宗教规范、社会道德、组织纪律以及其他非正式制度中寻求构造裁判方案的规范。尽管在笔者看来,一个健全的法治社会,法律理应全能地分配私人交往和公共交往中的权利义务问题,但在人们交往的社会现实中却并不尽然。社会习惯等社会规范体系有些同构于法律的精神体系中,有些则和法律的精神分庭抗礼,有些甚至在法律调整的缝隙中,有效地填充社会规范对主体交往的调整功能,使主体交往能够有序进行。因此,把那些和法律规范并不矛盾的社会规范引入司法过程,作为司法中裁判规范建构的重要资源就顺理成章。法律发现与前述事实替代一样,是司法中法律知识生成的最重要的场域。在这一场域,法官尽管需要关注法律发现中的法律宗旨和精神,但法官的创造性思维或能动司法理念在这里可以得到更好的发扬。

三是法律续造。笔者所理解的法律续造,是指当法官穷尽了法律,也穷尽了其他社会规范而找不到与当前案件比较恰切的规范,并用来构造裁判规范时,法官直接结合案情和办案经验,在案件事实中寻找"事物的规定性",并据之构造裁判规范。就字面而言,这种对法律续造的表述略嫌抽象。在实践中,它就是法官直接根据案情和办案经验"造法"的活动,这是最典型的"法官造法"。"法官造法"的结果是在判例法国家,形成典型的司法判例(判例法);在制定法国家,只要存在判例制度,一例典型的具有示范价值的法律续造,往往会被推为判例。可见,法律续造也是司法中法律知识生成的最重要的场域。[①]

由此可见,在前述解决疑难案件的场域中,法律解释、法律推理、法律论证、效力识别以及类推适用尽管都能帮助法官构造裁判规范,并因

---

① 对前文有关法律意义模糊及其解决方法法律解释、法律推理、法律论证;法律意义冲突及其解决方法效力识别、利益—价值衡量、事实替代;法律意义空缺及其解决方法类推适用、法律发现、法律续造等的具体论述,参见谢晖:《法律哲学》,湖南人民出版社2009年版,第1页以下。对相关概念的运用,不是为了说明这些概念和问题本身,而是由这些概念引申出在法律规范的事实还原出现问题(法律规范和其所欲调整的社会事实不睦时),法官根据这些规范及其方法指引,如何构造裁判规范,并生成经由司法的法律知识。

之生产司法中的法律知识,但它们都不是典型的司法中法律知识的生产场域。利益—价值衡量和上述五种场域相比较,明显可以发挥法官的主动性、能动性和积极性,向“法官造法”靠近了一步,因此,是司法中法律知识容易产生的场所。但是,和事实替代、法律发现、法律续造这三种场域法官的能动性、积极性、创造性相比又明显逊色一筹。这也意味着后三种情形才是司法中法律知识生成的最重要的场所。

司法中法律知识的生成,从形式上看是通过司法的创造性活动,运用法律的规范功能对社会(案件)事实的又一次命名,即二阶命名。从实质上看则是司法创制法律规范的活动。尽管这一创制活动在不同法律体制(判例法体制和成文法体制)的国家,其规范效力大相径庭,甚至完全不同,但它们都能说明司法在对立法进行事实还原中发现其不足时,通过对案件事实的二阶命名,而创制规范,创生新的法律知识。

四、司法创制法律规范与法律知识的生成

通过如上三个方面的论述可以发现,从立法到法律运行的过程,绝不是法律运行单方面地、被动地接受法律规制的过程。严格规则模式的法治观所钟情的是这种机械的法律运作过程,但法律运行并不完全遵循这种机械的设定和程式,反而会形成有机的法律运用形式。因此,如果立法是运用法律规范对社会事实的一阶命名,而司法等法律运用活动是把法律规范代入社会事实进行事实还原,接受事实检验的话,那么,在司法中,当法官在对法律规范进行事实还原中发现问题、检出“病症”时,法官采取一定的法律方法构建裁判规范、矫正法律问题、能动地解决案件的活动,可谓(司法创制的)法律规范对社会事实的二阶(再次)命名,是通过司法生产法律知识。这也意味着司法能够使法律知识增量,司法中法律知识的增量在不同的法律体制中以不同的方式和面貌体现出来。

(一)判例法制度下的司法创制和法律知识的生成

在判例法体制下,法官造法的基本模式是生产一个个具有法律效力的判例。[①] 在该体制下,尽管议会立法及其作用不可小觑,但法官造法的结果对法律体系的形成和运行更为关键。因为在日常的司法裁判活动

① 原则上在判例法国家,无论哪个审级的法院及其法官,其所生产的判决都具有法律效力,都可以作为后来法官审判类似案件的先例。但事实上,不同的先例之间其实际效力区别甚大。绝大多数按部就班、缺乏裁判新意的先例,即便有效力,也没实效。只有那些因为疑难、复杂案件的处理,凝聚了法官心智,具有明显创新或提供了法律示范意义的判例,才在实际上既生法律效力,又有法律实效。

中，是判例法而不是议会立法才是法官据以判断当下案件的裁判准据。而议会立法的基本功能是对政治行为（包括公权主体的政治行为和私权主体的政治行为）提供一种行为规范。① 可见，法官造法及其结果——判例法在判例法国家的实际功能。因此，在判例法国家，判例法的产出其实质是当法官把案件事实（现例）代入既有先例（法律规范）中时，②即法官通过司法对先例进行事实还原后，发现先例和现例（当下案件）之间的妥适性，同时也发现两者之间冲突性的过程。对法官而言，面对先例和现例间的妥适性部分，其应遵循的裁判规范就是先例。这就是法官的遵循先例原则。

但是，如果套用一句俗语，几乎可以说有一百个现例，就有一百个现例的独特所在。因此，完全套用先例来处理现例，其机械性可想而知。正因如此，面对先例和现例之间在事实上以及法律适用上的冲突部分，法官可以就现例的裁判充分发挥其创造心智，在先例基础之上，根据现例的特征，创造出足以为其后案件的裁判提供经典依据的判例，并因此而跻身于可能生发实际效力的新先例中。

可见，如果说遵循先例原则大体上是法官以既有先例作为裁判准据，或者直接以先例为裁判规范，从而法官的司法活动主要是把先例规范代入当下案件事实，并予以事实还原的话，那么，通过先例识别而发现先例与现例之间的冲突时，法官就不能完全以先例作为现例的裁判规范，反而必须以现例的规定性为基础，构建新的裁判规范。这新的裁判规范，才是法官在司法中创造性的体现，才表明法官此刻的裁判不是对先例的亦步亦趋，照搬照抄，而是融会了该案中法官智虑在其中的创造

① 在埃里希笔下，对裁判规范和行为规范做了一定的区分（参见［美］欧根·埃里希：《法社会学原理》，舒国滢译，中国大百科全书出版社 2009 年版，第 9～10 页）。在笔者看来，判例法既是法官法，又是典型的裁判规范。判例法有没有行为规范的效力？笔者曾请教过对美国法素有研究的孙新强教授。他认为自然有行为规范的效力。笔者继续追问判例法的行为规范功能是通过什么机制实现的？汗牛充栋的判例法以及被法官们的专业思维修饰得更为精致的裁判结果，如何普遍化为公民和其他主体的行为规范？法官针对个案的裁判方案和结论，如何被一般化？如果先例之间打架，法官固然可以通过先例识别技术进行选择，以裁判案件，那么，对在日常生活中要依照法律交往行为的公民和其他主体呢？这些问题在我国法学界目前并没有被深入追究和探索，但其在理论上理应受到重视。

② 笔者用先例和现例这两个概念来区分判例法的规范问题和事实问题。先例概念突出的是先前裁判所形成的规范问题，但这并不意味着这一概念不关注事实。其实先前的裁判根据就是事实，所以，案件事实在这里已隐含在作为先例的规范中。而现例则主要强调其案件事实部分，因为针对现例，法官侧重要解决的是裁判它的规范问题（参见谢晖：《判例规则与法官职业——兼论法官判案的创造》，载《金陵法律评论》2002 年第 2 期）。

性活动,也意味着在司法中法官以其严谨的逻辑、严格的思维和严肃的裁判,使法律知识在法官的司法裁判中得以增量。

对于判例法的这样一种生成逻辑,笔者以前主要归之于经验理性的熏陶和作用。[①] 进一步地思索和探讨,尽管没有改变笔者先前的基本观点,但在此要修正一下先前的观点:判例法是把经验理性和建构理性巧妙地结合的一种司法制度。其中,建构理性的典型表现就是司法中遵循先例的原则,而经验理性的典型表现则是先例识别技术,以及在先例识别基础上的“现例创造”。进言之,遵循先例让判例法获得了历史合法性,并经由这种历史合法性而构筑了一种建构理性(法律的效力来自古老的历史);而先例识别与“现例创造”则让判例法获得了现实(经验)合法性,并因此形成了一种经验理性(法律的效力同时也来自对现实的观照)。这两种理性的交叉互动,巧妙地完成了法官造法的使命,也更顺利地使法律知识在日复一日的司法活动中不断增量,从而法律知识在司法的理性建构和经验积累中完善。

这样一来,在判例法世界,司法中法律知识的成长是日常并常见的。法官的每一例裁判要取得先例的实效,就必须发现同类但不同个案中细微的内容差异,从而在裁判规范的构建中,既直接选取已有的先例作为裁判规范,又根据法官对现例的观察和分析构造裁判规范。其结果是既遵循先例的原则、精神甚至规范,又克服法律的僵化和呆板,使法律通过司法的微调和矫正功能,根据案情或社会事实处于一定范围的流动中,从而使法律更加贴近于社会现实,更好地调整和规范社会生活。

显然,对通过法律规范的事实还原,并在司法中创生法律知识而言,判例法制度更为有效。这正是即使那些成文法国家,也对判例制度日渐关注的原因所在,也是中国古代在严格的成文法下,“律例并行”的缘由所在。[②] 因这种制度不但不否定法官造法,而且以法官造法相号召,所以无论对法官在司法中的创造性而言,还是对司法中法律知识的成长而言,都是更为有利且有效的制度。问题在于这种制度的司法成本或许更大,司法对法官素质的要求肯定更高,政治体制对司法独立的保障要求

---

① 参见谢晖:《判例法与经验主义哲学》,载《中国法学》2003 年第 3 期;《经验哲学之兴衰与中国判例法的命运》,载《法律科学》2000 年第 4 期。

② 在有些学者笔下,中国古代乃至民国时期的法律主要呈现为成文法和判例法并用的“混合法”(参见武树臣等:《中国传统法律文化》,北京大学出版社 1994 年版,第 411 ~ 436 页、第 659 ~ 688 页)。

更严。在这样的体制下，法官在司法中的知识产出结果，就是呈现为先例或判例的法律规范，就是“法官造法”，就是法官通过司法裁判、运用法律概念的对社会事实的二阶命名，并且这种二阶命名是以最初先例的一阶命名作为基础的，其二阶命名因为先例的不断递增而具有连续递进的特征。

（二）成文法制度下的司法创制和法律知识的生成

再来看在成文法体制下的国家，法官是如何进行法律规范的事实还原，并在这一还原中创生法律知识的。

在民治体制中，凡是成文法国家都崇尚由议会按照建构理性的原则，在预设的基本前提下，制定放之四海而皆准的普遍规范体系。这一预设的前提是什么？它便是人民主权。其实对人民主权原则，在判例法国家并非漠视；相反，司法陪审团制度就表达了司法活动中的人民主权原则，所以，在这样的国家，人民主权原则的集中行使除了表现为议会主权之外，也表现为司法主权。① 但是在成文法国家，人民主权的集中行使只能表现在议会主权上，司法并不行使人民主权，而不过是对议会主权表决结果的执行和落实。

虽然从历史上看，两大法系、两种法律体制下司法创生法律知识的差异主要和其法律文化传统相关，但上述对人民主权理解的不同以及执行人民主权之方式的差异，也是导致两种不同体制的国家法官地位不同，从而在司法中创生法律知识的作用有别的不可忽视的现实因素。在人民主权的集中行使只能由议会掌控，议会是人民代表机构的理念下，只有议会的立法才具有道德合法性和至上性，其他机构的行为都是对议会立法的展开，而不能直接立法。议会才是人民意志的表达者，而行政和司法，不过是人民意志的执行者。这样，法官及其司法就只能机械地执行议会的立法，而不能越雷池一步，搞什么法官立法。也只有在这样的文化传统和政体模式下，才能产生法官是“法律的自动售货机”这样的设想和理论。

然而，这样的设想，不仅要以议会是人民主权的行使者和代言人这一理念作为基础，而且还必须以议会在技术能力上是全能的作为前提。议会虽然代表人民，但当这个代表机构一旦沦为“空架子、大牌子、老头子”的情境时，不但不能真正行使人民主权，而且只能是政治强人的傀

---

① 参见李栋：《英国宪政的精髓：议会主权与司法独立相结合的宪政体制》，载《法学论坛》2012 年第 2 期。

偏。即便议会是强有力的人民主权的代言者和行使者,但只要议会及其立法不能事无巨细、全知全能地解决人民方方面面的需要,只要议会立法还有不可避免的缺陷和漏洞,只要议会立法需要通过司法把其规范成果代入具体的案件(事实)中进行事实还原,并在还原中发现法律和事实间存在明显的冲突和问题,只要司法面对个案不能拒绝裁判……那么,要禁锢司法在个案裁判中的创造性,阻止在司法中发现、创造立法之外的法律规范和知识,几乎是没有可能的。这表明,再严谨有致的立法,也会为司法中的法律知识创造留有空间。

那么,在议会立法背景下,法官在司法中创生法律知识的机理是什么,其所创造的法律知识具体表现为什么?这是下文需要进一步探究的问题。

如前所述,无论在何种法律体制下,法官在司法中都肩负着把案件事实代入法律规定中去的使命,在严谨的、事无巨细的议会立法体制下,法官所肩负的这一使命更为严明。这一过程,就是本文所谓法律规范的事实还原过程。但是,法律规范在事实还原中,除非和案件事实之间没有任何出入,除非法律规范的抽象性能够完全涵摄案件事实的具体内容,否则,只要法律规范在事实还原中与案件事实有出入,或不能完全涵摄案件事实的具体内容,那么,就必然给法官在司法中重构裁判规范留下了空间和条件。这一情形和前述法官不得拒绝(对个案)裁判的原则相结合,就形成了在成文法国家法官在司法中照例可以创造法律知识的基本机理。

在成文法体制下,法官在司法中生产的知识大体有如下两种样式:

(1)司法方法和技术。司法方法和技术,一般也称为法律方法和技术,是法官在司法中把案件事实代入法律规定中的技术手段。作为规范系统的法律和作为事实系统的纠纷——案件并不自然地发生关联,这正如法律作为人们交往行为的规范系统,并不自然地和人们的日常交往行为发生关联一样。一个国家虽然有健全的法律系统,但对一个社区、一个族群、一个家庭、一位公民而言,可能会认为其行为从未与法律有关联,从而没有和法律打交道(尽管事实上,他们都在和法律打交道),因为只要遵循日常经验、常识和习惯,就足以相互交往。同样,对于日常交往中的社会纠纷而言,当事人未必一定会选择法律和司法的途径以解决问题,照例会通过其他各种方法以解决冲突。

所以,把案件事实代入法律规范的过程,乃是经由当事人的起诉,法

官通过自觉的行为代入的。在这里,已然隐含法官行为的方法或技术向度——这种技术向度可以一分为三:

一是法定的方法和技术。例如,诉讼程序本身作为一种司法活动的方法、技术和工具,就是法定的。法官在司法中对这些程序几乎没有灵活处置的裁量权,因此,也没有发展程序技术及相关法律知识的权力和条件,①但法官在司法中一旦发现法定程序的不足,发现程序规定经不起事实还原,则为程序通过立法的修正、改造和更迭提供着经验。

二是约定的方法和技术。这就是前文提到的法律解释等具体的法律(司法)方法以及司法中事实认定的一系列技术。值得说明的是,前述的法律方法和技术,有些也可能是法定的,如效力识别方法、类推适用方法等,有些国家甚至还专门规定了法律解释法或法律解释的规则。但是,更多的法律方法,如法律推理、法律论证、利益—价值衡量、法律发现等,是法官在长期的裁判案件中总结出来,并约定俗成地被运用的。②

三是个案中创生的法律方法和技术。亦即,法官在处理个案(一般是疑难案件或复杂案件)中创生了独特的法律适用方法。这种方法未必像约定的法律方法那么受人关注,但它凝结着法官在处理个案中的智慧和努力,即使它不产生普遍的方法示范效应,但也可能对周围的法官产生示范效应,特别在法官间存在以老带新的传承关系时,法官的个别经验会化做一定范围内法官群体的逻辑思维定势和裁判行为方案。此种方法和技术,纵然达不到这种一般示范效应,至少对法官本人办案的日常实践也是一种自我示范。而那种具有一般示范意义的个案裁判,则理应被升华为判例(只要一个国家存在判例制度)。

---

① 在我国前些年地方自主的司法改革经验中,不少法院也做了一些程序上的努力或者知识贡献。例如,全国不少法院所采用的“判后答疑”制度(参见《广东省高级人民法院关于加强判后答疑工作的若干意见》,载 http://www. 9ask. cn/Blog/user/xingzi156/archives/2012/299875. html,2015 年 5 月 2 日访问),山东省德州市中级人民法院所发明的“判前评断”[参见牛庆华:《论判前评断》,载谢晖等主编:《民间法》(第 2 卷),山东人民出版社 2003 年版],江苏省有些法院对民俗裁判的一些程序性规定(参见汤建国等编:《习惯在民事审判中的运用——江苏省姜堰市人民法院的实践》,人民法院出版社 2008 年版,第 8 ~ 13 页)等,都可看做这一类的探索。固然在程序上,这都是很有意思的探索,且对完善国家法律的诉讼程序制度不无参考价值,也可以说是一种法律知识的生产活动,但在一个诉讼程序健全的国家,还会不会有这类程序上的创举,是很值得继续思考和研究的问题。

② 应说明的是:这些约定的法律(司法)方法未必是法官所系统总结的。例如,在法学史上,反倒是那些专门的律学家(如王明德)或法学家(如萨维尼)们在系统地总结法律(司法)方法。但可以肯定,律学家或法学家的总结,并不是书斋中苦思冥想的结果,而是基于对司法深入观察、了解基础上的结果。

(2)判例。在成文法国家,尽管没有判例法体系,但并非没有判例和判例制度;相反,当今绝大多数成文法国家都存在判例制度,即使古代中国,也存在严谨的判例制度,当代中国在司法改革中正拟建立案例指导制度。这说明在成文法国家并不排斥判例,反而需要判例。

自然,判例制度和判例法是两个范畴。后者肯定每位法官在判案中必然存在的知识创造,因此,判例法对所有司法裁判都开放。但是,判例制度及其判例只寻求那些典型性的裁判以指导其他裁判。而所谓典型性的裁判,只能当法官在面对复杂、疑难的个案时才可能形成。当法官所面对的是寻常案件时,既有的法律规定足以解决相关案件,从而不需要法官刻意在个案裁判中寻求创新,因此,也就不可能升华为判例。

所以,判例制度虽然可以激励法官在个案裁判中的创造性和积极性,但它不可能也不需要法官在每个个案中都发挥创造性和积极性(因成文法对如何处理案件有系统规定)。正因如此,判例的创造并不是对每个法官的要求,而只是对法官面对复杂案件,特别是疑难案件时的裁判要求。如果一位法官在其职业生涯中遇不到一例疑难、复杂案件,则意味着他也就不可能生产出判例,贡献出基于司法的法律知识。

综上所述,在成文法国家,当司法无法实现对法律规范的事实还原时,法官理应运用规范语言对案件事实进行重新命名,即法官的二阶命名,从而形成成文法国家在司法中生产的法律知识。这种法律知识的存在方式有两种,即司法方法和技术、判例。

中　　编

论我国地方立法对民间规范的认可*

众所周知，我国不同立法主体的立法权限皆由《立法法》规定。该法对地方立法的权限和内容问题集中规定在第73条，同时也在第72条针对设区市的地方立法予以规定。① 综合这两条法律之规定，可发现我国的地方立法在功能和使命上大致可三分为执行性地方立法、自治性地方立法和试验性地方立法。② 对地方立法的这三种类型化处理，也说明我国地方立

---

* 发表于《湖湘论坛》2018年第1期。

① 该法第73条规定："地方性法规可以就下列事项作出规定：(一)为执行法律、行政法规的规定，需要根据本行政区域的实际情况作具体规定的事项；(二)属于地方性事务需要制定地方性法规的事项。除本法第八条规定的事项外，其他事项国家尚未制定法律或者行政法规的，省、自治区、直辖市和设区的市、自治州根据本地方的具体情况和实际需要，可以先制定地方性法规……"该法第72条针对设区市的地方立法，作出如下规定："……可以对城乡建设与管理、环境保护、历史文化保护等方面的事项制定地方性法规，法律对设区的市制定地方性法规的事项另有规定的，从其规定……"其中第72条之规定，和前引第73条第1款第2项的规定无实质性区别，因此，在类型化时笔者对其做了同一类型之处理。

② 有论者主张我国地方立法的三种类型分别是："地方实施性立法、地方创制性立法与地方自主性立法"[参见葛群：《论法律体系形成后地方立法的功能——基于地方立法类型的展开》，载《华北水利水电大学学报》(社会科学版)2014年第3期]。笔者要强调的是：类型处理必须坚持同样的逻辑标准。但是，该论者的上述类型命名显然欠逻辑考量——类型划分的标准不统一：实施性立法指向立法功能，创制性立法指向立法方式和内容，自主性立法则指向立法权力和功能。且该论者之第二项和第三项分类明显违反"子项不相容"的逻辑标准。可见，一旦标准不统一，类型处理就不可避免地会出现失当，这诚如有学者所言：一旦如此，"就会出现'划分标准不统一'或者'子项相容'的逻辑错误"。(谷振诣：《论证与分析——逻辑的应用》，人民出版社2003年版，第61~62页)

法的三种基本使命。其中，每种地方立法中，都可能牵涉对民间规范的立法认可问题。固然，对地方立法之于民间规范的认可，可以从多个视角展开，但从地方立法使命和立法类型视角展开，毫无疑问是重要的视角之一。笔者基于我国地方立法的如上三种使命及地方立法的三种类型，对地方立法为何、如何认可民间规范进行初步探讨。

一、执行性地方立法对民间规范的认可

所谓执行性地方立法，是指地方立法主体的地方立法，是在该地方管辖范围内，结合地方实际在规范上贯彻落实国家立法内容的地方立法活动。这一界定至少包含三个方面的含义：

其一，执行性地方立法的基本使命，是贯彻落实国家统一的法律。因此，执行性地方立法不是各个地方自行其是，而是严格保守和国家立法精神、原则甚至规则的一致性；否则，就违背了执行性这一使命。当然，这一特点并不意味着执行性地方立法只是对国家法律的照搬照抄，顺便添枝加叶，以做点缀；反之，执行性地方立法必须呈现某种地方性。

其二，执行性地方立法，需要结合地方实际，遵循原则性和灵活性相结合的要求制定。因此，执行性地方立法不是对国家统一立法的原封不动，誊写复印，那样，只能是地方立法的浪费。在这一层面，执行性地方立法既要对国家立法予以细化、可操作化，也要根据地方实际情况予以细化、可操作化；否则，如果放弃了根据地方实际这一要求，就必然意味着不同地方主体的地方立法，只能相互抄袭。[①] 同时，这也表明，执行性地方立法不是地方立法主体被动地照猫画虎，而是能动性和创造性的充分发挥。

其三，执行性地方立法，其执行效力只能在地方立法主体的管辖范围内，因此，不能溢出其管辖范围。这种情形，可称为地方立法效力溢出禁止原则。对此，有学者在定义地方立法的含义时已经言明：

> 地方立法，是指特定的地方国家政权机关，依法制定和变

---

① 不得不承认，我国地方立法的抄袭现象严重，对此，我国有学者已多有探讨（参见孙波：《试论地方立法“抄袭”》，载《法商研究》2007 年第 5 期；任尔昕等：《关于地方重复立法问题的思考——正确理解并遵循立法的科学原则》，载《法学杂志》2010 年第 9 期；赵静波：《地方立法特色的缺失及其规制——以地方立法“抄袭”为视角》，载《地方立法研究》2017 年第 6 期）。在涉及其原因时，有些学者强调“地方立法人员的知识结构和思维方式的不足、对立法权限的理解偏差、立法审查体制对立法责任的忽略”（前引任尔昕文）等。但在笔者看来，其关键是对地方性的把握不足。地方立法，哪怕是执行性地方立法，一旦不能凸显其地方性，就只能导致抄袭与重复。

动效力不超出本行政区域范围的规范性法律文件的总称。[①]

之所以强调这一点,是因为执行性地方立法是地方对国家立法针对地情的延伸和展开。它需要符合地方的管辖权限,一旦具有溢出效力,则意味着它可能妨害其他相关地方的管辖权。目前,我国不同地方立法主体间在立法时较为普遍地存在的"交叉抄袭"现象,事实上是种隐性的地方立法之效力溢出现象。其对地方立法在整体上的伤害,不言而喻。

在厘清执行性地方立法特点之基础上,须继续展开的是:在执行性地方立法的前述第二个特点中,已经内含其对民间规范的关照问题。所谓根据地方实际,既要根据地方政治、经济和文化发展的现实,也要根据在地方业已形成的行之有效的有关政治、经济和文化的规范事实。我们知道,在人类学家格尔茨的笔下,法律属于"地方性知识"的范畴。他指出:

> 法律就是地方性知识;地方在此处不只是指空间、时间、阶级和各种问题,而且也指特色(accent),即把对所发生的事件的本地认识与对于可能发生的事件的本地想象联系在一起。这种认识与想象的复合体,以及隐含于对原则的形象化描述中的事件叙述,便是我所谓的法律认识。[②]

尽管我们不能说执行性地方立法都是地方性知识,但可以肯定的是,地方性知识在其中一旦缺位,那么,执行性地方立法之实践效应就大打折扣,甚至完全流失。毫无疑问,执行性地方立法是对国家立法的地方贯彻方式,但它只有在规则上表现为地方的,才能真正具有地方独特的效力;否则,就不如直接派机构或派员把国家法律一竿子插到底来得更加实在和实际。那么,执行性地方立法和地方性之间,从而也和地方的民间规范之间应是一种何样的结构体系?在此,笔者愿意把执行性地方立法称为国家与地方的双向结构。

国家与地方的双向结构表明:一方面,执行性地方立法必须把包括民间规范在内的地方实际结构在国家立法内容中,使国家立法根据地方实际而在地方展开、贯彻、落实,从而也使包括地方民间规范在内的地方实际借由国家法律获得合法性、取得国家性;另一方面,执行性地方立法也要把国家法律的规定结构在包括地方民间规范在内的地方实际中,从

---

① 周旺生:《立法学》,法律出版社2009年版,第277页。

② [美]克利福德·格尔茨:《地方性知识:事实与法律的比较透视》,邓正来译,载梁治平主编:《法律的文化解释》,生活·读书·新知三联书店1994年版,第126页。

而不是国家法在地方的植入式贯彻，而是在地方的有机性贯彻。这也意味着执行性地方立法，同样是国家法获得地方性的过程。说国家法获得地方性，表面看似乎对国家法有所不敬，但实质上，只有获得地方性的国家法，才能真正在地方生根、发芽、开花并结果。

可见，执行性地方立法既秉有地方立法的国家属性，也秉有地方立法的地方属性，是"国家普适性知识"和"地方规范性知识"的双向逻辑建构。这样的立法，自然会把作为地方性知识的民间规范作为重要资源予以考量和吸收——民间规范在这里就是作为非正式制度存在的地方的客观实际；否则，如果不这样理解，则所谓的地方实际就缺乏具体规则的展示。自然，这里的民间规范（法），不仅是作为一种传统的地方习惯，还包括诸如地方道德、社团纪律、村社民约（公约）、家（宗）族规则等。[①]在执行性地方立法中，对于上述规则的承认，并不是直接把相关规则升华为地方立法的规范内容，而是尽量设法把这些规则作为国家法律在地方贯彻落实的桥梁和纽带，从而使国家立法进入地方获得"地方性的正当性和方便性"。这种正当性恰如古人所云"入国问禁"，"入乡随俗"一样，必须体现出国家法对地方性的尊重；这种方便性正如古人所谓"以夷制夷"、因地制宜一样，借力使力，必须体现出国家法对地方性的运用。

或以为，国家立法本身是综合一个国家全方位的情况而订立的，其本身已经进行了充分考量，从而也自然会尊重地方性，获得"地方性的正当性和方便性"，因此，在这里特别强调在执行性地方立法中，国家法对地方性的尊重，是不是有多此一举之嫌？对这一问题的回应，必须结合国家立法可能存在的问题而展开。

毫无疑问，在逻辑上讲，上述质疑是完全能够成立的。我国的政治体制及其立法体制，已然把全国范围内的事务统揽在国家法律的规划

① 关于民间法（规范，下同）的理解，有并不相同的主张。一般学者理解之，把其主要作为或等同于传统习惯，甚至因此而反对运用民间法这样的概念，以为习惯法足以解决相关问题，尽管这种情形多存在于私下，并未公诸成文。还有些学者在更为广阔的视野上使用"民间法"一词（参见于语和：《民间法》，复旦大学出版社 2008 年版；梁治平：《清代习惯法：社会与国家》，中国政法大学出版社 1996 年版等）。也有人在行文中专门探究过民间法和习惯法的区别（参见李保平：《从习惯、习俗到习惯法——谦论习惯法与民间法、国家法的关系》，载《宁夏社会科学》2009 年第 2 期，以及前引梁治平书中的一些论述），但上述观点，都侧重于传统，对当下新生的民间法多有疏忽。在笔者看来，民间法不仅有传统的而且有新生的，特别如当下高科技时代的一些规范，经常首先表现为民间法，互联网世界的买卖规则就主要呈现为民间规则或民间规范。笔者对相关问题的阐述，可参见谢晖：《民间法的视野》，法律出版社 2016 年版；《大、小传统的沟通理性》，中国政法大学出版社 2010 年版。

中。这种情形,也符合单一制国家立法的一般原理——法律体系本来就是一个自上而下的逻辑演绎体系。但是,任何一个国家的法律体系,不可能完全由国家统一的法律包办,这即便在那些领土狭小,人口较少的国家也难以胜任,更不要说在一个领土广袤、人口众多的国家了。我国的情况就是如此。众所周知,我国是一个国情复杂的大国,对此,笔者曾有如下判断:

> 就地域文化及人们交往行为习惯的复杂性和多样性而言,我国地方与地方之间的差异,远甚于欧洲国与国之间的差异。我国自古是一个政治统一,但文化多样的国家。先贤们统一政治的方式,主要是借助统一文字、统一货币、统一度量衡、统一设置中央可控的地方组织和机构以及统一的驰道等法政经济安排来实现的。但即使如此,因为高山深谷的切割分隔、特殊环境的强力塑造以及地方主体的刻意教化,地方文化的复杂性并未减弱,反而在不断型塑、传承和发展。任何强大统一的国家组织都不能、也不可能、更无必要通过自上而下、事无巨细的强制来消灭其各部分之间的文化差异,强求各部分之间在文化上实现统一。①

这种国情的复杂性,尽管因为现代科技手段的日益发达以及强势文化的强力渗透,在表象上似乎在逐渐削弱,但与此同时,必须重视的是,既有的国情复杂性又会借助方便的科技手段积极展开自身文化的宣传和扩张。特别是在网络世界,人们不难发现林林总总的家族文化、族群文化、宗教文化、地方文化等展现各自风姿的情形。还有,伴随现代科技手段的发达,新生事物层出不穷,人们的交往规则从自发生产、国家自觉制定到如今由形形色色的社会组织、社会主体予以约定。因此,现代科技手段及强势文化在统一人们交往行为的同时,也在不断地创生全新的多样的规范文化体系。这些新生的文化内容,既有统一性的,也有地方性的。可见,要国家法律无所遗漏且一劳永逸地对所有地方性问题予以包办,不但不可能,而且没必要。因为国家立法无以也无须囊括各个地

---

① 谢晖:《大国的地方立法与法治》,载《法治甘肃建设研究》2017 年第 1 期。也有学者从人类学视角出发,专门探讨我国“文化复杂性认知”话题(参见秦红增:《对文化复杂性的认知:基于中国西南地方文化抒写讨论》,载《思想战线》2014 年第 5 期)。在笔者看来,“文化复杂性认知”的前提,恰恰是文化本身的复杂性。这种认知方法,之于我国这样一个复杂的文化大国,尤为适用。

方的不同规则；否则，国家立法就是不同地方规则的汇编，而不是统揽全局的立法。

这一切都意味着：一方面，执行性地方立法必须贯彻国家法律的精神、原则和规则，并把国家立法予以细化、可操作化；另一方面，执行性地方立法理应巧妙地借用地方的民间规范，作为贯彻落实国家法律的渠道、方式和津梁。执行性地方立法一旦抱着用国家法律的原则、精神和规范，全盘否定和扫除地方民间规范的意图，那么，其结果不仅不利于国家法在地方的贯彻落实，而且往往会适得其反。

二、自治性地方立法对民间规范的认可

所谓自治性地方立法，是指地方立法主体根据地方具体事务所需而自治地、不受非法干预地制定地方性法律的活动。理解这一概念，需要明确和把握与此紧密相关的以下两个问题：

第一，自治性地方立法需要明确地方自治的概念。长期以来，我们在政治体制上以及相关学理上对自治的理解，仅仅局限于民族区域自治、村民委员会自治和社区自治等，对地方自治不太予以关注，甚至有刻意回避之嫌。但是，地方主体如果不能以相对自治的面貌结构在统一国家体系中，就只能意味着地方这个概念本身的不存在。所谓地方，不过是中央的派出机构，而不是事实上的主体。这就意味着地方主体对地方所发生的一切事情，不但不能享有相对独立的权力，而且无以承担应有的责任，从而一个国家的权力主体和责任主体就只能是唯一的了，其所导致的结果是地方权力的缺席。权力缺席的必然结果又是责任缺席，进一步的结果则是权力失约。笔者曾把这种情形概括为我国法律中的"权力缺席和权力失约"①现象。笔者认为，只要法律授予地方制定自治性立法的权力，就必然意味着需要承认地方在该授权范围内的自治性；否则，地方自治性不存，则意味着法律对地方权力分配的空洞和虚假。

第二，自治性立法需要明确地方事权的概念。前述地方自治的概念，在实践层面需要通过地方事权的概念以彰显。这一概念，近些年无论在政界还是学界，开始被重视并被广泛运用。需要强调的是，地方事权绝不仅仅指行政管理中的地方事权，而且还包括立法和司法的

① 参见谢晖：《权力缺席与权力失约——当代中国的公法漏洞及其救济》，载《求是学刊》2001年第1期。

地方事权。[①] 所谓地方事权,一言以蔽之,是指地方的事务由地方管理。这不是说中央政府不需要对地方事务进行必要的管理,而是指在中央和地方以宪法、法律为前提的权力分工范围内,把中央的事情交给中央,把地方的事情交给地方,从而发挥和调动中央和地方的两个积极性。对此,有学者总结为"双中心"结构的"两个积极性原则":

> 两个积极性原则在本质上是一个"双中心"结构,既强调中央的统一领导又注重地方主动性和积极性,并且其特殊也即灵活之处在于,这两个中心之间存在内在冲突和张力却又必须保持平衡。否则,当其中一个超重时,另一个就会失重,而整个天平也会随之倾覆,因此,两个中心必然在其相互之间具有防御功能。中央统一领导的防御功能主要以地方为对象,而地方主动性和积极性的防御功能主要以中央为对象,正是在这种极为微妙的宪法布局中,地方自主权得到了适当的承认,既不能太少也不能太多。[②]

事实上,如果没有地方事权以及基于地方事权的法律分权,所谓的自治性立法也就失去了存在的根据。如果地方事权仅仅是指政府的地方事权,而不存在立法和司法的地方事权,就意味着地方政府行为在法律根据上的"自治不能"和事权不足,还意味着对纯粹的地方性事务及其纠纷,不可能按照地方性法规的效力要求纳入司法审查的体系中,从而地方性法规因缺乏可诉性[③]而减损其应有效力。所以,所谓地方事权,可以分为立法的地方事权、行政的地方事权和司法的地方事权,三者的有机统一,才构成完整的地方事权,并进而支撑央地的依法分权和地方的必要自治,使自治性地方立法既有权力保障,也有事实需要。

---

① 学界在探讨有关地方事权时,有些倾向于探究地方政府的管理事权。代表性作品如王建学:《论地方政府事权的法理基础与宪法结构》,载《中国法学》2017 年第 4 期。有些则站在中央和地方分权的视角全面地探究地方事权(尽管论者并未运用这样的概念)问题。代表性作品如朱苏力:《当代中国的中央与地方分权——重读毛泽东〈论十大关系〉第五节》,载《中国社会科学》2004 年第 2 期。

② 王建学:《论地方政府事权的法理基础与宪法结构》,载《中国法学》2017 年第 4 期。

③ 可诉性是现代法律能被法律主体运用于司法活动,并被司法裁判所运用的属性。王晨光指出:可诉性是"法律作为一种规范人们外部行为的规则……可以被任何人(特别是公民和法人)在法律规定的机构中(特别是法院和仲裁机构中)通过争议解决程序(特别是诉讼程序)加以运用的可能性"。(王晨光:《法律的可诉性——现代法律的特征之一》,载《法学》1998 年第 1 期)笔者的相关论述参见谢晖:《独立的司法与可诉的法》,载《法律科学》1999 年第 1 期。

通过上述概念的澄明和把握，可进一步展开的推论是：只要存在自治性的地方立法，就必然意味着地方民间规范有被自治性地方立法认可的必要。不但如此，自治性地方立法的主要任务就是设法尽量把表现地方实情和需要的民间规范，借由立法的认可机制升华为具有正式效力的地方法律。对此，还需要从地方事务的内容表现视角继续探究。

地方事务的内容表现，可以分为非规范性事务和规范性事务两个方面。前者是指地方事务仅仅呈现为零散的社会事实，从而处于无章可循的状态；后者则指地方事务不但超越了零散的社会事实状态，表现为整体性、日常性的社会事实，而且这种社会事实业已自发或自觉地成为规范性的“制度事实”①——非正式制度事实。这种以规范方式存在的地方性制度事实，或者是来自传统久已有之的，或者是来自当下约定俗成的。无论何种情形，只要它是内生自地方的，就可以称为地方的民间规范（法）——如前所述，笔者对民间规范（法）做了广义的理解。

接着的问题是，自治性地方立法所关注的地方事务，究竟是零散地存在的社会事实，还是以规范形式呈现的地方制度性事实？这应是不言自明的问题。零散地存在的社会事实，尚没有呈现出一般性和整体性，因此，通过地方立法予以调整的必要性并不是很大。如果真的需要通过地方立法对这些零散性的社会事实予以调整，则毫无疑问，它需要地方立法者从中寻找出这些事实的“内在规定性”，因此，这是一个无可争议的立法“创制”活动。不过对这类社会事实的地方立法，显然并不是本文所关注的对象。

这样，自治性地方立法的规范对象主要是以规范形式（民间规范）而存在的地方性非正式制度事实。为什么这样讲？这是因为：

其一，这种事实是业已成熟稳定的社会事实，需要地方立法进一步提升其规范层次和规范效力。法律调整的社会事实必须是成熟稳定的，只有成熟稳定的社会事实，人们才能从其中发现内部规定性，并进而将其升华为法律的一般规定性。一种游移不定的社会事实，既难以叫人从中发现其内在规定性，也无须借助立法方式人为地、过早地规

---

① 笔者在多个场合把人类所面对的事实一分为三，即物质事实、精神事实和制度事实。其中制度事实是对物质事实和精神事实的规范性提升和表达，因此，必然包含着物质事实和精神事实，或者是物质事实和精神事实沟通的规范梁架（参见谢晖：《论民间法研究的学术范型》，载《政法论坛》2011年第4期）。

范它。因为一旦基于法律规定对这种社会事实进行规范化或固化处理,一方面,会遮蔽、阻碍这种社会事实的自然发展流程,不利于其内在规定性的自然呈现;另一方面,会导致法律规定的预期失落。所有法律规范都是一种预期机制,即人们根据法律规范做或者不做一定行为时,必然会预测到将会产生的做或者不做的具体法律后果。如果法律所规范的社会事实本身是流动的、未成熟的和不稳定的,则相关规范就不可能给人们开放出可预期的事实。这种情形,表明法律对相关社会事实的“法律调整不能”。① 可见,立法活动无论是国家的还是地方的,一般都要以成熟稳定的社会事实(社会关系)为调整对象。成熟稳定的社会事实表明这种事实已然经过了时间向度的检验,对未来具有规范性、可预期性;否则,法律即便制定,也会丧失其可预期性,并因此失去其调整效力。

以此来衡量,则不难发现,已经呈现为民间规范的地方性制度事实,不仅是一种社会事实,而且是被人们在实践中把握、运用并借助民间规范手段加以遵循的社会事实,即它已然升华为一种制度事实。只是这种制度事实不是正式制度意义上的,而是非正式制度意义上的。② 但是,从实践有效性衡量,作为非正式的制度事实,并不影响人们对它更加娴熟、自觉并有效的运用。地方立法面对这样的社会事实——非正式制度事实而予以规范升华,不但可以事半功倍地提升地方立法的效率,而且可以有的放矢地推进地方立法的效果。

其二,这种事实通常是整体一般的社会事实,因而更符合法律调整的要求——法律只对整体的社会事实做一般性调整。法律所调整的社会事实,不仅在度上需要成熟稳定,而且在量上或者范围上需要呈现整体性和一般性。就地方立法而言,其所针对的整体性的社会事实,所指的就是在其管辖的地方范围内均可呈现的社会事实;其所针对的一般性的社会事实,就是指在其管辖范围内人们都运用、遵循的社会事实。如果一种社会事实,其整体性、一般性并不能涵盖地方立法主体所管辖的

---

① 笔者把法律规范和它所欲调整的社会事实之间南辕北辙的情形,称为“法律调整不能”,在司法方法上,对它的应对手段只能是“事实替代”(参见谢晖:《法律哲学——司法方法的体系》,法律出版社 2017 年版,第 232 页以下)。

② 众所周知,正式制度和非正式制度,乃是制度经济学的制度类型学说(参见彭德琳:《新制度经济学》,湖北人民出版社 2002 年版,第 181 页以下)。它较好地揭示了制度的存在形态,并对我们认识正式制度和非正式制度之间的关系,从而深化对国家法和民间法关系的认知,不无启迪。

地域范围，则它也无法被地方立法所关注。因为一方面，一旦地方立法就此作出规定，会因缺乏普遍效力而导致立法浪费；另一方面，一旦地方立法就此予以规范，也会导致法律过于空洞——没有具体内容可调整而影响立法声誉。所以，立法活动，无论其是国家的还是地方的，必须面对整体性和一般性的社会事实。这样的事实已然经过了空间向度的检验，并在实践中能够展开为一般性的规范。亦即，只要人们照此行为，就能产生同类事实同类处理的规范调整效果。

显然，已经呈现为非正式制度事实的地方性民间规范，在地方立法之前已经在整体地、一般地调整相关的事实。对这样的民间规范在地方立法上予以处理，其意义就在于以地方立法主体的身份对它的正式化认可。它是对民间规范的官方处理。或以为，国家即使对该种民间规范不做认可，该种规范已经在有效地规制着人们的交往行为，那为什么还需要国家—地方立法主体画蛇添足、多此一举地予以认可？这一问题，不但是一个法学问题，而且是一个与政治学中的国家理论、政权理论不无关系的话题。尽管官方的未必一定是有效的，但一种业已成形的地方性民间规范，经由官方认可，可以在正式制度意义上强化民间规范的效力。

如上论述表明，在一般意义上，自治性的地方立法，理应主要是认可性立法，而不是创制性立法。从这一层面上讲，地方立法者更应像马克思所讲的那样：

> 立法者应该把自己看做一个自然科学家。他不是在制造法律，不是在发明法律，而仅仅是在表述法律，他把精神关系的内在规律表现在有意识的现行法律之中。如果一个立法者用自己的臆想来代替事情的本质，那末我们就应该责备他极端任性。同样，当私人想违反事物的本质任意妄为时，立法者也有权利把这种情况看做是极端任性。①

当然，地方立法对地方民间规范的认可，绝不是不分青红皂白、不辨善恶美丑地把一切地方民间规范皆认可为自治性的地方立法；反之，地方的自治性立法本身是一个去粗取精、去伪存真、弘扬善美、贬抑丑恶的过程，因此，它的认可过程，自然是在民间规范基础上的一种加工和升华，而不是对民间规范的照抄和复写。

---

① 《马克思恩格斯全集》（第1卷），人民出版社1956年版，第183页。

三、试验性地方立法对民间规范的认可

所谓试验性地方立法,是试验性立法的一种类型,[①]它是指某一地方立法就其调整的社会关系及其性质、社会事实及其广泛性而言,都涉及的是全国性事务,但是,相关领域并没有全国性法律之规制,因此,地方立法主体或依据立法授权,或根据本地需要对相关社会事实和社会关系率先进行立法、予以规范。其特点是:

首先,试验性立法学理基础乃是立法经验主义。我们知道,奉行成文法的国家,一般更强调立法的建构主义属性。而奉行判例法的国家,则一般强调立法的经验主义属性。[②] 但是,这并不意味着成文法反对经验,也不意味着判例法反对理性。确切地说,成文法和判例法在坚守各自的经验与理性。在我国立法中,向来强调成熟一部制定一部的"经验—理性原则"。尽管其实践效应尚可检讨,但其理论和实践出发点则无可厚非。我国所强调的试验性地方立法,正是受这种立法经验主义思想影响的产物。其实践效果是防止立法的盲目冒进,保障立法活动的有序推进,并对国家统一立法积累实践经验基础。

其次,试验性地方立法的内容所针对的不是特定的地方性事务,而是涉及更为广泛,甚至辐射全国的社会事务和社会关系。这样的社会事实及社会关系,应由国家统一制定法律,但由于相关社会事实及社会关系尚没有真正呈现其内在规定性,或者人们对其内在规定性的把握尚不够,或者一个国家过于广袤复杂,同样的社会关系表现在不同的区域、地方、族群中时,会呈现明显的复杂性和多样性,因此,不宜过早地进行统一立法。

最后,试验性地方立法在一个国家中,具有先行先试的性质。那么,

---

① 试验性立法,是这些年来我国法学界探讨较为热烈的一个话题,已有不少文章发表。就笔者阅读所及,如下文章具有一定代表性:安晨曦:《在经验与规范之间:试验立法及其类型化——一种立法进路的提倡》,载《北方法学》2015 年第 3 期;李丹阳:《试验性立法的中国实践》,载《学习与探索》2016 年第 2 期;黎娟:《"试验性立法"的理论建构与实证分析——以我国〈立法法〉第 13 条为中心》,载《政治与法律》2017 年第 7 期等。在对试验性立法予以类型化时,有学者强调它可以分为三种,即尝试探索型试验立法、落实测试型试验立法和示范效仿型试验立法,参见安晨曦:《在经验与规范之间:试验立法及其类型化——一种立法进路的提倡》,载《北方法学》2015 年第 3 期;还有学者也做出了三分处理,即授权行政机关暂行立法、授权司法机关试点探索立法和地方先行先试立法,参见李丹阳:《试验性立法的中国实践》,载《学习与探索》2016 年第 2 期。不难看出,后者的类型化处理只是对前者的类型化处理之第二种类型的具体展开。

② 关于经验主义和理性主义的系统论述,参见陈修斋:《欧洲哲学史上的经验主义和理性主义》,人民出版社 2007 年版,第 1 页以下。

先行先试应根据何种原则或事实展开？根据我国既往的实践，有些是在相关的社会关系和事实发展比较成熟的地方授权试验的，有些则是在虽然相关的社会关系和事实发展未必成熟，但地域相对狭小、人口相对稀少的地方展开试验的。这两种情形，前者的出发点是授权该地立法具有较为成熟的经验；后者的出发点是授权该地立法可以防范立法可能带来的负面影响。

通过上述笔者对试验性地方立法之特征的描述不难发现，试验性地方立法就其一般的立法方法而言，属于创制性立法的范畴。或以为，试验性与创制性之间似乎有所冲突。其实，试验的本质既是立法活动的一种实践状态，同时也是一种立法探索和创制。创制的本意就是创造，就是在社会关系事实中发现未曾呈现的规定性，并把其升华为显在的法律规范的活动。

试验性地方立法的创制特征，是否意味着在试验性地方立法时，不可能存在对地方的民间规范作出认可的问题？事实上，对这一问题的确切回答，其关键之处在于试验性立法的内容是否在某一地方已然形成一种非正式制度事实。如果某地之试验性地方立法所针对的社会事实，在该地方并未明显呈现为一种非正式制度事实，那么，自然增加了立法中立法者的论证负担：立法者必须对其内容的内在规定性作出解释和说明。显然，这一过程是试验性地方立法中的创制活动。反之，如果试验性地方立法所针对的社会事实，在该地方已然形成了一种人们遵循的规范化的非正式制度事实，那么，立法者的任务就是对这些非正式制度事实予以收集、加工和整理，并进而提升这种非正式制度事实。这一过程，乃是试验性地方立法对业已形成的在该事实领域的地方民间规范的一种认可活动。

难题在于，如何确定一种社会事实和社会关系在某一区域内形成了非正式制度事实？对此，笔者认为可以在三个向度上加以考量：一是针对该种社会事实，人们有无相同或者类似的行为选择；二是面对该种社会事实，人们是否具有相同的或者类似的观念认知；三是面对该种社会事实，行为主体是否已经形成了明文约定的规则。

当一类社会事实，在特定区域内人们都选择了相同或类似的行为方式时，意味着即使相关社会事实没有成文化的规范体系，即尚未形成成文化的非正式制度事实，但事实上，它已然是行动意义上的非正式制度事实。无论是正式制度事实，还是非正式制度事实，就其规范表现而言，皆大体可分为以下三种情形：一是言说方式的表达，即通过说话或者训话的方式把某种交往行为规则表现出来。例如，在不少地方，仍然存在通过歌唱的方式传递交往规范的情形；[①]而更常见的这种规范传递方式，则是在宗教场合，教职人员通过朗诵、领读、领唱的方式，把相关教义和行为规则传递给所有教民。所谓口耳相传，不仅可以传递生动的故事，也能传递严谨的规则。二是行为方式的表达，即通过相沿成习的行为方式，日积月累，形成一种模式化的、规范化的交往行为体系。三是文字方式的表达。[②]

由此可见，只要某种社会事实和社会关系在一定区域内形成了规范化的行为表达，即意味着其业已在该区域内形成了一种非正式制度事实。显然，试验性地方立法面对这样的非正式制度事实，并通过加工、整理、升华为地方法律之内容，即被试验性地方立法所认可，则既可事半功倍地完成并实现试验性地方立法的使命，也可切合地方实际地立法，使其获得该地方民众的实际理解和接受。

倘若一类社会事实，在特定区域内的人们已然形成对该事实的相同或类似的心理认知、价值判定、功能接受、观念认同时，是否意味着该种事实在该地区形成了非正式制度事实？显然，回答应是否定的，因为这是一种观念（精神）事实，而非制度事实。但是，这种观念（精神）事实是否对试验性地方立法不产生认可的价值？笔者的回答也是否定的。因为我们知道，观念是人们行动的指南，个人行为受个体观念的支配，群体行为受群体观念的支配，这是人类行为的常识，所以，作为精神现象存在的人类及其行为无不在其观念的引导下而行动。人类思想、意识和观念对其行为的这种支配地位，是其异于并优越于其他一切动物的关键所系。这诚如马克思所言：

> 蜜蜂建造蜂房的本领使人间的许多建筑师感到惭愧。但最蹩脚的建筑师从一开始就比最灵巧的蜜蜂高明的地方，是他

---

① 例如，在我国苗族地区，就已然存在以“议榔词”“理词”（“贾理”）等方式所表达的民间规范。参见唐德海唱诵，唐千武、唐千文翻译：《议榔词》，载谢晖等主编：《民间法》（第8卷），山东人民出版社2009年版，第394页以下；石如金搜集/译注：《湘西苗族理词》，民族文学出版社2010年版，第1页以下；王凤刚收集整理译注：《苗族贾理》（增订本上、下册），贵州人民出版社2015年版，第1页以下。此外，在我国羌族、彝族、壮族、回族、藏族、蒙古族、汉族等的歌唱艺术文献中，照例存在不少非正式制度的规范内容。

② 有关这三种“规范文本”表达形式的具体论述，参见谢晖：《法律的意义追问——诠释学视野中的法哲学》，商务印书馆2003年版，第134页以下。

在用蜂蜡建筑蜂房以前，已经在自己的头脑中把它建成了。劳动过程结束时得到的结果，在这个过程开始时就已经在劳动者的表象中存在着，即已经观念地存在着。①

可见，即使某一社会事实在特定地域范围内仅仅以一般观念的方式存在，即它尚没有在语言、行动或文字的意义上表现为一般的非正式制度化的社会规范，但它明显具有进一步外化为一般行为的观念基础。地方立法者经由对这种观念基础的把握，进一步推演、总结、预测和提升人们在这一事实基础上的行为方式，可谓顺理成章之事。那么，这一活动，究竟属于立法创制活动还是立法认可活动？可以认为，它既有立法创制的属性，因为毕竟从观念（精神）事实到制度事实的过程，是立法者从中推演和预测的结果，而不是社会事实在制度层面的直接呈现；同时，它也具有立法认可的属性，因为正如前述，何种观念必然决定何种行为，进而决定正式制度对行为的规范导向。只要某种社会事实在特定地区形成了相同或类似的观念，则对立法者从中总结、提升一般的行为规范而言，提供了明显的方便。因之，它是经由对观念（精神）事实的立法认可，进而升华为一种正式制度规范的。

至于当一类社会事实已然在该地区形成了成文的且被人们接受的非正式制度规则时，除非该规则明显违反社会利益、公共利益或他人利益，否则，这是地方立法者理所当然应关注的认可内容和领域。当然，这也不意味着地方立法者面对相关成文的非正式制度，就完全照搬照抄之。立法的理性总是比自发规则的或其他社会主体约定规则的理性要高；否则，立法就失去了其单独存在的意义，因为即使立法者不进行立法，面对一种社会事实，社会主体在交往行为中总会或迟或早地达成交往规范的。之所以需要立法者在此基础上制定地方的或全国的法律，就是期望其理性能力及强制效力对规范之完善和推进更展其理，更尽其力。

众所周知，随着现代科技的迅速发展和社会关系的迅速变革，善于全面观察事物的立法者在日新月异的社会变迁事实面前显得有些美人迟暮、力不从心。于是，各种各样新生的社会关系及其主体，春江水暖鸭先知，他们先于国家及其权力主体而约定行为规范，规范人们之间的交往行为。特别是近些年在我国迅速兴起并扩张的互联网物流领域，互联

① 《马克思恩格斯全集》（第23卷），人民出版社1971年版，第202页。

网单车(汽车)共享领域以及其他新兴产业领域体现得更为明显。这种情形,在全国尚没有统一立法的时候,毫无疑问为不同地方的试验性立法提供了非正式制度之规范参考。试验性地方立法既不能对之睁一只眼闭一只眼,也不能对之熟视无睹、视而不见,反而理应认真研究这些既有规范,并寻求其中哪些可被地方立法所吸收,即得到地方立法之认可,哪些则应被地方立法所摒弃,使既有的非正式制度规范得到地方立法的过滤、加工和洗礼,在更高的层次上、更合理的层面上补强或矫正既有的非正式制度规范之不足和错误,以正式制度的理性超越非正式制度的理性。由此不难进一步发现试验性地方立法对民间规范的认可功能和认可领域。

四、结语:以认可为主要形式的地方立法

由以上论述可见,地方立法,无论其是执行性地方立法,自治性地方立法,还是试验性地方立法,在法律制定中,都会遵循立法的认可形式。立法学常识告诉我们,立法中的认可是针对创制而言的。它是指国家(官方)在立法中对于民间规范这种非正式制度的一种态度,这种态度意味着国家(官方)对既存民间规范或非正式制度在国家(官方)法律上的接纳。当然,与此同时,国家(官方)在制定法律时,也可能对民间规范采行另一种态度,那就是运用国家(官方)法的强制力去取缔、废除民间规范。在一个崇尚理性的立法体制下,国家(官方)究竟认可民间规范还是取缔民间规范,应是事实和利益衡量的结果。而创制则是在立法中的另一种官方态度。它或者是把零散的尚未呈现出内在规定性的社会关系,经由立法活动上升为系统的、具有内在规定性的法律关系;或者是对业已呈现规范性的非正式制度,运用国家(官方)的力量予以取缔,而另起炉灶,重新规划并制定和这些非正式制度相关的社会关系的调整规范。前者是在社会关系中寻找规范及其合理性,并上升为法律;后者则是对既有的社会关系规范体系进行检视,否定其合理性,而再规划另一种合理性。①

那么,哪种立法形式更有利于地方立法,并在地方立法的实践中被客观采行?笔者以为,应是认可这种立法形式。这是因为首先,笔者通过前文的论述已经发现,无论哪种地方立法,都不可避免地会面对既有的民间规范。其次,对既有的民间规范予以认可,既容易得到地方的接受,取得立法的可接受效果,也能够极大地节约立法成本,减少立法浪

---

① 有关法律创制的系统论述,参见谢晖:《法学范畴的矛盾辨思》,法律出版社2017年版,第55页以下。

费,特别是减少因为立法与地方事实不符而导致的人们对地方立法的不信任。再次,认可也有利于在特定社会事实和社会关系领域内人类文化,特别是人类规范性文化的传承,并进而形成一种传统,使这种规范不但获得国家强制力的保障,而且渐积渐累形成一种传统的和文化的力量予以保障。最后,采行认可的立法方式,还有利于克服地方立法主体的过于自信、盲目自大,促使其认真对待本地已然呈现的规范性事实(民间规范)和非正式制度事实。可见,地方立法更多地采行认可的立法形式,更有利于地方立法。当然,这不意味着本文反对地方立法的创制活动。如果地方立法确实无任何既有规范可凭,或者既有规范确实在整体上危害现行社会关系和社会秩序,那么,地方立法主体设法创制地方法规,自是地方立法的题中应有之义。

对于这一问题,我们还可以在法律体系的不同类型视角予以剖析。当代世界大国的立法体制及法律体系,或是以上统下的阶层性体系,或是自下而上的结构性体系。阶层性,强调上下之间的隶属关系和"科层管辖",因此,不强调地方立法和法律的自治性。如果说它也是一种结构,则是一种自上而下、由上统下的结构。而结构性体系,却强调的是地方立法的自治性。在法律体系的结构方式上,这既是一种由下而上的结构体系,也是一种以部分的完整性为前提,各部分合作的体系。所谓的上,是各部分共同支撑和拱卫的结果。前种情形,以单一制国家居多,后种情形,则更彰显于联邦制国家中。

可见,无论上述哪种情形,只要有地方立法,便意味着地方立法对其特殊地情的规范和关照。在此观照中,我们知道,它并不意味着地方立法之前,地方就不存在构造秩序的规范体系;反之,以民间规范方式存在的地方规范体系,不但存在,而且经常是组织、构造地方秩序的主要规范。对此,无论哪种体系模式的地方立法,都不能熟视无睹,反而必须认真对待。在以上统下的阶层性立法体制下,法律的创制工作主要由国家立法主体完成,地方立法的任务就是在国家立法基础上起拾遗补阙的作用。所谓的拾遗补阙,就是必须遵循地方的既有"规定性",尊重各地方的地情及民间规范。在自下而上的结构性立法体制下,地方立法更容易彰显地方"规定性",因为没有对地方"规定性"的认可,就无以支撑和拱卫国家立法和法律的整体性。由此不难发现认可形式在不同立法体制中对地方立法的主导作用。

众所周知,我国在立法上并进而在司法上尤为强调地方法律对国家法律的服从,从而强调全国人大及其常委会立法的统揽性,但诚如前述,这照例不意味着地方立法就是对全国立法的照抄照搬、拓展延伸;反之,哪怕是纯粹的执行性地方立法,也必须对既存的地方规范以深切关照,这应是地方立法的基本使命之一,也是在立法法理上深化对认可这一概念认知的基础,更何况我国的地方立法还有赋予其地方自治地和试验地立法的方面,这必然会进一步突出认可在地方立法中的地位和实际作用。所以,完全可以说,即使在我国,地方立法的主要形式不是创制,而是认可。

论我国地方立法基于民间法的创制*

立法活动的基本形式，是认可与创制的结合。认可，一般是指立法者通过正当法律程序对历史上产生、现实中仍存的其他社会规范，如习惯、道德、纪律、宗教、乡规民约等的国家（权力）承认，从而使其从民间规则进至国家法，从非正式制度进至正式制度。① 而创制，一般是指立法者通过正当程序对新生社会关系中理应蕴涵的规定性——权利义务关系进行观察、提炼、筛滤、剔除和选取的国家（权力）创造。可见，与认可相比，创制是一种更加复杂，也充满立法者智虑的行为。两者之于法律秩序的建构，皆是必要的。前者生根于传统，因之，是向过去汲取规范营养。传统中总有业已成熟的规范，从而国家主要对之认可，赋予其权威，可以收到事半功倍的立法效果。后者生根于当下，是在新生社会关系中寻求规定性。新生社会关系一般是未成形的，因此，需要立法者投入更大的精力和心智。一个国家只要不能抛弃一切既往的、传统的社会规范，就需要对它的国家认可；一个国家只

---

* 发表于《法学杂志》2019 年第 11 期。

① 正式制度和非正式制度，是制度经济学常用的两个概念（参见彭德琳：《新制度经济学》，湖北人民出版社 2002 年版，第 181 页以下）。笔者在此使用这两个概念时，虽然援用制度经济学的基本理念，但也对之略有修正，即把凡出自国家的制度，皆谓之正式制度，把凡出自国家以外的自发规则、社会组织自觉制定的规则及其秩序，皆谓之非正式制度。这与柯武刚等所使用的“内在制度”和“外在制度”更为接近（参见柯武刚等：《制度经济学——社会秩序与公共政策》，韩朝华译，商务印书馆 2000 年版，第 38 页以下）。

要面临新生社会关系,就需要从中寻求并以国家的名义创制其权威规范。国家立法固然如此,那么,地方立法是否需要创制?如果需要,其能否基于民间法而创制?如果可以,那么,什么样的民间法可供地方立法的创制需要?进而,地方立法在基于民间法创制时需要经过哪些流程?笔者将围绕这些问题,做些探讨。

一、地方立法的创制问题

对一个地方人们的实际生活和发展而言,地方立法每每与国家立法相比,甚至在有些国家结构体制下,其重要性会超过国家法的作用,原因在于地方立法需要围绕地方特殊的社会关系及其相关的民间法而展开,因此,对既有民间规范的认可是地方立法的主要方式。那么,理论上地方立法是否需要创制?如果需要,其实践中又是否存在创制?

(一)地方立法创制问题的提出

所谓地方立法,特指我国的地方立法。因为各国体制不同,地方立法中需不需要创制,在有些国家可能是个伪命题。例如,在美国、英国、德国、澳大利亚这样的联邦制国家,尽管地方立法也需要遵循全国统一的原则和法律,但地方立法并不是对国家法律的亦步亦趋,或者是国家法律在地方的实施细则。地方在不违背国家统一的法律原则前提下,能够完全自主地、不受中央干涉地制定地方法律,所以,其创制法律,毋庸置疑,天经地义。[①] 即使在不少单一制国家,如法国、日本等,因为一般地方当局都拥有高度的地方自治,故而地方主体在立法中既需要也能够创制也就理所当然。[②]

即使如此,一般说来,地方立法的使命仍主要是认可性的,而不是创制性的。这不论在联邦制国家,还是单一制国家,都是如此——尽管两者在地方立法中的创制性程度不同,但对地情和地方传统的规范表达都是其基本特征,故并无实质区别。正如笔者曾经指出:“在以上统下的阶层性立法体制下,法律的创制工作主要由国家立法主体完成,地方立法的任务就是在国家立法基础上起拾遗补阙的作用。所谓的拾遗补阙,就

---

① 参见张千帆:《宪法学导论》,法律出版社 2004 年版,第 225 ~ 229 页;王丽萍:《联邦制与与世界秩序》,北京大学出版社 2000 年版,第 47 页以下。

② 有些学者据此认为,联邦制与单一制的界限越来越模糊,越来越相同与相通。参见王丽萍:《联邦制与世界秩序》,北京大学出版社 2000 年版,第 25 页以下。还可参见屠凯:《西方单一制多民族国家的未来——进入 21 世纪的英国和西班牙》,载《清华法学》2015 年第 4 期;孙波:《论单一制国家结构形式与立法分权》,载《河北法学》2011 年第 8 期。

是必须遵循地方的既有‘规定性’，尊重各地方的地情及其民间规范。在自下而上的结构性立法体制下，地方立法更容易彰显地方‘规定性’，因为没有对地方‘规定性’的认可，就无以支撑和拱卫国家立法和法律的整体性。”①

放眼世界，地方立法的认可性特征是如此，揆诸我国，这一特征就更为明显。尽管我国现行宪法对中央和地方的权限有明确分工，②但地方事务总是在中央可自如地控制的范围内。自古以来，“天下大势，合久必分，分久必合”，既是一种事实，也是令人不无头疼的事实，因此，既要鼓励、调动地方的积极性，又要防止地方的离心离德，乃至因此可能导致的军阀割据、天下大乱、民不聊生。这样，中央和地方关系的核心，不是强调地方自治，而是强调地方在任何情形下，都要团结在中央周围。这种情形，被有些学者称为“中央团结型”的体制。③ 可见，地方自治，特别是立法的地方自治，在这里一直是个问题。

这也就产生了相关的问题：在我国目前的体制下，国家通过多层次、多样态的机制，赋予地方省、自治地方（包括自治区、自治州和自治县）、直辖市、经济特区、较大的市、沿海开放城市以及设区的市以一定范围内的地方立法权，我国的地方立法主体已经达到400多个。地方立法主体

---

① 谢晖：《论我国地方立法对民间法的认可》，载《湖湘论坛》2018年第1期。

② 《宪法》第57条至第94条，是对中央国家机关及其权力的规定；第95条至第122条是对地方国家机关及其权力（含民族区域自治地方）的规定。这充分彰显了宪法对中央和地方分权的关注。还有，第123条至第140条是对国家监察机关、审判机关和检察机关的规定。这与权力机关和行政机关的规定有所不同，因为无论监察、审判还是检察，其权力特征都具有明显的专业性，从而从中央到地方的相关权力都具有“同构性”。但即使如此，笔者认为在我国如此大的国家，也应特别关注这些权力的中央和地方分权。这些年人们对“中央事权”和“地方事权”划分的论述，从一个侧面反映了对这一问题的普遍关注（参见苏力：《当代中国的中央与地方分权——重读毛泽东〈论十大关系〉第五节》，载《中国社会科学》2004年第2期；文政：《中央与地方事权划分》，中国经济出版社2008年版，第1页以下；郑毅：《中央与地方事权划分基础三题——内涵、理论与原则》，载《云南大学学报·法学版》2011年第4期；王建学：《论地方政府事权的法理基础与宪法结构》，载《中国法学》2017年第4期等）。

③ “中央团结型”经济体制，是西方经济学界一些学者用以分析一些社会主义类型（甚至也适用于分析以色列的集体农庄）的经济理想及实践可能性的概念。它也适用于分析改革开放前我国的经济体制。其基本特点是：“如果命令体制的动力基础主要是自私心和强制，那么，中央计划体制的参加者也可以由团结心来推动。这种团结心是个人自觉自愿地把他的需要服从公社的需要。”（［美］埃冈·纽伯格等：《比较经济体制——从决策角度进行的比较》，荣敬本、吴敬琏等译，商务印书馆1984年版，第116页）。如今改革开放已进行了四十余年，但我国经济的这一特征并没有改变，反而在全球化贸易体制面临巨大风险和挑战的背景下，这一特征还在有意无意地被强化着。

的跃升,地方事务在国家事务中越来越重要的地位,看似为地方立法的创制提供了方便的条件,但其实不然。因为现行法律对地方立法做了“很难创制”的严格限定。例如,我国《立法法》第72条第1款、第2款赋予普通地方立法的范围是:“省、自治区、直辖市的人民代表大会及其常务委员会根据本行政区域的具体情况和实际需要,在不同宪法、法律、行政法规相抵触的前提下,可以制定地方性法规。设区的市的人民代表大会及其常务委员会根据本市的具体情况和实际需要,在不同宪法、法律、行政法规和本省、自治区的地方性法规相抵触的前提下,可以对城乡建设与管理、环境保护、历史文化保护等方面的事项制定地方性法规,法律对设区的市制定地方性法规的事项另有规定的,从其规定。设区的市的地方性法规须报省、自治区的人民代表大会常务委员会批准后施行。省、自治区的人民代表大会常务委员会对报请批准的地方性法规,应当对其合法性进行审查,同宪法、法律、行政法规和本省、自治区的地方性法规不抵触的,应当在四个月内予以批准。”

在这一规定中,无论地方立法的条件还是其范围,都受到严格的限制。可谓国家的立法授权是个笼子,而地方立法只能是该笼子里的鸟。这势必给人留下这样的印象,即地方立法的创制性微乎其微。兼之前述对地方立法认可性的总体描述,可以认为,我国的地方立法,主要是认可性的。也是在这里,凸显了这样的问题,即地方立法要不要创制?也是在这里,凸显了笔者前述提问的缘由。

(二)地方立法的创制性证成

强调地方立法的认可属性,是否意味着地方立法就没有创制性?地方立法要么是对国家法律的亦步亦趋、拾遗补阙,要么是对地方传统的辨识抉择、认可保护?回答自然是否定的。从表面上看,我国地方立法有无创制的话题,确实是一个问题,但稍加分析,这样的问题照例是一个伪问题。那么,如何证明我国地方立法应具有创制性?

首先,从我国相关的法律规定出发的教义学分析。我国在立法上,其实并不否定地方立法的创制性,相反,还特别关注这种创制性。我国《立法法》第73条、第74条和第75条分别规定:“地方性法规可以就下列事项作出规定:(一)为执行法律、行政法规的规定,需要根据本行政区域的实际情况作具体规定的事项;(二)属于地方性事务需要制定地方性法规的事项。除本法第八条规定的事项外,其他事项国家尚未制定法律或者行政法规的,省、自治区、直辖市和设区的市、自治州根据本地方的具体情况和实际需要，可以先制定地方性法规……”“经济特区所在地的省、市的人民代表大会及其常务委员会根据全国人民代表大会的授权决定，制定法规，在经济特区范围内实施。”“民族自治地方的人民代表大会有权依照当地民族的政治、经济和文化的特点，制定自治条例和单行条例……”

在上述第73条的规定中，地方立法的第二种情形——因为地方性事务需要而制定地方性法规的事项，表明国家立法对地方性，从而对地方立法创制性的尊重。地方立法的地方性，既可经由其对地方传统的规范认可而表达，也可经由其对地方当下生成和面对的特定社会关系的规范创制而表达。任何一个地方的“地方性事务”，都是地方传统和地方当下发展现状的结合，故地方立法既要回望传统，并对当今仍有价值的规范予以认可，又要放眼当下，展望未来，并对新生的、对本地方未来发展有广泛影响的社会关系予以创制性规制。不仅如此，即便是对传统的回望，也存在在既有规范基础上的加工、改造和提升等创制活动。

而上述第74条的规定，是国家法律授予经济特区以“试验性立法”，即在经济特区，对国家法律而言虽然有意义，但在国家全局上看制定法律尚不成熟的社会关系，可以在经济特区所在的省、市进行试验性立法。试验性立法的范围，在理论上讲固然可以是对地方传统问题的关照和认可，但实际上，其作用的主要领域是所面对的新问题、新情况和新事物。一言以蔽之，是新的社会关系，因此，需要通过创制对相关社会关系予以规范。在这个意义上讲，该条的规定实质上也是经由国家立法，肯定了地方立法的创制性。

至于第75条的规定，更是建立在民族区域自治的基础之上。它明确赋予民族自治地方的立法机关，依据地方的政治、经济、文化特点制定自治条例和单行条例。分析其规范要旨，和第73条的规定在立法路向上甚为接近。民族区域自治地方，一方面，是因特定民族而实施自治的民族自治体，从而也必然是文化自治体。从这一视角来看，地方立法的场域主要在传统领域，因之，地方立法的认可性在这里是天经地义的（尽管其间也不乏创制性）。另一方面，它也是因特定区域而实施自治的区域共同体，从而也是经济和政治共同体。从这个视角来看，地方立法的场域主要在现实世界，因之，地方立法的创制性也是理所当然的。

上述情形皆表明，从我国现行法律及其教义学视角来看，尽管我国地方立法更多地以认可的手段制定地方法律，但也不排斥地方立法的创制性，而且在涉及地方自治及其经济结构、政治组织架构、人事任用和安排等领域的立法，必须把创制性作为制定地方性法规的基本理念。因此，地方性立法具有创制性，在国家立法及其教义学视角，不言而喻。

其次，从法律作为“地方性知识”的社会学视角分析。近十余年来，我国法学界深受法人类学造诣颇深的美国人类学家格尔茨一个观点的影响，即法律是“地方性知识”的影响。这是格尔茨经过实证研究和比较研究后得出的影响我国法学取向的一个重要结论。他指出：

> 我始终认为……法律就是地方性知识；地方在此处不只是指空间、时间、阶级和各种问题，而且也指特色（accent），即把对所发生的事件的本地认识与对可能发生的事件的本地想象联系在一起。这种认识与想象的复合体，以及隐含于对原则的形象化描述中的事件叙述，便是我所谓的法律认识。
>
> 依据地方性知识（直觉和直接个案）认识法律，或主张法律本身就是地方性知识……反对用社会共识来解释法律的实际效力，而倡导用寻求意义的方法对之加以解释；深信法律多元化趋向不是一条转眼即逝的歧路，而是当下社会的核心特征；认为自我理解与他人理解在法律之中，一如在其他文化领域，都具有内在勾连性。①

站在格尔茨上述立场上进而言之：如果法律本身是“地方性知识”的话，那么，被冠名为地方性立法及其成果的地方性法规（或自治条例与单行条例），理所当然地应是“地方性知识”。这在社会学视角一方面预示着地方立法之创制的社会基础和需要；另一方面构建起了地方性立法创制的理论根据。

先来看前者。首先，须说明的是：法律作为“地方性知识”，未必一定是创制的结果；相反，特别是在地方立法中，它必须关注地方业已存在的文化传统、族群结构、生活经验及既有的规则系统，并从中斟酌选取，对仍能够发挥现实规范作用的规范予以汲取、认可，从民间规范直接上升为国家承认，成为制定法有机、有效的组成部分。其次，法律作为“地方

---

① ［美］克利福德·格尔茨：《地方性知识：事实与法律的比较透视》，邓正来译，载梁治平编：《法律的文化解释》，生活·读书·新知三联书店1994年版，第126页、第146页。

性知识",即便在地方立法中,不但不排斥创制,而且要在既有传统基础上,以理性精神对纷繁复杂的社会关系和权利义务权衡斟酌,创造性地为未来一个地方社会秩序的建设和发展准备规范条件。在这个意义上,地方性立法不仅是"自生自发地"长成的,①是经验理性的结果,而且必须伴有人为的选择和设计因素,从而具有理性建构性——人为选择和设计本身意味着建构。

再来看后者。法律是"地方性知识"的判断,尽管是对法律存在和发展经验的一种总结,但它自身又同时是一种理性判断,是基于人类经验,但又超越了人类经验的理性升华,因此,它是对人类法律性状的总体性判断,也是人们认知法律的重要理性基础——尽管它不是、也不可能是唯一的理性基础。这一理性基础本身蕴涵着某种创造性。一个地方的立法,尽管必须关注地方经验,甚至每每直接对某些地方经验给予权力认可,成为地方性法规,但这绝不意味着地方立法是对经验的简单临摹和复写;反之,无论认可还是创制,都是地方立法者对既有地方经验观察、分析、加工、选取、提升的结果。特别是对于创制而言,如何在纷繁复杂、变化多样的社会经验中获得对一个地方而言具有长久规制功能的规范,引导或强行使地方众多的主体都围绕着相关规范行为,造就自由有序的地方交往秩序,这自然不是按照既有的经验就能够完全满足的。正是在此意义上,法律是"地方性知识"的判断,为地方立法的创制提供了有力的学术指导和方法启示。

综上所述,地方立法,特别是我国地方立法的创制性,与其认可性一样,是同时存在的。那么,进一步的问题是:地方立法可否基于民间法而创制?

二、基于民间法的地方立法创制可能

以立法认可的方式把民间法确立为国家法,在人们的理解上应不成问题,因为毕竟在一般的观念中,民间法几乎是传统的代名词。但是,说民间法也可能是立法(特别是地方立法)创制的事实根据,可能会引起歧义,这种歧义仍然建立在上述一般观念基础上。因此,在这里,首先需要阐释何以提出地方立法能否基于民间法而创制这一话题,紧接着阐释地方立法能否基于民间法而创制的理由。

---

① 哈耶克强调:"我们把'增长的秩序'称之为一种自我生成的或源于内部的秩序……这种秩序最为合适的英语称谓则是自生自发秩序"(F. A. Hayek, *Law, Legislation and Liberty*, Vol. 1, Chicago: The University of Chicago Press, 1973, p. 37.)。

(一)基于民间法的地方立法创制可能问题之提出

如前所述,民间法一般被学者们理解为传统的产物,是一定区域或族群之文化长期积淀的制度性、规范性成果。例如,有学者是这样界定民间法的:“民间法是独立于国家法之外的,是人们在长期的共同的生活之中形成的,根据事实和经验,依据某种社会权威和组织确立的,在一定地域内实际调整人与人之间权利义务关系的、规范具有一定社会强制性的人们共信共行的行为规范。”①

另有学者在论述民间法的特征时这样认为:“民间法在长期的历史发展过程中逐步形成,通过对成员进行各种训练、传授、教育和影响等方式,是社会文化延续和传递的过程,是一个世代之间不断继承、创造、再继承、再创造的延绵不断的超越和隔离。通过传承,保持了民间法的地域性、民族性,实现和保持了民间法的相对稳定。”②

还有学者在谈到民间法的表现形态和分类时强调:“民间法具有极其多样的形态,它们可以是家族的,也可以是民族的;可能形诸文字,也可能口耳相传;它们或是人为创造,或是自然生成,相沿成习;或者有明确的规则,或者更多表现为富有弹性的规范;其实施可能由特定的一些人负责,也可能依靠公共舆论和某种微妙的心理机制……依其形态、功用、产生途径及效力范围等综合因素,大体可以分为民族法、宗族法、宗教法、行会法、帮会法和习惯法几类。”③

笔者不厌其烦地引述其他学者的文字,是想说明人们对民间法给出定义性说明也罢,特征性说明也罢,还是对其表现形态及分类等给出外延的说明也罢,都明显地倾向于民间法的传统属性。似乎如果不在既有的、向后的传统中去寻求、发现并领略民间法,这一概念就虚无缥缈。正是这种情形,导致前述问题的提出。对此,不妨从以下两个方面予以剖析:

第一,如果民间法真如前述人们一般的理解那样,只是传统的产物,属于传统范畴,那么,这也标志着民间法是业已成熟的规范或规则,无论其表现形式是家族的或民族的、成文的或口承的、人为的或自生的、刚性的或弹性的、强制的或自觉的……也无论其是民族法、宗族法、宗教法、行会法、帮会法、乡约或习惯法,对于国家或地方立法而言,它们都是一

---

① 田成有:《乡土社会中的民间法》,法律出版社2005年版,第19页。

② 于语和主编:《民间法》,复旦大学出版社2008年版,第40页。

③ 梁治平:《清代习惯法:社会与国家》,中国政法大学出版社1996年版,第36页。

种成熟的存在，因此，国家立法面对之，虽然主要做的是一种认可工作，但这一过程仍存在以下三种不同的情形：

（1）或者因为该种民间法已过时，或者因为其与当下价值要求相反对，或者作为（制度）文化的糟粕而被立法抛弃之。不过，当立法抛弃这些规则后，只要相关的社会关系尚存在，就意味着需要立法者安排、提供、供给新的、与时代价值相吻合的规范以调整之。因之，这里已经意味着地方立法在创制中对传统民间法的续造，和既有多元规范在互动过程中对新民间规范的催生。这个问题，留待后文继续展开。

（2）如果民间法无论在规范形式上、价值导向上还是规范技术上，都完全能够应对在国家或地方层面调整相关社会关系的需要，那么，立法者所要做的，就是通过认可机制把这些民间法直接升华为国家（地方）制定法，使相关规范从“在野”状态，进入“在朝”状态。当然，即使在这里，也有一个立法者如何根据当下的社会需要、价值追求、技术条件识别传统的民间法的问题，因此，认可并不是对民间法的简单照抄，而是国家或地方立法者运用其心智在当下社会现实和传统民间规范间目光流盼、甄别筛选的结果。

（3）在对作为传统的民间法进行识别的过程中，立法者发现某种民间法之于当下社会关系之现实，有利有弊，因之，立法上不是把既有的民间法通过认可直接升华为国家或地方法，而是经由对这些规范的甄别、筛选、修正、改造而升华为国家或地方法。显然，这里运用的立法方式并非直接认可民间法，而是介乎认可和创制之间，提升民间法为国家法或地方法规。对此，笔者也将在后文中予以剖析。

第二，倘若民间法不仅属于传统的范畴，同时也会因为新生社会关系而生成，那么，立法之于民间法，就显然主要不是一个认可的范畴，而理应是立法创制的领域。之于这一话题，可以进一步展开为两个方面：

（1）新生社会关系中会不会产生、存在民间法？对此，完全可做肯定的回答。只要存在新生社会关系，且人们需要面对并在这种社会关系中交往、生活或工作，那么，或者自发地遵循新生社会关系的内在规定性，或者自觉地服从人们有关新生社会关系的公约。其中，前者如果达成一定范围内的行为共识，自然属于民间法范畴，而后者，本来是一定范围内的主体有意建立的民间规范体系。这特别在我国科技和都市迅速发展的社会关系中，体现得更为明显。例如，因为互联网的迅速发展而形成的“互联网公约”之类的规则，因为网购的极其发达而产生的相关规则，因为城市社区的发展而不断出现的"社区规则""业主自治规则"等。这也是不少学者关注现代城市社会民间法研究的原因。[①] 当然,由于现代科技和城市对乡村社会发展的深刻的甚至决定性的影响,相关的民间法照例会辐射和影响到乡土社会,特别是随着乡村城镇化、集约化、网络化的发展,这一趋势更明显。

(2)面对新生社会关系中业已存在的民间法,地方立法究竟以何种方式对待之?是直接通过认可的方式将其纳入地方法律体系中,还是通过创制的方式将其纳入地方法律的调整范围?这也取决于新生社会关系中产生的民间法是否符合立法认可的条件。如果符合相关条件,立法者自然可以将其通过立法认可机制直接升华为地方法律,因为这可大大节约立法成本,并因之前相关民间法的实践有效性,提高立法效率;反之,如果不符合认可条件,那么,地方立法就必须参照、甄别、改造既有民间法而对新生社会关系创制新的规范。这又涉及下一问题的解决,即以民间法为基础进行立法创制的条件问题。

(二)以民间法为基础进行立法创制的两个选择性条件

立法创制,是立法者面对需要法律调整的社会关系时的一种规范创造活动。立法活动与司法活动明显不同。司法是以既有的规范来审查面对的社会(案件)事实的活动,[②]而立法活动则相反,它总是以既有的社会事实及其规定性来审查人为的规范,所以,司法活动强调对规范的守成,而立法活动强调对事实及其规定性的守成。立法者的这种守成,实质上是要求立法者不能面对事实去制造或发明法律,而是在对事实严格的剖析与判断基础上表述法律。这诚如马克思针对立法者的一个经

① 相关的研究,可参见瞿琨:《社区调解法律制度:一个南方城市的社区纠纷、社区调解人与信任机制》,中国法制出版社 2009 年版;刘迎光:《对现代市民社会中民间法的理性分析》,载中国石油大学(华东)2008 年硕士学位论文;周执前:《中国古代城市法——一种比较法上的考察》,载《宁夏社会科学》2009 年第 3 期;李亚凝等:《陌生人社会的破碎——民间法适用的当代城市基础》,载《民间法》(第 10 卷),济南出版社 2011 年版;陈冬春:《都市民间法研究初探》,载《社科纵横》2011 年第 4 期;周执前:《清代城市民间规约及自治功能探析》,载《民间法》2016 年第 1 期;李瑜青等:《诚信价值在上海城市的内涵与发展——基于民间法视野的考察》,载《上海文化》2016 年第 2 期等。

② 当然,我们也知道,在英美判例法体制中,法律以判例法为主,判例具有极大的拘束力,因之,在一定意义上,司法也扮演着立法的功能,甚至司法与立法是一而二、二而一的存在(参见杨兆龙:《大陆法与英美法的区别究竟在哪里?》,载杨兆龙:《杨兆龙法学文选》,中国政法大学出版社 2000 年版,第 171 ~216 页)。但是,司法在这里所创造的,主要是适用于司法的裁判规范,而不是适用于人们日常交往的行为规范。

典判断所言：

> 立法者应该把自己看做一个自然科学家。他不是在制造法律，不是在发明法律，而仅仅是在表述法律，他把精神关系的内在规律表现在有意识的现行法律之中。如果一个立法者用自己的臆想来代替事物的本质，那末我们就应该责备他极端任性。①

在此意义上，立法者的法律创制，其实是对事物规定性的精神表述。法律规范就是这种精神表述的物化形式。当然，这也意味着立法者在创制法律时，所面对的事实并非一定是业已形成民间法的事实，即一种社会关系产生后，尽管人们业已生活、交往在这一社会关系中，但并未因此形成共守的规则。在这样的领域里，立法者要为社会关系立规设矩，离开创制这种方式别无他法。但是，立法者所拟规范的社会关系（事实），只要人们生活、交往和工作在其中，更多情形是业已形成了一定范围内人们针对该社会关系而共认共守的规范。如前所述，立法时面对这些非正式制度规范（民间法），立法者既可能认可之，也可能仍须在此基础上进行创制。那么，以民间法为基础，需要进行立法创制的条件是什么？

第一，同一社会关系所对应的民间法是多元的。民间法每每是一种多元的存在，这种多元性不仅表现在民间法表现形式和具体分类的多样性上，还表现在针对同一种社会关系和社会事实，在不同区域、不同时间（期）有并不相同的规定。具体而言，其存在三种情形：

（1）规范在性质上接近，但在规范程度上有别。例如，在贵州苗族地区，针对违反村规民约或其他传统民间规则，给村寨带来危害的行为，有的地方（时期）实行“罚3个100”，有些地方（时期）实行“罚3个120”，②尽管所罚的数额有轻重之别，但两种罚额的规范性质并无不同。这对地方立法者制定相对统一的地方性法规而言较易斟酌。倘若地方立法者要采纳相关规范，只须在量上斟酌即可，无须就规范性质另做处理。这时，立法者在规范性质上采行认可方式，但在规范额度上采行创制方式。

（2）在规范性质上接近，但在规范内容上明显冲突。例如，针对杀人

---

① 《马克思恩格斯全集》（第1卷），人民出版社1956年版，第183页。

② 参见徐晓光：《从黔东南苗族“罚3个100”看习惯法在村寨社会的功能》，载《山东大学学报》2005年第3期；《罚3个120的适用地域及适应性变化——作为对黔东南苗族地区罚3个100的补充调查》，载《甘肃政法学院学报》2010年第1期。

行为，在汉族人的民间法上，“杀人偿命”，天经地义，但在藏族人的民间法上，①这却是可用“赔命价”②一类的规范解决的问题。类似情形，对于地方立法者而言在选择上势必造成二难。究竟如何选择，或者都予以抛弃，另起炉灶？无论如何，都需要立法者予以识别、斟酌、改造并创制，才能为相关社会关系在特定区域、族群中供给统一的行为规范。

(3)在规范性质上相反，因之，规范内容也南辕北辙。例如，“走访婚”③这一婚姻形式，在汉族传统看来，应被禁止，因此，在规范性质上系禁止性义务；而在摩梭人看来，这是一种习以为常、天经地义的男女结合方式，因此，是权利范畴。显然，面对类似的冲突，地方立法者即便尊重民间法，也只能尊重其中一种，或再加工、创制并升华为法律，或认可为法律。如上情形皆表明，只要一种社会规范所对应的社会关系是多元的，就意味着当下的社会关系所对应的民间法也是不确定的。它需要地方立法者在不同规范之间或直接抉择(认可其中一种)，或者加工创造(创制)。这两种情形都有立法创制的意蕴，而后者更甚。

第二，当下社会关系所对应的民间法是过时的。一种社会关系所关联的民间法虽然过时了，并不意味着该社会关系也会相应地过时；反之，该社会关系仍然现实地存在着，人们仍然生活、生产在该社会关系中。这样的结论是否违背“事物关系的规定性”？是否意味着一种事物会存在两种“规定性”？应当说，一方面，无论民间法还是官方法，并非“事物关系的规定性”毫无遗漏的书写；反之，是人们精神实践对这种规定性的加工，因之，可能逼近这种规定性，也可能对其做了扭曲的表述。另一方面，一种社会关系本身应考虑其时间因素，因为时间的变迁，包含在该社会关系的认知不是停滞的，对当下的人而言，会添加新的，甚至完全相反的内容。这些内容，是该社会关系的有机组成部分。例如，婚姻是一种文明时代以来就存在的社会关系，但因为文明形态的发展，人们对它的认知不断变化和深化，从而这些变化和深化

① 这两种“民间法”，在两个不同民族的历史上，都曾是国家或官方法的内容，随着时移世易，它们在今天都演变成了各自民族的民间法。这也表明官方法与民间法在历史长河中的相对性和位移性。

② 关于藏族“赔命价”问题的系统研究，参见淡乐蓉：《藏族“赔命价”习惯法研究》，中国政法大学出版社2014年版，第19页以下。

③ 有关“走访婚”的研究，参见严汝娴等：《永宁纳西族的母系制》，云南人民出版社1983年版，第81页以下；刘永青：《当代中国人类学对摩梭人走访制与母系家庭的研究述评》，载《神州》2016年第4期。

了的认知也成为婚姻关系的有机组成部分,如现今所奉行的婚姻自由、一夫一妻、男女平等。可见,社会关系和伴随它的规则——民间法之间可以是分离的。当一种社会关系所伴生的民间法已经落后于时代要求,从而过时了时,立法者面对仍活动着的该社会关系予以创制性立法,则不难理解。

三、作为地方立法创制资源的民间法类型

既然在地方立法中,民间法不仅被立法者运用认可方式升华为地方性法规,也可作为立法者创制地方性法规的社会规范基础,那么,究竟哪些民间法可供地方立法的创制需要?这或许并非通过任何列举可以穷尽的话题,因此,下文笔者将通过对相关民间法的类型化处理,以探讨这里提出的话题。

(一)在同一社会关系存在多元的民间法时的创制需要

无论是传统的社会关系,还是新生的社会关系,因为人们总要生活、生产于其中,因之,也总会或多或少,或自发或自觉地形成各种相关的民间法,并且同一社会关系,相关的民间法常常是多元的。不过,立法者往往对传统社会关系中的多元民间规则和新生社会关系中的多元民间规则并不相同地对待,因此,拟做分别论述。这里先对地方立法面对传统社会关系中的多元民间法时,可能存在的创制需要予以阐述。

一种传统的社会关系,只要广泛地流传至今,在不同区域、不同时段里往往会形成完全不同的民间规范。春节可谓是我国影响最大的传统节庆活动,甚至在东亚、东南亚以及华人广布的世界其他地方,这一节庆传统都有深远影响。尽管这一节日目前成为我国的法定假日,但考诸该节日期间在全国不同地方的"年俗",不但是一个饶有趣味的话题,而且一定是一项需要财力物力人力支持的庞大课题。[①] 每个地方、每个时期不同的年俗,对于假若想把其纳入法律规范中的地方立法者而言,势必会产生相当的困难。

或以为,像这样的民间规范,尽管放诸全国、全球,或者在一个较长的历史时段内,其肯定是多元的,但在一个拥有地方立法权的地域范围内,在一个可预见的法律有效实施期间内,它应是统一的,从而不存在创制需要。但事实并非如此。在一个幅员辽阔、历史悠久、人口众多、变迁

① 对此,有学者也做过一些研究,但仍然是粗线条的,其中的比较研究也是浅尝辄止、远未深入(参见史建平等编著:《中国年俗文化概观》,朝华出版社 2014 年版,第 1 页以下)。

日剧的国度里，一个拥有地方立法权的地方，其相关的节庆习俗也每有不同，因之，对期望在一个区域内统一调整之的地方立法者而言，就颇费踌躇。例如，江苏、安徽两省，地跨中国南北，省内不同地区过年的风俗习惯明显不同。位于岭南的广东，珠三角和粤东、粤西的年节文化传统、地方规则也明显有异。这些都期望通过地方立法实现统一调整之，以便更有效地调整社会秩序，保障社会交往，实现有效治理，弘扬良善风俗，对于地方立法者而言，不能不认真思考，对之斟酌选取，甚至加工提升，从而创制地方统一规范。

以春节为例说明相关立法的必要性，读者们的认识可能还是有些模糊。这里不妨以贵州苗族地区很盛行的“鼓藏节”①为例略做说明。虽然“鼓藏节”是苗民心目中一个十分重要且盛大的节日，但在贵州苗族聚居的各地方甚至各村寨，具体什么时间、以什么方式过这个节日，却极不统一，造成几乎天天有节日的氛围。看似热闹非凡的节庆活动，事实上对安排一个地方统一有序的生产和生活，无形中造成不利影响，同时，只要放大地域和族群之范围（当然，就某个村寨而言，另当别论），也叫人明显地感觉到过于频繁的节庆活动所造成的对节庆本身严肃性、神圣性的负面影响（在有些人看来，这是持续不断地发展地方旅游的好方式，对此，笔者不能苟同）。特别当现代便捷的交通条件已打破了往昔山遮水阻路险的情形下，仍然维系这种过节方式，显然弊大于利。因之，统一的地方立法十分必要。但是，要统一地方立法，就需要在“鼓藏节”举办的时间多元、方式多元、习惯多元的情形中做斟酌选取。显然，这是一个立法者面对多元事实及其规范的交涉和创制活动。因此，在同一社会关系中，当立法者面对多元民间法而进行斟酌、选择，乃至加工时，其显然提供了立法的创制需要。

当然，这种创制具有明显的认可与制定的两重性特征，可以说是实质（内容）上的认可行为，程序（选择）上的创制行为。总之，面对同一社会关系中的多元民间法时，立法者的选择及加工，逃离了纯粹立法认可的范畴，而进入立法创制的领域。这也说明，一种传统社会关系中，只要存在多元的民间法，就能为地方立法提供创制的需要和可能。

---

① 参见杨正文：《鼓藏节仪式与苗族社会组织》，载《西南民族学院学报》2000年第5期；龚锐等：《贵州苗族鼓藏节仪式的人类学考察——以贵州黔东南苗族侗族自治州榕江县计怀乡乌略村为例》，载《中南民族大学学报》2009年第4期；靳志华：《民间仪式与国家在场——贵州苗族大乌烧村“鼓藏节”的人类学考察》，载《昆明学院学报》2013年第Z1期等。

（二）对既有民间法扬弃和改造时的创制需要

广义而言，前述第一种情形，也系地方立法中对民间法加工改造的一种类型。但是，这里所要论述的，却与之有所不同。它所指的是一种传统社会关系在一个地方只存在相对统一的一种民间规范的情形。面对这样的民间规范，一方面，它仍然在特定区域内对人们的交往行为具有实际的、支配性的影响，并且其调整也不存在很明显的负面意义，因此，立法者对之不能熟视无睹；反之，必须认真对待相关规范。但是，另一方面，相关规范无论在具体内容、调整技术还是调整动力上，都存在明显问题，从而需要对之予以改造、升华为地方立法。因为如果地方立法者面对这种情形，无论直接认可抑或直接创制，都会面临不少问题。

如果选择直接认可，意味着立法者对既有民间规范做了全盘肯定，其实践效果可能拘泥于传统，倾向于保守，导致"天不变，道亦不变"的僵化，不利于顺时应世地在传统民间规范基础上开拓新局面。兼之一般说来，民间规范总是自发的产物，缺乏自觉的、理性的打磨工夫，因此，直接拿来、认可之而作为当下的地方法规，其无法满足人们对法律精致、准确的预期。所以，虽然不是说面对某种民间规则，地方立法者不能选择认可，但即使选择认可，也须在程序上严格把关，在内容上认真打磨，使其真正进益于地方立法和治理。

如果选择直接创制，而完全抛弃既有的民间规范，除非该种规范已被实践证明无论在价值上，还是技术上，都大大落后于社会需要，阻碍社会的整体进步，否则，势必会造成制定法与人们日常生活实践间相脱节的情形。不但如此，一种长期以来伴随着特定社会关系而长成的民间规范体系，一般来说，表达了一种进化的理性，其也增加了群体的认同可能：

> ……在人类中就像在动物中一样，主要不是一个推理的过程，而是一个遵循、传播、传递和发展那些因成功而胜出并盛行的惯例的过程——这些惯例之所以获得成功，往往不是因为它们给予了行动者个人以任何一种可识别的益处，而是因为它们增加了该行动者所属于的那个群体的生存机会。①

正是这种情形，决定了对一种伴随社会关系而生的人们长久遵循的习惯，一旦通过地方立法（或其他类似立法的方式）推倒重来，无论在经济成本上还是在秩序效率上，都可能存在一些致民不便从而致民抗拒的隐患，

---

① F. A. Hayek, *Law, Legislation and Liberty*, Vol. 1, Chicago: The University of Chicago Press, 1973, p. 18.

进而导致因为法律的失序——有法律不如无法律。在这方面,人们熟悉的“烟花爆竹禁放令”很能说明问题。起初各个城市都“一刀切”地实施“禁放令”,从而把一种数千年来形成的节庆传统在地方性法规、规章中全盘抛弃。但众所周知,其运行效果差强人意,迫使各地不得不对新订的“禁放令”进行修正甚至推倒重来,纷纷由“禁放令”改为“限放令”。[①]这一立法与修法过程,完全体现着对民间规范的两种态度。一种是颠覆既有的民间规范,从而直接创制;另一种则是在既有的民间规范基础上寻求妥协,即在认可基础上进行创制。其结果诚如我们所看到的,前者导致社会的普遍不接受,从而无论心理还是物质成本的支出都十分高昂,但相关社会秩序却未必因之井井有条;而后者则被社会所普遍接受,既节省了心理和物质成本,还取得了与法律预期相应的秩序效果。[②] 因此,是一种典型的地方立法的扬弃[③]行为。

(三)对既存民间法抛弃并另起炉灶时的创制需要

和前种情形不同,地方立法者对有些民间规则,还可以直接否定、抛弃,而重新寻求建立相关社会关系的规范体系。并不是所有的社会关系及其规范体系,都能够被地方立法者所认可、参照或改造、扬弃。哪怕一种连接过去、展现当下、通往未来的社会关系,其中既有的规范方式也一样贯通古今,但只要立法者站在当下和未来发展立场上观察,其中规范无论在技术上还是价值上,都无益于社会关系的调整和社会秩序的构建时,就应设法抛弃之而重新寻求该社会关系适应于变迁社会需要的规则;否则,既有规则只能妨碍该社会社会关系的适应性,进而妨碍社会的进步和主体因应这一进步而对进化中的相关社会关系的积极参与。例

---

① 相关分析,参见张帆:《从禁放到限放——12 年轮回》,载《花炮科技与市场》2005 年第 1 期,以及与之相关的网络版专题(http://xuewen. cnki. net/CJFD-HPKJ200501017. html,2019 年 1 月 15 日访问);杜莉:《论我国地方立法的无效供给问题及其对策——以烟花爆竹禁放改限放为视角》,载《云南大学学报 · 法学版》2008 年第 6 期;毕荣:《公共政策客体在政策变迁中的作用——以北京市烟花爆竹“禁改限”政策为例》,载《辽宁行政学院学报》2008 年第 10 期等。

② 类似的情形还有通过地方法令或政令所搞的强制“平坟运动”,尤以河南周口的“平坟运动”影响巨大,但其结果是因为社会的普遍不接受,不但导致相关行为拂了民心、无疾而终,而且被平的坟墓也因应人情、死灰复燃(参见何新田等:《今日舆情解读:周口平坟,平不了民心》,载 http://npc. people. com. cn/n/2013/0228/c356997 – 20630443. html,2019 年 1 月 15 日访问);李稳华:《浅析公民的“悼念权”——由 2012 年河南省周口市平坟运动引起的思考》,载《思想战线》2013 年第 S2 期;郑国龙:《平坟运动的法律思考》,载《湖北警官学院学报》2013 年第 11 期等。

③ 有关扬弃的含义,参见[德]黑格尔:《小逻辑》,贺麟译,商务印书馆 1980 年版,第 211 页以下;梁志学:《扬弃概念与对应原理的联系》,载《中国社会科学报》2016 年 3 月 8 日,第 2 版。

如，买卖关系的支付方式，在技术落后的传统时代，当面的一手付钱、一手交货是其基本规则，如此银货两讫，一桩买卖就算完成。但是，随着支付手段的越来越进步，同样是买卖关系，当面的银货两讫规则，显然无法适应买卖双方两不见面的交易方式。因此，从过去的汇票支付，到现在的网上支付，已然在不断地修正以往买卖关系中的当面银货两讫的支付——交易规则。特别在大规模、普遍化的网络交易时代，如果仍恪守当面的银货两讫规则，显然是对创新了的买卖关系在技术上的倒退，因此，无论国家立法还是地方立法，在网络交易的支付手段上，必须放弃流传千古的当面银货两讫规则，针对非当面或网上的银货支付和贸易，创制全新的规则；否则，就是对相关社会关系变迁的漠视，法律就丧失其时代适应性。这里需要如下三个需要继续补强的论证：

第一，立法者所面对的社会关系，是贯通过去、现在和未来的。如果把人类的社会关系分为一切社会皆有的社会关系和只在特定时空范围内才有的社会关系两类的话，那么，立法者面对相关社会关系中既存的民间法而要抛弃之，并另起炉灶的情形，一般指向前种社会关系。因为只有这样的社会关系，才具有时空穿越性。同时，其基本性质和特征在这种穿越中并未变化，但其运行技术以及和技术相关的价值却与时而变，因此，相关规则也会与时而变。而后一种社会关系，离开其附着的时空，也就失去其现实意义，对已然变换了时空的立法者而言，没有必要去耗时费力为它立法；否则，立法结果也会调整不能。

第二，既有社会关系中已有的民间规则，完全不能胜任该社会关系的新变化，因此，立法者只能抛弃之而另起炉灶。因为这种社会关系具有跨时空性，因此，在另一时空下与该社会关系相伴随的既有规则，无论是官方的还是民间的，在该关系已经变迁的时空背景下，或在价值上，或在技术上，已然失去其运用的必要和可能，甚至还可能成为该社会关系继续前行的（非正式）制度障碍。因此，地方立法者只能对之彻底抛弃，而寻求并创制与新时空相关的变化了的该社会关系的新规则。

第三，当立法者针对相关社会关系而另起炉灶时，看似与本文的主旨——基于民间法的立法创制无所关联，但事实上，立法者在抛弃某种社会关系中既有的规范，而着意于针对变化了的该社会关系，直接创制一种新的规范时，业已意味着其对既有民间规范的深入研究、审视和评估。在此意义上，它自然是地方立法创制的重要基础——它可以让立法者事半功倍地借助既有的民间规范形式创制新的规范。如果没有这一基础，立法者从头起步，寻求、总结和提升该社会关系的规则，就要复杂、困难得多，其成本也高昂得多。在这个意义上，既有民间法为立法者创制同一社会关系的新规则提供了比较可靠的路径依赖。①

（四）对新生社会关系中多元民间法斟酌选取与综合提升时的创制需要

新生社会关系与传统社会关系一样，皆是人们交往行为的产物——只要该种社会关系不是停留在人们“个别交往”的范畴，而进至“一般交往”的领域。“个别交往”所生的社会关系，即使是生产规则，也只是“个别规则”，即只对参与该关系的主体产生约束力或规范性，而不会形成“普遍规则”，产生一般效力。这种规则与其社会关系一样，只是“一次消费品”，不具有可重复适用的特征。但“一般交往”所生的社会关系，所生产的规则不但作用于某次参与该社会关系的主体，而且适用于不断反复地参与该社会关系的主体。任何主体参与到该社会关系中，它都具有规范性和约束力。这种规则可谓是“耐用消费品”，在特定时空范围内具有可反复的适用性，自然，其相关社会关系，也有人们可反复参与的特征。

对新生社会关系的这种论述，旨在说明当人们普遍地、反复地参与到某种新生社会关系中时，即使没有明确的成文化的、已颁行的规则，但事实上，人们反复不断的行为本身也是一种规则。笔者曾在诠释学意义上把法律规范文本三分为语言性的、行动性的和文字性的，②其中行动性的法律规范就是直接与社会关系相勾连的、表现在人们重复不断的行为中的规定性，对此，我们在总结时常常用“对这样的事，人们实际上是如何（这样）做的”一类疑问或肯定句式。但是，在表达一种社会关系的规则时，人们更期待的是其有章可循或成文化，尽管对一种新生社会关系而言，成文规则的产生并非一蹴而就。

就地方立法者而言，无论成文规则、习惯做法还是口耳相传的语言

---

① 例如，尽管当面交易的银货两讫在网络交易中已经失去其价值，但广义上的银货两讫规则仍是判断一桩网络交易是否完成的基本标志，因此，立法者面对网络交易关系的法律创制，抛弃的是当面银货两讫的旧规则，而创制的是通过网络支付、买家确认收货的银货两讫之新规则（众所周知，在网络支付领域，存在的新问题尤多，因此相关问题也格外引人关注。参见张玉英等：《综述网络交易过程中电子支付问题》，载《商场现代化》2005 年第 24 期，以及知网所做的专题论述，载 http://xuewen.cnki.net/cjfd-scxh200518105.html，2019 年 2 月 15 日访问）。其中后一规则的创立，明显以前一规则为基本路径依赖。

② 参见谢晖：《法律的意义追问——诠释学视野中的法哲学》，商务印书馆 2003 年版，第 134 页以下。

表达，只要其所针对的是需要通过地方立法加以规范的新生社会关系，那么，它们都应在立法者考量之列，因为这些规则是立法者进入并观察相关社会关系的向导。这也意味着一种新生的社会关系，只要其能够吸引社会主体日常地、广泛地、反复地参与其中，就意味着人们对它的理解、规范方式可能是多元的，尤其当这种社会关系跨越时空时，只要没有强有力的权力（无论国家权力还是社会权力①）出面，该种关系每每会因时、因地、因领域甚至因身份而生产出明显多元的规则。例如，在网络言论方面，不同企业的网站每每对网民的言论尺度、纠纷解决机制等有完全不同的要求，这些要求对使用该网络的人而言具有一般的约束力，构成相关网站内的民间规范。这是新生社会关系在规范方面和前述第一种情形的类似之处。

不同的是，在前述第一种情形下，既往社会关系中的多元规范，具有多元的成熟性和稳定性，而新生社会关系所面临的多元规范，却通常不具有这种成熟和稳定性——无论在社会关系的稳定性上，还是相关规范的稳定性上，都存在极大的变数，因此，对地方立法者而言，认识、判断、择取更加困难——立法者必须在比较、斟酌之基础上，做加工提升的工作。如果立法者不能全局地、高屋建瓴地制定可靠、稳定、有预期的规则，则意味着该种社会关系及其规范仍然处在预期不稳状态，人们在其中的交往行为仍不能形成有效的秩序。正因如此，对地方立法者而言，面对新生社会关系，除了观察、认识、比较既存的多元规范之优劣，从而择优选取之外，更需要面对这些规范做综合加工、以资提升的创制性工作。

四、地方立法基于民间法创制的一般流程

那么，对地方立法者而言，基于民间法而创制地方立法如何完成？这涉及地方立法基于民间法而创制的流程问题。立法活动尽管需要关注一系列价值，但其对价值的萃取，以及将所萃取的价值设法在规则层

---

① 笔者一般不倾向于运用“社会权力”这一概念，因为所有社会组织，即便其有凌驾于参与其中的个体主体之上的力量，也属于权利的范畴，而非权力的范畴——毕竟社会组织的权利一般是国家权力的对称。但当论及一种社会权利对其他个体权利可能，甚至必然会产生的强制性影响时，把社会组织的权利称做权力也未尝不可。在此意义上，社会组织的权利（力）具有双重性：对国家而言，它是权利，但对其内部成员而言，它又是权力。在与国家权力相对意义上的有关社会权力论述，参见郭道晖：《论社会权力的存在形态》，载《河南省政法管理干部学院学报》2009年第4期；在更广泛意义上论述社会权力的作品，参见 Michael Mann, *The Sources of Social Power*, Vol. 1, Cambridge: Cambridge University Press, 1986。

面推向实践的过程,无疑是一种技术化的进程[①]——只有如此,才能实现"法律是国家引导的社会行为变化的关键步骤"[②]这一立法旨趣。那么,在把一种社会事实及与之相关的社会规范提升为地方法律的过程中,究竟需要经过哪些具体过程?笔者认为,这一过程有以下四个方面。

(一)地方立法中的民间法发现

地方立法中对民间法的发现,是笔者借鉴司法方法研究中法律发现这一术语而使用的。在司法中,当制定法的供给不足,且难以在既有法律体系中找到最相类似的法律条款适用于当下的案情时,司法者在法律之外的其他社会规范中寻求解决案件、构造裁判规范的活动。尽管学界一般将之两分为内部发现和外部发现,但通常所指的法律发现是指后者:

> ……法律的外部发现,是指当法官在现行法律中无法找到可适用于当下案件的具体规定时,挪移目光于法律之外,在案件事实或与案件事实相关的其他社会规范……中寻找当下案件的裁判准据。[③]

这一有关法律发现的界定,之于地方立法对拟规范的社会事实中的民间法发现而言,有所相同,也有所不同。相同之处在于,两者都是在国家法律之外的社会规则中发现其对社会事实(关系)的适用状况;但不同之处在于,司法的法律发现是为个案的解决构建裁判规范,而地方立法时的民间法发现,是为了给某一地方的主体缔造与相关社会事实契合的行为规范。同时,对于司法而言,法律发现乃是一个选择性、条件性的活动,只要国家法律对相关案件事实有规定,或者尽管没规定,但可以找到类推适用的规范,就不允许去法律发现。但对于地方立法者而言,只要面对一种社会关系,并为之制定一般的规范,就必须寻求、发现与该事实相关的民间规则。即便有时相关社会事实不存在业已体系化的民间规则,但对立法者而言,不得不在人们的日常行为中观察、总结参与该社会关系的人们是如何日复一日地交往的,他们交往时所遵循的是什么样的规则(实际的既有做法)。所以,立法者的规则发现——民间法发现,即便不能说是立法的题中应有之义,但也不能令其轻易地缺席。

---

① 相关流程同时也是立法基于民间法进行创制的技术操作活动。但因本文论题所限,对相关流程的技术分析不专门涉及,因此,这一部分专门就地方立法者基于民间法的创制过程予以陈述。

② [美]安·赛德曼等:《立法学——理论与实践》,刘国福等译,中国经济出版社2008年版,第15页。

③ 谢晖:《法律哲学——司法方法的体系》,法律出版社2017年版,第313页。

地方立法中对所要规范的社会关系,如果要在民间法的基础上予以创制,则民间法发现是其第一流程。它是其后其他所有流程之肇启,没有这一流程,则其他流程皮之不存,毛将焉附。因此,地方立法者如果要基于民间法而展开立法创制,不能不认真发现、搜集、整理民间法。①

(二)地方立法中的民间法识别

当地方立法者针对拟规范的社会关系,搜集、整理好了与其相关的民间法之后,接着的流程是要对民间法予以识别。何为民间法的识别?对此,虽然有些学者提出了相关专门术语,但都限于在学理上或者司法上如何理解、认识民间法(习惯和习惯法),甚至构建了司法识别习惯和习惯法的程序、标准,但并未从学理视角出发,就识别本身做出学理性、一般性的说明。② 基于此,下文将在宏观上阐述地方立法中民间法识别的一般原理。

地方立法创制中的民间法识别,是指立法者在拟规范的社会关系之民间法发现的基础上,面对多元的民间法,验证其中哪些或哪种民间法最适合当下所要保护的社会关系的活动。如前所述,一切立法,只是为将要受法律所规范的社会关系提供一种稳定预期。在统一立法制定之前,人们对参与相关社会关系进行交往的预期每每是多元的,正是这种多元情形,也导致和该社会关系相关的民间法供给也是多元的。这种多元供给和多元预期显然对该社会关系及其秩序的规范而言,弊多利少。立法只能经由民间法识别,通过对既有民间法的类型化处理,对比分析、观察验证,寻求和该社会关系最切近的民间法——尽管这一过程仍不乏立法者的主观好恶。因之,立法不能保护人们对拟规范的社会关系之所有预期:

> ……并不是所有的预期都能够经由一般性规则而得到保护的,而且也只有在一部分预期蒙遭故意挫败的情势下,才有可能最大限度地增进尽可能多的预期得到满足的机会……法

---

① 即便国家立法,也往往要认真对待民间法,如英格兰早期法律发展中对习惯的关注(参见[英]拉努尔夫·德·格兰维尔:《论英格兰王国的法律和习惯》,吴训祥译,中国政法大学出版社 2015 年版,第 1 页以下);我国现代民法制定过程中对民事习惯的专门收集和整理(参见前南京政府司法行政部编:《民事习惯调查报告录》(上、下册),胡旭晟等点校,中国政法大学出版社 2000 年版,第 3 页以下)等。当然,如今的地方立法所要关注的民间法不只是习惯,因为习惯仅是民间法有限的一部分。

② F. A. Hayek, *Law, Legislation and Liberty*, Vol. 1, Chicago: The University of Chicago Press, 1973, pp. 102 – 103.

律所旨在防阻的一个人对另一个人所施以的那种损害,并不是所有的损害,而只是那种致使法律规定为合法的预期落空的损害。唯有通过这种方式,才能使“不得损害他人”成为一项对那些能够根据自己的知识去追求自己的目标的人具有实际意义的规则。①

哈耶克的论述揭示了立法、法律与预期的一般关系。一方面,立法就是通过法律来稳定人们在一定社会关系中交往行为的基本预期;但另一方面,法律不可能,也没有必要保障人们在参与该关系时的所有预期。法律必须有所为有所不为,倘若法律对所有预期——哪怕这些预期是冲突的、不能共存的,一视同仁地保护,则除了技术不能之外,就算技术可能,法律的实践也成为社会秩序混乱的根源。因为它不能给人们提供稳定的预期,反而使人们的交往行为无所适从,从而败坏社会关系,搅乱社会秩序。可见,在民间法发现基础上,进一步识别民间法,是寻求最适合于立法拟保护的社会关系之必然要求。当然,这也是地方立法在以民间法为基础创制时的一个重要流程和环节。

(三)地方立法中的民间法扬弃和再造

在地方立法者完成了对关于拟规范社会关系的民间法识别这一流程之后,接着所面对的就是对既有民间法的扬弃(选取、剔除)或再造工作。先来看扬弃。如前所述,并不是所有对于某种社会关系的预期,以及建立在这些预期基础之上的民间法,都能够全面地维系该社会关系的稳定,特别是当这些预期及其支持的不同民间规范相互冲突和矛盾时,地方立法不但要识别之,而且在识别基础之上有所扬弃,对其中有利于维系该社会关系的予以保存,不利于维系该社会关系的予以摒弃。这种情形,大体符合黑格尔对于扬弃的一般界定:

扬弃一词有时含有取消或舍弃之意,依此意义,譬如我们说,一条法律或一种制度被扬弃了。其次,扬弃又含有保持或保存之意。在这意义下,我们常说,某种东西是好好地被扬弃(保存起来)了。②

当我们在日常生活中谈“扬弃”一词时,并不是指对一个事物绝对的

---

① 参见田成有:《乡土社会中的民间法》,法律出版社2005年版,第3页以下;王林敏:《民间习惯的司法识别》,中国政法大学出版社2011年版,第21页以下。

② G. W. F. Hegel, *System der Philosophie*: *Erster Teil*: *Logik*, Stuttgart: Fr. Frommanns Verlag, 1929, §96.

发扬、保存，或者相反，绝对的舍弃、取消，而是指对一个事物有取有舍。就地方立法而言，面对和拟规范的社会关系相关的民间法，其所取的自然是对该社会关系有益的，能够一般地、广泛地、全面地、长久地满足人们参与该社会关系之预期的内容；其所舍的也只能是不利于满足参与该社会关系的主体之一般需要和预期的内容。

当然，立法者对民间法的扬弃过程，既是立法者对该社会关系之规定性的观察过程，也是其在所发现、识别的民间法与社会关系规定性之间进行比对的目光流盼过程，还是立法者及其所处的时空中人们的价值取向、利益结构、文化传统、主观好恶的表达过程。第一个过程可谓立法者精神世界之于拟规范的社会关系的客观映照。第二个过程则是立法者精神世界之于拟规范的社会关系和其既有的规范预期的比较过程，其明显建立在前一过程基础上，并存在三方的三对交互关系——立法者与拟规范的社会关系之交互过程、立法者与该社会关系之既有民间规范的交互过程，以及拟规范的社会关系与其既有的多元民间规范的交互过程。第三个过程则是立法者根据自己的判断，并结合其所处时空内人们的价值取向、利益结构及文化传统的精神的、主观的决断过程。

经由如上过程，拟规范的社会关系之既有民间法，有些被升华为地方性法规，有些被剔除于调整该社会关系的规则之外，从而实现在发现、识别该社会关系之民间法的基础上，对其以扬弃，并进而在地方立法上统一人们对该社会关系的行为预期。这一过程，看似是立法者对和该社会关系相关的民间法的认可，但是，即便这种看法有理，这也不是一种纯粹的认可活动，而是经过了立法者严谨、认真和系统的精神过滤、主观选择、规范加工的认可。显然，这种认可，含有一定立法创制性在其中——对立法而言，只要有选择，就会有创制。

另外，还须稍加提及的是，地方立法者在对拟规范的社会关系之民间法予以发现、识别之后，除了扬弃，还可能完全抛弃，另起炉灶。这显然是地方立法以民间法为基础的创制活动——尽管它抛弃了相关社会关系中既有的所有民间法，但恰恰是这些被抛弃的民间法，打开了地方立法者另起炉灶的路径依赖和广阔视野（对此，前文已述及，这里不再赘述）；同时，它与扬弃一道，也是地方立法以民间法为基础进行创制时的一个选择性流程。

（四）地方立法中的民间法加工

如果说，地方立法中对民间法的扬弃，是立法者在发现、识别拟规范的社会关系之民间法基础上,比较简单地对多元的民间法做了或选取、或舍弃的处理,从而使这一立法过程明显地是一种具有认可特征的创制活动的话,那么,对立法者而言,在发现和识别民间法过程中,也可能会得出一种或者多种民间法,虽与拟规范的社会关系紧密勾连,但并不完全契合拟规范的社会关系对规范的预期要求。此时,立法者该如何处理?是抛弃既有的民间法(无论一种,还是多种),还是在既有民间法基础上进行加工,为拟规范的社会关系在既有民间法基础上,加工、创制一种青出于蓝而胜于蓝的规范?回答当然是后者。这是因为:

(1)在此情形下,一旦立法者全然不顾既有的民间法,而轻易抛弃之,则既面临着耗时费工、劳民伤财的压力,也面临着全盘推翻、另起炉灶的艰难。这不难理解:既然立法者已经在既有的民间法中发现可用于拟规范的社会关系的内容,那么,顺之而为,省心省力,节时节财,何乐而不为?反之,如果推倒重来,既要担负对历史传统和人们现实创造不敬的责任,又面临着耗费物力财力人力的压力。更重要的是,既然既有民间法已经在一定程度上满足着相关社会关系之预期和需要,那么,全盘推倒重来,就意味着立法者可能与社会预期对着干,这无论如何,都不利于立法"取效"之应有追求。

(2)现实的法律,总是离不开习惯等民间法的,甚至法律必须依赖于习惯,才能生成、发展、壮大。为此,回顾一下前人的相关论述,很有必要:

> 法不是从外面强加给社会的一大堆命令,不论是由单个主权者或优位者(superior)强加的,还是由社会本身的诸多代表构成的主权机构强加的。它在任何时候都是作为一种直接源自惯性和习惯的社会要素存在着。
>
> 既然法是对远古习惯所作的判断、选定、提炼和调整的累积,那么,理解法就是理解建构这个传统的过程。①

虽然论者们所讲的是普通法的成长逻辑,但对于成文法国家的法律而言,诚如前述,在有相关习惯法等民间法,且这些规范对立法拟规范的社会关系具有一定规范力的情形下,对这些规范的汲取、加工、提升,既

① 以上观点分别出自美国法学家卡特(J. C. Carter)和英国法学家布莱克斯通。参见[美]杰拉德·波斯特玛:《边沁与普通法传统》,徐同远译,法律出版社2014年版,第15页、第21页。相关的论述,还可参见[英]弗里德利希·冯·哈耶克:《法律、立法与自由》(第1卷),邓正来等译,中国大百科全书出版社2000年版,第113页以下。

是立法者作为智者的一种基本选择，也能够令立法创制产生事半功倍的效果——因为立法者这样做，更能够被参与该社会关系，并习惯于运用相关规则的社会主体所接受，产生立法的可接受的效果。①

当然，由于地方立法的民间法加工，乃是基于相关民间法不能完全适应拟规范的社会关系的一种选择，因此，它是典型的在民间法之上的立法创制活动。这种创制活动，既可以是在其中一种民间法基础上的加工，也可以是对两种或两种以上的民间法进行综合处理、系统加工，并在此基础上升华为地方法律。这一过程，既能体现立法者对传统智慧和人们交往实践经验的尊重，也能展现立法者的创造智虑。因此，它虽然也有一定程度的认可因素，但从其主导方面说，乃是一种典型的在民间法基础上的立法创制活动。当然，这种立法创制的程度和不以民间法为基础的纯粹的立法创制相形见绌，但问题是，完全不依赖任何民间法的立法创制，在众多的立法活动特别是地方立法活动中，可谓是凤毛麟角，难得一见的。即使有，也属于立法创制的另一领域，这已超越了本文的论述范围。

---

① 在制度修辞意义上对立法可接受性的论述，参见谢晖：《制度修辞论》，法律出版社 2017 年版，第 331 页以下。

“可以适用习惯”的法教义学解释*

“可以适用习惯”这一处理民事交往中纠纷关系的重要规则，在世界不少国家的立法例和司法判例中，是一种早已约定成俗的制度事实，在我国古典法律传统中，也是重要的法律现象（无论是立法中的因俗而治，还是司法中的因俗而判，皆如此），甚至在清末、民国时期我国的历次民事立法活动中，它都得以贯彻。不过从中华人民共和国成立以来，传统习惯因为革故鼎新、“破旧立新”观念的深刻影响，无论在立法上，还是司法上，都大为受损。新近通过的《民法总则》对在法律规定不完善时，“可以适用习惯”的重申，是对长期以来我国法律忽视习惯的立法矫正，它在总体上肯定了民事习惯在司法中的法源地位。这一规定，既可以在法社会学意义上进行本源性的探讨，也可以在法教义学上进行技术性探究。有人在谈到法教义学在欧洲的地位时指出：“欧洲的法学者经常把他们的研究活动称之为法律科学。法律科学涉及多个分支，如法律社会学、法律历史学、法律哲学、比较法学等。但是它的核心部分是由法律教义学（rechtsdogmatik）组成的。”①借此，本文选取技术性视角，对“可以适用习惯”这一规定予以法教义学的解释。

---

* 发表于《现代法学》2018 年第 2 期。

① Aleksander Peczenik, Moral and Ontological Justification of Legal Reasoning, *Law and Philosophy*, Vol. 4, No. 2, Legal Reasoning & Legal Interpretation (Aug., 1985), p. 289.

一、法教义学的基础观念

（一）宗教教义学与法律教义学

法教义学的词源源于教会（宗教）教义学。在基督教神学中，诚如刘小枫所言：

> 教义学是基督教思想的教会性义理之学，阐释基督信理的内涵，它有别于圣经神学、伦理神学或历史神学：圣经神学讨论圣经文本中包含的基督信息；伦理神学讨论信仰基督者的个体和群体（教会）之行为规范；历史神学则关注对上帝之言的认信反思的历史性。
>
> 教义学的内涵直接来自上帝的救恩行动所启示的所有信息，以基督教会的信经为基本论题。尼西亚信经述明：我信独一天主全能的父、独一主耶稣基督、圣灵、使徒所立独一圣而公之教会和复活与永生。教义学旨在从义理上阐明信经的这五项基本信义，因此有上帝论、基督论、圣灵论、教会论和救恩论。信经是最根本的教义，教义学是信经义理的阐释性论述。[①]

在伊斯兰世界，教义学则是围绕伊斯兰的基本教义展开的。对此，有人写道：

> 伊斯兰教的基本教义就是："万物非主，唯有安拉（真主）；穆罕默德是安拉的使者"；《古兰经》是穆斯林行教、立法、处世的最高依据。伊斯兰教义学就是围绕与之有关问题的一门学问，是一门通过辩论、释疑去引导人们认识、确立伊斯兰教信仰的学问。它要求人们努力思考事物本质和人类本源，是关于穆斯林认识观、世界观、人生观的学问。它通过论证并说明宇宙万物为何存在而证实真主的独一性存在，真主的伟大属性、真主与人类的关系，真主的前定与人类的意志自由等问题。[②]

显然，伊斯兰世界的教义学与前述基督教教会教义学有明显的关联，两者都指向信仰之"信理"，所不同者，仅在于各自信理之内容。如上征引有关宗教教义学的论述，是要进一步说明法律教义学的具体含义。这里首先须追问的是：源自宗教教义学的法教义学与宗教教义学

---

① 刘小枫：《〈教会教义学〉中译本前言》，载［瑞士］K. 巴特：《教会教义学》，何亚将等译，三联书店1998年版，第1页。

② 参见《什么是教义学》，载 http://www.chinaislam.net.cn/cms/sxjs/yslzs/jy/201205/23-274.html，2017年7月1日访问。

是何种关系？它是否是宗教教义学的简单照搬？

对第一个问题的回答是：两者间既有联系也有区别。联系之处在于无论宗教教义学，还是法教义学，都出自对某种神圣物或经典文献的信仰，以及基于信仰的教义阐释。在一定意义上，法教义学是宗教教义学的派生学说，因为戒律或者律法本来是宗教教义的重要组成部分。① 即便是在信徒之间，也会有世俗交往和日用伦常的规范及纠纷预防问题，从而设定预防并解决冲突的规范，就是宗教教理的题中应有之义。对这些规范的解释，既是宗教教义学的内容，也是教法学的内容。

对第二个问题，可以做如下的回答：尽管两者间具有如上的事实勾连，但法教义学并非宗教教义学的简单照搬，因为近世以来，法教义学所面对的主要是世俗世界里人们交往行为的规范体系。即便在那些仍实行政教合一的国家，在人民的主要交往方式上，已经摒弃了完全由教法支配的事实，法律的世俗化日益受人们关注。② 一种世俗化的法律，如何叫人们以神圣的心怀待之？这本身是法教义学必须处理的重要话题，这正如有学者所言：

> 关注法理学和道德哲学背后的基本哲学立场，可以发现道德理论、政治理论、语言理论、逻辑学、认识论、科学理论和形而上学等方面的诸多应用。总之，各种哲学与法教义学是息息相关的。③

(二)有关法律教义学的争论

行文至此，有必要梳理一下人们对法教义学究竟为何的论述。考夫曼在批评、反思教义学和法教义学时指出：

> ……教义学是“对自身能力未先予批判的纯粹理性的独断过程”，教义学者从某些未加检验就被当作真实的、先予的前提

---

① 参见[美]伯尔曼：《法律与革命》，贺卫方等译，中国大百科全书出版社 1993 年版，第 55 页以下；王宏选：《犹太教律法研究——以法律文化为视域》，山东大学出版社 2015 年版，第 17 页以下；马明贤：《伊斯兰法：传统与衍新》，商务印书馆 2011 年版，第 138 页以下；哈宝玉：《伊斯兰教法：经典传统与现代诠释》，中国社会科学出版社 2011 年版，第 35 页以下；吴云贵：《当代伊斯兰教法》，中国社会科学出版社 2003 年版，第 22 页以下；赛生发编译：《伟嘎业教法经解——伊斯兰教法概论》，宁夏人民出版社 1993 年版，第 307 页以下等。

② 参见高鸿钧：《伊斯兰法：传统与现代化》（修订版），清华大学出版社 2004 年版，第 7 页以下；马明贤：《传统规则的现代化尝试：伊斯兰法律的法典化》，载《回族研究》2004 年第 3 期，第 27 页以下。

③ Aleksander Peczenik, Scientia Iuris: AnUnsolved Philosophical Problem, *Ethical Theory and Moral Practice*, Vol. 3, No. 3 (Sep., 2000), p. 273.

> 出发。法律教义学者不问法究竟是什么,法律认识在何种情况下,在何种范围中,以何种方式存在。这不意指法律教义学必然诱使无批判,但即便它是在批判,如对法律规范进行批判性拷问,也总是在系统内部,并不触及现实的体制。在法律教义学的定式里,这种态度完全正确,只是当它以不必要、“纯理论”、甚至非科学为名,拒绝法哲学和法律理论的非教义学(超教义学)思维方式时,危险便显示出来。①

虽然是反思和批判的文字,但在字里行间,不难发现在考夫曼心中,法教义学乃是在法律体系内部观察、总结、评述法律的学术思想。或许是这样的理解,误致人们一般将法教义学等同于或者类同于法律解释学:“法教义学在发展的过程中与解释学始终有着极为密切的关联。在历史上,解释学构成法教义学的重要内容。对法律的解释也是法教义学的一项主要功能。因此,法教义学和法律解释学在历史发展过程中存在某种一致或重合。”②但如同任何一种学术思想一样,法教义学并非凝滞不变的。特别随着法律与社会互动关系的愈益紧密,跨国的经济贸易、文化交流和政治互动的日渐繁荣,以及哲学思潮所提供的全新的解释立场——哲学解释学以及主体间商谈、对话理论的影响,都导致了法教义学从机械的、“科学的”、追求体系性全能作用的视域开始挪移,而转向一种适度开放的、批判的路向。用诺伊曼的话说,这种转变表现在如下的事实中:

> 法律教义学的任务不是对预设的法进行创造性的具体化,而是去认识预设的法。
>
> 随着法律教义学论证转向结果导向立场,法的自主性受到很大的威胁。因为受导于所希望的结果的法律塑造,是政治的事情,对结果的评价(也)是道德的事情。③

法教义学的学理变迁,导致了人们在学术论争中究竟选择何种法教义学作为其理论论证之基准的困难。“法教义学中一个常见的问题是:法教义学的定位是什么?主流意识形态对法律话语的影响?这是

① [德]阿图尔·考夫曼:《法哲学,法律理论和法律教义学》,郑永流译,《外国法译评》2000年第3期。

② 焦宝乾:《法教义学的观念及其演变》,载《法商研究》2006年第4期。

③ [德]乌尔弗里德·诺伊曼:《法律教义学在德国法文化中的意义》,郑永流译,载郑永流主编:《法哲学与法社会学论丛》(五),中国政法大学出版社2002年版,第17页、第19页。

在法律教义学中追问理论说服力的重要标志。在法教义学面对一般文化的压力(它主要是指主流价值和主导价值)和法律上的强制性权力，尤其是面对个人看法和社会事件的影响,法律理论没有深入剖析相应的法律思想,从而多数是苍白和无能为力的。”①在近年我国法学界有关“社科法学”和“法教义学”的学术研讨中,②究竟须取法何种法教义学,或者如何理解法教义学？是在法律解释、法律评注意义上理解之,还是在上述基础上引入必要的事实判断和价值判断,在法教义学中为“社会科学”方法的运用留出必要的空间？③ 这些问题,皆约略表明学界对法教义学理解立场的不同——究竟是依循封闭的立场,还是以某种开放的立

① Jan M. Broekman, Beyond Legal Gaps, Law and Philosophy, Vol. 4, No. 2, *Legal Reasoning & Legal Interpretation* (Aug. ,1985), p.237.

② 这是近年来在我国法学界所发生的一场较为深入的讨论,在一定意义上,它进一步分化了我国法学研究的不同路径,使业已呈显出流派化取向的我国法学研究,更显现出流派化发展的自觉意识。但尽管如此,在这场讨论中,相关概念的精细化作业尚显不足,例如,所谓“社科法学”这一概念本身过于宽泛,社会学—人类学视角社科法学和历史学视角、哲学视角、经济学视角,乃至文学艺术视角的社科法学就不是一码事,更遑论法学本身就是典型的社科领域。以法教义学为核心的规范法学本身是社会科学的典型样式。这在逻辑上势必解构所谓“社科法学”的称谓。同时,在相关讨论中对“法教义学”的理解,也很值得认真反思。特别是如何从动态视角看待发展中的“法教义学”,更值得关注。相关研讨参见张翔:《宪法教义学初阶》,载《中外法学》2013 年第5 期;冯军:《刑法教义学的立场和方法》,载《中外法学》2014 年第 1 期;张明楷:《也论刑法教义学的立场:与冯军教授商榷》,载《中外法学》2014 年第 2 期;熊秉元:《论社科法学与教义法学之争》,载《华东政法大学学报》2014 年第 2 期;王启梁:《中国需要社科法学吗》,载《光明日报》2014年 8 月 13 日;尤陈俊:《不在场的在场:社科法学和法教义学之争的背后》,载《光明日报》2014 年8 月 13 日;雷磊:《什么是我们所认同的法教义学》,载《光明日报》2014 年 8 月 13 日;李晟:《实践视角下的社科法学:以法教义学为对照》,载《法商研究》2014 年第 5 期;谢海定:《法学研究进路的分化与合作——基于社科法学与法教义学的考察》,载《法商研究》2014 年第 5 期;孙海波:《法教义学与社科法学之争的方法论反省——以法学与司法的互动关系为重点》,载《东方法学》2015年第 4 期;凌斌:《什么是法教义学:一个法哲学追问》,载《中外法学》2015 年第 1 期;宋旭光:《面对社科法学挑战的法教义学——西方经验与中国问题》,载《环球法律评论》2015 年第 6 期;王琳:《试析法律论证理论的性质——从法教义学与社科法学之争谈起》,载《甘肃政法学院学报》2016 年第 4 期;贺剑:《法教义学的巅峰,德国法律评注文化及其中国前景考察》,载《中外法学》2017 年第 2 期等。

③ 例如,在贺剑看来,“法律评注秉承法教义学方法的反面印证,是社会科学方法或曰社科法学在法律评注中的不彰”。(贺剑:《法教义学的巅峰,德国法律评注文化及其中国前景考察》,载《中外法学》2017 年第 2 期)。而凌斌则强调:“法教义学的司法中心主义,决定了价值判断的不可或缺。因为司法过程的每一个环节,都可能涉及从普遍规则到具体情形的适用问题,都存在价值判断的解释空间。不过,尽管学者们都同意,价值判断是法教义学的重要环节,但实际上,即使在法教义学内部,关于价值判断的立场和方法也充满分歧。究其实质,尽管法教义学日益倾向于为价值判断留出弹性空间,但是并未在价值判断的方法上获得足够的理论自觉。”(凌斌:《什么是法教义学:一个法哲学追问》,载《中外法学》2015 年第 1 期)。

场对待之？对此，笔者赞同雷磊的如下论述：

> 今天的法教义学者早已不再认为法律体系是个闭合的系统，也承认规范时常出现空缺、矛盾、言不及义、言过其义等缺陷，这些都需要根据特定方法加以弥补，弥补时运用经验知识与价值判断不仅需要，而且必要。所以，法教义学并非不关注经验知识和价值判断，而是致力于将它们"教义化"和"类型化"，以便省却今后裁判的论证负担。教义当然并非绝对，它保留了在特殊案情中被新知识和新评价所挑战的可能。所以，将社会科学带进法教义学的领域，无论就理论模式或社会事实样态而言都是可能的。20世纪初自由法运动的先驱、德国法学家康特洛维茨早就一语道破："没有社会学的教义学是空洞的，而没有教义学的社会学是盲目的。"①

（三）法教义学的含义及基础观念

由此可见，法教义学是以一国法律规范和法律体系为前提，尊重法律的内在意义，把社会事实以及价值判断等结构在法律内部予以阐释的学术事业。显然，这一学术事业的前提和研究对象，是对一国既定法律体系之尊重，以及和制定法律体系相关的判例之关注。在此意义上，法教义学不能不关注对现行法律规定及其判例的解释、评注和评论。亦即，法教义学研究的基本对象是以法律规范为核心的"制度事实"。应当说，这是法教义学得以展开的第一个要素，即规范引导的前提要素。然而，法教义学之规范解释、判例分析以及规范与判例评注，不是为了解释而解释，为了评注而评注，而是为了给司法裁判开发案件解决的心智。因此，无论是既往的法教义学，还是业已发生了变化的现下的法教义学，都必须对案件事实予以开放。不对案件事实开放意味着它无法被带入司法实践中去，无法为司法实践提供智慧支持。可见，对案件事实开放，并为司法实践提供学术智慧的支持，这是法教义学得以展开的第二个要素，即效果取向的目的要素。与此同时，尽人皆知，面对既定的、稳定的规范体系，多变的社会事实只能在其中获得近似的解释，而不能也不可能毫厘不差地被安顿在这一规范体系中。更何况，即使是既定的规范体系及其裁判成果等制度事实，其内部并不是完全逻辑自洽、严丝合缝的规则体系，而是照样存在意义模糊、意义冲突和意义缺漏的相对完备的

① 雷磊：《什么是我们认同的法教义学》，载《光明日报》2014年8月13日，第16版。

体系。这样一来,法教义学就肩负了通过法律解释和法律评注,如何弥合案件事实与法律规范间冲突的任务,以及如何补救法律意义模糊、冲突和缺漏的任务。这一任务的完成,不是通过对法律意义的裁剪,以使其契合案件事实或社会事实,而是仍然坚信法律体系的价值和力量,把与规范相冲突的案件事实以及相互冲突的案件(社会)事实代入法律的逻辑体系中,以法律规范来结构案件(社会)事实,而不是相反,以案件(社会)事实去结构、改变法律规范,从而实现法律体系面对复杂、疑难个案时的互洽性和融贯性。这是法教义学得以展开的第三个要素,即体系化建构的方法要素。

如上三个方面,可以认为是法教义学的三个基础观念。这三个基础观念,在另一视角也说明法教义学应排除的三种情形:如果一种法学学说的前提不是立基于既定的法律、判例等制度事实,而是立足于其他社会规范,则这样的法学学说并非法教义学;如果一种法学学说的目的不是为司法提供智力支持,不是寻求更为妥当且合法的司法裁判效果,而是为政治批判、社会批判、法律批判以及寻求更为理想的制度陈设做准备,或者是为某些代替性纠纷解决方案做理论准备,那么,这样的法学也不是法教义学;如果一种法学在方法上,只能实现把法律结构在社会——政治、经济、文化事实中,结构在纷繁复杂、日见其变的社会关系和案件事实中,以事实解构法律,而不是以法律结构事实,那么,这样的法学,更不是法教义学。所以,一方面,要强调法教义学向司法实践、向社会事实以及向价值衡量的开放;另一方面,也须强调这一开放,乃是基于维系、补强并确保法律体系完整性的学术开放,而非破坏、解构这一体系完整性的开放。

对某一法律规定的法教义学解释,正是基于如上的知识前提或基础观念而展开的。同理,笔者在本文中对“可以适用习惯”的法教义学解释,也将基于上述理念而展开。具体来说,下文除了对“可以适用习惯”中的“可以”“适用”“习惯”等就字面意义展开是非查究之外,还就和这一规定相关的其他问题展开法教义学的论述。

二、“可以适用习惯”中的“可以”

(一)“可以”在法律上的规范意义

“可以”是“可以适用习惯”的规范指向,它决定着习惯适用的方式,也决定着适用习惯的规范内容。表面来看,“可以”这一词汇,是日常生活中最常见的词汇之一,因为只要人们在交往行为中有所选择,就存在

“可以”的选择事项。同时，在法律上，这也是一个相当常见的规范词或助动词。所谓规范词，是指法律中对交往行为中人们的行为方式和方向能够以明确指向的词汇。虽然这类词汇不具体地、直接地指向某一权利或义务，但其决定或规范着人们行为的具体方向，并最终决定着交往行为中人们权利与义务、权力与责任的内容。

不无遗憾的是：这样一个重要的词汇，在我国几部重要的辞书中都不曾专门设立词条。[①] 只是在《现代汉语词典》中，为“可以”单列了助动词和形容词两个词条，其基本释义是：

> [可以]助动词，①表示可能或能够……②表示许可……
>
> [可以]形①好；不坏；过得去……②厉害……[②]

显然，根据如上对“可以”的意义解释，只有作为助动词的“可以”与法律中作为规范词的“可以”具有意义相关性。亦即，当“可以”一词在法律中使用时，是作为助动词而不是作为形容词使用的。那么，何为助动词？这似乎是个汉语语法常识，但重温常识，有助于我们进一步阐释法律中“可以”的意义。

> [助动词]名，动词的附类，表示可能、应该、必须、愿望等意思，如“能、会、可以、可能、该、应该、得、要、肯、敢、愿意”。助动词通常用在动词或形容词前面。[③]

助动词在动词前面，一般表达人们行为的方向，用在形容词前面，一般表达人们内心的或行为的愿望。众所周知，法律的调整对象，不是直

---

① 笔者分检了《辞源》《辞海》《中国大百科全书·法学》等重要辞书，都未见为“可以”这个词专设词条。只是《辞源》《辞海》在解释“可”字时，指出了其一个意义项，即“能，可以……”（见何九盈等主编：《辞源》（三），商务印书馆2015年版，第634页；辞海编辑委员会编：《辞海》，上海辞书出版社2009年版，第1237页）。另外，在《辞源》和《辞海》中，分别专门设有“可能”这一词条，《辞源》的基本解释是：“表示推论之词，意思随文而异。1.能……2.怎么能……3.未必能……4.也许，难道。”[《辞源》（一），商务印书馆2015年版，第635页]；《辞海》除了如上意义项之外，还指出“何至于”“能否”这样两个意义项（参见辞海编辑委员会：《辞海》，上海辞书出版社2009年版，第1239页）。不难发现，这些意义项都未准确表达法律乃至日常生活中“可以”之意义。“可以”作为现代法律中常用的助动词，本身也表明它在人们日常生活中的意义，因为毕竟立法归根结底是人们日常交往需要的表达（相关具体论述，参见谢晖：《日常生活批判与法学研究》，载《光明日报》2006年2月14日；《日常生活的法律构造》，载《甘肃政法学院学报》2016年第2期；《地方立法的日常生活取向》，载《原生态民族文化学刊》2017年第3期等）。

② 中国社会科学院语言研究所字典编辑室编：《现代汉语词典》（第5版），商务印书馆2005年版，第773页。

③ 中国社会科学院语言研究所字典编辑室编：《现代汉语词典》（第5版），商务印书馆2005年版，第1782页。

指人们的心理愿望,而是人们的实际行为。即便对人们心理愿望的调整,也一定是代入人们行为之中的,不能经由人们的行为予以推论或验证的心理愿望,纵然在法律上强调要保护之,在实践中也没有实在意义。可见,助动词在运用于法律规定中时,表达的不是剥离了人们行为的纯粹心理愿望,而是表达为人们行为的愿望。这种愿望,可径直称为行为。所以,离开了对行为的调整,无论何种助动词在法律中的运用,都失却了其应有的规范意义。那么,如何理解“可以”的法律规范意义?对此,相关的研究可谓凤毛麟角,只有喻中对此做过比较系统的研究。他指出:

> 虽然,“可以”作为一个日常生活中的词语,使用的范围很广,出现的频率也很高,其含义也非常丰富……但是,在成文法或法律文本这个特定的语境中,“可以”一词的最主要的意义就是授权。通过“可以”一词引导的法律规则主要就是授权规则。由“可以”一词着手,深入挖掘其法理意义,就是在探寻授权性法律规则的奥秘。①

暂且不去论述何谓授权规则,这里将继续探讨作为助动词的“可以”所蕴涵的具体规范意义。一般说来,“可以”的规范意义在于选择。一旦一种行为方式借由“可以”来导出,意味着人们在行为选择上“可以”这样,也“可以”那样。以“可以适用习惯”为例,其规范指向的选择性决定了在司法中,法官在法律没有规定的情形下,既“可以”适用习惯,也“可以”不适用习惯。这两个方面的统一,构成了“可以”的完整规范意义。

具体来说,“可以”适用习惯自然不难理解,既然“可以”所表明的是法律授权,那就意味着适用习惯就是适用者在条件具备时的权利或权力。通过“可以”的授权,“可以”被分为两种,一是授予人们权利,其行使主体只能是公民或法人,即所谓“私权主体”;②二是授予人们以权力,其行使主体只能是“公权主体”。③ 相关具体论述,笔者将在后文中予以展开。这里要强调的是,无论是授予权利,还是授予权力,都意味着通过

---

① 喻中:《论授权规则——以“可以”一词为视角》,山东人民出版社2008年版,第18页。

② 诚然,在表面上看,公权主体似乎也可以行使权利,但当其行使权利时,身份已经不是公权主体,而是作为“机关法人”的私权主体(参见屈茂辉、张彪:《法人概念的私法性申辩》,载《法律科学》2015年第2期)。

③ 众所周知,在法律或者机关通过其他规范性文件明确授权(力)的情形下,“私权主体”也可以行使一定的公权力,这在现代国家权力有限,无以全部垄断知识、垄断社会公共资源的情形下更为常见。譬如,公安机关委托(也是授权)刑事鉴定机构鉴定一例案件中受害人的伤情,受伤缘由等(参见黄娟:《行政委托内涵之重述》,载《政治与法律》2016年第10期)。

“可以”接受授权的主体，因之在交往行为中获得了选择的资格。亦即，人们据之获得了这样的行为模式：“既可……也可”“既可以是……也可以否”，从而获得了行为的选择性和自由。尽管权利选择的结果和权力选择的结果有很大不同，权利选择未必一定连带对等的（但是对应的）义务，但权力选择必然意味着对等的责任，因此，权利选择和义务之间是一种“对应互助”的关系，在数量上未必是正比关系，而权力和责任之间却是一种“一体两面”的关系，在数量上应是正比关系。[1] 权利和权力各自选择结果的不同，不影响“可以”作为一个规范词的大体意涵，不影响由它所引导的行为模式一定是选择性的行为模式这一结论之成立。由此，就不难理解“可以适用习惯”这一规定的规范意义：对适用者而言，是否适用习惯本身就是一种选择。即便其所适用的习惯完全符合法律授权的前提性规定，但在司法的行为模式上，也是可选择的，即适用者“既可适用习惯，也可不适用习惯”。

（二）“可以”反对“应当（该）”

初步弄清了作为助动词的“可以”在法律体系中的规范指向，即这个词的规范可能性，则进一步的话题是，为了突出“可以”的上述特征，有必要比较它与法律中其他常见的助动词之规范指向的区别。法律中常用的助动词很多，除了“可以”之外，还有诸如“应当（该）”“必须”“不得”“视为”“但”“有”等，这些词汇，如果借用中国古人有关“律母”[2]的说法，完全可将其转译为当下更容易接受的词汇：“法眼”。只是这样的词汇在法律中较多，不可能在此一一拿来和“可以”做比较。因此，本文仅就“应当（该）”和“不得”这两个在法律中更为常见的助动词——规范词做些比较，以说明“可以”的规范指向。

应当（该）作为法律中运用甚多的助动词，其给人们的规范指向是义务，即按照应当（该）的规范指向，人们不能因为自我意愿，随意选择某种行为（作为或不作为），而只能选择作为。因此，“应当”的规范指向，对行为人而言明显具有强制性，而不是任意性。由它所导引的行为模式，不是“既可……也可”，而是“只可……不可”，它要求行为人强制性作为，而不能不作为。因此，无论在道德视角，还是在法律视角，“应当”都

---

① 参见谢晖：《法学范畴的矛盾辨思》，山东人民出版社1999年版，第188页以下、第253页以下。

② “律有以、准、皆、各、其、及、即、若八字，各为分注，冠于律首，标曰八字之义，相传谓之律母。”（清）王明德撰：《读律佩觿》，何勤华等点校，法律出版社2001年版，第2页。

和义务相关联：

就前者而言，有学者指出：

在道德领域中，义务的概念和“应当”的概念是一致的。成为某人道德义务的行为只不过是他根据道德规范所应当遵守的行为而已。①

就后者而言，也有学者指出：

……法律文本中的“应当”就是指法律对特定情境中某行为人与某种行为之间存在一种理所当然的关系所作的指示，并且，这种指示虽然往往诉诸行为人的主观认同，但并不以行为人的主观认同为要件；

……“应当”表示的是一种义务指令……用“应当”表示规范所设定的条件与后果之间的逻辑关联的法律规范属于义务性法律规范。也就是说，“应当”表示的是该法律规范所针对的行为人及相关行为之间存在一种确定而理所当然的关系。②

这个结论，恰当地阐明了法律中“应当”作为助动词出现时的规范指向：它只指向行为人行为的确定性，而不指向行为人行为的选择性，因此，如前所言，“只可……不可”“只能……不能”“理当……不当”是这一规范指向的基本句式。无论用何种词汇表述，在这种句式中，都呈现、内蕴或包含着显性和隐性两种不同的、意涵相反的行为规范：其中在显性层面是一个指令。按照这个指令，人们获得了一个作为的义务。而在隐性层面，则是一个禁令。按照这个禁令，行为人获得了一

① ［奥］汉斯·凯尔森：《法与国家的一般理论》，沈宗灵译，中国大百科全书出版社1996年版，第67页。与此同时，凯尔森也指出了“应当”和法律义务的关系：“法律义务的概念也意味着一种‘应当’，某人在法律上对一定行为负有义务意思就是在相反行为时，机关就‘应当’对他适用制裁。但是法律义务由于下述事实而不同于道德义务的概念，法律义务并不是规范所‘要求’的、‘应当’被遵守的行为，法律义务是由于遵守而得以避免不法行为的行为，从而也就是与成为制裁条件的行为相反的行为。只有制裁才‘应当被执行’。”（同上书，第67页）在笔者看来，凯尔森这个论述有为了刻意区分法律和道德，从而制造出道德义务和“应当”同构，而法律义务只有在主体违背义务规范而受到公权主体制裁时，制裁才是“应当”的这种逻辑混乱的说辞。这段论述混淆了两种“应当”的法律义务：一是作为普通主体依据法律的“应当”指向而作为；二是公权主体在其他主体违背“应当”指向而不作为时，履行“应当”的制裁责任。与此同时，笔者指出的这一问题还意味着：只要主体自觉地按照法律中“应当”的规范要求而作为，其实已然意味着法律的相关规定被内化为道德规范，其自觉行为，就是在道德自觉支撑下的合法（“应当”）行为。

② 周赟：《“应当”一词的法哲学研究》，山东人民出版社2008年版，第136页以下。

种不作为的义务。在这个意义上,任何一个“应当”的背后,都隐含着一个“不得”。例如,“监护人应当履行监护职责”的背后,必然隐含着“监护人不得拒绝履行监护职责”。这样说来,在法律中,“应当”似乎内含命令和强制的必然性,但在有些学者看来,与其说“应当”是命令和强制的规范表达,不如说它只表明必然性,因为只有如此,“应当”才具有事实、逻辑和价值的正当性,否则,“应当”只是暴力的代名词。

> 命令与强制无法作为应为的理由,其取得义务性格仅仅就在于,当其是以价值为基础而存在时。换句话说,法条基本结构非是一种命令,而是一规范(当为),命令是为实现在规范内所包含的价值之手段。[①]

毫无疑问,“应当”符合事实、逻辑和价值,乃是其义务有效性的前提,一如“可以”符合事实、逻辑和价值,乃是其权利有效性的前提一样。因此,在法学界,法律“强制力”观念越来越弱化。[②] 但即便如此,法律一旦离开命令和强制力,则其现实效力(实效)将大打折扣。事实上,我们可以把命令和强制力一分为二,一是词(应当)本身具有的指令、命令或强制性;二是保障词(应当)从纸上变成行动的指令、命令或强制性。后者又可一分为二,即一方面,“应当”作为社会主体的内心指令与自我强制(内在命令或道德律令);另一方面,一旦“应当”无法呈现为人们的内心指令,无法实现行为人根据内心指令的自我强制,那么,权利人及公权主体根据“应当”所采取的外部指令和强制。

总之,“应当”和“可以”作为助动词,是两个逻辑指向和事实指向完全不同的词汇。这种不同指向意味着:两者在法律内部也引导着完全不同的两种法律规范,前者指向法律义务,后者授予法律权利(或权力),因此,“可以”自然反对“应当”。这意味着对“可以适用习惯”这一规定,法律适用者绝不能移义为“应当”适用习惯。这看似一个杞人忧天的担心,但在我国司法实践中,却常出现因为实情或习惯的考量,而对司法降格以求的现象,这特别表现在以用调解这类“低级司法”来替代裁判这种

---

① [德]考夫曼:《法律哲学》,刘幸义等译,法律出版社2004年版,第312页。对相关问题的展开论述,参见前引23,周赟书,第140页以下。

② 参见刘星:《法律“强制力”观念的弱化——当代西方法理学的本体论变革》,载《环球法律评论》1995年第3期。

“高级司法”的举措上。①

（三）“可以”反对“不得”

在法律中常见的助动词中，“不得”是一个很独特的词汇。“不得”和“应当（该）”一样，它们所引导的规范都属于法律义务的范畴。问题是，两者各自所引导的法律义务在行为方式上是完全相反的。如果说，“应当（该）”所引导的是作为的话，那么，“不得”所引导的是不作为。众所周知，在日常生活中，作为即行为，不作为即不行为。作为无论在日常生活中，还是在法律中，都是“意义行为”，而不作为在日常生活中，经常是“无意义”的，甚至不被作为行为方式来看待。但在法律中，只要提到不作为，它就当然获得了“意义”，因此，必然是“意义行为”。这种“意义”表现在两个方面：如果法律规定“不得”而遵循之不作为，就获得合法的法律“意义”，其后果是获得法律之保障；如果法律规定“应当（该）”而违背之不作为，则获得违法的法律“意义”，其后果是必须接受法律之惩罚。

可见，不作为在法律上有两种意义：一种是隐示在“应当（该）”中的意义，它在法律上的逻辑后果是应受制裁或惩罚；另一种是显示在“不得”中的意义，它在法律上的逻辑后果是应受肯定和保障。这也表明，“不得”和“应当（该）”一样，也内含两个层面的法律意义：一是明示的，即根据、遵守“不得”之要求，从而必然获得法律肯定和保护的不作为；二是隐示的，即漠视、违反“不得”之要求，从而必然遭致法律否定和制裁的作为。从根本上说，“不得”所引导的是禁止性法律规范所要求的行为模式，是不作为。但在这一含义当中，自然隐含了一旦违反不作为的要求，就必须受制裁的结果。所以，有学者在谈到“不得”时这样写道：

> 我们把法律规范中对行为模式作出限制的虚词“不得”，视为禁止性法律规范的主要模态词，或者如法律语言专家所言

① 笔者所谓“低级司法”与“高级司法”，分别指“司法调解”和“司法裁判”。虽然这两者都是司法解决纠纷的方式，但作为“低级司法”的司法调解，在解决纠纷中的前提是以实情或习惯弱化或减损法律的刚性作用为代价的，因此，法官严格根据事实，以法律所展开的逻辑推理就大为逊色。这样一来，它更多地遵循的是社会学的原理——司法的目的，主要不是通过理性逻辑而判断是非，而是通过可接受的协调而平息矛盾。而作为“高级司法”的司法裁判，必然表现法官的司法智慧和裁判能力。法官必须以事实为根据，以法律为准绳进行逻辑推理、理由说明和结论论证，因之，它更多地遵循的是教义学的原理。在最近十多年来我国的司法实践中，就过于强调能动司法以及司法调解等，不少地方的法院甚至强制性地规定案件的调解指标，完不成年度的规定指标，意味着年度司法考核会受影响。这足以说明实践中人们把“可以”移义为“应当（该）”的情形多么严重！

的，是把它视为“规范词”来看待的。

> 尽管禁止性法律规范可以有……多种多样的表达方式，然而一般地讲，在“立法者正是在这些重要的基本原则规范上，倾向于用朴实的直陈式表示规范性的当为内容”。而那些直接申明主体“不得为”某种行为的表述方式无疑属于这种最朴实的表达。而且，统计数字也表明，在法律规范中，也是以这一类表达方式占据优势地位。法律规范一般以人的行为为规制对象，所以，把发出行为的人作为规范语句的主词并进而逻辑地以“不得为”表达出法律的规范目的，应是最为简洁直朴的表达方式。因此，这种表达方式在禁止性规范的所有表达方式中占据主导地位是理所当然的。①

显然，“不得”所表达的是禁令，并且是典型的命令。在很大程度上，法律不是“应当(该)”的产物，也不是“可以”的产物，而是“不得”这种禁令或者禁忌的产物。所以，法律和法学发生的源头、背景就是“不得”，就是“禁忌”。在这个意义上完全可以讲，没有禁忌，也就没有法律。禁忌，就是史前人类的法律，或者至少是法律之源头：

> 禁忌者，如弗洛伊德所言，其始非宗教上之戒律，非道德上之训诫，亦本非法律上之禁令。盖基于生存法则之本能的防害作用，或由迷信而扩张，或由认识其效用而被利用。彼此之后，其由于宗教威权之预言家、高僧、祭司等，则为宗教上之戒律；其由于社会威权之长老、圣贤等，则为道德上之训诫；其由于政治威权之酋长、国王等，则为法律上之禁令。而因宗教、德教、法律三大规范中，禁忌本为信仰规范，最初为宗教上之戒律，至后分化为德教之训诫，及国家之法律之集合。②
>
> ……法从根本上讲，实质上是一种规范模式或文化形态，而世间一切规范的总源头都来源于禁忌。因此分析法的源头必须从禁忌入手。“禁忌成为原始社会唯一的社会约束力，是人类以后社会中家族、道德、文字、宗教、政治、法律等所有带有规范性质的禁制的总源头。”③

---

① 魏治勋：《禁止性法律规范的概念》，山东人民出版社2008年版，第39页以下。

② [日]穗积陈重：《法律进化论》，黄尊三等译，中国政法大学出版社1997年版，第313~314页。

③ 王学辉：《从禁忌习惯到法起源运动》，法律出版社1998年版，第8页。

> 人类学、考古学、历史学研究表明,随着人类的进化和人类文明的产生,在人类的生活中很早就出现我们今天用"义务"一词来表示的对人的行为加以约束的观念和规则。现代人类学家的著作中通常将人类早期文明这种观念和规则称为"禁忌"。①

征引这么多学者对禁忌与法律关系之看法,依然是为了说明"不得"作为命令、作为禁止性义务在法律中的原生特征。对这种命令的内在化、自觉化循守,乃是法律内化或者德化的表达方式。凡此种种都说明,"可以"和"不得"的关系,恰如"可以"和"应当(该)"的关系一样,都可谓是反对关系——"可以"反对"不得"。按此标准,尽管"可以适用习惯"具有适用(作为)和不适用(不作为)的选择性,但其后者不能被转义为"不得适用",而是"可以适用"这一规范指向中所内含的选择方向之一,故"可以"必然反对"不得"。

三、"可以适用习惯"中的"适用"

(一)"适用",一个比较法的检讨

《民法总则》第10条规定:"处理民事纠纷,应当依照法律;法律没有规定的,可以适用习惯,但是不得违背公序良俗。"我们知道,类似的规定,在奉行民事法律成文化的许多国家的立法例中都存在,但这种通过立法赋予习惯以附条件适用之效力的规定,其"适用"的主体究竟是谁?是所有法律主体、国家公权主体、社会纠纷解决主体还是仅仅指向法院和法官?这在各国的立法例中,并没有统一的规定,同时,在前述我国《民法总则》的规定中,也没有直接申明"可以适用习惯"的主体是什么,而仅强调"处理民事纠纷"。那么,究竟如何理解这里的"适用",特别是如何理解这里的"适用"场合与主体?显然,这并非无关紧要的问题——如何理解之,不但关涉"适用"主体,而且决定着适用习惯的效力范围。

---

① 张恒山:《义务先定论》,山东人民出版社1999年版,第42页。更为详尽的论述,可参见[法]爱弥尔·涂尔干:《乱伦禁忌及其起源》,汲喆等译,上海人民出版社2003年版,第3~82页;周长龄:《法律的起源》,中国人民公安大学出版社1997年版,第100~135页;吕世伦等:《现代人类学对法起源的解释》,载《中国法学》1993年第4期;田成有等:《原始法探析——从禁忌、习惯到法起源的运动》,载《法学研究》1994年第6期;田成有:《民族禁忌、战争政府与法的起源》,载《中南民族学院学报》1995年第5期;《民族禁忌与中国早期法律》,载《中外法学》1995年第3期;《民族禁忌:关于法律起源问题的新思考》,载《民族论坛》1995年第3期;廖扬:《图腾禁忌与法的起源》,载《贵州民族研究》1998年第1期;冯引如:《禁忌与图腾向习惯法的转变过程》,载《现代法学》2000年第6期;廖明君、万建中:《禁忌与文学、法律及其他——万建中访谈录》,载《民族艺术》2002年第3期等。

为了阐明这一问题，不妨首先站在比较法或规范比较的立场上，罗列一下在此问题上世界主要国家和地区的具体规定。

在民法典中首开习惯适用先河的《瑞士民法典》，就开宗明义在其第1条第2款、第3款规定：

无法从本法得出相应规定时，法官应依据习惯法裁判；如无习惯法时，依据自己如作为立法者应提出的规则裁判。

在前一款的情况下，法官应依据公认的学理和惯例。①

《日本民法典》则把相关规定置于第四章“法律行为”中，其第92条规定：

有与法令中无关公共秩序的规定相异的习惯，如果可以认定法律行为当事人有依该习惯的意思时，则从其习惯。②

《韩国民法典》开宗明义在其第1条规定：

关于民事，如无法律规定，从其习惯法；如无习惯法则依条例。③

我国台湾地区“民法典”也于其第一章“法例”第1条和第2条分别规定：

民事，“法律”所未规定者，依习惯；无习惯者，依法理。

民事所适用之习惯，以不背于公共秩序或善良风俗者为限。④

近20多年来，一些新生的民法典中也有类似规定，如1994年制定的《俄罗斯联邦民法典》第5条规定：

1. 在经营活动的某一领域形成并广泛适用、立法并未作规定的行为规则，不论它是否在某个文件中固定下来，均被认为是交易习惯。

2. 与相应关系参加者必须执行的立法规定或合同相抵触

---

① 《瑞士民法典》，殷生根等译，中国政法大学出版社1999年版，第3页。

② 《日本民法典》，曹为等译，法律出版社1986年版，第22页。应注意的是，《日本商法典》则对商事习惯赋予仅次于商法典、但高于民法的地位，其第1条规定：“关于商事，本法无规定者，适用商习惯法，无商习惯法，适用民法典。”（《日本商法典》，王书江等译，中国法制出版社2000年版，第3页）显然，这里的适用，加强了商事习惯的效力：不再是“可以适用”，而事实上是在商法未规定时，“应当适用”。

③ 《韩国民法典》，金玉珍译，载易继明主编：《私法》2003年第2期。

④ 陶百川编：《最新六法全书》，台北，三民书局1981年版，第89页。应说明的是，这个版本尽管发行有年，且这一规定直接来源于民国时期颁布的《中华民国民法典》，但我国台湾地区在其后对“民法典”的历次修改中，这一条都原样保留。

的交易习惯,不得适用。①

而在2005年制定的《越南社会主义共和国民法典》,其第3条就是对“适用习惯、相似的法律规定”的专门规定:

> 在法律无规定且当事人无约定的情形,可以适用习惯;若无习惯,则适用相似的法律规定。习惯和相似的法律规定不得与本法典规定的原则相抵触。②

从如上所引的规定中,可以发现,一方面,强调成文化的国家和地区,一般都赋予习惯以一定的法律效力,或者直接授权可以适用习惯,③只是习惯在民事法律中的地位明显有强有弱。另一方面,上述各国和地区对适用习惯的规定又有所不同,特别对适用习惯的主体及其场域,规定明显有别。具体来说,有如下三种不同的规定:

一是明确的规定,即适用习惯的主体及行为,就是法官及其裁判行为,如《瑞士民法典》的规定。这样的规定,简单明了,并没有为人们进一步的解释留下什么空间。人们一看法律的规定,就一目了然地知晓其适用习惯的主体是什么,也知道习惯在什么场合“可以适用”。因此,面对这样的规定,做教义学解释就多此一举。如果对它进行解释,也只能属于“适用习惯”的合法性解释。显然,这样的解释超出了教义学解释的范畴。

二是模糊的规定,即虽然规定了“适用”(我国台湾地区“民法典”、《俄罗斯联邦民法典》、《越南民法典》)、“依”(我国台湾地区“民法典”、《日本民法典》)或“从”(《日本民法典》《韩国民法典》)习惯的内容,但并没有具体规定由何主体,在什么场合才可以“适用”或“依”“从”习惯的问题。这样的规定,所指既然是模糊的、发散的,也就给人们留下了解释“适用习惯”之主体(谁适用?)与场合(何种行为中适用?)的余地。显然,这为法律教义学在该问题上留下了小小难题,当然,也为其在该问题

---

① 《俄罗斯联邦民法典》,黄道秀等译,中国大百科全书出版社1999年版,第4页。

② 《越南社会主义共和国民法典》,吴远富编译,厦门大学出版社2007年版,第1页。

③ 即使对习惯非常忽视和轻视的——《法国民法典》和《德国民法典》这两部有代表性的法典,尽管没有像上述规定那样郑重其事地授权习惯的适用,但前者在亲权编第321-1条中明确规定:“如父母子女利益之所在未能达成一致意见时,得以他们以往在相似情况曾经采用过的习惯做法代替规定……”(《法国民法典》,马育民译,北京大学出版社1982年版,第81页);后者在总则和债权关系编中分别对“交易习惯”的法律地位予以规定,该法典的第157条规定:“对合同的解释,应遵守诚实信用原则,并考虑交易上的习惯”;该法典第242条规定:“债务人有义务依诚实和信用,并参照交易习惯,履行给付。”(《德国民法典》,郑冲等译,法律出版社1999年版,第30页、第49页)当然,上述规定主要是“行为规则”性质的。

上的创造开放了广阔的空间。

三是场合明晰，但主体模糊的规定。这即是我国《民法总则》的相关规定。尽管该法所规定的适用习惯的场合是“处理民事纠纷”，但究竟是谁处理民事纠纷？其并不像《瑞士民法典》的规定那样清晰明了，从而该规定仍然为“可以适用习惯”的具体适用留下了解释的空间——这一规定中所谓“处理民事纠纷”，究竟是指谁处理民事纠纷？能否从这一规定中当然地推出该规定所指的就是通过司法“处理民事纠纷”，从而“可以适用习惯”的主体就是法院和法官？如果不能得出这样的结论，那又如何理解“可以适用习惯”的主体？就这些问题，下文笔者将从两个方面继续予以阐述。

（二）关于“适用习惯”之场合与主体的几种设想

对我国《民法总则》所规定的“处理民事纠纷……可以适用习惯”这一规定之“适用主体”的理解，理应结合我国“处理民事纠纷”的方式予以阐释。众所周知，在我国，“处理民事纠纷”，采取的是多元处理机制。举凡民间调解、社会权威裁断、准自治机构（居委会、村委会）的调解，国家行政机构特别是国家基层行政机构出面的协调、调解、裁断，各级法院出面对民事纠纷的调解和裁判等，皆属于“处理民事纠纷”的方式。这种情形，被人们称为“多元化纠纷解决机制”。其中，法院处理民事纠纷，被称为“正式解决”；而民事纠纷的其他处理机制，则被称为“非诉讼纠纷解决机制”或者“代替性纠纷解决机制”。学者们在界定相关概念时，其制度依凭主要是源自美国的ADR，如范愉就强调：

> 代替性纠纷解决方式，即英文 Alternative Dispute Resolution（缩写 ADR）的意译。这一概念既可以根据字面意义译为“代替性（或替代性、选择性）纠纷解决方式”，亦可根据其实质意义译为“审判外（诉讼外或判决外）纠纷解决方式”或“非诉讼纠纷解决方式”、“法院外纠纷解决方式”等。ADR概念源于美国，原来是本世纪逐步发展起来的各种诉讼外纠纷解决方式的总称，现在已引申为对世界各国普遍存在着的、民事诉讼制度以外的非诉讼解决方式或机制的总称。
>
> 一般而言，代替性纠纷解决方式的概念强调的是与法院的（民事）诉讼程序（或判决）的区别与联系，对其界定通常是根据如下几个要素：

首先,代替性(替代性),是指对法院审判或判决的代替……

其次,选择性,是指这种纠纷解决方式以当事人的自主合意和选择为基础……

最后,解决纠纷,是 ADR 的基本功能。无论何种形式的 ADR,都以这一特定功能区别于一般组织或行政机构的管理性、职能性活动,以及行政机关的附带性纠纷解决工作。同时,以解决当事人双方纠纷为目的的 ADR,也不同于纵向的、单方面的问题解决(如信访、申诉等)……①

我们知道,民事纠纷的多元处理机制,或者代替解决机制,不仅在我国长期存在,也风行于当代世界各国,如“在上埃及(埃及南部地区,笔者注),许多村落和乡镇中的长者,他们通常召开会议以解决纠纷,而这些会议是独立于国家政权之外的,主要用于处理灌溉纠纷、土地纠纷、继承纠纷以及杀人纠纷等,他们所适用的主要是习惯法而非法律,之所以如此,在于相较于法律适用中产生的官僚腐败,习惯法的适用更为熟悉且透明”。② 而在美国,诉讼外的纠纷解决——和解、调解、仲裁、微型审判、法院附设调解等,已经成为行政争议和民事纠纷解决的主要方式,仅就调解而言,“20 世纪 90 年代在美国……大多数行政争议和民事纠纷都通过调解方式解决,分别达到 60% 和 90% 以上”;再如和解,“起诉到法院的纠纷,在立案阶段就有约 96% 和解了”。③ 这既说明代替性解决纠纷的普遍适用性,特别是在解决民事纠纷中的普遍适用性,也说明在我国理解和解释“解决民事纠纷……可以适用习惯”的复杂性。

毋庸讳言,尽管民事纠纷的多元处理机制在我国早已形成传统,并且至今仍然强调人民调解、行政调解和司法调解的“三调联动”。但是,一方面,我们对这些既有制度的概念化总结还很不够,因此,对它的理性认知还很匮乏。概念化思维,是人类面对纷繁复杂的事物时,把其类型化、一般化、普遍化和静态化的思维过程。它意味着人们面对这些事物,克服了“日用而不知”的局面,不仅“知其然”,而且“知其所以然”,因此,

---

① 范愉:《非诉讼纠纷解决机制研究》,中国人民大学出版社 2000 年版,第 9 ~ 13 页。

② Hans Christian Korsholm Nielsen, State and Customary Law in Upper Egypt, Islamic Law and Society, Vol. 13, No. 1, Customary Law in North Africa and the Arab East (2006), p. 123.

③ 刘惠贵:《从 ADR 到 BANR:美国多元化纠纷解决机制的概念发展及启示》,载 http://old.chinacourt.org/html/article/201201/05/472946.shtml,2017 年 8 月 21 日访问。

概念化思维乃是人类生活从现象进入本质的思维过程，是人类思维的一种高级状态。不能以此种思维将日常生活中存在的纷繁复杂的事物作概念化处理，就意味着日常生活永远处于感性经验状态，而不是理性逻辑状态。有学者指出：

> 这种哲学思维方式的特点是：(1)普遍化或一般化(universalizing or generalizing)。这是几乎所有对“(狭义)概念”的定义或说明所肯定的。概念不是用来把握具体的事物的思维方式，它是概括了一类事物的共通点的观念……因此，概念化思维从根本上就忽视文化的、生活的“特殊状态”，而寻找可普遍化的哲理、真理。
>
> (2)静态化。通过概念来把握共相，而且相信它把捉到的是某一类事物的本质，或有身份鉴别力的共通点，于是这本质就被相信具有不变的含义，是一个完全静态的观念存在。具体的现象可以变化，但这本质自身却不会变。于是，哲学家们相信，这通过概念化得到的本质，为人类的理性思维提供了稳靠的、坚固的基础，是能够打入逻辑“基岩”的思维之桩，与文学、诗歌中用来表达感情和想象的具体观念和语言从本质上就不同。①

可见，不能将既存的制度事实，无论是作为正式制度存在的三大调解，还是作为非正式制度存在的民间调解通过概念化方式予以总结、提升，这种制度就只能是经验意义上的，是很难被理性所把握的。这恐怕也是目前我国学者习惯用ADR来图解我国民事纠纷之代替性解决方式的缘由。

另一方面，用外来的概念图式来解释我国的代替性纠纷解决，又不能完全“适格”，因为一来我国的代替性纠纷解决，作为正式制度规定的如三大调解，不是在社会自治基础之上所长成的自治解决机制，因此，与上述代替性纠纷解决的概念及其特征明显不符。二来在正式制度之外，我国的代替性解决纠纷，还有非正式制度意义上的。这无论在城市还是乡村都存在，如邻里劝和、师长(或长辈)促和、第三人协调、权威(地方长老、贤明、大德望)调解、神明裁判等，都在日常的民事纠纷解决中发挥着重要作用。

---

① 张祥龙：《概念化思维与象思维》，载《杭州师范大学学报》2008年第5期。

就上述我国代替性纠纷解决的方式而言,它们和“适用习惯”之间的关系皆息息相关,它们行使的主体,也会是“适用习惯”的主体(但是不是《民法总则》有关“可以适用习惯”的主体,则另当别论,详见笔者在下文中的分析)。无论是“三大调解”这种正式制度,还是多种多样的民间调解这类非正式制度,解决民事纠纷的基本方式,每每是以做两造的思想工作为前提,以国家有关时事政策、社会风尚、地方习惯为根据,以“将心比心”的情感感化为手法,而动之以情、晓之以理。所以,所有代替性解决纠纷方式,都强调“天理、人情、国法”的结合。而在这三者中,尤以人情为要。所谓人情,不但是内蕴于人们心底的慈悲、怜悯之心,而且更是外在于人们交往行为中的日常之情、日常之理。这种日常之情、日常之理的规范化形式,就是所谓习惯。尽管习惯多种多样,在不同地区、不同时期迥然有别,且习惯的内容和性质良莠不齐,但在代替性纠纷解决机制中,如果罔顾之、公开否定之或者规避之而不适用,代替性纠纷解决就难以收到可接受的、能实际地代替的效果。

那么,这是否意味着凡是从事代替性纠纷解决的主体,都是我国《民法通则》所规定的“适用习惯”的主体?自表面看来,这种理解似乎并不为过,因为无论作为非正式制度的民间纠纷处理机制,甚至“私力救济”的处理方式,还是作为正式制度的人民调解、行政调解和司法调解,都毫无例外地要关注并运用习惯。这是由于通过这些方式处理纠纷,其基本目的不是判断是非,这与刑事司法必须首先判断是非再来裁判案件的一般要求有差距。在日常的民事纠纷中,固然每一例案件都有是非之分,但即使完全能判定是非的案件,未必能据此是非妥当地处理矛盾,平息纠纷,让两造对处理结果心悦诚服地予以接受。因此,在一定意义上平息矛盾,获得两造对案件解决的接受,很多时候就比判断是非本身更为紧要和重要。代替性纠纷解决机制,之所以更看重运用习惯解决纠纷,反而对法定的正当程序、具体规定未必特别在意,问题就出自平息矛盾、获得两造接受的需要上。

在上述视角上,显然代替性纠纷对习惯的关注和适用,具有一定必然性。特别在我国的代替性纠纷解决机制中,来自社会的、具有一定自治性质的非正式制度的纠纷解决机制,因为没有专门的正式规范可循,因此,更注重包括习惯在内的非正式规范的运用,像邻里劝和、家长(长老、贤人)裁断、师长促和以及神明裁判(如起誓)等纠纷解决方式,反倒国家法律在其中的用场不大。而来自国家的、规范的,但明显具有官方安排性质的人民调解、行政调解和司法调解，虽然表面上有很多规范性文件作支撑，[①]但只要涉及具体案件，取得对两造都有说服力的调解的可接受效果，就不能纯粹依赖相关规定，而同时也必须依赖包括习惯在内的非正式规范以解决纠纷。这样看来，不同类型的代替性纠纷解决主体，都是或可能是“适用习惯”的主体。这样一来，《民法总则》还有没有必要作出“处理民事纠纷……可以适用习惯”的规定？进言之，这一规定之“适用”所指的场合及主体，是否包含前文提及的代替性纠纷解决之场合及主体？对此，还需要进一步作出教义学的厘定和阐释。

（三）司法中心主义的适用立场

通过上文可见，在我国的民事纠纷解决中，“适用习惯”的场合及主体明显的是多元的。但在笔者看来，我国《民法总则》所规定的“处理民事纠纷……可以适用习惯”的适用场合和适用主体，未必就囊括了以上所有的民事纠纷处理场合和处理主体。为什么这样说？总体说来，《民法总则》作为我国未来民法典的总规定，既须遵循法律制定的一般功能，更应关注法律制定的特殊功能。就一般功能而言，法律是预设性的、日常性的，它针对所有具有意义的人类行为（权利行为和义务行为），故其规范内容当是行为（调整）规则。就特殊功能而言，法律是跟进性的、判准性的，它适用于人类行为出现纠纷，需要解决时，故其规范内容当是裁判规范。那么，何为行为（调整）规则？何为裁判规范？对此，埃利希在论述“作为行为规则的法”和“裁判规范”这两个问题时分别写道：

> 从法官的观点出发，法是法官据以必须对呈现在他面前的法律争议进行裁决的规则。而根据目前特别是在德国法学中

---

① 人民调解的基本法律依据是《人民调解法》；司法调解的基本依据是《民事诉讼法》；而行政调解的依据则多元并存，既有全国人民代表大会或其常委会通过的法律，如《婚姻法》《突发事件应对法》《土地承包法》的相关规定，也有国务院制定的行政法规，如《信访条例》的相关规定，还有地方性法规的专门规定，如《北京市行政调解办法》《辽宁省行政调解规定》等，甚至还有县级地方政府职能部门或镇政府制定的相关规范性文件，如经网络查询，重庆石柱县经济和信息化委员会（简称“经信委”）就制定了《行政调解工作制度》（载 http://jxw.cqszx.gov.cn/html/8/content/16/02/32565.shtml，2017 年 8 月 21 日访问），河南辉县常村镇也制定了《常村镇行政调解工作制度》（载 https://wenku.baidu.com/view/0f27c0ccac51f01dc281e53a580216fc700a5307.html，2017 年 8 月 21 日访问）。类似的规范性文件，在网络搜索，可以说琳琅满目。由此足见行政调解及其规范在我国的层级性、多元性和驳杂性。这种情形，理应取决于我国作为一个大国，各地实情迥然有别的复杂国情和地情。

> 流行的定义，法似乎是人类行为的规则。人类行为的规则和法官据以裁决争议的规则可能是大不相同的两回事，因为人类确实并不总是依照适用于其纠纷裁决的规则来行为的。
>
> 裁判规范像所有的社会规范一样是一种行为规则，但确实只为法院适用，它至少主要不是一种为在日常生活中活动的人设定的规则，而是为对他人的行为进行裁判的人设定的规则。因此，就裁判规范是一种法律规范而言，它表现为一种特殊种类的法律规范，区别于包含一般行为规则的法律规范。①

由此可见，尽管一方面，埃利希并没有定义何谓行为（调整）规则，何为裁判规则；另一方面，按照其论述，裁判规则与行为规则之间具有一定的种属关系。但即便如此，他还是在此明确了行为规则和裁判规则的区别——两者是两码事，行为规则是针对某种规范所调整的所有社会主体的，而裁判规则除了针对社会主体之外，主要是针对裁判主体——法院和法官的；行为规则是属概念、大概念，而裁判规则是种概念、小概念；裁判规则应属于行为规则，但行为规则未必是裁判规则。那么，国家法究竟主要是行为规则还是裁判规则？对此，还是借埃利希的主张以说明。他在谈到国家法作用的途径时，指出了两个路向：一是通过裁判规范；二是通过“干预规范”，即国家法或者是裁判规范，或者是“干预规范”。在这两者中，无论在民事领域还是刑事领域，裁判规范都起主导作用：

> 尽管国家的裁判规范和国家的干预规范并非总是以制定法为基础的，但这种情形仍是我们这里主要关注的。一个法条是否导致一个直接的干预，或者它作为纯粹的裁判规范发生作用，这不仅仅取决于立法者的意图或者制定法的条文规定，而由实际的惯例所决定。在民事事项上，是以裁判规范为主的……在国家本身还没有介入的时候，刑法完全是裁判规范，官司必须由受到侵犯的一方提交给法院。直到今天，即使在应由国家机关提起控诉的情况下，刑法部分地仍是纯粹的裁判规范，因为按照惯例，国家机关仍要等待当事人的告发或者其他的启动方式……②

---

① ［奥］欧根·埃利希：《法社会学原理》，舒国滢译，中国大百科全书出版社 2009 年版，第 9 页、第 127 页。

② ［奥］欧根·埃利希：《法社会学原理》，舒国滢译，中国大百科全书出版社 2009 年版，第 405 页。

笔者不厌其烦地引证埃利希对法规范的上述分类以及对国家法发挥作用的分类，是想进一步说明，国家法律的核心，是裁判规范，是用来满足司法裁判的要求的，或者是为司法解决纠纷所预设的。① 至于人们日常生活中的交往行为，尽管国家法是其行为准则之一，但众所周知，这种行为并不是以国家法为唯一根据的，特别是在民事领域，自治是人们交往行为的基本前提，法律只是提供了人们民事交往的一般框架，具体的、日常的民事交往及其规则甚至主要不是国家法律，而是习惯或习惯法。这样一来，国家法的主要作用，就是为一旦发生纠纷而诉诸法院做准备。因此，就其功用而言，国家法主要是作为裁判规范而被规定和运用的。这样，国家法也就贯彻着司法中心主义的适用立场。按照这一解释思路，则对"解决民事纠纷……可以适用习惯"中"解决民事纠纷"的理解，只能坚持司法中心主义的立场，对这里的"可以适用习惯"之适用主体和适用场域的理解，也只能定位于在司法裁判中，由法院和法官来"适用"习惯。

为了说明这一问题，还需要交代一下何为法律的司法中心主义。当下有关司法中心主义的论述，主要集中于某种学术立场。基于此种立场，有学者提出、总结并比较了"立法中心主义""司法中心主义""行政中心主义""民众中心主义"这样四种法学研究的范式。② 笔者在此则要强调的是，无论哪种"中心主义"，其立场的选取必须基于法律运作的事实，即采取实践立场，而非学术立场。所以，"司法中心主义"这个概念，更应被置于法律运作的事实中去，而不应被纯粹置于某种学术立场去理解。在此前提下，可以说，"立法中心主义"基于法律之匮乏及立法之迫切；"行政中心主义"基于国家权力之强大管制；而"民众中心主义"，则基于社会本位前提下法律对公民权利的优先规定和保护；至于"司法中心主义"，则基于法律面对社会焦点问题——社会纠纷时的权威解决功能。

当下中国法治建设之事实，既有立法完善之需要，也有行政法治之落实，还有权利本位（与权力相较）之追求。但是，最根本的问题则是在

① 或以为，以一位典型的法社会学家的观点作为法教义学解释的学理根据，是不是有点南辕北辙？初看之，这种质疑似乎有理；可细查之，一位对国家法律的作用持有相当有限看法的法律社会学家，都定位国家法以裁判规则为主，这不正从另一视角支持，或补强了法教义学有关国家法的观点吗？

② 喻中：《从立法中心主义转向司法中心主义？——关于几种"中心主义"研究范式的反思、延伸与比较》，载《法商研究》2008年第1期。

立法已日臻完善的前提下，也是在以行政主体为代表的国家行政权力和公民（法人）权利之间的关系、社会团体和公民个人之间的关系，以及社会团体和社会团体之间的关系、公民个人之间的关系因交往之密切，反致摩擦、纠纷陡增的情形下，如何在诉讼中，司法主体严格按照法律规定，公正地解决社会纠纷的问题。诚然，公正问题存在于所有法律运作、权力运作和社会运作的过程中，但无论在人们感官上，还是在社会事实中，公正与否最显眼的所在，就在于对纠纷事实的处理中？其原因不难理解，因为纠纷事实本身是社会焦点所在，对社会焦点的权威处理——司法自然也就成为整个法治建设的核心话题。这也怕是培根强调如下格言的缘由所在：

为法官者应当为公平的判断作一种准备，这种准备应当如同上帝对他底路的准备一样，就是要填高溪谷，削平山陵：所以在两造底任何一方，若有强力、暴虐、巧计、结徒、奥援、善辩底情形出现，在那个时候为法官者若能使不平者得其平，使他自己底判断得以公平为基础，那就可见其才德了……为法官者应当在法律底范围内以公平为念而毋忘慈悲；应当以严厉的眼光对事，而以悲悯的眼光对人。

一次不公的判断比多次不平的举动为祸犹烈。因为这些不平的举动不过弄脏了水流，而不公的判断则把水源败坏了。所以所罗门说：“义人在恶人面前败讼好像趟浑之泉，弄浊之井”。①

可见，所谓司法中心主义，本来是就法律本身的主要功能和作用而言的。具体来说，它是指在现代法治体系中，无论成文法律的制定，还是判例法律的产出，都是为通过司法解决纠纷而提供或准备统一的、标准的、权威的、可操作的规范。所以，法律的成立主要不是为了立法而立法，也主要不是为了行政行为合乎法律而立法，同时，还主要不是为了公民日常交往有法可依、有规可循而立法，而主要是为了在日常生活中一旦出现纠纷，诉诸司法时有可资依赖和信赖的纠纷处理标准而立法。

在这里强调法律本身的司法中心主义取向，乃是为了进一步在教义学上说明“解决民事纠纷……可以适用习惯”这一规定的立法宗旨，从而从中窥见“可以适用习惯”的场合与主体。毫无疑问，在司法中心主义视

① ［英］弗·培根：《培根论说文集》，水天同译，商务印书馆1983年版，第194页、第193页。

野中，“可以适用习惯”的场合，是司法“解决民事纠纷”，从而“可以适用习惯”的主体，是法院和法官。可见，一方面，其场合排除了民间解决民事纠纷，其主体排除了邻里、贤达、长老、师长、家族族长、社会团体等；另一方面，其场合也排除了法律授权的调解解决民事纠纷，进而其主体也排除了法律授权的用来调解处理民事纠纷的人民调解组织、行政机关以及调解解决的法院和法官。这也从《民法总则》通过第九章专门规定诉讼时效——通过司法解决民事纠纷的时效不难推论：“可以适用习惯”的主体在这里只能是贯彻司法中心主义的法律规定，从而其场合只能是司法“解决民事纠纷”，其适用主体只能是法院和法官。

那么，这是否意味着习惯在其他解决民事纠纷的场合就无所用场？对此，正如笔者在本文前一问题中所讨论的那样，事实不但不是如此，而且与此恰恰相反：在其他解决民事纠纷的方式中，纠纷解决主体不但“可以适用习惯”，甚至每每是“应当或必须适用习惯”，是“不得不适用习惯”。因此，当两造将纠纷交由邻里、贤达、长老、师长、家族族长、社会团体……处理时，就应在心理上做好在适用规则上贴近适用习惯而不是适用法律的准备；同理，当两造同意将纠纷交由人民调解机构、地方行政机关或者法院调解处理时，照例在心理上应接受其调解处理更倾向于适用习惯，而不是适用法律的准备。可见，除了司法裁判处理民事纠纷这一方式“可以适用习惯”之外，在其他民事纠纷的处理方式中，常常不仅是“可以适用习惯”，而且事实上是“应当（必须）适用习惯”。因此，“可以适用习惯”对代替性纠纷解决而言，实在是多此一举。这种情形，不正反证了我国《民法总则》所规定的“处理民事纠纷……可以适用习惯”是司法中心主义的规定吗？不正从另一视角说明这一规定的“适用”场合是司法裁判，“适用”主体是法院和法官吗？更不用说《瑞士民法典》作为首开“可以适用习惯”的立法例，早已给人们开放了这种启示。

四、“可以适用习惯”中的“习惯”

（一）习惯及其分类

习惯作为人类最古老的交往行为规范，虽能随时移世易而变化，但变化的仅仅是习惯的具体内容，而不是习惯这一现象本身。不但如此，习惯因为渐积渐厚，越堆越多，反而对后世影响越大。后世所有的开新和创造，不得不从变革习惯、风俗开始。但是，变革了的所有举措，也必须依赖习惯，或者被习惯化，才可能更加稳固地、持久地、深入人心地发挥作用。这说明，尽管人们因为现代法治建设的迫切需要而尽量排斥传统的、多元的、粗糙的、凌乱的甚至良莠不齐的习惯,但现代法律本身并不排斥习惯,反而如前所述,还要尽量设法被习惯化,才可能深入人心,持久发力。这说明,研究习惯,绝对不是在旧传统中做新文章,故纸堆里寻鲜话题,而是为了更好地安顿当下法律,从而更好地安顿当下民生之必然要求。就如本森曾强调的那样:“建立于交易基础上的一个习惯法的私人体系不只是可能的,而且具有历史上先例强有力的支持。事实上,通过历史习惯得出的许多内容在决定判决规则时比成文宪法、法律或先例更为重要。”①

那么,究竟什么是习惯?对此,站在不同学科观察,可能有完全不同的解释。例如,在哲学视角,高兆明就在道德哲学意义上,借助黑格尔等学者的观点,对习惯作出了多方面的解释,如习惯的精神本质、习惯的记忆形成机制、风俗与集体性习惯、习惯与自由和不自由以及习惯变迁的可能与路径等。其中,在本质上,习惯是人精神的直接存在,是人的“第二自然”:

> 习惯是人的“第二自然”,它是精神在特殊经验形式中的自然存在。习惯之所以被称之为自然的,是因为它“是灵魂的一种直接的存在”,具有“机械性”或本能性,是当然如此的自然而然。习惯之所以被认为是第二自然,是因为它是精神塑造出来的自然物。作为被精神“制作”出来成为一种“自然存在着”的东西,习惯是理当如此的自然而然。
>
> 习惯形成于“感觉规定”的“重复”“练习”。它是跟着“感觉规定”照着做、反复如此所形成的一种“感觉规定”的结果。……习惯所由以形成的“感觉规定”及其“重复”……不是纯粹经验、形体的,而是以精神为内容。它们以感官经验形体的样式呈现,以“对伦理事物的习惯”为内容。这种“重复”“练习”是要将“感觉规定的特殊东西或形体的东西”,“深深砌入到灵魂的存在中去”,使外在感性、感觉的东西,变成内在精神、灵魂的东西,成为精神、灵魂的直接存在。不过,这个由外到内的过程,并不是建立在理性的理解基础之上,而是一种直接的“砌入”、置入。在这个

---

① Bruce. L. Benson, Customary Law with Private Means of Resolving Disputes and Dispensing Justice: A Description of a Modern System of Law and Order without State Coercion, Vol. Ⅺ, No. 2, *Journal of Libertarian Studies*, (Fall 1990).

意义上，习惯具有机械性。①

哲学上对于习惯的一般理解，转换为经济学、人类学、社会学或法学，则有完全不同的描述。例如，在哈耶克的笔下，习惯就是一种“内部秩序”“增长的秩序”或“自生自发的秩序”②；在韦伯的笔下，“习惯是指在没有任何（物理的或心理的）强制力，至少没有任何外界表示同意与否的直接反映的情况下做出的行为”。③ 而马林诺夫斯基在其名著《蛮族的习俗与犯罪》中，首篇就引述西德尼·哈德曼批评罗素的一个观点，并借此对习惯及其拘束力作出的评论，可看做其在人类学视角上对习惯的论述：

> “罗素的理想，以为生番是一种极自由无拘束的人类，实际是绝对不合的。他的四围是被民族的风俗紧紧包裹住，这种悠久之习惯的锁链，不仅限于社会的关系，其他关于宗教的、医学的、工业的以及文艺的，都可以把他束缚住了。简言之，他的生活的各方面，都没有自由的”……
>
> 我们看了这一段，虽然对于“传袭的习惯锁链”是否和社会及文艺关系相同的一点尚认为有疑问，但从工业和宗教上说，以上所言可以说是很对……
>
> 如果我们把他们的许多律例、条文和行的纪律，一概归并之风俗一字，无疑，这些土人是有坚决的信仰、盲目的跟别人去做，听别人的意见。如果没有其他特殊的利益和动机，自然绝对服从风俗的暗示而不问别的了。于是一切对习惯的动机，传袭法则的恐怖和爱护，附和群众之心理等等，都可以并之于风俗。只是无条件地绝对服从风俗而已。④

但是，这个与法律息息相关的概念，在法学家的笔下，却要么是一种不同于法律的独立存在：“习惯乃是为不同阶级或各种群体所普遍遵守的行为习惯或行为模式”；⑤要么把其作为和法律相对的法律渊源之一部

---

① 高兆明：《论习惯》，载《哲学研究》2011 年第 5 期。

② 参见［英］弗里德里希·冯·哈耶克：《法律、立法与自由》（第 1 卷），邓正来译，中国大百科全书出版社 2000 年版，第 52～85 页。

③ ［德］马克斯·韦伯：《论经济与社会中的法律》，张乃根译，中国大百科全书出版社 1998 年版，第 20～21 页。

④ ［英］马林诺夫斯基：《蛮族社会之犯罪与风俗》，林振镛译，上海文艺出版社 1989 年版，第 3 页、第 52～53 页。

⑤ ［美］E. 博登海默：《法理学——法律哲学与法律方法》，邓正来译，中国政法大学出版社 1999 年版，第 39 页。

分,或者是第一法律渊源,如布律尔就强调,"我要把法律的第一渊源的位置让位于习惯法,这是因为我认为法的这一渊源具有广泛性、概括性、甚至现实性——虽然人们通常认为它并不具备"。[①] 而另一些学者则强调习惯虽然是法律渊源,但仅次于制定法或判例法的法律渊源。这类观点甚多,也得到了前述立法的支持。当然,不得不提及的是,在英美国家,法学家每每把习惯或习惯法予以两分,强调其分别作为"社会道德规则"和"由人制定的法"的不同,奥斯丁就此指出:

> 我们可以将习惯法视为一类实际存在的社会道德规则。从这一角度来看,习惯法,产生于被统治者的普遍顺从,而不是来自于社会政治地位高低的权力配置,或者政治主权者的制定。但是,如果我们将习惯法,看作是经由道德规则转变而来的实际存在的由人制定的法,那么,习惯法,就是由国家确立的。当国家在制定法中,将习惯明确规定出来的时候,国家是以直接形式确立习惯法的。与此不同,如果习惯是由国家中的司法机构所适用的,那么,国家是以间接方式确立习惯法的。[②]

如上冗长的引证和说明,足以让人们在习惯或习惯法的多义以及其在法律中功能的完全不同的评价中,体味出习惯或习惯法概念的复杂性。不过,尽管如此,在这里自法学视角给出习惯一个界定还是必要的:习惯是长期以来在特定区域所形成的且在该区域自发运行,即该区域内所有主体自觉自愿地接受的、具有事实上对其进行权利义务配置功能的行为规范。积淀性、地方性(当然,这不意味着没有一国统一的习惯,如我国的春节习惯,但这样的习惯,每每被一个国家法定化了)、自发性、可接受性以及权利义务的配置性是习惯的五个主要特征。基于这种对习

---

① [法]亨利·莱维·布律尔:《法律社会学》,许钧译,上海人民出版社1987年版,第38~39页。类似观点,也可见诸在卢梭的论述(法律中最重要的一种,"既不是铭刻在大理石上,也不是铭刻在铜表上,而是铭刻在公民的内心里……它每天都在获得新的力量;当其他法律衰老或者消亡的时候,它可以复活那些法律或者代替那些法律,它可以保持一个民族的创制精神,而且可以不知不觉地以习惯的力量代替权威的力量。我说的就是风尚、习俗……"[法]卢梭:《社会契约论》,何兆武译,商务印书馆1980年版,第73页);也可见诸萨维尼的论述("法律首先产生于习俗和人民的信仰……其次乃假手于法学——职是之故,法律完全是由沉潜于内、默无言声而孜孜矻矻的伟力,而非法律制定者……的专断意志所孕就的。"[德]弗里德里希·卡尔·冯·萨维尼:《论立法与法学的当代使命》,许章润译,中国法制出版社2011年版,第11页)。

② [英]约翰·奥斯丁:《法理学的范围》,刘星译,中国法制出版社2002年版,第39页。类似的看法,还可参见[美]约翰·奇普曼·格雷:《法律的性质与渊源》,马驰译,中国政法大学出版社2012年版,第242~258页。

惯的认识，可以进一步对习惯进行如下的分类：

其一，个人的与群体的。前者只适用于特殊的个人；后者则适用于特定区域或特定阶层的群体。后者每每影响前者，而前者未必能影响后者，这恰如有学者所描述的那样：

> 像施里特一样，帕累托也认为心智是普遍和永久的。帕累托在习惯问题上区分了剩余物（residues）和派生物（derivations）。剩余物是他认为在头脑中固有的基本感情，派生物则指意识形态、信仰之类的升华物……只要剩余物和派生物之间的差距仍然可以预测，社会关系网络就可以顺利进行。个人习惯和集体习惯之间的沟通困难和冲突可能性也许会出现，因为可预测性会因不同交互作用者之间的衍生差异而增加。社会生活的不同可能取决于社会中剩余物和派生物之间差距的相似程度。①

其二，心理的与行为的。前者是内在的，包括人们的思维习惯和心理习惯；而后者是外在的，它一定会表达为个人行为或群体行为。后者每每包含前者，但前者未必必然导致后者。

其三，传统的与新兴的。前者是指通过长期的历史积淀所形成的，后者则是因为适应社会的变迁而新生的，如互联网交易兴起后迅速产生的新习惯。后者每每是前者的革命者、颠覆者，而前者只能在后者的容忍中以变相的方式继续积累、发展。诚如布朗所言："一个民族无论发展地多么进步和完善，这个民族的每一代人皆有适用新的规则的需求""无论是受不可抗拒地司法情感的驱使，还是因为有目的地适用新环境的意识。"②

其四，地方（阶层）的和全国（民）的。前者是在某一地方或阶层中遵循的习惯；而后者是在一个国内的所有地方、所有人民中都遵循的习惯（如尊老爱幼、先来后到等）。后者表达共同价值，前者表现个别价值。

其五，非法的与合法的。前者指不符合国家现行法律之原则和精神的习惯，后者则指合乎国家现行法律之原则和精神的习惯。后者对前者具有法律上和国家道义上的约束作用，但前者对后者不发生效力。

---

① Richard E. Wagner, Custom, Legislation and Market Order, *The American Journal of Economics and Sociology*, Vol. 61, No. 2 (Apr., 2002), p. 565.

② W. Jethro Brown, Customary Law in Modern England, *Columbia Law Review*, Vol. 5, No. 8, 1905, p. 564.

其六,法定的和非法定的。前者是指被法律所认可的习惯,包括被立法认可成为制定法和被司法认可成为判例法。后者则是指未被国家法律所认可的习惯。但应强调,未被认可并不意味着必然违法,在很多时候,人们运用习惯而交往行为,属于“法律未规定者,可推定为权利”的范畴,因此,是法律能容忍的范畴。后者每每推进前者的变革,而前者必须因应后者的需要和“呼唤”。

习惯是如此复杂的社会现象,且又在分类上如此花样多样,着实有些令人眼花缭乱,自然也会让司法者面对习惯而手足无措。那么,上述不同类型的习惯是否都能够在司法中成为“可以适用”的?如果不是,则什么样的习惯才符合这一法律规定而“可以适用”?

(二)“可以适用”的是何种习惯

众所周知,在不少学者心目中,以国家法为代表的现代法律,乃是“社会进步”的产物,故落后的习惯能否被法律采纳,被司法援引,在国外学理和法典上早就颇有歧义。① 在我国,人们普遍接受了梅因的那个著名结论:“如果我们依照最优秀著者的用法,把‘身份’这个名词用来仅仅表示这一些人格状态,并避免把这个名词适用于作为合意的直接或间接结果的那种状态,则我们可以说,所有进步社会的运动,到此处为止,是一个‘从身份到契约’的运动。”②这不但引发了有关法律落后或进步的争议,而且连带地影响人们对和法律紧密勾连的习惯之看法——习惯能否被“进步”的法律所采纳?可否在“进步”的司法中被适用?特别在我国这样历史悠久、文化传承丰富且习惯做法多元的国家,当人们迫切地追求现代文明进步的规范成果——现代法律时,如何看待习惯、传统、既有文化,这一直是个争议不断的问题。完全可以说,近代中国发展中的一切学术争论,大多围绕着这一问题而展开。仅就司法能否援引习惯,在清末民初乃至当代,就出现过不少很有意思的观点,不妨援引两例:

> 采用习惯之弊。中国习惯多属恶劣,就广东一省言,无一习惯可以认为有法之效力者,倘妄为援引,必违法理,若置而不用,又难执行,故法官常进退两难;而中国幅员广大,习惯不一,省与省殊,县与县异。例如同一继承,在此县为合法,在他县则

---

① 参见谢鸿飞:《论民事习惯在现代民法中的地位》,载《法学》1998 年第 3 期。

② [英]梅因:《古代法》,沈景一译,商务印书馆 1959 年版,第 97 页。

否，徒落人们之争议，且于国家法律之统一相刺缪也。[①]

习惯所可能支配的范围至广，大至公私生活事务之处置，小至社会交往中周旋应对进退之节，均有习惯存在。自法之发展而言，颇多由来于习惯者，亦即若干生活规范最初为习惯，其后始转化为法。然而何种生活习惯可转化为法，则未可一概而论，恒以社会生活需要及文化状况为转移。[②]

这样的讨论，一直延续到今天，究竟我们的法治，要走一条法律移植的道路，还是寻求本土资源的道路？即便走法律移植之路，如何对待当今中国依然多元的、复杂的、持久的、新生的、有效的习惯问题？这既是法学者之间的争论，也是立法和法律上的争论。这些争论在法律上的重要成果是：不仅在我国过去的法律和司法裁判中含有大量习惯的内容，[③]还通过《民法总则》这部具有全局性、一般性价值的法律，授予法官在解决民事纠纷时，“可以适用习惯”的权力。显然，这是习惯在一个国家，特别是我国这样历史悠久、习惯多样的国家法律中应有地位的恢复，也接续了自清末制定民律草案以来我国民事立法的基本传统。[④] 当然，这也表现了对人们民事交往之事实的尊重。因此，在司法裁判中可以适用习惯，显然已经不是什么问题。但是，究竟法官能够适用什么样的习惯？

---

① 罗文干：《请速颁暂行法律草案以资遵守说贴》，载《法曹杂志》1914 年第 13 期，“文牍上”。转引自俞江：《中华民国暂行民律草案》，载梁慧星主编：《民商法论丛》（第 17 卷），金桥文化出版有限公司 2000 年版，第 494 页。

② 韩忠谟：《法学绪论》，北京大学出版社 2009 年版，第 95～96 页。

③ 朱苏力、高其才、张哲对此做过较详尽的研究。参见苏力：《当代中国法律中的习惯——一个制定法的透视》，载《法学评论》2001 年第 3 期；《中国当代法律中的习惯——从司法个案透视》，载《中国社会科学》2000 年第 3 期；高其才等：《当代中国法律对习惯的认可研究》，法律出版社 2013 年版；张哲等：《当代中国法律、行政法规中的习惯——基于“为生活立法”的思考》，载《清华法学》2012 年第 2 期等。

④ 从《大清民律草案》第 1 条规定：“民事，本律所未规定者，依习惯法；无习惯者，依法理”，到 1928 年（民国十七年）编纂民法总则时，将其修改为“民法所未规定者，依习惯；无习惯或虽有习惯而法官认为不良者，依法理”，再到《中华民国民法典》开宗明义明令：“民事，法律所未规定者，依习惯，无习惯者，依法理”，直到我国当下《婚姻法》《刑法》《民族区域自治法》《合同法》《物权法》等有关婚姻习惯、刑事习惯、民族习惯、交易习惯及物权习惯的规定，都可以看出《民法总则》的规定与我国既往民事立法的一以贯之。这都反映了我国编撰法典的如下追求：“求最适于中国民情之法则。立宪国政治，几无不同，而民情风俗一则由于种族之观念，一则由于宗教之流，则不能强令一致。在泰西大陆尚如此区分，矧其为欧亚礼教之殊？人事法缘于民情风俗而生，自不能强行规抚。至贻削趾就履之诮。”（以上均参见郑定、春扬：《民事习惯及其法律意义——以中国近代民商事习惯调查为中心》，载《南京大学法律评论》2005 年第 1 期；杨立新点校主编：《大清民律草案、民国民律草案》，吉林人民出版社 2002 年版，第 3 页以下）。

还是需要认真对待的话题。

我们已经知道,《民法总则》对于“可以适用习惯”,既做了前提预设,那便是“法律没有规定”;也做了限制规定,即“不得违背公序良俗”。那么,这是否意味着在法律没有规定且习惯符合公序良俗之前提下,法院和法官对所有的习惯都“可以适用”?回答是否定的。在前述情形下,法院和法官对哪些习惯“可以适用”,对哪些习惯要排除适用?回答这一问题,需要结合前述对习惯的分类而展开。

(1)针对个体习惯和群体习惯,法官在司法中,可以适用习惯的范围只能是群体习惯,而不能是个体习惯。基本原因是个体习惯只对特定的个体产生拘束力,并不对案件纠纷中的对方产生拘束力。或以为,如果一个人的行为侵犯了另一个人并未害及他的习惯,法官据以裁决被侵权者胜诉,难道不是法官适用个体习惯吗?这种事实确实存在,但法官据以裁判的规范根据,无论从法律来讲,还是自习惯而言,都是出于对所有人个体习惯的一般保护这个群体的习惯要求,而不是被侵害者的个体习惯。与此对应,对群体习惯,法官则不但可以纳入适用的框架,而且在司法实践中,法官只能选择适用群体习惯。诚如格雷在谈及习惯的司法适用时所指出的:“法院有时采纳某些规则……是因为法院发现这些规则在社会成员的相互交往中被大范围遵守,或是被局部遵守。”①

(2)针对心理习惯和行为习惯,法官在司法中,可以适用习惯的范围只能是行为习惯,而不能是心理习惯。缘由很简单,近、现代法律的基本宗旨是调整人们的行为,而不是调整人们的心理和思想。即使涉及对人们的思想和心理的调整,在法律上也只能是一种放任性调整或者保护性调整。所谓放任性调整,②乃指行为人究竟如何思想、有何心理动机,完全属于其自由的范畴,法律推定其为绝对的权利,不加任何干涉。所谓保护性调整,乃是当这种绝对的权利受到他人侵犯之时,法律出面消除这种侵犯,从而保障人们自由的心理习惯。“可以适用习惯”一旦进至人的心理领域,毋宁说这种司法已迈向专制。司法即使涉及人们的心理习惯,也是出于保护之目的,因此,其所适用的习惯一定指向能保护人们心理自治、思想自由的外在的行为习惯。

---

① [美]约翰·奇普曼·格雷:《法律的性质与渊源》,马驰译,中国政法大学出版社2012年版,第242页。

② 关于“放任性调整”的具体论述,参见谢晖:《法理学》,北京师范大学出版社2010年版,第201页以下。

(3)针对传统习惯和新兴习惯,法官在司法中,把两者都应纳入可以适用习惯的范围。这是因为习惯无论是传统的,还是新兴的,都在实际上被一定时空范围内的人们所普遍接受、遵循和运用,并实际地分配给人们权利和义务。即使如此,在一般的理解中,可以适用习惯更多地指向传统习惯,而不是新兴习惯。这是因为传统习惯被特定时空的人们所喜闻乐见,因此,据之裁判更容易为人们所接受,但新兴习惯还是有待进一步观察的,是需要经过反复的"经验"予以论证的,因此,其可接受性一般要弱一些。特别是在现代这个科技迅猛发展,社会日新月异,人们习惯的行为方式和行为技术千变万化的时代,人们的感觉更是如此——但是无论如何,感觉是不能否定司法对这种习惯的适用的。

(4)针对地方(阶层)习惯与全国(民)习惯,法官在司法中,照例应把两者都纳入可以适用习惯的范围。无论地方(阶层)习惯,还是全国(民)习惯,只要没有被国家法律所直接认可成为正式法律,且在一定范围内能够被人们普遍遵守和运用,并给其分配权利义务,那么,就可以作为司法适用的内容。只是一般来说,地方(阶层)习惯被司法适用的概率会更高。理由是全国(民)习惯很容易被国家法律所认可,成为正式法律的一部分,而地方(阶层)习惯,即使有地方立法,也因为其过于繁多而很难悉数被立法所认可,更何况立法也无须做这种认可。这里又产生另一个问题:如果地方习惯和跨区域、跨地方的习惯,或者它与全国(民)习惯相冲突时如何适用?笔者认为,它完全可以借用法律的阶梯效力理论,按照全国(民)习惯或跨区域习惯优于地方(阶层)习惯的原理来处理。

(5)针对非法习惯与合法习惯,法官在司法中可以适用习惯的范围只能是合法习惯,而不能是非法习惯。其道理至为明显。唯须进一步说明的是:一方面,如何界定习惯的非法或者合法?笔者认为,只要一种被一定群体所接受的习惯不是法律所明令禁止的,就是合法的。另一方面,这里涉及一个重要的且难以把握的话题,即司法者在适用习惯时,究竟如何排除非法的习惯,或者按照何种标准排除非法的习惯问题。对此,笔者曾有专门论述,[①]且在下文中还要在另一视角略微提及,故这里先不赘述。

(6)针对法定习惯和非法定习惯,毫无疑问,法官可以适用习惯,所

---

① 参见谢晖:《民间法与裁判规范》,载《法学研究》2011年第2期。

针对的不是法定习惯,因为法定习惯已经是经由立法认可的法律之一部分,故对它的适用,只要事实涉及相关规范,就按照“应当”的要求,而不是“可以适用”。只有还未被法律所认可的非法定习惯,才是法官“可以适用”的范畴。法官在法律没有规定时,如果仍在法律之内寻求业已法定化的习惯用做裁判,无论在逻辑上,还是在事实上,这都是不可理喻的事体。

(三)习惯的司法识别(查明)与“裁判规范”

阐述了习惯、习惯分类以及习惯“可以适用”的范围,进一步的问题是,法官在司法中应如何识别(查明)习惯,并据习惯构造具体个案的“裁判规范”?要认识并解决这些问题,首先需要解决或界定两个概念,即习惯的司法识别和“裁判规范”。我们先来看第一个概念。对此,王林敏曾这样界定:

> 习惯自身不会自动转变为习惯法,习惯自己不会主动地进入法官的判决书、替当事人解决纠纷……习惯进入司法是被动的,习惯变成习惯法也是一个被动的过程……是诉讼的各方参与人将习惯导入司法的,而各方参与人将习惯导入司法是通过程序进行的。具体而言,民事习惯进入司法进而民间习惯司法识别的过程,存在如下几个重要的程序环节:当事人对某项习惯的主张、当事人对该项习惯的举证,法官依据职权对该习惯的查明和确认。①

另有学者把习惯法的司法识别称为习惯法的查明或司法确定。其根据国际法院适用习惯、进行司法的实践特征,尤为强调习惯在司法查明中论证所起的作用:

> 从国际法院的司法实践观察,可以发现习惯国际法的确定实质上是争端双方(或各方)就一个命题(某一国际习惯法是否存在)所展开的论辩过程,通过引用国家实践和各国是否形成法律确信的举证、论辩过程说服法官接受自己的主张,最终由法院裁决习惯国际法规范是否存在并用于决定当事人权利义务的过程。②

---

① 王林敏:《民间习惯的司法识别》,中国政法大学出版社2011年版,第67页以下。

② 姜世波:《习惯国际法的司法确定》,中国政法大学出版社2010年版,第249页。另可参见姜世波、王彬:《习惯规则的形成机制及其查明研究》,中国政法大学出版社2012年版,第244～404页。

事实上，司法中习惯的识别或查明活动，是法官运用习惯来寻求其对当下案件事实的解释过程，也是寻求当下案件的裁判方案或裁判规则的活动。如前所述，习惯的存在常常纷繁复杂、多种多样。习惯并不像国家法律那样可以反复适用于某种类型的案件，它是否适用于某一类型的案件，只有经过司法并把其结构在当下案件中进行识别、查明、确认、适用之后才有可能。亦即，只有习惯经由司法活动而变成习惯法之后，才有这种一般的适用效力。例如，殖民地时期的韩国法院在没有习惯法成文报告时是这样做的：

> 在缺乏习惯法成文报告的情况下，法官只能依循个例来寻找适用的习惯，确定它的内容，并决定是否采纳还是驳回。从某种意义上说，习惯构成了人民的意志。一系列制度被建立以帮助指导法官和地方官员哪些习惯可以执行，应当如何解释它们。总督发出行政公告，也会发出要求让法院和行政机构去调查习惯的具体内容。这些公告和调查回复的具体内容构成了殖民政府的官方立场。他们通常由法院进行，虽然偶尔是高等法院，它们一般迥异于政府的决策建议。几年前编纂的习惯调查报告也成为法官的基本参考资料。①

这在一定意义上表明：在习惯取得普遍的、一般的效力之前，所有习惯之于司法及其当下案件而言，都是待识别、待查证的，即它们对当下案件有没有解释力（包括事实解释力和价值解释力），能否据之构造裁判规范，需要司法识别或查证后才可结论之。在这个基础上，法官才可以适用某一习惯，构建裁判规范，并在裁判规范基础上，实现“法官造法”，故对习惯的司法识别或查明可做如下总结：

其一，寻求习惯对当下案件的解释力。习惯的司法识别或查明，就是法官寻求习惯对当下案件解释力的活动。在习惯变成习惯法之前，哪种具体的习惯对当下案件具有解释力？这与代替性纠纷解决方式中适用习惯的情形完全不同。后者之适用习惯，乃是基于约定俗成，而前者之适用习惯，不能基于此种约定俗成，否则，就没有习惯和法律的区别了。习惯的司法识别或查明，就是要在习惯对当下案件的适用中，使其既符合法律的一般原则和精神，也能够取得裁判当下案件的效果——裁判结果对两造及社会而言，具有可接受性。格雷说：

---

① Marie Seong-Hak Kim, Customary Law and Colonial Jurisprudence in Korea, *The American Journal of Comparative Law*, Vol. 57, No. 1 (Winter, 2009), p. 214.

> 在法律中，习惯最能影响的部分是解释的维度。法官要决定对习惯的阐释，其阐释的基础在于语词的含义，而对于语词来说，除非它被技术性地使用，或是被合同当事人指定了特别的含义，否则其含义都是由普遍实践加以确定的，即习惯。
>
> 在法律解释这个领域中，就法官发布法律规则而论，除非存在约束他的制定法或先例，否则一定要使这些规则依赖于习惯。①

格雷在此尽管没有进一步强调习惯解释力的具体指向是对当下拟解决的案件而言的，但他对习惯解释力的以上阐述，对深化习惯之司法识别就是法官寻求习惯对当下案件的解释力，从而在浩瀚的习惯世界发现可资处理当下案件的“法律”不无帮助。

其二，识别或查明活动的两重性。这是指习惯的司法识别或查明活动，既是一个事实识别、查明、确定和适用的过程，也是一个价值识别、查明、确定和适用的过程。这里所谓事实，乃是指习惯作为非正式制度，是否存在？特别是对两造所在的地区而言，是否存在？是否被人们普遍运用？是否在人们的交往行为中配置权利和义务？所以，习惯事实的识别和查明，是指对和当下案件关联的习惯之有无的识别、查明和确定。与此同时，习惯的司法识别和查明，还必须关注和当下案件相关的习惯是否具有合理性。这里的合理性，有多重含义，既包括了该习惯的活动和运用程度，更指向该习惯是否违背法律精神、原则或违背公序良俗。

习惯司法适用的前提是“没有法律规定”，限制是“不得违背公序良俗”。“没有法律规定”一般指的是没有具体的法律规则，在任何一个法律大体健全的国家，“没有法律规定”一般不意味着没有法律原则和精神。因此，法官在习惯的司法识别、查明和具体适用中，关注其是否符合法律原则和法律精神理所当然。至于习惯的司法适用“不得违背公序良俗”的规定，首先涉及究竟何为公序良俗的问题。对此，不同的学者有不同的解释，实践中更是有完全不同的认识。此问题笔者在另文中将专门论述，这里不再赘述。

其三，帮助法官构建裁判规范。既然司法的习惯识别、查明和确认活动是为了解决个案，那么，它也必然意味着这一活动的目的，是法官针对个案构建裁判规范，以更好地裁判具体案件。什么是裁判规范？前文

① ［美］约翰·奇普曼·格雷：《法律的性质与渊源》，马驰译，中国政法大学出版社2012年版，第251页。

笔者虽然引述了埃利希对行为规则和裁判规则的两分处理，但它并不能完全说明笔者在这里要谈的问题。因笔者这里所讲的裁判规范和前述引文中埃利希对裁判规则的论述不同。笔者所强调的是，即便国家有完整的法律，社会有多样的习惯，法官有千般的智慧，但要拿这些法律、习惯和智慧来裁判案件，法官必须针对个案构建出裁判规范才有可能。因此，裁判规范在笔者的论述中是指向个案裁判的，是法官用来解决个案的规范方案：

> 所谓裁判规范，是指法官在司法中所援引或构造的、适用于当下案情裁判的规则……包含两种情形，一种是法官援引某种规范，直接适用于当下的案情。这时，法官所援引的规范，或者是法律规范；或者在法律规范供给不足、且法律授权可以援引习惯时，援引习惯（民间）规范；或者在既没有法律，也没有习惯，且法律授权可以援引法理或其他社会规范时，援引法理或其他社会规范。对法官而言，援引法律规范，虽然要做论证，但至少在成文法国家，法律规范自身的肯定性、明确性不需要太多的论证负担。而对民间法或其他社会规范、法理的援引，一方面，需要法律的明确授权；另一方面，即使这些规范本身是明晰的，法官也负有大量的论证义务，因为毕竟法官以法律为业，法律是法官"唯一的上司"。只有在援引这些规范时，说明其和法律精神的勾连，才表明其尽到了对法律的忠诚义务。
>
> 另一种是法官构造裁判规范。所谓构造裁判规范，是指法官在处理案件纠纷中，面对复杂或疑难的案情，在不能直接援引国家法或其他社会规范、法律原理进行裁判时，法官需要按照法律的精神和原则，借助法律或其他社会规范，并依据其经验、直觉和理性，构造适用于当下案件的裁判方案和规范。在一定意义上，法官构造的此种裁判规范，是一种"法官之法"。①

可见，习惯的司法识别、查明和确认，其目的就是帮助法官援引之而论证具体个案的裁判规范，以促使案件顺利解决。当然，在习惯的司法识别中，针对具体习惯，法官未必一定选择适用，一旦经识别后习惯具有明显的违反法律原则、法律精神，违背公序良俗的情形，法官理应放弃这种习惯，寻求运用其他规范资源构建、论证裁判规范。

---

① 谢晖：《大、小传统的沟通理性》，中国政法大学出版社2011年版，第316页。

其四,“法官造法”的产出。习惯的司法识别或查明,仅仅针对个案,而不寻求一般。因为当法官把某种规则运用于所有类似的案件中,从而寻求类似案件的一般裁判准则时,意味着习惯业已被法律化——或者认可为经由立法产出的制定法,或者升华为经由司法产出的判例法。可见,法官只有适用制定法或判例法中的习惯时,该习惯才具有适用的一般性,进而其适用是“应当”的。而习惯的司法识别和查明,既然总是针对个案进行的,那么,其适用就只能是“可以”的。当然,一旦法官就此习惯适用于个案之后,可能因此或产生判例法(特别在英美法系国家),或产生指导性案例(如我国)。可见,习惯的司法识别、查明、确认和适用过程,不但证明习惯对个案的可能适用效力,而且表明法官在司法中的创造性,以及司法的实际法律产出。这就是所谓的“法官造法”。对此,和前述习惯之司法识别或查明中的“公序良俗”问题一样,笔者将在另文中专门阐释,这里不再赘述。

从“可以适用习惯”论地方性法规的司法效力*

《民法总则》第10条规定:“处理民事纠纷,应当依照法律;法律没有规定的,可以适用习惯,但是不得违背公序良俗。”作为一条法律适用的规定,它所关涉的似乎只在司法领域,因为这一规定本身是立法供给不足的产物。但是,通过它,也表明在国家立法缺漏之外,地方立法的可能伸展空间。众所周知,习惯尽管有人类一般意义上的,也有一个国家人民总体所遵行的,如西方的小费习惯,我国的春节习俗等,但更多的时候,习惯通行于一个国家的某个或某些地方、某个或某些族群,是典型的族群—地方性知识。① 相应地,国家法供给不足之处,每因于对族群—地方习惯的关注不够。所以,“可以适用习惯”尽管不排除适用人类一般的、国家通行的习惯,但更多的时候,是指适用族群—地方习惯。这也意味着在国家立法难以顾及之处,也是地方立法大有作为之所。

一、地方立法扩权与地方习惯

(一)地方立法扩权及其意义

2015年3月15日,第十二届全国人大第三次会议通过《立法法》的修改,以立法形式明确赋予所有设

---

* 发表于《法律科学》2018年第6期。

① 对“族群—地方性知识”的具体论述,参见谢晖:《族群—地方性知识、区域自治与国家统一——从法律的“普适性知识”和“地方性知识”说起》,载《思想战线》2016年第6期。

区的市以立法权，这样，我国的地方立法权主体成倍地增加，从之前的210个一下增加到445个。地方立法权主体的这种增加，可在广义上称为地方立法扩权。① 这是我国地方立法事业的一个重要标志性事件，也是我国法治化改革思路的重要进展之一。为什么这么看？这还需要从我国国家与地方关系的历史和现实入手。

众所周知，自从秦统一六国建立秦朝以来，我国就进入典型的中央集权制的君主政体模式，“天下事无大小皆决于上”，地方及其相对自主的概念在这里十分式微。尽管早在秦武公时期，就有了专门负责地方事务的县制，而秦皇统一全国以来，更是继承并推广了以往的郡县制度，把它作为安排地方事务的最重要的制度举措。但是，郡县作为地方，并没有如今我们熟知的那种自治权力，反而它只是下沉皇帝意志，贯彻中央精神，使社会下层或底层与中央保持上下“一盘棋”的一种举措而已。所以，地方充其量是中央的派出机构或中介机构，而不是拥有立法权的自治主体。

> 中国自古以来就是行政制度十分完善的国家，《周礼》一书就是理想与现实行政制度的反映，该书在每篇开头都有这样的话：“惟王建国，辨方正位，体国经野，分官设职，以为民极。”这里，“体国经野”与“分官设职”正是划分行政区域与建立地方政府最简洁的说法。
>
> 中央政府必须通过各级地方政府才能管理国家，因此，国家的发展与社会的进步无不赖于中央与地方行政制度的协调与完善。尤其是地方政府是联系中央与地方的中介机构，基层地方政府更是直接管理的行政机构，因此在某种意义上来说，地方行政组织的重要性有时还超过中央政府。②

论者在此虽然强调的是彼时地方政府的重要性，但就其功能而言，这种重要性不是强调地方政府自治地主导自身事务的重要性，也不是在地方主体的自治前提下，进行地方与地方、地方与国家间契约性合作的

---

① 顾名思义，扩权这个概念，所讲的是在既定权力基础上，扩展权力的空间、时间或强度。因此，这里基于权力主体扩大而提及的扩权，显然属于借用意义上的概念。事实上，地方立法权主体的增加和扩大，提供了扩权这一概念的新维度，即“主体扩权”。

② 周振鹤：《中国地方行政制度史》，上海人民出版社2005年版，第1页。

重要性,甚至中央与地方之间的契约意识,在这里根本就不存在。[①] 此种重要性,毋宁指向地方对于王政之贯彻落实,因而其强调的是皇权牵制地方、统治地方、维护地方安定和国家统一的重要性。所以,在帝制时代的中国,人们不难发现来自中央政府对地方的种种授权,但很难发现中央政府直接赋予地方以立法权,即通过地方自治地立法来管理地方事务。何以如此?因为在皇权主宰之体制下,天下事无大小皆决于上,因此,“事在四方,要在中央。圣人执要,四方来效”,[②]在此情此景下,地方如何能够获得建立在自治基础上的立法权呢?[③]

我国目下的地方立法权,建立在现代民治和分权理论之基础上,民治用我国传统说法,即人民当家作主,人民的事情人民自己办理。而所有人民,总是属地的,并因之而分享地方传统、文化、习俗和交往。这也是作为属地的人民方便地生活和交往的基础。尽管现代社会极其发达的通信、交通和交际条件,使人民的属地特征受到流动性的严重影响,但无论在任何一个大国,人民的属地事实并未改变。在英国,人们会听到“我是苏格兰人”“我是威尔士人”等这样的说明;在美国,照例有伊利诺伊人、得克萨斯人等的分别;在俄罗斯,更是不同的族群拥有不同的地方。所以,地方立法扩权的基本意义,是对自秦始皇以来我国长期坚持的中央绝对集权,“普天之下,莫非王土,率土之滨,莫非王臣”[④]的否定,是对在保障国家统一前提下,对地方自治、人民自理的肯定。它表明地

---

① 尽管自周代开始,我国已经有了发达的契约制度,包括所谓调整周天子与各诸侯国关系、诸侯国相互之间关系的“邦国约”(参见张传玺:《契约史买地券研究》,中华书局2008年版,第9页以下),同时,也有“庶人安政,然后君子安位”的“民水君舟”论[(先秦)荀况:《荀子·王制》,载(清)王先谦撰:《荀子集解》,中华书局1988年版,第152~153页]这种明显具有一定契约意义的论断,但自从秦王挥鞭扫六合而一统华夏以来,这种具有一定契约意义的制度和思想已然被中央集权专制所取代。地方的意义,不过是执行中央命令的派出机构,而不是任何契约意义上的、享有地方自治的地方自治机构。

② (先秦)韩非:《韩非子·扬权》,载《韩非子》校注组编写:《韩非子校注》,江苏人民出版社1983年版,第61页。

③ 当然,这并不是说彼时地方不能制订任何规范性文件,一方面,由于天高皇帝远的事实以及对地方控制技术手段的落后,导致国家法律难以贯彻到地方,只能许诺地方“因俗而治”(参见黄洁:《试论清朝对藏“因俗而治、从俗从宜”的立法原则体现》,载《法制博览》2016年第14期;杨虎得等:《论清代青海司法的“因俗而治”》,载《青海民族研究》2016年第3期;苏钦:《试论清朝在“贵州苗疆”因俗而治的法制建设》,载《中央民族大学学报》1991年第3期等);另一方面,地方政府也会因为一时之需而制定一些规范。但是,这些规范的制定,都和地方自治的立法权是两码事,宁可视为中央对地方的恩准,是中央直接控制地方的一种资源和方式,是在中央严格控制下的地方行为,因而需要严格接受来自中央的“程序性”控制。

④ 《诗经·小雅·北山》。

方不是中央的派出机构，而是统一国家中具有一定自治权的一级地方政权组织。在此基础上，我们紧接着要探讨的问题是：为什么需要地方立法？地方立法的具体原因是什么？

(二)地方为什么立法

通常以为，一个国家只要有了全国统一的立法，以规范、管理地方事务就足够了。地方主体，只有执行国家统一法律的使命，没有根据地方实际和需要专门立法的任务。更重要的是，一旦赋予地方以立法权，不但不能促进国家统一、族群团结，甚至可能因此影响之。此种观点，乍看起来似乎很有理，但细加推敲，理据不明，因为它没有深入考究国家统一立法能否事无巨细、无所遗漏地包办地方事务。尤其在一个大国，无论其领土、人口还是族群、地情的复杂程度都不可能由国家统一包办一切地方事务，因此，毛泽东在其著名的《论十大关系》中，就专门把中央和地方的关系列为其中一条，并强调指出：

> 应当在巩固中央统一领导的前提下，扩大一点地方的权力，给地方更多的独立性，让地方办更多的事情。这对我们建设强大的社会主义国家比较有利。我们的国家这样大，人口这样多，情况这样复杂，有中央和地方两个积极性，比只有一个积极性好得多。我们不能像苏联那样，把什么都集中到中央，把地方卡得死死的，一点机动权也没有。[①]

在这一论断中，事实上已经蕴涵了在强调国家统一前提下，中央和地方分权的必要性及其实践意义。中央与地方的此种分权，不但是当代中国的实际要求，而且即使在古代皇权专制下的中国，也并未甚至不可能完全禁绝；相反，在社会层面，"皇权国家"与"宗法社会"的分野，[②]"国"与"家"的分治是一个不争的事实。有学者把这种情形称为"皇权与绅权"的共治：

> 中国是一个地域广阔的大国，也是一个多民族的国家，自然从古以来都无法避免这个分权的实践问题。由于政治统治的需要，自秦汉以来，一直都以不同的方式维持着一种多级政府的体制。这种体制主要以中央集权为根本特征，没有联邦制的分权概念；但由于种种原因，也一直有某种程度的中央和地

---

① 《毛泽东选集》(第5卷)，人民出版社1977年版，第275页。

② 相关论述，参见谢晖：《政治家的法理与政治化的法——二十世纪中国法理对"宪政"的支持关系及其变革》，载《法学评论》1999年第3期。

> 方的分权；甚至形成了“皇权与绅权”共治的局面。尽管缺少学术的自觉，但作为一个政治的实践理性问题，分权问题的讨论也时断时续地一直在中国社会中存在。秦代围绕以郡县制取代分封制这一政治制度变革的辩论，汉初贾谊、晁错有关“众建诸侯而少其力”的“削藩”、“治安之策”，只要稍微作一种学术语汇的转换，就可以发现其中隐含了纵向分权问题的辩论。近代自清末和民国初年开始，就一直有一些政治家和学者从类似的角度出发提出并主张地方自治，并付诸实践；中央和地方各种方式的——可欲的和不可欲的——分权（分治甚至分裂）现实也事实上存在。①

上述观点，还把分权推到国家统一、族群团结、社会稳定的对立面，似乎只要有分权，国家就不可能统一，族群就不可能团结，社会就不可能稳定。显然，其把这些目标的实现仅仅寄托在压制性的集权专制上，既没有深入中国古典社会的央地关系，也没有环顾周遭各国实践，没有去发现除了集权专制这一国家统一的方式之外，还有没有其他统一方式，如一个国家能否通过地方分权与合作的方式实现国家统一。这正是此种观点特别值得慎思之处。

对这一观点的反思，意味着对国家统一前提下地方自治、发挥“中央和地方两个积极性”的肯定。这种肯定不仅包括了地方创造性地落实中央统一的法律、法规、政策，而且意味着地方必须根据自身的实际情况和社会需要，在保障国家法律原则、精神统一的前提下，灵活地制定其地方性法律、法规。总其要因，可归纳如下：

其一，“地方性”的支持。学界都很熟悉格尔茨的如下的观点：法律是一种“地方性知识”，②但或许对“地方性”这个词并未特别关注。在笔者看来，“地方性”乃是一个和“主体性”紧密相关的概念，它既不附从于传统，也未必是“现代性”的产物，而是“一方水土养一方人”“十里不同俗，百里不同风”的一种事实写照。因此，世界才存在多样性，才需要“入国问禁，入乡随俗”，才需要不同地方的合作与交流。经此形成的合作、团结、统一，才是既能满足地方相互需要，也能发挥地方积

---

① 苏力：《当代中国的中央与地方分权——重读毛泽东〈论十大关系〉第五节》，载《中国社会科学》2004 年第 2 期。

② 参见［美］克利福德·格尔茨：《地方性知识 事实与法律的比较透视》，邓正来译，载梁治平编：《法律的文化解释》，生活·读书·新知三联书店 1994 年版，第 73 页。

极性，并支持一个统一的中央从中协调、满足合作需要，以进一步实现地方需要。所以，地方为什么立法，首先取决于地方性的需要。一个国家只要不能消除其地方性，就意味着不可能完全由抽象国家越俎代庖，统一立法。

其二，多民族国家的本质。按照通行的、人们都能接受的观念，国家是从氏族、部落和部落联盟发展而来的。[①] 无论氏族、部落还是部落联盟的概念，都意味着国家不是抽象的，而是在一定氏族、部落和部落联盟基础上具体地生成的。国家也不是神授概念，而是通过人与人、氏族和氏族、部落与部落、地方与地方合作的结果。否定地方立法，意味着国家概念的抽象化和无质化，使其变成凌空蹈虚的存在，进而也成为其不存在的理由。在历史上，春秋战国时期的列国争霸、合作不存，导致周天子的虚位化；在当代，苏联各加盟共和国的退出，导致苏联作为一个统一国家的解体。这些事实，从反面说明了国家的本质是地方性基础上的合作共同体，而现代的多民族国家就更是如此。可见，地方立法，也取决于现代多民族国家之本质需要，否定地方立法必要性的国家，其实也否定了多民族国家本身。

其三，法律和政策授权。在规范现实层面，在一个大国里，无论其实行联邦制还是实行单一制，通过宪法、法律或者其他政策的授权，赋予地方以立法权，是一种政治通例或者惯例。这在我国也是一样。除了宪法明确赋予一定的地方以立法权（包括地方人大的立法权和地方政府的地方性行政规章制定权）之外，作为一党执政的国家，还会每每借助党的政策、建议，甚至在特殊情形下赋予地方以立法权。例如，最近我国地方立法的扩权，就是由党的十八届四中全会的决议首先提出的：“明确地方立法权限和范围，依法赋予设区的市地方立法权。”[②]在我国，正是有了这一政策性决定，其后才在《立法法》的修改中明确赋予设区的市以地方立法权。可见，地方立法的直接根据，无论在何种体制的国家，都取决于法律、政策的明确授权。在我国，严格来说，政策之于地方立法虽非授权，而仅仅是建议，但这个建议不仅具有明显的程序性意义，而且具有实质性的推动价值。

---

① 参见［美］摩尔根：《古代社会》，杨东蒪等译，商务印书馆1971年版，第72～654页。［德］恩格斯：《家庭、私有制和国家的起源》，人民出版社1972年版，第19～176页。

② 中共中央《关于全面推进依法治国若干重大问题的决定》，载http://cpc.people.com.cn/n/2014/1029/c64387-25927606.html，2017年4月10日访问。

（三）地方立什么法

在上述问题基础上，需要进而探讨的是：地方究竟需要制定什么样的法律？这须从使命或任务视角，对地方立法予以类型化处理，并得出结论。地方立法，究其实际内容而言，大体上可以分为执行性地方立法、创制性地方立法和认可性地方立法。

（1）所谓执行性地方立法，是指地方立法主体根据国家立法的精神、原则和规范，制定和地方实际吻合的具体化的、可操作性的执行规范。其基本根据是国家法律规定对地方性因素的疏漏，因而需要不同的地方各自结合其实际需要，制定出全国统一的法律在地方的贯彻落实规范，一如法律制定后，我国司法机关每每对其进行更加具象化的解释，以便在司法时具有可操作性一样。其制定的基本目的是在地方更加准确、全面、深入地贯彻落实国家统一的法律，保障国家法律在地方的畅通，不打折扣。这种执行性的地方立法，在单一制国家中特别在当下我国的地方立法中，是其立法的主导性所在。

即使如此，一旦国家的统一立法落实到地方规范层面，就不是也不可能是完全地照搬照抄国家立法，也不是国家立法的地方版，而必须或多或少地表达或反映地方实情，从而把“地方性”纳入国家法律在地方的落实中，也纳入国家统一筹划的法律体系中；否则，就不可避免地会使这一类的地方立法过于同质化，过于雷同，从而丧失地方立法的本意，失去地方立法的“地方性”，并最终势必鼓励地方立法的相互抄袭。① 不过，归根结底，地方的执行性法规，其目的是贯彻相关国家法律在地方的执行，因此，立法的自治性本身就会适度克减——它不是为了体现地方的自治性，而是为了借助地方性以更好地贯彻国家立法。因此，执行性的地方性法规虽然也须体现一定的地方性，但其目的毋宁是

① 事实上，我国地方立法相互抄袭的情形时有发生，对此，有学者研究指出：“抄袭既包括抄袭法律、行政法规和部门规章，也包括下位地方立法‘抄袭’上位地方立法，还包括‘抄袭’其他同级别省市的地方立法，有时还可以在上位地方立法中发现下位法的影子。地方立法抄袭除了抄袭立法内容外，还抄袭地方的形式。有学者就土地管理法的中央和地方立法对比进行了研究。‘在章的设置上，完全照搬上位法结构（结构安排没有任何创新，创新的章数占上位法章数的百分比为0）的地方立法数额占所有地方立法数额（30件）的比例为36.7%；几乎完全照搬上位法结构（结构安排上仅有1章发生变化，占上位法章数的比例为12.5%）的地方立法数额占所有地方立法数额（30件）的百分比为36.7%；两项地方立法之和共占全国地方立法总数的73.4%。’有学者统计，在重庆的地方性法规中，有15%是对国家法律作的说明性实施办法，既不能创新超越，又不必重复说明，实在没有意义和价值。”（周伟：《论我国地方立法存在的问题及其解决》，载《河南财经大学学报》2013年第2期）

维系统一性。

(2)所谓创制性地方立法,是指地方立法主体根据地方的实际需要和特殊情况,作出创造性的立法。所谓创制,在这里特别指地方立法中人无我有,把地方区情和社情通过立法的创造性机制表达在地方性法规中。创制性地方立法,一方面针对国家法律对相关问题或者"地方性"的关照不够;另一方面也针对历史上不存在相关的规范(不存在相关习惯或习惯法规范)。如果对该问题或者在国家法上已经有所表达,只是因为国家法的规定过于原则,还需要地方立法予以具体化,那么,它就是执行性地方立法;如果该问题在历史上已有相关规范予以调整,则属于后文将提到的认可性地方立法。

人类的秩序总是在不断的进化过程中逐渐形成的,因此,任何时代的立法者,都不可能把创制立法作为主要使命,无论是国家立法还是地方立法。除非一个国家经历前所未有的社会变革,社会关系发生了全面的变化;否则,立法的创制性因素总是退居其次的。[①] 对于地方立法而言,尽管根据地情、区情、民情进行创制性立法是十分必要的,这也是避免地方立法千篇一律、千地一面的重要手段,但毕竟在现代统一的市场经济、民主政治和多元文化体系下,地方性的核心问题在立法上不是当下的创制,不是为了彰显不同、差异而另起炉灶。毋宁说地方性就体现在业已存在的地方秩序中。这种地方秩序往往并非当下才有的,而是历史传承的、自然习惯的,因此,地方立法对地方性的凸显,更体现在认可性地方立法中。

(3)所谓认可性地方立法,是指在地方立法中,对在该地方业已通行、行之有效,且不与国家法的原则和精神相抵触的习惯规范、通行做法认可、升华为地方法律的情形。在一定意义上,所谓地方性,其规范形式就表现为长期以来所形成的地方习惯和传统。立法对地方性的尊重,就是对这些地方习惯和传统之认可。如果立法者一味地抱着破旧立新的宗旨,就不可能维系地方性,无法保障地方以主体身份、多元姿态参与国家的共和进程中。对国家立法而言是如此,对地方立法而言,更是如此。所以,认可性地方立法,是彰显地方自治、自主,展现地方主体性的关键

---

① 遗憾的是在我国目下的法理学和立法学中,对立法的创制性格外强调,但对立法的继承性和认可性却关注不足,结果在学理上,立法似乎每每执行着某种"革命性"的任务,而不是对既有社会关系按照业已行之有效的规则去安排。这或许正是一直以来,我国立法的社会实践效果不佳的原因。

所系。在一定意义上,这本身是地方立法的一种创造,但它不是创制性立法,因为立法者已有既存规范予以传承。这既可节约立法成本,也可致立法有效。

这种认可性地方立法,就是对哈耶克所谓“自生自发秩序”①的立法肯定。如果说一个国家的法律更多地倾向于建构的话,那么,国家内部各个地方的固有秩序及其规则,更具有经验进化的特征。这种情形决定了地方立法的基本特征就是对地方自生自发秩序及其规则的立法认可,就是既符合传统,又富有效率,还能在保持地方多样性基础上支撑国家法律的综合与建构。在这个意义上,在保障维护国家法律权威,国家主权统一的前提下,尊重、认可和升华地方习惯,应当是地方立法的关键所系。这样,地方立法的内容,尽管必须关注执行性立法和创制性立法,但在笔者看来,更应关注的是与地方文化传统、生活方式、民风民俗相关更紧的认可性立法。即使执行性地方立法,也须认真对待传统习惯,把国家立法搭架在传统习惯基础上,并借力打力,更好地推助国家法律在地方的贯彻落实。

二、作为司法“参照”的地方立法及其尴尬

(一)地方立法的司法效力:规定与飘移

既然地方立法在内容上更应关注与文化传统、生活生产方式、民风民情等相关的地方习惯,并把其升华为地方立法,在法律地位上,自然意味着它比习惯本身更高一阶,更胜一筹。然而,众所周知,在我国法律上,地方性法规虽然在《行政诉讼法》中被明令具有司法之“依据”的效力,但在实践中这一效力却被大打折扣。正如有人所指出的那样:

> 地方性法规的行政审判依据地位并不稳固。1993 年 3 月 11 日最高人民法院作出了“人民法院审理行政案件,对地方性法规的规定与法律和行政法规的规定不一致的,应当执行法律

① 在哈耶克看来,所谓自生自发秩序也可以称为增长的秩序或内部的秩序,它区别于人造的秩序、外部的秩序或者建构的秩序。他强调说:“……自生自发的秩序有别于另一种由某人通过把一系列要素各置其位且指导或控制其运动的方式而确立起来的秩序。这一区别对于理解社会进程以及对于制定各种社会政策来说都是至关重要的。实际上有好几个术语可以被用来指称这两种秩序。我们把‘人造的秩序’称为一种源于外部的秩序或安排,但是这种人造的秩序也可以被称为一种建构……或一种人为的秩序,而特别是在我们必须去探讨一种受指导的社会秩序的时候,它甚至还可以被称为一个组织。另外,我们把‘增长的秩序’称为一种自我生成的或源于内部的秩序,但是这种秩序最为合适的英语称谓则是自生自发秩序。”([英]弗里德里希·冯·哈耶克:《法律、立法与自由》(第 1 卷),邓正来等译,中国大百科全书出版社 2000 年版,第 55 页)

和行政法规的规定”的司法解释。[①]

至于在《民事诉讼法》上，一方面，该法律对地方性法规在司法中究竟有何作用并未明令说明；另一方面，最高人民法院在相关问题上，对地方性法规基本奉行了一条若要在民事诉讼中适用，得将其“合法性审查”前置的原则。

> 1993年5月6日，最高人民法院在《全国经济审判工作座谈会纪要》中明确提出，地方性法规可以作为地方各级人民法院审理民事案件的依据。但是，1999年11月29日，最高人民法院在《全国民事案件审判质量工作座谈会纪要》中又指出：人民法院在处理各类民事案件时，对于国家法律、行政法规有规定，而地方性法规规定的内容，属于结合当地实际情况而对有关立法精神和原则具体化、条文化，加以明确范围和标准的，应当适用或者参照；对于国家法律、行政法规尚无明确规定，地方性法规的规定不违反国家法律的基本原则的，可以适用或者参照；与法律、行政法规规定的基本原则和精神相抵触的，不能适用或者参照。根据该纪要的精神，人民法院在适用地方性法规之前，要对地方性法规的合法性进行间接、附带的审查，只有在确认其符合法律、行政法规的情况下，才能承认其效力并予以适用。这实际上已经间接否定了地方性法规的民事审判依据地位。[②]

上述法院自身的规定，着眼于地方立法主体较少（省、自治区、直辖市、特区市、副省级市以及省会城市）的情形。如今，在地方立法权主体大大增加，扩展为所有的设区市的情形下，地方立法的司法适用面临更为复杂的情形。特别是上级法院能否在司法中适用下级法院管辖区的地方性法规？地方立法主体那么多，但纠纷主体未必一定局限于法院所管辖的区域内，反而经常是跨区域的，在同一问题上，倘若原告所在的甲地地方性法规和被告所在的乙地地方性法规出现冲突后，司法如何适用？地方立法主体扩大后，地方性法规也有了层级，倘若省一级的地方性法规和设区市一级的地方性法规出现冲突，但案件当事人都在该设区

---

① 崔文俊：《人民法院审理案件适用地方性法规问题的探讨》，载《天津商学院学报》2007年第4期。

② 崔文俊：《人民法院审理案件适用地方性法规问题的探讨》，载《天津商学院学报》2007年第4期。

市时,司法又如何适用地方性法规?凡此种种,都对上述业已不无尴尬的地方性法规之司法效力和适用提出了要求和挑战,使地方性法规的司法适用成为愈加棘手的话题。这表明:

(1)面对既往的地方立法,我国地方性法规的司法适用和司法效力仍处于不定状态。尽管在《行政诉讼法》中明确赋予地方立法在司法中的“依据”地位,但在实际司法中法院对地方立法之合法性问题的实际审查,意味着法律的这一规定在司法实践中打了折扣,也意味着司法对地方立法自治性的否定性判断:面对国家立法,地方立法只能亦步亦趋,不能有所能动,有所创造。显然,这既是司法机关对国家法律统一性的维护,但同时也表明法院对地方立法的基本态度以及地方立法在行政诉讼中的不定效力。

至于在民事司法中,诚如前述引文所言,地方性法规的司法效力因为和国家法律的关联程度,被一分为三:“应当适用或参照”“可以适用或参照”“不能适用或参照”。“应当”引导的是一个强行性规范,对法院而言,一旦“应当适用或参照”,[①]就意味着它是其应尽的义务。而“可以”引导的是一个任意性规范,它意味着法院是否适用或参照地方性法规,乃是其“权利”范围内的事。至于“不能”,作为一项禁止性规定,意味着法院把部分地方性法规的司法适用或参照作为禁令,也作为其禁止性义务。由此足见在民事司法中地方性法规的不定地位。

(2)面对正在变革中的地方立法,特别是随着地方立法主体的明显扩大,我国地方性法规的司法适用和司法效力还处于未定状态。上述引文所提及的法院在行政诉讼和民事诉讼中对既往地方立法体制下地方性法规的适用(参照)态度,能否顺理成章地延伸到设区市的地方立法,显然还是一个未知数。既须期待国家立法机关或者司法机关予以解释,也须具体的司法判例予以证成——无论是肯定的证成还是否定的证成,当然,更须在学术研究中未雨绸缪,通过多元观点交流,以为设区市地方立法的司法效力提供理论支撑。

由此可见,尽管我国有关的法律规定、法院内部的“司法政策”对地方性法规的司法效力有所规定,但这一规定或因法律规定得过于粗疏,或因地方立法本身过于芜杂,或因我国司法体制过于强调“中央事权”,

---

① 笔者认为,由于“应当”是一个强制性概念,而“参照”是一个选择性概念,因此,“应当参照”这样的词语组合违反基本逻辑。故立法和司法解释中当运用“可以参照”这一词组,不当运用“应当参照”这一词组。参见谢晖:《“应当参照”否议》,载《现代法学》2014年第2期。

而对“地方事权”的关注严重不足,[①]因此,在目下我国的司法中,地方性法规的司法效力问题,明显处于飘移不定的状态。

(二)地方性法规在司法中的主要效力:“参照”

从前一问题的梳理中不难发现,目前我国地方性法规的司法效力,只体现在行政诉讼和民事诉讼中。众所周知,在刑事诉讼中,因为受“刑法国家主义”“罪刑法定”“罪刑相适应”等原则的影响,地方无权制定刑法。尽管在有些地方,对诸如杀人等行为,有完全不同的地方习惯和习惯法,[②]但这并不被国家统一的刑法所采纳,也没有进入刑事诉讼的程序中。所以,在刑事司法中,地方性法规是没有司法效力的“排除规则”。即便日渐引起学术界关注的刑事和解这种“低级司法”,也与地方性法规没有任何关联。可见,在我国,地方性法规之于刑事司法行为,基本可谓空白,也完全没有效力。

在行政诉讼中,尽管如前所述,《行政诉讼法》赋予地方性法规以裁判“依据”之地位。但在司法实践中,最高人民法院的上述司法解释远甚于国家法律之明令。因此,只要在法院看来地方性法规与国家法律、行政法规之规定不符,其法定的裁判“依据”之地位就可以否定。所以,通过这一司法解释,事实上将地方性法规的司法效力从“依据”降格为“参

---

① 在理论上,有些人主张司法权应“中央化”或“国家化”(参见王旭:《论司法权的中央化》,载《战略与管理》2001 年第 5 期;陈文兴:《论司法权国家化》,载《河北法学》2007 年第 9 期)。在政策上,它被归结为“中央事权”,因此,司法应当贯彻执行全国统一的法律。司法对地方性法规的适用、参照及其强度,也是以此为基础的。但在实践中,众所周知,司法的地方保护主义过去、现在,相信也会在将来广泛存在,因之,对“地方事权”的关注并不见差。基于此,兼之我国宪法对地方制度的安排,笔者不同意把司法权归结为“中央事权”的观点(参见谢晖:《审判独立:司法现代化的基本精神》,载《人民法治》2014 年第 12 期)。

② 对此,学界探讨较多的是在藏族地区流传甚久的“赔命价”制度。所谓“赔命价”制度,是指“……当杀人和伤害案件发生后,为防止被害人及其亲属复仇,以金钱或物品给付被害人及其亲属以赔偿杀人和伤人损失,进而达致双方实现和解为目的的行为惯例,是藏族社会尤其是原始游牧部落古老的行为习惯,其主要特征是防止寻仇报复,谋求赔偿和解,保障社会稳定安宁。在西藏,自吐蕃赞普时期将该习惯规则以律条的形式成文化之后,这种习惯法制度便深刻地决定并影响着藏族民众的纠纷解决形式。”(淡乐蓉:《藏族“赔命价”习惯法研究》,中国政法大学出版社 2014 年版,第 2 页)游志能基于经济理性之考量对“赔命价”的研究,也颇值得关注(参见游志能:《“赔命价”习惯法的经济分析》,中央民族大学出版社 2015 年版)。其实,刑事习惯法不仅在藏族地区存在,在其他民族如苗族、彝族、回族,甚至在汉族地区也照样存在,在世界各不同民族、不同国家中,存在一种刑事习惯法的“知识传统”(参见杜宇:《重拾一种被放逐的知识传统——刑法视域中“习惯法”的初步考察》,北京大学出版社 2005 年版)。只是近代以来,刑法的国家主义传统大大地削弱了刑事习惯的作用。即使如此,在不少联邦制国家,仍采用刑法地方化原则(如美国各个州),因此,给刑法的地方性及其对刑事习惯的采纳提供了方便之门。

照”了。因为地方性法规是否符合国家法律和行政法规的规定,总有一个审查机制。在司法中,这一审查机制既不是国家立法机关和行政法规的制定机关(国务院),也不是地方立法机关,而是承办具体案件的司法机关——在逻辑上,哪怕它是基层人民法院,也可以审查省级地方立法是否符合国家法律和行政法规,只要其认为该地方立法与国家法律和行政法规不符,就可以不适用。显然,裁判“依据”这一法律的命令性规定及其对法院的义务,因为前述司法解释,变成了“参照”这一司法主体的“权利”。

而在民事诉讼中,诚如前述,尽管《民事诉讼法》对地方性法规的司法效力规定不明,但司法机关通过前后两个内部文件(《纪要》),先是肯定了地方性法规在民事司法中的效力,接着又对这一《纪要》通过新《纪要》的方式予以展开,详细分类,以“应当”“可以”和“不能”这样的修饰词,更改了之前的肯定性规定。这种情形,从两个方面说明了地方性法规在我国民事司法中的“参照”地位:

首先,在宏观上看,当司法机关对地方性法规的合法性根据自己的理解进行审查时,已然证明对民事司法活动而言,地方性法规可否适用,只能由司法主体说了算。此种情形,与前面行政诉讼中经由司法解释后,地方性法规的司法效力明显类似。

其次,在微观上讲,后一《纪要》对地方性法规在民事司法中的效力做了一分为三的处理。根据这一处理,地方性法规在民事司法中的效力分为6种情形:(1)应当适用;(2)应当参照;(3)可以适用;(4)可以参照;(5)不能适用;(6)不能参照。稍加分析这6种情形,其中只有第(1)情形所表达的是强制适用,即在第(1)情形下,法院在民事司法中适用地方性法规是其义务。在第(2)(3)(4)情形下,地方性法规在民事诉讼中的效力其实都是选择性的,因此,事实上都是“参照”,而不是“适用”。法定的“适用”或“依据”应具有命令性、强制性,对执法者而言是一种义务。但“参照”却不同,所有“参照”从根本上讲都属于“可以”的范畴,对执法者而言具有选择的性质和“权利”的属性。而第(5)(6)情形则明确宣告了地方性法规在民事司法中的无效力,是司法主体理应坚持的一种禁止性义务。司法主体不能睽违此种义务,否则,自身会招致违反事实上禁止性义务的责任。

通过上述规范性分析,不难看出,在我国当下的司法中,地方性法规在刑事司法中无效力;在行政司法中,其效力基本上是“参照”性的;在民事司法中，除了“应当适用”这一种情形外，在其他各种情形下，地方立法的司法效力或者是“参照”性的，或者是无效力的。这就意味着，即便地方立法主体通过认可性地方立法，其在司法中的效力和习惯相比较，并没有优越多少，甚至在一定程度上还要低于习惯本身的司法效力。显然，对于地方立法和地方性法规而言，这是一种既可意会也能言说的尴尬。

(三)地方立法在司法中的效力尴尬

笔者论述“可以参照”之为地方性法规在司法中的主要运用形式和效力基础，是想通过与“可以适用习惯”这一规定的比较，进一步说明地方立法特别是认可性地方立法在司法中面临的困境，并为进一步探寻地方性法规应有的司法效力奠定基础。

再重温一下《民法总则》第10条的规定，“处理民事纠纷，应当依照法律；法律没有规定的，可以适用习惯，但是不得违背公序良俗”，可以发现：“应当依照法律”是法院处理民事纠纷的一项强制性义务。问题在于法院在处理解纷时所适用的法律的内涵究竟是什么？对此，可能的解释设想有狭义的、中义的和广义三种，不妨罗列并分析如下：

(1)狭义的解释是：处理民事纠纷，只适用由全国人大及其常委会制定的民(商)事法律，这些民事法律就我国目前而言主要是指《民法总则》《民法通则》《物权法》《合同法》《侵权行为法》《婚姻法》《继承法》《著作权法》《专利法》《商标法》以及其他民商事法律。这也意味着，所谓“没有法律规定”中的法律，所指的也就是如上列举到或未列举到的法律。只要这些法律未加规定，法院在处理民事纠纷时就可以适用习惯，而无论行政法规、地方性法规对相关问题是否有规定，皆可在所不问。这意味着，哪怕行政法规和地方性法规对上述民(商)事法律未曾规定的事务，特别是未曾规定的和习惯相关的事务有所规定，也不可以适用之，但可以适用习惯。因按此种解释，行政法规和地方性法规就被排除在“法律”之概念中。

(2)中义的解释是：处理民事纠纷，不但适用由全国人大及其常委会制定的民(商)事法律，而且应当适用由国务院制定的具有民(商)事内容的行政法规。这样一来，所谓“应当适用法律”的外延，就大为增加，从基本法、法律扩展到国务院的行政法规。这意味着，只要全国人大及其常委会制定的基本法、法律和国务院制定的行政法规有规定，在民事纠纷的解决中就应按照这些法律、行政法规的层级效力适用之，以裁判案件。这是司法在解决民事纠纷中的基本义务。除此之外，对于上述法律和行政法规未规定的事项，特别是和习惯相关的事项，即使地方性法规有规定，法院也可以径直“适用习惯”，而无须关注地方性法规的相关规定。其规定在民事司法上的效力，最多只是一种“参照”。

(3)广义的解释则是：处理民事纠纷，不但应当适用由全国人大及其常委会制定的民(商)事法律和由国务院制定的具有民(商)事内容的行政法规，而且应当适用由地方人大(包括省级、副省级市、经济特区、省会城市以及设区的市人大的地方立法。在民族自治地方，则包括自治区、自治州和自治县人大的立法)。如果此种解释成立，则在民事司法中，如果国家法律或行政法规没有规定时，只要地方性法规有相关问题的规定，就“应当”适用地方性法规，从而适用地方性法规裁判民事纠纷，是司法机关的强制性义务，而不是可选择的“权利”。这也意味着，对上述规定中的“法律”一词做了最为宽泛的解释。它还意味着，“可以适用习惯”这一规定，不仅是司法机关在民事纠纷解决中“应当适用”全国人大及其常委会的法律之例外和其“应当适用”国务院的行政法规之例外，也是其“应当适用”地方性法规之例外。以此类推，习惯作为法律渊源，在民事司法中的效力上不但低于法律、行政法规，而且理所当然地低于地方性法规——无论哪一层级的地方性法规。

但是，回过头来再看看前文的论述，则不难发现，地方性法规不仅在我国民事纠纷解决的司法实践中，甚至在整个纠纷解决的司法实践中，其法定效力和地位似乎略高于“可以适用习惯”这一规定，但其在司法实践中的效力和地位实际上又高不了多少，甚至从“可以适用”和“应当参照”“可以参照”这一层面比较，有时候地方性法规在民事司法中的地位还不及习惯在民事司法中的地位。这从笔者在前文中对最高人民法院的有关适用地方性法规的司法解释和两个《纪要》的剖析中不难发现。通过之，我们已经知道地方性法规在司法中的基本效力是供司法者予以“参照”。无论“应当参照”还是“可以参照”，在实质上都是司法的一种选择机制和“权利”形式。这正如“可以适用习惯”对司法而言也是裁判案件的一种选择机制和“权利”形式一样。与此同时，在此还不难发现，法院在适用或“参照”地方性法规时，需要就其是否符合国家法律、行政法规的规定进行审查；同样，法院在适用习惯时，也需要对习惯是否符合“公序良俗”进行审查。问题是，由于“公序良俗”的标准和国家法律、行政法规的标准相比较，具有明显的弹性，因此，对司法而言更容易操作，即适用习惯和适用或“参照”地方性法规相比较，更容易被法官所乐用，从而客观上销蚀地方性法规的司法效力。

从“可以适用”与“应当(可以)参照”这两种措辞的比较中,人们不难发现我国的地方性法规在司法,特别是民事司法中的尴尬:其司法效力不但无法和国务院的行政法规相比较,而且有时候不及习惯在司法中的效力。其结果是:一方面,对地方立法及其积极性而言,这毫无疑问是一种挫伤和打击。人们不能因为地方性法规的规定而捍卫其权利,履行其义务;地方立法主体也感受不到其地方立法因为司法适用而带来的荣耀,感受不到地方立法权相对自治所带来的对地方经济、政治、文化权利的维护,从而最终导致地方立法的照抄照搬、特色不明、可有可无以及与此相关的立法主体责任之缺失。另一方面,众所周知,所有法律,无论是国家统一的,还是地方的,都应具有可诉性,即人们都可根据之把纠纷交由法院裁判。一旦法律不具有可诉性,意味着它最多只是一种宣告、公告,而不是具有可操作性的法律。地方性法规在司法中的上述效力状况,事实上就是其不具有可诉性或者可诉性甚低。显然,这是我国地方性法规所面临的一种尴尬局面,同时,也是在地方立法主体扩大背景下,如何提高地方立法的质量,突出地方立法保护地方传统,升华地方习惯的使命,强化地方立法的作用,特别是强化其在司法中的作用时,应必须正视并解决的问题。

三、适用习惯,还是参照地方立法:司法中地方性法规的效力设计

(一)地方性法规的司法效力设计的前提

综上所说,一方面,我国地方性法规在司法中的效力尚是不太明朗的,既有规定之间要么相互打架,要么相互否定。这种情形,自然降低了地方性法规在司法中的效力和地位。另一方面,从总体上讲,地方性法规在司法中的效力低下。此种情形,不但在今天存在,而且已经存在数十年了。一篇发表于1986年的相关文章在提及此问题时这样写道:

> 在实施地方性法规过程中存在的一个突出问题是,司法机关对地方性法规的效力缺乏充分的认识,没有把它放在法律规范这个应有的位置上,所以未能高度重视以国家的强制力保证其实施。主要表现为:一是“有法不依”……二是“执法不严”……在司法实践中……出现上述问题,一个直接的原因是,没有正确认识地方性法规的效力地位和实施的保障。①

---

① 陈洪波:《试论地方性法规的效力》,载《政治与法律》1986年第2期。

拿文中描述的情形和今天我国地方性法规在司法中的尴尬遭遇相较，完全可以说近三十年来，我国在这一问题上几乎没什么进步。尽管地方立法和三十年前相比，无论在主体上，还是在立法数量及质量上都有长足的进步，地方立法问题不但成为地方的重要关注点，而且成为法学、政治学学术研究的一个重要增长点，[①]甚至有学者把地方立法的研究提升到很高的法哲学层面。[②] 只是这种情形，更突出、锐化了地方立法司法效力的尴尬。

那么，造成此种尴尬的原因是什么？笔者认为，就是对司法地方性，并进而对法律地方性这一命题和事实关注不够。诚然，在一个统一的国家，司法理应维护国家统一的法律，因此，司法具有国家性是不存在问题的。但是说司法具有国家性，并不意味着司法排斥地方性。正如我们说一个国家的立法要保持统一，从而法律具有国家性，并不意味着否定地方立法之必要性一样。所以，完全可以认为，司法的国家性和地方性是并行不悖、互不冲突的两种属性。关键的问题在于是何种国家性。对于国家性或全国统一性的理解，可以在两个方向上展开：

（1）“绝对主义国家”[③]的国家性。在这样的国家，诚如秦始皇所言：“六合之内，皇帝之土。西涉流沙，南尽北户。东有东海，北过大夏。人迹所至，无不臣者。功盖五帝，泽及牛马。莫不受德，各安其宇。”[④]所以，这种国家性彰显的是帝王（君主）的至上性和唯一性。这是一种以牺牲个体性、地方性和任何其他“部分”为代价的国家性，是以最高统治者的利益和需要替代其他一切利益和需要的国家性。在一定意义上讲，它也是一种类似于宗教世界中上帝、真主统领下的国家性和统一性。在这种

---

① 据笔者初步掌握的信息，在广东、浙江、江苏、山东、吉林、甘肃、湖南等省、市，成立了专门的地方立法研究机构或者相关学术团体，在各地方高校，成立了更多的地方立法研究机构。值得一提的是2016年，全国第一家专门研究地方立法的专门学术刊物——《地方立法研究》获准由中山大学举办。至于和地方立法相关的学术课题、学术论文、学术会议、学术讲座更可用“雨后春笋”一词来形容。

② 葛洪义曾指出：“……法治本来就是一个世俗化的、去中心的运动。所谓世俗化，与神圣化相对，是指摆脱心理和体制依附的过程。每个人都确信自己的理性，并有条件、有可能依据自己的理性，决定自己的行动。”（葛洪义：《〈地方法制文丛〉总序》，中国民主法制出版社2016年版，第1页）

③ 笔者在这里运用“绝对主义国家”一词，显然借用了安德森的《绝对主义国家的系谱》之影响，但这仅仅是借用，而不知在安德森意义上的援用。安德森对绝对主义国家的系谱之论述，参见［英］佩里·安德森：《绝对主义国家的系谱》，刘北成等译，上海人民出版社2001年版。

④ （西汉）司马迁：《史记·秦始皇本纪》，中华书局年1950年版，第245页。

统一体系中,芸芸众生、地方官吏只有绝对服从的命,没有能动自主的份。此种情形,即中央统一的集权专制。

在一定意义上,它是一种帝国理念,是古代国家的理念,而与现代国家理念格格不入。在这里,绝对命令和绝对服从是这种国家性的突出特征。因此,其法律也是黄宗羲意义上的“三代以上有法,三代以下无法……其所谓法者,一家之法,而非天下之法”。[①] 这种法律,自然也是“非法之法”。这样的国家,尽管也会设立地方政权机构,譬如,我国自从秦代以来,就建立了对后世影响甚大、至今仍有重大作用的郡县制度,但地方政权机构的主要任务,不是自治地解决地方的问题,而是竭尽全力地贯彻中央的、国家的意图。因此,它是国家统一政权的派出机构,而不是在法律框架下拥有地方自治权的自治机构。它的自治地位,甚至赶不上战时在外的将军。因为在战时,“将在外,君命有所不受”,乃是一种约定成俗的习惯性说法和做法,它赋予在外的将军以一定程度的自治权。但是,帝国理念下的地方,却没有此种自治权。因此,国家是从皇帝这个原点演绎而来的,而不是人们自愿的契约共同体。

(2)“契约主义国家”的国家性。在这样的国家,国家设立的基本目的是建立在人民需要的基础上的。人民是国家的目的,国家是实现人民需要的手段。我们所熟悉的“社会契约”理论,所阐述的就是这种基于人民需要的国家理论。众所周知,自从近代以来,这种理论因为格劳秀斯、霍布斯、卢梭、洛克等启蒙思想家的鼓吹和宣传,更因为借此而在世界各地普遍建立了共和制(一种以社会契约为精神宗旨的国家形式)的国家体制,因此,所谓国家及国家性,乃是在社会契约基础上形成的,是奠定在人民需要的基础上的,而不是超越人民需要,凭空想象的国家性。社会契约的理念本身既赋予了国家性,也预示着地方性。

这是因为“契约主义国家”的国家性,乃是建立在契约基础上的,只有如此,才表明这个国家是“共和制”的。或以为,以“契约主义”或“社会契约”这样的概念来描述现代国家,显得有些虚无缥缈,大而无当。可事实是,现代议会制的立法模式(无论在中央还是地方),分权制(横向分权和纵向分权)的权力结构模式以及民主制的政治模式,都既需要契约理论以说明,也在实际地制造社会契约的事实。其中,现代国家的宪法、法律、行政法规和地方性法规,都是社会契约的表现形式。既然是社会

① (清)黄宗羲:《明夷待访录·原法》,载《黄宗羲全集》(第1册),浙江古籍出版社1985年版,第6页。

契约，则既表达部分和部分之间的个体性（地方性），也体现部分和整体之间的协调性。因此，整体性（国家）乃是部分（地方、人民）让渡的结果，而不是也不可能先验地存在，不应超越人民、超越地方而横空出世。除非国家仍是“绝对主义”的，而非“契约主义”的。

由此可见，在以民主、共和、法治为特征的现代国家，“契约主义”既是其精神理念，也是其表现形式。借此，国家性是在地方性基础上成长起来的；地方性也是在国家性保障之下运作的。所以，无论法律，还是司法，国家性与地方性在此并行不悖，相辅相成。司法对法律的尊重，理应包含对地方性法规的尊重。诚如有人所言：

> 地方性法规效力最低，是相对宪法、法律和行政法规而言的，这就要求在立法阶段避免地方性法规同宪法、法律和行政法规相抵触的矛盾。既然这个矛盾在立法时已解决（若有例外，自当别论），那么，地方性法规一经法定程序通过，就具有相应的法律效力，司法机关就要把它作为法的规范以国家的强制力保证其实施，而不能另眼相看，等闲视之。①

可见，只有既强调司法有国家属性，也同时强调司法有地方属性，才可以破解目前我国地方性法规在司法中所面临的效力不佳，甚至没有效力等困境和尴尬。在这一认识基础上，我们将继续探讨地方性法规在司法中应具有的两种不同效力——直接效力和间接效力。

（二）地方性法规在我国司法中应有的两种效力

（1）地方性立法在司法中的直接效力——作为司法裁判的依据。所谓直接效力，是指在司法裁判中直接依据地方性法规进行裁判。那么，什么样的案件，或者在何种情形（条件）下地方性法规才具有对司法裁判的直接效力？笔者认为，这些条件主要有以下 3 个方面：

第一，试验性立法。所谓试验性立法，是指上位法，包括宪法、法律和行政法规对相关事务没有明确规定，但地方作为立法试验，对相关问题通过地方性法规予以明确规定。这表明：一方面，一旦上位法律对相关事由有明确的规定时，即便有地方性法规的试验性立法，且其内容与上位法律有所不同，那么，司法裁判在面对相关纠纷事务时，依然以适用上位法的规定为原则，以适用地方性法规的规定为例外，即在此种情形下，地方性法规作为下位法，在司法中仅具有“参照”的间接效力，不具有

① 陈洪波：《试论地方性法规的效力》，载《政治与法律》1986 年第 2 期。

“依据”的直接效力。另一方面,一旦上位法律对纠纷的相关事务没有明确的规定,但作为下位法的地方性法规对之有规定,那么,在处理和本辖区内的人和事相关的纠纷时,地方性法规在司法中就获得了裁判“依据”的直接效力。对法院而言,依据其裁判案件既于法有据,其裁判也容易获得接受。

第二,授权性立法。严格来说,在我国试验性立法也要接受上位法的授权,但这里所讲的授权性立法是指:虽然上位法对相关事务有明确的规定,但相关规定不能获得在各地通行的普遍性,因此,上位法授权地方根据其实际进行地方立法。在此情形下,即使地方性法规与上位法的规定具有明显出入,司法机关在涉及和该地方相关的人与事的纠纷时,也应优先选择直接适用该地方的地方性法规,从而使地方性法规获得裁判“依据”的效力。另外,对这里的授权,究竟应做狭义的理解(特殊授权,仅仅指某一具体的国家法律就该法律涉及的一般问题或专门问题授权地方立法),还是做广义的理解(一般授权,凡拥有地方立法权,皆可谓之取得授权,其所定立的法律即授权性立法)?对此,笔者倾向于采取广义的理解。其原因在于这种理解可以进一步强化地方立法在司法中的直接适用效力。

第三,纠纷的主体或事实(法律行为、法律关系、法律标的等)发生在法院所在的地方性法规的管辖地(空间效力范围之内)。这又分为如下两种情形:一是当纠纷的法律关系各要素都在该管辖地时,应优先适用该地方的试验性立法或授权性立法进行裁判。二是当纠纷法律关系的各要素虽然分属不同法院的管辖区域,在当事人通过协商,选择了法律关系某个要素所在地法院的地方性法规作为其愿意接受的裁判准据时,法院也应优先适用当事人协商选择的地方性法规作为裁判依据。前一情形应被称为法定的,后一情形则应被称为意定的。之所以要把意定的也纳入直接适用(效力)范畴,是因为法院处理的民事或行政案件,既要判断是非,也要解决纠纷。事实证明,是非清楚是纠纷解决的前提,但是非清楚未必当然能解决纠纷。纠纷的解决,还需要当事人对裁判心悦诚服。而当事人在相关的多个可适用的地方性法规中,选择其所接受的一个作为裁判准据进行裁判,显然,既有利于其判断是非,也有利于其化解纠纷。

上述地方性法规司法直接效力的三个条件,前两个是选择性的,即只要有其中之一即可,后一个是必备的。这意味着无论是第一种情形还是第二种情形，都可以和第三种情形相结合，使地方性法规在司法中产生直接效力。

（2）地方性立法在司法中的间接效力——作为司法裁判的参照。如前所述，无论在行政诉讼还是民事诉讼中，目前我国地方性法规在其中的效力主要是“参照”性的。所谓“参照”，一言以蔽之，是不能作为司法裁判的依据之谓。对此，可以做如下两个方面的理解：一方面，它不能决定司法中对案件的定性，只能就案件的具体处理方案、处理幅度、处理方式产生影响，这是“参照”和“依据”的根本不同之处。如果地方性法规能直接决定一起案件的定性，那么，它的司法效力就不是“参照”，而是“依据”了，就不是间接效力而是直接效力了。另一方面，一般来说，“参照”在实质上属于“可以”的范畴，因此，对于法院而言，是一种具有选择性、任意性的“权利”行为，而不是必行性、强制性的义务行为。有人对“参照”作出了如下的界定：

> “参照”是先参酌，再考量，之后决定是否适用。全国人大法工委对于“参照”一词的解读是，一般情况下用于没有直接纳入法律调整范围内，但又属于该法律调整范围逻辑内涵自然延伸的事项，因此出现于法律规范中的参照，并非可以忽略不计，其不仅有一定的立法含义，在法律不宜直接规范的情况下设定参照以增加执行法律的自由性，同时也有不小的司法价值，以参照的设定赋予法官裁判以自由度，赋予司法以选择适用权，避免因法律的强制性而对规范对象一刀切。
>
> 因此，参照与依据、参考之间的主要区别在法律效力上，参照介于依据与参考之间，其法律效力小于有直接法律强制力的依据，但大于没有法律约束力的参考，其有着弱法律约束力。此外，也因参照与参考的相近性，导致不少人将两者混淆，在实际适用中尤其应引起注意。①

显然，在作者的笔下，参照也属于“执行法律自由性”的范畴，但在结论上，该作者却通过法律中有关对“参照”一词之修饰词的研究，得出了“参照”“在强制与任意之间”的结论，这是笔者所不能赞同的。在笔者看来，无论对“参照”一词用“应当”修饰也罢，用“可以”修饰也罢，都不能否定“参照”本身的“自由性”“权利性”。甚至能否用“应当”来修饰

① 刘金洪、纪长胜：《在强制与任意之间：“参照”之于司法裁判》，载 http://tjhbfy.chinacourt.org/article/detail/2016/11/id/2349036.shtml，2017 年 5 月 3 日访问。

“参照”,都是值得认真反思、推敲的。笔者的基本看法是“参照”不能“应当”,[①]但能够“不能”或“可以”。“不能参照”作为一种义务性规定另当别论。但“可以参照”或者“应当参照”(权且认可这种规定),作为一种授权性规范,都使当法院把地方性法规作为司法的“参照”时,本身就意味着地方性立法在司法中只具有选择的、间接的效力,而不具有必然的、直接的效力。

(三)强化地方性立法的司法效力,用地方立法促进习惯的法律化

毫无疑问,地方立法作为地方事务治理的规则根据,在未来迈向法治化的中国,将越来越有地位。但是,地方立法的这种作用,既应体现在地方日常的行政治理上,也应体现在涉及地方的纠纷裁判上。我们知道,司法是真正保障法治治理的最高手段,也是最后手段。因为司法所面对的问题是必须作出裁断的社会纠纷。对社会纠纷的裁断和处置,一方面,由于是社会之焦点,因此,更容易引致人们的关注。越是社会关系复杂、社会纠纷不断的时代,司法在社会中的地位就越重要,因为人们通过司法,才能更加领略国家法治公平与否的现实。另一方面,再复杂的社会纠纷,最终都要落实为司法通过正当程序的解决方式上,所以,司法是社会纠纷处理的最终机制、最后手段。这也凸显了司法在现代法治中的地位和价值。

司法在现代法治中的此种地位,决定了一种法律如果具有司法可诉性,其实际的效力自然更大;反之,一种法律如果不具有司法可诉性,那么,即使人们再强调该法律的重要性,在司法实践中也是一部闲置的法,无效的法,中看不中用的“摆设”。可见,衡量地方性法规的地位、作用及效力,它在司法中是否具有效力,即在司法中是否具有可诉性,是一个重要的、无以替代的标准。正是基于此种考量,笔者强调要在我国地方立法主体明显扩大、地方立法本身在地方事务管理中发挥的作用越来越重要的背景下,变革司法的理念,既强调司法具有国家性、全国统一性的一面,也强调在我国宪法上由地方产生、向地方人大负责并汇报工作的地方法院,除了承担在个案中贯彻落实国家法律的使命之外,也在涉及纯粹地方的案件时,肩负着贯彻落实地方性法规的使命。并且,这一使命不仅及于地方法院——一例纯粹涉及地方的案件,即使上诉或申诉到最高人民法院,也要尊重并认真对待地方性法规,而不能因为是最高人民

① 参见谢晖:《“应当参照”否议》,载《现代法学》2014年第2期。

法院或上级人民法院，就把眼睛只盯在国家法律上，无视地方性法规的规定。

如果地方性法规在司法中有了这种地位，那么，设法在地方立法中真正关注地方的特性，特别是其文化传统、民风民俗和生活方式特性，加强“认可性地方立法”，把分散、多元、缺乏公共权威的地方习惯，借助地方立法机制，升华为地方性法规，统一纳入一个国家的法律体系中。这样，既有利于地方民众不仅从小传统的习惯视角看待并尊重习惯，而且也在大传统的地方性法规和法律体系视角看待并尊重习惯；也有利于地方行政主体借助地方性法规，名正言顺地从执法视角把地方习惯带入地方公共管理事务中；还有利于真正提升地方性法规在民事司法和行政司法中的效力。当然，在此之外，因为立法程序的独特性，更有利于地方立法在进行“认可性立法”时，认真斟酌习惯本身的合法性问题，真正把那些“善良风俗”和地方的“公共习惯”纳入地方性法规中。如此，真可谓一举四得，何乐不为？

或以为，既然《民法总则》权威性地赋予在解决民事纠纷中，当“没有法律规定”时，“可以适用习惯”，那么为什么还要刻意强调对地方习惯的立法保护？这不是影响司法面对地方习惯时的能动性吗？这一问题看似有道理，但实则不然。这是因为：

（1）无论国家立法，还是地方立法，归根结底是对社会需要和业已成熟的社会关系的法律化的规范（强规范）表达。而所谓社会需要和业已成熟的社会关系，在法律规范地表达它之前，总是以习惯或约定成俗的规范（弱规范）方式存在。正是在此意义上，立法者应当是一个发现事物规定性的自然科学家。对此，马克思曾精辟地指出：

> 立法者应该把自己看作一个自然科学家。他不是在制造法律，不是在发明法律，而仅仅是在表述法律，他把精神关系的内在规律表现在有意识的现行法律之中。如果一个立法者用自己的臆想来代替事情的本质，那末我们就应该责备他极端任性。①

（2）立法对习惯的保护，无论是全国统一的立法，还是地方立法，都使地方习惯，特别是那些行之有效、约定俗成的“善良风俗”和“公共习惯”，经由立法保护，可以获得更高的认同，也在司法中取得更高的、更为

① 《马克思恩格斯全集》（第1卷），人民出版社1956年版，第183页。

可靠的效力。即便是地方性法规的保护,也使司法者以格外尊重的态度面对业已升华为地方性法规的习惯——只要地方性法规能够按照笔者前述的设想,在司法中获得直接适用或间接适用的效力,对习惯的司法保护而言,就比“可以适用”这一选择性、“权利性”的规定要来得更直接、更可靠,并更有效些。

当然,这并不是说一旦通过地方立法把习惯升华为地方性法规,《民法总则》规定的“可以适用习惯”就归于无效,它最多只是借助地方法规及其在司法中的直接和间接效力,以有效地约束司法可能对习惯的傲慢,而并不能完全取代习惯。亦即,地方立法也不可能在习惯面前傲慢,说其囊括了所有当地的“善良风俗”和“公共习惯”。事实上,作为自生自发的秩序类型,习惯不仅是过去的,而且随着社会关系的不断发展、变革和变化,也在不断地生成新的习惯。因此,地方立法之于地方习惯,国家立法之于全国通行的习惯,只有跟进,不可能穷尽。这也意味着对司法而言,《民法总则》有关在民事纠纷中对习惯的授权,绝不可能因为立法特别关注习惯了而归于无效。它依然会在立法不断健全、完善的夹缝中存在,因此,依然应被司法在需要时予以关注。

论“可以适用习惯”“不得违背公序良俗”*

《民法总则》第10条规定:“处理民事纠纷,应当依照法律;法律没有规定的,可以适用习惯,但是不得违背公序良俗。”这一规定,在外,与瑞士、日本、越南等国民法典的规定相呼应;在内,则与自清末以来,一直到民国时期历次民事立法活动的规定相承续。这一规定,也是对一直以来,我国在文化和法律上轻视、慢待,甚至刻意破旧立新、革除旧习的拨乱反正。它在放眼全球,积极汲取、借鉴人类既有的民事立法成果之同时,也正视自己国家人民的既有生活样法,并赋予习惯在法院处理民事纠纷中仅次于法律的效力,也授权法院运用习惯以补充法律漏洞。与此同时,该条也明令“可以适用习惯”的限制条件,即“不得违背公序良俗”。那么,在学理上,应如何理解“可以适用习惯”“不得违背公序良俗”?这是本文拟探讨的主要话题。

一、习惯、习惯属性及其分类

(一)习惯及其属性

学术界有关习惯的论述可谓汗牛充栋。即使在法学界,因为习惯既是立法的已有规范参照,也是司法的重要法律渊源,因而相关论述可谓层出不穷(尽管系统的专论还有待深入)。只是法学界在论述习惯问题时,每每把习惯和习惯法予以两分(尽管不是所

* 发表于《浙江社会科学》2019年第7期。

有的法学者都在意这种两分,也有不少学者反倒宁可将两者混合着使用)。在这方面,王泽鉴的论述具有代表性。他对“习惯法”和“事实上的习惯”予以严格两分,强调习惯法既“须以多年惯行之事实及普通一般人之确信为其成立基础”,又坚持“习惯法存在与否,除主张之当事人依法提出证据外,法院应依职权调查”。可见,习惯法乃是社会一般人确信和法院法官确定的产物,对习惯法而言,这两者相互促成,缺一不可。但是,“事实上的习惯”却不是如此,它“仅属一种惯行,尚欠缺法的确信。易言之,即一般人尚未具有此种惯行必须遵从,倘不遵从其共同生活势将不能维持的确信。此种事实上习惯不具法源性,无补充法律的效力”。①

法学界对习惯和习惯法的类似论述,着眼点在习惯的法律适用,而并不太关心习惯与人类生存之间所具有本质性的互动关联。“通过人类互动所产生的习惯的实质细节受到心理需求的限制。我们的头脑不是一个白板,会被预先设置或连接在一些通用的操作性原则。习惯是通过人与人之间的互动而产生的,尽管通过这种互动所产生的东西受到心灵需求的制约。”②众所周知,人类既是自然的存在,也是社会的存在。自然的存在既让人获得了肉身,也让人获得了自然而然的习得经验。这种习得经验,就是习惯。尽管习惯亦属于人类社会存在的表现方式,但林林总总的习惯只要不能被概念化、逻辑化和体系化,就只能是一种“百姓日用而不知”的、近乎自然的、源自人类自然本性的存在。这也意味着,只要人类能够对习惯予加概念化、逻辑化和体系化的处理,并加以道义的加工和引导,习惯就可能从其自然属性出发,获得其社会属性。可见,习惯打通了人之自然属性和社会属性。或许正是在这个意义上,孔子强调

---

① 王泽鉴:《民法总则》(增订版),中国政法大学出版社2001年版,第57页、第58页。王泽鉴对习惯法和习惯的两分处理,在法国法学家笔下,被描述为习惯法和惯例的区别:“习惯法形成于惯例。它们可以通过法律授权,获得法律规则的效力,但是,只有习惯法可以形成法律规则……应该明确有别于惯例的习惯法的基本特征”“习惯法以一个实质因素……和一个心理因素……的结合为前提”。其中实质因素是“古老、固定、众所周知且一般的惯例”;心理因素则是“依据一个强制性规则行事的信念。”当然,论者也明确指出,在现实法律框架下,“这一传统分析今天已很难适用”“很难严格使习惯法区别于惯例。”([法]雅克·盖斯坦等:《法国民法总论》,陈鹏等译,法律出版社2004年版,第477页以下)

② Richard E. Wagner, Custom, Legislation and Market Order, *The American Journal of Economics and Sociology*, Vol. 61, No. 2 (Apr., 2002), p. 563.

“少成则若性也，习惯成自然也”。[①]

对习惯从属于人类的自然本性，乌申斯基则运用了“神经习惯”这个颇具启发意义的词汇，从发生学视角予以独特论述：习惯是神经体的反射，即“神经习惯”，它具有遗传性。如下笔者将引述其几段精辟论述，以窥视习惯的这种自然属性和社会属性。对前者，他指出：

> 任何一种习惯行为都是反射行为，行为的习惯性有多深，它的反射性就有多大，如果我们在某种心理—生理行为中发现有习惯，那么就意味着，具有接受新反射的能力的神经系统或多或少地参加了这种行为。
>
> 神经机体不仅可以有天赋的反射，而且在活动的影响下也有掌握新的反射的能力。这种能力极其可靠地给我们说明了获得习惯的可能性。
>
> ……就“神经习惯”的精确字义来说，我们把它理解为我们生来就有的那样一种绝妙的现象，即许多在起初是我们有意识地和随意地作的动作，由于经常地重复，后来可以不需要我们的意识和随意的参与就做出来了，于是它们便从随意的和有意识的动作的范围转到不必通过我们的意志或意识就可以作出的反射动作或反射的范畴中去。[②]

正因习惯具有此种从属于人类本性和本能的自然倾向，因此，它也具有遗传性：

> 习惯有可能遗传，这种可能性使它获得了特殊的意义……“后天获得的习惯或特点能够保持得这样长久，以至于它能加入到个体中去，而这种个体的机体就与它相适应。这种习惯或特点将会像肌肉或骨骼的实体一样得到遗传的机会”。[③]

---

① 王德明主编：《〈孔子家语〉全译》，广西师范大学出版社1998年版，第419页。应予说明的是，从字面意义及故事背景看，孔子在这里所强调的是对孩子的后天教育和后天习得，即只要孩子们打小学习，日积月累，就会渐积成习，累聚成性，并最终达致那种自然而然的习惯状态。从而其强调的是自小加强教育和引导的重要性。但由此从另一视角不难推论，习惯与人自然本质的内在关联——教育的目的也在于使人对之习惯化，从而使人对学习、知识、德行等，趋近于自然而然的获得状态——习惯成自然。这样的教育宗旨，一定是建立在人们能够接受学习（无论知识学习，还是道德学习）的自然本性基础上的。

② ［俄］康·德·乌申斯基：《人是教育的对象——教育人类学初探》（上卷），郑文樾译，人民教育出版社2007年版，第170页、第171页、第172页以下。

③ ［俄］康·德·乌申斯基：《人是教育的对象——教育人类学初探》（上卷），郑文樾译，人民教育出版社2007年版，第182页。

但是,正是通过习惯具有遗传性的预设和论证,以及进一步通过对习惯之于人生、社会乃至全体人类的意义[①]之观察和体认,作为一位伟大的教育家,乌申斯基提出了和孔子类似的说法。因此,其对习惯发生之生理机理的论述,只是他论证其他观点的逻辑前提。这样,在前述对习惯的发生学立场的论述基础上,他又转而提出了另一话题,即习惯如何勾连道德、如何勾连善。这个话题,事实是要说明,尽管习惯借由人的自然的生理功能——神经体的条件反射而成,但不同习惯的养成,可以经由社会的教育而分枝分杈。并不是所有的习惯都是合乎道德的,合乎人类善的要求的。人们实际所秉有的习惯究竟是善或恶的,是道德还是不道德的,对后天有关习惯的教育提出了重要的要求,尽管对此人们歧义纷纭:

> 如果所有的人都或多或少地同意,习惯在人的生活中起着重大作用,那么,在谈到它的道德和教育意义时,人们的意见就大相径庭了。英国的教育把向儿童传授良好习惯这件事放在首位,德国的教育则远不认为习惯有如此重大的意义;而卢梭呢,他直截了当地说:“他将给予他的爱弥儿的唯一习惯就是不要有任何习惯”;康德也蔑视习惯,而他所赞许的唯一习惯也是对上了年纪的人而言,那就是要按时吃饭。[②]

在乌申斯基的笔下,因为在道德上将习惯二分为“良好习惯”和“不良习惯”,故而他把两者比喻为“资本”和“债务”,并借此对这两种习惯作出了妙趣横生的解释:

> 良好的习惯是人在其神经系统中所存放的“道德资本”;这个资本会不断地增长,一个人毕生就可以享用它的“利息”……
>
> 但是如果良好的习惯是一种资本,那么,坏习惯在同样的程度上就是一笔道德上未偿清的债务了,这种债务能以不断增长的利息折磨人,使他最好的创举失败,并把他引到道德破产的地步。[③]

可见,把教育的力量作用于习惯的形成,以尽量摒弃人的“不良习惯”,“培育人”的“良好习惯”——这是教育的重要使命。事实上,乌申斯基借

---

① 谈及习惯的意义,《习惯的力量》([美]查尔斯·都希格,吴奕俊等译,中信出版社2013年版)一书给人们提供了栩栩如生的一些例证和深入浅出、引人入胜的一些论说,可参见。

② [俄]康·德·乌申斯基:《人是教育的对象——教育人类学初探》(上卷),郑文樾译,人民教育出版社2007年版,第193页。

③ [俄]康·德·乌申斯基:《人是教育的对象——教育人类学初探》(上卷),郑文樾译,人民教育出版社2007年版,第193页以下。

此把习惯做了二分，从而使习惯既与人的自然属性紧密勾连，也与人的社会属性息息相关。其中，习惯的社会属性，必然基于其自然属性而生成，因为社会性本身是人的自然属性的社会延展。与此同时，习惯的社会属性使习惯紧系于各种社会需要和公共道德之上。这或许正是由习惯生成公序良俗，并使其“可法律化”的基本缘由。当然，这也意味着一位教育家笔下的习惯论述，已然要求法律这种人世生活的最基本、最广泛、最普遍和最稳定的交往规则，必须对之作出因应——习惯的社会属性自然而然地通向公序良俗这样的法律原则。就如英美法系的判例制度一般，“皇家法院慢慢采用了诸多民间习惯，同时为了与王国的名誉相匹配而拒绝了另外一些习惯规范”。[①] 当然，这是另一话题，笔者在后文中再予论述。这里想努力展开的话题是有关习惯的分类——人的自然习惯与社会习惯。

（二）习惯的类型化

自然习惯乃是基于人的自然的生理与心理本质，以及人的自然地理生活条件而形成的习惯。对内在言，它是人的本能和本质的遗传物；对外在言，其关乎人的自然地理的生活条件。对人类而言，此种习惯虽然是自然天成的，但又具有习得性：“从长远来看，习惯是可塑的，虽然它仅处于由意识自治所创设的界限之内。可以肯定的是，这种自治性仅存在于形式特征，而不在于实质性的细节。习惯是通过人与人之间的互动而产生的，并通过人际互动产生的模式的实质细节来描述。尽管派生习惯的意识具有普遍性，但习惯在历史和地域方面具有极大的不同。当然，这种意识的普遍性意味着形式，而不是具体内容。”[②]

因为是自然天成的，所以，这种习惯常常是非概念化的——当然，所谓非概念化，绝不是说它不能被概念化，而是对于习惯的运用者而言，常常是“知其然，不知其所以然”的，从而是非概念化的。这种情形，并不妨碍“他者”对其予以研究、认知、总结、提升，开发出概念化、类型化、体系化的习惯术语。正如马林诺夫斯基、霍贝尔、格尔茨、千叶正士、汤浅道男等（法）人类学家对初民的抑或当下的几乎可谓自然的习惯进行总结、提升，并把其命名为习俗、犯罪、法律、法庭、地方性知识、多元法、原始法

---

① Lief. H. Carter, *Thomas F.*, *Burke*: *Reason in Law* (8th edition), little, Brown and Company, 1984, p. 157.

② Richard E. Wagner, Custom, Legislation and Market Order, *The American Journal of Economics and Sociology*, Vol. 61, No. 2 (Apr., 2002), p. 564.

等一样。[①] 不过,其作为“自然的”实存,并不刻意“追求”概念化、类型化、体系化。与此相关,自然习惯也是自发地形成的。尽管在其中不乏示范和习得的因素,但即使不存在任何主动教育的群体,后人也会在前人的行为、话语以及其他交往方式中习得经验,并代代相传,反复如之,形成习惯。

相较于自然习惯,社会习惯则是建立在自然习惯基础上的、经过有意识的概念化处理、具有自觉性特征并可以借助明确的言传身教等外在因素加以培养和塑造的习惯。人类本质,不仅有自然的本能之维,更有社会的自觉之维,因而是自然属性和社会属性的概括性表达。社会属性对习惯的基本影响,不但在于对习惯的概念化处理,而且在于人们有意识地使习惯概念化、类型化、逻辑化和体系化,从而使所谓“自生自发秩序”扩展为自觉的、逻辑的“建构的秩序”,[②]并进而为人类的交往提供相对的标准和规则。因此,社会规则就有“良好习惯”和“不良习惯”之分。

尽管“良好习惯”和“不良习惯”各自都与自然习惯和社会习惯相关联,但总体来说,这一分类属于社会习惯的范畴。所谓“良好”或“不良”,本具有明显的道德评价性质。这样的习惯,不仅可以来自每个人的性格及其遗传和自然地理环境的约束(如某个人、家族、族群天生能歌善舞,英勇彪悍,而另一些人、家族或族群却天生内敛木讷,胆小惧事),还来自社会的教育或者“榜样”的力量。既然人们把习惯类型化“良好”和“不良”的,那就必然意味着在道德社会需要上,人们更应接受良好习惯,而尽量摒弃不良习惯;否则,这一划分的意义就值得省思。对此,笔者在前文中阐述乌申斯基这一分类的意义所指时,已经指出其教育价值。其实,他自己在指出习惯之“遗传性”的同时,也指出了所谓“榜样”(教育)力量对习惯延续和选择的影响:

> 遗传性的倾向既通过遗传,也通过榜样来传播,它构成了那种被我们称为民族性格的心理现象的物质基础。
>
> ……榜样的力量和习惯的力量在这里是交融着的……如果

---

① 参见[英]马林诺夫斯基:《蛮族社会之犯罪与风俗》,林振镛译,上海文艺出版社1989年版,第1页以下;[美]E. A. 霍贝尔:《初民的法律》,周勇译,中国社会科学出版社1993年版,第71页以下;[美]克利福德·格尔茨:《地方性知识:事实与法律的比较透视》,邓正来译,载梁治平编:《法律的文化解释》,生活·读书·新知三联书店1994年版,第73页以下;[日]千叶正士:《法律多元——从日本法律文化迈向一般理论》,强世功等译,中国政法大学出版社1997年版,第65页以下;[日]汤浅道男等编:《法人类学基础》,徐晓光等译,华夏文化艺术出版社2001年版,第83页以下。

② 参见[奥]弗里德里希·冯·哈耶克:《法律、立法与自由》(第1卷),邓正来译,中国大百科全书出版社2000年版,第52页以下。

这两种力量合在一起发生作用，那就几乎没有什么东西能与它们抗衡了。[①]

对此，培根在论习惯与教育的关系时也曾精辟地指出：

既然习惯是人生的主宰，人们就应当努力求得好的习惯。习惯如果是从幼年就起始的，那就是最完美的习惯，这是一定的，这个我们叫做教育。教育其实是一种从早年就起始的习惯……假如个人的单独的习惯其力量是很大的，那么，共有的联合的习惯，其力量就更大得多了……天性中美德底繁殖是要仗着秩序井然，纪律良好的社会的；这是无疑的。因为国家与好政府只是滋养已长成的美德，而不甚帮助美德的种子的。[②]

（三）习惯分类及其于公序良俗之意义

如上有关习惯的引证、论述和展开，似乎和法律上所谓“可以适用习惯”之“习惯”并无什么内在关联，它既不是前述王泽鉴习惯法意义上的习惯，也不完全是其所谓“事实上的习惯”。这里的习惯，不过是尽人皆有的生活、工作和交往的习惯，以及对这些习惯的社会化展开。诚然，无论乌申斯基，还是培根所论述的习惯，其范围要比法律上所讲的习惯广泛得多。况且，他们对习惯的论述，最终取向于人们如何通过教育而选择一种有利于全体社会的良好习惯。但恰恰是在这里，他们笔下的习惯和法律上的习惯及习惯法就产生了勾连，更何况，两人均曾是在著名法学学术机构研习法律毕业的科班生。[③]

如果说两人笔下对习惯的论述必然勾连习惯与习惯法的话，那么，他们对经由教育或者榜样的力量以培植习惯的见识和论述，则通过对习惯的选择性引导和处理，有意识地支持“良好习惯”，祛除“不良习惯”。自然，

① ［俄］康·德·乌申斯基：《人是教育的对象——教育人类学初探》（上卷），郑文樾译，人民教育出版社2007年版，第196页以下。

② ［英］弗·培根：《培根论说文集》，水天同译，商务印书馆1983年版，第145页。

③ 值得一提的是，上文所引述的两位作者都曾学习过法律，且与法律职业具有千丝万缕的联系。众所周知，培根是伟大的经验主义哲学家，但他除了在剑桥“三一学院”学习过哲学外（其父亲则在剑桥大学攻读法律），还曾入学英国著名的“律师公会”之一的葛莱公会。此后，他一生所从事的“正式”工作，几乎和法律息息相关。律师、法学教师、检察官、法官等这些和法律相关的职业，他不但尝试过，而且还浸淫其中、跌宕起伏（参见余丽嫦：《培根及其哲学》，人民出版社1987年版，第33～73页）。而乌申斯基尽管是伟大的教育家，但其却毕业于莫斯科大学法律系，并从事过专业法学教学工作［赵荣昌等：《乌申斯基其人其书》，载［俄］康·德·乌申斯基：《人是教育的对象——教育人类学初探》（上、下卷），郑文樾译，人民教育出版社2007年版，第1页以下、第1112页以下］。

这种对习惯的优劣之分,以及根据这种分类所刻意的教育、风化和引导,既有客观的因由,但同时又不可避免地具有主观的偏好。更何况,在任何一个组织体或者社群、族群之内,由谁来确定哪种习惯是“良好习惯”,何种习惯是“不良习惯”,从来都是一个需要认真对待的话题。这表明,一方面,对习惯的优劣两分是一个掺杂了一定主观性的活动;另一方面,即便如此,这一划分不但意味着人们对习惯的评价,而且意味着对某些习惯之权力强制的或教育诱导的推广、落实,而对另一些习惯同样以权力强制或教育诱导的方式以清理、祛除。显然,习惯的良莠两分,使借助教育、榜样的习惯引导或风化,成为一种可选择的事体,也为人们在教育以及社会实践中选择一类习惯、排斥另一类习惯,提供了一定的规范前提和观念基础。

事实上,对习惯的这种选择,已然指向了所谓公共秩序和善良风俗问题。哲学家、教育家们的预设,乃是通过榜样的教育、风化和引导,让人们抱朴守拙,坚持良善之本性;让人们弃恶摒劣,“非礼勿视,非礼勿听,非礼勿言,非礼勿动”。[①] 即便这种选择很难照顾到不同地方、不同人群、不同时代、不同价值观对习惯善恶良莠的不同标准,但社会,特别是那些居于或政治优势,或文化优势,或经济优势,或全方位优势的人们,总是要运用其优势创造善恶优劣的习惯标准,并运用作为优势的权力劝化、诱导、裁制,抑恶扬善——久而久之,某些习惯便远离人们思想和行为,有些习惯则作为正统被人们作为思想基础、行动指南。这种情形,反倒变成为一种新习惯——经由风化、教育、诱导和榜样暗示的习惯。例如:

> 在一个典型的非洲国家,大多数人是按照习惯法进行个人活动的。习惯法在婚姻、继承和传统威权等私人事项的法律方面产生了重大影响,因为习惯法产生于父权制时代,因此它的一些规范与保障男女平等的人权规范相冲突。法院认识到立法在改革中的作用,但同时也认为司法在确保习惯法改革和发展以确保其符合人权规范并促进男女平等方面可以发挥更为重要作用。相应的指导原则应该是习惯法是活的法律,不能是静止不变的,习惯法的解释要考虑到它所服务的民众现在的生活经验。[②]

显而易见,所谓习惯的善恶良莠之分类及其教育,本身就是要存善去恶,就是要营造一种为人们所接受的公共秩序和善良风俗。但是,奈

---

① 《论语译注》,杨伯峻译注,中华书局年版1980年版,第123页。

② Muna Ndulo, African Customary Law, Customs, and Women's Rights, *Indiana Journal of Global Legal Studies*, Vol. 18, No. 1 (Winter 2011), p. 87.

何即便经由教育、风化、强制树立的有益于公共秩序和善良风俗的习惯再强大，总有一些人还是会反其道而行。这正是即使教育和风化不断地完善，但“伤风败俗”也层出不穷的原因，自然，也是即便到近、现代，法律在尊重习惯的法源地位之同时，也不得不强调“可以适用习惯，但不得违背公序良俗”的缘由。

总之，以上的论述说明，其一，习惯的善恶良莠之分类以及在此种分类基础上的教育举措，本身就是以所谓“良好习惯”来抑制“不良习惯”，本身意味着维护“公序良俗”的现实需要；其二，这也必然意味着通过法律的规制力量，在规定可以适用习惯的同时，规定“不得违背公序良俗”的正当性。

二、“公序良俗”：制度规定和学术分歧

（一）古代法律中“公序良俗”之规定

在中西法律史上，公序良俗从来是个与人未远的制度规定和行动理念。在我国早期法律史上，法律之基本功能，就是“正人心，厚风俗”，因此，法律不但不远风俗，而且以俗为法，援俗而治。当然，此种情形绝不意味着凡俗即法。既要“正人心”，就须择俗捡雅，以为“法教”，以为“公序良俗”，以为交往准则。亦即，要把人类的理智作用于对俗的辨识、选取上来，从而形成“法俗”。对此，杜文忠写道：

> 中国古代法律本有风俗之形，正如顾炎武曰：“法制禁令，王者之所以不废，而非所以为治也。其本在正人心，厚风俗而已”……中国古代政治自古有重风俗轻法制之教，或者说是有以俗为法之传统……
>
> 不是所有的风俗都是“法俗”，具有规范意义的风俗方为法俗，比如民间禁忌、神判等，“法俗”的概念应当是涉法风俗的意思。
>
> 古者民俗纷呈，民性迥异……故而孔子主张“今生之世，志古之道”。如何做到“今生之世，志古之道”？不仅要……重视外表……尚需继承和整理古道，养之以“质”，以此为治国之道，以“教”立国。①

① 杜文忠：《法律与法俗——对法的民俗学解释》，人民出版社2013年版，第3页、第14页。当然，古人强调俗，也强调以教导俗。不过这里的“教”，在不同学术流派的笔下，有不同内容，如道家的“道”教、儒家的“德”教、墨家的“鬼神”教、法家的“刑”教，直到后世的“法”教、“礼”教、“理”教等。不过无论如何，尽管这些不同标准和手段的教化措施，都以防止、消除恶俗为使命，但这一使命的背后，不仅不废除良俗，而且还保护良俗（参见上书，第14页以下）。

即便尤为重视以刑罚而除恶俗的法家和秦朝法制，也或强调立法因俗，或强调依法导俗。例如，商鞅就再三强调：

故圣人之为国也，观俗立法则治，察国事本则宜。不观时俗，不察国本，则其法立而民乱，事剧而功寡。此臣之所谓过也。

故圣人之为国也，不法古，不修今，因世而为之治，度俗而为之法。故法不察民之情而立之，则不成。治宜于时而行之，则不干。①

再如，《睡虎地秦墓竹简·语书》就直言：

古者，民各有乡俗，其所利及好恶不同，或不便于民，害于邦。是以圣王作为法度，以矫端民心，去其邪避（僻），除其恶俗。法律未足，民多诈巧，故后有间令下者。凡法律令者，以教道（导）民，去其避（僻），除其恶俗，而使民之于为善殹（也）。②

可见，我国古人立法行治，并不主张彻底砸烂一个旧世界，而是主张因势利导，循俗而治，革命恶俗，敦厚良俗，如此而已。这正是汉朝董仲舒倡导“引经决狱，原情论罪”以来，在我国司法中，“天理、国法、人情”总是兼而用之的缘由，也是在中国古代的法律系统中，“德礼为政教之本，刑罚为政教之用”③的原因。

而在国外古代的法律制度中，法律也照例肩负了维护“公序良俗”的重要使命。在罗马法上，尽管习惯并未被十分重视，但在罗马国家的发展中，习惯曾被作为法律渊源。同时，这一法律渊源在适用中，不得违背国家法律和理性所确定的“公序良俗”，在民众的日常交往中，也不能违背“善良风俗”：“习惯的效力仅限于补充法律，不能违反法律（长期形成的习惯具有效力，但是，这种效力超越不了法律或者理性……）”④“……善意诉讼不应允许为违背善良风俗的给付”。⑤ 可见，在罗马法上，“法律、理性”以及“善良风俗”对普通习惯的优先效力。对于违反“善良风俗”的法律行为，其法律后果，“或是不能产生请求权……或是可以对相对请求权提出恶意抗辩”。⑥

---

① 《商君书译注》，高亨译注，中华书局1974年版，第170页、第215页。

② 《睡虎地秦墓竹简·语书》，文物出版社1978年版，第15页。

③ （唐）长孙无忌等撰：《唐律疏议》，中华书局1983年版，第3页。

④ ［意］朱塞佩·格罗素：《罗马法史》，黄风译，中国政法大学出版社1994年版，第394页。

⑤ ［意］桑德罗·斯奇巴尼选编：《民法大全选译·债　契约之债Ⅰ》，丁玫译，中国政法大学出版社1992年版，第130页。另外，关于罗马法上“公序良俗”规定之较为系统的研究，参见于飞：《公序良俗原则研究——以基本原则的具体化为中心》，北京大学出版社2006年版，第48页以下。

⑥ ［德］维尔纳·弗卢梅：《法律行为论》，迟颖译，法律出版社2013年版，第430页。

而在国外宗教教法世界，习惯尽管也是重要的法源，但运用习惯，或者习惯之效力也必须服从于教义、法律和公序良俗。这里不妨以伊斯兰教法为例，摘引几段学者的论述：

> 把习惯当做一项沙利亚法学辅助性证据原则，其依据是这则圣训……“穆斯林大众认为是好的事情，在真主看来也是好的”。这节圣训无论就其表面意义或者内在含义都明白无误地说明……违反人们认为是优良习惯的行为有可能会带来不便和伤害。
>
> ……在没有经训可循的情况下，习惯可以作为法学判断的证据。但是如果习惯违背经训……是应该彻底放弃的，因为这有悖于《古兰经》中的断然证据。
>
> ……从沙利亚法学意义上可以把习惯分为两类，优良的习惯和不良的习惯。不良的习惯指违反断然经训证据所确立的法令；优良的习惯指符合沙里亚法宗旨的行为思想，是可以作为立法的一个辅助性证据被保留和使用的。
>
> 伊玛目·伊本·阿比丁说：“……穆夫提以习惯作依据判决问题时，他必须了解当时人们的各种习惯情况，了解这种习惯是一般习惯或是特殊习惯，这些习惯违反不违反经训明文，他必须向熟悉风俗习惯的老师学习，而不能满足于背些条条框框。”①

从古代法律对公序良俗的刻意保护和对不良习惯的坚决抵制中不难证明前述论点：对公序良俗的法律保护，进而在法官司法中适用习惯时，必须排除违反公序良俗之习惯，这不是近、现代法上特别注重的事体，也不是近、现代法上的创造，毋宁说近、现代法律的相关规定，不过是对这一悠久传统的传承和接续罢了。这种传承和接续，就其实质而言，出于人类文化总是渐积渐进的事实。任何对这种事实的傲慢，都会付出额外的文化、秩序和生活代价；任何对这种事实的轻忽，都会导致制定法

---

① 陈玉峰编：《伊斯兰教法理学》，宗教文化出版社1996年版，第161页、第162页、第165页。对此，其他学者也有论及，如马明贤写道：“伊斯兰教兴起后，对阿拉伯社会的腐朽陋习予以废除，对其良俗美德加以肯定，并在始终兼顾社会的整体和个人利益基础上，制定了有益于他们当下和长远利益的法律制度”（马明贤：《伊斯兰法：传统与衍新》，商务印书馆2011年版，第34页）。朱燕青等写道，就伊斯兰法之于习惯的作用而言，“其一，伊斯兰法对合理的、合教的习惯有确认和保障作用……其二，伊斯兰法对不合理、不合教的习惯有否认和抵制作用。”（张秉民主编：《伊斯兰教法哲学》，宁夏人民出版社2002年版，第132页。另外，该书就习惯与伊斯兰教法的历史、习惯与《古兰经》、习惯与圣训、习惯与公议、习惯与类比以及习惯与伊斯兰法的一般关系等都做了简要论述，参见该书第127页以下）这种情形在“伊斯兰商业法”中表现更为明显，它明确反对欺诈——“骗人的交易”（参见[埃]散伊德·萨比格：《伊斯兰商业法》，穆斯林青年翻译组翻译，内部资料，出版印行年不详，第18页以下）。

的难以消化,“水土不服”。

(二)近、现代法律上“公序良俗”之规定

当然,上文中这样讲,绝不是忽略近、现代法上有关公序良俗的规定,恰恰相反,既然在人类法律和秩序建设的历史上流传如此久远的公序良俗,能在现代法律中被不断规定、认真传承且有效贯彻,这足以说明它纵贯古今、横通中外的社会价值,也表明关注并研究近、现代法上有关“公序良俗”的规定。对我们而言,不仅可以实现“为天地立心”“为往圣继绝学”的传道效果,而且也能够实现“为生民立命”“为万世开太平”的事功效果。可见,梳理近、现代法律上“公序良俗”之规定,可以进一步领略这一原则的意义。

可以说,民事活动不得违背公序良俗,乃是近、现代成文法世界基本的立法例。开近、现代成文法典风气之先的《法国民法典》第6条就明令:“不得以特别约定违反有关公共秩序和善良风俗的法律。”①此后世界各国的主要民法典,都就此作出了规定。下面容笔者引证一些主要国家民法典之规定:②

《德国民法典》第138条第1款规定:“违反善良风俗的法律行为无效。”③

《瑞士债法典》第20条、第41条分别规定:“含有不能履行、违反法律或者违反公序良俗之条款的合同无效”“违反善良风俗,故意造成他人损害的,应当承担赔偿责任。”④

《日本民法典》第90条、第91条、第92条分别规定:“以违反公共秩序或善良风俗的事项为标的的法律行为,为无效”“法律行为的当事人,表示了与法令中无关公共秩序的规定相异的意思时,则从其意思”“有与法令中无关公共秩序的规定相异的习惯,如果可以认定法律行为当事人有依该习惯的意思时,则从其习惯。”⑤

从上述民法典的规定可见,法律上有关“公序良俗”的要求,针对两种行为,其一,指向民事主体的民事交往行为。只要有违“公序良俗”,即不发生法律效力。因此而造成一方当事人或者其他主体之损失,应承担民事责任。在这个意义上,相关规定属于“行为规则”的范畴。其二,指

---

① 《法国民法典》,马育民译,北京大学出版社1982年版,第2页。

② 有关大陆法系国家公序良俗原则研究之规定的比较研究,参见于飞:《公序良俗原则研究——以基本原则的具体化为中心》,北京大学出版社2006年版,第23页以下。

③ 《德国民法典》,郑冲等译,法律出版社1999年版,第26页。

④ 《瑞士债法典》,吴兆祥等译,法律出版社2002年版,第4页、第10页。

⑤ 《日本民法典》,王书江译,法律出版社1986年版,第21页以下。

向民事纠纷的裁判行为。它仅是处理民事纠纷的法院和法官在司法中适用习惯时的法定制约标准。只要习惯违反公序良俗,就不能用做裁判案件的规范,即使在相关领域存在法律漏洞。例如,韩国政府建立后,法院在审查殖民地时期的收养习惯时,就明确予以否认:“这样的收养习惯自然地随着日本人的离开而废除,建立在这种习惯基础上的社会关系是违反公序良俗的……最高法院以公序良俗拒绝殖民地收养习惯,被广泛认为是以合法的手段对强加给韩国人民不公正的殖民法律的回击和删除。”①在此意义上,不得违背公序良俗则属于裁判规范。以此类推,我国《民法总则》第 10 条有关“……可以适用习惯,但是不得违背公序良俗”的规定,自然也属于裁判规则的范畴。②

当然,有关公序良俗的规定,不但规定在大陆法系国家的民法典中,而且在英美法系及其判例规则中照例存在:“英美法系国家的法律制度中,也有与‘公序良俗’功能相近的制度,只是不以‘公序良俗’命名而已。”③学者们一般把英美法中的“公共政策”作为“公序良俗”的类似范畴予以研究。④ 事实上,这种理念仍然基于某种“成文”的规定而言。在判例法意义上,可以这样讲,凡是被法官认可的习惯,经过法官构建作为当下案件的裁判规范,并因此产出的判例法,都属于“公序良俗”的范畴。而不被法院和法官所认可的习惯,即便其仍然是习惯,也只能排除在“公序良俗”之外。可见,面对一例习惯,只有当法官根据既有的判例、成文规定、当事人和社会所接受的程度,以及习惯是否足够善良等因素进行综合判定后,才能决定该习惯是否作为裁判依据,据之构建裁判规范。这或许正是格雷再三强调:“法官是法律的发现者”“只有法官发布的东西才是法律”“不判决、无法律”“习惯常常起源于司法判决”⑤的原因。

---

① Marie Seong-Hak Kim, Customary Law and Colonial Jurisprudence in Korea, *The American Journal of Comparative Law*, Vol. 57, No. 1 (Winter, 2009), p. 241.

② 参见谢晖:《“可以适用习惯”的法教义学解释》,载《现代法学》2018 年第 2 期。

③ 于飞:《公序良俗原则研究——以基本原则的具体化为中心》,北京大学出版社 2006 年版,第 42 页。

④ 于飞:《公序良俗原则研究——以基本原则的具体化为中心》,北京大学出版社 2006 年版,第 42 页以下。另外,格兰维尔对英格兰王国早期法律与习惯关系的综述性论述,事实上揭示的就是司法如何在裁判当下案件时,对习惯根据“公序良俗”的要求所进行的取舍和运用(参见[英]拉努尔夫·德·格兰维尔:《论英格兰王国的法律和习惯》,吴训祥译,中国政法大学出版社,第 1 页以下)。还可参见[美]伯尔曼:《法律与革命——西方法律传统的形成》,贺卫方等译,中国大百科全书出版社 1993 年版,第 57 页以下。

⑤ [美]约翰·奇普曼·格雷:《法律的性质与渊源》,马驰译,中国政法大学出版社 2012 年版,第 79 页、第 83 页、第 255 页。

尤为令我关注的，是其如下论述和“公序良俗”的内连：

> ……在习惯早于判决的情况下，这类习惯便常常被法院当作法律，但这并不是因为它们是社会的习惯，而是因为它们与法官是非观和政策相一致，或是因为法官相信或假装相信它们来源于超自然。①

“公序良俗”在英美法律中的事实存在，也表明一个国家、一个公共组织体不可能完全放任任何习惯，而对习惯不加引导。如果是那样，则国家或公共组织体对社会的组织、管理、规制及其效能，就很值得怀疑。这从一个侧面反映了这样的观念：“公序良俗”问题，无论在一个国家的法律上是否明文载定，都应是一个国家法律必须彰显的内容；否则，国家法律及其治理就失去了应有的价值标准，国家也就不成其为国家，公共组织也就不成其为公共组织。那样，我们的所处只是“丛林法则”时代，而非规范文明时代。

（三）“公序良俗”的学理及简要分类

那么，究竟何为“公序良俗”？显然，这是一个兼涉秩序事实和道德事实的概念。所谓“公序”，乃公共秩序之简称；所谓“良俗”，系善良风俗之简称。这几乎是有关公序良俗含义之人云亦云的解释，但同时也是个语焉不详的解释，因此，在这样的解释中，人们并不能确切地获得公序良俗之概念化、类型化、逻辑化和体系化的知识，即人们仍然处于对它的知其然而不知其所以然的经验状态。何以如此？这或许导因于“如何理

---

① ［美］约翰·奇普曼·格雷：《法律的性质与渊源》，马驰译，中国政法大学出版社2012年版，第258页。尽管格雷的思想中含有较为明显的现实主义法学的成分，但其基本上继承了实证主义法学一脉的精神。在该问题上也是一样，所以，我们可以在其前辈们的思想中发现和他的论述关联的观点，如奥斯丁就强调：“……习惯法作为实际存在的由人制定的法，其基础是这样的：法院参考了预先存在的习惯，然后进行司法立法。在这里，当习惯没有成为司法判决根据的时候，而且，当习惯没有以主权者个人或群体所设定的法律制裁作为后盾的时候，习惯，也不过仅仅是被统治者舆论所确立的规则，这种规则的制裁性，或者强制性，仅仅具有道德上的意义。但是……当习惯成为法院判决的理由的时候，并且，当习惯是以主权者个人，或者群体所设定的法律制裁作为后盾的时候，这种习惯，的确就是实际存在的由人制定的法律规则……如果接受这样一种奇妙的设想，而且，以此进行类推，我们就只能将主权者视为实际存在的社会道德的制定者，而这种社会道德，时常是实际存在的由人制定的法的一个结果。”（［英］约翰·奥斯丁：《法理学的范围》，刘星译，中国法制出版社2002年版，第186页）当然，我们也发现，这种对习惯法的“普通法解释”，在习惯于成文法的法国学者那里就不被理解：“这种习惯法纯粹是判例的理论不能被接受。即使是英国普通法，也被视为是在纯习惯、有别于司法裁判决定的原始基础上的司法发展的结果。”（［法］雅克·盖斯坦等：《法国民法总论》，陈鹏等译，法律出版社2004年版，第489页）

解‘善良风俗’则是一个比较难的问题……”①当然，这样讲，并不是说没有人对这一问题给出概念性的说明。

在法律和学理上要不要将“公共秩序”和“善良风俗”两者并列共用？这在德国法学家之间存有不同意见。弗卢梅强调：“‘善良风俗’这一术语很可能已足以解决问题……人们必须将其理解为——正如《德国民法典》的起草者所理解的那样——它涵盖了‘公共秩序’。”②拉伦兹则从另外的视角，对“公序良俗”作出了与弗卢梅略有不同的解释：

> “公共秩序”包含一个正确的内核。以事实上的行为方式和综合的评价标准来看，每一种被接受的社会道德都或多或少清楚地表明了它们实际上是一种对行为的要求。“善良风俗”这一法律概念也意味着是一种对行为的要求，并且，这些行为的要求来源于法律伦理标准的具体化，而这些法律伦理标准在法律制度中就能找到它们的痕迹。③

我国学者有关“公序良俗”的论述和界定，并不过于纠缠有无必要区分“公共秩序”和“善良风俗”（当然，也有例外），而或做一体论述，或予分别解释。这是因为自从清末民初以来，我国的民事立法本身就规定的是“公序良俗”，而不仅仅是“善良风俗”。而所谓“公序良俗”，本来是“公共秩序”和“善良风俗”的简称。在此法律规定基础上，我国在该问题出现了一些代表性的观点，如史尚宽、郑玉波、梁慧星、于飞、杨德群④等的论述。下文分别引用前三位学者对“公序良俗”的界定：

> 公序良俗，谓维持吾人社会的共同生活应遵守之一般规范。
>
> 公共秩序……谓为国家社会之存在及其发展所必要之一般的秩序，不独宪法所规定之国家根本组织，而个人之言论、出版、信仰、营业之自由，乃至私有财产、继承制度、皆属于公共秩序……善良风俗……谓为社会国家之存在发展所必要之一般

---

① ［德］卡尔·拉伦兹：《德国民法通论》（下册），王晓晔等译，法律出版社2003年版，第596页。

② ［德］维尔纳·弗卢梅：《法律行为论》，迟颖译，法律出版社2013年版，第434页。拉伦兹在其相关的论述中，对德国法学界在此问题上的争鸣有系统的总结和评论（参见［德］卡尔·拉伦兹：《德国民法通论》（下册），王晓晔等译，法律出版社2003年版，第596页以下）。

③ ［德］卡尔·拉伦兹：《德国民法典》（下册），王晓晔等译，法律出版社2003年版，第601页。

④ 于飞对该问题的论述，参见于飞：《公序良俗原则研究——以基本原则的具体化为中心》，北京大学出版社2006年版，第19页以下。值得一提的是，该著对“公序良俗”原则的缘起、发展及基本理论问题，都做了较为系统的综述性论述（参见该书第48页以下）。杨德群对该问题的观点及其综述性论述，参见杨德群：《公序良俗原则比较研究》，中国社会科学出版社2017年版，第20页以下。

道德，非指现代风俗中之善良者而言，而系为道德律……即道德的人民意识。……故公共秩序与善良风俗大部分同其范围，而且有时明为区别，亦甚困难。唯一者自外部的社会秩序方面言之，一者自内部的道德观念言之，同系以社会国家健全的发展为目标，而使阻害此发展之一切法律行为悉为无效。①

所谓公共秩序(简称公序)乃指国家社会之一般利益而言，所谓善良风俗(简称良俗)乃指社会的一般道德观念而言。惟良俗之尊重，自亦符合国家社会之一般利益；而公序之维持，自亦不背乎社会的一般道德之观念，因而斯二者，不仅在范围上大致相同，即在理论上，亦无多大差异。②

公共秩序和善良风俗，简称公序良俗……立法当时不可能预见一切损害社会公益和道德秩序的行为而作出详尽的禁止性规定，故设立公序良俗原则，以弥补禁止性规定之不足……目的在于，遇有损害社会公益和社会道德秩序的行为，而又缺乏相应的禁止性法律规定时，法院可以违反公序良俗为由，判决该行为无效。依学者通说，中国现行法所谓“社会公共利益”和“社会公德”，在性质和作用上与公序良俗相当，“社会公共利益”相当于“公共秩序”，“社会公德”相当于“善良风俗”。③

如上我国三位学者对“公序良俗”之解释，其意涵一脉相承，大同小异。只是史尚宽之解释，强调两者之相同；郑玉波之解释，多强调两者之相互关联；而梁慧星之解释，力图区分两者，但其所谓“社会公德”，自然牵涉“社会公共利益”，甚至是被“社会公共利益”所包含的，因此，一定要无所黏连地区分两者，实在困难。因论题所限，对这些本文不予置评。下文笔者将把着眼点主要放在对“公序良俗”的个人理解及类型梳理上。

如前所述，公序良俗是兼及事实和价值的一个概念，也因如此，在解释起来就确实有些困难。具体来说，在其事实层面，无论列举，还是定义，都不存在太大困难，但在其价值层面，就存在一个类似“谁之正义？何种合理性”一般的诘问。但即便如此，它也不像有些学者所讲的那样：“属于不确定概念和一般条款，其内涵和外延均不确定。”④反之，给其基

---

① 史尚宽：《民法总论》，正大印书馆1980年版，第32页、第300～301页。

② 郑玉波：《民法总则》，中国政法大学出版社2003年版，第467页。

③ 梁慧星：《民法总论》，法律出版社2011年版，第51页。

④ 梁慧星：《民法总论》，法律出版社2011年版，第199页。

本的界定，乃是认识这一问题的必要学理和实践基础。

笔者认为，所谓公诉良俗，是指不违背一国法律规定的所有公共交往行为（“公共秩序”）和社会交往规范（“善良风俗”）。这个界定，首要在强调“不违背法律”。[①] 所谓不违背法律规定，并不是合乎法律的另一种说法。广义上讲，它包含了公共交往行为和交往规范合乎法律和不违反法律；但狭义上讲，它仅指其不违反法律。或问，不合乎法律难道不是违背法律吗？笔者认为，这个质疑是不能成立的。事实上，很多时候不合乎法律的公共交往行为和交往规范，并不必然“违背法律”，特别是并不一定违背法律的原则和精神，甚至还能够被推定为一项权利。例如，在买卖一头牛时，两家农户并不口头谈价，也不书面签约，而是按当地交易习惯，互相在对方袖筒里数指头。显然，这并不合乎法定的合同签订方式和程序，但并不违背法律。再如，在我国的男女婚姻中，结婚的前提并非爱情，也并非根据婚姻自由的法律原则，但没有爱情，不以婚姻自由为前提的婚姻，虽不合法律的理想要求，但也不违背法律。又如，继承，法定的是男女平等，但在乡村土地承包问题上，我国绝大多数地方并不保护已婚女子的承包继承权。[②] 这也明显不合乎法律，但并不过分违背法律。

如上情形足以说明：一方面，不合乎法律和违背法律是两码事。另

---

① 具体而言，所谓“不违背法律”，既指不违背（侵犯）法律的任意性规范（权利规范），也指不违背法律中的强行性规范（作为的义务规范），更指不违背法律中的禁止性规范（不作为的义务规范）。笔者的这一看法，显然不同于一些学者强调的“违反公序良俗”，是指违反“强行性规范”的论点（参见梁慧星：《民法总论》，法律出版社2011年版，第203页以下），当然，梁氏在该书中所论述的“强行规范”和笔者在这里所讲的“强行性规范”之间，明显存有一定的差异。

② 在具体司法中，发生在青岛并被学者们广泛讨论的“顶盆过继案”，就是典型的虽不合法，但也不违背法律的案例（参见姜福东：《法官如何对待民间规范？——“顶盆过继案”的法理解读》，载《甘肃政法学院学报》2007年第3期，《法哲学与法律方法——以“顶盆过继案”为例》，载陈金钊、谢晖主编：《法律方法》2007年卷；胡平：《民事审判中民俗习惯的司法识别与运用——由“顶盆过继案”引发的思考》，载 http://www.dyzxw.org/html/article/201301/04/114840.shtml，2017年8月29日访问）。而另一例众所周知的、照例引起学界广泛关注的（尽管主要是以否定该裁判为主）、发生于四川泸州的“二奶继承案”，其遗嘱内容虽合乎法律，但因违背公序良俗而被法院裁判遗嘱继承人败诉[参见萧瀚：《被架空的继承法：张学英诉蒋伦芳继承案的程序与实体评述》，载易继明主编：《私法》（第2辑第1卷），北京大学出版社2002年版；喻敏：《文义解释：民法解释的基础与极限——评张学英诉蒋伦芳遗赠纠纷案的一、二审判决》，载《西南民族学院学报》2002年第11期；范愉：《泸州遗赠案评析：一个法社会学的分析》，载王利明主编：《判解研究》（第2辑），人民法院出版社2002年版；许明月等：《泸州遗赠案的另一种解读：兼与范愉先生商榷》，载王利明主编：《判解研究》（第2辑），人民法院出版社2002年版；何海波：《何以合法？对“二奶继承案”的追问》，载《中外法学》2009年第3期等]，这说明形式上合乎法律的行为，未必一定就符合“公序良俗”，这也在另一个视角反证了前述“不合乎法律的行为，未必一定违背法律”的结论。

一方面,公序良俗原则虽然可以指向合乎法律的公共交往行为和规范,但这不是也不应是公序良俗原则所设立的主要宗旨。因为“合法原则”乃是法治社会的基本要求,它应贯彻在所有法律领域。因此,公序良俗原则更应指向虽然并不合乎法律,但也不违背法律的公共交往行为和社会交往规范。在这个意义上,公序良俗原则乃是合法原则的一个例外原则。既然在法律上,“可以适用习惯”或者“依习惯”仅适用于法律有“漏洞”的情形(“习惯仅有补充法律的效力,故习惯成立的时间,无论在法律制定之前或其后,凡与成文法相抵触时,均不能认为有法的效力……‘习惯仅于法律无明文规定时有补充之效力……’”①);与此同时,既然“公序良俗”用于裁判活动时,同样主要是针对在法律漏洞情形下适用习惯而言,那么,完全可以推定“公序良俗原则”,乃是法律中的一项例外原则,而非“常规”原则。说原则,又说例外,似乎在逻辑上有些牵强。但“常规”的原则和“例外”的原则事实上在法律体系性运行时,是相互补充的。“常规”原则一旦离开“例外”原则之补充,法律的体系性及其运作就会出现破绽。明白了这一道理,把“公序良俗”理解为法律之例外性原则,就并无不可。

上述界定中的“公共交往行为和社会交往规范”涉及两个方面,即动态的“公共交往行为”和静态的“公共交往规范”。它们分别表达着动态的“公共秩序”和静态的“善良风俗”。其中,“公共交往行为”作为“公共秩序”,代表着“公序良俗”的事实之维;而“社会行为规范”作为“善良风俗”,代表着“公序良俗”的价值(标准)之维。动态的“公共秩序”即人们的日常交往行为,其衡量标准,是静态的“善良风俗”,即人们面对的各种各样的交往规则。这些规则虽然林林总总,不一而足,但在笔者看来,大体上可以类型化为法定(法律认可的)善良风俗、道德(意识形态化)善良风俗和习惯善良风俗三类。相应地,据之而形成的公共秩序也有三类,即法律性公共秩序、政策性公共秩序和习惯性公共秩序。显然,在广义上讲,上述三类“善良风俗”以及和它们相应的“公共秩序”都应属于“公序良俗”的范畴。但是,在狭义上讲,因为法定的“善良风俗”及其“法律性公共秩序”,内嵌在法律秩序体系中,是法律在相关领域并无漏洞的规范和事实证明,所以,应被排除在“公序良俗之外”。这样,狭义的“公序良俗”,仅指静态的道德(意识形态化)善良风俗和习惯善良风俗,以及和它们相关的动态的政策性公共秩序和习惯性公共秩序。借由此种理解,如下笔者将继续展开“可以适用习惯”为何,并如何“不得违背公

① 王泽鉴:《民法总则》(增订版),中国政法大学出版社2001年版,第56页。

序良俗”的论述。

三、“可以适用习惯”为何，并如何“不得违背公序良俗”

（一）“不得违背公序良俗”：行为面向和习惯面向

把“不得违背公序良俗”和“可以适用习惯”联系起来规定在同一条法律中，必然意味着要追问“公序良俗”究竟指向什么领域的问题。这一问题，需要从如何理解我国《民法总则》的规范性质谈起。从此出发，一方面，可以把“不得违背公序良俗”划分为作为行为规则的“不得违背公序良俗”和作为裁判规则的“不得违背公序良俗”；另一方面，可以把其划分为行为“不得违背公序良俗”和习惯（规则）“不得违背公序良俗”。分述如下：

第一种划分的理论根据，是行为规则和裁判规则的两分。法律的规范性质，如果按照埃利希的分类，可以分为行为规则和裁判规则两类。所谓行为规则，乃是指对所有受法律调整的主体之行为都有规范功能的法律；而所谓裁判规则，则是指主要对用来解决纠纷的主体具有规范功能的法律。一般来说，行为规则，都可能成为裁判规则，但裁判规则，虽然广义上也属于行为规范，但其未必能成为对所有主体普遍有效的行为规则，它“只为法院适用”。[①] “公序良俗”在一国法律的不同语境中，分别领有行为规则和裁判规则的性质，这在前文中笔者已经提及。例如，前引《德国民法典》第 138 条第 1 款，《瑞士债法典》第 20 条、第 41 条，《日本民法典》第 90 条、第 91 条、第 92 条，我国台湾地区“民法典”第 72 条对公序良俗之规定，皆属行为规则之范畴，而我国台湾地区“民法典”第 2 条之规定，则完全属于裁判规则之范畴。按照行为规则自然可以作为裁判规则的原理，法院和法官在处理民事纠纷时，对违反上述规定，违背“公序良俗”的行为，应宣布其无效。而当其作为裁判规则使用时，只是法律授权法院和法官以法律的名义宣布这种行为无效。

那么，我国《民法总则》第 10 条的如下规定“处理民事纠纷，应当依照法律；法律没有规定的，可以适用习惯，但是不得违背公序良俗”，究竟是一种行为规则还是裁判规则？毫无疑问，这里的处理民事纠纷，既不是指私人之间自治地处理民事纠纷，也不是指民间权威处理民事纠纷，甚至也不是国家法律授权的人民调解组织、行政组织和法院通过调解解决民事纠纷，而是指法院通过司法裁判的方式解决民事纠纷。[②] 所以，这

① ［奥］欧根·埃利希：《法社会学原理》，舒国滢译，中国大百科全书出版社 2009 年版，第 127 页。

② 参见谢晖：《“可以适用习惯”的法教义学解释》（待刊稿）。

一规定无疑是专门的裁判规则。其他民事主体和民事纠纷解决主体很难甚至不能运用这一规定作出日常行为。所以,这一规定中的"可以适用习惯"也罢,"不得违背公序良俗"也罢,都属于裁判规则。不少学者在强调的"公序良俗"原则时,更关注前者,而忽略后者,这是一个问题。当然,也有学者在论述时,清醒地对两者予以兼顾。①

第二种划分的理论根据,是前文有关交往行为和交往规范的两分。如前所述,交往行为和交往规范分别在动态和静态两个方面构织人类秩序。按照理想图式,其中交往行为是交往规范的动态化、实践化,而交往规范是交往行为的静态图景、行为方案。在实践中,交往行为总是个别的,即便群体性的交往行为,与图景、方案、规范相比较,仍然是个别性、个别化的。所有个别化的交往行为能被统一纳入交往规范中,就会生统一之秩序,同时,也意味着交往规范之有效;反之,一旦个别化的行为不能被结构在统一的交往规范中,且交往规范对之束手无策、没有强有力的矫正措施,则交往规范本身是失效的。

根据这一理论,针对人们交往行为而言的"不得违背公序良俗",和针对社会交往规范(无论它是习惯、道德,还是其他规范)而言的"不得违背公序良俗",明显有所不同。前者适用于所有的行为,而后者却因为对习惯与法律关系的不同看法而有异。当人们认为习惯是高于法律的规范时,自然,作为交往规则的"善良风俗"也高于法律,立法也须遵循"善良风俗"。但在法律高于一切其他社会规范的"法治"语境下,"善良风俗"都可能不包含被法律所认可的、已经法定化了的那些"善良风俗",而是法律之外的"善良风俗"。这样的"善良风俗",效力自然低于法定规则,司法也只能在法律有漏洞时适用之。

> 法律制度内在的法律伦理原则相对"占统治地位的道德"来说,具有优先权,因为法院首先是和"法律和法"联系在一起的……法院只在下列情况下才可能适用"占统治地位的道德"的标准,即当"占统治地位的道德"和现行法律制度的基本原则相符合时,并且这种占统治地位的道德是对现行的法律制度的更好的解释。所以,当"占统治地位的道德"在关于

① 梁慧星就一方面强调:"违反公序良俗,成为现代决定法律行为无效的最重要的原因",从而突出了"不得违背公序良俗"的"行为规则"之意义;另一方面又强调"公序良俗原则,性质上为授权型规定。目的在于遇有损害社会公益和社会道德秩序的行为,而又缺乏相应的禁止性规定时,法院可以违反公序良俗为由认定该行为无效"(梁慧星:《民法总论》,法律出版社 2011 年版,第 198 页以下),从而突出了"不得违背公序良俗"的"裁判规则"意义。

某个问题上不确定，或者相互矛盾，或者不清楚，法院根据它不可能作出明确的判决时，法院就必须首先适用法律制度的评判标准。①

借此还不难发现，当“不得违背公序良俗”这一规定，被分别置于行为规则和裁判规则中时，其指向也不同。作为行为规则的“不得违背公序良俗”，是指动态的行为本身，无论这种行为的规范根据是什么。如果它能被结构在“公共秩序”中时，就意味着其符合“善良风俗”；反之，如果它不能被结构在“公共秩序”中时，就意味着其不符合“善良风俗”。这意味着，一旦行为违背善良风俗，就无法被结构在公共秩序中。而作为裁判规则，作为授权法官用来适用习惯时的限制性规定：“不得违背公序良俗”，乃是针对（习惯）规范而言的，即法官或法院所适用的习惯，不得违背用来构造公共秩序的“善良风俗”。显然，它不是指人们具体的交往行为违背善良风俗，而是规则对规则的违背。由此不难发现：作为交往行为的“不得违背公序良俗”，是和作为行为规则的“不得违背公序良俗”勾连的概念；而作为交往习惯的“不得违背公序良俗”，是和作为裁判规则的“不得违背公序良俗”勾连的概念。

综上所述，“不得违背公序良俗”这一规定，在宽泛的意义上讲，有行为不得违背公序良俗和习惯不得违背公序良俗两个面向。当其取向于第一个面向时，这一规定属于行为规则的范畴；当其取向于第二个面向时，则这一规定属于裁判规范的范畴。具体到我国《民法总则》第 10 条的规定，因为它明显的是一条对民事纠纷解决主体——法院和法官的授权规范，因此，属于裁判规范范畴——因为它是法院和法官在“可以适用习惯”时的限制性规定。它表明：在法律没有规定，或法律有漏洞时，法院所适用的习惯，只能是符合公序良俗的习惯，而不是违背公序良俗的习惯。因此，该条的逻辑指向，是法官所适用的“习惯不得违背公序良俗”，而不是说法律主体的“行为不得违反公序良俗”。在法律后果上讲，该条规定意味着：违反公序良俗的习惯法院不得适用，即使适用了，因此而败诉的诉讼当事人，可以此作为上诉、并抗辩裁判的理由。因此，它进一步意味着该习惯因“不善良”而无效力。可见，它与人们的交往行为因违背公序良俗而不发生法律效力的情形明显有别。

---

① ［德］卡尔·拉伦兹：《德国民法典》（下册），王晓晔等译，法律出版社 2003 年版，第 602 页。应指出的是，拉伦兹的这段论述，也有一个明显的矛盾：一方面，司法适用习惯——“占统治地位的道德”，是因为法律存有漏洞；另一方面，法律如果有明确的“评判标准”，法院和法官又何须多此一举，去适用习惯——“占统治地位的道德”呢？

(二)公序良俗层级性与习惯违背公序良俗之效力位阶

在前文中,笔者将“善良风俗”和“公共秩序”各自类型化为三类,即法定(法律认可的)善良风俗及相关的法律性公共秩序、道德(意识形态化)善良风俗及政策性公共秩序、习惯善良风俗及习惯性公共秩序。[①] 这对法院和法官适用习惯解决纠纷提出了进一步的问题:如何识别并查明符合公序良俗的习惯?毫无疑问,当法官拟适用习惯以解决纠纷时,他须对其是否符合“公序良俗”要予以审查,以查明习惯可否适用于裁判当下案件。如果法官查明习惯符合公序良俗,自然可以适用之以裁判案件;但如果相反,则即使法律有漏洞,也不能运用之而补充法律。因为它只能破坏法律体系和法律秩序,而无法健全、补充法律体系和法律秩序。但是,面对善良风俗和公共秩序的上述类型,这种识别和查明就不是如此简单了。

既然善良风俗及相关的公共秩序可以分为三类,那必然意味着习惯之违背公序良俗也应一分为三,即其一,习惯违反法定善良风俗和法律性公共秩序;其二,习惯违反道德(意识形态)善良风俗和政策性公共秩序;其三,习惯违背习惯善良风俗和习惯性公共秩序。总体而言,无论习惯违反哪种善良风俗,进而违反哪种公共秩序,一般都意味着习惯在司法上不能予以肯定,不能用来裁判个案,即这样的习惯没有司法上适用的效力,是司法构建裁判规范时必须排除的习惯。[②] 但是,问题到此并没有结束,因为上述对公序良俗的类型化处理,又必然连带地生出一些新的问题来:这三种类型的公序良俗是等值的,还是有效力层级的?它们之间是否会出现冲突?如果是,那么适用习惯不得违背公序良俗,应以哪种公序良俗为标准?不能用心回答这些问题,则在适用习惯时对习惯

---

① 对于“公序良俗”的类型化处理,还可以有更多的标准。通常主要是从违反公序良俗的视角入手,借助法定的制度事实和司法的案件事实两个方面的内容,对违反公序良俗的行为予以分类,并进而折射出公序良俗本身的内容。显然,这是一种不错的、侧重于法教义学的规范分析,且较为有利于司法时对公序良俗本身以及违背公序良俗行为的判断和把握。但问题是,其一,该分析仍针对“行为违背公序良俗”,而未进一步深入习惯违背公序良俗领域;其二,这种分析永远是枚举式的,从而未能将其在更高层次上概念化、逻辑化和体系化。对相关问题之综述,参见于飞:《公序良俗原则研究——以基本原则的具体化为中心》,北京大学出版社 2006 年版,第 119 页以下;杨德群:《公序良俗原则比较研究》,中国社会科学出版社 2017 年版,第 141 ~ 154 页。或许是人们意识到这种枚举式类型化的缺陷,因此学者们也常主张以价值补充方式,致公序良俗的具体化(参见于飞:《公序良俗原则研究——以基本原则的具体化为中心》,北京大学出版社 2006 年版,第 159 页以下;杨德群:《公序良俗原则比较研究》,中国社会科学出版社 2017 年版,第 154 页以下)。

② 有关司法中构建裁判规范时,对民间法(习惯法是其中之一种)的排除及其标准,参见谢晖:《论民间法与裁判规范》,载《法学研究》2011 年第 2 期。

不得公序良俗之审查，就不得要领。

(1)不同公序良俗是等值的，还是有效力位阶的？法定善良风俗及其秩序、道德（意识形态）善良风俗及其秩序以及习惯善良风俗及其秩序之间，究竟存在不存在效力位阶问题？如果存在，说明它们之间的效力不是等值的，就意味着它们之间总有一个效力位阶高低、实践效力大小的关系问题，如果不存在，那么其效力就是等值的。事实上后一种预设，是不能成立的。在法律和法律学术发展史上，法律、道德、习惯三者之间的位阶关系，很耐人寻味。曾经很长时间里，在很多地方，法律并不当然地居于最高地位。例如古代中国就一直强调“德礼为政教之本，刑罚为政教之用，犹昏晓阳秋相须而成者也”，[①]因此，“德主刑辅”曾被认为是古代中国法文化中的“标配”[②]。再如，在西方历史上，不少学者，如卢梭、布律尔、萨维尼等都曾对习惯如痴如醉、赞美有加，并强调它才是铭刻在人们心底的法，是“民族精神”的规范表达。[③] 即便在当下，一位自然法学家或社会法学家心目中的道德价值、社会事实之于法律的上位性，和一位规范（分析实证主义）法学家心目中的法律至上相较，仍可谓泾渭分明，相映成趣。

但是，不得不承认的是，近、现代以来的社会控制模式，越来越倾向于法律优位、法律至上的统治，因此，人们并不吝对法律之崇尚和赞美，庞德曾基于事实和理想指出：

> 自十六世纪以来，法律已经成为社会控制的最高手段了……法律既是理性，也是经验。它是经过理性发展了的经验，又是经过经验检验了的理性。除非造法者的意志受到理性

① （唐）长孙无忌等撰：《唐律疏议》，中华书局1983年版，第3页。

② 当然，如果把法就理解为刑，那么，这种观点，颇值称颂。问题是，当代学者普遍认为，中国古代的法，绝不仅是刑，至少还应包括礼（参见马小红：《礼与法》，经济管理出版社1997年版，第3～180页）。还有些学者提出了中国古代法律的层次理论，即古代法可分为宪、礼、罚、刑四个层次（刘大生：《法律层次论：关于法律体系的理论重构》，天津人民出版社1993年版，第7～8页）。私以为，我国古代的法律可分为宪制法，如天、帝关系，皇位继承，帝、相关系，央、地关系，后宫管理，权力关系，官、民关系等；政制法，如行政区划、中央管理、地方管理、官吏任用、铨叙制度、考试制度、监察制度、保甲自治等；礼制法，如家事、婚姻、继承、财产、买卖、结社、其他民间交往等；刑制法，如犯罪、刑罚及其他相关制度。因之，通典、通志、“三礼”以及历代政书等所记载者，主要为法律制度的内容。正是这些法律之互为作用，才成就了全面、庞大、有效的古典中国法律体系和治理体系。

③ 参见［法］卢梭：《社会契约论》，何兆武译，商务印书馆1980年版，第72页以下；［法］亨利·莱维·布律尔：《法律社会学》，许钧译，上海人民出版社1987年版，第38页以下；［德］弗里德里希·卡尔·冯·萨维尼：《论立法与法学的当代使命》，许章润译，中国法制出版社2011年版，第7页以下等。

和经验的检验，否则我们就没有理由期待他制订的东西能得到实行。①

如今，这种法律至上的"法治"理念，已经成为迈向现代国家的必经门槛。因此，社会道德也罢，习惯也罢，尽管在价值上仍可分享其作为法律根据的论断，但在事实上，道德和习惯必须服从法律的优先效力——即便在最终意义上，法律仍不可避免地要接受道德和习惯的要求而废、改、立。由此大致可以肯定，公序良俗的三种类型——法定公序良俗、道义公序良俗和习惯公序良俗之间，其效力并非等值的，借此，它们之间必然存在效力层级问题。

（2）不同公序良俗间是否会出现冲突？三种不同的公序良俗，如果是铁板一块、互为交融，不可能出现冲突的实体，那么，探究其间的效力是否等值，以及它们之间是否存在效力层级问题，就失却了研究的意义。因此，对上述疑问，不能做否定的回答，只能做肯定的回答。只是首先应说明的是，这里的冲突，既包含了不同的公序良俗及其内容相互违背对方的规定，从而构成相互间反对关系的情形，也包含了虽然不同的公序良俗在内容上相互不合，但并不反对，从而构成相互间共存关系的情形。其次，再来分析上述结论。对以上问题，笔者之所以做肯定的回答，并非基于某种价值理念，而是基于三种公序良俗的事实判断。这在前文的论述中，已约略提及：一种不合乎法律的道德和习惯，未必是违背法定的原则和规则的，如在车上礼让老人，礼让弱者等，与法定的主体平等原则未尽相合，但又未必违背之；甚至它与另一条堪称公序良俗的习惯——先来后到也是不合的，但它仍被人们所接受。不但如此，而且在日常交往行为之实践中，其效力往往盖过了法定的主体平等的公序良俗。②

不同公序良俗之间可能出现冲突的情形，对司法所适用的习惯"不得违背公序良俗"而言，提出了更为复杂的话题：司法适用习惯时，习惯和公序良俗的冲突会有多种复杂的情形，但为了叙述的方便，笔者在此只列举其中三种情形：其一，违背法定公序良俗，但符合道德或习惯公序良俗；其

---

① ［美］罗·庞德：《通过法律的控制　法律的任务》，沈宗灵译，商务印书馆1984年版，第131页。

② 对此值得一提的是，礼让弱者的习惯，在国家的有关法律中也可以类推一二，如《老年人权益保障法》《未成年人保护法》《妇女权益保护法》《消费者权益保护法》等，都是建立在对弱者优先保护的理念基础上的。但毕竟这些法律的规定，是国家及其他公共主体的义务；在公民之间，像礼让弱者这种符合公序良俗的行为，并不是法律的强行性规定，而是法律所倡导的、对公民而言可选择的规范（权利规范）。人们选择了对弱者礼让，显然属于习惯公序良俗，而非法定公序良俗。

二，违背习惯公序良俗，但符合法定或道义公序良俗；其三，违背道义公序良俗，但符合法定或习惯公序良俗。这种事实，已充分表明当不同公序良俗本身出现冲突时，法官要判断某一习惯是否违背公序良俗的复杂性。法官在这时，究竟应根据何种标准或顺序来判定习惯是否符合公序良俗，并决定适用或不适用习惯？显然，这需要对三种公序良俗的具体效力位阶作出更为明晰的阐述；否则，法律虽然授权法官"可以适用习惯"的自由裁量权，但真要行使这项授权时，或许就会顾此失彼、捉襟见肘。

(3)如何具体理解不同公序良俗的效力顺位？前文已经提到公序良俗原则存在效力顺位。但具体来说，其顺位关系是什么？这直接关乎不同公序良俗之间一旦出现冲突——一旦某一习惯尽管不合乎法定公序良俗但符合道义或习惯公序良俗，或者某一习惯尽管不合乎习惯公序良俗但符合法定或道义公序良俗，又或者某一习惯尽管不符合道义公序良俗但符合法定或习惯公序良俗时，法官根据法律授权，自由裁量是否适用习惯的问题，即关涉法官能否据某种习惯构建裁判规范的问题，进言之，也关涉法官适用习惯，构建裁判规范以裁判案件的合理性问题。因此，对不同公序良俗的效力位阶再加具体化，就有必要。笔者认为，在法治主义前提下，站在实证法学和法律至上的立场上，这种具体化，大致(一般来说)可归纳为以下三点：

其一，法定公序良俗优于道义和习惯公序良俗。其理由是法律作为契约在法治国家的至上效力和根据法律交往行为而构建公共秩序的合法性和正当性。这种优先性表明，当法院和法官所面对的习惯，与不同的公序良俗出现冲突时，应优先考虑它和法定公序良俗是否冲突，如一项习惯，虽然不违背道义公序良俗和习惯公序良俗，但违背法律公序良俗时，应尽量避免适用之来构建裁判规范，作为司法裁判的根据。众所周知，法院和法官的本质，首先在于守护法律，因为法律是其"权威性的审判指南或基础"。[①] 法官不能维护这一基础，而轻易由习惯败坏法律的规定性，法律构建权威性秩序的愿望就会坍塌。除非法定公序良俗与道义和习惯公序良俗差异太大，以致人们普遍不能接受，始得以适用习惯来更改之。[②]

---

① [美]罗·庞德：《通过法律的控制　法律的任务》，沈宗灵译，商务印书馆1984年版，第97页。

② 前文提到的"二奶继承案"，虽然法院裁判的根据是我国《民法通则》第58条第5项规定的"民事行为违反法律和社会公共利益的无效"这一"公序良俗"条款，但作为一桩继承案，遗嘱人的行为显然不存在违反上述规定的情形。故毋宁认为，是法院以人们可接受的道德和习惯公序良俗，更改了人们不能接受的法定公序良俗。这或许正是该案甫一判决，就引致不少笃信法律的法学家撰文批评的缘由所在。

其二，道义公序良俗优于习惯公序良俗。道义与习惯，有时候是可以通用的事体。一般来说，一项古老的道义，一定同时也是一项习惯，如尊老爱幼、见义勇为、怜恤贫弱等古老道义，无不是习惯，其中有些被法定化、义务化，有些则属于放任的权利范畴。在这个意义上，道义和习惯是交叉关系。但是，还有一种道义，乃是紧扣时代脉搏的意识形态道义（本文所指的正是这种道义）。如今在世界各国，此种道义都在事实上成为一个国家及其国民的重要行为指南。因此，意识形态化的道义公序良俗，在关系上和国家法律的距离更近，其很多内容升华为宪法和法律原则，表现为宪法和法律精神，但并不尽然。人们尽管可以不同意某种意识形态，但如果在行为上公开违背这种意识形态，则每每会带来事实上的责任负担。法官面对的习惯，如果违背意识形态化的道义公序良俗，该习惯则一般不能被适用。

其三，习惯公序良俗效力位阶的翻转效应。那么，是不是按照如上说法，法院适用习惯，只能适用那些和法律公序良俗以及道义公序良俗完全一致的习惯？即便这种习惯和习惯公序良俗相一致，但只要不合乎前两种公序良俗，就不得适用？其实不然。正如前文所言，在现实生活中尽管有不少具有公序良俗特征的习惯，与法定公序良俗和道义公序良俗并不相合，但也不能说违背前两种公序良俗。进一步讲，如果不同的公序良俗之间尽管不合，但它们仅仅构成共存关系，而不构成反对关系时，那么，法官不但可以在裁判中适用符合习惯公序良俗但不符合法律和道义公序良俗的习惯，而且在习惯普遍生效的时空范围内，应优先适用这种习惯。因为适用之，既可以补充现有法律之漏洞，也能够取得司法裁判的可接受性。

探讨了不同公序良俗的效力位阶及其与司法适用习惯之间的关系，最后笔者将进一步说明习惯、公序良俗与法官自由裁量间的一般关系。

（三）习惯、公序良俗法律化与自由裁量

我们知道，人类早期的历史，就是由习惯支配其交往行为的历史。人类的权利，早先也是由习惯赋予每个人的。但是，习惯自来是多元的、冲突的，且分散的，这样的习惯，必然是不易统一秩序，也不易被人们所认知的，因此，需要通过法律——无论是成文法还是判例法出场：要么认可习惯赋权的内容，要么对多元的习惯加以加工整理。所以，在人类历史上，所谓习惯的法律化，就是法律对多元习惯的一种取舍。被法律取了的习惯，是优良习惯，被法律舍了的习惯，即便不能说是不良的习惯，但也至少是在法律上不能被特别重视的习惯。

在我国历史上，众所周知，曾志于“兴灭继绝”的孔子，其最重要的贡

献就是删诗书，著春秋，作易传，传经艺，把零散的诗歌、历史文献、学术思想以及音乐艺术等设法统一起来，以资对社会的良好治理。因为我们知道，孔子及其后学所编删订定的“六经”，实质上皆为“治国”文章，所谓“传家孝友敦三物，治国文章本六经”，就是对“六经”治国的简要概括。显然，孔子的如上做法，就是要对既有的、多元的习惯予以删繁就简，去芜存菁，用来教化统一人们的行为，敦厚人们的思想，建立一套行之有效的“伦理法”体系。[①]

而秦国统一六国前后，实施“书同文、车同轨”的统一措施，再加之统一文字、统一货币、统一度量衡、统一土地所有制、统一刑法等举措，表面上看，所贯彻的是韩非们的主张：“夫古今异俗，新故异备，如欲以宽缓之政，治急世之民，犹无辔策而御馯马，此不知之患也”，[②]因此，是一种革命性措施。但事实上，毋宁可将其看做把六国分散的习惯或法律统一起来，从而可视为通过国家权威力量，对列国的习惯或者兼收并蓄，或者兴利除弊的举措。这正是何以秦国虽因苛政，二世而亡，但其法律统一措施及其规定，不仅“汉承秦制”，而且被后世历朝历代所继承——“两千年来之政，秦政也……”[③]的原因。

习惯之法律化，在西方每每出自对习惯的坚守。特别在英国，更是如此，诚如有人所言：

> 英格兰人对自由的珍视闻名于世，但它却从未像有些国家那样将民众的权利、自由视为来源于宪法或法律的规定，而是认为它们来源于习惯，来源于超出人们记忆之外……的古老习俗、惯例。这种意识形态式的主张之夸张程度，我们可以从柯克的说法中看得清楚：英格兰的古老宪制自特洛伊王子登临不列颠之时就产生了。
>
> 不过，源于习惯的权利和自由如果仅停留在习惯的形式上，就有可能为统治者所“糊弄”；毕竟，口耳相传的习惯不如白纸黑字的条文明确、清晰。更为重要的是，有些（也许是绝大部分）统治者习惯于以习惯不明确来装糊涂，从而侵犯民众固有的权利和自由。约翰、查理一世、詹姆士二世都是这样的人，于是就有了《大宪章》、《权利法案》——它们不是别的，而只是对民众依习惯所享有之固有权利和自由的宣示。人们用这种白

---

① 参见俞荣根：《儒家法思想通论》，广西人民出版社1992年版，第128～278页。

② （战国）韩非：《韩非子新校注》，陈奇猷校注，上海古籍出版社2000年版，第1096页。

③ 加国润选注：《仁学——谭嗣同集》，辽宁人民出版社1994年版，第70页。

纸黑字的方式来提醒国王,这是我们固有的权利,请勿忘记!①

这表明,一方面,习惯需要借助法律升华;另一方面,法律之重要目的,就是对习惯——特别是对作为公序良俗的习惯予以认可、确定和保护。在此过程中,尽管成文立法居功至伟,但无论在判例法国家,还是制定法国家,法官对善良风俗的运用和司法保护,事实上都把习惯代入法律体系中。众所周知,在判例法国家,法律经常是法官造法的产物。即便其成文法,如不经司法的运用,那么,它只是一种裁判的渊源,还说不上是取得实效的法律。

而在成文法国家,虽然成文法的主导地位不可撼动,但立法者及其法律不能,也不可能穿透时空而包罗万象地制定法律,把人类林林总总的交往行为无所遗漏地纳入成文法律调整的范畴。所以,法律出现缺陷和漏洞,不仅具有可能性,而且具有必然性。正是这种情况,导致在成文法国家即便不大主张法官造法,但法律对法官的授权却每每是:法官不仅能够在法律之内行使自由裁量权,而且在法律之外可以运用习惯等,行使自由裁量权以“造法”。所以,在大陆法系国家,“法律推理只有重复的行为,也有一些社会行为规范被确立为法律推理前提,这包括法律判例的来源、立法史资料、法律文献等。例如,一个所有法院必须适用的源法律规范,可能初次判决的理由所使用的是法律事实”。②

法律对民事纠纷解决中“可以适用习惯”的规定,事实上就是赋予法官以特殊的自由裁量权。唯其如此,法律才对此作出了严格的限制——“不得违背公序良俗”。这意味着法官通过自由裁量权所适用的习惯,只能是“良好习惯”,而不能是“不良习惯”;也意味着通过司法判例,法官可以把习惯结构在法律体系中,实现事实上“法官造法”、完善法律体系之效果——尽管不少学者们并不以为它就是“法官造法”,从而不承认“法官法”:

> 依吾人的法律见解,即使是法院,其所受判决“先例”之拘束,无疑绝不同于其所受法律之拘束。有拘束力的不是判例本身,而是在其中被正确理解或具体化的规范。③
>
> 判例在习惯法规则中的认可中所起的……影响,尚不是以

---

① 李红海:《多维的英格兰宪政史——兼读梅特兰的〈英格兰宪政史〉》,载《比较法研究》2010年第6期。

② Aleksander Peczenik, Moral and Ontological Justification of Legal Reasoning, Law and Philosophy, Vol. 4, No. 2, *Legal Reasoning & Legal Interpretation* (Aug., 1985), p. 290.

③ [德]Karl Larenz:《法学方法论》,陈爱娥译,台北,五南图书出版股份有限公司1995年版,第336页。

使习惯法规则成为纯粹的判例性创设。事实上，正是习惯法规则依附的历史传统，赋予了它们自身的权威。这些规则不是由判例创设的，而仅仅是在判例中得到认可并纳入判例中。①

不过，如上论者在强调习惯，或者法院据以裁判的根据对判例形成的决定性作用的同时，并不否认这种判例在事实上的规范参考价值，诚如拉伦兹所言：

法院的裁判常能超越其所判断的个案，对其他事件产生间接的影响。假使其系正确的裁判之主张确实，那么对未来同样涉及法律问题的裁判而言，它就是一个标准的范例。②

可见，当法院和法官在法律授权范围内，自由裁量地适用习惯以裁判案件时，一方面，法官必须肩负对所适用的习惯进行识别、查明的义务，特别是面对事实上多元、多样的习惯，法官必须为此承担大量的事实论证和规范论证的义务。即使在非洲的一些国家，如果某些习惯和宪法中的平等条款是相矛盾的，那么在碰到具体的案例时，一方面，“法官有权裁决那些涉及习惯法与平等条款相冲突的案例。另一方面，法官可以设置条件以便那些相冲突的习惯法可以被改变为符合平等条款，但这些条件的设置必须也要符合宪法的基本要义”。③

显然，这是一个程序复杂、内容庞杂、论证繁杂的工作。但也正是在这种工作中，法官才可能实现创造性司法，或者至少是实现创造性司法的一条重要途径。因此问题关系重大，笔者将另撰专文阐述。

另外，法院和法官一旦经认真识别，查明某一习惯符合公序良俗原则，且将其运用于个案的裁判中时，尽管其裁判根据仍是具有历史权威性、现实合理性的习惯规范，即习惯规范赋予其裁判以权威，但毕竟相关裁判的运用，是根据法定的授权规则进行的，因此，裁判反映出来的，除了习惯规则的历史合法性权威和现实合理性权威之外，还有法律赋权的权威性以及法官根据自由裁量权判断并适用习惯的权威性——毕竟相关的习惯规则不是现在才有的，但把其适用于个案之中，却是经由法官的司法才有的。这样，法官的自由裁量权就不但产生了法官根据实情进行个案裁判的后果，而且法官因之在补充、完善国家的法律体系，从而使

---

① ［法］雅克·盖斯坦等：《法国民法典》，陈鹏等译，法律出版社2004年版，第492页。

② ［德］Karl Larenz：《法学方法论》，陈爱娥译，台北，五南图书出版股份有限公司1995年版，第336页。

③ Navi Pillay, Legal Eye: Equality and Customary Law, Empowering Women for Gender Equity, No. 20, Politics, *Power and Democracy* (1994), p. 45.

其裁判获得了一般规范的效果——这种效果，实质上是法官所适用的习惯符合公序良俗所致，但形式上却是因为法官把其适用于具体的案件所致。

以此来衡量，则我国《民法总则》有关在解决民事纠纷中“可以适用习惯，但不得违背公序良俗”的规定，既赋予法官以使用习惯的自由裁量权，也加诸法官对其所适用的习惯，必须符合公序良俗的审查义务。这两个方面对法官而言都意味着：法官适用习惯时，绝不像其适用法律一样，只是被动地适用既有的法律规范，而是能动地、积极地、自主地按照法律的原则要求适用习惯规范，因此，这一规定给法官的裁判行为平添了创造属性。法官因之而产出的司法裁判，即使不被认为是“法官造法”，但事实上它获得了可以普遍参照的法律效力。这样的判例，完全应该获得指导性案例的效果。这表明，法官因授权自由裁量地适用符合公序良俗的习惯之后果，客观上具有“法官造法”的功能，是拥有自由裁量权的法官，借助裁判行为把习惯法律化的一种方式。

论司法对法律漏洞的习惯救济
——以"可以适用习惯"为基础*

《民法总则》第10条规定："处理民事纠纷，应当依照法律；法律没有规定的，可以适用习惯，但是不得违背公序良俗。"该规定明示了"可以适用习惯"的前提是"法律没有规定"。因此，这似乎是个无须继续探究的话题。然而，何以被概念化、类型化、逻辑化和体系化的法律及法治，居然还会存在"法律没有规定"的现象？"法律没有规定"时，为何要适用习惯，而不是政策、道德、纪律或其他社会规范？在"法律没有规定"时，法院和法官应按什么原理适用习惯？显然，这些问题并未在上述规定中当然解决，所以还需要在学理上探究其理由所在。通过这种探究，也可在整体上形成这样的印象：经由司法运用的习惯，也具有法律的属性。①

一、法律，人造理性与逻辑缝隙

法律是人类理性的产物，这是近代以来的一种法学常识。但法律何以并如何能够对纷繁复杂的人类交往关系予以调整？这既涉及人们对法律逻辑自足之实体性设计，也涉及人们对推助法律运用的程序性设计。即便如此，法律仍会不可避免地存在逻辑缝隙，这是和法律作为人造理性的事实相关联的产物。

---

* 发表于《中南大学学报》(社会科学版)2020年第1期。

① 指出这一点，是因为此文撰成之后，看到陈景辉著文质疑《"习惯法"是法吗？》(载《法学》2017年第11期)，并强调人们对"'习惯法'是法"的努力，"最终都归于失败"。笔者的论述尽管不是专门针对陈景辉的商榷，但探究的逻辑指向，则与其结论相反：是对"习惯法"之为法的肯认。

(一)"法治"、法律理想和法律逻辑自洽的追求

追求一种体系完备、逻辑严谨、包罗万象、无所遗漏、贯彻有力、切实可行的法律统治体系,不仅是近代"依法主治"观念形成以来才有的理念。即使在前现代时,人类就一直怀揣那种借助法律而经纬天下的梦想。例如,在中国先秦时期的法家学说中这种对法律治理的理想追求就得以体现,兹以商鞅、管仲和韩非的论述为例:

圣王者不贵义而贵法,法必明,令必行,则已矣。

故明主慎法制,言不中法者,不听也;行不中法者,不高也;事不中法者,不为也。言中法,则辩之;行中法,则高之;事中法,则为之。故国治而地广,兵强而主尊。此治之至也。人君者不可不察也。[①]

法者,天下之程式也,万事之仪表也……故以法诛罪,则民就死而不怨;以法量功,则民受赏而无德也……

君臣上下贵贱皆从法,此谓为大治。[②]

明法者强,慢法者弱。强弱如是其明矣,而世主弗为,国亡宜矣。语曰:"家有常业,虽饥不饿;国有常法,虽危不亡"……

故先王以道为常,以法为本。本治者名尊,本乱者名绝。凡智能明通,有以则行,无以则止。

明主之道,必明于公私之分,明法制,去私恩。……故曰:公私不可不明,法禁不可不审,先王知之矣。[③]

我国古人这些对法律治理的热切期盼,等到秦始皇"挥剑决浮云",统一六国,建立大秦帝国之后,更是被推到制度实践中。形成所谓"以法为教"的治理框架和绵密严谨,甚至被形容为"秦法繁于秋荼,而网密于凝脂"[④]的治理体系。此后"汉承秦制""两千年来之政,秦政也",[⑤]中国千古之治乱循环,成于斯,也败于斯。

众所周知,在西方,笃信法治的亚里士多德就强调"法治应当优于一

---

① 《商君书·画策》《商君书·君臣》,载《商君书注译》,高亨注译,中华书局年1974年版,第398页、第485~486页。

② 《管子·明法解》《管子·任法》,载黎翔凤撰:《管子校注》,梁运华整理,中华书局2004年版,第1213页、第906页。

③ (战国)韩非:《韩非子·饰邪》,载陈奇猷:《韩非子新校注》,上海古籍出版社2000年版,第355页、第359页、第366~367页。

④ (汉)宽桓:《盐铁论·刑德》,载王利器校注:《盐铁论校注》,中华书局1992年版,第565页。当然,这是对秦法的一种否定性评价。但从中我们可以推知:秦始皇君臣想通过建立完备无遗的法律而一劳永逸地统一天下,治理人间的浪漫"法治"理想。

⑤ (清)谭嗣同:《仁学——谭嗣同集》,加国润选注,辽宁人民出版社1994年版,第70页。

人之治”。[①] 而在西塞罗和他的朋友看来，法律的统治就是符合天理人心的统治：

> 法律乃是自然中固有的最高理性，它允许做应该做的事情，禁止相反的行为。当这种理性确立于人的心智并得到实现，就是法律。因此……智慧即法律，其含义是智慧要求人们正确地行为，禁止人们违法……法（jus）的始端应导源于法律，因为法律乃是自然之力量，是明理之士的智慧和理性，是合法和不合法的尺度。[②]

正是这种对法律和法治的理想定位，催生了罗马人蔚为大观、兼蓄并包、公私兼顾、肇启后世的罗马法，其深刻影响，不但及于欧美，而且惠泽远东、朗润天下。至于在宗教世界人们对法律的崇信，乃是和其内心信仰紧密勾连的话题。宗教世界，就是一个围绕经典及其规范的信仰和行动体系，因之，也是相关的法律体系，如在伊斯兰世界，“沙里亚法以要求穆斯林对真主启示和先知逊奈的信仰和保护并为之献身而获得对社会的支配权力，从而使伊斯兰获得社会性和历史性”。[③] 这种情形，不止在伊斯兰世界，而且是所有宗教法作用的基本机制，甚至也因此而影响到世俗法，诚如伯尔曼所言：

> 没有信仰的法律将退化成为僵死的教条……而没有法律的信仰……将蜕变为狂信。
>
> 任何一个社会，即便是最文明的社会，也有对超验价值的信仰，也信奉终极目的和关于神圣事物的共同观念；同样，即便是在最原始的社会，也会有社会秩序的组织与程序，有分配权利、义务的既定方式和关于正义的共同观念……任何一种法律制度都与宗教共享某种要素——仪式、传统、权威和普遍性。人们的法律情感赖此得以培养和外化。否则，法律将退化为僵死的教条。同样，任何一种宗教内部也都具有法律的要素，没有这些，它就会退化为私人的狂信。[④]

至于在近、现代社会，法治主义思潮的广泛影响，不但使法律在诸规范系统以及人与法的关系上获得至上地位，而且曾一度使人们迷信法律

---

① ［古希腊］亚里士多德：《政治学》，吴寿彭译，商务印书馆1965年版，第167～168页。

② ［古罗马］西塞罗：《论共和国论法律》，王焕生译，中国政法大学出版社1997年版，第189～190页。

③ 陈玉峰编：《伊斯兰教法理学》，宗教文化出版社2016年版，第6页。

④ ［美］伯尔曼：《法律与宗教》，梁治平译，生活·读书·新知三联书店1991年版，第64页、第65页。

的统治就是完美的统治，或者它至少是可以通往自由、民主、人权、平等、正义、博爱和法治之镜的《法律帝国》——其迷信之源，就来自法律逻辑无缝的假设，诚如有人所言：

事实上，上述论点（法律的完美统治，笔者注）是基于这样一个确定无疑的假设，即法律是一个封闭的、完整的具有连贯性和一致性的体系，它本身没有漏洞，自相矛盾和歧义。……法律体系的完整性和一致性基本上是逻辑上的一种建构。从这个意义上说，作为系统的完整性和一致性的概念是一个逻辑概念。这种类型的逻辑概念在思维方式和认识论方面对法律从业者有着巨大的影响。①

可见，所谓"法律帝国"，无论其是完全通过立法者的法律规范所缔造的，还是通过解释者的不断阐释所缔造的，它都是排除了其他一切社会规范的纯粹法律的统治。其他规范要影响法律的统治，要么按照法律整全性的理念和自我完善的方法进行有效的阐释，②要么按照法律体系的原则，只要涉及诸如习惯之类的规范，必须通过司法和法院的正当程序，将其结构在法律体系内——就如同拉兹所言那样："除非习惯被法院立法化，否则习惯就根本不是法律……"③

（二）无可避免的法律漏洞

但不无吊诡的是，即使人们如此崇尚法律的统治，且将法律描绘为一种理想的、近乎完美的、能够通向正义之路的体系，但法律作为人的理性，仍然是"人类一思考，上帝就发笑"的事体。法律面对社会事实的捉襟见肘、顾此失彼，几乎是必然的。这无论在历史上看，还是现实中看，都是如此。

如前所述，在法律繁于秋荼、密于凝脂的秦朝，按理说当局已经制定了足以规范社会方方面面的法律，到了"赏善不遗匹夫、刑过不避大夫"，从而把所有人都结构在法律治理体系之地步。即便如此，法律还会因为漏洞而予以解释。其中，《睡虎地秦墓竹简·法律答问》，就比较系统地记载了当时在成文法之外，法律解释的隆重情形。对此，该竹简的整理者写道："当法律中没有明文规定，或虽有规定，但有某种需要时，执法者

① Jan M. Broekman, Beyond Legal Gaps, Law and Philosophy, Vol. 4, No. 2, *Legal Reasoning & Legal Interpretation*（Aug., 1985）, p. 217.

② 参见［美］德沃金：《法律帝国》，李常青译，中国大百科全书出版社1996年版，第42～79页、第201～245页、第355～368页。

③ ［英］约瑟夫·拉兹：《法律体系的概念》，中国法制出版社2003年版，第48页。

可以不依规定，而以判例办案……"[①]它事实上表明秦朝这个严格奉行"国本位"的成文法时代，法律本身的漏洞所在。这在我国"家本位·判例法"时代、"国、家本位·混合法"时代[②]国家及其法律解释者对判例和家法族规的重视中，都可判断出事实上法律漏洞的存在。

古罗马的法学家尤里安在阐释法律时就多次公开申明："法律和元老院决议都不可能制定得囊括所有可能偶然出现的情况""……对于第一次被确定的法律，需要通过解释或者最优秀的皇帝的谕令而使之更加确切""人们不可能使法律和元老院决议详尽地囊括所有情况……"[③]这不正表明在古罗马"立法者"和法律解释者心目中，法律漏洞的必然性吗？

对上述情况，中西方法律史上的思想家似乎都心知肚明。孟轲就清楚地认识道："徒善不足以为政，徒法不能以自行"；[④]亚里士多德也非常清晰地告诫人们："法律确实不能完备无遗，不能写定一切细节，这些原可留待人们去审议。主张法治的人并不想抹杀人们的智虑，他们就认为这种审议与其寄托一人，毋宁交给众人"；[⑤]孔颖达更是明确指出面对法律漏洞时的棘手："法之设文有限，民之犯罪无穷，为法立文不能网罗诸罪，民之所犯不必正与法同，自然有危疑之理……"[⑥]

可见，对法律作为人的智虑不可能完美无缺的体认，不仅在现代法学家笔下才可见到，[⑦]在一两千年前，这就是中西思想家论战的重要话题。这或许正是儒家[⑧]与法家、柏拉图与亚里士多德师徒分歧的缘由所在，也是在伊斯兰教法律史上，何以在《古兰经》这一根本经典，"也是早年麦地那穆斯林民族共同体（乌玛）的最高章程，成为立法、行教、建国的根本依据"[⑨]之外，还有《圣训》以及教法学家解释的缘由。只是这种情

---

① 《睡虎地秦墓竹简·法律答问》，文物出版社1987年版，第150页。关于"法律答问"解释技巧的研究，参见陈锐等：《素朴的技巧：〈法律答问〉中的法律解释方法》，载《政法论丛》2011年第6期。

② 相关划分，参见武树臣等：《中国传统法律文化》，北京大学出版社1994年版，第169～499页。

③ ［意］桑德罗·斯奇巴尼选编：《正义和法》，黄风译，中国政法大学出版社1992年版，第57页。

④ （战国）孟轲：《孟子·离娄上》，杨伯峻译注，中华书局1960年版，第162页。

⑤ ［古希腊］亚里士多德：《政治学》，吴寿彭译，商务印书馆1965年版，第171页。

⑥ （周）左丘明传、（唐）孔颖达疏：《春秋左传正义》，载《十三经注疏》（下卷），中华书局1980年版，第2044页。

⑦ 在当代法学家笔下，法学的发展、司法的创造，每每是在法律存在漏洞、法官面临"疑难案件"的情形下。因此，对法律漏洞的体认，原因之探讨，在中外学者中可谓论者云集。笔者的论述，参见谢晖：《沟通理性与法治》，厦门大学出版社2011年版，第67～99页。

⑧ 在有些学者看来，儒家虽不主张甚至反对法家以刑为统的"法治"，但并不反对，甚至还认真对待另一种"法治"，即以"伦理法"为基础的法治。关于儒家的"伦理法"特质，参见俞荣根：《儒家法思想通论》，广西人民出版社1992年版，第128～333页。

⑨ 吴云贵：《真主的法度——伊斯兰教法》，中国社会科学出版社1994年版，第2页。

形,在现代学者们的笔下,不但给出了诸如"空缺(开放)结构"①"法律漏洞"这类概念化、逻辑化和系统化的解释,而且指出了救济它们的方法,即漏洞补充方法。② 在一定意义上,"可以适用习惯"的规定,正是立法者对法律不可能穷尽所有事实,从而必然存在漏洞,并进而通过司法的正当程序,借用习惯补充法律漏洞的一种救济性规定和举措。

如上笔者以法律史为根据提供了法律漏洞必然性的事实。至于当下现实法治生活中法律漏洞的存在,无论就事实而言,还是就学者所论而言,都可谓寻常可见、汗牛充栋。对此,我将在下文中结合对法律漏洞之类型的论述予以说明。

(三)法律漏洞的类型

法律不可能完备无遗,从而必然存在漏洞,那么,法律漏洞都表现在什么地方?或者,对法律漏洞如何予以分类,如何使其类型化?笔者认为,从人们对法律要素的一般理解出发来剖析法律漏洞之类型,不失为一个好视角。众所周知,法律之要素,通常被描述为概念、规则和原则③,笔者赞同这种对法律要素的分类。④ 相应地,也认为法律漏洞可以分为概念漏洞、规则漏洞和原则漏洞。⑤

---

① 最典型地把法律漏洞事实予以概念化、逻辑化论证的是哈特,他把这种事实命名为"法律的开放(空缺)结构"或法律的"不确定性":"无论我们到底选择判决先例或立法来传达行为标准,不管它们在大量的日常个案上,运用得如何顺利,在碰到其适用会成为问题的方面来看,这些方式仍会显出不确定性;它们有着所谓的开放性结构(open texture)。到目前为止,我们把开放文本,特别是在立法这种传播形式中,视为人类语言的普遍特征;为了使用包含一般化分类语汇的传播形式来传达事实情况,边界地带的不确定性是我们必须要付出的代价。"([英]H. L. A. 哈特:《法律的概念》,许家馨等译,法律出版社2006年版,第123页)

② 当然,在有些学者的笔下,所谓法律漏洞(间隙),不过是"一个虚构",并强调"法律秩序不能有任何间隙",法律中呈现的效力问题,在"规范等级体系"内部就可以完全解决(参见[奥]凯尔森:《法与国家的一般理论》,沈宗灵译,中国大百科全书出版社1996年版,第163~173页)。

③ 庞德在论及原则、概念及标准的功能时指出:"把原则作为一种法规,以便当缺乏在严格意义上可以适用的法规时,可以借助于原则,以便从中推导出判决的根据;把概念作为一种法规,可以将某些案件归并于一个适当的概念之下,并由此找出可供适用的某些严格意义上的法规、某些原则以及某些标准来;把标准作为一种法规,以便通过指定的标准,在某些关系与联系中,对行为进行测量。"([美]罗·庞德:《通过法律的社会控制 法律的任务》,沈宗灵等译,商务印书馆1984年版,第99页)这对我们在此分析法律漏洞分类,并在后文中进一步理解法律漏洞救济之分类,可以提供一个侧面的理论帮助。

④ 笔者对法律概念、法律规则和法律原则的系统论述,参见谢晖:《法理学》,北京师范大学出版社2010年版,第14~122页。

⑤ 对法律漏洞的分类,魏德士基于其关于法律漏洞的界定,做出了独特分析。例如,他把法律冲突也称为法律漏洞,这是笔者所不能赞同的。魏德士对法律漏洞概念及分类之研究,参见[德]伯恩·魏德士:《法理学》,丁小春等译,法律出版社2003年版,第362~372页。

(1)概念漏洞，是指法律中对于法律所调整的、理应予以概括性阐述的对象，如具体的主体、客体、权利义务和行为等，未给出定义性、一般性的概括，从而出现概念空白，并对人们掌握、理解相关问题带来一定的麻烦。例如，我国《民法总则》在“自然人”一节，虽提及自然人，但并非开宗明义讲自然人的概念，而是讲自然人的权利能力、民事权利和民事义务。与此同时，它尽管规定了自然人、权利能力、民事权利、民事义务这些概念，但对这些概念并没有给出概念化的解释。在此意义上，这些概念的含义在法律上处于空白、漏洞状态，因此，在日常理解中，需要借助学理解释，对其予以概念化说明；在司法中，如有需要，也要在个案中通过概念化解释，让当事人明白法律规定的具体含义。

(2)规则漏洞。众所周知，法律规则用来具体规定主体的权利和义务，是法律要素中最重要的部分，但同时也是法律中最容易出现漏洞的部分，原因在于人们的日常生活、社会事实和社会关系事无巨细、异彩纷呈、千变万化，而法律规则却必须大体概括、荟其精要、立基当下。这使法律规则之漏洞，几乎无可避免。特别面对日新月异的社会需要，既定的权利义务规定不可能全部满足。例如，司法面对祭奠权、网名权、网络财产权、信息权、知情权、新型人格权等的保护要求，在现行法律上寻找根据时，可以发现几乎付诸阙如。因此，如何通过司法救济，在个案的裁判中补充法律漏洞，完善法律体系，就殊为必要。

(3)原则漏洞。法律原则规定一部法律的精神层面，贯穿于一部法律之始终。一般来说，一国之法律，在原则层面出现漏洞的可能性较小，但这并不意味着这种情形不存在。例如，在我国法律中，曾一度囿于意识形态，对有关尊重和保护人权原则、保护私人财产原则等都未加规定。只是在最近20年来的立法中，才通过《宪法》、《刑事诉讼法》和《物权法》，规定了上述原则。也就是说，在上述法律修改或制定之前，相关法律原则在法律上存在空白、漏洞的情形。再如，尽管我国最近颁布了令人瞩目的《民法总则》，但无论是该法，还是之前制定的《合同法》，都没有规定成文法国家所公认的“所有权绝对原则”(又称“私权神圣原则”)。可见，这项原则在目前我国的法律上仍是空白。面对这样的空白，司法应当有所作为。

二、何以适用习惯补充法律漏洞，而不是其他

面对法律漏洞，法治不应使其放任自流，特别是当事人因为纠纷诉诸法院后，法院一旦受理，就不得拒绝裁判。但在法律出现漏洞时，法官如何裁判？除了类推适用外，在“类推不能”时，法官不得不借助其他规范以构建裁判规范。然而，“其他规范”乃指除了法律之外的所有社会规

范,诸如道德、宗教、纪律、社(财)团章程、乡规民约、习惯等。那么何以《民法总则》第10条未规定运用其他规范补充法律漏洞,而仅仅规定了"可以适用习惯"?

(一)何以不是其他规则补充法律漏洞

《民法总则》第10条的规定,在立法上不仅坦承法律可能会存在"没有规定"的情形,即坦承法律会存在漏洞,而且明令法律一旦存在漏洞时,用以补救它的替代规范,即习惯。我们知道,人类社会的交往规范,除法律、习惯之外,其他各类社会规范,林林总总、花样繁多、不一而足,诸如国家(或政党)政策、公共道德、宗教教规、社区公约、社团纪律、企事业章程、乡规民约、家法族规等。对于公民的日常交往,它们各自发挥着在一定时空内构建秩序的作用,即便对于增进法律秩序的理解也发挥着重要的基础作用。所以,

> 在格尔茨看来,法律是一种类同于其他事物的充满想象力的意义结构,这些事物包括等级、艺术、意识形态和仪式等,那么学习法律最好的方法,就是对于某些观念进行解释学的研究,这些观念构成了社会制度的基础和法律的文化表达,而不是对于法律的逻辑原则是如何适用于实践结构和思维结构进行假设性的考察。①

当然,也必须承认,在不少时候,规范多元也是对法律秩序之妨害——这种情形,与习惯之于法律的关系完全类同。既然如此,那为什么"民法总则"规定了"法律没有规定时,可以适用习惯",而不规定"法律没有规定时,可以适用政策、教规、公约、纪律、章程、规约"等?对此,笔者不妨仅就政策的规范特征稍加展开,②并以此为基础,说明法律为什么不选择这些规范,而要规定在法律供给不足时,授权可以适用习惯的理由。

日常所谓政策,是指党的政策,但事实上,在我国,党的政策通过法

---

① David Guillet, Rethinking Legal Pluralism: Local Law and State Law in the Evolution of Water Property Rights in Northwestern Spain, *Comparative Studies in Society and History*, 1998(1).

② 其他规范,诸如宗教教规、公共道德、社区公约、社团纪律、企事业章程、乡规民约、家法族规等,或者只属于宗教信徒们恪守的规范,不适用于通过司法对世俗纠纷的裁判(更何况我国是个典型的无神论国家)。或者属于社区、社团、企事业单位、家族内部的规范,显然,这些规范不适用于解决这些组织外部的世俗纠纷。即使通过司法解决其内部纠纷,这些规范在"适用"时,也只能作为一种"事实"参照,而非"规范"参照,更非"规范"根据。还有些如公共道德或乡规民约与法律以及习惯间的同构性极强。在笔者看来,它们除了与法律及习惯同构的那部分外,剩下的部分,与其单独列为法源,不如作为社会事实使用,或者法官进行事实和规范论证时的根据,更为恰当。

定的或非法定的方式成为国家政策,因此,对两者的刻意区分,在实践中很难。众所周知,长期以来,我国司法的主要规范参照是政策,甚至在改革开放以来,还经常出现究竟是政策高于法律,还是法律高于政策的讨论。[①] 这导致政策曾经在我国《民法通则》(第6条)中,被赋予了民法渊源之地位:“民事活动必须遵守法律,法律没有规定的,应该遵守国家政策。”因之,在司法中,特别是在民事司法中仍存在一些适用政策来裁判的个案[②]的情形。与此同时,尽管《民法总则》业已制定,且未规定政策之法源定位,但迄今为止,《民法通则》并未失效。这种情形,是导致在学理上,有些学者仍坚持主张把国家政策作为法律渊源的重要根据之一。[③]

然而,一方面,选择政策裁判案件,乃是在国家法治不完善,且因为社会鼎革对习惯普遍抱有意识形态偏见下的产物,也是司法尚未获得专业化背景下的产物。另一方面,随着我国法律体系之日臻完善,同时也因为政策的过于灵活多变、规范性不足以及难以操作等,导致以政策裁判的合理性、合法性和可接受性都存在问题,因此,以政策补充法律的时代背景已不太明显。此外,我国作为事实上党政一元的国家,执政党的重大政策是经由法律化而转为国家政策的,所以,当我们论及“国家政策”这个概念时,它已经主要是被结构在法律内部的概念,而不是游离

---

① 例如,有人强调:“……任何法律都体现统治阶级的政策,只有不制定为法律的政策,而没有无政策内容的法律。”(陈守一等主编:《法学基础理论》,北京大学出版社1981年版,第113~114页)。此外,还可参见张浩:《略论政策与法律的关系》,载《北京政法学院学报》1982年第1期;肖永清:《论政策、法律、形势的相互关系》,载《中州学刊》1982年第4期;王仲方:《略论政策与法律的关系》,载《现代法学》1986年第3期等。

② 参见彭中礼:《国家政策在民事审判中的运用研究》,法律出版社2017年版,第1页以下。

③ 参见刘作翔:《民法典中的法律渊源——在第十一届中国法学家论坛上的发言》,载http://www.iolaw.org.cn/showArticle.aspx?id=4877,2017年9月3日访问;彭中礼:《法律渊源论》,方志出版社2014年版,第334~344页。对此,梁慧星在解释《民法总则》时强调,除了法律和习惯之外,还应有司法解释、指导性案例以及法理这些法律渊源:“虽然本条明文规定的民法法源仅有法律和习惯两项,但根据我国裁判实践,应当解释为,尚有第三项法源‘最高人民法院司法解释’,及第四项法源‘指导性案例’。我国最高人民法院制定了很多司法解释,司法解释被认为具有相当于法律的效力,在裁判中可以被援引为裁判依据,法庭可以直接依据某一个司法解释的某一条解释文对案件作出判决。除了制定司法解释之外,最高人民法院近年来还发布指导性案例。指导性案例类似于国外的判例。我们的指导性案例是经过最高人民法院筛选的,对案件事实、关键词、相关法条、裁判要旨等进行概括和归纳,赋予其某种法律效力”;“此外,虽然本条未明文规定‘法理’为法源,并不等于裁判中不能适用法理。应当肯定,法庭所裁判的案件,既没有可以适用的法律、习惯,也没有相应的司法解释、指导性案例时,是可以引用相关法理作为裁判依据的。”(梁慧星:《〈民法总则〉重要条文的理解与适用》,载《四川大学学报》2017年第4期)从中可见,他并未坚持国家政策的法源地位。

于法律之外的。因此,在一定意义上,法律没规定时,必然意味着照例也无该种"国家政策"。所以,把国家政策作为法源规定的意义空间越来越小。

或许,人们会在此提及英美法系国家的"公共政策"作为法源的事实:"由于法官吝于承认他们的职权曾受任何公共政策的影响——因为他们的工作在说明'法律是什么',而不是'法律应该如何'——于是一位普通人可能会在(英国)习惯法的判例中,惊讶地发现,法院偶尔采用了'公共政策'的观念,或是在(欧陆)民法(Civil Law)体系下法官的判决中,看到另一个几乎相同的用语:公序良俗(morals and public order)。"① 但应强调的是,首先,英美法系所谓公共政策这个名号的获得,与习惯法的名称的获得一样,都是经由司法判决的结果。其次,即使存在经由司法裁判获得的公共政策,但其在法院那里,完全不同于适用习惯,而是有严格的约束和限制,甚至法院在相关活动中,还要考虑适用之其声誉会否受到影响。② 可见,在英美法系的司法中,公共政策补充漏洞的功能实际上非常有限。

(二)何以通过习惯规则补充法律漏洞

尽管我国《民法总则》第10条并未就为何适用习惯规则来补充法律漏洞给出理由,但在法律学说史上,对立法者为何在众多的社会规范中,要选择习惯作为法源,用来补充法律漏洞,还是有不少论述的,有些论述也可以作为理解我国《民法总则》第10条相关规定的参照。这些理由,立基于习惯的特征。具体来说,大体可盖纳为以下几点:

(1)积淀及古老。在谈及法律为什么有效时,人们辄喜引用托克维尔的如下名言:

> 英国法学家之所以尊重法律,并不是因为法律良好,而是因为法律古老;即使他们要对法律进行某些修改,使其适应社会的时势,他们也是万变不离其宗,对祖先留下的东西进行修修补补,只发展祖先的思想,只完善祖先的业绩。不要期待他们会以改革者的面貌出现,他们宁愿被人指为荒谬绝伦,也不

---

① [英]Dennis Looyd:《法律的理念》,张茂柏译,经联出版事业公司1984年版,第262页。

② "从某方面来看,每当法院创造一项新的规则,或将旧的规则做新的利用时,这项判决,因为肇源于法院对'社会需要'与'正义的呼唤'所作的价值判断,无异于法院对公共政策评价的一项阐释。它证明大部分的法院都有一种强烈的约束感,使这种理论在案例中很少出现,而只用于公共因素与社会因素非常明显的情况,例如有关婚姻的案件。"参见[英]Dennis Looyd:《法律的理念》,张茂柏译,经联出版事业公司1984年版,第263页。

愿承担冒犯老祖宗遗训的大罪。[①]

托克维尔的这段名言,系建立在普通法对习惯的承续、认可和保护基础上的判断,故用来说明习惯的有效性或许更为恰当。早在罗马时期,法学家就强调:“那些有长期习惯确认了的并且被常年遵守的东西,同写成文字的法一样,被作为公民间的默认协议。”[②]其实,类似的情形,在我国照例存在。“祖宗之法不可变”,乃是古已有之的遗训和传统,直到如今,在民间仍盛传“不听老人言,吃亏在眼前”或“嘴上没毛,办事不牢”的“法俗”。而在山东胶东一带,人们在论证一项举措合理性的时候,常常喜欢说:“老辈子就是这么做的!”这种掷地有声的论据,常使对话者哑口无言。而在涉及民间纠纷的处理时,年事已高、经验丰富、德高望重的人,是出面解决纠纷的最佳人选。对此,一位德国学者也注意到了:

> 习惯性的规范在中国流行的情形绝不比其他地区逊色,而且在某些方面可能还更有权威,譬如对于父母和祖先的尊敬,以及对家庭中其他分子的扶助与蓄养……在法律争端方面,中国人……认为,法律上的正义是由人类本于宇宙间的和谐精神去调和各方利益的结果,而人类的智慧早已蕴藏了许多关于宇宙间和谐状态的暗示。这样的社会,无论在社会关系或经济关系方面,必定会把一种以根深蒂固的法律架构或社会规范为基础的社会秩序,在不妨碍那个基本架构的范围内,搀合高度的弹性与变化性。[③]

可见,习惯之所以能作为仅次于制定法的法律渊源,其重要原因之一在于它的传统性、积淀性、古老性以及由此出发,已然构造社会秩序的有效性。

(2)信念及确信。古老的习惯给予人们的,不但是传统和积淀,而且是经由习惯所带来的强烈信念和坚定确信。这种信念和确信可以一分为二:

一是规范信念与确信。对此,波斯特玛、萨维尼等都有精彩的论述:

> 普通法是民族的统一因素,是它的根本法。它不仅确立了

---

① [法]托克维尔:《论美国的民主》(上卷),董果良译,商务印书馆1988年版,第308页。拉德布鲁赫也强调:“习俗不是在系统关系中,而是在历史关系中,支持着法律和道德。”([德]G.拉德布鲁赫:《法哲学》,王朴译,法律出版社2005年版,第49页)

② [意]桑德罗·斯奇巴尼选编:《正义和法》,黄风译,中国政法大学出版社1992年版,第63~64页。

③ [英]Dennis Looyd:《法律的理念》,张茂柏译,经联出版事业公司1984年版,第231页。

社会关系，分配了社会权力，而且还将包括国家基本的宪法性法律，进而界定政治关系，分配政治权力。普通法是远古的习惯，所以它界定的宪法和权力关系也被看作古老的习惯。于是，普通法的概念、信念、态度和前见将会深刻影响那个时代的政治语言，是不可避免的。①

在人类信史展开的最为远古的时代，可以看出，法律已然秉有自身确定的特性，其为一个民族所特有的，如同其语言、行为方式和基本的社会组织体制……不仅如此，凡此现象并非各自孤立存在，它们实际上乃为一个独特的民族所特有的根本不可分割的禀赋和取向，而向我们展现出一幅特立独行的景貌，将其联结一体的，乃是排除了一切偶然与其任意所由来的意图的这个民族的共同信念，对其内在必然性的共同认识。②

二是效力信念与确信，规范是用来给人们分配权利义务的，但规范能否产生效力？这是人们是否尊重规范的关键所系。习惯的传统积淀、古老流传以及人们对它的信念和确信，不但让人们知晓其作为分配权利义务之规范的存在事实，而且足以使人们确信按照习惯行为的基本预期，那就是经由习惯的裁判行为，可以像人们预先所知道的那样，带给人们预期的权利，加诸人们预期的义务，诚如有学者所言：

习惯法是一套最为适应民众需要的制度，也是最为契合民众传统观念和社会价值的，马拉维民法典提供了一个较好的例子……为了保证统治国家的人民能够接受新制定的民法典，民法典是以习惯法为基础制定的。③

---

① ［美］杰拉德·波斯特玛：《边沁与普通法传统》，徐同远译，法律出版社2014年版，第31页。

② ［德］弗里德里希·卡尔·冯·萨维尼：《论立法与法学的当代使命》，许章润译，中国法制出版社2001年版，第7页。对这种信念和确信，雅科布斯作出了更清晰的描述："法信念和确定法信念的习惯是产生习惯法的两个因素；或者说我看到了法信念的实质——法信念只有在其发挥作用的习惯中才能被发现，也就是说，通过这种方式变得'实证化'。无论采用何种表达形式表示产生习惯法的双重因素：法信念和习惯，这两种表达方式都是正确的。"（［德］霍尔斯特·海因里希·雅科布斯：《十九世纪德国民法科学与立法》，王娜译，法律出版社2003年版，第64～65页）此外，法国学者盖斯坦等在论述习惯法时，也特别强调它的两个要素，即"实质要素"（古老、确定、公知）与"心理要素"（信任、确信、信念）（参见［法］雅克·盖斯坦等：《法国民法总论》，陈鹏等译，法律出版社2004年版，第475～480页）；而德国学者魏德士则简要综述了德国法学界对习惯和习惯法的看法，他也把"长期实践""普遍的法律确信"以及司法运用（"最高法院的解释"）作为习惯法的基础和条件（参见［德］伯恩·魏德士：《法理学》，丁小春等译，法律出版社2003年版，第106～107页）。可见，古老和确信是西人论述习惯效力时，公认的基本标准。

③ T. W. Bennett and T. Vermeulen, Codification of Customary Law, *Journal of African Law*, Vol. 24, No. 2 (autumn, 1980), p. 208.

因此，对司法裁判而言，习惯的这些特点势必导致裁判的可接受，从而既降低司法的成本，也提高人们对司法的信耐，实现以习惯来补救法律之漏洞之立法宗旨。所以，在法律供给不足时，“可以适用习惯”的规定可谓一举三得，何乐不为？

(3)权威及互补。在人类秩序发展史上，渐积渐成的习惯，既是最为古老的规范，同时，因为习惯的观念熏陶和行为模仿，也使它获得了至高无上的、铭刻于人们心底的权威性。这种权威性，既来自其古老，来自人们对它的内心确信，也来自因为习惯的权利义务分配和保障，以及人们在日常生活中按照习惯去做时，所带来的方便和利得。所以，在埃利希看来，习惯法尽管可以是裁判规范，但它主要还是行为规范：

> 一如萨维尼和普赫塔所认为的那样，在习惯法中，产生于民族法意识中的东西直接转化为习俗，民族不仅意识到他们的法，而且还以他们的法来生活，他们依此而行为，依此而变迁，而且正是这种依法而行不仅是习惯法的表现形式，也是它的一种识别手段。也就是说，习惯法既是行为规则，也是裁判规范；更确切地说，它始终首先是行为规则，通过行为规则才变成裁判规范。①

埃利希的论述，事实上找到了作为权威的、日常的、能够给人们带来和民族法意识相勾连的生活规范——作为行为规则的习惯法和裁判规范之间的勾连关系，正是这种勾连关系，促成了习惯法基础上的法官法，进而实现对国家法漏洞的补充。这已经预示了习惯法通过可诉机制和裁判规范的工具，对人们权利义务的分配，并进而与国家法之间所形成的互补关系。对此问题，我将在下文展开。

(4)立法及可诉。既然法律总是有缺陷，总是会出现漏洞的，那么，设法通过一定的规范化手段救济法律漏洞，就是立法本应关注的问题。从法律运作的事实看，相关的救济手段，既有基于法律内部立场的救济，如法律解释、类推适用、效力识别等，也有基于法律外部视角的救济，其中最主要的，就是授权司法可以适用习惯，即把作为法律外部的规则——习惯，通过司法结构到法律可接纳的范围中，作为裁判案件的规范根据。这种情形，虽然在近代成文法历史上曾一度衰落，特别是在法国和德国民法典中未予特别重视，甚至还明显忽视(尽管两部法律都不否定习惯法作为行为规范的价值)。但是，自从《瑞士民法典》第1条第

---

① [奥]欧根·埃利希：《法社会学原理》，舒国滢译，中国大百科全书出版社2009年版，第497页。

2款明令"无法从本法得出相应规定时,法院应依据习惯法裁判"以来,赋予司法适用习惯以救济法律漏洞,就是世界多国的立法例。例如,在韩国:

> 殖民地时期习惯法建设的最大成就是塑造了韩国的现代民法和现代司法。朝鲜在1910年被日本吞并后,虽然殖民地当局颁布日本的民事法律作为朝鲜的通用法律,但同时颁布命令朝鲜人之间的绝大多数法律的私人关系仍旧适用韩国的习惯。因为高丽人时期的朝鲜没有成文的私法,因此习惯法的改造就被委托给法官和法学学者,他们查明并用西方的法学概念解释朝鲜习惯法。殖民地时期的法庭坚持相信来源于过去流行行为的习惯法,并且他们经常把习惯与理性相结合加以改造,然后与西方法律历史的发展做类比。①

而在我国,众所周知,近代以来的诸次重大民事立法活动中,则赋予司法通过适用习惯以救济法律漏洞的权力。对此,笔者另文中专门论述,故不赘。

值得一提的是,这种赋予司法通过适用习惯来救济法律漏洞的情形,不特是近代的产物,在古代社会早已存在。我国古代法律,特别是司法中所存在的礼法并重、春秋决狱、以例破律、引礼入法、情理法兼顾等事实,是司法运用包括习惯在内的社会规范救济法律漏洞的重要方式。②而在古罗马法上,法学家在解释法律时,对此也予明示:"在不采用成文法的情况下,必须遵守由习俗和习惯确定的那些规范"(尤里安);"在无成文法可循的情况下,那些长久的习惯常常被当做法和法律来遵守"(乌尔比安);"那些由长期习惯确认了的并且被常年遵守的东西,同写成文字的法一样,被作为公民间的默认协议"(赫尔莫杰尼安);"……对于产生于法律的疑问,习惯或长期以同样方式确定的有效判决应当拥有法律效力"(卡里特斯拉特);"所有的法或者由合意设定,或者由必要性创立,或者由习惯确认"(莫德斯汀)。③ 可见,司法适用习惯以救济法律漏洞传统之久远。

还应指出的是,如果说在成文法国家,习惯是司法之重要的救济法

---

① Marie Seong-Hak Kim, Customary Law and Colonial Jurisprudence in Korea, *The American Journal of Comparative Law*, Vol. 57, No. 1 (Winter, 2009), p. 205.

② 参见范忠信等:《情理法与中国人——中国传统法律文化探微》,中国人民大学出版社1992年版,第9~239页。

③ [意]桑德罗·斯奇巴尼选编:《正义和法》,黄风译,中国政法大学出版社1992年版,第62~65页。

律漏洞的规范的话，那么，在法判例国家，习惯每每是生成判例的根据；如果说，在一位德国自由法学者的笔下，“法律是理性化了的习俗”[①]的话，那么，这句话用之于判例法国家，可谓恰如其分。

古今中外立法例上对于习惯作为法律渊源的肯定，事实上使习惯获得了理性化和可诉性。基于这种理性及其可诉性，两造才得以主张适用习惯处理纠纷，法官才能在法律供给不足时，据以适用习惯，来救济法律漏洞。

可见，法律之所以赋予司法可以适用习惯，以补充法律漏洞，恰恰在于习惯的如上特征。

三、司法适用习惯以救济法律漏洞的方式

法律出现漏洞后，司法救济的方式是多样的。法官既可以采行内部救济的方式——在法律内部寻求和案件事实的特征最相类似的条款，通过类推来裁判案件，以补充法律漏洞，这就是所谓类推适用。[②] 因为类推适用既要说明三段论运用中推论过程和推理结论的合理性（内部证成），也要提供用来推理的大前提之合理性（外部证成），所以，类比推理必然连带着类比论证。[③] 除了类推适用之外，法官也可以采取外部救济的方式——法律漏洞的其他救济方式还有法律发现和法律续造。在笔者看来，司法适用习惯以救济法律漏洞，乃是法官通过法律发现补充法律漏洞的活动。[④] 那么，何种法律漏洞需要司法适用习惯以救济？司法适用习惯救济法律漏洞的机制是什么？在法律有明令时，司法可否适用习惯？就这些问题，下文将略加展开。

（一）司法适用习惯来补充法律漏洞之效力

如前文所述，以法律要素为参照，法律漏洞可一分为三，即概念漏

---

① ［德］赫尔曼·康特洛维茨：《为法学而斗争法的定义》，雷磊译，中国法制出版社2011年版，第137页。

② 早在战国时，荀况就强调“有法者以法行，无法者以类举”［（战国）荀况：《荀子·王制》，载梁启雄：《荀子简释》，中华书局1983年版，第101页］；魏德士对法律漏洞的填补——类推、正面推理、反向推理、目的限缩以及目的扩展等虽曾做过较好的论述（参见［德］伯恩·魏德士：《法理学》，丁小春等译，法律出版社2003年版，第381～390页），但在笔者看来，这都属于对法律漏洞的内部救济，且因为对法律漏洞范围界定的不同，笔者与魏德士在法律漏洞救济工具的论述上也有很大分歧。

③ 参见雷磊：《类比法律论证——以德国学说为出发点》，中国政法大学出版社2011年版，第179～393页。

④ 法律发现又可二分为“内部发现”和“外部发现”。前者指在法律体系内部发现找到合适的裁判规范；后者指在法律体系外部的其他社会规范中找到合适的裁判规范。司法以习惯救济法律漏洞即属于后者。相关具体论述，参见谢晖：《法律哲学》，湖南人民出版社2009年版，第180页以下。

洞、规则漏洞和原则漏洞。这三种漏洞,法官是不是皆可适用习惯以补充?回答是肯定的。对如上三种法律漏洞,司法经由习惯的补充,也会分别产生当然补充、连带补充与造法补充的三种效果。

(1)当然补充,是指在法律出现漏洞时,司法只要适用习惯,对法律规范而言,意味着其当然地起到补充作用。我们知道,法官适用习惯的场合,是面对所谓疑难案件时——当下案件没有法律作为裁判根据时。一般来说,当一例案件没有法律根据时,所说的是没有法律规则,而不是说没有法律原则。因此,司法适用习惯时所补充的漏洞,首先是对规则漏洞的补充。这也意味着法律只要出现规则漏洞,但有相关的习惯足以弥补法律的规则缺陷时,司法就可以通过适用它来补充之。因此,完全可以说,只要司法在法律漏洞条件下适用习惯裁判案件,就必然意味着习惯对法律规则漏洞的补充。所以,法官适用习惯裁判案件,对于法律之规则漏洞而言,产生当然补充之效力。如果司法适用习惯进行裁判,而对法律的规则漏洞不能产生补充效果,那么,习惯的适用在客观上就无效——这样的习惯,事实上无力裁判案件。可见,在存在法律规则漏洞之时,只要司法适用习惯以裁判案件,就意味着习惯对法律规范漏洞产生当然补充的效力。

(2)连带补充,是基于当然补充的效力所产生的连带效果。这与法律概念和法律规则的关系紧密相关。在法律中,一般来说,一个法律概念是镶嵌于法律规则当中的概念,法律概念本身不是法律规则的外在物,而往往是结构在法律规则之中的。作为名词的法律概念和作为动词的行为指向一起,构成人们交往行为的规范。因此,尽管在分析的意义上,法律概念和法律规则是两码事,但在结构和功能视角,两者即使不能说是一而二的,但至少可以说是二而一的。可见,一般说来,法律概念连带在法律规则之中,进而,法律规则之漏洞,也每每意味着法律概念之漏洞。这就表明,当法律出现规则漏洞时,司法适用习惯对法律规则漏洞产生的当然补充效力,也意味着其连带地补充了法律概念之漏洞。当然,这并不意味着法官所适用之习惯中的概念经过适用,就自动转化为法律概念,也不意味着法官要对存在漏洞的法律概念,通过适用习惯的个案裁判给出定义化解释,而只是说,当法官在法律规则有漏洞而适用习惯以补充它的时候,习惯对法律概念漏洞的补充,连带地涵盖其中了。

(3)造法补充,是指当法律原则出现漏洞时法官运用习惯裁判案件所做的补充,一定是具有造法功能的补充。司法的造法功能,在英美法系国家是常例,但在大陆法系国家则是例外。因此,大陆法系国家对司法造法格外关注，也格外谨慎。所以，“法院应该使一个裁决针对某一类案件，对这类案件形成一个共同的法官规则。也就是说，法院对某一判决所适用的某一类案件创造出新的、关于该类案件的、普遍有效的法律规范。”①虽然这一说法也适用于法院适用习惯时对法律规则漏洞的补充，但这种补充未必产生普遍有效的法律规范。例如，当司法所适用的习惯囿于一个很小的时空范围内时，它虽然对已经裁决的个案会产生补充法律规范不足的效力，但对发生在其他时空范围内的类似案件，就未必适用，因此，也未必能产生一般法律规范之效力。但是，对法律原则漏洞的习惯补充则不同。一个很小时空中的习惯，一定无以补充法律原则的漏洞。而能够对法律原则之漏洞进行补充的习惯，一定是在广大的时空范围内可被接受的习惯。这种适用习惯的判例一旦生成，无论在英美法系国家，还是在大陆法系国家，都会起到法官造法的功能。因此，我把它称为“造法补充”。

（二）习惯救济法律漏洞的基本手段：理性化与可诉化

习惯作为自发生成的秩序规范和秩序体系，如何勾连国家的理性秩序体系？亦即，它以什么方式救济作为理性秩序体系的法律之漏洞？对此，无论在学理上，还是在实践中，向来有两样的做法和说法：一是习惯的理性化；二是“可诉性”。

（1）理性化是指当作为经验事实的习惯升华为理性事实（或制度事实）后，成为补充法律漏洞的基础。理性化的基本方式，通常是国家立法的认可和司法运用习惯的裁判理性化是作为经验事实的习惯升华为理性事实的法律，并用来补充法律漏洞的基础。但是，在成文法国家，因为立法对习惯的认可这一理性化机制，表明习惯已然被纳入制定法体系中，因此，不是这里讨论的对象——因为它不存在法律漏洞问题。所以，这里所谓经验习惯的理性化过程，就是把习惯交由法院和法官进行识别、处理和运用，并用来补充法律漏洞的活动。

对于习惯经由司法适用的理性化，人们有并不相同的看法。或强调“法官所造的法律与社会标准及习惯之间存有一种自动认同作用”；或强调“法官所造的法律容易根据它本身的思维发展成某种自主的天地，譬如它创造了许多文雅、巧妙、专门以及拟制的职业性法律意见，却摒弃一位普通人可能用来判断他日常交易中是非问题的简易方法。而且随着岁月流转，这些专门技术很可能会不断增加，使法律与日常生活中的实

① ［德］伯恩·魏德士：《法理学》，丁小春等译，法律出版社2003年版，第379页。

际情况距离愈来愈远”。① 但是,无论看法多么不同,这些看法的共同所在,是对司法理性的基本认同。

经由这一进路,人们常对习惯和习惯法予以分解:习惯不同于习惯法,这无论是英美法系的学者还是大陆法系的学者,大都予以坚持的,如在英美法系国家,奥斯丁说:习惯法的“基础是这样的:法院参考了预先存在的习惯,然后进行司法立法……当习惯成为法院判决的理由的时候……这种习惯,的确就是实际存在的由人制定的法律规则。”②而哈特强调:

> 除非是获得法律的承认,否则这样的习惯并不具有法律地位……只有在以下的条件下习惯才会成为法律:特定法体系“确认”(recognize)某个类别的习惯为法律,而这个习惯是这个类别的其中之一。
>
> ……在决定某个习惯是否符合法律确认时,法院所适用的检验标准包含着像“合理性”之类的流动性观念……③

在大陆法系国家,法学家们对这一问题的论述也很多——像萨维尼、韦伯、凯尔森、拉德布鲁赫、魏德士④等都有论及。例如,韦伯就认为:“习惯不同与习惯法……根据一般的术语学,作为习惯法的规范,其效力在很大程度上依赖一种类似的强制性实施机制,尽管这种强制效力是来自于同意,而不是制定;习惯则不以任何强制性机制为特征。”⑤魏德士强

---

① [英]Dennis Looyd:《法律的理念》,张茂柏译,经联出版事业公司1984年版,第234~235页。

② [英]约翰·奥斯丁:《法理学的范围》,刘星译,中国法制出版社2002年版,第186页。

③ [英]H. L. A. 哈特:《法律的概念》,许家馨等译,法律出版社2006年版,第44页。类似的观点,我们还可以在拉兹的论述中见到(参见[英]约瑟夫·拉兹:《法律体系的概念》,吴玉章译,中国法制出版社2003年版,第46~49页);同样,在格雷、庞德的论述中也不难发现(参见[美]约翰·奇普曼·格雷:《法律的性质与渊源》,马驰译,中国政法大学出版社2012年版,第242~258页;[美]罗斯科·庞德:《普通法的精神》,唐前宏等译,法律出版社2010年版,第116~153页)。

④ 其中萨维尼、凯尔森和拉德布鲁赫的相关观点,分别参见[德]弗里德里希·卡尔·冯·萨维尼:《论立法与法学的当代使命》,许章润译,中国法制出版社2001年版,第82~99页;[奥]凯尔森:《法与国家的一般理论》,沈宗灵译,中国大百科全书出版社1996年版,第129~130页、第163~182页;[德]拉德布鲁赫:《法学导论》,米健等译,中国大百科全书出版社1997年版,第1~31页。

⑤ [德]马克斯·韦伯:《论经济与社会中的法律》,张乃根译,中国大百科全书出版社1998年版,第21页。他同时强调:“哪怕是具有一般性质的‘习惯’也非稳定”,用它“来决定特定的案件时……也难以在(规则适用或创设的)决定里发现任何‘规则导向’,一个法官需要经过深思熟虑才能形成超越个别案件的‘规范’(上书,第70页)。”

调："通说认为，习惯法以法律共同体中的长期实践（'习惯'）为前提，此外，这种习惯必须以法律共同体的普遍的法律确信……为基础。"①

上述对习惯和习惯法两分之论说，仍是强调司法理性化的方式，对其适用习惯以补充法律漏洞、弥合习惯与法律理性之间关系的方法意义。所以，如果说"法律是理性化了的习俗"的话，那么，我们宁可将这句话修改为"习惯法是理性化了的习俗"——因为"真正的标准存在于社会习俗转变为法律习俗，即转变为法律这样一种理性化的过程之中"。②

（2）至于"可诉性"，按照康特洛维茨的看法，是用来区分法律与社会习俗的标准，他指出：

> 笔者在1928年的一篇文章中寻找到了区分于社会习俗的法律标准，即他所称的规则的"可诉性"——它能被法官所适用的性质。"法官"被理解为这样一个权威者，他通过有意识地适用一般性的程序与裁判规则，或至少通过依照这些规则进行（事实上的……）案件审理与裁判，来对发生冲突或有疑问的个案进行裁判……"可诉性"……运用于这样的规则，它们被认为"适合被司法组织适用于某个特定程序"。③

"法的可诉性是指法必备的、为了判断社会纠纷的是非而使纠纷主体可诉求于法律公设的判断主体的属性……"④这是笔者曾经给法的可诉性所下的定义。今天看来，这一定义突出了纠纷主体，而没有突出纠纷裁判者——法院，是其明显不足。如果在上述界定基础上，再加上"并由判断主体（法院）运用之于案件裁判"的字眼，也许界定会更为完整。当然，这是针对法或法律而言的。在司法中运用习惯，以补充法律漏洞时的"可诉性"，乃是指习俗的可诉性，或者是把习俗结构在法律理性体系中的可诉性。只有这样的习俗，才有可能获得习惯法的名号，并通过司法在个案中的适用，来救济法律漏洞。这样一来，"可诉性"既是判断习惯可否被司法适用的重要标准，也是司法适用习惯，以救济法律漏洞的具体技术。

---

① ［德］伯恩·魏德士：《法理学》，丁小春等译，法律出版社2003年版，第106页。

② ［德］赫尔曼·康特洛维茨：《为法学而斗争法的定义》，雷磊译，中国法制出版社2011年版，第137页。需说明的是：这并非作者的观点，而是作者准备反思和批评的观点（作者对"法与社会习俗的理性化"之全部论述，参见该书第137～146页）。笔者引用之，则赋予其和本文相关的意义。

③ ［德］赫尔曼·康特洛维茨：《为法学而斗争法的定义》，雷磊译，中国法制出版社2011年版，第157～158页。

④ 谢晖：《法的思辨与实证》，法律出版社2016年版，第200页。

(三)法律有明令时,司法可否适用习惯?

法官可否以习惯修改法律?或者法律有明令时,司法可否适用习惯?这在判例法国家的实践中并不是一个很棘手的问题,[①]但在成文法国家,这样的问题可能会带来对法律公理的挑战,会影响成文法的权威——因为在成文法国家,法官曾长期被认为是"法律的自动售货机"。[②] 相应地,成文法被人们赋予了神圣的、不可逾越的地位。[③]

不过,虽然如此,过度美化成文法的理性还是被历史实践所证伪。作为人的理性,法律不但会出现漏洞,而且即使没有漏洞的法律,也会存在种种病灶,如意义模糊,意义冲突等,甚至有些明令的法律还可能会违背人类公理(如纳粹的法律)。那么,法院和法官在面对这样的法律时,究竟应该怎么办?是对法律亦步亦趋,不敢越雷池一步,还是根据包括社会习惯在内的其他社会规范,以及法官的内心确定安排案件的审理活动?对此,在凯尔森看来,因为法律不可能存在间隙,即使法律之间存在问题,法官也只能在"上级规范"中寻找解决的方案。但是,问题是当上级规范本身出现问题时又该怎么办?我们知道,他虽然推出了一个理想的且难以实证的"基础规范",[④]但这一概念并没有也不可能解决实际

---

① 不过这仅仅是个实践性判断,因为在英美判例法的实践中,后例推翻前例、判例推翻成文法,甚至经由判例改变宪法规定,创制宪法原则的情形并不少见(参见[美]莫顿·J.霍维茨:《沃伦法院对正义的追求》,信春鹰等译,中国政法大学出版社2003年版,第23~194页;[美]吉斯·威廷顿:《司法至上的政治基础——美国历史上的总统、最高法院及宪政领导权》,牛悦译,北京大学出版社2010年版,第89~316页)。就法学理论而言,英美法系国家的法理学者,基于法律保守主义理念、法律理性精神和规范分析手段,尤为强调法院对法律的恪守——哪怕它是恶法。边沁、奥斯丁、哈特以及拉兹这一脉学者,都大体如之。

② 韦伯强调:"现代的法官是自动售货机,投进去的是诉状和诉讼费,吐出来的是判决和从法典上抄下来的理由。"([美]科瑟:《社会学思想名家》,石人译,中国社会科学出版社1990年版,第253页)

③ 对此,康特洛维茨在阐述其自由法理念时,以一种不乏激情的语言描述道:"一旦法学认可了自由法,司法就不再只是建立在国家法的基础上!一旦法学具有创造性,司法就不再只是制定法的仆人!一旦科学长久地考虑到漏洞,在司法实务中(法官)就不可能对每个法律案件都进行法律上的裁判!一旦理论承认了感觉的价值,判决就不能再被要求进行无条件的证立!一旦个人因素在理论中被认可,司法实务就丧失了可预见性和一致性的性质!一旦理论本身是反教条的,司法就不再是科学的!一旦意志在司法中占据了统治地位,理论就不再是不带感情色彩的!简而言之,合乎制定法、被动性、可证立性、科学性、法律安定性、客观性这些理念与新的运动是不相容的。"同时,他也对这种长期流传在法学界的假定予以反驳和批判:"但所幸的是,在那些假定中,部分假定目前已经没有了实效,部分假定则根本不值得去实现。"([德]赫尔曼·康特洛维茨:《为法学而斗争 法的定义》,雷磊译,中国法制出版社2011年版,第45~46页)

④ 参见[奥]凯尔森:《法与国家的一般理论》,沈宗灵译,中国大百科全书出版社1996年版,第124~182页。

问题。

而坚守自由法学理念的康特洛维茨则强调，在制定法不可能提供更好的裁判方案时，法官可根据其内心的自由确信和良知，来确定裁判方案。他写道：

> 法官……必须也应当看到，首先，制定法可能并没有为他提供一个确凿无疑的答案；其次，依照他的自由确信与良知，判决时存在的国家权力机关很可能不会像制定法所要求的那样作出决定。在两种情形中，他都应当这样来判决案件，依照其确信，他所做的判决将与现在的国家权力机关遇到这个个案时所会作的决定一样。假如他不能形成这样一种确信，他就应当依照自由法来进行判决……可以肯定，在民事诉讼中，应当听任诉讼双方通过共同申请，来免除法官遵守任何国家法律规范的义务。[①]

尽管康特洛维茨并未明示法律有明文但不能为法官提供确凿答案时可以适用习惯，但从中我们可以推知他对法官在其确信和良知作用下适用习惯的内心默许。问题是，习惯何以在法律有明文且无漏洞时，还可以被法官所适用？在笔者看来，其基本原因是习惯对法律非法的校正功能。法律之非法，既指法律之价值非法，如臭名昭著的纳粹法；也指法律之技术非法——特别是法律的规定与它所欲调整和保护的社会关系之间格格不入、南辕北辙的情形（对此，在绝大多数学者的笔下依然被纳入“法律漏洞”之范畴，但在笔者看来，它属于法律意义冲突的范畴。法律之病症，除了“意义空缺”——“法律漏洞”外，还有“意义模糊”和“意义冲突”，[②]三者应严格区分，不加区分，并因此而模糊处理）。在法律价值非法时，只要社会中有替代法律既定价值的、被人们普遍接受的习惯，那么，司法就能够运用习惯或习惯法校正法律之价值非法。[③] 在法律技术非法（笔者称为法律调整不能[④]）时，尽管法官可以采取其他的技术手

---

① ［德］赫尔曼·康特洛维茨：《为法学而斗争法的定义》，雷磊译，中国法制出版社2011年版，第47～48页。对此，殷科站在事实视角提出了反思性批评，称在制定法国家，这种观点为“极端”“显然是太过分了”（［德］H. 殷科：《法哲学》，林荣远译，华夏出版社2002年版，第225页）。

② 参见谢晖：《法律哲学》，湖南人民出版社2009年版，第29页、第157页。

③ 曾任美国第十二任首席大法官的哈兰·菲斯克什在表达去其对“纽伦堡审判”的不满时，就表示这是以习惯法的名义私设公堂：“我不介意他对纳粹做什么，但我不愿意看着他打着习惯法的幌子私设公堂。对我这种老古董来说，这只是一场道貌岸然的骗局。”参见张慧：《纽伦堡审判：为了正义，更为了铭记》，载《青年参考》2015年12月16日。

④ 参见谢晖：《法律哲学》，湖南人民出版社2009年版，第241～242页。

段校正其非法,但如果实践中有现成的可以校正法律调整不能的习惯时,法官何乐而不用呢?法官不但对习惯径直引用,而且在裁判中以习惯推翻、否定既有的法律明令,不也表明在司法裁判中,可被其运用的习惯之法律属性吗?

清代治理苗疆的独特法律
——“苗例”*

一、弁言

清代是前现代中国最后一个专制王朝,在西方人,包括美国人心目中,它是一个帝国,①是中国历史上最后的帝国。这个帝国的疆域及对领土的实际控制范围,在古代中国历朝历代中,大概只有元朝可以相媲美。极盛时期(公元 1760 年以后)大约 1300 万平方公里的领土面积,到了清末(1911 年之前),也有 1100 多万平方公里的领土面积。

这么大的领土面积,必然涉及领土安全的保障问题。而这一问题之解决,除了强大的军队作保障外,在日常秩序特别是边疆秩序的维系中,坚决贯彻既定的规则——法律,则是不可或缺的。尤须注意的是,一般所谓边疆地区,生活着的是中原王朝“主体民族”之外的“少数民族”,其在民风民俗方面与主体民族大异其趣。清王朝的主体民族——满族,虽然也是发端于边陲之地的、与汉族相比较系“少数民族”的族群,但其入主中原后,比较快地俘获了汉人的认同,他们也以宽阔的胸襟接纳了汉文化,因此,其与汉族联手,成为主体民族。而居于四边的少数民族,如扼守北疆的蒙古族,雄踞西北的回族(彼时包括所有信奉伊斯兰教的民族,尤其是居于边陲的维吾尔族、哈萨克族等,因此,不只是今天的回族),领有大西南的藏、苗等

---

* 发表于《西昌学院学报》2019 年第 6 期。

① 如美国学者布迪、莫里斯的名著,就起名为《中华帝国的法律》(当然,这个“中华帝国”,在时间上不仅指清代)。该书由朱勇翻译,江苏人民出版社 2003 年版。

民族，朝廷专门为其颁行了《蒙古律例》《回律》《西宁番夷治罪成例》《西藏禁约十二事》《苗例》等，并专门设立理藩院，钦定了《理藩院则例》。这其中，《苗例》是其重要内容，但由于彼时苗族没有其文字，至今也没有文献能证明官方出面对之做过系统整理，故所留下来的成文法，主要是在苗疆地区所贯彻的国家法。而所谓“苗例”，则主要是经由司法所适用的苗疆习惯法。按照《大清律例》之明令，在苗疆，国家法与习惯法的适用划分如下：

凡苗夷有犯军、流、徒罪折枷责之案，仍从外结，抄招送部查核其罪应论死者，不准外结，亦不准以牛马银两抵偿，务按律定拟题结。如有不肖之员，或隐匿不报，或捏改情节，在外完结者，事发之日，交部议处。其一切苗人与苗人自相争讼之事，俱照苗例归结，不必绳以官法，致滋扰累。①

本文就只就清朝时期有关苗疆治理的法律规定，主要讲如下三个问题：清代的苗疆和苗、清代对苗疆的治理规则及其特征、清代“苗例”与其他边疆治理规则之比较。

二、清代的苗疆和苗

（一）认识清代苗疆和苗的一般标准

我们知道，疆域每每是和一个国家的领土边界相关的地域范围，边界以内，领土归我，边界以外，领土归他。故“疆”这个词尽管不一定是指疆界，但实际上又与之息息相关。在中国，自古以来界定国家时有三个要素，即领土、社稷（政权）和人民。② 这三个要素，与近、现代以来国际法上对国家的界定没有大的分别。就笔者的看法而言，在这三个“硬要素”之外，还应当加上把三个“硬要素”黏合在一起的软要素，即规则要素。这样一来，国家就由领土、政权、人民和规则四个要素构成。言归正传，下面这一部分，着重讲讲清代的苗疆。

所谓苗疆，既是个和族群相关的概念，也是个和地域相关的概念。在学术界，对于作为族群的苗及作为族群活动地域范围的苗疆都有不同的理解。对两者的理解，各有狭义和广义两种，正如有学者专门研究这一问题时所总结的：

清代“苗例”中的“苗”是不是现在民族学中的苗族呢？不同的学者有不同的看法，有学者认为是苗族，持这种观点的学

---

① 《大清律例·断狱下·断罪不当之条例1》。遗憾的是，在沈之奇所撰的影响甚大的《大清律辑注》（怀效锋等点校，法律出版社2000年版）中，对这一“条例”未予解释。

② 孟子曰：“民为贵，社稷次之，君为轻。”（《孟子·尽心下》）

者不太多；多数学者认为不仅有现在的苗族，还包括其他南方少数民族。可以确定的说清代的“苗”与现代民族学中的“苗族”不是同一内容，就是说“苗”在清代不仅包括有现在的苗族，而且还有更为广泛的内涵。

清代“苗疆”中的“苗”与“苗例”中的“苗”并不是同义词……清代“苗疆”是指康、雍、乾年间在南方民族地区中通过改土归流纳入国家控制的民族新开发区。[①]

如上结论，并不是唯一的，也有些学者在行文中所描述的苗，大致是指中华人民共和国成立以来，通过民族识别所界定的苗，因此，《苗例》的适用范围，也大体上是现在所谓苗族在清代所居住的范围。[②] 笔者认为，这是对“苗”的一种误解。且不说中华人民共和国成立以来在民族认定问题上的苗族，已然是一个大大缩小了的苗族概念，[③]笔者更想说的是，在此之前，前代的统治者基本没有相关概念可资依凭，作为划分人群的根据。尽管自古以来中国就有中原汉人和四夷少数民族的划分，但与近、现代人类学，民族学意义上的民族概念却大相径庭，同时也与中华人民共和国成立以来所做的更为细微的民族划分明显不同。

中华人民共和国对民族的划分，是根据斯大林在《马克思主义与民族问题》一书中对民族的划分标准所展开的。在斯大林看来，“民族是人们在历史上形成的一个有共同语言、共同地域、共同经济生活以及表现在共同文化上的共同心理素质的稳定的共同体”。[④] 尽管目前在全球范围内，斯大林的名声并不好，在中国普通公民心目中也一样，但中国有句古话，叫不能因人废言，他对于民族的这个判定，还是有一定参考意义的，同时也有西方学术背景和根据。[⑤] 更何况它实际地指导了不少国家有关民族的划分。

---

① 胡兴东：《清代民族法中“苗例”之考释》，载《思想战线》2004 年第 6 期。

② 参见苏钦：《“苗例”考析》，载《民族研究》1996 年第 6 期。该文尽管没专门考证“苗”是什么，但在其字里行间所说的“苗”，就是指按照如今民族分类所讲的苗族。尽管在该文中，谈及苗彝条例时，作者也将苗彝连用。

③ 在这个意义上，诚如有学者所言，民族和民族主义乃是一个“想象的共同体”（参见［美］本尼迪克特·安德森：《想象的共同体：民族主义的起源与散布》，吴叡人译，上海世纪集团 2005 年版）。尽管“想象”本身不但是人们纯粹的奇思妙想，而且还需要参照诸如语言、服饰、生理表征、宗教信仰、日常生活方式等许多因素。

④ 《斯大林选集》（上），人民出版社 1979 年版，第 64 页。

⑤ 参见郝时远：《重读斯大林民族定义——读书笔记之一：斯大林民族定义及其理论来源》，载《民族世界》2003 年第 4 期。

但是这样的概念,只是新近才传入中国的,并且过于机械地照抄照搬这些概念的结果是,在民族划分问题上也引起了不少的纷争,如至今仍有部分公民没有民族身份(在中国被称为“未识别民族”),贵州的穿青人、革家人,广西的六甲人,西藏的僜人,以及各位可能感兴趣的“蓝帽回回”(犹太人)等。更有不少族群,如云南的爱尼人、云南和四川的摩梭人等,就不太认可对他们的民族归属。中华人民共和国成立之初,各地自报的民族达 500 多个,1953 年人口普查时政府初步承认的民族也达 400 多个,仅云南一省就有 260 多个。后来经过艰苦的调查和研究,划分为目前的 56 个民族。可见,不能把目前这样的民族划分套用到对民族基本无概念,或者即便有这样的概念,也是大而化之到清代统治者那里去。以上情形,决定了我们今天要讨论清代有关苗疆地区的治理及其规范,在对苗疆的理解上理应还原到清代人对苗和苗疆的实际理解和实践事实中。

(二)从“改土归流”与“新疆六厅”看苗疆与苗

笔者认为,在认识这一问题上,清代相关实践中从雍正年间开始的“改土归流”和所设置的“新疆六厅”这两桩事实特别值得关注。前者系彼时云贵总督一封奏折的产物,从中可见在对苗疆的认识问题上,不同于今天人们以苗族为准据的想当然的理解。[①] 而后者虽然一般认为指今天黔东南一带,但对此,人们并未形成一致的意见,反之,有些学者从对

---

① 其时云贵总督鄂尔泰向雍正皇帝上奏疏,也有人称为《改土归流疏》,其中有“滇黔大患,莫甚于苗猓;苗猓大患,实由于土司……将所有地方先改土归流”(《朱批谕旨·卷一二五之二》)的著名主张,并被皇帝所采纳。其中所谓“苗猓”,绝不只是今天的苗族,也包括诸如今天的彝族、侗族、瑶族、壮族等民族。因为在这份奏折中,鄂尔泰明言其所议地域范围,涉及整个云贵。而“改土归流”则涉及云贵、湖广、四川等南方大多数省份和近 20 各民族(当今民族划分意义上的)。据有人统计归纳,改土归流的“第一阶段是从雍正四年到九年(1731)……改流重点在云贵,大批土司在这期间被废除。第二阶段是雍正九年以后……改流重点集中在四川、湖广、广西,并且进行了大量的善后工作。这次改土归流规模极大,共废除土司约一百五十三个,其中雍正四年至九年大规模用兵时期革除一百一十个;改流之地所设流官一百二十一个,所涉及的地区,以府计算,共四十四个府(包括直隶厅州),所涉及的民族(以现在的民族而论)有苗、侗、布衣、水、彝、纳西、壮、瑶、土家等,共计十九个”(《雍正四年——中国历史纪事年鉴查询》,载 http://cache.baiducontent.com/c?m=9f65cb4a8c8507ed19fa950d100b8d3d5812dd2377c0d0623e93d11cd3330c564711bfec613f515f8c966b6776fc081efdf14229611421c19bcc8f4bc9fecf6879873044740bf24605a31db8bf3632b0518729e2b81897ad863384dea1c4a95344be25127bf0e7fa2a1765cc78f1642692a08e3f66&p=89769a4781934eac59efc228474b95&newp=c6759a46d7c110f60efec7710f56cb231610db2151d6d3116b82c825d7331b001c3bbfb42326140ed7c47f6006ae4259eaf43773330123a3dda5c91d9fb4c57479d97e6263&user=baidu&fm=sc&query=%B6%F5%B6%FB%CC%A9%D3%BA%D5%FD%CB%C4%C4%EA&qid=d47384df0006c73d&p1=9,2019 年 3 月 15 日访问)。

既有研究材料的理性审视出发,提出了不同的见解,[①]六厅的范围、功能及其所辖的民众(族群),或许远远超出我们今天不求甚解的理解。

从以上简要论述可见,清代的苗疆,尽管以今天贵州特别是黔东南一带以“生苗”居住的地方为核心,但一方面,绝不仅仅是指今天所说的苗族民众当年所领有的土地;另一方面,苗疆的范围,也不只是今天贵州、更不仅指今天黔东南一带——即便这一带属于苗疆的核心区域。而清代的“苗蛮”,也不仅仅指今天民族划分中的苗族,而是包含了苗族在内的以今天的行政区划为标准、分布在云贵川等广泛地域范围内的南方山地民族。只有这样理解,才可能将思维代入我们在这里所要探究的社会事实和社会关系中去。

对作为族群的苗和作为地域的苗疆之上述理解,有助于我们进一步分析清代所谓“苗例”及其适用范围,进而理解“苗例”之治理苗疆的功能。理解由于对作为族群的苗的上述不同界定和作为地域的苗疆的如上不同理解,所导致的对于“苗例”之功能的不同理解。之所以这样讲,是因为在当下有关边疆法制问题的研究中,人们更倾向于“治国先治边”。而在当今边疆民族的治理中,突出的是以维吾尔族为代表的新疆边疆地区,以藏族为代表的西藏边疆地区和以蒙古族为代表的内蒙古边疆地区。而如果按照当下意义上的苗族及以之为准据的苗疆,则无论按照今天,还是按照清代中国国土的事实,已然属于“内地”而非“边疆”的范畴了,[②]最多如有些学者所言,只能称为“边远地区”[③]了。因此,对这些地方的治理,在重要程度上与“治国先治边”的要求已经不可同日而语。因之,对相关话题的研究也就似乎只具有历史价值,而现实的参考意义相当有限。

但是,当我们根据上述论证大体厘清了苗疆、“苗蛮”与如今所谓苗族地区、苗族的区别,自然而然地会将这一研究的现实意义扩展开去。了解和研究苗疆和“苗例”,不仅仅是今人想要还原一种历史事实,或者

---

① 通常认为,所谓“新疆六厅”包含古州、清江、台拱、丹江、八寨、都江。六厅内居住着如今的苗、瑶、侗、壮、水等不同族群。但是,对当时是否有这明确的六厅,学术界存在争议,参见卢树鑫:《清代“新疆六厅”建制考》,载《贵州民族研究》2015年第6期。

② 当然,疆并不仅指边疆,还有疆域之义。但古今当权者对民族地区之治理,更紧迫和更重要的使命,在于保持边疆安定,以便守土保疆。而苗疆之疆,更有边的意思,所以,清代名臣、大学者蓝鼎元才有《论边省苗蛮事宜书》[参见蓝鼎元著:《鹿洲初集·卷一》,载《鹿洲全集》(上),蒋炳钊等点校,厦门大学出版社1995年版,第38~39页]。当然,边疆概念中除了领土边疆之外,还有政治边疆、军事边疆、经济边疆、文化边疆等含义(参见马大正主编:《中国边疆经略史·总序》,中州古籍出版社2000年版,第3页),但无论如何,领土边疆是基本的。

③ 马大正主编:《中国边疆经略史·总序》,中州古籍出版社2000年版,第2页。

纯粹发思古之幽情,而且是为了通过这种研究,让人们进一步认识彼时的苗疆,仍属于或者接近今天中国的南部边疆地区——它不但不同于"内地",而且不同于"边缘地区",因此,彼时治理苗疆的"苗例",对于今天中国治理边疆地区而言,究竟哪些经验是值得借鉴的,哪些教训是值得吸取的,自然具有一定意义。这一点,或许在美国研究历史学的学者中不以为然,因为历史就是历史,不要以今天的需要来看待历史。但我们知道,即便在西方历史学界,克罗齐就提出了著名的具有诠释学意义的主张:"一切历史都是当代史"。① 更何况在中国,一直以来,"以史为镜,可以知兴替"②"为往圣继绝学,为万世开太平"③"古为今用"④等理念,就一直是历史学学习和研究的基本宗旨。因此,在这里顺便提到这点,并非多余。

三、清代对苗疆的治理规则及其特征

(一)中国古代治理边疆民族地区的基本策略和制度

中国自古以来就是一个疆域广大的国家,尽管在数千年的夷陵变化中,疆域时大时小,但即便是在军阀割据、小国林立的时代,各个小国的疆域都可以用土地广袤来形容,更不要说诸如周秦、汉魏、隋唐、宋元、明清这些中国"天下归一"的主要朝代。如此广袤的领土,如何处理中央与地方的关系,调动中央和地方的"两个积极性",使其各自能施展应有作用,共同推进国家的发展进步,这一直是历代统治者所关注的问题。从周代的分封制,到秦朝的郡县制,再到汉代以来,针对民族地区专门实施的一系列制度,都在一定程度上不断完善中央对地方的管理和治理。这其中既有中央对以汉族为主要民族的地方的常规治理,也有中央对边疆少数民族地方的"非常治理"。其中,后者在基本策略上有多种。有人就此指出:

> 从古代中国民族关系的整体历史来看,战争、防御、和亲、册封、互市、朝贡、会盟、盟誓及设置管理机构等都是中原王朝封建帝王处理民族关系的常见方式,都不同程度地取得了一定效果,有的还卓有成效。除此之外,在"羁縻之道"总原则下,"以夷治夷"、"以夷制夷"和"以夷攻夷"同样是中原王朝处理

---

① [意]贝奈戴托·克罗齐:《历史学的理论与实际》,傅任敢译,商务印书馆1986年版,第1页。

② 《旧唐书·魏征传》。

③ 《张子语录·中》。

④ "古为今用,洋为中用",是毛泽东所首肯的文化艺术方针(参见毛泽东:《致陆定一》)。这一方针直到目前,仍然被中国文学艺术界及学术思想界所普遍认同。

民族关系的重要方式和重要模式。①

在机构设置方面，自汉代以来，尽管在名称上也是代有不同，如以中国古代西北和北部地区的管理为例，西汉设有西域都护府，东汉称为西域长史府，北魏仍东汉之旧制，隋代设西戎校尉，唐代设都护府（安西、安北和北庭三都护府），元代设北庭行省、辽阳行省等，明代设奴儿干都司和卫所机构，而清代则在新疆设立伊犁将军，在蒙古建立盟旗制度。之于西南少数民族地区，秦代在机构设置上与内地并无不同，仍设郡县，这一制度名称一直延续到魏晋南北朝。在唐代，则设立安南都护府，在元明，建立土司制度，清代初年，仍行土司制度，雍乾之后，则"改土归流"与土司制度并举。

上述历朝不同的机构设置及其名称，只是其制度的组织形式。在笔者看来，一种制度必须有五个相互关联的要素才能结构而成。这五个要素分别是：作为前提的规范要素，作为动力的观念要素，作为保障的主体（包括组织）要素，作为实践的行为要素和作为检修的反馈要素。如果按照这五个要素来衡量，则一种制度离开规则要素是不可想象的，进言之，没有规则，就没有制度，制度是规则不可或缺的要素，且是前提要素。

清代对苗疆的治理，大体上是"官法"与"苗例"同时适用的。在所谓"熟苗"地区，由于汉化程度较高，属于"汉文化圈"的范畴，故更多适用统一的"官法"，辅之以苗疆习惯；但对于"生苗"地区，"……'苗疆'乃是一个典型的'化外之地'……"②在彼时人看来，"苗性愚蠢，不知官法，不闻教化，故得肆意恣行……"③所以，尽管其仍属于"汉文化圈"，但受汉文化直接影响较少，故更多适用"苗例"。

但这里的问题是：究竟什么是"苗例"？在这一问题项下，又派生出如下几个相关的问题：第一，它究竟是指苗疆习惯，还是指经官方认可的苗疆习惯？对此，公认的是后者。第二，若果是官方认可的苗疆习惯，那是否意味着官方对苗疆习惯可否适用于司法等官方行为做过类型化的调研和处理？对此，目前没有充足的资料证实之，唯一可凭借的，是《大清律例》的相关授权和大臣们与皇帝之间的奏折与御批所呈现的零星规则（如鄂尔泰的奏折和雍正的御批）。那么，第三，"苗例"究竟是如何呈

① 崔明德：《中国古代中原王朝处理民族关系的方式》，载《中国边疆史地研究》2014年第4期。还有学者总结中国古代治边的观念有"夷夏之防观""以华变夷观""因时、因地、因人而治观"三种（参见马大正主编：《中国边疆经略史·总序》，中州古籍出版社2000年版，第443～452页）。

② 杜文忠：《边疆的法律：对清代治边法制的历史考察》，人民出版社2004年版，第111页。

③ 《朱批谕旨·卷一二五之二》。

现的？在笔者看来，不妨将此划分为“应然的苗例”和“实然的苗例”两个方面。前者是指清王朝的法律对之的授权规定以及具有法律效力的针对大臣有关苗疆治理之奏折的皇帝御批；①后者指在纠纷的个案处理中，判官们因实际适用苗疆习惯所形成的司法判例。这也是笔者想在此着力论述的话题，因此，如下笔者的论述，更多地指涉的是“实然的苗例”。

（二）“苗例”与苗疆习惯

前文之所以强调规则之于制度的不可或缺，是要进一步说明，只要一个国家或时代因为民族地方的管理而设置了相关的组织，则必然会涉及相关的规则。这里不就历代中国民族地方管理的规则做“鸟瞰式”论述，也不想就清代治理边疆民族地区的所有规范做全景式描述，而仅就清代管理苗疆的规则做一切片式描述。

“苗例”是一个独特的概念，在中国古代法律的名称中，“律例”并称并不罕见，但多是民间对“律例”的“合成”处理。官方把例直接运用于法律之名称，形成“律例”之名，典型的是清代。清代全国性的法律，就称《大清律例》。② 即使如此，古代中国直接以“例”来作为法律之名称，也甚为罕见，纵使在中原王朝管理“四方”少数民族的法律中，也并不多见。顾名思义，“苗例”这一概念与苗疆地区规范人们交往行为的既有习惯相关联。换言之，“苗例”理应是苗疆地方习惯的国家认可。所以，“苗例”之“例”与《大清律例》之“例”，是两个并不相同的概念。前者是指苗疆的习惯，当然也包括处理纠纷的“判例”；后者则主要是指大臣奏折和皇帝御批中论及的地方习惯，以及司法机关处理纠纷的“判例”。③ 因此，“苗例”乃是大清王朝对苗疆所采取的“因俗而治”的措施。“苗例”之运用，是古代中国“以夷治夷”的典型写照。但是，究竟什么是“苗例”？能否在成文法视角给其以确切的说明？

可以认为，所谓“苗例”，只是国家对苗疆地区地方长官处理纠纷时适用当地习惯的一种授权。《大清律例》明令：“一切苗人与苗人自相争

---

① 应当说，在“奏折—御批关系”中，无论是大臣，抑或是皇帝，都拥有司法权。因之，他们对案件处理的“建议—批示”，即可视为司法行为。以之定谳的案件，自可谓之“判例”，如有示范性，亦可谓之“判例法”。

② 但是，《大清律例》中的“例”，是大清律正文下针对特殊事宜专门所附的“条例”，大体和成文法具有同一性质，唯一区别是，律权可称为一般法，而条例权可称为特别法。显然，“条例”既非司法判例，也非不成文法。

③ 总体而言，古代中国是一个成文法国家，尽管至少自秦代以来，就有“决事比”一类的判例法。也有些学者的研究结论认为，古代中国的法律，经过了从判例法、成文法到混合法的发展过程，除了“成文法时代”以外，无论是“判例法时代”还是“混合法时代”，都有相当发达的判例法。参见武树臣等：《中国传统法律文化》，北京大学出版社 1994 年版。

讼之事，俱照苗例归结，不必绳以官法，致滋扰累。"这一规定，显然是《大清律例》对治理苗疆的授权规定，是对全国统一的法律所做的一种"变通性规定"[①]，故也是一种例外规定。所谓例外，就在于立法者注重苗疆不同于内地的实情。其实，类似的规定，自唐代以来，就已在中国法律中出现，如"诸化外人同类自相犯者，各依本俗法"。[②] 在这个意义上，清代法律对苗疆因俗而治的特别授权，不过是唐代类似规定的历史沿革以及在苗疆的特殊运用而已。

但是，对"苗例"的这种的理解也可能会存在一些的问题。因为《大清律例》在作出这一例外的授权的同时，还强调："凡苗夷有犯军、流、徒罪折枷责之案，仍从外结，抄招送部，查核其罪。应论死者，不准外结，亦不准以牛马银两抵偿，务按律定拟题结。如有不肖之员，或隐匿不报，或捏改情节，在外完结者，事发之日交部议处。"这同《唐律》所规定的"异类相犯者，以法律论"如出一辙。问题在于这样的规定，属不属于"苗例"的范畴？如果它也属于"苗例"的范畴，则意味着"苗例"除了苗疆本俗法之外，还包括中原王朝的法律在苗疆的贯彻落实，这就大大地扩展了"苗例"的范围。笔者认为，中原王朝法律在苗疆的贯彻落实，虽然也规定在国家统一法律对苗疆事务的专门规定条款中，但这样的规定，之于全国各地都有类似性，故事实上不具有对苗疆的专门性。因此，笔者认为相关规定可以认为是中原王朝对苗疆事务按照法律统一规定的安排，而不应当作为"苗例"的组成部分。这样看来，"苗例"就是指官方认可的"苗俗"，或苗疆习惯——之于这种习惯是如何被官方认可的，我将在后文予以论述。这种情形，正如有学者所言：

> "苗例"虽然也属于苗彝条例的一部分，但它只是一种"准据法"，其具体内容并未明文规定出来。未明文规定出来的原因，一方面固然是由于这种习惯法是口耳相传、不成文的，难以用准确的立法语言表述，而更为重要的是，"苗例"的内容不是清朝统治者自己规定的，不是"官法"，而是苗族自发形成的、行之已久的风俗习惯。[③]

"苗例"之不成文的缘由，主要是在苗疆所生活的各民族，除个别之外，彼时尚没有自己的文字，特别是所谓"生苗"地区，不但没有自己的文字，而且其他民族、特别是汉文字的运用也极为罕见。没有文字，就意味

---

① 参见苏钦：《"苗例"考析》，载《民族研究》1993 年第 6 期。

② 《永徽律·名例律》。

③ 苏钦：《"苗例"考析》，载《民族研究》1993 年第 6 期。

着其传统习俗只能或以口耳相传的方式因循沿革，或以行为模仿的方式陈陈相因。这样，人们如今对“苗例”的观察和了解，只有或者在苗疆至今仍活着的传统中去采访、观察和研究，或者通过彼时的一些判例化的记载而窥斑见豹。对此，笔者将在下一问题的发掘中再加论述——从中发现作为判例形式存在的“苗例”究竟是以什么样的面貌呈现的。

（三）“苗例”与苗疆习惯的适用及排除

法律与习惯的关系，自来为深入研究法律的学者所关注，几乎各流派的法学家，都在相关问题上留有浓墨重彩——尽管每种法学流派站在法律视角对习惯所持的态度不同。① 而在古代中国的制度上，法律与习惯的关系，尤为自古而今的人们所关注。对此，黄源盛曾写道：

> 有清一代，官吏断案，仍注重制定法与习惯的糅合并用。一般而言，传统中国的习惯与国家制定法的关系，法律就是情理被实定化的部分，法律也是情理发挥作用的一种媒介，不仅法律本身的解释依据情理，而且法律也可因情理而被变通。换种说法，法律与情理本质上是相互亲和的。而揆诸实际，习惯与情理并非个别之物，显而易见地，习惯与法律也应同样具有相互的亲和性。②

清代之所以通过法律授权在苗疆适用“苗例”，目的是更为妥帖地、更能被人们容易接受地处理苗疆地区苗人内部的纠纷。所以，乾隆曾于1736年下旨：“苗众一切自相争讼之事，俱照苗例归结，不必绳以官法。”③但是，是不是说所有的苗疆习惯都可以作为处理该地区人们纠纷的准据？如果是，则等于说国家全面地、不加分别地认可了苗疆习惯，如果不是，那么，苗疆习惯中哪些能被作为司法裁判的准据？哪些又不能被作为司法裁判的准据？如果在立法层面能作出这样的判断，需要官方展开大规模的对苗疆习惯的调研、整理和类型化活动，但据目前我们能够掌握的史料，当时既没有也不可能展开如此大规模的立法调研活动。因此，可以在逻辑上推断，一种苗疆习惯，是否能够成为“苗例”，得到官方的认可，并不是主要是由应然的国家法律（包括皇帝御批）直接规定的，而是地方官员在裁判中自己掌握的，因此，官方通过法律的授权，只是给了判官们一种自由裁量权而已。

“实然的苗例”，则理应是国家通过法律授权之后，经由判官在司法

① 参见武暾：《法律与习惯：一部西方法律思想简史》，未刊稿。

② 黄源盛：《中国法史导论》，广西师范大学出版社2014年版，第59页。

③ 《清实录·卷三三》。

中具体地、自由裁量地适用苗疆习惯而产生的。在此意义上说“苗例”的适用是“因俗与易俗”，[①]则明显不妥。在笔者看来，“苗例”只是判官“因俗”的结果。如果是“易俗”，就意味着判官选择适用的不是苗疆习惯，而是《大清律例》。相关的苗疆习惯反而被判官所抛弃，或者以《大清律例》而易之。如下两则经常被学者所引用的案例，就能说明问题。前者可谓“苗例”裁判，后者则是《大清律例》在苗疆个案处理过程中的具体应用——这两例案件皆发生在“苗民”之间。

第一例是“石把沙伤人夺命判赔银案”，这大体上是根据“苗例”（苗疆习惯）进行裁判的一例较为典型案例：

> 1737年（乾隆二年）五月，湖南永绥厅补毫寨苗民杨四十，欠石老毕牛价未清偿，老毕带领侄孙石把沙等前往牵牛抵偿，彼此角斗，老毕逃跑，杨老明与杨四十尾随追赶。石把沙持杆戳伤杨老明右胁，致其殒命。附近汛防千总将石老毕诱获至营，石把沙救祖情急，误将汛营墙推倒，背石老毕而去。后经审明，照依苗例，倒追骨价银两给尸亲收领。因有推墙抢犯情事，各拟枷号两个月，责四十板。详经前任督抚批准完结。[②]

第二例是“韦老三因谋夺田土将苗民杨潮德殴毙弃尸案”，该案则完全根据《大清律例》裁判，从而是一例以《大清律例》“易俗”的裁判：

> 贵州郎岱厅苗民韦老三因谋夺田土，将苗民杨潮德殴毙并弃尸。杨潮德之堂兄杨潮臣故绝，遗有地名田一圻，归杨潮德耕管。韦老三因杨潮德懦弱可欺，于嘉庆二十二年（1817年）七月二十九日，伪造卖契，控说杨潮臣生前把田卖与自己，并争占杨潮德管理的这片田地。杨潮德不依且辱骂。八月初四日，韦老三邀请兄弟韦老五、堂弟韦老大，各带木棒，在路上拦截杨潮德，并共殴之。杨潮德出言威胁要告官，韦老三拔取杨潮德所携小刀，狠割杨潮德咽喉，致其当时气绝身亡，并把其尸体丢弃岩石之中。归案后，经中央三法司和皇帝核准，韦老三被依照《大清律例》之故杀者斩监候律，拟斩监候，秋后处决。[③]

这两例案件及其处理说明，在清代，针对苗疆内苗民相犯的罪行，并

---

① 参见程泽时：《因俗与易俗：清代苗例、苗俗之理讼适用》，载《民间法》（第16卷），厦门大学出版社2015年版，第335～345页。

② 参见程泽时：《因俗与易俗：清代苗例、苗俗之理讼适用》，载《民间法》（第16卷），厦门大学出版社2015年版，第336页。

③ 详细案情及裁判参见南开大学历史学院暨中国社会史研究中心、中国第一历史档案馆编：《清嘉庆朝刑科题本社会史料辑刊》（下册），天津古籍出版社2008年版，第1585～1586页。

不是统一适用苗疆习惯，司法中对相关问题的处理，一方面，严格按照《大清律例》的授权范围；另一方面，如果在裁判中适用苗疆习惯，在程序上还需要两造之同意。两造不同意，则判官不能强行适用。① 就前者而言，相关授权的规定尽管我在前文中已经引用，但为了在此更加深入地理解相关规定，笔者将再次引证该规定的部分内容以说明："凡苗夷有犯军、流、徒罪折枷责之案，仍从外结，②抄招送部，查核其罪。应论死者，不准外结，亦不准以牛马银两抵偿，务按律定拟题结……其一切苗人与苗人自相争讼之事，俱照苗例归结，不必绳以官法，致滋扰累。"

上述规定，从严谨的逻辑视角来看，显然存在一定的缺陷。首先，有"苗人与苗人自相争讼"时法律适用之规定，但并未对应地规定"苗人与客民"争讼时法律适用之规定。其次，苗夷犯军、流、徒罪折枷责之案，以及"应论死案"，未必一定发生在苗民与客民之间，也可能发生在苗民与苗民之间，这样一来，与前文的规定相比，后文所规定的"一切苗人与苗人自相争讼之事，俱照苗例归结，不必绳以官法"，就明显地存在逻辑冲突和不周延现象。因此，在适用苗疆习惯方面，也必然会存在明显的问题。试以案例二来说明：

如果按照"应论死者，不准外结，亦不准以牛马银两抵偿，务按律定拟题结"之规定，对韦老三按照《大清律例》处以死刑，理所当然，从而成为法律授权的"一切苗人与苗人自相争讼之事，俱照苗例归结，不必绳以官法"的例外情形。但是，倘若按照"一切苗人与苗人自相争讼之事，俱照苗例归结，不必绳以官法"这种明显具有全称肯定判断（命令）性的规定，则它应覆盖前文规定的情形，而不能成为例外。因之，发生在苗民之间的韦老三故杀杨潮德的案件，不应适用《大清律例》而判决监斩。正是这一规定在逻辑上本身存在的问题，所以，判官们面对实际案情，在适用苗疆习惯时，就有了更大的自由裁量权，从而被判官所选择适用的苗疆习惯，更有理由经过裁判变成"苗例"，而那些并未被判官在裁判中所适用的习惯，即便在苗疆再流行，也不能成为"苗例"。

在以上意义上，大体可以说苗疆习惯之于司法而言，乃是一种法律渊源，它可能被判官所适用，也可能未被判官所适用。故一例苗疆习惯，

① 参见苏钦：《"苗例"考析》，载《民族研究》1993 年第 6 期。

② 清代司法中有所谓内结和外结。这两个概念，徐忠民曾引用日本滋贺秀三的观点做了如下说明："所谓内结，与必要覆审程序基本重叠，审理那些属于刑部和皇帝掌控的人命案件和死刑案件，即'咨结'和'题结'的案件；所谓外结，乃是在省级内可以完结的案件，那些归于督抚'批结'的案件，与审转程序处理的案件范围有着部分的交集。"参见徐忠民：《内结与外结：清代司法场域的权力游戏》，载《政法论坛》2014 年第 1 期。

能否成为“苗例”，除了前述法律的原则且严格的授权和两造的统一之外，自判官处理案件的实情和心理视角出发，可以推测的原因大体有如下两点：

其一，看判官是否遇到和相关习惯契合的案子，恰好一例习惯符合苗疆处理该案的要求，那么，判官选择适用之，并使其成为“苗例”，而那些虽然在苗疆很有价值的规范，如果并没有遇到相关合适的案件，则自然不能被司法适用而成为“苗例”。

其二，苗疆习惯也罢，其他习惯也罢，都不可避免地存在是否符合“公序良俗”要求的问题。尽管“公序良俗”是个近、现代法上的概念，但在古代中国，不但在事实上强调“公序良俗”，而且这一原则透过对道德和“德治”的强调，成为法律的核心问题。在理论上，“道之以政，齐之以刑，民免而无耻；道之以德，齐之以礼，有耻且格”。[①] 在制度上，“德主刑辅”“明刑弼教”乃是中国历代立法的基本指导思想；而“德礼为政教之本，刑罚为政教之用，犹昏晓阳秋相须而成者也”，[②]则把德礼与刑罚之于政教的关系，很辩证地予以阐释。法律规定如此，对于判官具体裁判案件而言，就更是如此。因为在古代中国的法制结构中，如果说法律具有明显的法家化特征的话，那么，法（判）官则具有明显的儒家化特征，[③]这更决定了法官在选择适用苗疆的习惯时，对习惯必要的道德考量是不可或缺的。

如果一种习惯与公认的道德价值观相契（良俗），或者至少与判官个人的价值观相合，其被引入作为案件裁判的可能性就高，从而作为“苗例”的概率也高；反之，如果一种习惯违反公认的道德价值观，或者与判官个人的道德情操相抵触，则自然不可能被作为案件裁判的准据，因之，也难以“升华”为“苗例”。正是在这层意义上，才产生了判官面对苗疆的习惯时，不仅可以选择适用之而使其升华为“苗例”，也可以选择排除其适用，从而难以使其上升为“苗例”，只能使其停留为苗疆习惯。判官在个案裁判中对之适用与否的重要标准，就是其对习惯的道德考量。

自以上的论述中不难发现，一方面，所谓“苗例”，并不是指未经权力加工的“原生态”的苗疆习惯，而是经过了司法加工——判官在裁判案件

---

① 《论语·为政第二》。

② （唐）长孙无忌等撰：《唐律疏议·名例》，刘俊文点校，中华书局年版1983年版，第3页。

③ 郝铁川认为，中国古代法律的重要特点之一是“法典的法家化”“法官的儒家化”“民众法律意识的鬼神化”。参见郝铁川：《中国儒家化法官审案的特点与方法》，载《南京大学法律评论》1997年第2期。

中作为准据或“裁判规范”被运用于个案的裁判中。因此,苗疆习惯法的范围远大于“苗例”的范围。另一方面,在属性上,“苗例”既不是纯粹的苗疆习惯法,也不是纯粹的我们所熟知的判例法,而是有关苗疆习惯的判例法,或者说是判官适用苗疆习惯所产生的判例法。

如上是笔者对清代治理苗疆之独特法律——“苗例”的基本观点。接下来笔者将继续和各位交流一个话题,即清代苗疆的治理规则——“苗例”和清代对其他边疆民族地区治理的规则相比较,究竟有什么区别,从而有什么特色?

四、清代的“苗例”和其他边疆治理规则之比较

前面已经讲到,苗疆地处中国西南一带,而清代对边疆少数民族的治理,自然不仅涉及苗疆,由于土地广袤、疆域广大,清代中国的边疆少数民族治理,内容庞杂且繁多。但最主要的,集中于对北方边疆及其蒙古族的治理;西北边疆及回民(广义上的)的治理以及西南边疆及藏族的治理。例如,对北方边疆及蒙古族的治理有《蒙古律例》,对西北边疆及穆斯林民族的治理有《回疆则例》,对西南边疆及藏族的治理有《西藏通制》《钦定西藏章程》《西藏善后章程》①等。从中可见,如果说清代对苗疆之治理,主要是通过“苗例”的话,②那么,对其他边疆地区的治理,却主要是通过比较系统的成文法——尽管清代对这些地方的治理,都奉行“从俗从宜”的基本策略。因此,《苗例》和这些成文法相比较,明显不同。

(一)不成文法与成文法

无论以古代中国法律表达之形式看,还是以近、现代法律表达之形式看,总体来说,“苗例”是不成文的法律。除了前述国家在法律上对苗疆处理纠纷时适用规范的原则性规定和授权以及大臣奏议和皇帝御批之外,再就很难找到有关“苗例”的成文化的规定。如果有,也只是司法在纠纷处理中适用苗疆习惯的裁判结果。这样的成文裁判,据有心者依据“嘉庆朝刑科题本”统计,在嘉庆年间,记载于该“题本”中的发生在贵

---

① 清代有关西藏治理的法律可谓相当健全。在中国大陆出版的《清代治藏行政法规》(五洲传播出版社 1999 年版)一书中,就收录了《二十九条〈钦定西藏章程〉》、《钦定理藩部则例卷五十六——喇嘛事例一》至《钦定理藩部则例卷六十一——喇嘛事例五》、《钦定理藩部则例卷六十一——西藏通制上》、《钦定理藩部则例卷六十二——西藏通制下》等系统的行政法律文献。

② 当然,这并不是说清代对苗疆的治理,就没有成文法,而是没有系统的、单行的成文法。“清政府在苗疆的立法不同于回疆,在法律形式上,清代没有专门针对苗疆的单行立法,而是散见于《大清律例》、‘则例’、‘章程’、‘禁约’等处。”参见杜文忠:《边疆的法律:对清代治边法制的历史考察》,人民出版社 2004 年版,第 190 页。

州的案件及裁判共有81例。其中,既有发生在苗民相互之间的案件,也有发生在苗民与客民之间的案件。[①] 这些裁判结果,虽然以文字方式记载下来,但并不表明它就是成文的法律;相反,正如判例法国家的情形一样,按照当今法学上有关法律之分类,属于不成文法的范畴。当然,或许有人要问,这种有关苗疆裁判的记录,究竟在古代中国的法律体系中,属不属于法律?它能否被归结为中国古代的法律形式?能否与如今判例法世界的不成文法相提并论?对这些问题,笔者一时并没有确切的答案,不过下面的论述会初步表达笔者的看法。

但是,适用于彼时蒙古地区、西域地区和西藏地区,用以治理这些地方及人民的法律却不同,彼时专门为这些地方制定了成文的、单行的、有相当系统性的法律,无论《蒙古律例》《回疆则例》还是《西藏通制》,都是如此。以下分别予以说明:

《蒙古律例》共分为官衔(24条)、户口差徭(23条)、朝贡(9条)、会盟行军(13条)、边境卡哨(17条)、盗贼(35条)、人命(10条)、首告(5条)、捕亡(20条)、杂犯(18条)、喇嘛例(6条)、断狱(29条)等12卷,共计209条。[②] 这样的立法规模,即便是放在现代,亦可谓规模庞大、体系严谨了。其中既包括了现代宪法、行政法的内容,也包括了现代刑法和刑事诉讼法的内容,同时,也对蒙古地区特殊的信仰——喇嘛教信仰在立法上予以特别关注。

相对而言,《钦定回疆则例》的规定要稍微简略一些,但也有134条,其中原例26条、修改65条、续纂38条、增纂5条。其内容之丰富,正如有学者所言:"清代《回疆则例》不仅包括'回疆地区维吾尔和哈萨克的民族职官制度、每年轮流朝觐的年班制度、确立了以度量、货币、赋役、对外贸易等的经济管理制度以及驻军制度和回疆地区的刑事管辖制度',而且还规定了回疆地区宗教事务的管理、回疆地区少数民族和汉人的关系等,是一部内涵丰富、统摄多种法律制度的综合性法律。"[③]可见,这部法律具有和《蒙古律例》同样的成文法特征。

而《西藏通制》则是"清朝的国家定制",有学者精辟地总结了内容:

---

① 参见吴才茂:《清代中期贵州乡村社会蠡测——以嘉庆朝〈刑科题本〉为例》,载《西华师范大学学报》2015年第6期。也可参见南开大学历史学院暨中国社会史研究中心、中国第一历史档案馆编:《清嘉庆朝刑科题本社会史料辑刊》(上、中、下册),天津古籍出版社2008年版。

② 参见《蒙古律例》,成文出版社1968年版。

③ 韩伟:《略论清代〈回疆则例〉立法特色及现实意义》,载《新疆社科论坛》2010年第2期。

《西藏通制》分上、下两卷。嘉庆年间最早刊行的《西藏通制》,上卷为14条,下卷为11条,共25条。这25条"通制",一直沿用到清朝末年。光绪三十四年(1908)排印本《西藏通制》上、下两卷及条目、内容,同最早的嘉庆刊本基本相同,只在上卷增加了"后藏扎什伦布增设业尔仓巴等官"一条,并对上卷"噶布伦以下各官给与顶戴"一条,以及"唐古忒属额设噶布伦以下各官"、"补放噶布伦以下各缺"等条文的内容上有所修改和增删。①

当然,这不是说清代在治理这些地方的时候,就用不着和治理苗疆一样,关注当地的既有习惯或规定,古已有之的"从俗从宜"的传统治理策略,已然决定了立法者不可能不关注之,②不过这种关注,一方面,已经表达在这些系统的法典性的规范中;另一方面,因为这些民族都有自己的文字,且都曾经有过自己的政权组织,因此,其在统治一方,甚至统治"天下"(如蒙古族建立的元朝)时,就有大量汲取了其习俗的成文的法典或规定。清代统治相关地区的法典,自然也对其既有的规定有所吸收和保留。

(二)习俗——判例法与习俗——制定法

前面已经谈及"苗例"具有明显的习俗——判例法的特点。这可以分别讨论:从法律渊源视角来讲,所谓"苗例",都因为判官适用苗疆习惯而形成,因此,如果没有作为法律渊源的苗疆习惯,就没有"苗例"。但是,仅有苗疆习惯,并不必然成为"苗例",即便它们经常被作为村寨处理纠纷的基本准据,也不能称为"苗例"。因为"苗例"的形成,正如笔者在前面所讲,从司法视角来看,还必须被判官在处理个案时适用了相关苗疆习惯。这两个方面的有机结合,才呈现"苗例"的完整含义。正因如此,司法视角所谓的"苗例",就是"苗疆习惯+司法判例"。因此,在所有"苗例"中,所奉行的都是以"从俗从宜"为主的治边理念,这也导致苗疆习惯在治理该地时能够起到更为重要的作用。

---

① 史筠:《清王朝治理西藏的基本法律——〈西藏通制〉》,载《民族研究》1992年第2期。

② 翻阅绝大多数相关领域的研究文献,"从俗从宜"、"因俗建制"、遵从"习惯法"等,似乎都是清廷治理这些地方不可或缺的论述内容。例如,史彦荣:《清代蒙古族自治法制度研究》,南京师范大学2017年硕士学位论文;白京兰:《清代新疆法律的多元形态与边疆治理——以伊斯兰教法为中心》,载《学术月刊》2014年第10期;田澍、邢蕾:《清代回疆司法控制研究综述》,载《西域研究》2012年第2期;孙镇平:《清代西藏法制研究》,中国政法大学2000年博士学位论文;马青连:《多元视域下清代西藏地区法律制度的动态考察》,载《郑州大学学报》2018年第1期;马青连、方慧:《清代西藏地区的法律适用考察》,载《思想战线》2012年第3期;焦利:《清代对西藏地方行政管理的法律成果考察》,载《国家行政学院学报》2008年第5期等。

"苗例"的如上情形，也显然不同于清代治理其他边疆地区及其民众的法律规定。在前面的论述中不难发现，无论《蒙古律例》《回疆则例》还是《西藏通制》，尽管也贯彻着"从俗从宜"的基本思想，但这些思想，已然体现在清王朝给这些地方所制定的比较完备的单行法中，亦即这些地方的习惯已然被国家统一的法律所具体涵摄。其中缘由，也如前述，既在于这些地方的主要民族都有自己的文字，因此，其习俗能以更为稳定的方式传承开来，也在于这里的主要民族如蒙古族、藏族、维吾尔族、哈萨克族等都曾有过自己的政权组织，都曾把其习俗升华为成文法。以上两点原因，显然为国家立法尽量"从俗从宜"地系统规定相关地方的治理规则提供了方便。这导致国家治理这些地方或处理相关纠纷时，在形式上主要不是适用尚未上升为成文法的地方习惯；相反，是适用业已升华为国家成文法的地方习惯，并经由地方习惯形成系统的法律和法制体系。对此，有学者在论述《钦定西藏章程》时指出：

> 《钦定西藏章程》颁行后，一贯的原则是"卫藏风俗"，原与内地不同，从前所定旧章，相沿既久，自不必轻易更张。'并要求驻藏大臣申明旧例，令喇嘛番族等敬谨遵循，以便相安无事。在嘉庆十六年，清政府编撰的《理藩院则例》，吸收了《钦定西藏章程》的内容，进一步肯定了该章程的法律地位。其中"金瓶掣签"、政教合一法律制度，到民国时还良好地运行，足以证明和检验该章程所定内容的合理性和实用性，也表明清王朝对西藏施政趋于系统化、法制化……①

这不但表明，"苗例"主要是经由司法活动运用苗疆习惯而形成的规则，因此，它在实际层面是在个案处理中适用习惯的结果，在理想和理论层面，它理应有在司法中具有判例法的作用，有进一步被作为"准据"所适用的价值。但是，《蒙古律例》《回疆则例》《西藏通制》《钦定西藏章程》《西宁番子条例》等不但可以在司法处理个案中被适用，而且全面地作用于相关地方的政治、行政、经济、文化及人民日常交往事务中。"苗例"与其他边疆治理规则的这一不同，导生了它们之间的如下第三点区别。

（三）裁判规范和行为规范

裁判规范和行为规范，是饮誉世界的法社会学家埃利希提出的规范类型划分，其大意是：

> 从法官的观点出发，法是法官据以必须对呈现在他面前的

---

① 牛绿花：《略论〈钦定西藏章程〉及其历史意义》，载《青海民族研究》2009 年第 1 期。

> 法律争议进行裁决的规则。而根据目前特别是在德国法学中流行的定义,法似乎是人类行为的规则。人类行为的规则和法官据以裁决法律争议的规则可能是大不相同的两回事,因为人类确实并不总是依照适用于其纠纷裁决的规则来行为的。①

由此可见,所谓裁判规范,乃是用来规范司法活动,在个案处理中法官用来构造裁判规范的准据;而所谓行为规范,乃是用来规范所有主体日常交往行为,并用来评判其行为是非的规范准据。因此,前者的适用范围狭,而后者的适用范围广。按照埃利希的这种划分,我们大体上可说清代经由司法活动生成的"苗例",属于裁判规范的范畴,而其他边疆治理的规则,则属于行为规范的范畴。何以见得?

首先,由于"苗例"是在司法活动中判官根据法律授权即皇帝谕批、在处理个案时适用苗疆习惯而产生的,所以,"苗例"的效力,首先体现在对两造权利义务的司法确定上。其次,也理应涉及"苗例"在判官裁判类似案件时具有效力的问题——因为一种裁判规则,不能对法官在裁决类似案件时发挥规范效力,则名不副实。这就涉及前文业已提出的问题:这些"苗例",在彼时的司法实践中真能发挥判例或裁判规范的作用吗?对此,在相关裁判的史料中,我们尚未发现,但前述"刑科题本"之所以把这些判例记载下来,绝不仅仅是为了存档,而是为了使这些裁判智慧能够产生更大的规范作用。

这样的假设有据可循:其一,中国自古以来在法律中并不忽视判例,反而常常律、例并存。到清代,律、例并称情形更多。其二,如前所述,判官之所以适用苗疆习惯进行裁判,乃是接受了法律的授权。只要这种裁判结果被两造、苗疆民众所接受,且能够得到官方的认可,则意味着类似案件类似裁判也是顺理成章的。其三,古代中国是一个奉行"实用理性"②的国家,国家糜财耗资的一切行为,都在一定意义上牵涉其"实用理性"的初衷。因此,即便"苗例"从实然视角尚找不到作为判例适用的事实,但在应然视角,它理应有这种功能。

但是,和"苗例"相比较,清代治理其他边疆地区的法律,因为是成文的、单行的,因此,其针对性更强,适用范围更广。不仅仅适用于司法裁判,也适用于人们的日常交往行为。例如,在《钦定西藏章程》《西藏通

---

① [奥]欧根·埃利希:《法社会学原理》,舒国滢译,中国大百科全书出版社2009年版,第9页。

② "实用理性"是李泽厚所提出的分析中国古代思想和文化的一个概念。参见李泽厚:《中国古代思想史论》,人民出版社1986年版,第303页以下。

制》《蒙古律例》《回疆则例》等法律文献中,不但可见对这些地方官员设置、僧众管理、人民赋税等的规定,而且对人民的日常交往、纠纷的日常处置等都做了较为系统的规定。显然,它不仅可以作为判官裁判个案的准据(裁判规范),也是普通民众、行政机关等日常交往和管理的主要行为准据。

如上三端之别,也决定了清代治理苗疆与治理"回疆"、蒙古和西藏时在规则上之不同。此种不同,一言以蔽之,乃是对苗疆的治理更依赖于苗疆习俗与司法治理,而对其他边疆地区的治理更依赖于国家出面、吸收当地习俗与传统的立法治理。

五、结语

在一个大国,即便其实行类似于秦始皇的自上而下的中央专权,但在对各个地方的治理方式上,很难做到铁板一块。一视同仁、无所区别的制度构造和地方调控,看似一种"公平"的制度举措,但对各个地方的"地情"千差万别的一个大国而言,不顾"地情","一刀切"地强制实施的结果,反倒是实质上的不公平。对此,自秦始皇以来历朝历代的中国专制统治者们都心知肚明,这才有了我们一开始就谈及的中国历代王朝针对各个不同地方,特别是边疆地方的专门布政措施。尽管这种情形和近代一些国家通过联邦制模式来因应、处理一个大国的"地情"相比,仍有可以进步的空间,但设身处地地想想,在彼时能做到这样的区别对待和特殊处理,正是一个大国情非得已的治国举措。不仅如此,维系一个多元而又统一的大国就难乎其难。而在清一代,既是中国少数民族建立的全国性政权,同时又不乏具有雄才大略的帝王,如康熙、雍正、乾隆等,大体能以博大胸怀,待天下之事。这正是清代能够在全国范围内,特别在边疆少数民族地区对不同民族根据其俗其宜,区别对待,分别施治的缘由。

用来治理苗疆的"苗例",就是这种思维下的产物。但是,究竟什么是"苗例",仍有可商讨之处。苏钦在论述这一问题时,既把"苗例"和《大清律例》中有关苗彝的其他条例区分开来,强调"'苗例'的内容不是清朝统治者自己规定的,不是'官法',而是苗族自发形成的、行之已久的风俗习惯";她又区分了苗族习惯法和"苗例":

> 苗族习惯法也不能说就是"苗例"。"苗例"仅仅是苗族习惯法的内容之一。苗族习惯法往往泛称为"苗俗",而一旦冠之以"例",就与其他苗族习惯法相区别,而属于国家法律的一部分。在清代,"苗例"最初是得到封建统治者的默认,继之得到明文认可,这就使"苗例"的适用纳入国家司法管辖之下,由各

级官府监督执行，这是其他苗族习惯法所不能相比的。①

乍看之下，这一结论给人的印象似乎是清朝政府曾专门组织并分门别类地对苗疆习惯以系统整理，把有些苗疆习惯上升为“苗例”，而另一些苗疆习惯则被排除在“苗例”之外。但事实却并非如此。被官方肯定的苗疆习惯，除了前述《大清律例》的一般授权，则每每是地方大臣通过奏折奏请皇帝，皇帝又通过御批予以同意的那些习惯。这种情形，说它是立法未尝不可，但明显有“言出法随”的性质。即便它是“立法”，但事实上，它既非对苗疆习惯的系统整理，自然也不是在苗疆习惯中分别出作为“苗例”的苗疆习惯，并排除不能作为“苗例”的苗疆习惯。一言以蔽之，所谓“苗例”，大体上并非国家立法所系统认可的，而只是在立法上做了一条原则性的授权，所以，笔者同意作者有关“使‘苗例’的适用纳入国家司法管辖之下”的判断。故作为司法适用准据的“苗例”，并非通过立法事先明确赋予的，而是司法者根据案情、法律授权的范围和两造的“规范选择”——在两造同意的前提下有所选择地适用的。在这个意义上，大体上可以得出如下几点结论：

第一，清代的“苗例”主要是“大清律例”授权的结果。这一授权，可以认为是“苗例”得以产生的前提。与这一授权相关，在清代地方官员和皇帝之间通过奏折和御批的互动中，也涉及对具体的一些苗疆习惯的肯定，这在“一言九鼎”的古代中国，也具有一定的立法意义，有时甚至超过了一般立法的价值。不过，这种御批，只具有权宜性，不具有持久性。这种事实导致了相关立法授权，并不直接生成“苗例”。

第二，清代的“苗例”，来自既有的苗疆习惯。苗疆所在，山大沟深、地域因自然因素而分割，习俗因族群因素而多元。接近中原地区，受汉文化影响较深的地方，风俗习惯，也大多汉化（所谓“熟苗”），因此，其纠纷解决，基本贯彻“大清律例”的规定。但不少地方，林深草茂、山隔水阻，传统习俗深厚顽固，与中原地区迥然有别（所谓“生苗”）。这样的苗疆习惯，成为司法裁判案件的重要法律渊源。

第三，清代的“苗例”，并非苗疆习惯的同义词，一种苗疆习惯，能否成为“苗例”，除了地方大臣和皇帝之间通过奏折和御批所确定的那些习惯外，更多的时候，取决于判官对苗疆习惯的具体适用。被适用于司法个案中的苗疆习惯，才是真正的“苗例”。在此视角上，“苗例”不仅是立法授权的结果，更是司法适用的结果。恰恰是通过一例例的司法适用，才使“苗例”成为具体的、清晰的、可辨的。

---

① 苏钦：《“苗例”考析》，载《民族研究》1996年第6期。

第四，清代的"苗例"，在一定意义上，是通过司法适用习惯而形成的"判例法"，我们可以径直将其称为"习惯——判例法"。作为"习惯——判例法"，它应有判例法的一般效果——即它能被后来的判官们作为"裁判规范"所适用。虽然笔者目前尚没有找到足以证成其产生过判例法实际效应的事实根据，但从一般学理、彼时法律规定及古代中国经验出发考量，这一判断是有一定根据的——尽管它还是有待继续证明的。

下　　编

论诸法学流派对法律方法的理论支援*

一直以来，国内法律学术界自觉不自觉地把法律方法的研究，归位于规范法学的名下，[①]似乎社会法学、价值法学、经济分析法学、法人类学、后现代法学等都和法律方法的研究关联不大。为什么法学界会形成这样的印象？这或许与法律方法的研究总是围绕（或根据）国家法律展开不无关联。诚然，所有法律方法都是针对国家法律自身的种种不足而展开的，笔者把这种种不足总称为法律的病灶[②]。但是，应对法律病灶的手段，却既可以在法律之内寻求救济，这主要是和规范法学相关的领域，也可以在法律之外寻求救济，这就往往要跨越规范法学的领地，进入其他法学流派的研究领域。究竟运用何种理论，选择何种方法对法律病症进行救济？这只有通过诊断法律的具体病症才能解决。本文以不同法学流派对法律方法的理论支援关系为论旨，阐述不同法律方法的理论基础。

---

* 发表于《法律科学》2014 年第 2 期。

① 尽管尚未看到国内法学界相关专门的论述，但一方面，国内法学界研究法律方法问题的学者，大都青睐于规范法学，而对价值法学、社会法学等敬而远之；另一方面，在一些学术会议上，一些对法律方法有一定素养的学者，对法社会学、民间法研究等表现出了相当程度的鄙薄。譬如，在 2012 年 11 月 3 日于上海召开的“法律实施保障机制研究全国学术研讨会”上，陈金钊就强调法社会学研究反倒可能是解构法治的学说，要解决法律运行中的问题，法律方法论足以应对。这表明了他对法律方法论的自信，但也表明他对法律方法与法律社会学内在关联的用心不够。

② 参见谢晖：《沟通理性与法治》，厦门大学出版社 2011 年版，第 67～99 页。

一、价值法学对法律方法的理论支援

价值法学或自然法学，是以设定理性——自然法为价值标准，来衡量国家实在法是否合法，从而为实在法的道德性确立鉴定目标和制约方式的法学流派。[①] 它的当代发展，更强调法律的普遍道德价值追求，或者强调法律的道德性。站在自然法的立场上，法律的外在道德尤为重要（尽管法律的内在道德决定着法律的现实模样）。对此，富勒指出：

> 如果有人要求我指出可以被称为实质性自然法的那些东西——大写的自然法——的无可争议的核心原则，我会说它存在于这样一项命令当中：开放、维持并保护交流渠道的完整性，借此人们可以彼此表达人们的所见、所想、所感。[②]。

价值法学和法律方法的关联，多出现在如下场合：一是实在法与一般价值预设出现冲突时；二是两种不同的价值出现冲突时。由于这两种场合各自所面对和需要解决的问题不同，因此，也会引出不同的法律方法。笔者认为，处理这些问题的基本法律方法有如下几种，即价值衡量、目的（价值）解释、价值推理和价值论证。

（一）通过价值衡量看价值法学对法律方法的理论支援

价值衡量通常也被称为利益衡量，但笔者认为这是两种在手段上虽然接近，但是在内容上并不相同的法律方法。利益衡量的内容事关器物层面的问题，它们在数目字上可以较为明晰地比较出大小来，但价值衡量的内容更多事关精神层面的问题，未必一定能通过数目字就可以比较出大小来。价值衡量作为法律方法，既可以适用于实在法与人类一般道德价值发生冲突时，也可以适用于两种不同的价值发生冲突时。守法未必一定关联着道义，这在索福克勒斯的《安提戈涅》中已经得到形象的表达。剧中主人公安提戈涅的如下说法，已经把实在法和神法（自然法），实在法和正义价值的冲突关系阐述得至为明晰：

> ……向我宣布这法令的不是宙斯，那和下界神祇同住的正义之神也没有为凡人制定这样的法令；我不认为一个凡人下一道命令就能废除天神制定的永恒不变的不成文律条，它的存在不限于今日和昨日，而是永久的，也没有人知道它是什么时候出现的。[③]

---

① 参见［意］A. P. 登特列夫：《自然法：法律哲学导论》，李日章译，台北，经联事业出版公司1984年版，第1~2页。

② ［美］朗·富勒：《法律的道德性》，郑戈译，商务印书馆2005年版，第215页。

③ ［古希腊］索福克勒斯：《奥狄浦斯王》，罗念生译，人民文学出版社2002年版，第82页。

而在现实生活中，第二次世界大战之后对法西斯行为的两次著名审判——纽伦堡审判和东京审判，法官都不可避免地面临着被告人的诘问：军人在行为中遵守一国的法律和领袖的命令，还需要受到法律的制裁吗？① 面对一个国家白纸黑字的法律和人类良心、正义的冲突又该如何处理？显然，这既是实在法和人类一般价值之间的冲突，也是两种不同的价值之间的冲突。面对这样的问题，法官必须作出价值选择，或者进行价值衡量。可以认为，在实在法违背人类一般正义和普世价值时，司法应当采用普世价值以矫正或推翻非理性的实在法。② 被多位法学家所讨论过的里格斯诉帕默尔案，就典型地说明司法的价值衡量。③

至于在我国的实践中，当两种不同的法律价值发生冲突后如何处理？这更是司法应予关注的问题。众所周知，发生在我国泸州市的第三者遗产纠纷继承案的判决，就可视为价值衡量的较为典型的案例。在该案的二审（终审）判决书中，法官这样说明理由：

> 本案中遗赠人黄永彬所立遗嘱时虽具完全行为能力，遗嘱也系其真实意思表示，且形式上合法，但遗嘱的内容却违反法律和社会公共利益……遗赠人黄永彬所立书面遗嘱，因其内容和目的违反法律和社会公共利益，不符合遗嘱成立要件，该遗嘱应属无效遗嘱。遗嘱无效，其遗赠行为自然无效。④

这样的判决，有些论者说是法院用上位法的原则（价值）规定（《民法通则》）否定了下位法（《继承法》）中关于遗嘱效力的具体规定。其实，在这个表层之外，还存在两种水平的法定价值之冲突，即公序良俗和意思自治之间的价值冲突。一般来说，可把这两种价值视为同一序列、或同一位阶的价值。只是意思自治是一般原则，而公序良俗是对意思自治的一种例外（特别）制约因素。在该裁判中，法官实际上以例外（特别）制约因素，否定了当事人的意思自治（至少遗嘱人对其自有财产部分有遗嘱权）。

---

① See Telford Taylor, The Nuremberg Trials, Columbia Law Review, Vol. 55, No. 4 (Apr, 1955), pp. 488 – 525.

② 在政治学学理上，孟轲所谓“暴君放伐论”和索洛所谓“非暴力不合作论”，都较为典型地体现出对待实在法和人类一般正义相冲突时的一种态度或衡量方式。参见《孟子·梁惠王章句下》；Henry David Thoreau, “Resistance to CivilGovernment”, in 4 Writings of Henry David Thoreau, Boston: Houghton Mifflin, 1906, pp. 356 – 358。

③ 美国联邦最高法院：《里格斯诉帕默尔案判决书》（中英文对照），赵玉增译，2007 年 12 月 7 日，载 http://www. xhfm. com/2006/1114/1421. html，2013 年 1 月 12 日访问。

④ 泸州市中级人民法院民事判决书（2001），泸民一终字第 621 号。

可见,在法律体系中并不存在像“元素周期表”一样的价值排序,对于个案中的价值冲突需要法官根据个案的具体情境进行权衡,正如佩策尼克所说:

> 一个案件中典型的通盘考虑的道德陈述关乎个体性的情境,一个确定的、通盘考虑的决定是对许多价值和原则进行衡量的结果,依赖于案件的整体背景,包括所有可适用的道德考虑。①

进而需要论及的是价值衡量的具体标准究竟是什么?对于层级效力的价值选择,法官只需要进行价值效力识别就足矣,但对水平效力的价值冲突,除了特别价值规定对一般价值规定的优越性外,在两种水平的一般价值规定之间又该如何抉择?这是颇费踌躇的问题。例如,在涉及效益与公平、自由与秩序、竞争与垄断这些重大的价值权衡问题时,法官的价值衡量,更是一个需慎之又慎的问题。上述论述,意在透过价值衡量说明价值法学对法律方法的理论支援。价值衡量,无论是在实在法价值和理性——自然法价值之间的衡量抉择,还是实在法内部价值冲突的衡量抉择,都关联法律的道德性这一价值法学的根本旨趣。

(二)通过价值解释、价值推理和价值论证看价值法学对法律方法的理论支援

法律解释、法律推理和法律论证分别对应并解决法律意义模糊的三种不同情形。② 这三种法律方法的学理基础或理论支援,因为解释标准、推理根据和论证理由的不同,分属于不同的法学流派。在笔者看来,其中对价值解释、价值推理和价值论证而言,它们的理论支援就来自价值法学。为什么这么讲?

先来看价值解释与价值法学的关联。法律解释尽管围绕法律的意义模糊而展开,但所有法律解释的目的,却至少有如下数种:一是使解释符合法律的原意或立法的目的;二是使解释获得两造的接受,取得裁判的可接受性;三是使解释符合人类的一般正义追求。其中,前者是规范主义的考量;中者是功利主义或法律社会学的考量;而后者是价值主义或自然法学的考量。笔者这里讲的价值解释就是司法者按照人类正义的一般原则对法律所作的解释。它理应属于一种目的解释。德沃金在论述“阐释性概念”时强调,正义本身是一个阐释性概念:

---

① Aleksander Peczenik, “On Law and Reason”, Boston, Kluwer Academic Publishers, 1989, p. 65.

② 参见谢晖:《法律哲学》,湖南人民出版社 2009 年版,第 27 ~ 154 页。

当我们学着采取阐释性态度去对待我们发现其他人以正义的名义提出来的要求、正当理由和辩解时,我们每个人都处在这段历史之中。我们之中极少有人能像我想象中的那些人那样用阐释礼貌的方式去自觉地阐释这段历史,但是我们每一个人都比其他人更多地思考了形成某种关于正义的观念,然而这仍然是一种阐释,而且我们有些人还不时在修改我们对正义的阐释。

……他们对正义见解不一。这些见解绝不是不偏不倚的。它们是阐释性的,但是它们受到约束,而它们对我们所具有的价值也正由此约束而产生。①

在这里,德沃金既说明了正义见解的复杂性和冲突性,也表明了通过阐释寻求正义的必要性。站在价值法学的立场上,根据人类的一般正义,寻求法律争议时的解释效果,是目的解释的重要内容。尽管传统的目的解释学说,无论是扩张解释、限缩解释、历史解释、比较解释、反对解释,还是当然解释、补正解释,在一定意义上都在寻求司法裁判的个案正义,但价值解释更直接地把正义的道德原则或价值代入司法解释和司法裁判中。因此,在法律解释这个看似用来解决法律意义模糊的工具中,却凸显司法解释的道德价值追求。对此,或许富勒这位对法律解释关注有加的学者的观点,不无启迪意义:

一项好的裁决应当具有两项相互关联的品质:对系统结构的尊重以及对社会背景的理解……这些必要条件也适用于对成文法的解释。

法律解释所关注的核心是法律的目的和结构,而非法律的词语。

而法律解释的效用和标准,在富勒看来却是:

不在于"逻辑上的"一致性,而在于所谓的"目的兼容性"。②

以上论述,大体能够说明价值法学对法律解释,特别是其中的价值解释这一法律方法的理论支援,也表明法律解释的价值论基础。

再来看价值推理与价值法学的关联。价值推理是指要么把价值原则,要么把价值事实代入法律推理活动,作为推理大前提或小前提,从而

---

① [美]德沃金:《法律帝国》,李常青译,中国大百科全书出版社 1996 年版,第 67 ~ 68 页、第 69 ~ 70 页。

② [美]朗·富勒:《法律的道德性》,郑戈译,商务印书馆 2005 年版,第 263 ~ 264 页。

以价值来影响推理结果的活动。众所周知，三段论中法律推理的一般前提是法律，因此在实践中把法律价值作为法律推理的前提并不多见。但法律本身是一个原则、规则和政策性主张的统一体，其中原则就表达着法律的道德价值追求。尽管上升为原则的道德价值，其属性是法律的“内在道德”，但法官一旦引入法律原则作为司法推理的逻辑大前提，则意味着司法选取了道德价值标准进行裁判。原则这种法律之内的道德价值在司法推理和裁判活动中拥有了前提效力。

在我国，曾多有讨论的齐玉苓教育权受侵害案，[①]在受教育权受侵害的请求赔偿问题上，法院在《宪法》第46条第1款规定的受教育权尚没有下位法具体化的背景下，直接采用宪法的原则规定作为司法推理的逻辑大前提，其实就是把道德价值因素置于法律推理的大前提中，强调了公民受教育权的价值，形成了把公民受教育权这一一般的价值规定纳入法律推理的情形，在本质上是按照法律内的价值（道德）进行推理——尽管最高人民法院的司法解释还是借助齐玉苓姓名权受侵犯和具体损害后果两个连结点，倾向于把侵犯宪法有关受教育权的原则规定化为具体的民事责任——

> 我们认为，根据本案事实，陈晓琪等以侵犯姓名权的手段，侵犯了齐玉苓依据宪法规定所享有的受教育的基本权利，并造成了具体的损害后果，应当承当相应的民事责任。[②]

至于“法律的外在道德”，在富勒提出这一概念的时候就把它作为最高的正义价值看待，作为“大写的自然法”或“实体自然法”看待。司法中一旦把外在道德植入推理活动，作为司法推理的大前提，就意味着由这种道德所宣示的价值内涵被结构在司法推理活动中，也就意味着价值法学不遗余力所宣示的价值宗旨得到了法律方法上的回应。严格来说，这种推理也是一种实质性衡量，它与前述价值衡量之间具有内相关性，因此，这里不予赘述。

当然，在司法中，不但法律推理的大前提会代入价值因素，而且法律推理的小前提（案件事实）也可能把价值事实代入其中，即以价值事实作为法律推理的小前提。例如，某乘客因见义勇为而致自身负伤，他因此尽管获得了道德上的崇高声誉，但经济上备受损失。后来，当其拿着车

---

① 该案的案情及判决参见《中华人民共和国最高人民法院公报》2011年第5期。相关分析，还可参见张新宝：《民事法官能够直接引用宪法条文判案吗？——最高人民法院法释〔2001〕25号司法解释另解》，载《民商法前沿》2002年第1合辑、第2合辑。

② 参见最高人民法院司法解释〔2011〕25号，载《人民法院报》2011年8月12日。

票，并根据车票上明载的有关保险条款申请保险机构的赔偿时，却遭遇保险公司工作人员的奚落：你既要立牌坊，还要获实利，没那么便宜！并对其赔偿申请不予理睬。对此，倘若见义勇为者诉诸法院，法院在推理时，不但当引入这一纠纷事实作为小前提，而且当引入这一纠纷背后民间有关见义勇为的一般非正式制度事实、道德情感及民众态度作为小前提（甚或大前提）进行推理和说理，以期在司法裁判上获得对高尚道德行为的必要倾斜和旌扬，从而更体现法律和司法之于正义价值的追求。

至于价值因素作为法律论证的重要理由，更是在法律论证中经常会遇到的话题，即便在当下中国的司法个案中，这也是一个不时可见的话题。例如，在李庄案中，究竟要优先保护律师的自由论辩权，还是要优先惩罚所谓的“黑律师”，从而进一步保护政府行为的“超常规”运作？事实上在律师和检察官之间形成了两种完全不同的意见交锋。与此相关，在社会上也形成了针尖对麦芒的两样论辩意见。目前，尽管没有材料显示在合议庭上是否有激烈的论辩交锋和对立的论证意见，但上述情形已然可说明价值问题和法律论证间的内在关系。其实在该案中，律师和检察官分别持有两种不同、甚至对立的价值理念。没有一个方面是抛开价值因素而展开其论证的。可以说，越是复杂的、具有社会整体性影响的案件，在论证中各方主体所考虑或引入的价值因素会越多。

当然，笔者还没看到价值法学的代表人物们有关法律推理和法律论证的专门论述，但价值法学所提供的一般学理，足以为我们分析该学派对价值推理、价值论证的理论支援奠定基础。在本质上，价值法学对法律方法的理论支援，主要体现在实质合理性问题上，体现在按照实体正义的要求进行裁判上。对相关问题，国内学者已有较好的论述，①笔者就不再展开。

二、社会法学对法律方法的理论支援

如果说价值法学是用理性这一价值的根本问题为标准来约束实在法合法性的话，那么，社会法学却给出了实在法合法性的事实制约因素。因此，人们把社会法学或者法律社会学界定为以事实为核心的学问并不为过。或者说社会法学就是以社会事实为根据来阐释、设计制度安排的一类法学学说。笔者认为，在社会法学中，利益法学的“利益目的论”、自由法学的“活法”论、社会工程法学的“法律控制论”、社会连带法学的“社会连带关系论”以及韦伯法律学说中的“形式合理论”的法律观，都

① 如许德凤：《论法教义学与价值判断》，载《中外法学》2008年第2期；陈坤：《疑难案件、司法判决与实质权衡》，载《法律科学》2012年第1期。

既是一种法学认知方法，同时也对法律方法具有重要的启示意义。而被一般学者归类于社会法学的法律人类学和现实主义法学，尽管关注的是事实问题，但他们对法律的理解，更抱着强烈的法律多元论的色彩，因之，对法律方法的理论支援或贡献也就主要体现在其他方面，这样，笔者就把这两者和批判法学一道，安排在多元论法学的谱系中，并探讨它们对法律方法的理论支援。

具体来说，尽管社会法学对法律方法有多方面的贡献和支援，但其中贡献最大的是事实替代，法律发现以及事实解释、事实推理和事实论证。因之，笔者将在如下三个方面具体探讨社会法学对法律方法的理论支援关系。

（一）通过事实替代看社会法学对法律方法的理论支援

事实替代是笔者总结的一种适用于司法的法律方法。它是指在法律规定和它所要调整的社会关系之间形成南辕北辙的情形时，即法律规定和它所欲调整的社会事实间实际上是一种冲突关系的时候，法官不能直接以法律规范为凭作硬性的裁判，而必须从社会事实本身寻求裁判规范的构造方案。[①] 法律来源于社会，同时法律制定的目的，也是要更好地规范和调整社会关系、社会交往和社会秩序。但是，只要出现法律规定和社会关系南辕北辙的情形时，法律不但无助于调整社会关系、组织社会秩序，反而会成为社会关系的捣乱者和社会秩序的解构者。它不但无法增进人们的幸福，反会给人们带来无尽苦难和灾害。人类历史上曾不断发生的借助法律而强制地移风易俗的事实，在实质上每每都会带来法律规定和社会事实南辕北辙的结果。因此，在终极意义上，并不是法律改变着社会，而是社会改变着法律。20 世纪末我国各地的“禁放令”之所以命祚不长，其基本缘由就在于法律规定和我国国民交往的传统习惯格格不入；曾经盛行于我国的为了破除迷信而砸“四旧”的法令式举措，不但没能破除“四旧”，而且随着条件的改变，人们怀念并复兴“四旧”的举措有增无减。这都可视为法律规定与其所欲调整的社会事实间的南辕北辙。耶林在论述法律的泉源时强调指出：

> 法律的首要泉源以及原初泉源，就寓居在人类的胸膛之中；而第二个、后来加进的泉源，是生活的需求、匮乏，以及实际的悟性，这种悟性追寻着必要的目的与合适的手段。而这些泉源所成就的事情——在数千年历史中开展的心灵与悟性、在诸多法律制度中具体展现出来的人民的伦理生活直观，以及在法

---

① 相关具体论述，参见谢晖：《法律哲学》，湖南人民出版社 2009 年版，第 241 ~ 279 页。

律制度中好似已经沉淀下来的经验。①

这种对法律泉源的界定,运用于法律方法则深刻地揭示了法律赖以存在的社会基础,这一基础就是法律只能是社会事实的客观摹状者,而不是社会事实的刻意创造者。因此,法律必须奠定在社会事实基础上,而不能背离社会事实,突发奇想,创造一种社会事实。尽管所有的法律不是,也不可能是对社会事实的机械应对,可法律一旦过于自信地作用于社会事实,只能导致社会事实对法律的逆向淘汰。一方面,这样的法律面对社会事实,也只能是闲置的法或者废法;另一方面,法官面对这样的法律,只能在社会事实中另起炉灶,寻求裁判规范,解决案件争议。我国江苏姜堰市在处理有关彩礼案件时,起初主要依现行有关法律解决,可每次判决,都引致双方当事人的不满,并为此而不断上访,不仅劳民伤财,而且严重影响法院的公信力和裁判的实际效力。为此,法院尝试在当地公民的日常生活中寻找做类似案件的解决方案,结果所处理的诸多案件上访率降低为零!② 在笔者看来,这就是法官运用事实替代来处理相关案件——尽管因为我国司法的外部环境还有诸多制约,法官并不一一地将这些裁判"根据"作为判决的规范根据,而是尽量设法把它作为裁判的事实理由。

事实替代关涉事物的本质。尽管事物的本质正如拉伦兹所检讨的那样,③是一个充满了争议的概念,但事实替代的基本前提就是法律尽管有规定,但这一规定与它所欲调整的对象——事物的本质之间凿枘不投、卯榫不合,因此,解决这一问题的基本方向,仍然是在案件事实——事物的本质中寻求方案。例如,公民祭奠祖先,是其表达对先人的基本情感,法律因为它有迷信色彩而予以取缔,但公民对取缔行为不服从而提起诉讼,法官理应遵循人类的一般情感这一"事物的本质",而不能以"科学"和法律的名义绞杀这一情感。

(二)通过法律发现看社会法学对法律方法的理论支援

法律发现是指法官面对法律的意义空缺(或法律漏洞),而无法找到并援引最相类似的法律条文裁判当下案件时,不得不退而求其次,寻求在非正式制度事实(如习惯、宗教、社团纪律、公司章程以及乡规民约

① [德]鲁道夫·耶林:《法学是一门科学吗?》,李君韬译,法律出版社2010年版,第63页。

② 参见汤建国等主编:《习惯在民事审判中的运用——江苏省姜堰市人民法院的实践》,人民法院出版社2008年版,第239页。

③ 参见[英]卡尔·拉伦兹:《法学方法论》,陈爱娥译,台北,五南图书出版股份有限公司1985年版,第324页。

等）、法学家的理论主张以及社会和自然的普遍常识等中间寻求案件的裁判标准和裁判方案的活动。[①] 在一定意义上，法律发现类似于德国“自由法运动”期间学者们的主张。例如，被称为自由法运动之斗士的康特洛维茨就曾指出：

因此我们要求，法官（根据他们的誓言有义务）这样来判决案件，就如依照制定法的清晰词义来进行判决一样。除此之外，他必须也应当看到，首先，制定法可能并没有为他提供一个确凿无疑的答案；其次，依照他的自由确信与良知，判决时存在的国家权力机关很可能不会像制定法所要求的那样作出决定。在两种情形中，他都应当这样来判决案件，依照其确信，他所作的判决将与现在的国家权力机关遇到这个个案时所会作的决定一样。假如他不能形成这样一种确信，他就应当依照自由法来进行判决。[②]

康特洛维茨的“自由法”，就是包含了国内学者所谓民间法在内的一切非国家法，以及存在于每个人特别是法官心目中的良知。它是一种法律渊源，在这样广泛的法律渊源中，根据个案裁判的需要，寻求补充法律漏洞并进而解决个案的裁判方案，就是一个在自由法，或者借助自由法以发现法律的过程。显然，法律发现活动，是比纯粹的制定法适用活动更劳心费神的过程，完全可以认为，它是一项法官造法的活动。尽管笔者对法官造法还有特别的界定（这在后文中将专门提及[③]），但法官在法律发现中的智识努力，显然是一个通过比较鉴别、归纳推理、构造大前提、确定小前提，再进行演绎推理和理由说明的复杂过程。它不但适用于对个案的裁判，而且在良好的判例制度下，也成为其他裁判可以参照，并进而补助制度不足的重要方式。这种努力，是弥合法律世界和生活事实世界裂缝的基本方式。

这也意味着对考夫曼关于法律发现的如下界定，笔者持有保留立场：“法律发现是一种使生活事实与规范相互对应、一种调适、一种同化的过程。”[④]

这是因为笔者对法律发现的考察，仅仅是站在司法视角，并作为法

① 参见谢晖：《法律哲学》，湖南人民出版社 2009 年版，第 325～364 页。

② ［英］赫尔曼·康特洛维茨、［英］罗伯特·阿列克西：《为法学而斗争：法的定义》，雷磊译，中国法制出版社 2011 年版，第 47～48 页。

③ 感兴趣的读者不妨参看谢晖：《法律哲学》，湖南人民出版社 2009 年版，第 365～403 页。

④ ［英］考夫曼：《类推与事物本质——兼论类型理论》，吴从周译，台北，学林文化事业有限公司 1999 年版，第 33 页。

律意义出现空缺时的一种救济或应对手法，而考夫曼把法律发现引入更为广泛的领域，特别是立法领域。

法律社会学，无论是从利益视角出发的利益法学，还是从法律自由发现视角出发的自由法学；无论以社会控制为目的的社会工程法学，还是强调连带关系的社会连带法学，都共同强调法律的社会基础，强调不是法律为社会立法，而是归根结底，社会为法律立法，这为法律发现提供了更为现实有效和富有说服力的理论支援。我们不妨引证两位经典作家的相关论述。社会连带法学的代言人狄骥在强调其“客观法”时指出：

> 客观法是整个人类社会所固有的；只要人类社会存在，客观法就存在……社会的概念就含有法的概念，我们不可能想象有一种没有法的人类团体……
>
> 实在的法律只能被了解为表示法律规则的一种方式。立法者并不创造法律，只是确认法律……①

而自由法学——“活法论”的倡导者埃利希在谈到法律渊源时更是强调：

> 法律渊源的问题，根本不是法官或行政官员应予适用的法律规则如何采取对他们有拘束力的形式问题。法不是由法条组成的，它存在于法律制度之中；谁想要说明法律渊源是什么，就必须能够解释：国家、教堂、公社、家庭、财产、契约、继承是怎样产生的，它们又是怎样变更和发展的。法源论的职责在于寻找法律制度发展的推动力；而对法条（更确切地说，一定种类的法条）如何被确定的形式进行陈述，是不够的。法和法律关系是一种思想之物，它不存在于近在眼前，可被感官感知的现实领域，而存在于人的大脑之中……但在这里……它们总是以我们观察到的事实为基础。这些事实必定在我们的人脑从根本上意识到法和法律关系观念之前即已存在。②

笔者不厌其烦地引证这些经典作家的观点，旨在说明社会法学对法律发现这种法律方法的理论支援——当法律出现空缺，并在法律之内找不到合适的救济方式和解决方案的时候，在非正式制度事实、法学理论、法律观念、社会—自然常识、甚至社会结构中寻求救济手段，既是法官不得拒绝裁判这一职业要求的必然，同时也是法官负有的对法律、社会、国

① ［法］狄骥：《宪法论》（第1卷），钱克新译，商务印书馆1959年版，第381页、第508页。

② ［奥］欧根·埃利希：《法社会学原理》，舒国滢译，中国大百科全书出版社2009年版，第87页。

家和当事人的一项义务。社会法学不但未逃离法治的制约，而且是为法治寻求事实制约的更佳标准。

(三)通过事实解释、事实推理和事实论证看社会法学对法律方法的理论支援

司法行为，不仅是适用法律的过程，而且为了适用法律，必须关注事实。法官对事实的关注，既是当下的案件事实，也是和裁判案件相关的制度事实，特别是非正式制度事实。因之，法官面临的法律解释、法律推理和法律论证等行为，就不仅是对规范的解释、推理和论证，也是对事实的解释、推理和论证。这样，在解释、推理、论证诸方法中，也需要引申出事实解释、事实推理和事实论证这样的概念来。

事实解释、推理和论证，是法律解释、推理和论证等概念投射到法官查明案件事实过程中时，对案件关键证据和事实的文字描述、口头解释、逻辑推论以及发生争议时的论辩活动。在广义上，它们分别包含在法律解释、法律推理和法律论证中，但在狭义上，它又分别与法律(规范)解释、法律推理和法律论证是并列的概念。司法行为的首要活动是对案件事实及支持这一事实的证据的确认。这一活动，自然不仅仅是通过法官的感官直观地查明孰真孰假的过程，在更多情形下，对证据的采信或排除，必须或通过解释说明理由，或通过推理说明理由，或通过论证说明理由。这种说明理由的活动，就是事实解释、事实推理和事实论证活动。但是，纯粹根据案情而说明理由，这种解释、推理或论证尚未与社会法学搭界，只有说明理由不得不牵涉更广泛的社会知识、经验和其他社会事实时，或者只有借助这些才能更有效地说明社会事实时，才能更好地理解事实解释与社会法学的关系。例如，彭宇案这例在我国近年来争议最大的案件之一审裁判，法官对案件事实的认定理由，根据的主要不是双方当事人的陈述，而是在两造相反的陈述基础上，寻求案外的、用以说明事实的理由，这些理由就是所谓“常识”“常理”“常情”。判决书指出：

> 根据被告人自认，其是第一个下车之人，从常理分析，其与原告相撞的可能性较大。如果被告是见义勇为做好事，更符合实际的做法应是抓住撞倒原告的人，而不仅仅是好心相扶；如果被告是做好事，根据社会情理，在原告的家人到达后，其完全可以在言明事实经过并让原告的家人将原告送往医院，然后自行离开，但被告未作此等选择，其行为显然与情理相悖。[①]

这例案件尽管因为法官引入常识、常理、常情说明并认定事实而受

① 南京市鼓楼区人民法院(2007)鼓民初字第212号民事判决书。

到诟病,但也因此而获得了在社会法学视角进行事实解释、推理和论证的学术价值。它表明,在一例案件没有直接的、足够有说服力的证据判明,而法官又不得以此为理由拒绝裁判的情形下,法官借助社会常识、常理或常情判断案件事实,即使在该案中未必恰当公允,但也不能完全排斥法官以之为据说明、推论其他案件事实,也不能完全排斥法官在严格的事实、逻辑、论证规范制约下,运用社会常识、常理和常情解释、推理和论证案情。

值得关注的是,事实解释、推理和论证,都属于归纳逻辑。任何案件纠纷,一般面临相反的诉求、相反的证据和相反的辩护力量。法官的任务,就是要通过对相反的证据作出梳理辨析,以或支持一方的诉求、辩护,或部分支持双方的诉求和辩护。因此,它和司法裁判中直接适用法律的三段论相比较,更具有对经验、社会事实的关注需求。因为归纳逻辑的本性,就是从可验证的经验事实的归纳中得出所需要的结论。① 这更能说明通过事实解释、推理和论证,社会法学与法律方法的内在关联,或者它对法律方法的智识支持。

社会法学和法律方法的这种关联,或许借助赫克的观点能够更恰当地说明:

> 只有法官不只是一个按照逻辑力学的定律运转的法律自动售货机,立法者才能实现他的意图和满足生活的需要。法律和生活所需要的是这样一种法官——作为思想助手协助立法者,不仅注意语句和命令,而且考虑立法者的意图,并亲自检查有关的利益,表达法律的价值,即使在立法者尚未明确规定的情况下亦如此……法律科学应当公开地发现适当规范的方法,而不是用法律推论的虚幻来掩盖它。因此,逻辑至上要被检查和评价生活至上所代替。②

正因为社会以及社会法学对法律方法的这种影响和支持,因此,哈特这位规范法学最重要的代表也不得不关注社会问题,他在其最重要的著作中这样夫子自道:

> 虽然本书所关注的是分析,但是它亦可被视为是一篇描述社会学的论文;因为探究文辞的深意并非只在于了解文字本身。各类型的社会情境或社会关系之间,有许多重要的差别并非昭然若揭。唯有透过对相关语言之标准用法的考察,以及推

① 有关归纳逻辑的系统论述,参见[英]培根:《新工具》,许宝骙译,商务印书馆1984年版。
② 张文显:《二十世纪西方法哲学思潮研究》,法律出版社1996年版,第130页。

敲这些语言所处的社会语境，始能将这些差别呈现出来。①

事实上，当他把语境问题作为规范分析的考量因素拉入规范法学中时，已经意味着社会法学对规范分析的影响，也进一步证成法律方法本身是受了多种法学流派的营养培植而成长起来的系列司法技术手段，而不仅仅是借由规范法学一家培植而成长的规范技术成果。

三、规范法学对法律方法的理论支援

尽管价值法学和社会法学与法律方法间有如此紧密的关联，但毋庸讳言，和法律方法关联更密切的法学流派仍是规范法学。所谓规范法学，也称分析法学或分析实证主义法学，其基本主张是法学研究要运用语义分析手法，在尽量排除法律之外的因素（如道德、价值等）干扰的前提下，静心地寻求法律作为规范体系的内部知识，并以自足的法律作为社会交往秩序构造的基本前提。这种理论，肇端于功利主义学派的代表人物边沁和密尔，经由奥斯丁从法理学视角的专门论述，直接启发了现代规范法学的代言人，如凯尔森、哈特、拉兹等，最终形成规模庞大、阵营齐列、影响深远的法学学术流派。规范法学对法律方法的智识支持和理论支援，主要体现在规范（平义）解释、规范推理、规范论证、效力识别、利益衡量和类推适用诸方面。以下分别予以论述：

（一）通过规范（平义）解释、规范推理、规范论证看规范法学对法律方法的理论支援

解释、推理和论证在司法中作为法律意义模糊的救济方法，分别对应着法律的字面意义模糊、法律和案件事实遭遇时的意义模糊、法律和案件事实遭遇时因不同主体的理解不同而产生的意义模糊。如前所述，在此情形下，法官既可以运用价值解释、推理和论证的方法，也可以运用事实解释、推理和论证的方法，当然，还可以直接依赖法律规范，实施规范解释、推理和论证。显然，公认的三大法学流派对于法律解释、推理和论证的这几种法律方法，都具有理论支援和贡献。不唯如此，后文将要论及的经济分析法学和多元论法学也可对上述法律方法予以理论支援，原因在于上述法律方法，既可以单独适用，也可以和这些法学流派所引出的法律方法复杂适用，甚至诸如前文提到的价值衡量、法律发现、事实替代以及后文将要论述的利益衡量、法律续造等法律方法，必须和法律解释、推理、论证等一起复杂适用，②才能获得法律方法运用的实际效

① ［英］哈特：《法律的概念》（前言），许家馨等译，法律出版社2006年版，第2页。

② 关于“法律方法复杂适用”的具体论述，参见谢晖：《论法律方法的复杂适用》，载《法律科学》2012年第6期。

果。回过头来,笔者将专门探讨法律的规范解释、推理和论证与规范法学之间的内在关联,寻求规范法学对这些法律方法的理论支援究竟表现何在。

法律解释在规范解释的层面上,所强调的是法律的字面意义和通常用法,因此,这种解释也被称为平义解释。它不需要增加概念的内涵,而只需要还原概念的内涵,不需要拓展概念的外延,而只需要厘清概念的外延,也不需要对概念进行任何目的性或价值性的考量,而只需要原原本本地说明法条中的文字,或者整个法条的本来意义。这种对法律的解释态度,颇为符合规范法学的一般要求。因为在本质上恰如奥斯丁所言,规范法学强调的就是法本身:

"法理学的对象,是实际存在的由人制定的法,以及我们径直而且严格地使用'法'一词所指称的规则,或者,是政治优势者对政治劣势者制定的法。"①

尽管如上论述中对于法律本质问题的界定,遭到了无数法学家,同时也受到规范法学内部学者,如哈特、拉兹等的猛烈批评,②但奥斯丁对法理学范围的界定,其实宣告了规范法学作业的基本领域,同时,这也是其后的规范法学者奉为圭臬的基本立场。这样一来,对法律适用中法律的意义模糊问题,最妥当的释明方案就是从法条或概念的字面意义及运用场合出发,做语义学和有限度的语境学立场的阐释。在这方面,莎士比亚笔下的那位鲍西娅极其精彩的、著名的裁判或许给我们更生动、形象、直观的启示:

那商人身上的一磅肉是你的,法庭判给你,法律许可你。

你必须从他的胸前割下这磅肉来;法律许可你,法庭判给你。

且慢,还有别的话哩。这约上并没有允许你取他的一滴血,只是写明着"一磅肉";所以你可以照约拿一磅肉去,可是在割肉的时候,要是流下一滴基督徒的血,你的土地财产,按照威尼斯的法律,就要全部充公。

所以,你准备着动手割肉吧。不准流一滴血,也不准割的超过或是不足一磅的重量;要是你割下来的肉,比一磅略微轻一点或是重一点,即使相差只有一丝一毫,或者仅仅是一根汗

① [英]约翰·奥斯丁:《法理学的范围》,刘星译,中国法制出版社2002年版,第13页。

② 参见[英]哈特:《法律的概念》,许家馨等译,法律出版社2006年版,第75~77页;[英]约瑟夫·拉兹:《法律体系的概念》,吴玉章译,中国法制出版社2003年版,第32~54页。

毛之微，就要把你抵命，你的财产全部充公。[①]

法律推理在规范层面上有两种情形，一种情形是作为一种一般工具，在法律规定遭遇案件事实时法律并没有出现明显的意义模糊状态下，适用于相关案件的裁判活动，这是法律推理运用的日常情形，即但凡司法裁判，必有规范推理。尽管这种推理对法官而言是常识，但它也是法官判案时设法连接法律大前提和案件小前提，并推出裁判结论的基本手法。一位法官不能熟练掌握这种手法，就意味着他还没有资格从事司法裁判。另一种情形是当法律遭遇案件事实时，其意义出现了模糊。这时，规范解释的办法尽管不能说无能为力，但仅仅运用规范解释还无以充分说明解决规范的意义模糊问题，因之，把规范解释代入案件事实中，形成以解释了的规范为大前提，以案件事实为小前提的逻辑推论，法律遭遇案情时的意义模糊或许才能厘清，裁判结果才更有说服力。规范推理的实质，乃是寻求案件更恰当地在法律内解决的方案，避免法律因为意义模糊而流失效力。因此，与规范法学的主旨一脉相承，或是规范法学的实践演示。在哈特看来，法律尽管存在一种开放结构，甚至为了弥补和救济这种开放结构，法官还需要自由裁量，但在根本上讲：

> 法律的生命在很大的程度上，仍然在于借由意义确定的规则，作为官员与私领域之个人的指引。这些规则不像可变的标准，其适用并不需要随着不同的个案而重新作判断。[②]

可见，哪怕法律遭遇案情时意义出现模糊，但尽量寻求在法律范围内进行推理，予以裁判，才更加符合“法律的生命”。

至于法律论证在规范层面的表达，乃是阿列克西所谓“教义学论证”的范畴。[③] 当因为法律裁判原因及理由的多样而出现纷争和论辩时，不同的法官皆借由现行法律的立场说明其裁判主张和裁判理由，只是不同法官采用了法律有关同一问题的不同规定而进行论辩，因此，其仍然坚守规范法学对实在法的基本立场和姿态。正如阿列克西所给出的标准：“当能够使用教义学论述时，则必须使用之。”[④]

以上论述，也说明法律论证在规范层面的表达，即规范论证，即便参与论辩的主体意见多么分歧，主张多么相异，但其共同点都在恪守规范

---

① ［英］莎士比亚：《莎士比亚全集·威尼斯商人》（第3卷），朱生豪译，人民文学出版社1978年版，第80～81页。

② ［英］哈特：《法律的概念》，许家馨等译，法律出版社2006年版，第130页。

③ 参见［德］阿列克西：《法律论证理论》，舒国滢译，中国法制出版社2002年版，第310～337页。

④ ［德］阿列克西：《法律论证理论》，舒国滢译，中国法制出版社2002年版，第337页。

法学与法教义学的基本主张。这也无不说明规范法学之为规范论证的理论支援、逻辑推助和智识基础。

(二)通过效力识别、利益衡量看规范法学对法律方法的理论支援

法律出现意义冲突时,既可以在法律外部寻求救济方法,如前文提及的价值衡量、事实替代以及后文将要提及的利益衡量(有些利益衡量属于法律意义冲突的内部救济方案)等,但这些都不是规范法学所首选的救济手法——尽管规范法学不会、也无法否定这些方法;也不大符合规范法学所追求的学术宗旨。在规范法学的视野中,优先选择的当是法律规范的效力识别,因为效力识别是在法律内部寻求法律意义冲突的基本救济方案。

法律的意义冲突之所以能借助效力识别而得到救济,一方面在于一个国家的法律总是一个层级地或者阶梯地构筑的系统或体系。在联邦制国家,这种情形至为明晰,在弱单一制国家,因为地方自治,包括立法和法律的地方自治越来越明显,因之,法律的层级效力关系也得以彰显。即使在我国这样的强单一制国家,①也存在法律阶梯或层级关系问题。法律层级或阶梯关系,构成法律的层级效力关系。当下位法和上位法发生意义冲突时,下位法一般须服从上位法,乃是天经地义的。所以,对层级效力的法律冲突而言,效力识别并非复杂问题。不过,无论如何,这种效力识别属于在法律体系内部寻求法律意义冲突的救济方案,因此,其直接的理论资源和逻辑基础就是由规范法学提供的。另一方面在于即使对于水平效力的法律冲突而言,在人类长期的法律实践中,也形成了解决水平效力法律冲突的基本原则。这些原则对法科学生而言是耳熟能详的,如新法优于旧法、特别法优于普通法、国际法优于内国法等。不难发现,这些原则,依然遵循了规范法学关于实在法至上的基本要求,它是在法律内部根据实践逻辑的方便和一般需要,排列了一个人们方便把握和运用的法律水平效力冲突的救济机制和规范适用方式。

如上问题作为常识过于明白,因之,在法学理论上特别强调的必要不大,它主要是一个操作技术和标准,但尽管如此,它也是法官必须掌握的一项裁判技术标准。特别是当法官面对一例案件与法律规定间有两

---

① 笔者把单一制结构形式的国家分为两种:一是弱单一制国家,如法国、日本等,地方自治明显,中央和地方的分权也昭然若揭。二是强单一制国家,如我国,其特点是地方政权机关一般只是中央政权机关的派出机构,地方基本没有自治权,中央和地方也没有什么分权。参见谢晖:《沟通理性与法治》,厦门大学出版社2011年版,第147~176页。

个或两个以上的连结点,且案情与这些法律连接点相遇之后都存在明显的意义冲突时,就既意味着在这里存在法律的意义冲突,也意味着会因此导致法律的意义模糊,从而,法律的病灶——法律意义模糊和法律意义冲突同时地、复杂地出现和缠绕在冲突的法律和该案件事实的遭遇中。这时,法官要清晰地斟酌法律的上下位关系,或者水平效力的法律之新旧关系、特别一般关系等,就并不是个一目了然的问题。因此,设定一种严格的规范法学的界限,要求法官在处理类似问题时能依循之,就不是多余。

关于法律规范的效力识别,传统法律位阶理论根据法律规范的空间、时间和逻辑三个面向来解决法律规范的"异位阶冲突",各国的立法或司法实践采取大致相同的冲突解决准则,即前述"上位法优先于下位法、新法优先于旧法、特别法优先于普通法"等。但是,对在空间、时间与逻辑上处于同位阶(水平效力)的法律规范冲突,传统的法律冲突理论却束手无策,仅仅将之作为"冲突漏洞",交由法官自由裁量解决。[①] 然而,对于法律规范的"同位阶冲突",规范法学却大有作为。佩策尼克将同位阶规范冲突依据原因划分为逻辑冲突、经验冲突和价值冲突,并为规范冲突的解决提出"权衡"的方法。[②] 在规范法学看来,同位阶的规范冲突,只能通过利益衡量来解决。问题是利益衡量作为法律方法,既可在实在法规定的范围内衡量,权且把它称为内部利益衡量。这时,利益衡量是个以规范法学为理论基础的法律方法。可当法律和社会利益发生冲突时,尽管这种冲突还是发生在水平效力的法律之间,但法官可以更进一步地超越法律,在法律与社会利益之间进行权衡抉择,权且称为外部利益衡量。这时利益衡量需要溢出实在法的范畴,这自然不是规范法学理论能够胜任愉快的。拉伦兹笼统地将利益衡量说成是法的续造,他指出:

> "个案中之法益衡量"是法的续造的一种方法,它有助于答复一些——法律未明定其解决规则之——规范冲突的问题,对适用范围重叠的规范划定各自的适用空间,借此使保护范围尚不明确的权利(诸如一般人格权)得以具体化。[③]

---

① 参见[德]卡尔·恩吉施:《法律思维导论》,郑永流译,法律出版社2004年版,第202页。

② Aleksander Peczenik,"On Law and Reason",Boston,Kluwer Academic Publishers,1989,pp.418-419.

③ [英]卡尔·拉伦兹:《法学方法论》,陈爱娥译,台北,五南图书出版股份有限公司1985年版,第320页。

这一结论，或许与拉伦兹有关法律续造的界定有关，但按照笔者对法律续造的界定，①无论内部利益衡量，还是外部利益衡量，都不属于法律续造的范畴。尤其前者，仅仅是法官在法律内部根据案情及其利益保障的缓急、大小、强弱、高低等选择适用法律而已。成都某法院和北京某法院针对瑕疵车求诉的类似案件，前者按照我国《合同法》相关规定判决经销商承担5000元的法律责任，其理由是：

> 法院认为，汽车消费在我国现阶段对于全中国人而言，属奢侈消费，不属于《消法》意义上的生活消费需要。②

但是，后者面对类似的诉讼，却按照我国《消费者权益保护法》的规定，判决经销商予以双倍赔偿，赔偿额是27.6万元(原车价13.8万元)。法院对这一判赔的解释是：

> 二审法院经审理认为，张女士因生活需要购车自用，属生活消费，应适用我国消费者权益保护法。本案中，根据双方约定，汽车服务有限公司交付张女士的车辆应为无瑕疵的新车。现所售车辆存在瑕疵，汽车服务有限公司就已履行告知义务未提供充分证据，应认定汽车服务有限公司在售车时隐瞒了车辆存在瑕疵，已构成欺诈……③

以上两例案件，判决的时间间隔只有1年，但适用的法律却截然不同，判决结果也大相径庭。尽管从裁判理由看，两个法院的不同判决来自对“生活消费”和“奢侈消费”的解释，但事实上，法官借助这种解释，做了利益衡量的裁判(法律解释和利益衡量的复杂适用)。所以，笔者以为两案都是利益衡量的适例——尽管其判决根据和结果如此不同。无论前者“对于全中国人而言，属奢侈消费”的预估，还是后者“因生活需要购车自用，属生活消费”的界定，都存在究竟首先保护经销商利益还是首先保护消费者利益的法益(利益)衡量。无论如何，上述判决都是在我国现行法律规定内部寻找根据，予以裁判，因此，与规范法学对于国家实在法的首肯和推崇，可谓灵犀相通。

可见，利益衡量旨在通过一种更强理由，在具体案件所面对的冲突规范之间，建立起一种有条件的优先关系。即使采取上述利益衡量的方

---

① 笔者对法律续造的论述，参见谢晖：《法律哲学》，湖南人民出版社2009年版，第365～403页。

② 刘裕国：《汽车属奢侈品消费？卖私车“消费者权益保护法”管吗?》，载《人民日报》2006年12月13日，第5版。

③ 刘吟秋等：《“问题车辆”可以退，汽车维权迈大步》，载《人民法院报》2012年3月25日，第3版。

法,仍无法排除法官的自由裁量,但在规范法学看来,利益衡量并不是依靠单纯的法感觉,不是一种无法合理掌握的过程;相反,在一定意义上,利益权衡在某种程度上具有可以遵循的思维程式和审查标准。①

(三)通过类推适用看规范法学对法律方法的理论支援

类推适用是指面对当下的案件,在法律上没有明确规定(法律出现意义空缺或漏洞)时,法官在现行法律规定中寻找最相类似的条款,以类比地解决当下案件的法律方法。在法学界,类推——类比推理是尤为吸引学者眼球的一个话题。特别是类推总是和事物性质的判定相关的一个问题,这就更能引起喜欢寻根究底的学者们的探索欲望。德国著名法学家考夫曼曾就此专门著文,他指出:

> 实际上所有的法律概念,所谓的描述性概念亦同,都是类推的概念,因为它们绝非只是直观的事物,而只是一直(至少也)表达着一种精神上的,特别是法律上的意义。
>
> 从事实推论至规范,或者从规范推论到事实,一直是一种有关"事物本质"的推论。"事物本质"是类推(类似推论)的关键点,它不仅是立法也是法律发现之类推过程的基础。因此,它是事物正义和规范正义之间的中间点,而且本身是在所有法律认识中均会关系到的、客观法律意义的固有负载者。②

规范法学的代表人物奥斯丁在谈到类比时,也把事物的本质纳入考量的范畴:

> 在逻辑的语言中,内涵构成了种类的本质。所有特性,是构成种类本质的内涵的必然结果。具有共通内涵的对象,以及具有所有共通特性的对象,是类似的。如果一个对象并不具有一个种类的所有本质,仅仅具有一个种类的若干本质,或者,仅仅具有必然源自本质的许多特性,那么,将特定名称使用到这一对象,可以被认为是类比的。③

如上引文,都清楚地表明类比推理的基本前提,是要寻求相关事物的类似本质。以法律适用为例,如果在一例案件和现行的法律规定及其一般调整对象之间根本就找不到类似本质,那么,就无法运用类推适用

---

① 规范法学之宿儒阿列克西为此建立起可操作的权衡公式。See Robert Alexy,"On the Structure of Legal Principles",13 *Ratio Juris* 2000,p. 297.

② [英]考夫曼:《类推与事物本质——兼论类型理论》,吴从周译,台北,学林文华事业有限公司1999年版,第30页。

③ [英]约翰·奥斯丁:《法理学的范围》,刘星译,中国法制出版社2002年版,第142页。

裁判之;如果在一例案件和现行法律规定及其调整对象之间找到的相关本质是重合的,不但具有“共通内涵”,而且“具有所有共同对象”,则它们是“类似的”,因之,直接适用相关法律规定就可以,也不需要类推适用。只有当一例案件和现行的法律规定及其调整对象间,不具有“所有本质”的类似,而仅具有“若干本质”的类似时,才需要运用类比推理的法律方法进行裁判。

显然,按照这种理解,类比推理作为法律方法,乃是法官在当下案件事实、与这一事实相关的法律规定以及与相关法律规定所要调整的一般事实及其本质间目光流盼、反复观察、不断斟酌,从而“发现”事物的本质及其相似性,并比较地阐述、论证和适用的活动。

首先,类推适用乃是在当下案件事实和相关法律规范之间比较,并寻求它们之间有无可比性,或者是否存在事物之本质的相像性的活动。尽管案件事实是一种客观事实,而法律规范是一种制度事实(或意志事实),但这并不意味着它们之间属于异类不比。缘由何在?因为一切法律规范或制度事实,都是经由立法活动,对类似的事实及其本质比较之后,从中抽象出的规范内容,是立法者对“事物本质推论”的结果,因此,以规范为前置的制度事实,并不是对客观事实的无视,而只是对客观事实的抽象。类推适用的案件尽管与这一抽象的结果在本质上未必完全契合,但至少相像,或具有一定契合性。

其次,既然如此,则类推适用还不可避免地要寻求和法律规范相契合的事实,进行事实比较,在事实比较中发现当下案件和该规范所适用的一般案件之间的本质相合部分与本质冲突部分,以便法官更直观,也更有力地说明类推适用或者不能类推适用的相关理由。显然,这一过程首先是事实比较的活动。借由对事实的比较甄别,法律的类推才能坐实。

上述论述表明,类推适用归根结底乃是在法律出现意义空缺时,法官竭力在法律内部寻求救济的手段。尽管在有些更为严格的法律领域内(如犯罪领域),类推适用是对严格法治的一种挑战,但在绝大多数法律领域,类推适用是法官填补法律漏洞的积极努力,是法官借用规范法学的思维,寻求救济法律漏洞所首先要考虑的选项。

四、经济分析法学对法律方法的理论支援

经济分析法学是随着制度经济学的发展,随着经济学家和法学家以经济分析手段——成本—效益方法分析法律、政治和社会问题日渐成熟,并脱颖而出的一个法学流派。尽管因为法学家所研究的问题域以及习惯的研究手法的限制,影响了法学家对经济分析的及时、普遍的接受,但经济分析法学还是以其独特且有效的解释力,很快获得了学术界,包括法学界的青睐。甚至在西方一些国家，大有法律经济学在法学界独大的情形。如今，即使对法律和制度安排不擅长运用经济分析的法学家，也无法对这一法学流派坐视不理、充耳不闻。自法律方法的视角看，经济分析法学可以直接为利益衡量——特别是外部利益衡量这一重要的法律方法奠定基础。

(一)法律外部的利益衡量

如前所述，利益衡量可分为法律内部的利益衡量和法律外部的利益衡量。法律外部的利益衡量涉及法官对案件的实质性衡量，关乎案件裁判的实质公正。它的前提尽管发生在水平效力的法律出现意义冲突时，但由这种冲突所诱发的问题，法官无论按照何种既有法律的安排进行处理，都达不到妥当、公正地处理案件的效果。这时，法官会把其个人的价值偏好代入司法活动，作出司法上的利益衡量。波斯纳就此指出："与经济分析的规范假设更为一致的一种可能是，法官设法将其个人的偏好和价值加于社会。"①

在这里，人们有理由把法官的偏好和价值看做法律意义冲突，并进行利益平衡时所出现的一种外部因素。在一个法律完善，法官只能作为法律的自动售货机，从而他所要做的工作也只需要让这个售货机输入案情、输出判决的情形下，法官这个法律的外部因素可以在利益衡量中忽略不计，但问题是这种对法律的假设不存在。法律既非神定的天衣无缝的产品，法官也非法律的自动售货机，因此，在司法中必须把法官和双方当事人，甚至案外利益相关人一样，当作利益博弈和攫取效益的当事者。这样一来，司法中的利益衡量，就不得不、也不可能不考虑或牵扯进法律之外的因素。在这个意义上，利益衡量考虑法律的外部性因素不但无可厚非，而且实在是难以回避的问题。

利益衡量虽然是法官作出的，但法官进行利益衡量的基本因素，是对衡量结果的效率考量。这里的效率，未必一定是个经济上的数目字比较，更可能是事关法院和法官声誉上的。利益衡量的结果不能被当事人愉快地接受、不能被普罗大众所理解，总会影响法院和法官的声誉，甚至像波斯纳描述的那样，当事人会另辟蹊径、远离诉讼、抛弃法院：

> 在这些领域，法律的低效率规则将会被当事人间的明示协议所废除，而如果司法判决不断地无视经济逻辑，那么契约当事人就会用私人手段替代司法方法以解决契约争端。在那些

---

① [美]理查德·A.波斯纳：《法律的经济分析》，蒋兆康译，中国大百科全书出版社1997年版，第695页。

争端当事人之间不存在自愿关系的领域……法院就不再受制于这样的竞争约束了。但是,在这些领域中,存在着拥护运用效率准则的强大社会舆论……如果法院拒绝在某些领域实施效率准则……那么可能出现的后果将是,主要的司法自主领域(……)——普通法规则和原则的形成——将为立法所先占。①

这表明,法官为了法院的利益或效率,不能在裁判中对当事人和其他社会主体之于效率的追求不闻不问,否则,不仅是当事人和社会主体的利益受损,而且是法院因为当事人的远离和议会(立法)权力的跟进而自受损失。可是,一旦法官在利益衡量中抛开不经济、无效率的法律,考虑了当事人和其他社会主体对效率的诉求,也就意味着外部性因素已然在法官的利益衡量中粉墨登场。可见,法律的外部利益衡量是一个必须和效率挂钩的裁判因素,否则,就不构成利益衡量,而毋宁被称作其他法律方法。由此也不难见,经济分析法学对利益衡量——从而法律方法的理论与智识支援。

(二)科斯定律对利益衡量的理论支援

科斯定理是新制度经济学和经济分析法学共同强调的一条重要的“公理”,它强调交易费用和效率之间的逻辑关系。尽管科斯本人没有声称自己创造了科斯定理,但他的一些经典阐述,成为人们总结科斯定理的基本根据。在《社会成本问题》中,科斯指出:

如果市场交易是无成本的,则所有问题……就是各当事人的权利的充分界定和对法律行为的后果的预测。但是,正如我们已经看到的,当市场交易成本是如此之高以致于难以改变法律已确定的权利安排时,情况就完全不同了。此时,法院直接影响着经济行为。因此,看来法院应该了解其判决的经济后果,并在判决时考虑这些后果,只要这不会给法律本身带来过多的不确定性就行。甚至当有可能通过市场交易改变权利的法律界定时,显然也需要尽量减少这种交易,从而减少这种交易的资源耗费。②

如上引文的前半段就是科斯本人对“科斯定理”的描述,而后半段,

① [美]理查德·A.波斯纳:《法律的经济分析》,蒋兆康译,中国大百科全书出版社1997年版,第695~696页。

② [美]R.科斯等:《财产权利与制度变迁——产权学派与新制度学派译文集》,胡庄君等译,上海三联书店、上海人民出版社1995年版,第24页。另外,站在法学立场对科斯定理的系统反思和评论,可参见[美]理查德·A.波斯纳:《超越法律》,苏力译,中国政法大学出版社2001年版,第465~487页。

他通过对个案的经济分析，进一步把“科斯定理”运用于说明司法裁判及其经济（利益）考量上。尽管科斯在这里很谨慎地对待法律，如法院裁判不应“给法律本身带来过多的不确定性”，但他同时强调法院在裁判中对经济后果（效益）的考量。只要交易费用不是零，只要交易活动必然意味着费用的支出，那么，如何在司法裁判中最能节约交易费用，或最大限度地减少交易的成本支出，增加交易的收益，就是法官在个案裁判中理应关注，也必须关注的。

不但如此，法官在从事裁判时，也把自身投向了市场和市场交换，这个市场广义地讲是政治市场，狭义地讲，就是司法市场。在这个市场上，正如前述，法官和法院不仅要考量当事人、其他社会主体的利弊得失和成本效益关系，而且自然会借由裁判考量自身的利弊得失或成本效益关系。不考虑这样的问题，可以说就不是称职的法官。毕竟裁判的产出，意味着在法律市场上，判决的价值、法官的意见替代了当事人乃至社会的诉求，并重新安排了当事人的权利义务关系，从而利益衡量导致了司法市场上利益、意义和规则的转换。对此，马洛伊进行了深刻的阐述：

> 交换并不是简单地用一个价值来交换另一个价值，而是通过交换主体间意义的延伸来实现一种价值转换。当法律借鉴经济学时，它也通过替代及置换创造新的意义和价值……法律和经济这两个领域都是交换系统，这个交换系统是连续不断地替代和置换过程，体现该过程的这两个系统都赋予社会组织的运转过程以意义、方向及结果。①

这进一步表明，在司法市场上，当法官把当事人、其他社会主体以及自身的效率追求纳入司法裁判中时，法官是在重构法律的意义，也在重构法律市场的意义。尽管科斯和马洛伊等都是基于英美普通法背景下探究法官裁判对效率问题的考量及其意义重构的，但即便在严格规则背景下的司法裁判，只要遇到了外部因素对刻板、僵化以及教条的法律的强烈异动，则借由司法运用外部的利益衡量解决案件，改善法律与环境的紧张关系，就绝非天方夜谭。

（三）希克斯标准（“波斯纳定理”）对利益衡量的理论支援

在制度经济学和经济分析法学中，希克斯标准是又一个深受人们关注的概念。它尤其受到了波斯纳的青睐，并在此基础上开发出了所谓“波斯纳定理”。希克斯标准是对帕累托效率（又译为帕累托最优、帕累

---

① ［美］罗宾·保罗·马洛伊：《法律和市场经济——法律经济学价值重新诠释》，钱弘道等译，法律出版社2006年版，第33页。

托更优等)的矫正。波斯纳这样总结并评价该概念:

帕累托更优的交易是指它至少使世界上的一人境况更好而无一人因此而境况更遭……这一效率概念在现在看来已经非常苛刻,而且对现实世界的可适用性很小,因为大多数交易……都会对第三方产生影响……

由于在现实世界中几乎不可能满足帕累托优势存在的条件,而经济学家对效率概念谈论较多,很明显,经济学家中起作用的效率概念并不是帕累托优势意义上的。①

既然帕累托效率只是一种难以兑现的理想状态,与现实生活格格不入,而现实的交易世界反倒是要么有人获益,有人受损;要么大家共同受损;要么大家共同受益。面对此情此景,寻求一种修正或替代该理想的利益衡量标准,就有必要。这种需要也产生了供给——这就是希克斯标准(概念):

卡尔多—希克斯概念也被示意性地称为潜在帕累托优势,赢利者可以对损失者进行补偿,不论他们是否这样做。②

在充分肯定了希克斯标准的基础上,波斯纳形成了一个被人们归纳为"波斯纳定理"的大胆主张:

如果市场交易成本过高而抑制交易,那么,权利应赋予那些最珍视它们的人。③

这是一个大胆且有创意的主张,但是也会招来无尽争议。因为它在满足预设条件的前提下,虽然把权利赋予最需要它,并最能借助权利而实现效率的人,但这种赋予能否实现希克斯标准所冀求的对损失者的补偿?这在法律安排不当的情形下是很难保障的。一旦失却保障,人们借助法律的正义追求必将化为泡影。在司法上,法官不可能不完全考量一例案件裁判的利益衡量,特别在那些直接涉及利益纠纷的案件中,利益衡量不但是必要的,甚至是必须的。而按照"波斯纳定理",法官在利益衡量中,理应把权利(利益)优先判决(安排)给最需要它的主体。所以,"波斯纳定理"在司法方法中的运用,已预设了一个前提,那便是给予利益需要者以优先。这样优先设定的目的不是不考虑正义,反而是为了更

---

① [美]理查德·A.波斯纳:《法律的经济分析》,蒋兆康译,中国大百科全书出版社1997年版,第15~16页。

② [美]理查德·A.波斯纳:《法律的经济分析》,蒋兆康译,中国大百科全书出版社1997年版,第16页。

③ [美]理查德·A.波斯纳:《法律的经济分析》,蒋兆康译,中国大百科全书出版社1997年版,第20页。

加正义——通过效率的正义，因为：

> 正义的第二种涵义——也许是最普通的涵义——是效率……在一个资源稀缺的世界里，浪费是一种不道德行为。①
>
> 即使法官不那么信奉效率，但从定义上看，他们的缺乏效率的决定也会比有效率的决定增加社会成本。结果是，从经济学观点来看，错误确定的案件的败诉方一般说来就会比合理决定的案件的败诉方有更大的动力通过上诉、新诉讼或者立法活动来要求纠正——因此就总是存在一种要求有效率的压力。更甚的是，根据缺乏效率的规则诉讼的案件比起按照有效率的规则诉讼的案件趋于涉及更大的利害关系……而且一个纠纷中的利害关系越大，就越有可能进行诉讼而不是法庭外解决；因此法官们会有机会重新考察那些涉及效率的规则。②

尽管如此，但问题在于，法官在利益衡量时，究竟如何确定某一权利的"最珍视"、最需要者？即便把正义概念修正为以效率最大化为基点，可司法裁判一旦作出，谁又能保障在个案的当事人间，获得权利并因这些权利获得更大效率的一方一定能补偿另一方所遭受的权利损失？还有，在那些根本无法借助数目字衡量的法律纠纷领域，如何运用"波斯纳定理"进行利益衡量和裁判？这些问题，都说明"波斯纳定理"进入司法中的局限——即便在司法裁判同时也会生成为判例法的国家，这些局限照样存在。

不过，即便"波斯纳定理"在司法的利益衡量中会存在如上种种困难，但它还是为在个案中法律与社会利益之间出现冲突时，法官选取最有效率的方式作出利益衡量提供了一种方案和理论支援。即使这一方案很难具有普遍性，但毕竟可以作为法官利益衡量中寻求司法裁判之效率最大化的一种备选方案。

（四）博弈论对利益衡量的理论支援

博弈是当个体的理性选择——行为效果最大化——一旦进入群体交往中才得以显示时，个体进入群体行动中的必然实践要求和基本行为逻辑，因此，它既反映个体与群体的利益关系，也表达群体行为的内在特

---

① ［美］理查德·A. 波斯纳：《法律的经济分析》，蒋兆康译，中国大百科全书出版社 1997 年版，第 31～32 页。对相关问题的系统论述，另参见［美］理查德·A. 波斯纳：《正义/司法的经济学》，苏力译，中国政法大学出版社 2002 年版，第 87～115 页。

② ［美］波斯纳：《法理学问题》，苏力译，中国政法大学出版社 1994 年版，第 452～453 页。与此相关，有关法官的思考方式问题，可参见［美］理查德·波斯纳：《法官如何思考》，苏力译，北京大学出版社 2009 年版。

征。而博弈论作为数学理论进入社会学科后，则演变为对人类博弈行为的理论剖析和总结。尤其在制度经济学和经济分析法学中，博弈论占有独特且重要的地位。因为司法中法官的利益衡量，归根结底是当事人、当事人与法官、法官与社会利益博弈的过程与结果。那么，究竟什么是博弈论？一位论者对此做了简短而精到的描述：

> 博弈论建立在个体理性决策（所谓一人博弈）理论的基础上。一般地，我们说一个人理性地选择其最优行动，只要按照他的信念这个行动最大化其预期效用函数……博弈论至少有四个基本特征：
>
> 群体性……我们生活在二人以上的社会里，只要我们不是鲁滨逊；
>
> 互动性……事情的最终结果取决于所有人的行动；
>
> 策略性……每个人都认识到并考虑到这种相互依赖性；
>
> 理性……所以每个人选择行动的时候要针对对手的可能行动（所谓关于对手的信念）而选择一个最优对策。①

博弈论不仅研究博弈过程，同时也最大限度地给参与博弈的主体提供博弈的最佳方案。前文所提及的帕累托最优和希克斯标准，就是博弈的理想备选方案，而“囚徒困境”“牡鹿狩猎”等只是人们在不合作或合作背景下获取博弈效果的典型例证。②

其实，司法过程是最典型、也是最正式的博弈活动。说它最典型，是因为司法所针对的对象必然是纠纷事实，它本身就是人们在平淡无奇的交往行为中所突遇的一种典型体验。没有纠纷的交往行为和博弈活动太日常、也太经常，因此并不为人所关注。而纠纷一旦发生，意味着博弈行为的激化和白热化。它恰如给平静的池子投入一粒石子，必然溅起一池涟漪。说它最正式，因为司法毕竟提供了一套严谨的、正式的、公开的程序体系，能有效地把纠纷事实装置到正当程序中去，并且在这个正当程序安排中，纠纷各方以及裁判纠纷的法官，都被置于剧场中，他们都在众目睽睽之下，接受观众的检验。因此，即便纠纷本身无关紧要，但置于这种正式场合，博弈各方哪怕不在乎金钱上的利益得失，而仅仅装作表演，也要表演得足以打动观众，实现其心理的某种期待或效益。特别对

---

① ［美］道格拉斯·G. 拜尔等：《法律的博弈分析》，严旭阳译，法律出版社 1999 年版，第5～6页。

② 相关论述参见［美］道格拉斯·G. 拜尔等：《法律的博弈分析》，严旭阳译，法律出版社 1999 年版，第 27～49 页。

当事人而言，通过法庭上的博弈、表演进一步打动法官，可以直接影响法官对案件的利益衡量结果。王海曾因如厕时被收取0.6元钱而打官司，他所图的显然不是经济上的博弈效果，而是声誉上的博弈效果。是通过相关博弈，获得法院在利益衡量后有利于自身作为“打假英雄”之声誉的裁判。

此外，更可注意的是司法中的博弈，不仅仅是当事人之间基于利益纠纷的博弈，更是在当事人博弈的基础上，法官基于法律的正义追求和对两造纠纷事实的评判，采取利益衡量的手法，以凸显法官智慧和公道的活动，因此，法官绝不仅仅是中立者或居间的裁判者，更不是木偶般的法庭主持人，而是这一博弈活动的参与者——只要法官在司法中必须考量裁判结果的可接受性，并借此彰显司法的公平公道等“效率”问题，那么，法官就不但是法庭博弈活动的观众或观察者，而且是博弈活动的参与者、表演者。

可见，博弈理论在另一个层面为法官的外部利益衡量提供了重要理论支援。在一定意义上，法官面对当事人的博弈以及案件事实和法律规定之间的左右权衡、折冲樽俎、利益衡量，就是其作为司法博弈活动之参与者的明显体现。这样，博弈论对于法官作出外部利益衡的理论支援就昭然若揭。拜尔等在论述“比较过失制度”中有关责任的“分摊规则”时的如下论述，可以作为法官如何从事外部利益衡量的进一步的注脚：

> 在某些裁判制度中，法官要求陪审团在考虑了“所有的相关因素”或“每个当事人的行为状况及相应地导致或促成了对原告的损害”之后来划分责任。其他分摊规则包括一种相对于总的应该具备的谨慎程度来看每个当事人所保持的谨慎程度，以及另一种根据“属于权利主张者应受惩罚的行为……与导致损害的应受惩罚行为”之间的比例来削减其责任。①

五、多元论法学对法律方法的理论支援

多元论法学是指以法律多元为基本判准和宗旨，阐述法律现象的一切法学学说的总称。在法学界，人们并没有把法律多元论作为一个法学流派，因为严格来说，几乎所有的法学流派都持有法律多元的立场。如自然——价值法学关于自然法与实在法的划分、社会法学关于活法（行动中的法、客观法等）与纸面上的法的划分，甚至分析实证主义法学关于准确意义上的法和非准确意义上的法的划分等，都展现着法或法律多元在法学学术史上受重视的情形。

① ［美］道格拉斯·G.拜尔等：《法律的博弈分析》，严旭阳译，法律出版社1999年版，第15页。

然而,在这些林林总总的有关法律多元的主张中,有些法学流派,特别强调它,并因此强调法学研究不能回避多元法律存在的事实,这就是法律人类学、法律现实主义和批判法学。因此,笔者把这三个法学流派统归为多元论法学,并在这里探讨多元论法学与法律方法之间的内在关系。大体来说,多元论法学对法律方法的理论支持,主要作用于法律发现和法律续造上。现根据不同流派的多元论法学之主张,予以阐述。

(一)法人类学、"地方性知识"对法律发现的理论支援

法人类学一般被视为社会法学的一个分支。在笔者看来,尽管法人类学与社会法学在方法、对象等方面有一定关联,但严格来说,它们是两种无论从描述手法,还是研究对象上,都明显有别的学问体系。法人类学的理论前导,应当是历史法学及其"民族精神说"。巧合的是,正是萨维尼以及莱布尼茨等学者,最早地提出了较为系统的法律方法学说,特别是有关法律解释的学说,并把这一学说作为授课的专题内容。[①] 而"法律是地方性知识",这是法人类学对法律的基本界定。格尔茨这样解释它:

> 我始终认为……法律就是地方性知识;地方在此处不只是指空间、时间、阶级和各种问题,而且也指特色……即把对所发生的事件的本地认识与对可能发生的事件的本地想象联系在一起。这种认识与想象的复合体,以及隐含于对原则的形象化描述中的事件叙述,便是我所谓的法律认识。
>
> 这种观点仍有许多基本可靠的含义。一是认为比较法研究不应该把具体差别化约为抽象共性;二是认为比较法研究不应该就相同现象假以不同的称谓;三是比较法研究得出的任何结论,必须是关于如何处理差异而非消灭差别。[②]

格尔茨的上述论述,明确提出了法人类学研究的一般旨趣。在初民社会,这种"地方性知识"被直接作为法或法律运用,[③]但在近、现代国家所代表的大型社会中,当国家结构及立法能够兼顾各不同地方的"地方性知识"时好办,而当国家结构及立法无法顾及"地方性知识",且统一立

---

① 参见[德]萨维尼、[德]格林:《萨维尼法学方法论讲义与格林笔记》,杨岱雄译,法律出版社2008年版。

② [美]克利福德·格尔茨:《地方性知识:事实与规范之间的比较透视》,邓正来译,载梁治平主编:《法律的文化解释》,生活·读书·新知三联书店1994年版,第126页。

③ 参见[美]E.A.霍贝尔:《初民的法律:法的动态比较研究》,周勇译,中国社会科学出版社1993年版,第2页;徐晓光:《原生的法——黔东南苗族侗族地区的法人类学调查》,中国政法大学出版社2010年版,第1~5页。

法又无法适用于地方时，法官面对纠纷，在“地方性知识”中发现法律就是司法的不二法门。因之，尽管法人类学研究的是“地方性知识”，但是，它在实质上是寻求一种“地方性的普遍性”，或者在地方性事实中发现法律的一般方法。如前所述，法律发现这种司法的法律方法，是当法律出现意义空缺，且在法律中找不到与案情相契的类似规则进行类推时所运用的一种方法，属于救济法律意义空缺的第二序列的法律方法。法律发现的场域是多样的，但在一个地方性因素明显存在的国家，在地方习惯中积极发现法律，对于案件妥善有效的裁判，以及裁判的可接受性而言，往往可获得事半功倍的效果，如青岛法院就“顶盆过继案”的裁判，很能说明问题。8 年前，原告即持有逝者生前赠与其房屋给他的公证书；而被告因当年逝者去世后为逝者“顶盆”发丧，并按当地习俗和逝者生前遗愿，获得了该房产的继承权和居住权，且此后居住在该房屋已达 8 年之久，这期间，原告从未提出异议。现在因该房产拆迁，涉及数额不菲的利益补偿，原告出面诉诸法院，请求裁判赠与合同及公证有效并获得该房屋继承权。对此，法院审理认为：

“本案中赠与合同的权利义务相对人仅为石坊昌及石君昌，原告以确认该赠与合同有效作为诉讼请求，其起诉的对方当事人应为石君昌，因此，原告以此起诉石忠雪于法无据……被告石忠雪是因农村风俗，为死者石君昌戴孝发丧而得以入住其遗留的房屋，至今已达八年之久；原告在死者去世前已持有这份公证书，但从未向被告主张过该项权利，说明他是知道顶盆发丧的事实的。因此被告并未非法侵占上述房屋。顶盆发丧虽然是一种民间风俗，但并不违反法律的强制性规定，所以法律不应强制地去干涉它。因此，原告主张被告立即腾房的诉讼请求法院不予支持。”①

当法律关系出现明显争议，原告真实意思表示也无法还原的情形下，法院按照地方风俗进行判决，不但最终获得了当事人的接受，而且在当地以及学界引发了良好反响和较热烈的讨论。毕竟当法律不能的时候，作为地方性知识的习惯就是第二等的法律。法人类学的知识谱系告诉我们，在法律意义空缺时，发现法律的最佳场域，就在“地方性知识”中。

（二）现实主义法学、“法律不确定性”对法律续造的理论支援

本文所讲的现实主义法学，仅指美国现实主义法学。这一流派，也被一般地认为属于社会法学的范畴，但由于这一法学流派对法律不确定

---

① 胡平：《民事审判中民俗习惯的司法识别与运用——由“顶盆过继案”引发的思考》，载 http://court.gmw.cn/html/article/201301/04/115802.shtml，2013 年 1 月 20 日访问。

性的特别强调，笔者宁愿把它归类到多元论法学中，并据以探讨它和法律方法的具体关系。美国现实主义法学在一个较短的时段内，集中地涌现出了一批彪炳史册的学术大家，如霍姆斯、卡多佐、弗兰克、格雷及卢埃林等。

上述现实主义法学的代表们，多位具有从事法官职业的经历。他们对法律的性质作出了十分独特界定，尽管其界定有极端（如弗兰克及其"事实怀疑论"）和中道（如卢埃林及其"规则怀疑论"）之分，但法律不确定性都是其学术论述的基本旨趣和大致话题。而法律的不确定性，本源于现实主义法学者对法律的界定。在法律观上，霍姆斯提出的如下观点具有振聋发聩的效果，也宣告了现实主义法学有关法律本质的基本看法：

> 卑意所谓法律者，即此法庭实际上将会做出什么之预言也，而决非什么矫饰夸浮之辞。[①]

而格雷在对有关学者的观点进行反思性评论中或自己，或借用他人的观点提出的如下格言警句式的看法也颇具有代表性：

> 法院在决定疑问时所依据的规则既非国家命令的表达，亦非民众普遍意识的表达；毋宁是，法官裁决……的东西就是法律……
>
> 只有法官发布的东西才是法律。
>
> 民法法系与普通法的情况一样，一国法院发布的规则恰好表达了当前的法律。
>
> 那些由作为国家司法机构的主体发布的行为规则就是国家的法律，没有如此发布的规则不是法律。[②]

由这些论述所引出的问题是：法律既然是法官发布，且只能是法官发布的，则它就既意味着法律的多元存在，也意味着法律的不确定性。在这里，现实主义法学其实在"最终实证"的立场上，赋予了法官唯一造法者的角色。所以，法官不是在法律存在意义空缺时进行法律续造，而且法官和法院的每一次司法裁判活动都无所例外地是法律续造活动。更重要的是，这一结论不仅适用于以判例法为基础的普通法世界，而且也适用于民法法系。

---

① Oliver W. Holmes, "The Path of Law", by *Harvard Law Review* Vol. 110, No. 5, 1997, pp. 991 - 1009.

② ［美］约翰·奇普曼·格雷：《法律的性质与渊源》，马驰译，中国政法大学出版社 2012 年版，第 79 页、第 80 页。

尽管现实主义法学的上述论断具有“司法霸权”的味道，但相关论述既对我们认知司法活动的创造性不无裨益，也对人们认识司法在法律意义空缺、且既在法律体系内找不到最相类似的条款进行类推，也在法律体系外找不到合适的场域发现法律时，只能退守到案件事实及其“事物的本质”中，返回到法官的内在良心、良知和良能中寻求裁判规范，进行法律续造①不无帮助。因为限定了范围的法律续造，仍然是造法行为；实际上作为法官造法的一种场域，和把法官的所有裁判都看作造法行为仅有范围的差异，没有实质的区别。正是在这个意义上，现实主义法学为法律续造提供了更有说服力的理论基础——法官不仅不是法律的自动售货机，而且是真正的立法者。还是让我们引述现实主义法学者的论述，以便在“不确定的法律”世界，更加增进我们对法官像立法者那样进行法律续造的认识：

> 我们并不是像从树上摘取成熟的果子那样摘取我们的成熟的法律规则。每个法官在参考自己的经验时，都必须意识到这种时刻：在推进共同之善的目的指导下，一个创造性活动会产生某个规则，而就在这自由行使意志之际决定了这一规则的形式和发展趋势。
>
> 他（法官——引者注）必须像立法者那样从经验、研究和反思中获取他的知识；简言之，就是从生活本身获取。事实上，这就是立法者的工作和法官的工作相接的触点……每个法官都在他的能力限度内进行立法。②

（三）批判法学、“合法性危机”对法律续造的理论支援

批判法学派以反思和批判的手法，挖掘以自由主义为基础的西方法律在“后现代时期”所遇到的严重的合法性危机。该流派秉承了马克思主义、特别是西方马克思主义的普遍怀疑精神和批判精神，面对20世纪因为以美国为首的西方国家频繁发动对外战争、明显存在的种族歧视、不断爆发的经济危机、强力推行的冷战思维以及遍布西方世界的学生反抗运动，强调西方世界陷入一种总体性危机与合法性危机中。该流派的巨子昂格尔反复强调：

---

① 显然，正如前文曾述及的那样，笔者对法律续造之适用条件、场域的论述，乃至对法律续造这种法律方法内涵的界定，完全不是拉伦兹意义上的。拉伦兹的见解，参见［英］卡尔·拉伦兹：《法学方法论》，陈爱娥译，台北，五南图书出版股份有限公司1985年版，第六章第一、二、四节。笔者的界定参见谢晖：《法律哲学》，湖南人民出版社2009年版，第365～403页。

② ［美］本杰明·卡多佐：《司法过程的性质》，苏力译，商务印书馆2000年版，第64页、第70页。

> 我汇总在福利国家和合作主义趋向标题下那些众所周知的变化所作的分析提供了一种理解后自由主义社会法律史的结构。这一结构的福利国家方面说明了作为至关重要理想的普遍性和自治性的逐步消失。因而，与现代欧洲历史罕见地结合在一起的整个合法性概念受到了震动，这也许是致命性的伤害。
>
> 展现在法律发展中的福利、合作主义及公有公社的趋向结合在一起修改了自由主义社会的每一个根本因素。①

事实上，对现代自由主义社会法律合法性危机的反思，进一步说明后现代社会法律不确定性的事实。在这一点上，批判法学与现实主义法学可谓心有灵犀的兄弟。而法律的不确定性除了合法性危机因素的影响，还因为司法本身是一个创造性的立法过程。批判法学的另一巨子肯尼迪曾对司法判决进行了认真、深入地研究、反思和批判，最终他以创制法律概括司法和判决的实质：

> 法官一直得去做某些最好表述为创制法律而非应用法律的事情。至少，法官经常有责任解决法律规范体系中的裂隙、冲突和模糊之处……若人们认同存在这种裂隙、冲突和模糊点，那么也应同样赞同解决上述问题的法官“创制”了一条新规则且又将之运用于事实，而不只是运用现成的规则。②

肯尼迪在上述理念基础上对“判决理论类型学”的总结表明：昂格尔是“司法立法”这一判决理论类型的代言人。③ 这种对判决创造性的理解，至少在某个方面契合于笔者对“法律续造”的论述，即在法律体系的裂隙处解决纠纷时的创造，其中必然含有法律续造的意思。在这里，法律续造既不是根据既有法律中与案情最相类似的条款，也不是参照和案情相关的有关非正式制度事实，如习惯、宗教、纪律、社团章程以及法学家的学理等，而是返回到案件事实本身以及法官的良心、责任和“自由心证”，以寻求案件事实中“事物的本质”，或者在案件事实中求证裁判规范。显而易见，这是司法上的一种纯粹创造。它和现实主义法学以及批判法学等在一般意义上所讲的法官创制法律相较，更具有典型意义。因

---

① ［美］昂格尔：《现代社会中的法律》，吴玉章等译，中国政法大学出版社 1994 年版，第 204 ~ 205 页。

② ［美］邓肯·肯尼迪：《判决的批判——写在世纪末》，王家国译，法律出版社 2012 年版，第 6 页。

③ 参见［美］邓肯·肯尼迪：《判决的批判——写在世纪末》，王家国译，法律出版社 2012 年版，第 14 ~ 15 页。

为即使如现实主义法学和批判法学所明喻的那样,法官创制法律,也无法回避另一种事实:在普通法系,遵循先例无论如何是对法官的有效制约;而在民法法系,遵循成文法律无论如何都是法官基本的道德修养和良心规范。但是,在笔者所强调的法律续造的适格范围内,法官便是只受司法程序、案件事实及其规定性制约,而不受也不可能受其他任何实质性规范制约的纯粹的立法者,或者法律续造者。他们是在寻求个案中的"活法"——在修正的意义上,这里或许用得着昂格尔的如下结论:

> 探讨这种潜在的、活的法律,它不是命令性规则的法律也不是官僚性的政策,而是人类相互作用的基本法典,一直就是法学家艺术的基本内容,而无论在哪里,法学家们都在用深刻的见识和丰富的技巧从事着这种艺术……法律,与其说主要由法官和君主制定,不如说是由社会生活自身所提供的。[①]

这种对法律的认知,既是在"合法性危机"与法治没落的时代,螺旋迂回地拯救个人自由的理念基础,也能赋予法官以法律续造的学理基础。尽管批判法学所批判的对象、内容还没有在正蹒跚地迈向社会转型的这个东方大国完全出现,但一方面,对"历时性问题的共时性解决"使我们无法不面对相关的问题及其批判反思;另一方面,对这一批判反思进行再批判、再反思,并予以扬弃,或许是支持法官法律续造,并进而支持法治发展的有效理论。

六、简短的结论及需要继续研究的问题

通过如上诸法学流派和各不同法律方法关联关系的系统论述,至少可以发现如下结论以及值得继续探讨的问题:

(1)法律方法理论不是由规范法学一家的智识所支持,它分享着当代各法学流派从不同角度所提供的学术养料,从而把那些分散、片面而又不乏深刻的"学术智慧"转换成必须取效的司法裁判这种综合、全局地考量问题的"决策智慧"。因此,举凡当世流行的价值法学、社会法学、规范法学、经济分析法学以及多元论法学等,都能够对法律方法的某个方面,或某种具体方法提供有效且有力的学术理论支援。具体说来,价值法学理论更有助于支持价值衡量及价值解释、推理、论证等法律方法;社会法学理论更有助于支持事实替代、法律发现以及对法律的事实解释、推理和论证等法律方法;而规范法学理论更有助于支持对法律的规范解释、推理、论证,效力识别,法律内部的利益衡量以及类推适用等法律方

① [美]昂格尔:《现代社会中的法律》,吴玉章等译,中国政法大学出版社1994年版,第224~225页。

法;经济分析法学理论则更有助于对法律的外部利益衡量形成有效的支持;多元论法学则更有助于对法律发现("地方性知识")和法律续造("法律不确定""合法性危机")这两种法律方法以理论支援。因此,把法律方法仅仅看作属于规范法学,或者规范法学一个旁支的看法,尽管其维护"法治"的用心可嘉,但其对规范法学和法律方法的双重误解也令人遗憾。

(2)在如上论述中,读者也不难发现,不同法学流派对具体法律方法之理论支援,尽管有明显的各自"偏好",但诸法学流派对不同法律方法的支援关系有时候又是交叉的。譬如,法律解释、法律推理和法律论证这三种最重要、也是被法官经常复杂地运用的法律方法,无论哪种法学流派,都不能忽视、更不能无视,因为它们本身是构成制度事实,从而也构成所有法学研究对象的一部分,并且是十分重要的部分。本文尽管只分析了价值法学、社会法学和规范法学对这三种法律方法站在各自理论立场上的支持情形,但这绝不意味着经济分析法学、多元论法学就无以支持这三种法律方法。再如,法律发现这种法律方法,因为发现的场域不同,既可以在规范法学中获得理论灵感和支持,也可以在多元论法学中获得智识启迪和帮助。所以,在分别地考察不同法学流派对不同法律方法的理论支援关系后,进一步考察各不同法学流派与某一或某些法律方法的共同相关性,是深化、细化地研究诸法学流派与法律方法关系的另一重任务。

(3)也应当注意到,现代的各个法学流派乃是在较为充分的论战、商谈和对话中繁荣发展起来的,几乎每一个有影响的现代法学流派的成长,都伴随着激烈的学术论争甚至实践论争。尽管这些论争并没有弥合、更没有消除不同法学流派间的分歧,但其对各流派间共识的增进却是毫无疑问的。经过这样的论辩,价值法学也不再凌空蹈虚,而寻求一种有关价值的"实证";社会法学也不再仅仅关注事实,而更加关注"制度性事实";①规范法学也不再自我封闭,而向事实、甚至向道德价值作适度的"开放"……法学研究中这种流派纷呈,但又在论战中相互吸收,甚至在某种意义上"融合"的情形,自然也对各不同法律方法的理论支援关系产生了影响。例如,通过德沃金的"阐释性概念",②人们不难发现他对法律解释这种最传统的法律方法不但在价值意义予以丰富,而且在规范

---

① 参见[美]麦考密克、[美]魏因贝格尔:《制度法论》,周叶谦译,中国政法大学出版社1994年版,第1~3页。

② 参见林立:《法学方法论与德沃金》,台北,学林文化事业有限公司2000年版,第5~8页。

意义上得到坚守。再如，通过哈特的“法律空缺结构”（又译为“法律的开放性结构”）[①]概念，人们不难看到一位坚守实在法至上、坚守规范“道义”的学者，却开放了足以让所有价值法学者、社会法学者都为之惊叹的领域，也开放了让法律家特别是法官创造法律——法官立法的实践领域，从而为法官造法或法律续造奠定规范法学意义上的理论基础。也是因为篇幅的限制，本文对之未能展开，但毫无疑问，它是研究法学流派对法律方法的理论支援时不得不关注的重大问题。

（4）在我国法学界，目前对法学流派的认知和分类，主要集中于英美法学家。在对现代法学流派的译介活动，特别是教学及教材中，抛除了英美法学家的法学流派介绍，似乎便空洞无物。虽然这种情形符合当代法学流派发展的基本事实，但并非英美法学就垄断了人类的法学研究，特别在法律方法问题上，欧陆，尤其是德国的法学和东亚，尤其是日本的法学颇值我们关注。到目前为止，如阿列克西、考夫曼等享誉世界的法学家，在我国的西方法学流派研究中尚未给其安顿一个合适的位置，因此，也会影响人们对法学流派对法律方法理论支援的进一步理解。笔者尽管也引述了他们的一些观点以说明问题，但对这些学者思想的全面把握还远远不够，因此，也很难深入。无论如何，随着近些年法学译事的深入和拓展，大大丰富了我国法学者对英美之外的法学学术的认识，特别是对德国法学的认识。这些因素加之我国作为一个实际上的“大陆法系”国家，更应引起我国法学家对英美之外法学，特别是欧陆法学的重视——而对这些国家法学学术对法律方法的理论支援问题，尤应重视——因为重视这些，对认识和解决我国当下司法中存在的严重问题，推动我国法学研究的创造，并进一步提供我国法律方法研究和运用的理论支援，或许能收到事半功倍的效果。

① 参见［英］哈特：《法律的概念》，许家馨等译，法律出版社2006年版，第119～131页。

作为第四规则的法律方法及其功能*

因为司法在国家法治和日常生活中越来越扮演着"戏曲冲突"的角色,因此,对司法理论、特别是有关司法(法律)方法的研究在我国也渐受关注。对法律方法作用、功能或意义之类的论述也不断涌现。[①] 但这些论述,都是把法律方法置于既定的规则体系中的结论。笔者拟在此中强调,法律方法不但是既有的国家规范体系的修补者,而且在一定意义上是和国家法律相提并论的司法的法律渊源。或以为,这种对法律方法的抬捧,是不是笔者作为一位钟情于法律方法研究的学者王婆卖瓜,自卖自夸?但笔者仍要强调,只有把法律方法置于司法的法律渊源中,并作为"第四规则"看待时,法律方法在司法中的独特功能才能进一步彰显。那么,究竟应如何理解法律方法作为"第四规则"的概念?并如何在此基础上进一步领会和理

---

* 发表于《政法论丛》2013 年第 6 期。

① 笔者在 CNKI 数据库检索的结果是:专论法律方法作用的文章有:葛洪义:《法律方法的性质与作用——兼论法律的结构及其客观性》,载《法律方法与法律思维》2005 年卷。专论法律方法意义的文章有:杨建军:《法律方法对构建和谐社会的意义》,载《山东社会科学》2007 年第 4 期;陈金钊:《法律方法的概念及其意义》,载《求是学刊》2008 年第 5 期;魏胜强:《拯救法治:法律方法对法治的意义初探》,载《西南政法大学学报》2009 年第 2 期;周永坤:《法律方法的法本体意义》,载《甘肃社会科学》2010 年第 4 期;胡玉鸿:《法律方法及其在实现司法公正中的意义》,载《中山大学学报》(社会科学版)2011 年第 5 期等。

解法律方法的功能①？

一、法律方法作为“第四规则”

在法律渊源的理论和实践中，人们普遍认为能作为司法法渊的规则，除了法律，还有习惯和学理。众所周知，这是受了《瑞士民法典》、我国台湾地区“民法典”等现代法律的影响所致。② 这种有关法源的规定，最大限度地穷尽了立法作为人类智慧的伸展向度，避免了对国家法律的过度依赖所带来的种种困境，特别是当法律空缺时所带来的困境。即使如此，上述三类规则——法律、习惯和学理，在司法中仍不能解决案件事实和规则的“无缝对接”问题。两者有效且有力的对接方式，乃是法官以法律解释为中心而运用的法律方法。③ 没有法律方法，法官裁判中案件事实和法律规定间的对接往往是粗糙的、论证也只能是简单的。

正因如此，笔者把法律方法作为司法中法官理应掌握的第四规则，即法官要裁判案件，除了须掌握法律、习惯及相关法律学说之外，还须掌握如何把法律规定运用于案件事实的法律方法。换言之，法官需要在没有法律规定也没有值得信赖的习惯和学理时，必须掌握作出裁判的法律方法和独门技巧。人们习以为常地把法律方法称为法律技巧、手段或方法，而笔者更愿意把它纳入规则体系中，从而强调它在司法中的规范效应。④ 可见，把法律方法作为第四规则，须掌握几个要点：

(1)法律方法是规则。法律方法作为规则，是指每种不同的法律方法，都只能针对特定的、给定的案件事实和法律规定以解决案件。因此，对这些特定的或给定的案件事实及其法律规定而言，法律方法也具有规范性，从而属于规则范畴。譬如，针对法律在字面意义上的模糊不明，运用法律解释方法就顺理成章，而运用法律发现的方法，则不但不伦不类，

---

① 本书中所涉及的法律解释、法律推理、法律论证、效力识别、利益衡量、事实替代、类推适用、法律发现和法律续造以及法律意义模糊、法律意义冲突、法律意义空缺等概念，均参见谢晖：《法律哲学》，湖南人民出版社2009年版。下文涉及相关概念，不再一一说明。

② 《瑞士民法典》第1条规定：“(1)凡本法在文字上或解释上有相应规定的任何法律问题，一律适用本法。(2)如本法没有可以适用的规定，法官应依据习惯法，无习惯法时，应依据他作为立法者所制定的规则裁判之。(3)于此情形，法官应遵循公认的学理与惯例。”；我国台湾地区“民法典”第1条也规定：“民事，法律所未规定者，依习惯；无习惯者，依法理。”

③ 法律解释毫无疑问是法律方法的核心，因之，人们通常把法律方法就误认为是法律解释。但在狭义上讲，法律解释只是法律方法的一种，法律方法作为一个体系，不是法律解释所能全部涵盖的。

④ 严格来说，法律规则和法律规范并不是同一的概念。前者是一个更为具象和特殊的概念，即适用于具体行为的特定规则；后者则是一个更为抽象和一般的概念，它是包含了法律各要素(如概念、原则、规则、政策等)的规范体系。本书在使用中对两者并未加严格区别。

而且对解决模糊不明无以发挥必要的规范功能。再如,针对法律规定内容的冲突,首先运用效力识别方法合情合理,但运用类推适用的方法,则只能此路不通。可见,只有当具有规范意义的不同法律方法能够恰如其分地运用于不同的案情和法律的对接中时,才能收到法律方法的规范效果。这也从一个侧面说明,法律方法并不是法官不顾案情、罔顾法律而自由地运用的技术手段,而是法官针对不同案情及其适用的法律状况,有的放矢地运用的技术手段。这已然表明法律方法在法官司法中的规则属性。

法律方法不仅是法官裁判案件的思维路径和方式,从而不仅是普通意义上的规则,而且一旦不可避免地被运用到司法中,就是具有法律效力的规则。法律方法和司法必须面对的其他规则一样,具有法律效力。不过,诸如法律、习惯和学理作为司法的三类规则,其效力来自法律的授权,而法律方法作为司法的第四规则,其效力主要来源于实践需要,也来自法官在裁判案件中如何把主观判断转化为可接受的客观裁判的客观情势。

把法律方法作为第四规则,前文已经言明,即它是和法律、习惯、学理相对应的法官裁判案件的规范指导。不过,它作为第四规则,主要不是在规范效力的逻辑序列上讲的,而是在规范本身意义上讲的。因为法律方法作为规则,可以分别与法律、习惯和学理共同适用,并且通常情况下,法律方法很少离开法律、习惯或学理而单独适用。可见,法律方法作为第四规则,超越了上述法律渊源的效力掣肘,从而可通用于不同的法律渊源中。

或以为,法律方法在实质上也是一种学理,为何不把它放在法律渊源的"第三规则"——学理中看待,而一定要专门作为"第四规则"来对待?尽管这种看法有一定的道理,但作为"第三规则"的学理,所针对的要么是学者就具体案件的实体性问题及其所适用的规则所作的解释;要么是学者对法律在精神价值层面或原则层面所作的阐述。而作为"第四规则"的法律方法却针对的是程序性问题和技术性问题,它更具有一般性的特征,也具有对司法活动的直接技术指导特征。因此,把它单列为法律渊源的第四规则,和把其他学理主张作为第三规则看待之间不存在张力或冲突。

又或以为,在司法中法律方法作为规则,和法律、习惯、学理作为规则不是在一个层面上的问题,后者是法定的在裁判中根据不同案件必须遵守或运用的规则,而前者是司法中由法官自我掌握、自由裁断的规则,因此,不能相提并论。乍看之下,这一说法不无道理,但当人们了解任何案件的裁判,都需依赖于法官的法律方法,法官不掌握并运用法律方法,案件的裁判就难以为继时,强调法律方法作为司法裁判的第四规则,不但有必要，而且很重要。当然，法律方法作为司法的第四规则，其运用特征显然不同于作为法渊的其他规则。这是笔者要在下文中将继续展开论述的问题。

(2)法律方法作为第四规则的运用特征：法律方法的运用，并非像其他法律渊源的运用那样遵循效力先后之间的规定：只有在法律规定不足时，才能运用习惯；只有法律规定和习惯都不足时，才能启动学理的司法适用。法律方法的运用可分为三种情形：

一是无条件地适用的法律方法，即法律方法在司法中具有日常性。无论一例案件是日常普通的，还是疑难复杂的，只要有案件的裁判工作，就有法律方法的运用。只要把案件事实代入法律规定中去，就需要对他们的衔接和关联予以解释。显然，法律方法的日常运用对法官而言，是自然而然，无须刻意的。这里的法律方法，几乎与法律思维具有同样的意义：只要从事法官裁判的工作，必须娴熟地运用一定手段、技巧或方法，把案件事实和法律规范对接起来。

二是附条件适用的法律方法。无论哪种法律方法，都可以附条件适用。但是，有些法律方法既可附条件适用，也可无条件适用。例如，法律解释就是典型。它在法官处理任何案件时都需要用到，因为对案件事实和法律规定之间对接的说明，本身就是无条件的。同时，当法律规范的意义出现模糊不明时，它也会因这一条件的出现而对法律规范作出字面意义或其他意义上的解释。这就是法律解释附条件的适用。还有些法律方法，只能是附条件的法律方法，即只有一定的条件具备时，法官才能启动该法律方法的运用；否则，该法律方法只能是备而不用的。例如，“事实替代”方法只有在法律规定与其所调整的社会事实间出现南辕北辙的情形时，才可适用；再如效力识别方法，只有当既有的法律出现意义冲突时才能适用等。显然，附条件适用的法律方法更具有效力意义上“第四规则”的属性。

三是法律方法的混合适用，即在案件事实和法律规定对接的过程中，法官不仅机械地适用某一种法律方法，而且会把不同的法律方法有机地运用于同一案件。这既是法律方法的复杂适用，也是其有机适用。对此，笔者曾有专论，[①]故不赘述。

(3)法律方法作为规则的客观性。所谓客观性，是指法律方法具有技术和内容上的确定性或明确性，因此，是法官可以学习并被不同的人所掌握的。法律方法作为第四规则，无论在技术层面还是在适用层面，

---

① 谢晖：《论司法方法的复杂适用》，载《法律科学》2012年第6期。

都具有客观属性。分述如下：

在技术层面讲，法律方法的客观性体现为它具有可操作性。所有的方法，都贵在具有可操作性，即人们运用该种方法可直达事先所设定的目的，法律方法也是如此。在法理学领域，法律方法不是抽象的价值设定，也不是伸缩性较强的概念体系，而毋宁是可操作性极强的技术手段。每种法律方法在单独适用时，都具有严格的适用条件；在复杂适用时，需要厘清不同法律方法间可能交叠地复杂适用的前提和具体情形；面对同类型的法律问题，在相关的法律方法中，其适用的先后顺序也须遵循一定的程序作出。例如，面对法律的意义冲突，首先需要运用的方法是看冲突的法律间有没有效力位阶的差异，如有，则运用效力识别方法；如没有，再进入下一程序，结合纠纷中的法益大小进行利益衡量……

在实用层面上讲，法律方法的客观性体现为它对实际解决具体案件的规范上。无论面对简单案件还是复杂疑难案件，法律方法一出场，可以事半功倍地帮助法官破解案件事实和法律规定之间的对接难题。特别是在复杂疑难案件中，当案件事实和法律规定直接表现为冲突症状时，法律方法的运用可以让这些症状迎刃而解。例如，当法律规定空缺时，运用类推适用可以解决法律有类似规定，但没有直接规定的问题；再如，运用利益衡量，可以解决在法律意义出现冲突且法律效力处于水平状态时的相关问题。可见，法律方法的可操作性也取决于其具有规范性，取决于其客观的方法立场和技术手段。

由于法律方法的如上客观性，在一定意义上，让不可避免地存在的法律病症得以救治，使病态的法律能够恢复到健康状态。因之，运用它乃是对法官面对法律模糊、冲突或漏洞时可能存在的主观恣意的有效限制措施，同时也是对法官发挥其裁判能动性的必要保障机制。

（4）法律方法作为规则的能动性。司法活动既是法官严格遵循规则以适用于案件事实的活动，同时也是法官以裁判主体身份在案件事实和法律规定间目光流盼、牵肠挂肚、思前想后的能动性活动。所以，从来的司法活动，绝不是法官作为“自动售货机”[①]而输入案件，输出裁判。即使在绝对的严格规则模式下，法官不是也不可能是完全受役于法律的工

① 在学术史上，不少学者主张司法和法官就像自动售货机那样，输入案情，输出裁判（对这一主张的相关考证，参见谢晖：《大、小传统的沟通理性》，中国政法大学出版社2011年版，第313页，注1）。显然，这是对法律本身的规范能力过分自信的产物。这种自信恰恰违背了法律作为人类理性的有限性，不当地抬高了立法建构理性的地位，贬抑了司法的职能和经验效能。特别是在大陆法系国家，此情尤甚。英美法系国家实施判例法的经验，恰是对大陆法系国家过分张扬这种立法建构理性的一种有效纠偏措施。

具，反之，案件事实和法律对接，本身预示着预设样态的规则和实践样态的案情在对接时给法官的主观能动性留下的用武之地。更不用说法官面对的法律，本身具有不可避免的意义模糊、冲突及空缺等情形。可见，司法活动的能动性具有无可疑义的合法性。

然而，司法活动的能动性并非对法官的放任。能动性必须是有规范的能动性，或者是受规范保障和制约的能动性。在此意义上，法律方法既提供给法官能动性得以发挥的保障，同时也给法官的能动行为[①]以一定的制约。换言之，法律方法作为规范，事实上既给法官的能动行为以权利赋予和保障，也对其作出义务规定和制约。这样，法律方法作为第四规则可以更好地作用于司法活动，使法官以法律适用者和守护者的双重形象作用于案件事实的裁判。

特别面对疑难案件及其所对应的法律，如果法官满足于扮演自动售货机的角色，则只能束手无策。其结果要么是葫芦僧判葫芦案，纯粹瞎判；要么是能拖则拖、能绕则绕，放弃不得拒绝裁判的义务。但是，要让法官胜任愉快地解决这样的案件，又不能让法官发挥其能动性，只能是既要马儿跑得快，又要马儿不吃草，从而遏制司法对社会的责任——消极裁判就是司法怠责。可见，前述法律方法对法官的功能，能够有效克服司法过分的严格规则要求所带来的弊端，给司法活动提供必要可靠的能动授权和责任制约。

如上对法律方法作为第四规则的论述，已经在一定意义上预示着法律方法对于法律和法治的独特作用和功能。具体来说，笔者认为法律方法对法律和法治的功能可以总结为守成、外溢、内卷和补漏四个方面。下文笔者将对此进行详细的论述。

二、法律方法的守成功能

所谓法律方法的守成功能，是指它对于法律原旨的恪守和维护功能。倘若把法律不但视为一种行为方式，而且视为一种教化或教义，[②]那

---

① 这里的法官能动行为不是指司法能动主义视角的能动（参见[美]克里斯托弗·沃尔夫：《司法能动主义——自由的保障还是安全的威胁?》，黄金荣译，中国政法大学出版社2004年版），而是指哲学上主观能动视角的能动性。

② 在世俗法律中，我们知道，秦始皇就曾采纳李斯的建议，强调“以法为教”，把法律作为世俗社会教化的基本手段。事实上，现代法治国家所谓的公民教育，其本质不过是对公民权利和义务的教育。而在宗教法律中，所谓宗教的教化，除了纯粹心灵信仰层面的教化之外，更重要的是行为层面的教化。即使对心灵信仰层面的教化，也要纳入主体交往行为层面予以具体地解决。因此，律法即教义。可见，要坚持所谓法治，就不可避免地会涉及“以法为教”，并把法律作为教义看待的问题。

么,所有的法律方法,总是要围绕法律之教义而展开。法律方法的守成功能,更是如此。它强调对所有法律方法的运用,都需要围绕法律的一般宗旨而展开。公然背反法律的宗旨而另起炉灶,不能谓之法律方法,而宁可说是解构法律的方法。在现实中,只要某一文本或教义陷入解释的纷争中,就必然意味着在本质上它是一种教旨之争。尤其在独断性解释①中,一旦陷入解释纷争,就更是如此。

所有教旨之争,都强调自己的解释更符合教义或原旨,即都期望携原旨而为其解释的合法性获得辩护。但我们知道,在原旨白纸黑字、大白天下时,无须解释,只须运用。问题恰恰在于原旨未必一定是白纸黑字、大白于天下的。现实情况经常是或因文意模糊或因时过境迁或因解释者意欲,所谓原旨本身是个言人人殊的问题,因而符合原旨的解释,大体上是解释者的标榜,而并非解释的结果或事实就一定符合原旨。

尽管如此,对法律这样的权威性行为规范而言,如果采行放任性解释,则法律构造秩序的职能会大打折扣,甚至法律不但不是秩序的缔造者,反而是秩序的解构者和破坏者。因此,一方面,所有的司法活动、执法活动,乃至公民的日常交往活动都须围绕着法律的基本精神和规范而展开;另一方面,当法律本身出现问题或者当法律规定和社会事实间出现冲突时,借助法律方法尽量地把这些问题或冲突纳入法律的精神宗旨与具体规定中,就是法律方法理应肩负的基本功能。这一功能即对法律的守成功能,这也意味着对法律的解释,特别是所谓有权解释,只能是独断型解释,而不能是放任型解释或探究型解释。

法律方法的守成功能,具体地表现于两个层面:

第一个层面是所有的法律方法,其基本功能都是对法律原则和规则的守成。在法律方法运用的实践中,有时候会产生某种误解:似乎有些法律方法是对法律具体规定的背反。譬如,法官的法律续造或者法官以事实的规定性替代法律等方法,自表面看去,都是对法律规定本来面目的否定。但应注意的是,即便是这一类的法律方法,在本质上都需要围绕着法律的原则和精神而展开,背反相关原则和精神,不但无助于对法律的守成,反而会因为与法律精神南辕北辙而不具有法律效力。进言之,这一类法律方法的运用,乃是法律内部本身出现问

---

① 解释学把解释活动分为独断性解释和探究型性解释两类,此种解释学类型的划分较早可追溯到斯宾诺莎(参见[荷]斯宾诺莎:《神学政治学》,温锡增译,商务印书馆1996年版,第111页)。

题或存在不足的需要。它们的运用，不但不是对法律一般规定性的否定，或者违背法律守成的精神，反而是通过这些技术手段修补法律的不足和问题，从而为法律守成提供更好的条件和可能。如面对死刑犯生育权请求的诉讼，①众所周知，这是我国现行法律尚没有规定的问题，属于法律漏洞问题。对此，倘若法官裁判或支持或否定当事人的诉讼请求，都可以形成较为经典的“指导性案例”。正因如此，这样的裁判事实上可以起到法官续造法律的作用。显而易见，这样的法律续造对于本来有缺陷的法律而言，只能视为是对它的守成性补充，而不是对它的离经叛道。

值得指出的是，随着我国社会转型的急速发展，也随着科技发展所带来的日新月异的新型社会关系的出现，既有的法律对新型社会关系的调整常常会捉襟见肘。这时究竟要采取大陆法系模式事无巨细地制定成文法，即以成文法的方式圆润、守成法律体系，还是借鉴我国古代“混合法”②的经验，尤其是借鉴近代英美判例法的经验，通过判例法的方式予以救济，是特别值得法学界乃至政治家认真思考的问题。人们通常囿于立法模式更有益于体现人民主权一类的意识形态考量，更愿意接受通过公民选出的代表，并再由代表组成的人民代表大会制定法律，而不愿意接受由精英组成并实施的司法制定法律，哪怕是补充性的法律。在笔者看来，不如赋予具有职业特点的法官精英通过判例的方式对法律存在的模糊、冲突、特别是漏洞进行澄清、消解和补充，既可以有效地节约立法成本，也可以让司法产出更高的效益，还可以使法律更贴近生活，贴近案件的事实，即通过司法及其法律方法的运用，更加圆润法律、守成法律并让法律贴近于人们的日常生活。

可见，只要是法律方法，都不是以背离法律的宗旨为目的的，反而是以维护法律宗旨为目的的。这是一切法律方法的基本功能、前提功能和基础功能。

第二个层面是一些具体的法律方法，更直接地、特别地以追求对法律和法治的守成为使命。例如，文义解释就是典型。文义解释既是法律解释的基本功夫，也是其他法律方法每每需要借助，并进而展开这些法律方法的前提。因此，文义解释在法律方法中具有基础性地位。就其功

---

① 我国浙江省就曾有当事人提起过相关诉讼（参见莫纪宏：《死刑犯能享有生育权吗？》，载《北京青年报》2003 年 12 月 18 日，第 8 版），遗憾的是法院并未就相关请求作出司法裁判。

② 关于我国古代“混合法”的论述，参见武树臣：《中国“混合法“引论》，载《河北法学》2010 年第 2 期。

能而言，文义解释主要倾向于遵循法律文字中所表达的原旨——立法者的立法意图进行解释，这正是文义解释能够更好地发挥对法律之守成功能的缘由所在。

当然，即便是文义解释，也存在一个解释者究竟是站在文本立场、作者（立法者）立场还是读者（法律运用者）立场进行解释的问题，并且可以肯定，三种立场下的解释尽管都会声称是遵循法律的原意、宗旨、精神或本意，但解释的结果常常会大相径庭。[①] 这种情形，容易导致对文义解释是有效地守成法律宗旨这一结论的怀疑。在此须说明的是，文义解释尽管会实现具体地守成法律的功能，但这绝不意味着相关解释活动就是抛开了解释者自我存在的"六经注我"，而是解释者参与其中的"我注六经"——解释者是带有前见的创造性解释活动。既然是"我注六经"，就必然意味着解释者以主体身份在从事解释活动，从而解释者的活动，并非紧随法律亦步亦趋，而是一个规范知识的积累过程。在这个意义上讲，解释者在程序上是被动的，但解释的过程和结果并不是被动的。一定要强调解释者被动地遵循法律进行解释，才算是对法律的守成，那其实也就取消了解释。

不仅如此，而且众所周知，在法律解释中既有平义解释——根据法律文本客观呈现的字面意义进行解释，也有限缩解释——限缩法律规范的意义范围和射程，还有扩张解释、目的解释、历史解释、比较解释——它们大体上都是扩展法律规范的意义范围和射程。这些具体的解释方法，客观上赋予解释者能动的解释权利，不但使法律解释呈现"只要有理解，理解便会有不同"这样一种效果，而且这些解释方法本身就要求解释者的解释具有一定的创造性和开拓性。如果法律解释没有任何创造性和开拓性，那么，就意味着有解释活动和没有解释活动并无实质不同，更是对扩展法律规范之意义和射程要求的法律解释之否定。

但这样一来，问题也就出来了："我注六经"也罢，"创造性解释"也罢，"扩展法律的意义范围和射程"也罢，不明显地是对法律原旨的超越吗？它们还能算是对法律的守成吗？笔者认为，这个问题是极为重要的，它逼迫笔者不得不返回到对"守成"功能的再解释、再反思中。法律守成尽管是对法律原旨的恪守和维护，但它并不意味着原封不动地对待法律，而必须把法律代入动态的运用过程中去对待。因为这后一种理念，甚至生成了两类在动态中对待法律的模式，即大陆法系对成文法的

---

① 参见谢晖：《法律的意义追问——诠释学视野中的法哲学》，商务印书馆2003年版，第176～246页。

法律解释模式和英美法系的判例法模式。这两种模式的共同特点都使法律处于动态的增量中，而不是静态的衡量中。也正因为如此，法律才能不断适应对社会关系的调整以及由此出发的对社会秩序的组织和规范。

但是，这仍然没有令人信服地回答相关行为是守成法律的结论。因此，需要继续强调的是：法律守成不是，或主要不是指对法律在规范内容（包括原则、规则、政策）方面的恪守，更指在法律调整中，是否完成了法律目的所设定的相关任务。只要法律解释（无论是成文法的解释，还是判例法的解释）能够更好地完成法律所承担的调整社会关系、组织社会交往、构建和谐秩序的目的和任务，那么，即便法律解释在内容上和当下法律出入再大，也是对法律的守成；反之，如果法律解释尽管亦步亦趋于既有法律，可结果不但未更好地促成法律使命的完成，反而因此使社会关系更加混乱、主体交往更加无序，那么，它不仅没有守成法律，反而在败坏法律。

这样看来，文义解释是否增益于法律调整的效果，势必也是衡量其是否守成的重要方面，甚至是更重要的方面。因为毕竟法律作为社会调控的工具或技术，其目的是"善其事"，而不是摆放中庭、供人观赏的陈设。在此视角上理解文义解释对法律守成的功能，上述种种质疑就会自动释疑、迎刃而解。

以法律守成为直接使命的法律方法，除了文义解释外，还有法律推理——当法律和事实遭遇而出现法律的意义模糊时，以法律规定为逻辑大前提进行推理；效力识别——当法律出现意义冲突后直接在法律内部寻求解决的方式、根据；类推适用——当法律出现意义空缺时，把法律未曾规范的社会事实纳入法律的调整领域。凡此种种，都说明这些法律方法直接以守成法律为使命，换言之，其直接功能就是对法律原旨的守成，是在尽量不增加法律规范内容的前提下解决法律纠纷和问题——即使在这里不可避免地会存在对法律调整内容或范围的增减，但只要这种增减有利于法律更好地构造秩序，就可以断定是对法律原旨的守成。

三、法律方法的外溢功能

法律方法的外溢功能，是指借助一定的法律方法不但可以拓展法律的调整和适用领域，而且可以进一步扩张法律规范本身。严格来说，法律方法外溢功能与下述几种功能一样，按照上述对法律方法守成功能的界定，都是其守成功能的具体表现形式。不过，毕竟这里的外溢功能及下述的内卷功能和补漏功能，具有独特的守成价值，或者与一般所谓守成还有区别,因此,笔者将继续结合不同的法律方法,探讨法律方法对法律和法治的这些具体功能。法律方法对法律的外溢功能,或取决于法律对其调整对象设定了限制,而法律的实践或当事人的诉讼请求又打破了法律对其调整对象的画地为牢,从而出现所谓法律“调整不够”的情形;或取决于法律虽然设定了其调整对象,但其客观上又不能调整这些对象,从而出现所谓法律“调整不能”的情形。

首先,看法律“调整不够”与法律方法对法律和法治的外溢功能。尽管人们可以想象法律的调整是涉及人类交往行为的一切领域、一切方面的,甚至可以想象法律不但调整人们的交往行为,而且可以通过对权利的赋予和“认真对待”,调整人们的思想。① 但是,实践中法律对调整对象的设定,并不是也不可能包罗万象、事无巨细地调整人们交往行为的一切领域;反之,法律适度地给社会道德、宗教、纪律、习俗、政策等规范开放一定的空间,使多种规范齐头并进地调整社会关系,或许更能收到良好的调整效果。所以,在法律的字面意义上,无论法律义务还是法律权利的明确规定,都是有限的。实践中,更为广泛的权利是在法律之外推定的;实践中更为多样的义务则是由其他规范设定的。

或以为,法律之外的权利推定仍是法律授权的结果;法律之外的义务设定,人们可以服从,也可以不服从。但事实上,如果按严格规则模式的法治观念来衡量,则推定权利也罢,其他规范设定的义务也罢,都不是法律直接调整的对象。其他规范的义务设定,只要公民予以遵守和服从,且没有违背法定义务,可视为公民对权利的具体行使方式,即公民在行为中自我选择了义务。显然,这一选择从法律的视角来看,仍属于权利范畴:有选择,就有权利。

那么,法律如何能对上述推定权利和其他规范设定的义务进行调整,这就需要通过法律方法的外溢功能,使不具有直接法律意义的事实转换为具有法律意义的事实。譬如,我国有人向法院提出了祭奠权诉讼,②众所周知,这是一项没有直接法律根据的权利,但无论在习俗上还是道德上,这都是一项颇受重视的权利,甚至是与当事人的心理义务密

---

① 马克思曾强调:“对于法律来说,除了我的行为以外,我是根本不存在的,我根本不是法律的对象。”[《马克思恩格斯全集》(第1卷),人民出版社1956年版,第16~17页。]其实这种观念是建立在法律义务唯一论立场上的一种结论。如果把权利引入法律领域,并认真对待之,毫无疑问,我们也可以说思想也是法律调整——保护性调整或“放任性调整”——的领域(参见谢晖:《法理学》,北京师范大学出版社2010年版,第200~205页)。

② 相关案情,参见中央电视台《今日说法》栏目“说法周刊”2007年3月3日报道,载http://www.cctv.com/program/lawtoday/20070329/102755.shtml,2013年7月14日访问。

不可分的权利。面对祭奠权被侵犯的社会事实和主体的相关诉求，法院不能以法律无明文规定为借口拒绝受理、拒绝裁判，反之，法院理应积极受理，并认真对待这类在诉讼视角看明显属于"新型权利"①的诉讼请求，以通过司法扩展法律对社会秩序的更进一步的保障和维护。

然而，毕竟类似的权利请求在法律上找不到根据，这时，法官必须依赖法律方法，寻求处理相关案件的路径依赖。这里的法律方法就是法律发现。法律发现这个概念既可以是在法律内部发现适用于当下案件的根据，即法律的内部发现，但它能否构成一种值得关注的法律方法？还须考量。笔者认为，这是法官的基本技能，无须纳入法律方法体系论述之——即使一个国家的法律再复杂，也没有必要。也可以是在法律外部发现适用于当下案情的规则，即法律的外部发现，如法官面对祭奠权诉求，在法律内找不到裁判的根据时，可以直接借助习俗（民间法）或社会基本道义的规定进行裁判。显然，这种法律方法的运用，使法律外溢到对民间习俗和社会道德的调整上。对于双方当事人而言，法律的裁判让他们把民俗和道德的内容转化为法律的权利和义务，即法律规范得以扩张。倘这样的裁判一旦升华为指导性案例或判例法，则意味着法律外溢到对民俗和社会道德的调整上来，法律规范自身也借司法得以有效地扩张。

行文至此，笔者不得不提及这两天普遍受关注的曾某杰非法集资死刑执行案。案犯之女呼吁"父亲昨日上午被执行枪决，到现在都没有官方通知，连最后一面都没见到，剥夺临终告别权，这合情吗？"而长沙市中级人民法院的微博却对此回应道："法律没有明文规定，对犯人执行死刑时，犯人必须跟亲人见面。"②抛开情感不说，单从理性或严格法治视角观察，法院的说法并无大错。因为最高人民法院《关于适用〈中华人民共和国刑事诉讼法〉的解释》所规定的仅仅是罪犯或其近亲属双方或一方提出要求，法院才予以安排，因此，见面不是"必须"的。但是，问题是法院的这一解释是否合情合理？笔者认为，法院的解释本身忽略了一项我国自古以来即流行的习惯权利和道德权利，这就是曾女所说的"临终告别权"。如果法院能够借助法律发现这一法律方法，把法律的

① 近年来，有关新型权利的诉讼请求愈益增多，如本文中提到的死刑犯的生育权请求、祭奠权请求以及实践中出现的临终告别权请求、吉祥结婚权请求、悲伤悼念权请求、安乐死权利请求和变性权请求等。

② 参见 http://weibo.com/p/1005051710763511/weibo?from=page_100505_home&wvr=5.1&mod=weibomore#place，2013 年 7 月 14 日访问。

适用外溢到上述习惯权利和道德权利领域，就不会造成今天这样左支右绌的尴尬局面。①

其次，再看法律“调整不能”与法律方法对法律和法治的外溢功能。所谓法律的“调整不能”，是指法律规定和它所欲调整的社会关系之间或南辕北辙或格格不入的情形。要让法律能够顺利地调整社会关系，法律的制定必须遵从两个方面的规定性：一是遵从社会关系的规定性。法律一旦违背社会关系的规定性，其不但无益于对它的调整，反而会破坏正常的社会关系和主体的正常交往。二是遵从主体需要的客观规定性。一切法律归根结底是人们需要的产物，现代法律更强调对人们普遍需要的规范保护；否则，法律只要走向人们需要的反面，则必然意味着人们对法律的不服从甚至反抗。所以，法律的“调整不能”具体发生于如下三种情形：

一是法律的盲目冒进。法律的制定本来是要调整社会关系的，但法律的制定一旦违反了社会关系的规定性，就让法律进入盲目的境地，从而虽然在表面上看，相关领域有法律的规定，但在实质上讲，法律所规定的内容与它所要调整的社会关系间没有关联，甚至背道而驰。例如，当年通过类似法令的方式在广大农村地区推行的“公共食堂”制度，为了一个盲目的“一大二公”的目标，不惜严重地违背人们消费行为的私人性质，结果导致食堂分配的严重不公和公民消费的苦乐不均。遏制了人的积极性，催化了人们面对公共食堂的投机心理。把一切权力属于人民事实上变形为使一切权力属于集体。“合作社”制度、“人民公社”制度、“计划经济”制度、“革命委员会”制度等，其之所以引发一系列国民不愿回首的灾难，原因就在于相关法令的过于盲目：在一个相关条件根本没有或完全不具备的国度强制地实施一套近乎空想的法律。

二是法律的狂妄自大。法律的狂妄自大和盲目冒进之间具有一定的关联。但是，法律的盲目冒进主要立基于“立”，即在根本不具有条件的时间和地点强制地推行一套标新立异的法律规定。而法律的狂妄自

---

① 长沙市中级人民法院的上述微博发出后，因网民的讨伐，很快便删除，接着又解释说行刑前，法官曾告知案犯相关权利，案犯没提出会见家属的要求；后来于2013年7月13日晚上8时又强调：“今天由于微博管理人员对刑事法律学习钻研不够，想当然办事，面对网上舆论不淡定，导致发出了一条错误信息并在领导发现后删除。我们对一线工作人员提出了严厉批评。特此向网友和公众道歉。今后工作中我们将要求编发信息的人员加强学习，不再犯类似错误。欢迎继续监督。”(参见http://news.hexun.com/2013-07-15/156144540.html?fromtool=roll,2013年7月14日访问)可2013年7月14日上午11时当笔者再查阅该微博时，整个微博内容已全部删除。(参见http://e.weibo.com/1975687852/map,2013年7月14日访问。)

大则立基于“破”，即立法者不惜一反公民长期以来形成的习惯和需求，而期望通过法律强行地改造社会、改变社会，从而使社会决定法律的命题发生倒转——法律决定社会、构造社会或者改变社会。

法律与社会之间究竟是何种关系，公认为是社会决定法律、法律适应社会。但是，对这样的结论，学术界也有不同的看法。有些人强调法律对社会的形塑功能和改造功能，但有些人坚持社会对法律的决定作用。① 笔者认为，社会决定法律也罢，经济决定法律也罢，都是一些终极性的结论，即在最终意义上的结论。也就是说，在最终意义上是社会和经济决定法律，而不是相反，由法律决定社会和经济。但是这种一般性的结论，并不能说明在过程中，法律对社会和经济的深刻规范效应和形塑功能。② 这一点，只要仔细研究一下自宋明以来出自我国文人的几部“乡约”对于中国、朝鲜以及越南等国家的深刻影响，③就不难获知；也只要认真研究一下宗教教法，如《圣经》《古兰经》等对信众及其交往方式的深刻影响，就不难领会。在这个意义上讲，法律塑造社会、改变文化并创造着人的面貌和精神。

然而，必须强调的是，能够塑造社会、改变文化并创造着人的面貌和精神的法律，必须是建立在人的需要基础上的法律。那种为了“破四旧、立四新”而刻意与人类一般需求作战的法律，归根结底不但无以塑造社会、改变文化并创造人的面貌和精神，反而最终会被人们无情地抛弃。在这方面，我国早年强行的“腊月三十不停工，正月初一照样干”，前些年在全国各地一股风般地制定的烟花爆竹“禁放令”以及这些规定的最终失效，就是典型的例证。

三是法律的明显滞后，即法律调整的社会关系已经完全发生变化了，法律仍原封不动，从而脱离社会发展的实际。这样，原先尚能够和其调整目的相勾连和衔接的法律规定，就因社会关系的发展出现了脱节，从而导致法律的“调整不能”，如当一国公民的参政议政能力、意识、要求已经有了长足进步的情形下，仍然推行实际上的代表荐举制度，显然不能令选民满意，也无以适应对变化了的社会关系的调整。社会因此呈现的乱象严重威胁其和谐与安全。

---

① 参见[法]米歇尔·克罗齐耶：《法令不能改变社会》，张月译，格致出版社、上海人民出版社 2008 年版。

② 笔者的相关具体论述，参见谢晖：《价值重建与规范选择——中国法制现代化沉思》，山东人民出版社 1998 年版，第 122～142 页。

③ 参见谢晖等主编：《民间法》（第 3 卷），山东人民出版社 2004 年版，第 462 页。

那么，上述法律“调整不能”的情形和法律方法的外溢功能之间是什么关系？笔者认为，在法律“调整不能”时，法官在办案中需要以社会关系的规定性取代现行的法律规定，这种法律方法笔者把它称为“事实替代”方法。这也意味着当法官以“事实替代”的方法裁判案件时，其实也把法律的调整从“调整不能”状态位移到“能够调整”状态。显然，这不仅是司法通过法律方法对法律调整位置的一种拨正，而且是法官借助这种法律方法的运用，使法律的调整功能得以外溢——虽然未扩大法律的调整范围，但矫正并改变了法律规范的内容。这种矫正和改变，实质上是借司法对法律规范的扩张和外溢（因原规范并未因此失效或废除）。

总之，通过法律方法的运用，对法律和法治的外溢功能，具体主要是由两种法律方法所推进的，即一是通过法律发现（专指法律的外部发现）方法；二是对法律的事实替代方法。其他法律方法，如法律解释、法律推理和法律论证，也可以辅助这两种法律方法推进法律和法治的外溢功能，限于篇幅，不再赘述。

四、法律方法的内卷功能

法律方法的内卷功能，则是指通过法律方法，对法律尚未调整的既有的社会事实或新生的社会事实，以及多元冲突的制度事实等结构于既有的法律中，从而受既有法律调整的功能。前文已述及，或因为法律预先设定的调整范围的限制，或因为随着时代的不断变化和变迁，会导致大量的社会事实和社会关系并不受法律的调整，从而游离于法律之外的情形。对此，可以通过专门立法的形式纳入法律调整的范围之中，也可以在司法中运用法律方法，把其结构于法律调整的范围之内。同时，在任何国家，法律作为制度事实本身不可避免地会出现冲突，而这种冲突更突出地体现法官在个案裁判时，对冲突的法律如何适用上。这也需要一定的法律方法来消除法律冲突带来的紧张，加固法律的效力。如上情形，笔者都归入法律方法的内卷功能之列。

行文至此，有读者或许会提出这样的问题：前述法律方法的外溢功能和这里法律方法的内卷功能，归根结底，都是把尚没有纳入法律调整范围的社会关系设法纳入之，成为法律调整的对象，从而在结果上并无实质的不同。在此情形下，别出心裁地进行外溢功能和内卷功能的区分有必要吗？这一问题确实是尖锐的，但笔者认为这种功能的划分仍然是必要的。

法律方法的外溢功能表明：面对法律尚未调整的社会关系，无论其是既有的社会关系还是新型的社会关系，都在目前的法律之内找不到予以调整的具体条文,但司法行为又不得拒绝对涉及相关社会关系的纠纷作出裁判。因此,相关的法律方法是外烁或外溢的。尽管其结果是把游离于法律之外的社会关系纳入法律调整的范围。而法律方法的内卷功能表明,面对游离于法律之外的社会关系,无论它是既有的社会关系还是新型的社会关系,相关法律方法都倾向于在现行的法律范围内寻求救济的规范和方案。所以,前者是通过法律方法把法律侵入社会关系和社会事实中;后者是通过法律方法把社会关系和社会事实纳入既有法律中。前者不但有时扩大法律的调整对象和范围,而且扩张了法律规范(判例法或判例);后者虽然扩大了法律的调整对象和范围,但并不扩张法律规范,而是保守既有的法律规范。

由此可见,司法中法律方法对法律和法治的这两种功能在路向上是完全不同的,因此,对它们在学理上的分别处理,绝非心血来潮、别出心裁,而是事实如此,不得不然。那么,进一步的问题是:究竟哪些法律方法及其运用更有利于实现法律方法功能之内卷?笔者认为,这些法律方法主要有类推适用、效力识别、利益衡量、法律推理和法律论证。

(1)类推适用是指法官运用法律中最相类似的条款来处理尚未被法律调整的既有社会关系或者新型社会关系。它是处理法律漏洞的一种重要的法律方法,同时,既然法官是按照最相类似的法律条文来处理相关法律关系,就意味着法官把相关社会关系结构于具体的已有的法律规定中,从而使该法律方法呈现功能明显内卷的特征。亦即,这种法律方法的运用,虽然可以扩张法律的调整对象和范围,但并没有扩大法律的规范内容。例如,某甲与某乙系邻居,某甲房子后墙的窗户正好对着某乙出入的大门,根据当地风俗,这可能对某乙带来不吉利,某乙要求某甲把窗户堵上或者在其他方位另开窗户,而某甲拒不接受。为此两造兴讼,某乙诉诸法院。① 针对相关的诉讼请求,法院一方面寻求类推方式予以解决;另一方面又运用法律发现的方法,寻求把民俗结构在法律之中,从而扩张法律的规范内容。显然,这是一例法律方法在运用中既发挥内卷功能,也发挥外溢功能的案例。后者在此暂且不论,笔者想在这里结合本节的内容,主要阐述前者。

需说明的是,这样的纠纷,在既有的国家法律上并没有明文规定。因此,它不是那种可以直接对应于既有的法律规定就可以解决的案件,

---

① 类似例证还有某家人为了“驱妖”,把“照妖镜”挂在其墙外,恰恰对着别家的窗户。被照的这家人提起诉讼,要求被告停止相关行为,并赔礼道歉。参见《“照妖镜”引发邻里诉讼风波》,载 http://news.163.com/10/0628/02/6A801K3600014AED.html,2013 年 7 月 14 日访问。

而是一例简单但疑难的案件。说其是简单案件,因为无论纠纷关系的主体、事实、情节、请求等都不复杂;说其是疑难,因为在法律上对这样的案件给不出现成的答案。因此,法官必须借法律方法寻求其他门道来解决之。一个现实可行的方法就是类推适用。那么法官究竟会选择何种最相类似的法条予以裁判?

法官选择了相邻关系的相关规定进行类推。毫无疑问,这是一例发生在邻居身上,且因为相邻关系而发生的诉讼。倘若被告不近邻原告,那么,任其如何开窗户,也轮不到原告就此诉诸法院的问题。恰恰因被告的窗户正对着原告的大门,因此,原告才以邻居身份进行起诉,要求停止对其不利的行为。显然,对此按照相邻关系进行类推,似合情合理,并无不妥。

但是,这里也面临问题。一般所指的相邻关系,其内容主要有采光权关系、通行权关系、排水权关系、通风权关系等。而本案中所涉及的相邻关系,却是和习俗相关,并具有一定迷信色彩的关系。尽管法律并未明确保护此种关系,但当当事人之间因此而出现纠纷,并诉诸法院后,法院对其按照相邻关系的相关规定作出类推处理,并按照习俗传统推定邻人之间的"风水权关系"并无不可,司法的类推和推定既合乎法律方法的要求,又支持了相关风俗。

可见,类推适用这种法律方法,就是当法律出现意义空缺(漏洞)时,法官优先在现有法律之内寻求案件的解决方案。因此,这一法律方法对法律的功能,明显是内卷的。

(2)效力识别这一法律方法,适用于法律意义冲突的场合,并且是当法律出现意义冲突时,法官所适用的第一顺位的法律方法。只有穷尽了这一方法适用的可能后,才能启用第二顺位和第三顺位的法律方法。具体说来,即当法官面对当下案情,发现可适用于当下案情的法律有多种,但相关法律所规定的内容完全不同(意义冲突)时,法官首选的法律方法,不是基于案情而进行利益衡量,然后再选择所适用的法律,更不是在法律之外直接寻求替代法律的方案,而是基于法律规定,再按照法律的效力位阶,寻求在效力识别基础上选择优先适用高位阶的法律,以消解法律的意义冲突。

法律的效力位阶关系,即法律的层级效力关系所涉及的方面和层次较多,但又是受过法科训练者必须掌握的法理常识,因此,这里无须赘言。

(3)利益衡量作为法律方法,也适用于法律意义冲突的场合,但它不同于效力识别的适用。效力识别适用于层级效力的法律之间出现的意义冲突，而利益衡量则适用于水平效力的法律之间出现的意义冲突。所谓水平效力的法律，是指法律效力处于同一级别。比如，《刑法》和《刑事诉讼法》、《民法》和《民事诉讼法》、《物权法》与《合同法》等，都作为基本法，具有同一级别的法律效力。在这样的法律之间出现冲突时，法官只能按照利益衡量的方法，坚持大法益优于小法益、公法益优于私法益等利益衡量的原则来裁判案件。

显然，利益衡量方法尽管首先基于案件事实中所涉及的利益的大小来有所选择地适用法律，但这种适用法律的方式仍然是在法律之内的选择，是在不扩张法律规范的前提下，进行“内涵挖掘”，而不是外延扩展，因此，其对法律的功能，依旧是内卷的，而不是外溢的。

(4)法律推理在这里首先指作为演绎推理的三段论。它作为法律方法的单独适用，乃是在案件事实和法律规定对接时，需要以法律规定作为逻辑大前提，以案件事实作为逻辑小前提，推出案件的裁判结果。一般说来，法律推理就是要解决或消除法律规定和案件事实遭遇时可能面临的意义模糊。但是，即使案件事实是之前法律未调整的社会关系或新产生的社会关系，当法官确定借助类推适用的方式解决相关案件时，仍需要在裁判中运用三段论的演绎推理，以说明裁判过程和理由。这时，法律推理坚守以法律规定为逻辑大前提，其实就是通过法律推理把案件事实内卷于法律的麾下。在此意义上，法律推理一般会获得对法律的内卷功能。

(5)而法律论证作为法官处理复杂案件和疑难案件的最重要的方法，它在本质上表现的是法官在处理案件时的推理争论和竞争，①即面对相关案件，合议庭中的法官各自出具一套推理方案，究竟选择哪种推理方案，这需要法官们经过认真的论辩或论证才能解决。这里需要探讨的是：一方面，尽管法律论证是多个法律推理的论辩和竞争，但在基本原理上，每位推理方案的提出者，仍遵循的是演绎推理的基本原则；另一方面，法律论证一般解决的是法律规定和复杂、疑难案情遭遇时的意义模糊问题，但当疑难案情是因为法律意义冲突或意义空缺（漏洞）而引起的时，法律论证就会和专门解决法律意义冲突、空缺的有关法律方法，如利益衡量、事实替代、法律发现等一起复杂地适用。这时，它会和法律推理一样，一般对法律发挥一种内卷的功能——因为它一般要仍引导法官选

---

① 学界对法律论证的观点可谓众多且观点不一（参见[德]罗伯特·阿列克西：《法律论证理论》，舒国滢译，中国法制出版社2002年版；焦宝乾：《法律论证导论》，山东人民出版社2006年版等）。笔者倾向于在推理竞争的视角看待法律论证，并由此区分法律推理和法律论证。

择既有的法律进行裁判。①

和法律方法的外溢功能相比较，法律方法的内卷功能对法律和法治而言，具有明显的优点，表现在：

首先，这种功能可以保障既有法律的安定性和优先性。法律的制定，就是给交往行为中的主体提供一种可预知的安定机制。只有法律保持安定，较少变动，才能让人们在可预期中保持心理的安定，并进而保障社会秩序的安定。所以，法律的安定性是任何寻求法律之治的国家必须关注的重大问题，也是法官作为法律的守护神理应坚守的义务。因为法律不安定，意味着法律丧失预期；法律丧失预期，意味着人心惶惶不安；人心惶惶不安，又意味着社会丧失秩序。由此足见法律方法内卷功能对法律安定性的作用及其延伸的价值。

其次，减少裁判成本。司法裁判不能不放弃对成本的考量，反之，它必须关注司法中的"数目字"问题，即成本问题。法律方法的外溢功能，必然让法官把目标盯着法律之外的其他社会规范，因之，对相关规范的调查、考证、核实、认定等都需要付出高昂的成本。但是，法律方法的内卷功能，却让法官能够在其驾轻就熟的法律内部寻求案件的解决方案，无论如何，这都可以省去法官调研的大笔经费，既减少有形的货币成本的浪费，又减少无形的法律成本的浪费。真可谓一举两得。

最后，减轻法官的论证义务。法官面对一例复杂、疑难案件，倘若选择在法律之外构造裁判规范，作出司法裁决，就必须肩负更大的论证义务。这不但对法官而言是一件耗时费工、劳心伤神的事，而且对法院权威、法律尊严而言，也是必须考量的重要问题。但是，法官面对一例复杂、疑难案件，倘若选择在法律之内构造裁判规范，尽管法官也免不了论证义务，但这样的论证对法官而言轻车熟路。在法官普遍满负荷运转的情形下，至少可以节约更多的时间成本，使其把主要精力投注到对其他案件的关注上。

正因为如上优点，因此，关注法律方法的内卷功能，或者关注对具有内卷功能的法律方法的运用，对于法官而言理应是优先选项——尽管究竟选择运用何种法律方法，仍然只能根据案情和法律遭遇时的具体关系

① 如上笔者之所以强调法律推理和法律论证对法律内卷功能的"一般"性，是因为在实践中，这两种方法也可以和具有法律外溢功能的法律方法结合使用。这时，法律推理和论证作为法律方法，对法律而言又发挥着外溢功能。所以，法律解释、推理和论证诸方法，究竟对法律发挥内卷功能还是外溢功能，不能一概而论，还需要和它们的具体运用相结合。为节省文字，前节省略了对法律推理、论证的外溢功能的论述；这两节都省略了对法律解释内卷功能或外溢功能的论述。

而决定。

五、法律方法的补漏功能

法律方法的补漏功能，一言以蔽之是指法官借助法律方法以填补法律的漏洞。众所周知，法律作为人的理性不可能是完美无缺的，反而必然是有缺陷的。立法者不可能未卜先知地对只有在未来可能发生的事情作出规定并进行调整。例如，今天制定的法律，就既不可能也没必要调整未来可能发生在地球和其他星球上的婚姻关系。再如，19 世纪制定的法律既不可能，也没必要调整如今互联网时代所发生的法律关系。因此，在相对静止的法律和动态的社会关系间，就经常会出现所谓“时滞”的差距。对这样的问题，究竟如何进行补救？是继续采取成文立法的方式解决，还是借助司法个案的方式解决？若采取前者，其弊端是成文法律多如牛毛，法律间的冲突也不断呈现，立法的职能也变成应付日常事务，而不是解决重大事务。若采取后者，其弊端则是容易把法律的一般调整转化为司法的个别调整。除非司法的结果成为判例或指导性案件，才能较好地克服这一难题。然而，两害相权取其轻。在法律和社会事实间不断出现“时滞”问题时，与其动用立法，但既不能及时、又不能一劳永逸地解决该问题，还不如尽量运用司法的个别调整，以及时、规范地解决相关问题。

但是，借助司法对相关问题的解决，其实是法官进一步借助法律方法而裁判案件的活动。一般来说，专门用于解决法律漏洞的方法有三种，即类推适用、法律发现和法律续造。和这三种专门用来解决法律漏洞的法律方法相呼应，能够和上述三种专门的法律方法一起混合或复杂适用的法律方法，如法律解释、法律推理和法律论证，也可以发挥对法律的补漏功能。那么，这些法律方法又是如何具体地补充法律漏洞的？

(1)类推适用方法在前节针对法律方法的内卷功能时笔者已经谈到，但同时，它对法律漏洞的补充作用也甚为明显。换言之，它就是通过对法律的内卷功能进一步延伸对法律的补漏功能的，即以内卷的方式实现对法律的补漏。显然，这种补漏方式对维护法律的权威及其安定性而言，是最妥当的方式。然而，与此同时，这也是一种要求苛刻的补漏方式。它必然要求法官阐明当下的案件事实和所用来类推的法律条文之间的内在逻辑关联，说明案件事实的规定性和所运用的法律条文的规定性之间的最相类似性。否则，类推适用就容易导致法律的滥用，即所运用的法律要么不能解决相关的案件，要么不当地解决了相关的案件。

类推适用的局限性，尤其表现在有些法律领域禁止适用类推上。例如，按照罪刑法定和公开的现代刑法文明精神，当今世界绝大多数国家都反对在刑事司法中搞类推适用,以防止运用这一方法对人入罪,违背罪刑法定的基本原则。因此,类推适用一般不能对刑事法律发挥内卷的功能,从而也不能对之发挥补漏的功能。但是,在民事领域、商事领域和行政领域,如果没有类推适用,法律的漏洞就不可能及时地得到补救。因为一方面,这些领域和国民的日常交往行为息息相关,所涉及的内容事无巨细、琐碎异常;也正因如此,所以另一方面,在这些领域更容易发生顾此失彼、前后失据之类的漏洞。这些漏洞会导致大量社会关系处于法律调整的真空状态,一旦当事人提出诉讼请求而不予理会,势必影响法律调整的范围和效能。因此,司法运用类推适用以补救之,既可以保障法律的尊严,也能够显示法律调整的效果,更重要的是还能够及时地保障或回应公民的权利和请求。

(2)而法律发现作为法律方法,在前文论述法律方法的外溢功能时笔者也谈到。如前文所述,该方法作为补漏的法律方法,只能是"外部的法律发现",否则,如果把"内部的法律发现"也纳入其中,就和"类推适用"方法重叠了。这样,法律发现是指当法律出现漏洞,而法官又无法在法律内部找到最相类似的条文以类推方式裁判当下案件时,不得不在习惯(法)、社会道德、宗教规范、社会纪律、社团章程和规则以及乡规民约中寻求构造裁判规范的资源。尽管在我国法律中,这些资源都不能构成法官直接裁判案件的依据,但它能够作为法官构造裁判规范的参照,有了这些参照,对裁判规范的构造而言可以事半功倍。

什么是裁判规范?笔者把这一概念分为两种情形:一是法官直接援引的裁判规范;二是法官因法律漏洞,无法在现成的法律中援引裁判规范,而加以构造的裁判规范。前者无须在此继续展开论述,因为和这里的论题没有必然关联。而后者具体来说是指:"法官在处理案件纠纷中,面对复杂或疑难的案情,在不能直接援引国家法或其他社会规范、法律原理进行裁判时,法官需要按照法律的精神和原则,借助法律或其他社会规范,并依据其经验、直觉和理性,构造适用于当下案件的裁判方案和规范。在一定意义上,法官构造的此种裁判规范,是一种'法官之法'。"①

笔者愿意在这一界定基础上再稍加修改来使用"裁判规范"一词,即纵使法官采用了"其他社会规范、法律原理进行裁判",但当一个国家的法律没有明确赋予其法源的地位时,法官仍不过是借助它构造裁判规范,而不是直接依它作裁判规范。例如,在我国江苏泰州的姜堰市,针对

① 谢晖:《大、小传统的沟通理性》,中国政法大学出版社2011年版,第316页。

彩礼纠纷所引发的讼案，近些年法院多采用当地民俗裁判。但是，裁判时民俗或习惯每每不是法官所直接采纳的裁判根据，而是法官构造裁判规范的材料。法官或者在事实陈述中引述相关规范，或者在理由说明中引用相关规范，而很少直接拿民俗（习惯）作为裁判的根据。[①] 其缘由所在，在于国家立法没有赋予其法源地位。

法律发现的目的就是法官构造裁判规范，但显而易见，法官之所以不直接引用白纸黑字的法律作为裁判规范，而耗时费工，在法律之外的其他社会规范中寻找构造裁判规范的材料，是因为法律规定有漏洞。因此，法官的行为在此时更具有能动性、积极性和创造性。法官的裁判行为，无论是否具有判例法或者指导性案例的效力，都事实上扩展了法律规范的内容，哪怕这一内容仅仅作用于案件的双方当事人，也是如此。尽管司法对法律规范内容的这种扩展在成文法理念下，可能是对法律安定性的一种挑战，但补充法律漏洞，是法官在司法中安定法律秩序的更重要的活计；否则，不但法官失职，而且法律损效。

（3）法律续造作为一种法律方法，可谓是法官在司法中运用的最终或最后的法律方法。它是指法官面对一例案件，不但在法律上找不到直接可引用的裁判规范（法律有漏洞），而且穷尽了所有法律之外的社会规范，如在习惯、宗教、道德、纪律、社团章程或规则、乡规民约等中，都找不到可以构造相关案件裁判规范的材料时，不得不直面案件，在案件事实中总结、寻找其规定性，并运用法官自身长久以来办案的经验、智慧，寻求构造裁判规范。可以说，这既是法官面对法律漏洞，在穷尽了其他所有法律方法之后救济漏洞的最后招数；也是法官作为法律守护神的一种无奈之举；当然，更是法官创造性和能动性得以发挥的真正所在。

说它是法官在穷尽了其他所有法律方法之后救济漏洞的最后招数，因为面对法律和其他社会规范的法律方法，如法律解释、推理、论证、发现、效力识别、利益衡量、事实替代以及类推适用等，囿于可适用或参考的规则本身不存，因之，只能“皮之不存，毛将焉附”了，即上述法律方法的用武之地自然将不存了。即使在法律续造过程中需要对裁判的事实作出解释性说明，但那已经是对事实的说明，在严格意义上不属于法律解释的范畴。

说它是法官作为法律守护神的一种无奈之举，在于法官作为法律的守护神，严格遵循法律自身的客观规定是其分内之事、本来职责。因此，

---

① 参见汤建国等编：《习惯在民事审判中的运用：江苏姜堰市人民法院的实践》，人民法院出版社2008年版，第14页。

法官一般只从事在法律规范下的被动性工作。司法的被动性,不仅要求其在程序启动时需要当事人的起诉和请求,即司法不能积极地动员或要求当事人去起诉,而且要求司法活动自始至终保持对法律的高度敬畏。法官的思维在本质上乃是所谓“根据法律的思考”,而不是超越法律的思考。这也是司法的守成性所在。显而易见,前述法律续造的界定,对法官而言必须打破这种对法律或法律授权规则的亦步亦趋,冲出当下法律的调整范围,才可能裁判当下的案件。这对法官而言,虽是无奈之举,但又不得不然。此时法官不予出手,意味着任由法律漏洞危害法律秩序。目前,我国法院动辄因法律无明文规定而拒绝受理一些疑难案件,让当事人有冤难申的情形,正是法官在表面形式上过于拘泥于法条,而对法律秩序的无视和佞妄。

说它是法官创造性和能动性得以发挥的真正所在,是因为这种法律方法充分赋予了法官在个案裁判中的高度创造性、能动性和积极性。因此,在一定意义上,法律续造这种法律方法运用的场合,乃是法官得以最高地发挥其能力和创造性思维的地方。因为在本质上讲,它导致法官在尚没有规则的地方创造规则(不仅仅是发现规则),及法官是借助个案裁判的方式来创造新的法律。即使一个国家不认可司法裁判的一般效力,法官的相关裁判也足以作为其同行在处理类似案件时的参考。因此,如果说司法有什么能动性(司法能动主义意义上的能动)的话,那么,在运用法律续造的场合才能真正得以展现。

法律续造正是通过法官在司法中的能动性发挥法律方法对法律的补漏功能的。由此也可以看出,法官和司法不但是保守法律和法治的力量,而且在一定条件下也是开拓法律和法治的力量。或许正是如此,英美国家的法治更多地发挥了法官和司法的作用。法官通过日常审判,既保守法治的原则和精神——遵循先例,又面对当下案件,进行先例识别并根据“现例”的特征进行创造,把裁判的特殊性紧紧地结构在法律的一般性中,从而法律在法官日常的造法行为中,一有漏洞,就尽量予以及时地补救。这样,法官在法律续造中既能发挥个别调整和实质正义的优点,又可保障一般调整和程序正义的要求。

上述三种具体的法律方法,是法律方法发挥补漏功能的主要方式。同时,如前所述,法律解释、法律推理和法律论证作为法律方法,法官运用它不但可以独立地对法律的各类意义模糊予以消除,而且,可以与其他法律方法一道适用,以消除或补充法律的意义冲突或意义空缺。其中对补充法律的意义空缺而言,就是当法官在运用类推、法律发现或进行法律续造时,会不可避免地同时运用法律解释、法律推理或者法律论证,以说明类推适用、法律发现、法律续造的必要性、合法性或合目的性等。如此一来，这些法律方法也就连带地发挥对法律漏洞进行补充的功能。

可见，法律方法的补漏功能，并不是仅仅依赖类推适用、法律发现或法律续造这三种专门运用于补充法律漏洞的方法就能胜任的，与此同时，法律方法这一功能的实现，还有赖于这三种法律方法辅之以法律解释、法律推理或法律论证。此种结论，对法律方法之外溢功能和内卷功能的实现而言，也照例适用。

论司法方法的复杂适用*

笔者在《法律哲学》中，提出了司法中针对法律3种病症9种症状的9种不同救济方法。针对法律的意义模糊，分别有法律解释、法律推理和法律论证3种救济方法；针对法律的意义冲突，分别有效力识别、利益衡量和事实替代3种救济方法；针对法律的意义空缺，分别有类推适用、法律发现和法律续造3种救济办法。如上9种不同的救济办法，又分别对应着法律意义模糊、意义冲突和意义空缺中具体的表现形式，如法律解释救济法律文本字面意义的模糊，法律推理救济法律遭遇案件事实时出现的意义模糊等。[①]但问题是这种类型学意义的剖析，站在机械分析的视野未尝不可，但站在司法实践及司法方法运用的有机视角，则大谬不然。因为司法实践中所遇到的案件，折射到法律适用中时，可能会将法律的多种病症一起呈现出来。最起码的情形是：一例案件和法律的遭遇，总会产生为何适用某条法律和如何适用该条法律的追问。为何适用，业已意味着案件遭遇法律时，法官对法条规定和案件事实相契的一种解释；如何适用，则意味着法官通过一定的逻辑技巧把法律规定和案件事实进行逻辑对接的过程。显然，这已经体现着司法方法在司法中总是一个复杂适用的过程。笔者拟就司法方法复杂适用的含义与缘由、条件与保障、程序与排除等问题做些初

---

* 发表于《法律科学》2012年第6期。

① 相关具体论述，参见谢晖：《法律哲学》，湖南人民出版社2009年版，第29~403页。

步的探索和阐释。

一、司法方法复杂适用的含义及缘由

司法方法的复杂适用,系指在司法中,法官面对法律规定和案件事实之间的衔接问题,运用多种司法方法以裁判案件,并借此取得裁判文书的说理效果,使裁判结果获得接受的过程。几乎可以说,一切司法活动,都是一个司法方法运用于其中的活动。哪怕再简单的案件,当其面对法律规定和案件事实的对接问题时,并不提供给人们榫卯相吻的必然效果,也就是说,案件不能自动寻找和它对位的法律规定,法律规定也自然不能自动寻找受它调整的案件事实。把案件事实和法律规定对接起来的活动,一定是充满了法官智思的过程。是法官的有机劳动,才把案件事实和法律规定间机械的、预设的、理念衔接,变成有机的、现实的、实践的对位。

正是在这里,法官运用司法方法于司法裁判的过程,并不是一个如自动售货机那样,输出案件事实,吐出裁判结果的过程。[①] 若如此,司法活动就仍免不了机械性特征,司法本身应有的创造性就不可能得以呈现。成文法传统的法文化熏陶,企图借助至高无上的立法来规范、解决所有交往行为的具体细节问题。这种宏大的理想及其设计,是欧陆建构主义理性观[②]在制度预设上的突出体现。但取法乎上,仅得其中。即便充分表达了人们的交涉结果并表现出包容性特征的立法,最终只能表现某一向度的价值观,而不可能兼容并包所有的价值观。如果是那样,法律就不可能是人们交往秩序的维护者,它反而是交往秩序经常遭遇困境的麻烦制造者。而以某一或某些向度的价值观为主旨的立法,面对复杂多变的社会关系,就不可避免会智者千虑、必有一失。因此,法律与案件事实的冲突就不可避免。

---

① 把司法作为如自动售货机一般适用法律的过程,在成文法国家学者们的笔下,曾不断有人提及,对此,可参见我的一个专门考证(谢晖:《大、小传统的沟通理性》,中国政法大学出版社2011年版,第313页注1),其目的是树立成文法的权威。但成文法自身的局限和时滞,让法官不带能动性地适用法律几无可能。司法方法的产生,正是法官和法学家面对成文法适用中的困境所创造的实践技巧和学术成果。

② 这里讲的理性建构主义,不是心理学和人类学上通常所谓建构(结构)主义,而是被哈耶克所批判的那种理性建构主义,或者建构主义理性观(参见[美]哈耶克:《立法、法律与自由》,邓正来等译,中国大百科全书出版社2000年版;《个人主义与经济秩序》,邓正来译,生活·读书·新知三联书店2003年版;《通往奴役之路》,王明毅译,中国社会科学出版社1997年版;《致命的自负:社会主义的谬误》,冯克利译,中国社会科学出版社2000年版;《自由秩序原理》,邓正来译,生活·读书·新知三联书店1997年版等)。

面对法律与社会(案件)事实的冲突,如果法官在司法中过度执着于既有立法对社会交往事实的调整,对于冲突的法律与社会事实而言,要么形成法律硬性地改变了社会事实,从而法律成为导致社会事实革命或变革的力量;要么社会事实有力地排斥法律调整,从而导致司法的结果根本无法获得接受的尴尬局面。这两种情形,都以一定程度的社会失序为代价。避免成文法对社会失序的这种影响,在司法层面赋予法官借助司法方法,在坚持成文法精神和理念的前提下,把裁判技巧、个人智思巧妙地运用于个案裁判的权力,使法官成为有机的司法者,而不是机械的司法者,就是现代各个成文法国家都努力的事实。正因如此,司法方法在成文法国家的法学学科中越来越受人们重视,乃至于它和规范法学一起,构成了成文法国家法学研究的核心领域,甚至也是判例法国家法学研究的正宗和主要领域。① 正是司法方法的运用,才更好地将和法律冲突的一些案件事实、交往行为结构在法律的原则和精神中,使法律不但在一般意义上调整和结构着社会秩序,更在个别意义上调整并加固着社会秩序。抛开司法方法的这种运用,而一味用刚性法律硬性回笼社会交往事实围绕法律展开,可能丢弃的不仅是法律,甚至是社会秩序。目前我国法律越多、秩序越少的情形,尽管与执法不严紧密相关,但也与执法过程特别是司法过程中漠视司法方法不无关联。

回过头来再剖析司法方法的复杂适用,至少有两个节点值得关注:

一是它须运用在案件事实和法律文本遭遇的场合。法官在没有案件事实而预设案件事实的情形下对法律的解读,仍只是对法律文本的解读,而不是司法中对司法方法的运用,更不是其复杂适用。同样,法官在没有法律规定而面对一件纯粹的案件事实进行分析时,即使用到了诸如对事实的判断、推理、解释等逻辑方法,也不构成司法方法的复杂适用。

二是就功能而言,司法方法的复杂适用,可展开为两面:一面是通过其复杂适用,增强司法的说理特征。司法必须说理,或者司法就需要以理服人,这是司法区别于其他一切纠纷解决机制的根本特征。司法中以

---

① 如在英美法系国家影响颇大的分析实证主义法学,在本质上除了研究规范内部的学问之外(参见[英]哈特:《法律的概念》,许家馨等译,法律出版社2006年版;[英]拉兹:《法律体系的概念》,吴玉章译,中国法制出版社2003年版等),也特别关心规范运用的学问。这在德沃金和哈特、富勒与哈特的相关论战中不难发现(参见[美]布莱恩·莱特尔:《超越哈特——德沃金之争:法理学的方法论难题》,陈锐译,载http://www.chinese-thought.org/shll/002427_2.htm,2012年5月5日访问;强世功:《法律的现代性剧场:哈特与富勒论战》,法律出版社2009年版)。其实有关法律的这种学问,实质上主要是司法方法问题。

理服人的理，首先是以逻辑为前提的法理，其次也可以参酌以情感为基础的情理；反之，如果以情理为主而以法理为辅，则丧失了司法（至少是现代司法）理应秉有的属性。① 以逻辑为前提的说理，在本质上就是对法律方法的运用。另一面是通过其复杂适用，获得司法裁判的可接受性。尽管一般来说，司法裁判是一个只要程序终了，且没有明显的瑕疵，当事人接受也得接受，不接受也得接受的活动。但是，倘若当事人对司法裁判总是不能接受，则既影响司法裁判的执行，更影响司法的公信力。特别在法治文化尚没有深入人心的国情下，司法借由其方法进行说理，获得当事人、其他社会主体的可接受，既是司法公信力的展示，也是借助司法推进人们法律和法治意识提高的基本途径。如此相沿成习、耳濡目染，还会在一定程度上使司法的理性思维方式影响整个社会，养成公民借助理性进行思考、克服个人情感对公共理性的冲击。形成托克维尔当年描述的美国司法对社会的深刻影响那种情形。② 这必然是公共理性借助司法生成的过程。在这个意义上，越是法律方法在司法中得以综合地、复杂地运用的场合，越能够彰显司法理性及其对社会的影响。

那么，最典型的司法方法复杂适用的场合是什么呢？前文已经表明，只要法律遭遇到案件事实，哪怕是一例简单案件，也意味着司法方法的综合运用。但是，这样的案件，既不能充分展示司法思维、从而展示司法方法在司法中复杂适用的特征，也无以对普罗大众的理性思维带来更为深刻的影响，为什么？因为这样的案件公民仅凭常识推断，就可以说出个子丑寅卯来。法律方法复杂适用的典型场合，一是在复杂案件中；二是在疑难案件中。

对于复杂案件，可以作出多视角的说明：例如，案件中所含的法律关系复杂，是复杂案件的基本表现形式。法律关系复杂，或者一例案件中具有多重的法律关系，就意味着当事人所争议的权利义务关系复杂，也意味着法律遭遇案件事实的节点复杂。这必然需要法官就案件事实和法律之间的关联做出多层面、多方位的说明、推理和判断，从而在这类案

① 正是在这里，中西方的司法理念判若两途：中国传统司法注重息事宁人、平息矛盾的情理解决方式，而西方现代司法注重判断是非、匡扶正义的法理解决方式（参见谢晖：《平息矛盾与判断是非》，载《法学家茶座》2002年第2辑）。

② 托克维尔指出："在美国……所有的党派在它们的日常论战中，都要借助司法的概念和语言……因此，司法的语言差不多成了普通语言……"［法］阿列可西·德·托克维尔：《美国的民主》（上卷），董果良译，商务印书馆2004年版，第310页。

件的裁判中,司法方法的复杂适用就不可避免。

再如,案件所涉及的背景复杂也是复杂案件的重要表现。这里的背景可以是社会背景,但更常见的是政治背景。无论在法治先进国家,还是法治后发达国家,当一例案件涉及政治背景等复杂因素时,必须要借助司法的智慧以获得妥当的处理,如笔者多次分析过的 1991 年曾引起洛杉矶甚至美国全境黑人暴动的罗德尼·金案,尽管在司法裁判过程中经历了完全不同的波折,法律思维和政治思维在不同审级的裁判中都曾经用到,但最终终审法院的裁判仍借助法律思维,给出了让人们接受的裁判结果。① 不过,复杂的政治背景对司法的影响,未必一定体现在法官依据法律、运用司法方法对其作出裁判上,特别在法治后发达国家,法官反倒更是经常地运用政治思维、大局思维,甚至特权思维来处理相关案件,从而抛弃了司法方法的运用,更不要说司法方法的复杂适用了。这种情形更需要在外部创造法官运用法律思维来克服政治思维、意识形态思维以解决案件纠纷的制度条件。这里的法律思维,一定是不同司法方法综合、复杂适用的思维。司法方法如果能够在这里得到复杂适用,其结果甚至会形成一种新的政治思维,即以法律为根据的政治思维。特别是对政治纠纷能够诉诸司法审查时,法治就是不同社会阶层和不同利益集团的人们所共守的政治标准,这更需要对因为政治背景所导致的复杂案件借助司法方法的复杂适用做出裁判。否则,法治就可能永远是“人治底下的法治”,是权力支配法律的“法治”,而不是法律支配权力的法治。②

无论如何,只要一例案件成为复杂案件,那么,法官在裁判理由的说明上对于法律方法的复杂适用,就必在简单案件中的运用更显必要和重要。因为复杂案件本身往往是一团乱麻,法官在此对法律方法的复杂适用,就是要以理性思维条分缕析,把复杂的案件结构在相对明晰和简单的法律预设中。或许就法律方法复杂适用的过程看,这也是一个相当烦琐和复杂的解释、推理、论证、衡量……过程,但至少其结果却要以简约复杂的事实、复杂的法律以及复杂的事实和法律之间的对应方式,给出

---

① 对该案的简单分析,参见谢晖:《沟通理性与法治》,厦门大学出版社 2001 年版,第 237 ~ 239 页。

② 孟德斯鸠强调:“要防止权力滥用,就必须以权力约束权力。我们可以有一种政制,不强迫任何人去作法律所不强制他作的事,也不禁止任何人去作法律所许可的事。”[法]孟德斯鸠:《论法的精神》(上册),张雁深译,商务印书馆 1961 年版,第 154 页。其实,这种论说已经把权力置于法律规范之下,因此,当说以权力制约权力时,也意味着以法律制约权力。

明晰的可接受、可操作的裁判结果为目标。对于疑难案件，也可以从多个视角理解和解释。

第一个视角是：疑难案件是某种案件事实在法律中找不到根据，从而需要法官借助一定的法律方法专门构造裁判规范，以期解决的案件。这就是人们通常所谓法律出现意义空缺（或者法律出现漏洞）时，法官所面对的案件。众所周知，在刑事法律中，严格按照法无明文规定不为罪的原则，即便出现很类似于犯罪的行为，但只要法律没规定它是犯罪，就不能运用任何司法方法给当事人入罪，以便保护当事人正当合法的权益。但是，面对民事案件和行政案件，即便相关纠纷或者社会关系在法律上没有规定，法官也需要设法处理纠纷，以期借助司法的力量以补救法律的不足。

或以为，既然有些纠纷的法律根据不足或者甚至没有法律规定，法院不受理相关案件不就解决问题了？但我们知道，世所公认的基本诉讼原则之一是法院不得拒绝裁判，不得拒绝裁判更深刻的意蕴是即使法院面对一例在法律上根据不足的纠纷，也应受理并裁判之。尽管我国诉讼法（特别是行政诉讼法）对法院的受案范围有严格的限制，但在受案范围内仍存在法律根据不足的案件，如在我国曾多次发生的“祭奠权”纠纷案、高空抛物侵权纠纷案等，①尽管在法院受案范围之内，但如何裁判相关案件的法律根据很不够，甚至阙如。这势必要求法官运用不同的司法方法，特别是运用救济法律意义空缺的司法方法，如类推适用、法律发现、法律续造等方法，并结合法律解释、法律推理等通用的司法方法，综合地、复杂地运用之，或者寻求在法律之内解决案件的方案，或者寻求在遵循法律精神或原则的前提下，在法律之外安排案件的解决方案。只要一例案件法院受理了，就必须坚持以裁判这种高级的司法方式来解决。这既是提高法官职业训练的好方式，也能较好地把案件事实的解决纳入有效的规范体系中，从而以司法的手段，补救国家法的不足和欠缺。

第二种视角是：疑难案件是指某一案件，在法律上有多个对应的法条，从而可以形成多个解决方案。倘若某一案件在法律上所面对的多个解决方案不具有冲突的特征，则该案件可以不作为疑难案件对待，从而以简单案件或明晰案件的处理方案解决之即可；倘若某一案件不但面对法律上不同的解决方案，而且这些解决方案之间还存在明显的规范意义

① 相关案件的具体介绍和评论，参见“民间法与法律方法网”的“法案评论”栏。

的冲突，则法官不得不综合地、复杂地运用司法方法来处理相关纠纷。这种场合，其实就是法律意义冲突的场合。面对法律意义冲突，可直接选择救济的一般法律方法一是效力识别，即在层级效力的法律间出现冲突时，依照上位法优于下位法的原则解决；在水平效力的法律间出现冲突时，则依照新法优于旧法、特别法优于一般法、程序法优于实体法、国际法优于内国法等方法解决。二是利益衡量，它只能根据法律规定和案件事实之间所表达的法益的性质、层次和影响程度等因素，由法官进行自由裁量并说理解决。法官此时的自由裁量，自然不是任意裁量，而必须通过充分的说理来自由裁量，以便使自由裁量获取让人心悦诚服的效果。三是事实替代，即当既有的法律规定与它所要调整的社会事实间完全是南辕北辙时，法官不得不选择寻求事实的规范性以替代法律规定的"调整不能"。上述三种方式，都是对不同类型的法律意义冲突所进行救济的个别方法，但是，这些个别方法的运用，离不开法律解释、法律推理和法律论证这些通用的司法方法做辅助，因为法律的意义冲突，同时也是法律的意义模糊。所以，借用法律解释方法以释明冲突的法律或事实各自所表达的意义，以推理的方式说明选择其中某一条款更有利于解决当下案件，或者以论证的方式说明面对冲突的法律时，不同解决方案之间的竞争和论辩，以及通过论辩性竞争所获得的"视域交融"和基本共识就是司法必须倚赖的工具理性。可见，这时必然会涉及在疑难案件的处理中司法方法的复杂适用。

总之，司法中对司法方法的运用，常常是不同司法方法的交替适用，从而也是司法方法的复杂适用。尤其在涉及疑难案件和复杂案件时，更需要关注法官对诸种司法方法的交叉使用和复杂适用，从而使司法方法的研究及运用从机械状态进至有机状态。

二、司法方法复杂适用的条件与保障

司法方法的复杂适用，需要一定的条件保障，如一个在制度和理念上只允许机械地适用法律，不允许法官把办案经验、审判智慧运用于司法活动的地方，就不可能提供给法官运用司法方法的条件，更不用说复杂地运用司法方法了；反之，司法方法的运用或许会被人们误解为法官妙用奇技淫巧，左右逢源、出入人罪，甚至像古人鄙薄邓析的那样："以非为是，以是为非，是非无度，而可与不可日变"。[①] 这种情形，只能导致在

① 《吕氏春秋·离谓》。

司法方法上的反智情结。所以，不设定司法方法复杂适用的条件，司法方法也就只能是书本的知识，而无以成为实践的知识。那么，司法方法复杂适用的条件究竟有哪些？笔者认为，这些条件，大体上可归类为外部条件和内部条件两个方面，下面分别予以说明。

（1）司法方法复杂适用的外部条件，是指能够包容法官在坚持法律至上原则的前提下，根据法律的精神和原则，把司法方法复杂地运用于案件裁判中的外部保障条件。自向度讲，这些条件是司法方法复杂适用的外部条件；自功能讲，这些条件是司法方法复杂适用的保障性条件。具体说来，我认为如下两个条件——理性社会的达成和法治制度的设定是司法方法复杂适用的最基本的外部条件。

首先看理性社会的达成。什么是理性社会？如果按照经济学有关“理性人”①的概念考量理性社会，它不过是肯定了人的好利恶害之天性，从而假设人们都是会算计其利害得失的社会。我国推进“市场化”以来的实践证明，如果没有必要的、有力的制度约束体系，即使人们会算计利害得失，未必一定就是一个理性社会。最近报道颇多、社会反应强烈的“医闹”现象，②可谓是典型的建立在利害算计基础上的公民行为选择。这种选择秉持了利害得失的一条基本宗旨，即“大闹大解决、小闹小解决、不闹不解决、一闹就解决”。从表面上看，这种对闹和利害得失间关系的考量，是符合一种“理性人”的选择要求的，但它并没有营造出一种理性文化，也没有促成我国理性社会的达成，反而因受这类行为的影响，从国家机关、企事业单位到公民个人，人们越来越变成感性人，社会越来越成为感性的社会，于是“跟着感觉走”就成为这种感性社会的典型表达。

所以，笔者更看重有关理性社会的另一种解释，即理性社会在观念层面是人们在利害得失面前能够有所克制的社会；在知识信仰层面，是人们能够普遍地相信逻辑和事实力量的社会；在行为选择方面，是人们

---

① “理性人”假设是制度经济学最重要的假设之一，但其前提是完全竞争的市场经济、人们对信息有全面准确和公平的掌握、人们能按其自利的偏好行为，在此前提下经由每个人效用的最大化，达致社会全体效用的最大化（参见［英］马尔科姆·卢瑟福：《经济学中的制度——老制度主义与新制度主义》，陈建波等译，中国社会科学出版社1999年版）。显然，这是一种富有理想性的“理性人”预设，与我国目前出现的普遍自利及其混乱的问题明显有别。

② 为此，卫生部和公安部还专门发文，严打在医院非指定区域随意设置灵堂等医闹行为。参见http://news.sina.com.cn/c/2012-05-02/023424354596.shtml，2012年5月5日访问。

能够按照社会契约论的原则,在理性交往中表达并实现"主体间性"[1]的社会。所以,理性社会是一个集观念、知识、行动选择方式以及制度设定(后文详论)在内的社会交往体系。这样的社会交往体系之于司法方法的复杂适用有何关联?

如前所述,司法方法的运用,乃是法官通过它用来说理裁判的活动,所以,司法方法自始就是理性社会构造的重要知识基础,也是人们效法法官、进行理性思考、理性选择的重要参照。"像法官那样思考""像法官那样缜密"作为教育人们如何思考的格言,业已表明法官所领有的知识体系对理性社会构造的价值。法官通过其独特的法言法语,构造着人们进行社会思考的逻辑语言体系,这种逻辑语言体系的根本特征,是它以温文尔雅、层层递进的理性语言,教会人们冷静地看待案情和法律之间的关联,因此,它需要尽量摒弃激情的干扰,或者即便有激情,也需要把它制约在逻辑的语言框架里。显然,这种对司法方法的运用及裁判,也必然要求受众能理解并接受由司法方法所导致的理性境界,即司法方法及其运用要能够成为人们学会意志克制、关注理性知识并进行理性行为选择的重要参照;反之,一旦人们把对司法方法的运用评价为迂腐不堪、投机取巧、巧舌如簧,而更乐于运用激情的力量和武器的批判来解决问题,就必然意味着司法方法复杂适用的外部条件尚不成熟。

理性社会的达成,有赖于法治制度的建立,因此,尽管法治是理性社会的基本要素,但因为它是司法方法复杂适用最重要的外部保障条件,所以,我将其单列出来,在此予以专门论述。众所周知,近代以来的理性追求有两种路向:一种是经验主义的理性追求,这主要是以英美哲学为代表的经验理性主义;另一种是建构主义的理性追求,它主要以欧陆的一批理性主义哲学家为代表。[2] 值得关注的是,无论经验理性主义和建构理性主义之间的分歧有多大,这两种理性主义在制度选择上都无例外地推崇法治主义的公共交往原则和制度预设。即便在两种理论下所建立的制度各有千秋,但它们对法治基本理念的推崇并无差异。

---

① "主体间性"这一概念尽管被许多西方哲学家所使用,但其广泛影响,是随着哈贝马斯的普遍影响而形成的。这是其普遍语用学中最重要的概念(参见盛晓明:《从公共性到主体间性——哈贝马斯的普遍语用学转向》,载《浙江学刊》1999 年第 5 期)。这一概念,同时也是理解哈贝马斯规则理论的门径(参见童世骏:《没有"主体间性"就没有"规则"——论哈贝马斯的规则观》,载《复旦学报》2002 年第 5 期)。

② 对经验主义和理性主义两种哲学观念的阐述,参见陈修斋:《欧洲哲学史上的经验主义和理性主义》,人民出版社 2007 年版。

其次看法治制度。如果说理性文化是构建理性社会之文化前提的话，那么法治制度就既是理性文化的产物，同时又培育并推行理性文化的实践化和行动化，从而使理性文化及其理念从精英世界播撒到普通公民世界，这就意味着法治是将理性普遍化、实践化并定型化的不可或缺的制度机制，是理性从理论和理念迈向普遍实践和实用的唯一机制。在这个意义上，司法方法复杂适用的理性保障机制，更重要的体现为法治制度的保障。因为法治不但预设一种理性框架，而且会借助此种理性框架的自觉运用或强制执行，变成人们对理性的自觉习惯。具体到法官对司法方法的复杂适用上，则必须关注如下几种制度的建立：

一是宪制。所谓宪制，它强调一切政治主体及其行为必须首先受法律的节制，法律之外的政治行为，都予判定为非法，从而宪制可以提供法官复杂地适用司法方法的政治理性基础，即让政治有标准可循。对司法方法及其理性的不敬，更容易发生在权力不受制约地对司法的干预上。只要权力干预司法，则一方面直接妨害司法方法及其理性的发挥，另一方面还会诱致上行下效的后果，使司法方法及其理性无法获得普通公民的认可和支持。因此，反过来看，宪制的建立，将为司法方法的复杂适用提供基于权力理性的保障机制。

二是违宪审查制度。违宪审查制度的建立，可以让司法面对任何外来的干预，都能在法律精神、原则和规范下，运用司法方法裁判案件，从而用制度张扬并保障司法理性。

三是独立审判制度。在前面两点论述中，已经隐含着独立审判制度对于保障法官复杂适用司法方法以解决案件的功能。独立审判对于司法方法复杂适用的保障意义在于：法官可以根据其职业训练、专业思维和社会历练，自主地运用司法方法，以补救法律适用于案件时所出现的种种疑杂问题。法官对法律方法的这种自主适用，不但使其独立地行使司法权力，而且使其独立地担当司法责任。当法官为其解释是否妥当、推理是否有力、论证是否周全、利益衡量是否保障了较大法益、法律发现是否反映了案件的本质规定……独立地负责时，必须同时也是其能够独立地行使权力时。倘若法官不能独立地行使权力，不能自主地运用司法方法，也就意味着其不能独立承担司法责任，因为在司法和日常生活一样，你不能指望“既要马儿跑得快，又要马儿不吃草”。这正是独立审判对于法官自主地适用司法方法的保障所在。

（2）在外部条件能够满足法官自主地、复杂地、综合地运用司法方法的前提下,也需要内部条件能够满足法官自主地、复杂地、综合地运用司法方法。这里所讲的内部条件,就是法官所领有的知识水平、职业能力以及与之相关的职业训练。

众所周知,法律知识是专门性极强的一门知识,是未经专业训练,便难以深入其堂奥的一门知识,也是必须经由实践历练才能悟得其中三昧、掌握其中技巧的一门知识。尽管在我国当下,因为法学教育的泛滥化以及对低级司法的过分追求,[①]法律知识反被认为是最容易掌握的知识,即使如此,人们在遇到纠纷、诉诸法院时,仍然每每借助律师等专业人员的智慧协助处理纠纷,仍然想通过法院的专业裁判寻求案件的是非曲直。最近笔者注意到在百度"知道"栏目中每每提醒读者,凡涉及法律、医学等专业词汇时,需要向专业人士请教。这种提醒至少表明中国知识阶层初步开始对法律知识的专业性、专门性有所体认。

法律知识的专业性、专门性,既表现为它是对法律规范内部规定性的把握和阐述,也表现为它是对法律规范适用于具体个案时一般规定性的提纯和升华。在一定意义上,前种知识,就是在法律规范内部寻求法之理的知识。这样的知识,人们在大学的传道授业中就可以获得。而后种知识,就是有关司法(法律)方法的知识,它不仅是规范学意义上的,也是社会学意义上的,虽然在大学的传道授业中人们也可以获得什么是法律解释、什么是法律论证这样的知识训练,但绝知此事,更需躬行。不经司法实践的历练,纯然照本宣科地叙述司法方法,对于后种法律知识而言,终然不得要领。

在一定意义上,对这两种知识把握的扎实程度和多寡,表明法官的知识水平之高低。面对疑难和复杂的案件,掌握了相关的知识,未必一定能办好案子,但没有掌握相关的知识,可以肯定办不好案子。因为对这样的案件,最有说服力的处理方式是说理或以理服人,而不是煽情或以情感人。煽情或者以情感人,是人人都具有的"先天性知识",而说理或以理服人,却只能是人们后天才可习得的知识。先天性知识只要在实践中稍加规训,就可以把握,但后天习得的知识,必须和兴趣、阅历相结

① 低级司法是针对高级司法提出来的。所谓高级司法,是指以裁判为手段,以判断是非、寻求正义为目的而展开的司法;而低级司法,则是以调解为手段,以平息矛盾、寻求稳定为目的而展开的司法。前者更需要法律方法做支撑,而后者则可以抛开司法方法。因为司法裁判必须以逻辑和法理打动人心,而调解更需要以修辞和情理打动人心。修辞虽可以作为法律方法看待,但它必须节制在理性逻辑之下。

合时，才能有更好的收获。在这个意义上，法律知识的获得，是法官能够娴熟地、复杂地、综合地运用司法方法的前提条件——尽管这一前提条件并不能直接导致法官娴熟地、复杂地、综合地运用司法方法。

要直接让法官娴熟地、复杂地、综合地运用司法方法，必然涉及法官知识基础之外的职业能力问题。毫无疑问，法官的知识基础是其职业能力的一部分。人们不能指望一位没有任何法律知识基础的人会成为职业能力高人一筹的法官。尽管在司法实践中，人们也偶尔能见"外行办案"优于内行办案的情形，但这一般出现在无须过多说理的简单案件的裁判中，而很难出现在复杂案件和疑难案件的裁判中。不过，有了相当法律知识基础的人，也未必一定能成为职业能力高超的法官。高知低能的法官，在司法实践中也屡见不鲜。这其中的缘由在于即便是法律知识，也逃不开"纸上得来终觉浅"这样一个定数。法律职业所面对的不仅是把案件事实简单地回炉到法律之中，经过法律的煅淬和加工，就可以拿出司法判决的样品，更在于法官的目光不断地在法律与案件事实间进行回返流盼，即把案件事实和法律都投入法官的思维世界中。

所以，司法活动不是案件事实和法律规定的两维世界，而是案件事实、法律规定、两造博弈、法官判断的多维世界。甚至在一定意义上讲，一例案件即便有法律的明令规定，法官在案件裁判中的角色仍是至关重要的。仅仅拥有法律知识基础，而忽视甚至无视法官本身作为案件裁判中关键一维的思维窠臼，必然会制约、妨碍法官娴熟、复杂、综合地运用司法方法的能力和渴望。所以，在知识水平和职业能力的比较意义上讲，法官的职业能力与职业思维不是或主要不是法学教育的结果，而是司法实践磨炼的结果。这种磨炼及其结果，形成法官职业能力的更为主要的方面。恰恰是这种职业能力再加之法官拥有的法律知识，才能提供更好地保障法官娴熟、复杂地运用司法方法的条件。这也表明，法官能否娴熟、复杂地运用司法方法裁判案件，是衡量其法律知识功底和职业能力水平的最重要的标志。

对法官而言，无论法律知识的获得，还是职业能力的提升，都需要借助法律职业训练。不过，职业训练不是或主要不是大学讲台上的作业，而是司法实践的作业。正因如此，在英美国家，法官来源的重要渠道是律师，即经过律师的职业修炼，然后再经过严格的程序筛选，选拔其作为法官。而在日本，成为正式法官之前，被选拔做法官预备者的公民，必须在司法研修所接受严格的实践训练，以期获得从事司法的基本资格和条件。[①] 即便如此，司法能力的提升仍然是法官在从事司法的作业中需要终身着意的问题。这正是法官越老，越容易获得人们信任的原因所在。[②] 这更进一步说明了法官职业能力的培养对于司法实践本身的严重依赖。有了这种从法律知识、职业能力再到职业训练或教育的积累，司法方法的复杂适用才会更进一步地呈现在司法活动中，才会为司法方法的复杂适用提供源自法官的内部条件保障。

三、司法方法复杂适用的程序与排除

如果把具体的司法方法划分为通用司法方法和特别司法方法的话，那么，司法方法的复杂适用，需要遵循一定的程序。这种程序或者按照案件的一般进展安排，或者按照不同司法方法运用的难易程度安排，或者按照不同司法方法常用（通用）与偶用（特别）的情形安排。但是，无论哪种情形，都需要以司法方法运用的提起为前提。不过，不同司法方法运用的提起方式是不一样的。下面先探讨各类法律方法运用的提起程序问题。

一般来说，法律解释、法律推理作为两种最常用的司法方法，[③]存在两种不同的提起情形：一是一般提起，即只要一例案件提起，就必然会提起对上述两种司法方法的运用，因为任何一例案件的裁判，都不可避免地是根据案情对法律的解释和推理过程。这可以看做司法方法的一种常规性的运用。二是特别提起，即提起它们的根据，是因为两种法律方法各自适用的场域或条件呈现时才特别提起。在这种情形下，法律解释的提起条件或场域是法律字面意义的模糊不明。当在法律字面意义明确的情形下，个案裁判中的法律解释，仅就法律遭遇案件事实时的适应性、恰当性做出常规的、一般的说明。这时，法官所从事的不仅是有关法律的解释，而且是对案件事实的解释和说明。就在这种解释和说明过程中，也进一步预示着从法律规定到案件事实再到司法裁判的逻辑推理问题。而法律字面意义模糊下的法律解释，却具有专门性和特指性，它是

---

① 参见贺卫方：《培养高素质的法律家——日本司法研修所访问记》，载《南京大学法律评论》1995 年第 2 期。

② 尽管在弗兰克等现实主义法学家的笔下，对法官的这种年龄要求和修饰，不过是为了不少法学家强调法律确定性的“修辞”手段，它实际上严重地遏制了法律的实用主义追求，遮蔽了法律的不确定因素和变革特征。

③ 法律论证在一定意义上也可以作为通用的司法方法，但其通用的范围和程度远不及法律解释和法律推理。因此，笔者认为它不是每例司法中必用的通用方法。

进一步寻求案件裁判方案的必要的作业。至于法律推理的特别提起，必须针对案件事实和法律规定在对接过程中所出现的模糊情形。在这种情形下，法官不仅需要常规推理，而且需要面对模糊的事实与法律间的对应相契关系，进行专门推理。

除法律解释和法律推理之外，其他司法方法的提起，则只能针对其适用的特殊场域和特殊条件而提起，即只有当这些程序和条件具备时，方能提起，这些条件和程序不具备，就不能提起，从而不能进入司法方法复杂适用的程序。具体来说，法律论证作为司法裁判方案冲突的交涉方式，只有在多元裁判方案孰是孰非的模糊情形出现时，才能提起。有些学者把法律论证泛化，甚至把法律论证当作法律推理，从而给人留下了法律论证是所有司法活动都应面对、从而都能提起的印象。笔者认为，这是对法律论证的误解。法律论证有其严格的适用条件。适用条件不具备，就不能提起，也不能被结构在司法方法的复杂适用中。

至于效力识别、利益衡量和事实替代，作为法律意义冲突的救济机制，其分别提起并被结构在司法方法复杂适用场所的条件是法律意义的冲突分别出现在层级效力的法律之间、水平效力的法律之间和法律与其所调整的对象之间。其中，因前者提起效力识别（因中者有时也可以提起）、因中者提起利益衡量、而因后者提起事实替代。而类推适用、法律发现和法律续造这三种司法方法的分别提起并被结构在司法方法的复杂适用中，所针对的是法律的意义空缺。当面对案情，法律意义虽然空缺，但有类似法律可以参考时，提起类推适用；当面对案情，法律意义空缺，但其他社会或自然规范（道德、宗教、习俗、自然规律）可资补救法律规范的空缺时，提起法律发现；而当面对案情，法律意义不但空缺，而且也没有可供比照并实现法律发现的其他社会与自然规范时，只能提起法律续造。

在如上的叙述中不难发现，作为通用的法律方法，法律解释和法律推理在提起程序上是没有任何条件制约的，只要一例案件启动，就意味着对运用法律解释和法律推理这两种司法方法的提起。但是，作为特别的法律方法（包括法律解释和法律推理作为特别法律方法时）的运用，其提起程序必须要具备各自提起的前提条件。例如，仅仅针对法律的字面意义模糊，就不能提起事实替代的适用程序；同样，仅仅针对一件案情，法律意义虽有空缺，但其他社会或自然规范可资补救法律规范的空缺时，就不能提起效力识别的适用程序等。

这样,可再回过头来检讨司法方法的复杂适用就会发现:司法方法的复杂适用分为两种:一种是通用司法方法和某种(个)特别司法方法的复杂适用;另一种是通用司法方法和某些(几个)特别司法方法的复杂适用。在前种复杂适用的场合,其程序不难安排,一般的情形是先提起通用的司法方法,再相机提起和案情相关的特别司法方法,从而司法方法复杂适用的程序,经由“通用—特别”的程序运作。这种情形,就是通用司法方法和特别司法方法复杂适用时的程序要求和安排。但是,问题的更进之处在于当通用司法方法和数个特别司法方法复杂适用的时候,应如何安排数个特别司法方法复杂适用的程序?

事实上,数个特别司法方法和通用司法方法的复杂适用,只能发生在数个差异甚大的法律关系出现在同一案件时的情形。同时也表明,这些差异甚大的法律关系在面对法律时,存在需要借助不同司法方法以弥合法律与案件事实间的紧张关系,如在一起法律关系复杂的案件中,其中一个法律关系牵涉法律冲突和利益衡量,另一个法律关系牵涉法律模糊和法律解释,还有一个法律关系牵涉法律空缺和类推适用。因为这些法律关系都共存在同一案件中,所以在司法中应究竟如何安排不同特别司法方法提起的程序?就是一件颇费思量的问题。笔者认为,对此可以按照如下两条线索作出程序安排:

第一条线索是按照案件的进展,即面对一例法律关系多样复杂的案件,法官只能一个一个地审查各个法律关系中权利义务纠纷的内容和特征。在审查每个法律关系的过程中,自然地提起或带出所需运用的司法方法。司法方法复杂适用的这种程序,在本质上是一种随机性的程序运作,其随机性就表现在法官在处理每个个案时所选取的具体方案上。人们不能要求法官面对同类案件,依循大体相同的处理方案(尽管对于裁判结果,赋予这种期待无可厚非),所以,法官面对案件所作的随机性处理方案,本身就变成了司法方法复杂适用的程序。显然,很难对这种司法方法复杂适用的程序做出一般性的申论。在这里可以套用现实主义法学家的观点:法官的裁判方案,就是司法方法复杂适用的一般程序①。

---

① 一些现实主义法学家在谈到什么是法律的时候声言:理想的法律就是人们对法官将做何判决的预测;而现实的法律则是法官业已做出的裁判本身,即对当事人而言,司法裁判就是他们现实的法律。弗兰克就强调:“就任何具体情况而论,法律或者是:(1),实际的法律,即关于这一情况的一个特定判决;或者是(2)可能的法律,即关于一个特定未来判决的猜测”(参见[美]弗兰克:《法律与现代精神》,转引自沈宗灵:《现代西方法理学》,北京大学出版社1996年版,第328页)。

第二条线索是按照先易后难的方案安排司法方法的复杂适用。这取决于面对一例法律关系复杂的案件，法官首先一般会选择权利义务关系简单的部分予以处理，接着再深入解决权利义务关系复杂的法律关系。倘若在这不同的法律关系中都需要引入特别的司法方法，则法官也会依循案件处理中先易后难的顺序，引入不同的特别司法方法，如在一例案件中，一个法律关系所面对的是法律字面意义模糊不明的问题，需要进行法律解释；而另一个法律关系所面对的是法律意义空缺，且没有可资参照的类推方案，需要在其他社会规范中发现法律。这两个都需要运用司法方法的法律关系，显然前者更为简单，后者则更为复杂。先解决前面的，再解决后面的，即按照先易后难的方案和程序处理之，是法官的一般处理方案，也是法官在司法方法的复杂适用中，分别提起特别司法方法的一般程序。

如上司法方法的复杂适用，是一种显性的复杂适用。在司法实践中，还存在与之相对的隐性的司法方法的复杂适用，即面对一例案件事实，与它对应的法律要么意义模糊，要么意义冲突，要么意义空缺时，不论哪种情形，法官总要从相关的司法方法中寻求弥补和救济的方案。这时，即便法官最终选择的是其中一种救济方法，但也是在排除其他救济方法的过程中选择最后运用的救济方法的，而排除本身意味着法官隐性地运用了其他司法方法。

前文已述，无论法律的意义模糊、法律的意义冲突还是法律之意义空缺，都各自有3种针对不同情形的不同救济方式，这也表明，无论法官面对如上哪种法律的"病症"，都需要甄别不同情况，有选择地适用相关司法方法。这种甄别或选择的过程，本身意味着法律方法隐性的复杂适用。具体说来，在法律意义模糊时，相关司法方法的适用程序或顺序是：法律解释、法律推理、法律论证；在法律意义冲突时，相关司法方法的适用程序或顺序是：效力识别、利益衡量、事实替代；在法律意义空缺时，相关司法方法的适用程序或顺序是：类推适用、法律发现和法律续造。

这样，笔者对司法方法复杂适用的各类情形及其程序（顺序）关系就有了一个较为全面的交代。由以上论述，也可以发现一方面，并不是所有的案件都存在司法方法复杂适用的情形；另一方面，即便在复杂案件中，司法方法的复杂适用，也并不是存在于每种法律关系中，究竟在复杂案件（疑难案件另当别论）的哪些法律关系中能够引入司法方法的复杂适用，需要作出专门说明。此外，在疑难复杂案件中，针对不同法律关系

(案件)引入一些司法方法的同时,也必然是对其他法律方法复杂适用的排除,这种排除情况又具体体现在何处?笔者认为,对这些问题的解决,应根据如下不同案件的各自特征进行考量。

第一,在简单案件中,只存在通用司法方法的综合运用,因此,也就排除了通用司法方法和特别司法方法的复杂适用问题,同时也排除了特别司法方法在简单案件中的复杂适用。也就是说,对于简单案件只需要法官针对案情,解释与案情相关的法律,并继续根据解释的结果,寻求案件的推理和解决方案就可,因此,无须引入案件与法律遭遇时出现特别情境、需要特别对待的那些司法方法。因为所谓简单案件,就是法律关系简单、争议事实清楚,案情与法律的对接也不存在含糊的案件。对这样的案件,大体可适用这样的说法:法官不过是开启法律这架自动售货机的操作工,他向自动售货机输入的是案情,输出的则是司法裁判。

第二,在疑难或复杂案件(特别是疑难案件)中,情况就要独特并复杂一些。如果案件的法律关系是单一的,则只能存在通用司法方法和某一特别司法方法的复杂适用,不能存在不同特别司法方法并列的复杂适用;更不存在"跨病域"的不同法律方法的复杂适用。这也意味着在法律关系单一的疑难或复杂案件中,排除了通用司法方法和数个特别司法方法的复杂适用问题,也排除了数个特别司法方法并列地、共同地复杂适用的问题。这是因为当单个法律关系(案件)和法律对接时,只能发现法律三大病症、九小症状的其中一种症状,而不能同时发现两个或两个以上的症状。例如,不能设想一个法律关系(案件)和法律遭遇时,既存在字面意义模糊,从而需要法律解释,也存在法律意义空缺,但在其他社会或自然规范中有相关规定,从而需要法律发现。一言以蔽之,法律的三大病症、九小症状中的任何两个或两个以上的病症或症状,不可能同时出现在和单一法律关系(案件)遭遇的法律规定中。因之,一旦这样的案件遭遇法律,司法方法的复杂适用只能是通用司法方法加以某个特别司法方法,从而排除了通用司法方法加以某些(几个)特别司法方法复杂适用的情形。

第三,在疑难和复杂案件中,如果一例案件仅仅有两个法律关系,而其中一个法律关系对接到法律时,没有发现法律的病症,而另一个法律关系对接到法律时,发现法律有病症,无论其是哪种病症,则对前者只能按简单案件的要求,适用司法方法,而对后者,则根据前述第二点法律关系是单一的复杂案件,来复杂地适用司法方法,从而司法方法复杂适用的排除机制亦与前述第二点所述的情形类同。

第四，如果一例案件的法律关系是两个以上的，并且在这多个法律关系中，其中有些法律关系遭遇到法律时可构成简单“案件”，而有些法律关系在遭遇到法律时出现或法律意义模糊或法律意义冲突或法律意义空缺的情形，那么，对前者只需要运用通用司法方法解决就可以了，但对后者，需要复杂地适用救济法律不同病症的司法方法。也就是说，司法方法在这个具体的案件中出现了“跨病域”地复杂适用的情形。这意味着相关案件的处理及其对法律方法的复杂适用，不但须运用通用司法方法，而且会运用到内容各异的特别司法方法，即在相关案件的裁判中，可能会同时复杂地运用诸如法律论证、利益衡量、类推适用等救济法律不同病症的司法方法。可以说，在这种情境下，是不同司法方法复杂适用的最复杂、最多样，也最深入的场合。

第五，如果一例案件是疑难且复杂的案件，哪怕其中所涉及的法律关系再多，但解决该案所需复杂适用的司法方法反倒简单，因为和法律遭遇后的所有疑难案件，[①]或者是因为法律的意义空缺所引起，或者是因为法律的意义冲突所引起的。所以，相关司法方法的复杂适用，也只能是通用司法方法和救济法律意义空缺、冲突的司法方法的复杂适用。其中，救济法律意义空缺、冲突的诸方法能否再复杂地在同一案件中适用，端赖案件中法律关系的多少以及其与法律遭遇时所呈现的病症的具体状态。如果诸法律关系遭遇法律时呈现的症状只有一种，则只能选择救济该症状的司法方法和通用司法方法一起复杂适用；如果诸法律关系遭遇法律时呈现的症状是多种，则理应选择救济这多种症状的多种特别司法方法和通用司法方法一起复杂适用。无论如何，只要一例案件是疑难且复杂的，就排除了救济法律意义模糊的特别司法方法在这里的复杂适用。

第六，如果一例案件是复杂但不疑难的，并且其中不同的法律关系在遭遇法律时，分别出现法律意义模糊或冲突的情形，那么，司法方法在这里的复杂适用，既可以是通用司法方法和用来救济法律意义模糊、冲突[②]的司法方法的复杂适用，也可以是在上述复杂适用前提下，再加之救

---

① 这也意味着在疑难案件中，也存在和法律遭遇前的疑难案件。这种疑难案件专指案件事实的疑难，不涉及案件事实和法律规定遭遇后的疑难，即严格说来，相关案件事实还没有遭遇法律，因为案件事实久查不明、情节扑朔迷离，在程序上还没到考量对其如何适用法律的程度。

② 应特别交代的是：在笔者看来，案件和法律遭遇时法律的意义空缺，只能导致疑难案件；而案件和法律遭遇时法律的意义冲突，既可以导致疑难案件，也可以导致复杂案件。

济不同法律意义模糊、冲突的各类司法方法的复杂适用。究竟复杂适用到何种程度？是什么意义上的复杂适用？就只能针对具体的个案进行观察和分析。同时，在这种场合，也排除了救济法律意义空缺的司法方法与其他司法方法的复杂适用。

总之，尽管司法方法是多元的，但在具体到某一案件时，绝不意味着就只有某种司法方法适用于该案件，即每个案件绝不是预设的某种司法方法适用条件的简单复现，从而司法方法的适用，也不是机械地、简单地、一元地适用。司法实践中案件内容的复杂多样，案件事实与法律规定对接后的复杂情形，都决定了法官针对具体个案时会不可避免地对司法方法予以复杂地运用。法律方法的复杂适用，不仅涉及司法方法的知识形态和其适用条件的预设问题，而且更关联着司法实践智慧投射到司法方法理论体系时法官创新地运用司法方法的运思水平和能力问题。

论法律方法及其复杂适用的顺位*

法律方法作为一个体系或系列，其司法适用既可能是某一种法律方法的单独适用，也可能是多种法律方法的复杂适用。法律方法的单独适用不存在什么顺位问题，但其复杂适用有没有适用顺位的规定性问题？很值得专门研究。对此，笔者在《论司法方法的复杂适用》一文中，已经原则性地提出了法律方法在司法中复杂适用的顺位问题，即"在法律意义模糊时，相关司法方法的适用程序或顺序是：法律解释、法律推理、法律论证；在法律意义冲突时，相关司法方法的适用程序或顺序是：效力识别、利益衡量、事实替代；在法律意义空缺时，相关司法方法的适用程序或顺序是：类推适用、法律发现和法律续造"，①但并没有认真展开论述。其实在这一原则之下，至少还有如下问题需要继续追问：在案件事实和法律方法的适用之间，存不存在不同法律方法适用的顺位问题？换言之，当一例案件面临多个法律方法时，法律方法有没有适用顺位的规定性？如果在法律方法的复杂适用上存在顺位关系，那么，这种顺位关系是比较稳定的、具有规律性的适用顺位吗？这样的追问与探究，其实关系多种法律方法在具体的司法活动中究竟如何适用，从而也关联着司法裁判的效力问题，因此，是本文拟解决

---

* 发表于《山东大学学报》(哲学社会科学版)2015 年第 4 期。

① 有关法律方法的复杂适用参见谢晖：《论司法方法的复杂适用》，载《法律科学》2012 年第 6 期。

的主要问题。[①] 为了更深入地论述法律方法在司法中复杂适用时的顺位问题,本文拟通过对法律方法研究之问题意识及其反思的论述,进至对通用法律方法和特用法律方法的分类论述,最后集中尝试探讨两类法律方法各自或相互在司法中复杂适用时,错综复杂的适用顺位问题。

一、法律方法研究的问题意识及其反思

(一)法律方法研究的问题意识

(1)在近十余年我国的法学研究中,法律方法研究可谓显学之一。这表现在如下多个方面:

首先,从法律方法研究的成果和相关学术会议来看。在国内陆续出版了以书代刊的系列学术刊物[②]和学术丛书,[③]而学者个人以单本方式出版或发表的法律方法论著与论文更是不计其数。自 2003 年起每年一度的全国法律方法研究学术报告,[④]大体能反映近十年来相关学术研究的基本面貌。不但如此,而且相关研究者有组织地以此为专题开展了系列学术交流活动,除了已成规模,并在一定程度上形成学术定制的“全国法律方法论坛”[⑤]“全国法律修辞学论坛”[⑥]之外,由中国逻辑学会法律逻辑学研究分会和中国语言学会法律语言学研究分会举办的相关学术会议,

---

① 应说明的是,本文有关法律方法体系的论述,基本上是根据拙作《法律哲学》一书中提出的有关法律方法的体系及内容而展开的。具体而言,它有三组共九种法律方法。第一组针对的是法律的意义模糊及其救济方法,包括法律解释、法律推理和法律论证,第二组针对的是法律的意义冲突及其救济方法,包括效力识别、利益衡量和事实替代;第三组针对的是法律的意义空缺(法律漏洞)及其救济方法,包括类推适用、法律发现和法律续造(参见谢晖:《法律哲学》,湖南人民出版社 2009 年版)。

② 主要有《法律方法与法律思维》,由葛洪义主编,从 2002 年开始,分别由中国政法大学出版社和法律出版社等不定期出版,已出版 8 辑;《法律方法》,由陈金钊、谢晖主编,从 2002 年开始,由山东人民出版社出版,已经出版 14 卷。

③ 学术丛书主要有舒国滢主编:“法学方法论丛书”,中国政法大学出版社;陈金钊主编:“法律方法丛书”,山东人民出版社;“法律方法文丛”,北京大学出版社;孔祥俊主编:“法律方法与应用法学文库”,人民法院出版社;张斌峰主编:“法哲学与法学方法论丛书”,中国政法大学出版社。另外,在谢晖等主编的“法理文库”(山东人民出版社)、“公法研究”(山东人民出版社)、“民间法文丛”(中国政法大学出版社)、“法意文丛”(厦门大学出版社)等系列学术丛书中,也收入了三十余本关涉法律方法或规范法学的学术著作。

④ 该报告由焦宝乾、陈金钊撰写,已结集出版,参见陈金钊、焦宝乾主编:《中国法律方法论研究报告》,北京大学出版社 2012 年版。

⑤ 该论坛由谢晖、舒国滢、陈金钊、葛洪义、孙笑侠等学者发起,已连续分别在北京、广州、日照、上海、黑河、上海、重庆、郑州召开了 8 届,第 9 届会议也将于今年(2015 年)夏天由复旦大学和河西学院主办,在甘肃张掖召开。

⑥ 该论坛由陈金钊、刘风景、熊明辉等学者发起,已分别在山东大学威海分校、南开大学、中山大学、华东政法大学举办了 4 届,第 5 届将由北京第二外国语大学主办。

主题每每和法律方法关联甚紧。

其次，从法律方法研究的学术主体看，一方面，在国内不少著名的法学院涌现出了以法律方法为业的学术团队，如中国政法大学以舒国滢、郑永流为带头人的学术团队，山东大学威海分校以陈金钊、谢晖为代表的学术团队，[①]华南理工大学以葛洪义为代表的学术团队，中山大学以熊明辉为代表的学术团队，浙江大学以孙笑侠、陈琳琳为代表的学术团队等。[②] 另一方面，在法学界，法律方法研究的主体不仅限于法理学领域，而且在宪法学、民法学、刑法学、诉讼法学等学科领域，结合各部门法学的特点，都自觉地触及法律方法的研究。不但如此，而且法律方法的研究已经溢出了法学界，越来越多地受到其他学科的关注，特别是语言学界、逻辑学界对法律方法的关注，[③]提升了法律方法研究的学术品位，拓展了法律方法研究的跨学科对话，并增进了整个法学和其他学科的对话。

(2)法律方法研究为何在最近十多年来有如狂飙突进、迅猛发展？笔者以为大体有如下原因：

首先，我国法律体系愈益完善背景下法律运行问题的突出，使法律方法研究的需求日益凸显。尽管按照建设一个法治国家的要求而言，我们还有诸多的法律付之阙如，如社团法、新闻法等，但在既有的制度框架下，保障政治运转、经济经营和公民日常交往的法律已经日益健全。但吊诡的是，法律越多，秩序越乱的情形弥漫在近二十年来中国的社会交往中。如何真正让法律成为社会秩序构造的权威根据？从而据之构造一个秩序井然、生机盎然的法治国家？这既是吾国上下共同关注的公共话题，更是法学研究理应关注的重要话题。有法不依，莫若无法；法之不行，国之不幸。正是这种使命感，令法学界在立法及法律的价值探究之外，更深入到法律运行之维，这既包括对法律运行社会环境与社会接

① 该学术团队的代表人谢晖、陈金钊及重要研究骨干范进学、桑本谦、于改之等虽然先后调到其他高校任教，但在该研究领域，以焦保乾、吴丙新为代表的研究力量还很活跃。

② 孙笑侠教授的调走，与山东大学威海分校的学术团队一样，并不影响陈琳琳等很有实力的新一代学术团队带头人的工作。另外，随着陈金钊、刘风景、于改之等调入华东政法大学，如果组织得当，经费到位，在该校崛起我国法律方法研究的新基地大致可以期待。

③ 在逻辑学界，有些学者就在法学院工作，如张继成、张斌峰、刘成敏、王洪等。特别是吴家麟等先生高瞻远瞩地在法学院系推广了法律逻辑学这门课程，使法律逻辑学成为我国逻辑学研究中的重要一支，也使法律逻辑学研究和教学得以蓬勃开展。有些学者尽管不在法学院工作，但其研究成果对法学很有裨益，其学术活动也和法学界联系甚紧，如延安大学的武宏志和中山大学的熊明辉等。

受予以探究的法律社会学研究，也包括对法律运行在法律内部予以探究的规范法学研究。这两者也开启了中国法学自恢复学科以来全新的气象。而法律方法研究，尽管主要归属于规范法学的范畴，但又介乎如上这些学问之间，它需要同时汲取价值法学、社会法学和规范法学的营养，①因为法律运行毕竟要投射到社会的方方面面，既是根据法律对社会价值的遵循、改造或重塑，也是根据社会事实来嫁接法律规范，同时更是法律规范——特别是命令性法律规范和禁止性法律规范强行戳进社会生活的活动。可见，要根据既有法律推进依法治国，乃是根据法律重构社会的过程。不过，倘若纯粹根据法律的刚性而蛮力地规制，法律很难收获和风细雨、润物无声般构造社会秩序的效果；反之，在法律运行中自觉地借助作为技术的法律方法，可更好地实现法律规制。因此，如何通过更加符合技巧或者符合社会艺术的方式，把法律代入公共生活中？如何让法官在处理社会纠纷时更加充分理性地说理？如何让法官的说理获得两造和其他社会主体的广泛接受？如何通过法律方法的运用和有效裁判的功能，使人们的交往和生活越来越倚赖于法律的规制？这种种问题，都让法律方法研究获得了非常大的学术空间。

其次，我国社会矛盾的急剧突出与司法地位的凸显。在法律体系越来越迈向完整的同时，人们也不难发现，随着市场竞争的发展、多元观念的深入人心以及国家治理方式从命令模式逐渐向管理模式发展，我国的社会矛盾和纠纷也越来越多且越来越复杂。对如此繁杂的矛盾，倘若再运用既往说服教育的手法，显然是去年的皇历，不但无济于事，而且只能误事。当下中国社会矛盾和纠纷的一个重要特点是：政府甚至法院每每成为纠纷的一方主体。在此情形下，如何化解矛盾，决疑解纷？可行的手段不是政府出面的安抚、说教，而是通过公开、公平和遵循法律正当程序的司法来解决——尽管法院也不可避免地也会陷入社会纠纷中。事实上，在我国当人们遇到纠纷时，已然越来越多地借助诉讼程序和司法去解决，更兼之法院的基本职能就是依法决疑解纷。

社会矛盾急剧突出和法院职能之间的这种内在关联，加之社会纠纷及其解决过程，对一个正常运转的社会而言，总会呈现某种戏剧冲突的

---

① 有关对法律方法学理基础的论述参见谢晖：《论诸法学流派对法律方法的理论支援》，载《法律科学》2014 年第 2 期。

强烈效果,因而身处戏剧冲突中的司法和法院,备受人们关注并不稀奇。而法院仅仅靠法律并不能完全完成说理,它只有借助一定的技巧和方法,才能更好地完成穿梭于案件事实和法律之间的任务。法院的此种地位、功能和需要,给法学家展开学术研究提供了灵感。法律方法研究的迅速开展,正是在社会矛盾及其司法解决越来越重要的时代,法学家应和法院之身份、地位和社会对司法之需求的产物。这也印证了"法学理论是被夹在'忠于法律'和'自由发现'之间并根据当时的哲学、科学理论和社会的文化史及司法政策性的经验影响下展开"①的结论。不但如此,而且法学家通过相关研究,对法学研究对象予以纠偏和矫正,并借用法律方法的学理更深入地作用于社会的变迁和法律施展其功能的真正领域——司法领域,以既贡献于司法,也借司法的地位和作用彰显法学的经世济用功能,彰显法治、司法和法学学理之间的内在关系。

最后,国外法学学术思潮的深刻影响。与此同时,还可注意的是在国外法学界,研究的核心问题是规范法学,即法律方法位处其中的法学流派。② 这种情形,在 20 世纪初叶以来就已成型。第二次世界大战以来,因为对战争的深入反思,致使各法学流派、特别是价值法学派有了很大的发展,但与此同时还必须关注,第二次世界大战以来各个法学流派的发展,都深受规范分析的深刻影响,并且对法律的研究具有独特的启示意义。例如,德沃金通过诠释性概念的论述,就典型地通过价值、规范、语言等多个视角的分析,展示了一幅法律整全性的画卷。③ 而社会法学照例给人们提供了深入的规范分析的范例,这无论在之前埃利希的作品中,还是在第二次世界大战以来如布莱克等人的作品中,都不难觅其踪迹。④ 甚至连法人类学、法律经济学等学科,绝不仅是人类学方法和经济分析方法在法律问题上的运用,也在一定程度上展示着规范分析手段

---

① [日]川崎武夫:《法哲学与法解释学》,晃洋书局 1975 年版,第 330 页。

② 尽管在学理和事实上,法律方法几乎会受到所有法学流派的支持。换言之,所有法学流派都对法律方法具有支持作用,但毫无疑问,规范法学是法律方法的主要学术支援(参见谢晖:《论诸法学流派对法律方法的理论支援》,载《法律科学》2014 年第 2 期)。

③ 参见[美]R. 德沃金:《法律帝国》,李常青译,中国大百科全书出版社 1996 年版,第 42 页以下。

④ 参见[奥]欧根·埃里希:《法社会学原理》,舒国滢译,中国大百科全书出版社 2009 年版,第 126 页以下;[美]唐纳德·布莱克:《正义的纯粹社会学》,徐昕、田璐译,浙江人民出版社 2009 年版,第 7 页以下。

对相关学科的影响。而在具有广泛国际影响的国际法哲学—社会哲学会议上,近几届的论文多以规范分析法学学者的作品居多。国外法学界研究的这种情势,一方面契合了规范分析之于法学本来应有的地位;另一方面则启发了中国法学学者的研究方向。法律方法研究的蓬勃开展,在一定意义上就是受国外法学界特别是欧美法学界这种研究趋势的影响而展开并深化的。在这方面,只要关注相关研究者对欧美规范分析法学学者学术观点的引证,以说明相关法律方法的事实中就能验明。至于国外学者特别是德国学者直接撰著的有关法律方法问题研究的论著,对我国法律方法研究的启示,更是直接且深入的。[①] 其中缘由,不仅在于其所提供的理论的精致,还在于我国作为一个成文法国家,其法律在司法适用中的问题和德国等成文法国家的相像性。

(二)法律方法存在问题的反思

尽管因为上述原因,我国的法律方法研究有了长足的进步,但这一研究直到目前为止还没有切合其问题意识,较为妥适地解决法律方法本身的实用性问题。记得在多个学术会议上,司法实务部门的学者或法官质疑法学家的努力与司法实践的脱节问题。而法学界的一般回应是:如果法学(或法律方法)解决了司法实践中的所有问题,那还要司法实践干什么?笔者之前对这一回应也大体持肯定态度,甚至强调“实际联系理论”的重要性和迫切性。但是,具体到法律方法研究中,却又深感对上述意见及其回答需要分而析之:

(1)我国目前的司法活动,对具有严谨逻辑意味的法律方法关注确实很不够。司法实践所需要的法律方法,就是这种过分带有功利色彩的“法律方法”,是能立竿见影地对当下案件的处理发挥效用的“法律方法”,因之,与其称为法律方法,不如称其为法律个案对策更妥适。显然,这种对法律方法的期待和要求,乃是把法律方法研究者的职业担当混同于司法者的职业担当。诚然,法律方法研究者有义务提供其关于司法中案件事实和法律规定遭遇时的解决方法,但其不能包办司法活动,也不能事无巨细地解决司法所面临的具体问题。

(2)不得不指出的是,就法律方法研究者而言,其研究内容、研究手段和研究结论并没有温情关切一般司法实践的需要也是一个不争的事

---

① 在这方面,其中[德]卡尔·拉伦茨:《法学方法论》,陈爱娥译,商务印书馆2003年版,[德]罗伯特·阿列克西:《法律论证理论》,舒国滢译,中国法制出版社2002年版等,对我国法律方法研究的影响之大,可谓冠绝。

实。仅以目前我国法学界有关法律方法体系的论述为例,尽管学者们殚精竭虑,在体系视角提出了很多法律方法,[①]但不同的法律方法究竟在何种具体情形下适用? 换言之,不同法律方法在司法中适用的条件是什么? 对这些问题,论者常常关注不够,致使法律方法研究虽然拥有应用研究的名号,但在司法实务中真正应用起来,仍然隔着千山万水。这种情形,不唯我国的法律方法研究如此,我们只要看看阿列克西的《法律论证理论》或拉伦茨的《法学方法论》,法律方法研究与司法适用之间若即若离,甚至关联困难的情形都客观存在。[②] 在一定意义上,相关理论与司法的关联程度,甚至远不如英美分析法学者的一般学术理论与司法的关联。尽管理论研究者事先专门设定其研究成果的运用前景,不免有些多此一举,但对研究成果的运用问题不闻不顾、漠不关心,这也完全不符合社会学科的适用要求,也不能让学者庄敬地对待司法实践生活本来的要求,甚至还可能是相关研究者自大心态的一种表现。"如果法律理论不能从经验层面上对解释者的能力以及其所选择的解释方法产生的系统性影响给予充分考虑,这种法律理论就不可能为法官、立法者以及执法者如何解释法律文本这一问题提供富有操作性的解答。[③]"因此,庄敬、温情地对待司法实践,并经由司法实践完善法律方法理论,寻求法律方法在司法中的妥适和一般适用效力,关注法律方法和司法实务之间的内在关联,绝非相关学者的越界行为,反而是法律方法研究内容深化、功能实现、从纸上到实践的题中应有之义。法律方法的适用顺位,就是在该思想指导下,在法律方法适用顺位上的一份初步思考。

二、通用法律方法和特用法律方法

对于法律方法,人们完全可以从不同视角进行分类,但以法律方法被司法适用的范围为视角,似乎可以把法律方法分为两类,即通用的法

---

① 例如郑永流、陈金钊等都提出了法律方法的体系问题,参见郑永流:《法律方法阶梯》,北京大学出版社2008年版;陈金钊等:《法律方法论研究》,山东人民出版社2010年版,第162页以下。

② 2005年以来,笔者在西班牙、台北等地多次巧遇我国台湾地区高雄法院对法律方法特别是法律论证理论的研究颇有心得的李佩娟女士,并和她多次言及阿列克西法律论证理论在司法适用时面临的困境。她对相关意见深表赞同。她的18万余言的硕士学位论文,就是借此而给法律论证理论的司法适用寻求一种理论渠道(参见李佩娟:《司法裁判中法律论证的理性基础与评价论证的正确性》,台湾大学2005年硕士学位论文)。

③ [美]阿德里安·沃缪勒:《不确定状态下的裁判,法律解释的制度理论》,梁迎修等译,北京大学出版社2011年版,第2页。

律方法和特用的法律方法。

(一)通用法律方法

所谓通用的法律方法，顾名思义，是指在司法中能够被普遍运用、一般运用的法律方法，即无论什么样的案件，只要通过司法方式解决，都可以运用的法律方法。这一界定，或许只有解决如下问题后，才具有更强的说服力：

第一个问题是，通用法律方法可适用于低级司法吗？在我国，根据目前法律的相关规定，司法可以分为低级司法（调解）和高级司法（裁判）两类，[①]因之，调解作为我国司法活动的重要组成部分，不能不在考察我国的司法概念时予以关注。这样一来，就会有相应的问题产生：通用法律方法也可运用于低级司法吗？诚然，在调解这种低级司法中，依据经验和两造的自愿来处理案件是通常做法。这种情形，似乎排除了适用法律方法的必要和可能。但在笔者看来，这种对低级司法的理解，未免太小看低级司法了。即便司法调解活动，也是建立在案件事实、司法程序和法律实体规定基础上的。作为一种国家行为和权威法律活动，它完全有别于两造之间的私了或者两造通过民间第三人调解下的私了。两者的根本区别，在于前者主要是以情感人的活动，而司法调解尽管不乏以情感人的因素，但因为以情感人而放弃了以理服人，那就不是司法——哪怕它是低级司法。可见，它仍然要强调司法的事实根据和法律准绳这些基本要求，因此，面对案件事实并对其依法作出解释或者推理，是法官展开司法调解的基本前提。这也决定了通用法律方法在低级司法活动中的适用性，从而不能否证或证伪笔者对通用法律方法的界定。

第二个问题是，通用法律方法是否说明所有司法活动都须法律方法？法律方法研究的重点有时给人形成一种错觉，似乎并非所有的案件处理或司法活动都用得着法律方法。这种情形，是法律方法研究者更多

① 把调解称为低级司法，而把裁判称为高级司法，并不存在对两类司法工作效果的评判，而只是强调一方面，司法调解活动较少运用专门的法律思维，而司法裁判主要是一个法律思维作用的过程。另一方面，司法调解主要是依据经验从事的活动，因之，无须特别的专业训练，只需一定的经验积累就可能胜任；而严格的司法裁判，则不仅需要一定的经验积累，也需要经过系统的专业训练才堪胜任。此外，司法调解必须和两造的自愿相结合，因此，难度自然降低，获得当事人接受也较容易，但司法裁判却一定是在两造不愿妥协、坚持对抗的情形下进行的，要获得当事人接受，则殊不易，故更需逻辑和论证的征服力量。

地关注于复杂案件或疑难案件所致。[①] 毫无疑问，复杂案件和疑难案件对于法律方法的学术研究而言，更具有典型性或者标本意义。法官面对复杂和疑难案件，特别是疑难案件，更需要独特的手段或方法予以补救。缘由何在？这里需要稍微对复杂案件和疑难案件做些交代，才能够更深地理解。复杂案件指向案件的事实领域，而疑难案件指向案件事实和法律遭遇的场合。如果说复杂案件主要指向一例案件之事实或法律关系的复杂（它主要指向事实领域）的话，那么，疑难案件则指向案件事实和法律规定遭遇时的复杂。当然，这两者之间有时还可以出现竞合状况，即一例案件可以是复杂并疑难的案件。这表明，疑难案件和复杂案件在逻辑上是一种交叉关系：疑难案件可以是复杂案件，也可以是简单案件；同样，复杂案件可以是疑难案件，也可以是非疑难案件。

这表明，简单案件和明晰案件不需要法官在通用法律方法之外，运用其他特别的法律方法，即法官只需要把法律规定代入案件事实中就可以解决问题，所以，对学者深入和创新性的学术研究而言，启示意义不大。但是，复杂案件和疑难案件却不同，这样的案件法官直接运用法律规定并不能一蹴而就，即法律规定没有提供给法官解决相关案件的现成答案，还需要法官更复杂的心智才能更妥帖地解决案件，并以理说服当事人。因此，对学者而言，专门研究的学术意义和实践意义明显要更强些。尽管如此，但正如前文业已表明的那样：即使简单案件和明晰案件不适用特用的法律方法，或者即使法官办理简单和明晰案件的活动，就是执行所谓“自动售货机”的过程，也意味着通用法律方法，如对案件的事实解释、法律推理等在这一过程中的运用。因之，可以肯定地说：所有案件的解决，都须法律方法。

通过如上对通用法律方法的阐述说明，所有司法活动，都不可避免地是法律方法作用于其间的活动，因此，强调有些案件需要运用法律方法，有些案件不需要运用之，乃是对法律方法司法适用的一知半解和明显误解，同时，也显然低估了法律方法在司法中的一般作用。笔者认为，

---

① 笔者目前所接触到的法律方法研究论著，大多围绕着对复杂案件和疑难案件的司法处理方法而展开。检索发现，专门就简单案件、明晰案件的法律方法研究成果甚少。原因或在于：一方面，诸如法律思维、法律解释、法律推理研究的一般成果，不言自明可适用于简单案件和明晰案件的处理，不需要专门说明；另一方面，对这些案件在法律方法视角专门研究的样本意义不是很典型，因此，学者研究的劲头就不是很足。

这种观念上的收获,本身是法律方法温情地关注司法实践的一种表现:它会让所有法官在办案中自觉体识法律方法的实践价值,理解理论与实践的关联所在,从而更表明法学者的法律方法研究之于司法实践的一般意义。通用法律方法大体上有法律解释和法律推理两种,[①]因为这两种法律方法适用于所有的司法活动——无论是低级司法,还是高级司法,也无论是简单、明晰案件的裁判,还是复杂、疑难案件的裁判。但论述至此,还须说明的是:通用法律方法在司法适用中不但是通用的,而且在特定的复杂、疑难案件中也可以作为特用法律方法来适用,即前述通用法律方法,不仅可通用于所有司法活动,也能在一个案件遭遇法律而出现问题时,予以“特用”,成为特用的法律方法。

(二)特用法律方法

所谓特用的法律方法,是指当案件事实复杂,在法官之间难以形成统一的处理意见,或者当案件事实和法律规定遭遇后,两者的对接不可能出现无缝对接的情形,反而出现适用疑难的问题时,所适用的法律方法。简言之,特用法律方法即法官在办理复杂案件和疑难案件时所适用的法律方法。其中,在复杂案件和疑难案件所适用的法律方法还有所不同。

笔者认为,如果是纯粹的复杂案件,则适用于它的特用法律方法主要是法律论证。为什么呢?因为一般来说,复杂案件的处理方案也通常是复杂的,不同的法官每每会有不同的处理方案,因之,不同推理之间的竞争就是复杂案件处理过程中最常见的现象。当然,在这一过程中,常用法律方法,如法律解释(特别是对相关案件事实的法律解释)、法律推理等的运用自是理所当然,不过法律解释和推理等在这里只能担当通用法律方法之角色,而不同于后文将论及的它们所担当的特用法律方法的角色。与此同时,还需说明的是法律论证在复杂案件中的角色究竟应归类为通用法律方法还是特用法律方法的问题。在前文的注释

---

① 除此之外,法律论证是否为通用的法律方法?这要看如何界定法律论证。如果把法律论证界定为法官在司法裁判中面对不同裁判方案的反复权衡和推敲,则可视为通用的法律方法,因为在解决简单案件的独任制审判中,法官也可以做到这一点:自设自证地进行“论证”,但这种情形,我宁可视之为法律推理。如果按照我的界定,把法律论证界定为多个主体针对同一案件提出不同处理方案,并在不同的主体之间进行论辩,最后达成妥协的案件解决方案的活动(参见谢晖:《法律哲学》,湖南人民出版社2009年版,第117页以下),则法律论证最多只能是附条件的通用的法律方法。这里所谓附条件,就是指在司法中,法官对具体案件的处理意见有分歧,并都能提出分歧意见的逻辑根据。

中,笔者把法律论证归类到附条件的通用法律方法之列。所谓附条件具体是指什么?在笔者看来,它就是案件处理意见的分歧。无论一例案件是简单案件、复杂案件还是疑难案件,只要法官在司法中提供了不同的处理意见和方案,或者存在处理方案的分歧,就需要展开不同意见(推理)之间的论争。换言之,也就需要法律论证。因之,只要存在案件处理意见分歧及其论争的场合,法律论证就是相关案件处理中的通用法律方法。

那么,又为什么说在复杂案件中,法律论证又是特用的法律方法?这里涉及紧密相关的两个问题:一个是通用法律方法向特用法律方法的转化问题。前已述及,通用法律方法可以在特定条件下转化为特用法律方法。那么,这里的特定条件是什么?它所指的就是某种或某几种法律方法对于解决特定的案件具有特殊适用性。以此来衡量,则法律论证对于解决复杂案件而言,就具有此种特殊适用的特征。当然,这还要与另一个问题,即复杂案件审判过程之特质相联系来思考。复杂案件在审判中的基本特质,就在于前述处理意见的多样性。如果把复杂案件继续划分为法律关系复杂(事实复杂)、适用法律复杂(法律复杂)和案件背景复杂等多种情形的话,那么,适用法律的复杂问题同时可以归类于后文将要论及的疑难案件中。这表明,纯粹的复杂案件只有两种,即法律关系复杂(包括法律主体复杂、法律客体复杂和权利义务内容复杂等)的案件和社会背景复杂的案件。

无论对于法律关系复杂的案件,还是对于社会背景复杂的案件,法官在处理中一般都会形成不同的处理意见,因此,处理意见分歧,并进而因为分歧的处理意见进行论辩或论证(竞争)就理所当然。越是复杂的案件,越容易形成有关案件处理的意见分歧,从而也越能够发挥法律论证在其中的作用。对法律关系复杂的案件而言,无论复杂主体、复杂客体还是复杂的权利义务,都可能提供法官在不同视角、不同向度构造裁判意见的可能。而对于背景复杂的案件,就更容易形成处理方案的冲突。所谓背景复杂,在法治健全,或者业已实现了法治的国家,主要是指案件背后的政治选择和政治权衡,但这又事实上涉及法律和社会事实的冲突问题,因此,涉及政治价值衡量(不是一般利益衡量)问题。正如伯顿所言:“为了实现秩序和正义的价值,法律信念之网应把法律经验和法律目的整合为一个和谐有效的整体。给予规则和判例以协调性的原则和政策应该是法律共同体作为法律惯例性正当理由而接受的那些东西。

设定了秩序和正义的核心地位,面对疑难案件的审慎的法官应该得出为维持或加强法律的协调性而要求作最少调整的那个判决。”①而对于法治尚不健全的国家而言,所谓背景复杂,可谓五花八门,难以尽述。其中,案件背后的权力、种族、宗教、历史、宗族、名望等因素,在这样的国家法官不得不特别关注。不仅如此,即使在那些法治健全的国家,也不可避免地存在对复杂案件在法律论证上的特别关注。② 恰恰是复杂案件在审判中往往存在法官裁判意见的分歧和因这些分歧而展开的法律论辩和论证,因此,对复杂案件的处理而言,法律论证作为法律方法,就有了一定程度的专属性,从而法律论证在这里也就有了特用性。

如下想重点探讨的是疑难案件和特用法律方法之间的关系。前已述及,所谓疑难案件,就是指和法律遭遇后,不能无缝地把其和法律规定勾连起来的那些案件。一例案件再复杂,但只要能在法律中寻到清晰地解决该案件的规范,就不能称为疑难案件。因此,疑难案件的症结一般在法律规定上,而不在案件事实上。就此而言,疑难案件因如下几种情况而发生:

第一种情形是因为法律规定的意义模糊不明。所谓法律意义的模糊不明,是指法律文字的表达因为诸多原因,如一词多义、一义多词或者表述不当等因素的影响,给相关案件的裁判带来不便。在成文法国家,造成这种情形的基本缘由,是立法中语言的推敲不够。但是,这为司法中法官运用特用的法律方法创造了条件,也为司法中法官的能动智慧发挥作用提供了可能。在司法中,因为法律意义的模糊不明而使用的法律方法,主要有三种:

一是法律解释,即通过语言文字的解释阐明法律的字面意义,无论它进行了意义限缩,还是意义扩张,也无论其借助历史意义,还是目的意义,其基本功能都是为了阐释法律文字的字面意义。当然,这样的解释或许忽视了法官对案件事实的解释,但需要说明的是,如果对案

---

① [美]史蒂文·J.伯顿:《法律和法律推理导论》,张志铭等译,中国政法大学出版社 1998 年版,第 153 页。伯顿在此所讲的尽管是“疑难案件”,但其论述也可以说明这里所讲的价值衡量问题。

② 例如,众所周知的美国辛普森案及其裁判(参见林顿编著:《世纪审判:令新大陆痴狂的辛普森杀妻案》,吉林人民出版社 1996 年版)和正在审判中的南非“刀锋战士案”(参见周磊:《刀锋战士案警探涉嫌谋杀》,载《京华时报》2013 年 2 月 22 日)等,之所以裁判过程如此艰难,裁判后社会反响如此之大,就在于这些案件作为复杂案件,从法官到社会对这些复杂案件的特别关注和处理意见极端分歧上。

件事实的解释不是设法代入法律规定中去，则事实解释就不具有司法意义。

二是法律推理。法律推理的一般意义是通过三段论把案件事实的内容结构到法律规定中，从而得出具有权威性的裁判结论。所以，尽管归纳推理在司法中，特别是在证据的排查和采信中，从而也在事实认定中具有不容忽视的方法意义，但作为法律方法的法律推理，主要是三段论。对于法律意义模糊的释明而言，法律推理主要用来解决当案件事实和法律规定遭遇后法律的模糊不明问题（这意味着法律的字面意义本身不存在问题）。

三是法律论证，即当法律的意义出现模糊不明时，在司法中究竟如何理解法律的字面意义，在不同法官之间形成了争点，并为此寻求论辩和妥协方案，以完成司法裁判的方法。可见，在司法中借用法律论证而对法律意义模糊的解决，一定是一个争鸣和辩驳过程。法律论证总是和可辩驳性相关。“可辩驳性是法教义学中的中心问题，可辩驳性关涉所有的法律规范，这包括法律主张、法律原则、法律规则，尤其是法律渊源、推论规则和先例等，在重要性上可辩驳性是与可衡量性密切相关的。”①其结果奉行的不是绝对的真理，而是法官之间能够妥协的真理。

紧接着相关的问题是，如上三种法律方法，根据前文的论述，本来或者是通用法律方法，或者是附条件的通用法律方法。那么，在此为何被称为特用法律方法？一言以蔽之，其原因就在于对法律意义的模糊而言，如上方法具有专门性和特殊效果。所以，其适用不同于不存在法律意义模糊时法官裁判案件中所使用的法律解释、法律推理甚至法律论证。

第二种情形是因为法律产生了意义冲突。所谓法律意义的冲突，是指两种或两种以上的法律条文对同一种社会事项规定了不同的规范内容。就广义而言，法律的意义冲突也是法律意义模糊不明的一种表现，但它与前述法律意义模糊不明又有明显的不同。法律意义模糊不明体现在特定法律的文字表达上，而法律的意义冲突却就某条法律的具体规定而言，意义都是明确的，但就相关数条法律的规定做比较，则其意义是模糊（冲突）的。法律意义冲突的救济机制也有三种，分别是效力识别、

① Aleksander Peczenik, Legal Doctrine as Konwledge of Law and as a Source of Law, Springer Publisher, 2005, p. 115.

利益衡量和事实替代。效力识别通过低效力位阶的法律服从于高效力位阶的法律这个基本原则来消解法律意义的冲突；利益衡量①借助小法益服从大法益这一基本原则来消解法律意义的冲突；而事实替代则依从事实永远是法律的社会源泉这一原理来消解法律意义的冲突（在结果意义上，它具有“法官造法”，或者法官直接在事实中发现法律的能动性）。对于法律意义冲突的消解而言，尽管通用法律方法的适用是不可避免的，但如上特用法律方法是直接消解法律意义冲突的法律方法。除此之外，司法中法官再找不到更合适的方法来直接克服法律意义之冲突了。

第三种情形是因为法律出现了意义空缺。所谓法律意义的空缺，是指面对业已存在的社会关系和社会纠纷，在法律上没有相关规定足以作为裁判案件的根据，例如，最近在我国引起广泛关注的互联网金融——余额宝问题，到目前为止，几乎无任何正式法律规范可言，如果在相关领域产生纠纷而诉诸法院，法院就面临着巧妇难为无米之炊的困境，就只能通过补救意义空缺的法律方法来解决相关问题。补救法律意义空缺的基本方法有三种，即类推适用、法律发现和法律续造。众所周知，类推适用是法官在案件裁判中面临法律意义空缺时，在现行法律体系中寻找最相类似的条款以解决案件的法律方法；法律发现，则是在法官穷尽了现行法律体系，找不到解决当下案件的类似规则时，在非正式法律渊源，如社会习惯、道德、社团章程、政党纪律等规范中寻求类似规则，以解决案件的法律方法；而法律续造则是法官不但穷尽了现行法律体系（正式法律渊源），而且穷尽了非正式法律渊源后，仍未找到合适的裁判当下案件的规则时，运用法官的基本良心、内心确信和娴熟经验，直接创制裁判规范据以裁判案件的法律方法，即“法官造法”（所谓司法能动）的法律方法。上述三种法律方法，尽管也不可避免地会和通用法律方法之间产生司法中复杂适用的问题，但就三种法律方法本身的职能或作用而言，它们主要是用来救济法律之意义空缺、填补法律漏洞的专门的、特用的

---

① 应说明的是，利益衡量不同于价值衡量。尽管笔者在有的场合把这两种法律方法通用（参见谢晖：《法律哲学》，湖南人民出版社 2009 年版，第 200 页以下），但严格来说，一个国家如果不存在“法官造法”，则最多只有利益衡量，而不会有价值衡量。这也预示着，在法律方法中，价值衡量是“法官造法”的产物。或许这和事实替代以及后文将要提及的法律续造有所抵牾，但笔者想继续说的是：事实替代、法律续造以及价值衡量等，都具有“法官造法”的性质，只是价值衡量更侧重于法官对现行法律合法性（价值）缺陷的矫正，而前两者更侧重于法官对现行法律技术性缺陷的矫正。

法律方法。①

通用法律方法和特用法律方法的界定，为下文进一步探究法律方法司法适用的顺位提供了前提条件。

三、通用法律方法司法适用的顺位

所谓法律方法司法适用的顺位，是指法律方法在司法中复杂适用时的出场顺序。可见，法律方法的司法适用顺位，只是在法律方法出现了复杂适用的时候，才有分析的必要。当某种法律方法在司法中单独适用时，则不存在所谓法律方法司法适用顺位的问题。② 而法律方法的复杂适用，大体上可以做如下三分：一是通用法律方法在司法中的复杂适用；二是通用法律方法与特用法律方法在司法中的复杂适用；三是特用法律方法在司法中的复杂适用。其中，在第二、三种情形下，必然存在通用法律方法和特用法律方法的复杂适用问题，对此，将在本文第四部分中加以介绍。这里只就通用法律方法司法适用的顺位问题予以分析。

通用法律方法司法适用顺位的确定，应当依据司法活动中法官的思维逻辑和法定的程序过程来确定。司法活动，既是一个对争议纠纷的事实查明和阐释活动，也是一个在查明了案件事实之后，继续寻找既有的相关法律规定，并将案件事实代入相关法律规定，以裁判案件的活动，即根据案件事实，寻求处理它的法律准绳的活动。可见，司法的思维过程，就是在案件事实和法律规定之间的目光流盼，并借此而得出恰当的、可被法律认可，也可被当事人接受的裁判结论的过程。在这一过程中，通用法律方法——法律解释、法律推理和附条件通用法律方法——法律论证，不论在它们之间发生复杂司法适用的情形，还是它们与特用法律方法之间发生复杂司法适用的情形，都须遵循一个基本的司法适用顺位，即从法律解释到法律推理，再从法律推理到法律论证。换言之，在这里，法律解释是通用法律方法在司法中复杂适用时第一顺位的法律方法；法律推理是通用法律方法在司法中复杂适用时第二顺位的法律方法；法律论证是通用法律方法（附条件）在司法中复杂适用时第三顺位的法律方

---

① 有关如上特用法律方法及其适用的条件和场域，参见谢晖：《法律哲学》，湖南人民出版社2009年版，第283页以下。

② 事实上，在“高级司法”实践中，抛开通用法律方法的特用法律方法，虽然有单独适用的可能，可一旦其和通用法律方法相关联，则特用法律方法也就不存在单独适用的问题了。在这个意义上讲，存在不存在法律方法的单独适用？这几乎是个伪问题——哪怕再简单的司法活动，都意味着法律方法的复杂适用，至少是通用法律方法（如法律解释、法律推理）的复杂适用。这样看来，法律方法的单独司法适用问题，只能存在于“低级司法”中了。

法。那么,为什么在司法中,要遵循通用法律方法司法复杂适用的如上顺位呢?

(1)法律解释之所以在通用法律方法的司法复杂适用中作为第一顺位适用,源于法律解释在整个法律方法体系中的基础地位。正如有人所言:“在过去的15年里,解释已成为法律学者的主要知识范式之一。就如20世纪60年代对规则的兴趣和70年代对原则的兴趣,在过去10年里,很多法律理论的建构是围绕着解释的概念展开的。[①]”诠释学强调人们理解和解释的普遍性。[②] 如果把这个原理运用到司法活动,则可以认为,所有司法活动就是围绕着法律而展开的一场理解和解释活动。原告的诉讼请求就是以其持有的证据为基础,并以对法律的理解为前提而提出的;同样,被告的诉讼请求也是以其持有的证据为基础,并以自己对法律的理解为前提应诉的。至于法院和法官,更是从诉讼伊始,就结合个案,进入对法律的理解和解释中。被结构在诉讼中的法律解释,当然不是当事人的,而是法院和法官的解释。无论是其对案件事实的理解和分析,还是其对法律规定的解释和说明,也无论是其对案件事实和法律对接的阐述与论证,都是法院或法官进行法律解释的活动。[③] 司法中自始至终都伴随着法律解释,司法裁判的结果,就是法官对个案进行法律解释的最终成果。因此,“只有在法律文字特别‘模糊’、‘不明确’或‘相互矛盾’时,才需要解释,那就是一种误解,全部的法律文字原则上都可以,并且也需要解释。需要解释本身并不是一种——最后应借助尽可能精确的措辞来排除的——‘缺陷’,只要法律、法院的判决、决议或契约不能全然以象征性的符号语言来表达,解释就始终必要”。[④] 可见,法律解释这种方法与司法的内在关联。

正因如此,在实践上,人们才强调法官一言九鼎。在学理上,法律方

---

① [美]安德尔·马默:《法律与解释》,张卓明等译,法律出版社2006年版,第1页。

② 参见[德]汉斯-格奥尔格·伽达默尔:《真理与方法》,洪汉鼎译,商务印书馆2010年版,第377页以下。

③ 按照一般原理,法律解释的主体是参与到司法个案中的法官,而不是法院。但是,在我国的司法体制中,独特的司法解释体制否定了法官的法律解释,或者法官尽管在个案中作法律解释,也只有个案妥适性,而不具有一般性。只有最高人民法院的机关(法院)解释(参见张志铭:《法律解释操作分析》,中国政法大学出版社1999年版,第224页以下;魏胜强:《法律解释权研究》,法律出版社2009年版,第71页以下)才具有一般性,这种对法律解释的机关化处理,是妨碍法官司法中主动精神的重要原因所在。

④ [德]卡尔·拉伦茨:《法学方法论》,陈爱娥译,商务印书馆2003年版,第85页。

法论的不少学者，干脆把法律方法和法律解释等同起来。[①] 所有法律方法，归根结底都是法律解释。离开法律解释的法律方法似乎空洞无物。尽管这种对法律解释夸大其词的论述笔者并不赞同，但这种现象足以说明法律解释在整个司法活动中的基础地位。

法律解释的此种基础地位，不但使特用法律方法的展开和运用须要借助法律解释才能展开，即必须和法律解释一起复杂适用，才能施展其功能（后文专门展开），而且使同属于通用法律方法或附条件通用的法律方法——法律推理与法律论证，也必须借助法律解释才能发挥作用；否则，其功能就难以发挥。何以如此？

（2）就法律推理而言，作为演绎推理，无论法律推理的大前提还是小前提必须是清晰明确的。而在司法活动中，代入法律推理中的法律规定（大前提）和案件事实（小前提）都是法官理解和解释的结果。如果法官不能就大前提和小前提进行深入可信的解释，则司法裁判本身会面临说理不足、推理不能和不被接受的尴尬。可见，司法中法官必须的、充足的法律解释活动，必然是法律推理的前提。没有法律解释，就不能进行法律推理。

就法律论证而言，如前所述，在笔者看来，法律论证就是司法中法律推理的竞争，或者就是多个有关个案裁判的不同推理方案在符合法律论证规则下的竞争。因此，如果说司法中法律推理需要把法律解释前置的话，那么，法律论证就更需要以法律解释的前置为论证的直接基础。因此，这里就无须专门对法律解释和法律论证在司法适用中的顺位关系继续饶舌。

如上论述表明，司法中对通用法律方法的复杂适用，必须以法律解释为前置，换言之，必须以法律解释为通用法律方法复杂适用的第一顺位。

法律推理之所以在通用法律方法的司法复杂适用中作为第二顺位而出场：一方面，取决于前述法律解释已经当然地占据了通用法律方法司法适用的第一顺位，既然如此，在逻辑上和事实上法律推理就不可能再在第一顺位上被司法适用了；另一方面，也取决于法律推理与法律论证之间的关系，尤其是在推理“成了一种说服或反驳对手，并根据一个决

---

① 改革开放以来，在法学恢复过程中，我国关注法律方法研究的一些先行者所作的法律方法著述，辄起名为××解释学，最典型者如梁慧星的《民法解释学》（中国政法大学出版社1995年版）。

定的正当性与对手达成一致的讨论技术"[1]时。

在前文中,笔者已经对法律推理与法律解释的关系做了论述,这里想进一步引出的是:除了低级司法之外,任何高级司法活动都存在至少两种法律方法的复杂适用,即法律解释和法律推理在司法中的复杂适用。高级司法,哪怕它是最简单的高级司法,都无可例外地是把法律规定代入案件实事中,并以三段论的逻辑推理进行裁判案件的活动,因此,一起最简单的高级司法,即使不会涉及法律论证方法,也不会涉及特用法律方法,但至少会涉及两种通用法律方法的复杂适用,即法律解释和法律推理方法的复杂适用。

这种情形表明,在高级司法活动中,法律解释和法律推理是命运攸关、休戚与共的两种方法。法律解释为法律推理功能的展开和运用提供逻辑前提,而法律推理须依据法律解释的结果,进一步把司法活动由过程推向结果。在此意义上,完全可以说没有法律解释的高级司法是不能想象的,同样,没有法律推理的高级司法也是不能想象的。一起看上去最简单的高级司法,哪怕它是独任制审判的高级司法,都是法律解释和法律推理两种法律方法紧密合作的产物。它们两者之间不能实现此种合作,则可判定高级司法的任务尚未完成。当然,这一论述也进一步证成了在司法中法律解释和法律推理的复杂适用,在逻辑上只能以法律解释为第一顺位,以法律推理为第二顺位。

至于法律推理和法律论证的关系,一方面,需要说明法律推理和法律论证在司法中并存在当然地复杂适用的情形;在此基础上,另一方面,需要理清这样的理念:法律论证是多个法律推理的竞争形式。据此笔者认为,法律论证的基本特征是:当面对一个案件,不同法官持有完全不同的裁判方案、裁判理由和裁判结论——即持有不同的对案件的推理时,在公正的、可以最终妥协的制度环境保障下,法官就不同法律推理进行论辩或论证的活动。这正如爱默伦对论证的界定,"它是一种言语性和社会性的说理行为,旨在通过提出一系列的主张,在每一个理性的'法官'面前,对有争议的观点进行辩驳,以增强或减弱他者对该观点的接受程度"。[2] 因此,如果不从一起司法活动的最终结果意义上,而是从其过

① [法]保罗·利科:《哲学主要趋向》,李幼蒸等译,商务印书馆1988年版,第420~421页。

② Frans H. van Ermeren, Rob Grootendorst, Francisca Snoeck Henkemans Fundamentals of Argumentation Theory: A Handbook of Historical Backgrounds and Contemporary Developments, Mahwah, N. j. L. Erlbaum, 1996, p. 5.

程意义上观察，则法律论证是法律推理的后续行为，当然，这一后续行为又为最终的司法裁判活动——最终的法律推理奠定前提。

这样看来，司法中法律推理和法律论证复杂适用时的顺位问题就不像这里论述的那样简单：法律推理一定是前置的，而法律论证一定是后置的。诚然，就整个司法过程来看，确实存在法律推理和法律论证相互地前置和后置的关系问题，即法律论证一定要以数个法律推理的提出为前置，而只要存在法律论证方法出场的案件，又最终必须归结到作为裁判结果的法律推理上，因此，法律论证又成为裁判推理的前置。但是，这种复杂的情形，并不影响笔者在这里的一般结论：在通用法律方法的复杂适用中，法律推理是第二顺位的法律方法。为什么？

因为笔者在这里所论述的顺位，正如前文所言，是指法律方法在司法中复杂适用时，其一般的出场顺序。按照这个解释，则尽管在法律推理和法律论证之间存在前述互为前置，又互为后置的情形，但在一例司法的程序运行中，一定是先出现法律推理，并且是出现数个互不相同的法律推理时，才会引出法律论证的必要。倘若没有多个法律推理的提出，没有多个法律推理的冲突，就没有必要展开法律论证，从而也没有法律论证方法出场的机会。在一定意义上讲，司法制度中对合议庭成员的多人单数之设定，目的就是法律论证活动的有效开展。在这一视角上看，法律论证方法在司法中出场的机会是常见的。换言之，法官对一起案件秉有完全不同的处理方案，是司空见惯的。这也进一步说明在学理上厘清法律推理和法律论证复杂适用时，两者的出场顺位所具有的一般意义——如果一起案件的处理是法律论证先出场，而所有法官又没有各自对其主张提出扎实有效的推理，就必然意味着司法出了问题。

以上论述皆表明：法律推理在通用法律方法的复杂适用中，应以第二顺位出场。

(3)法律论证之所以在通用法律方法的司法复杂适用中作为第三顺位(最后一个顺位)出场，在前面对法律解释和法律推理分别作为通用法律方法复杂适用之第一、二顺位出场理由的论述中已经不难见端倪。这里须在另外的三个角度进一步说明作为通用法律方法(附条件)的法律论证在复杂适用时为何按第三顺位出场的原因。

第一个角度是：法律论证不能在司法中单独适用。由于法律论证并非必然通用的法律方法，因此，它不能在司法中单独适用。不过，不能单独适用这一特征似乎和法律论证在司法中复杂适用时为何按第三顺位出场没有必然的逻辑关联,因为法律方法的单独适用本来只指涉低级司法。诚然,如果法律论证只能和某一通用法律方法,如法律解释或法律推理复杂适用,那就意味着它在复杂适用时未必一定是按第三顺位出场的。但是,问题恰恰不是如此,这需要转到第二个角度的观察。

第二个角度是:凡是法律论证出场的场合,一定同时也是法律解释和法律推理出场的场合。尽管法律解释和法律推理共同适用时,法律论证未必出场,但法律论证出场时,必然意味着法律解释和法律推理的出场。为什么?正如前述,这是因为法律解释和法律推理是法律论证的逻辑前提。如果把法律推理作为法律论证的直接前提的话,那么,法律解释则是前提的前提,因为法律推理必须根据法律解释的结果而展开。这样一来则意味着:一方面,如果没有法律解释和法律推理的前置出场,法律论证就不可能独自出场;另一方面,法律论证只能按第三顺位出场,因为在高级司法中,法律论证既不能单独适用,也不能直接和法律解释一起复杂适用,还不能和法律推理一起复杂适用,而只能和法律解释、法律推理三者一起复杂适用。法律论证在司法适用中的这种特点,逻辑地决定了其复杂适用的第三顺位。

第三个角度是:法律论证是一种附条件的通用法律方法。作为附条件的通用法律方法,也意味着法律论证只有在条件具备时才能运用于法律方法的复杂适用中。这一条件便是面对案情,法官之间具有不同的处理方案和各自推理,从而需要在法官之间展开推理论辩和竞争。它表明,法律论证不具备相关条件,就不能和其他通用法律方法一起复杂适用。尽管合议制的构造原理,充分考虑了法官之间因为裁判意见不同、预演推理各异而可能展开的推理竞争和论辩,但这并不意味着在所有高级司法中,法律论证就必然会出场。法律论证在高级司法中出场的这种情形,与法律解释和法律推理出场的情形大异其趣,这决定了法律论证即便在司法中出场:一是必须和法律解释、法律推理等更基础的法律方法一起出场;二是其只能以第三顺位作用于通用法律方法的司法适用。

上述三个角度都证成了法律论证在通用法律方法的复杂适用中,只能按第三顺位出场。

通过通用法律方法在司法中复杂适用的上述顺位,可发现一个近乎规律性的结论:越是居于基础性地位的通用法律方法,其出场顺位越靠前;而越是需要基础性法律方法支撑,换言之,作为基础性法律方法必然延伸的法律方法,则在出场顺位上必然要靠后些。这正是通用或附条件通用法律方法复杂适用顺序的基本逻辑。

厘清上述三种通用或附条件通用法律方法在复杂适用时法官应把握的适用顺位，其理论意义在于总结法律方法在司法适用中的一般规定性，以在一定程度上克服前文指出的我国当下法律方法研究中普遍存在的司法适用程度不高的问题；①与此同时，通过一些概念的提纯和论述，既拓展法律方法研究的内容，也架构法律方法研究的新空间或新框架。其实践意义则在于既总结通用法律方法在司法的复杂适用中实际存在的适用顺位；②同时，也为司法实践中自觉地运用通用的法律方法，改进司法裁判，增强司法裁判说理提供一份可能的参照。

弄清楚通用法律方法在司法中复杂适用时的顺位问题，也为下文进一步探讨特用法律方法在司法中复杂适用的顺位问题提供了重要条件。

四、特用法律方法司法适用的顺位

特用法律方法只适用于案件遭遇法律规定时出现了“有病”的情形。③ 如前所述，这种病症具体可分为法律意义模糊、法律意义冲突和法律意义空缺三种。处理或救济这三种病症的具体方法（特用法律方法）共有九种。当这些法律方法在司法中复杂适用时（无论其自身的复杂适用，还是和通用法律方法一起的复杂适用），有没有适用的具体顺位问题？如果有，其具体顺位又是什么？这是此处需要解决的问题。笔者在此把特用法律方法在司法中复杂适用时的顺位分为三种情形：

（1）如何解决特用法律方法和通用法律方法在司法中复杂适用的顺位问题？笔者在《论司法方法的复杂适用》一文中，已经指出特用法律方法不能离开通用法律方法而单独适用。④ 和法律论证类似，特用法律方法必须以通用法律方法，尤其法律解释和法律推理作为基础才能适用。在这个视角看，特用法律方法只能和通用法律方法一起复杂适用，而不

① 当然，可以肯定的是即便有了上述通用法律方法在司法中复杂适用的顺序排位，在目前我国的司法体制下未必能得到真正运用。但无论如何，有相关总结和论述比没有相关总结和论述，对司法实践可能运用法律方法理论而言，毕竟是更靠近了一步。更何况法学理论，包括法律方法理论的研究还要有未雨绸缪的理论准备性和理论预测性。

② 可以想见，即便没有上述通用法律方法在司法中复杂适用顺位的理论总结和阐述，司法实践中只要复杂地运用到三种法律方法，一定会按照上述顺位有意或无意地安排三种法律方法的出场。在这个意义上讲，这里的总结，或许和其他所有学术理论一样，只是对司法实践的一种观照和总结，而不是什么别出心裁、独具匠心的学术“创新”。

③ 参见谢晖：《法律的病理与医理》，载谢晖：《沟通理性与法治》，厦门大学出版社2010年版，第76页以下。

④ 参见谢晖：《论司法方法的复杂适用》，载《法律科学》2012年第6期。

能抛开通用法律方法单独适用。在这一前提理念基础上,如何解决特用法律方法和通用法律方法在司法中复杂适用时的顺位问题?笔者认为,这又可分为以下两种情形:

其一,从总的情形来看,特用法律方法的出场顺位一定在通用法律方法之后,以救济法律意义冲突的法律方法和通用法律方法的复杂适用为例,按照前述通用法律方法出场的顺位,法律解释是第一顺位,法律推理是第二顺位,法律论证是第三顺位。[①] 亦即,通用法律方法是特用法律方法的前置,特用法律方法的出场顺位只能在通用法律方法之后。

对此,或许有人会提出反驳,以效力识别为例,当法官把个案代入具体法律后,一旦发现法律存在意义冲突的情形,一般会立马进入在意义冲突的法律条文之间比较法律效力的高低,即进行效力识别,因此,效力识别这种特用法律方法就至少被置于法律推理之前,更被置于法律论证之前,既然如此,怎么能不分青红皂白地讲通用法律方法一定是特用法律方法复杂适用的前置呢?毫无疑问,这一反驳是在理的,这也说明要机械地、硬性地对一种富有实践理性的活动进行顺位排序不得不面临的顾此失彼。尽管如此,笔者还是想就此做进一步的解释和说明。

在笔者看来,法官在个案遭遇法律时发现法律出现意义冲突的情形,本身是法官对法律的理解和解释,因此,法律解释和特用法律方法在司法中复杂适用时,法律解释的前置性毋庸置疑。那么,法律推理呢?事实上,在意义冲突的法律之间进行选择,构造案件的裁判根据,或者在法律之外寻求解决案件的裁判根据,并形成不同法官关于处理案件的裁判方案,已经是法官所进行的推理活动,因此,无论效力识别、利益衡量还是事实替代等用以救济法律意义冲突的特用法律方法,和通用法律方法在司法中复杂适用时,应当是被置于法律推理之后的。至于法律论证,它本来是法官裁判意见分歧和推理竞争的必然产物,只要有裁判意见分歧的情形,就有推理竞争的法律论证,因此,当肯定法律推理和特用法律方法复杂适用时前者应被前置,就等于肯定了法律论证和特用法律方法复杂适用时前者也应被前置。

其二,特用法律方法和通用法律方法在司法中的复杂适用的顺位情

① 法律出现病症时的相关案件,即是疑难案件。凡是疑难案件,同时又往往是在办案法官间争议较大,从而容易形成不同解决方案,并在不同方案间竞争和论证的案件。因此,法律出现病症时特用法律方法与通用法律方法的复杂适用,不但需要法律解释和法律推理的出场,而且一般也需要法律论证的出场。

形较为复杂，具体分析如下：

第一，当通用法律方法与某种特用法律方法的复杂适用时，如通用法律方法和类推适用的复杂适用时，它们之间的适用顺位悉照前文通用法律方法前置的原理。

第二，通用法律方法和数个特用法律方法的复杂适用，这又包括两种情形：一是通用法律方法和用来救济法律之某类病症的数个特用法律方法之复杂适用，这时其适用顺位也应依照通用法律方法前置的原理；二是通用法律方法和用来救济法律之数类病症的数个特用法律方法之复杂适用，如在一个案件的解决中，既涉及通用法律方法和效力识别等用来救济法律意义冲突的特用法律方法之间的复杂适用，也涉及通用法律方法和类推适用等用来救济法律意义空缺的特用法律方法之间的复杂适用。尽管这时前述通用法律方法前置的原理不变，但在这里如何解决不同特用法律方法之间的适用顺位问题？这会涉及下文将要提及的特用法律方法复杂适用的第三种情形，故这里存而不论。

第三，通用法律方法和所有特用法律方法在司法中整体地复杂适用的顺位问题。尽管在司法实践中，这种情形出现的可能性较小，但作为理论分析，应当尽量设法穷尽各种可能性。至于这种复杂适用的情形一旦出现后不同法律方法出场的顺位问题，也需要和下文特用法律方法复杂适用的第三种情形相结合来考察，故这里也存而不论。

（2）用来解决某一具体病症的不同特用法律方法在司法中复杂适用时如何解决其顺位问题？一例案件所遇到的法律疑难，往往是法律的三种病症出现了其中一种。这时用来救济该法律病症的特用法律方法，不论是其中某个方法单独出场还是多个方法共同出场，与通用法律方法之间肯定形成复杂适用的局面。但是，如果是某个特用法律方法单独出场，则在特用法律方法之间不构成复杂适用关系，因此，也就不存在特用法律方法之间的出场顺位问题。但是，一旦数种救济方法共同出场，就必然涉及这数种法律方法复杂适用的顺位问题。对此，不妨从法律的三种病症及其救济方法出发进行各自分析。

如前所述，法律意义模糊的救济方法，有法律解释、法律推理和法律论证。这三种法律方法，既可以是通用法律方法，也可以在法律意义模糊时作为特用法律方法。司法中在法律意义模糊时，首先面临的是法官对法律意义的明晰化（法律解释），接着再把法律解释的结果代入案件事实中（法律推理），如果法官的法律解释出现不同的结果，并因之也出现法官有关案件处理的不同裁判方案和推理,则意味着法律论证的必然出场。显然,救济法律意义模糊的这三种特用法律方法,一方面,在司法活动中会经常(但并非必然)出现复杂适用的情形。另一方面,它们一旦出现复杂适用的情形,其出场顺位和通用法律方法复杂适用时的出场顺位大体一致,即在这里,法律解释按第一顺位出场;法律推理按第二顺位出场;而法律论证按第三顺位出场。如果只是其中两种特用法律方法在司法中的复杂适用,则按前述顺位进行加减即可。这里遵循的是法律自身意义的阐明优先,法律和案件事实对接时的意义阐明其次,法律与案件事实对接后法官的主观见解置后的一般原理。

法律意义冲突的救济方法有效力识别、利益衡量和事实替代。效力识别用来解决层级效力的法律间所出现的意义冲突;而利益衡量用来解决水平效力的法律间所出现的意义冲突;事实替代则解决法律规定和其所调整的社会事实间出现的意义冲突。可见,这三种特用法律方法在司法中各自的分工是十分明显的,在同一案件中同时被运用的可能性很小。这完全不同于法律意义模糊时的三种特有的救济方法。后者具有纵向推论的逻辑关联,而前者仅有横向排列的逻辑关联。后者并不存在一个方法的运用必然排斥另一个方法的复杂适用,而前者除非有多个复杂的法律关系,否则就不可能复杂适用。倘若一个案件是疑难案件,但当其只有一个法律关系时,则必然意味着其中一种特用法律方法的运用,是对其他特用法律方法适用的排除。这都决定了用来救济法律意义冲突的三种特用法律方法在司法中复杂适用的可能性很小。

尽管如此,还是不能排除在疑难且复杂的案件中,当一例案件中不同的法律关系和法律遭遇时,层级效力法律间的意义冲突、水平效力法律间的意义冲突和法律规定与其所调整的社会事实间的意义冲突有可能两种甚至三种共同适用于一个案子中的情形。这时也就意味着用来救济法律意义冲突的三种特用法律方法在司法中的复杂适用成为可能。无论出现其中两种或者三种方法的同时运用,都构成这里的复杂适用。那么,这时究竟应如何解决其适用的顺位问题?笔者认为,在这种情形下,三者的适用顺位没有逻辑的必然性,只有法官根据不同法律关系予以酌情考量的或然性。亦即,在司法中面临这种疑难且复杂的案件时,法官优先考察的是案件中那个法律关系,和该纠纷关系解决相关的法律方法就优先出场。

尽管如此,笔者还是倾向于如下一般的思维过程:面对相关的案件,法官首先要考虑的是意义冲突的法律之间是不是层级关系，因为一旦有这层关系，就更容易形成裁判——哪怕法官针对的是水平效力法律之间的冲突，但只要尚不明确两种法律是水平效力之前，依然要从追究冲突的法律间有无层级关系入手。这重关系理清之后，法官才会关注水平效力的法律之间出现意义冲突时如何取舍、如何进行利益衡量的问题，因为毕竟利益衡量和法律的直接规定相比较，掺杂了法官对于法律的取舍。这两者都解决之后，法官才能进入对当下法律能否调整它所欲规范的事实进行考量，决定是否以事实的规定性取代法律的规定。显然，这是距离法律直接规定更远的一种法律方法，对法官而言，除非迫不得已，不得采用这种法律方法。由此可以推出这样的结论，当法律意义冲突的三种特用法律方法在司法中同时复杂适用时，其基本顺位是：效力识别是第一顺位；利益衡量是第二顺位；事实替代是第三顺位。如果只是其中两种特用法律方法在司法中的复杂适用，则按前述顺位进行加减即可。

法律意义空缺的救济方法有类推适用、法律发现和法律续造三种。和法律意义冲突相比较，法律意义空缺就不存在所谓层级效力和水平效力之间的比较性，因此，上述三种特用法律方法所针对的是同一问题，且这一问题不存在分类可能。这就决定了这三种特用法律方法在解决法律意义空缺时是一种递进关系：面对一例法律意义空缺的案件，在找不到类推适用的条件时，才考虑法律发现；在既找不到类推适用的条件，也难以通过法律发现找到可适用于个案的合适规则时，才考虑法律续造。这三种特用法律方法效力关系的递进性，就决定了尽管一例案件因法律意义空缺而构成了疑难案件，但只要其法律关系是单纯的时，就不存在上述三种特用法律方法的复杂适用问题。

但话说回来，如果一例案件不仅是疑难的，而且存在多重复杂的法律关系，并且这些法律关系和法律遭遇时，都存在法律意义空缺的问题，其中有些法律关系可以通过类推适用解决，有些法律关系可以通过法律发现解决，有些法律关系只能通过法律续造解决时，用来救济法律意义空缺的上述三种法律方法就有了同时出场的必要和可能。这时也就存在着三种特用法律方法出场的顺位问题。它们的出场顺位，也取决于法官在具体案件处理时究竟优先考虑处理哪个具体法律关系。即使如此，法官对具体法律关系剖析的思维过程，也会遵循先正式法源再非正式法源，最后没办法时才能动创造的规律。

这样的分析，让我们也不难得出如下基本的结论：当法律意义空缺而导致救济它的三种特用法律方法需要同时在司法中复杂出场时，第一顺位出场的是类推适用，因它更符合依法裁判的基本理念；第二顺位出场的是法律发现，因它符合正式法源供给不足时，法官在非正式法源中寻求裁判根据的原理；第三顺位出场的是法律续造，因它更多地突出的是法官的主观能动性，而不是法律的确定性，所以，即使在法官迫不得已运用之，也须慎之又慎。当然，在此如果只是其中两种特用法律方法在司法中的复杂适用，则按前述顺位进行加减即可。

（3）当一个案件遭遇法律时出现了多种病症，即用于救济不同法律病症的特用法律方法共同复杂适用时，如何解决其适用的顺位问题？在阐述相关问题之前需要说明：在解决不同法律病症的法律方法之间，一般不存在适用顺位的问题，因为一个案件所面临的法律意义模糊、意义冲突和意义空缺同时出现的可能性很小。但是，这并不排除两种或两种以上病症同时出现的可能。例如，在复杂且疑难的具有多个法律关系的案件中，一个法律关系所面对的法律是意义模糊的，另一个法律关系所面对的法律意义是冲突的，还有一个法律关系干脆找不到相对应的法律，即法律出现了意义空缺。一旦这种情形出现，就需要更详尽地考量特用法律方法司法适用的顺位问题。这一问题，可以理解为特用法律方法跨界地复杂适用时的顺位问题。

具体来说，要理解特用法律方法跨界地复杂适用的顺位问题，需要首先弄清什么是特用法律方法的跨界适用。它是指在一例案件和法律遭遇后，同时出现了涉及法律意义模糊、法律意义冲突或者法律意义空缺的不同法律关系（无论是三种情形都存在，还是只存在其中两种情形）时，用来救济这三种不同的法律病症之特用法律方法在司法中的复杂适用。这种复杂适用，也存在一个不同特用法律方法的出场顺位问题，如果能确定这样的顺位，毫无疑问可以在特用法律方法跨界适用时，为法官的相关审判活动提供参照和方便。

这里首先涉及的问题是：存在不存在当一例司法活动同时面对法律意义模糊、法律意义冲突和法律意义空缺，而用来治理不同病症的法律方法同时出场时的当然顺位？这确实是个很难回答的假设。因为一是实践中这样的个案或许很少，这样的假设也主要体现在其理论价值上。二是即便实践中果真出现这种复杂的情形，法官的处理顺位也可能会大相径庭，甚至有多少个法庭组成成员，或许就有多少个处理的具体流程和顺位。

大体设想一下，一般有如下三种处理方案：一是法官遵循由易到难的顺位，那便是先解决法律意义模糊，次解决法律意义冲突，最后解决法律意义空缺。二是法官遵循先难后易的顺位，那便是先解决法律意义空缺，次解决法律意义冲突，最后法律意义模糊。三是法官遵循先中间，后两头的解决顺位，那便是先解决法律意义冲突，次法律意义模糊，最后解决法律意义空缺，或者次解决法律意义空缺，最后解决法律意义模糊。在如上三种可能的顺位中，笔者认为，第二、三种顺位不合乎法官尽量依法裁判的思维原理，也不符合人们先处理容易的，再集中精力攻克难关的一般处事顺序。因此，在理论上，笔者倾向于应按照先易后难的处理原则解决相关问题，即当一例司法活动同时面对法律意义模糊、法律意义冲突和法律意义空缺时，法官按照先解决法律意义模糊，次解决法律意义冲突，最后解决法律意义空缺处理顺位。

上述顺位关系如果能够成立，那么，假设特用法律方法在一例案件中悉数出场、复杂适用，那么其基本的出场顺位是：法律解释、法律推理、法律论证、效力识别、利益衡量、事实替代、类推适用、法律发现和法律续造。[①] 当然，在司法实践中，特用法律方法的跨界适用，不可能或者至少很难如此齐列地悉数出场，或者仅仅是其中几种特用法律方法在司法中跨界地复杂适用。这时它们出场的顺位问题，应根据前述由易到难的法律病症解决顺位和特用法律方法根据法律病症解决顺位而出场的顺位进行减位即可得出其具体适用顺位。

如上问题的解决，使前文提出的特用法律方法在跨界适用条件下，和通用法律方法复杂适用时的出场顺位问题的解决，可谓水到渠成、迎刃而解。对此，读者完全可以在如上论述基础上，逻辑地得出结论，故笔者不再赘述。

---

① 当然，假设法官真的在司法实践中选择了先难后易，或者先中间，后两端的适用顺位，则意味着不同特用法律方法的适用顺位会发生如下的改变，在前种情形下是：类推适用、法律发现、法律续造、效力识别、利益衡量、事实替代、法律解释、法律推理和法律论证；在后种情形下是：效力识别、利益衡量、事实替代、类推适用、法律发现、法律续造、法律解释、法律推理和法律论证，或者效力识别、利益衡量、事实替代、法律解释、法律推理、法律论证、类推适用、法律发现和法律续造。

“应当参照”否议*

“应当参照”作为实在法的一个规范概念，之前尽管在我国法律和行政法规中多有出现，[1]但并没有引起人们多大的重视，更没有引起学者在法理层面思考这一问题。但是，自从最高人民法院2010年11月1日出台《关于案例指导工作的规定》，并在第7条有关“指导性案例”的效力中明确规定：“最高人民法院发布的指导性案例，各级人民法院在审判类似案件时应当参照”以来，这一概念受到了司法界和学术界一

---

* 发表于《现代法学》2014年第4期。

① 据初步检索，我国全国人大的立法中，有两部运用了“应当参照”一词，分别是《中华人民共和国刑事诉讼法》(2012年修订)第229条和《中华人民共和国物权法》第195条、第219条、第236条。全国人大常委会的立法中，运用该词的有四部，分别是《中华人民共和国非物质文化遗产法》第29条；《中华人民共和国食品安全法》第24条；《中华人民共和国禁毒法》第49条和《中华人民共和国担保法》第94条。在国务院颁布的行政法规中，该词在13部行政法规中共出现了13次，即各出现1次。分别是《机动车交通事故责任强制保险条例》(2012年第二次修订)第32条；《戒毒条例》第42条；《证券公司监督管理条例》第50条；《中华人民共和国防治海岸工程建设项目污染损害海洋环境管理条例(2007年修订)》第8条；国务院《关于修改〈中华人民共和国公司登记管理条例〉的决定(六)》；《中华人民共和国公司登记管理条例(2005年修订)》第15条；《重新组建仲裁机构方案(四)》；《国有资产评估管理办法》第26条；《普通高等学校设置暂行条例》第26条；中共中央、国务院《关于加强和改革农村学校教育若干问题的通知(三)》；国务院《关于下达〈机械工业技术改造试行条例〉的通知》第5条；《国务院批转国家计委等部门关于实行基本建设拨款改贷款的报告的通知(三)》；国务院《关于工商业联合会机关干部的评级、医疗、福利、学习和工商业联合会经费问题通知(一)》。除此之外，在国务院的有关行政法规和规范性法律文件中，还运用了同义词“应该参照”；在最高人民法院的司法解释中，“应当参照”出现的频率更高，不再一一列举。

定程度的重视。[①] 不过，相关研究皆着眼于对这一用法的肯定，并在此基础上阐述“应当参照”的理论内涵与实践逻辑。笔者认为，“应当参照”这个概念本身是一个可疑的、尚需要继续推敲的用法。在尚未弄清这一用法是否妥当之前，用这种似是而非的概念，无论对立法的确定性也罢，还是对司法的公正性也罢，可能都会带来妨害。下面我将从如下五个方面阐述并探讨相关问题。

一、“应当”：一种弱强行性规范

什么是应当？或许这个词过于日常，在1979年版和2009年版《辞海》中居然没有作为词汇单列并专门解释，该辞典只是在解释应、该、当等词汇时做了些互释。这不禁令人联想：是不是越和人们日常生活关联紧密的事物，越就引不起人们的关注？即便词的运用，也是如此？由此进而联想：所谓“百姓日用而不知”，可否在另一个视角获得理解？好在1999年版《辞海》则对该词做出了如下解释：“谓理所当然”，“亦称‘应该’。在伦理学上指由道德规律所要求的规定。英国休谟早把事实（是、实然）与价值（应当、应然）领域区分开来。德国康德继而把必然（是）和应然（应当）视为自然规律与道德规律相区别的本质特征”。[②] 另一部权威汉语词典对它也有简短解释：作为一个助动词，应当被解释为“表示理所当然”[③]。

当然，作为一种大众工具书，《辞海》和《现代汉语词典》的如上解释或许也可接受，但从学术探讨的角度来看，这种解释可能有欠严谨。事实上，早在20多年前，王润生曾在伦理意义上对“应当”一词作出了精辟且独到的阐释，他强调对于人格的划分，不能非此即彼，非好即坏，而需要在此“两分法”之外，再加上一重分类，即“三分法”。他以“失当”“正当”“应当”这三个词汇分别表达了他的人格三分法。前者是对“落后人格”的规范表达；中者是对“普遍人格”的规范表达；而后者是对“先进人格”的规范表达。[④] 尽管在董仲舒的有关斗筲、中民、圣人之“性三品”[⑤]学说中，已然可见这种“三分法”，但王润生的论述更赋予应当以当代意

---

① 在公开发表的论著中，就有冯文生：《审判案例指导中的“参照”问题研究》，载《清华法学》2011年第3期；刘树德：《“应当参照”的诠释及展开》，载刘树德：《司法改革：小问题与大方向》，法律出版社2012年版，第48～63页。

② 《辞海》，上海辞书出版社1999年版，第2295页。

③ 《现代汉语词典》（第5版），商务印书馆2005年版，第1631页。

④ 王润生：《失当·正当·应当》，载《学习与探索》1987年第6期。

⑤ 董仲舒云：“圣人之性，不可以名性；斗筲之性，又不可以名性；名性者，中民之性。”（《春秋繁露·实性》）

义。当然,王润生对应当这个词的论述,是置于伦理视角所作的论述,在一定意义上是一种“定性”的论述。这说明,这个词汇似乎更富有某种评价的意涵。但在法律规范中运用这一词汇,就不止具有评价的意蕴,因为法律借助它是需要引导人们交往行为的,因此,人们在法律中必然要寻求的是它的实践意义。

通常,“应当”和“应该”在同一意义上使用。在我国法律规定中,一般运用应当这个词汇,只是在国务院的有关行政法规和规范性文件中,偶尔也运用“应该”一词。这凸显了所谓一义多词的情形。好在这两个词汇都是日用词,人们对其作为同义词的属性不会有歧义或怀疑,因此,本文就采取运用较多的“应当”这个词展开相关探讨。

同时,笔者对“应当”一词的论述,仅限于法律规范体系领域。所有法律规范,都是为着规范人们的交往行为而设置的,因之,对类似“应当”这种“法律关键词”(或者“法眼”①)的研究,其基本目的是说明相关词汇所引导的法律规范模式,以及和该模式相关的人们行为模式。② 众所周知,在法学理论中,条件预设、行为导向、处置后果是公认的法律规范构成的逻辑三要素,③而在这三要素中,最关键的是行为导向这一要素。因为该要素直接安排给人们在交往行为中能做什么、禁做什么、可做什么、必做什么、应做什么等不同的行为选项。有了这样的行为选项,法律在实践中才能构造以权利义务为经纬的秩序体系。所以,在法律规范中如果不能布设人们对法律行为的不同选项,它用以构造法律秩序的职能就荡然无存。

---

① 目下我国法学界或媒体界也喜欢用“法眼”这样的词汇,但用者主要是从法律实词或法律对社会的重要作用、对人们行为的规范视角来讲的。而笔者在本文所用的“法眼”一词,尽管也涉及法律中的实词,但更多情形下是指担当引导法律规范中行为模式的那一类关键词,在性质上,它们是虚词,一般不独立具有法律行为的意义,但在功能上,没有它们的引导,法律中的权利义务等实词就失去了作用的方向和目标。

② 为此,笔者曾专门指导博士研究生关注法律关键词的研究,对可以、应当、不得、必须、是等关键词分别撰写了博士论文。这些博士论文分别是:喻中:《论授权规则》,山东大学2006年博士学位论文;周赟:《“应当”的法哲学分析》,山东大学2006年博士学位论文;魏治勋:《禁止性法律规范的概念》,山东大学2007年博士学位论文;钱锦宇:《论法律的基本必为性规范》,山东大学2008年博士学位论文;刘东升:《实证法学的反思及规范解读》,山东大学2006年博士学位论文等。

③ 对此,我国法理学界有不同的表达,如传统教材中的假定、处理、制裁三要素说(参见孙国华、朱景文主编:《法理学》,中国人民大学出版社2004年版,第202~294页);假定、行为模式、法律后果新三要素说(参见李龙主编:《法理学》,人民法院出版社、中国社会科学出版社2003年版,第62页);假定条件、行为模式、法律后果说(参见付子堂主编:《法理学初阶》,法律出版社2009年版,第136页)。笔者则主张用条件预设、行为导向、处置措施这样的表述概念更准确、更妥当些(参见谢晖:《法理学》,北京师范大学出版社2010年版,第93~97页)。

那么,在法律规范中,用以构造行为导向的词究竟是什么? 它们就是法律规范中的关键词,我把他们称为法律中的“法眼”。这些词既有实词,也有虚词。其中能担当关键词的虚词诸如“是”“但是”“能”“不能”“有”“没有”“可以”“应当”“必须”“不得”等。法律规范一旦离开这样的虚词引导,则一方面,具体的权利义务等实词的规定就没有了作用的方向,即相关词汇只有和上述词汇相结合时,才能产生实体的行为导向。另一方面,法律规范也因此缺乏行为导向,从而难以为法律秩序的构造提供规范基础。在此意义上,看似虚词的上述关键词汇,却真正担当着法律规范中关键词或“法眼”的功能,成为所有关注法律的人必须认真去“抠”、严谨对待的字眼。

“应当”这个词就属于法律中的虚词关键词。它所引导的规范模式属于强行性法律规范的范畴。所谓强行性法律规范,针对任意性法律规范而言,它是指规定主体只能做某种行为,而不能放弃该行为的法律规范。在法律权利义务体系中,由强行性规范所引导的行为,都属于法律义务的范畴。这样,由应当所引致的法律规范模式,是法律对作为性义务的要求,以区别于法律对不作为义务的要求。在行为模式上,则由应当所引发的,是法律主体按照法律安排去做某种义务行为。如果违反相关的义务,在处置后果上只能是受罚。

但是,在强行性法律规范中,笔者认为,因引导词的不同,还可以细分为两种:一是强强行性规范;二是弱强行性规范。这里的强弱,既是个法律效力视角的概念,也是个和引导词的语气相关联的概念。自法律效力视角看,强强行性规范的强制程度或其效力更大;而弱强行性规范的强制程度或效力相对要弱。从引导词的语气看,强行性规范分别由两个引导词引起,一个是必须;另一个是应当。尽管“必须”和“应当”这两个词都引导着强行性规范,但从语气看,必须这个词着重于外在的命令,而应当这个词侧重于外在的教示。必须这样或必须那样,给人一种无可抗辩的命令安排。在语气上,它有些把外在的强制力量作为迫使主体履行强行性规范的优先考量因素;而应当这样、应当那样,则在语气上让人明显感觉到立法者把主体自觉地履行强行性规范作为优先的考量因素。①

---

① 周赟强调在法律中“应当以‘应当’取代‘必须’”(参见周赟:《立法用规范词研究》,法律出版社2011年版,第90页以下),或许是对两个词之间的这种强制程度关注不够,并对其实践效应的原因。这正是钱锦宇为什么专门研究法律中的“必须”的缘由所在(参见钱锦宇:《法体系的规范根基——基本必为性规范研究》,山东人民出版社2011年版)。

正是这种语气上的差别,使强行性规范也有了强、弱之分。在这个视角界定,则由必须引导的是强强行性规范,而由应当引导的是弱强行性规范。为什么由应当引导的强行性规范对主体具有这样的效力感?这需要结合立法的国家主义取向和“社会主义”取向来说明。

立法的国家主义取向在更多情形下把法律作为国家的命令。奥斯丁所谓法律是命令[①]的结论,至少可以看做在“自治型法”和“回应型法”出现之前的时代人类实在法最主要的精神和事实。[②] 因此,法律对人们而言,主要是外加的,而不是自我选择的。这样,强行性规范运用“必须”更能表达其意涵。“社会主义”的背景因素,决定了履行义务是人们对法律的道德自觉,因之,运用应当这个词汇,以彰显弱强行性,突出主体自觉,消弭过度的强制性所带来的“词的暴政”。[③]

或许读者会问,那为什么在当下的法律中仍然存在必须和应当这两个词汇分别引导强行性规范的情形?这或许只能从“有力”和“有理”[④]这两个视角出发而研究。有力指国家的强制性,法律一旦离开国家的强制性保障,不可避免会带来其效力的疲软。[⑤] 但仅仅“有力”而“无理”,则法律缺乏合法性支撑,因此,其实践中雷厉风行的效果也会大打折扣。而“有理”指的是法律产生的社会基础和根据。法律只能奠基于人们的生活基础上,从而进一步保障生活,而不是颠覆了人们的生活日用后另起炉灶,重塑生活。所以,法律自来主要是社会生活的守成性因素,而不

---

① 奥斯丁强调:“人们所说的准确意义上的法或规则,都是一类命令。”[英]约翰·奥斯丁:《法理学的范围》,刘星译,中国法制出版社2002年版,第17页。

② 有关“压制型法”“自治型法”“回应型法”的具体论述,参见[美]诺内特、[美]塞尔茨尼克:《转变中的法律与社会》,张志铭译,中国政法大学出版社1994年版,第31页以下。

③ 郑成良:《法律的阶级性:理论的建构与词的暴证——对法学思维的语言学疗治》,载《天津社会科学》1995年第4期。

④ 孙国华有一个结论:“法是‘理’与‘力’的结合,理是基本的,力是必要的。”(孙国华、黄金华:《法是“理”与“力”的结合》,载《法学家》2001年第3期;孙国华:《再论法是“理”与“力”的结合》,载《河南政法干部管理学院学报》2001年第1期)

⑤ 尽管在西方法学及法律实践中,法律的强制力逐渐在弱化(参见刘星:《法律“强制力”观念的弱化——当代西方法理学的本体论变革》,载《外国法译评》1995年第3期),但任何国家或地区的法律都不可能放弃法律的外在强制力,否则,法律只能是没有牙齿的老虎。最近香港政府针对奶粉而制定的法案,规定了在我们看来不近人情的行为限制和匪夷所思的严厉罚则(香港《2013年进出口(一般)(修订)规例》规定,离境人士所带奶粉不得超过两罐,违者处以50万元罚款和两年监禁)并坚决予以执行(限禁第一天就有10人因违禁而被捕),可见“有力”对法律之不可或缺。

是社会生活的革命性因素，尽管法律和革命之间，绝非毫不关联。[①] 所以，我们时代的法律，无论是近代“自治型”的，还是现代“回应型”的，都是“有力”和“有理”的契约。“有力”少不了运用必须以引导强强制性规范；而“有理”更免不了运用应当以引导弱强制性规范。

无论何种强制性规范，只要具有强制性，就属于法律义务的范畴。对法律主体而言，面对相关的义务时，只能履行，不能回避。即使面对弱强行性规范，一旦法律主体规避、逃避或者公然违背相关义务，在健全的法治环境下，所招致的只能是法律的强制性后果。可见，由应当这个词引导的法律规范，尽管是弱强行性规范，但它具有强制执行的必然秉性。那么，这一具有强行性的引导词能否与“参照”一词结合，而称“应当参照”？它们的组合会不会产生逻辑瑕疵？对此，还需要进一步深入对“参照”这个词汇的分析和研究中。

二、“参照”：一种限制任意规范

什么是“参照”？笔者查了多部辞典，对其要么未予解释，要么解释极为简单，如1980年版《辞海》及其增补本都没有收录这个词，2009年最新版《辞海》对“参照”做出了十分简明的解释：“参考并仿照”。[②] 而2005年最新修订版《现代汉语词典》也做出了几乎同样的解释：参照，即“参考并仿照（方法、经验等）”。再根据该词典按图索骥，进一步查阅参考、仿照两词，给出的解释分别是，参考的含义有二：一是“为了学习和研究而查阅有关资料”；二是“在处理事物时借鉴、利用有关资料”。仿照则是“按照已有的方法和式样去做”。再进一步查阅按照，该词典给出的解释是：“根据、依照”。[③] 我不厌其烦地引述该词典对“参照”及其关联词汇的解释，目的是想追根溯源，寻求对“参照”一词较为准确的理解。

由上述引文推论，似乎能够把“参照”这个词作为一种强制性行为规范对待。笔者权且把通过如上相关词汇的界定，所作出的对参照的推论

---

① 我们知道，伯尔曼就以《法律与革命》为题，对西方法律传统与革命的关系做出了系统梳理和阐释，尽管伯尔曼笔下的“革命”和我们日常所理解的革命有很大的区别。参见［美］伯尔曼：《法律与革命——西方法律传统的形成》，贺卫方等译，中国大百科全书出版社1993年版。

② 《辞海》，上海辞书出版社2009年版，第218页。

③ 如上引文，分别见《现代汉语词典》，商务印书馆2005年版，第129页、第128页、第388页、第10页。

作为"参照"这个词的第一种含义。[①] 对此,有些律师和法官也持同样的看法。如网友"八品法曹"认为:"倘规范中有明确规定,某种情形参照其他条款,则是一种强行性行为,是应当照办。倘法条没有规定,审判实践中遇到了,则是一种选择性行为。比如,今年《最高人民法院公报》第二期某财产损害案例参照了人身损害司法解释的规定"[②];网友"朱祖飞律师"认为:"如何理解,司法实践争议不少,法官们两种理解都有。窃以为,具体个别理解应结合法律目的做具体分析。一般情形下,实践中都倾向于作强行性规范的解释";[③]"前十多年最高法院对新旧《医疗事故处理条例》的态度都是'参照',旧的'参照'是任意性态度,新的'参照'是强行性态度。而且各地法院解释也很乱,两种理解都有。"即便如此,他还是倾向于把"参照"作强行性理解。

但是,对"参照"的上述第一种含义,笔者并不持赞同态度,这需要以上述辞典对"参照"的直接界定为路径依赖说明。笔者认为,从相关辞典或词典对参照本身所下的定义——"参考并仿照"中,无论如何也看不出这是一个和强行性行为相关联的词汇。因为参考某一事物仅仅是为了人们生活、学习或工作的方便,而不是为了替代生活、学习和工作;仿照也仅仅是把某一对象作为摹本,供人们模仿,而不是完全照搬照抄,或者"根据、按照"。正如一位书法家参考二王书法,并仿照其间架结构所书写的文字,不可能还原二王书法的原味一样,在司法中,"参照"——"参考并仿照"某一规定,绝不像"根据、按照"某一规定那样,具有强制的必

---

① 值得关注的是冯文生对目前我国力推的"指导性案例制度"中的"参照"作出了十分独特的论述,强调理解该问题应从"例"与"案"两个方面入手。在"参照"的效力问题上强调:(1)"先例式参照的效力内容仅限于生效裁判文书所记载的诉讼争点及其裁判理由和裁判结果,而不是从中抽取的裁判规范";(2)"先例式参照的效力实质是司法技术的有效性和可靠性,而不是制度的直接强制";(3)"先例式参照的效力来源于逻辑、伦理、智识、利益和诉讼制度辐射的综合效应,而不是法律的正式安排";(4)"先例式参照的效力类型既不是'法'的普遍效力,也不是'判'的强制效力,而是一种区别于规范与命令的独特效力形态";(5)"先例式参照的效力范围不仅及于审判活动,也及于诉讼活动,甚至扩展到社会矛盾纠纷预防和化解过程"。参见冯文生:《审判案例指导中的"参照"问题研究》,载《清华法学》2011年第3期。这种对"参照"效力的理解,即便在"案例指导制度"中有一定说服力,但无法说明法律中所有"参照"的含义。

② 由于人们对法律中的"参照"理解甚为混乱,笔者在新浪微博上就该词"究竟属于强行性规范还是任意性规范"征求了一些学者、律师和法官的意见。其中,律师和法官参与较积极且讨论很认真。本引文及下文或注释中将提到的涉及"网友"的引文,均来自这次调查和对话。参见http://weibo.com/1710763511/zncYB4LqL,2013年3月15日访问。

③ 网友"斯伟江律师""毛建华律师"也赞同这一观点。后者甚至认为:"如果不参照,就是一种违反规范的行为。"参见http://weibo.com/1710763511/zncYB4LqL,2013年3月15日访问。

行特征，在笔者看来，毋宁只具有选择的任意特征。网友“力套医疗评估”认为：“‘参照’一词用于处理行政权与司法权之间的关系，法工委的说法是：参照的基本含义是参考并仿照，对符合法律、行政法规规定的规章，人民法院在审理行政案件时应承认规章的效力，对不符合或不完全符合的，人民法院不承认其效力。这也反映了司法权的终局性。”网友“宋中清律师”也强调：“法律中的参照，本来有选择性比照的含义”，尽管他同时否定了“参照”具有对法院或法官授予自由裁量权的含义。在具体司法实践中，通常法院在司法裁判书中把有关“参照”的规定不写在主文中，而只写在“本院认为”中，这是不是能够表明“参照”规定的选择性、任意性特征？因为“认为”所反映的只能是一家之言，而非绝对肯定的强行性规范。如果这样理解“参照”一词，则法律中的“参照”就是一个放任性规范，而不是强行性规范。笔者权且把这种对“参照”的理解作为“参照”的第二种含义。

事实上，在对“参照”一词的上述梳理中，我们不难隐约发现其中的另一层含义，即“参照”只是人们从事某种活动的一种辅助力量，而不是决定性支配力量。作为一种辅助性力量，它必须服从并服务于主导性力量。因此，它提供给人们的，绝不是“只能参照”、“必须参照”或者“应当参照”，而是“可以参照”。如果和辅助性力量相对照的主导性力量存在，则“参照”也就失去或减弱其意义。据此笔者认为，在法律中，作为辅助性规定的“参照”之对应词（或主导性规定），应是“根据”“按照”等。即“根据”“按照”等词汇的规范内容，本身就具有强行性特征，也必然是“参照”条款的主导性条款。而“参照”的规范内容，并不具有这种强行性特征，反倒具有选择性和任意性特征。[①] 它不能带给人们必须如此或应当如此的法律义务，而毋宁提供给主体以法律授权（权力）。[②]

---

① 如网友“Judgezqg”认为：“在实践中，参照性规范很多，如最高人民法院关于审判业务的会议纪要、量刑指导意见，指导性案例，高、中级法院的量刑指导意见。所谓参照，在理论上是可选择的，而实际上如无很特殊的情形，司法机关均遵照执行。”网友“知识产权律师吕甲木”认为：“参照的字面含义就是参考照办，遵循先例就是典型的参照。参照在法学方法论上，可以视为一种法律漏洞的补充方法，当现行法律无明文规定而找不到适用依据时，可以参照其他规定……所以，参照其实是一种法律适用方法上的建议行为，当法官可以依照其他规定而裁判时有权不参照；而对于大多数法官而言，参照建议等同于通说，适用起来比较方便，无须过多论述，实践中偏好适用参照。”网友“徐利平律师”认为：“‘参照’即意味选择性和条件性，不是必须适用。另，这并不意味法院可任意不‘参照’。”

② 对此，在网友之间有不同的看法，网友“陈尧律师”认为：“个人理解为仍属法官行使个人（自由）裁量权的范畴”；但网友“宋中清律师”强调：“但是作为上级对下级的命令，正如最高法参照已经意识到不合法的《医疗事故处理条例》的‘通知’，几乎等于‘依照’。法律条文中的‘参照’，‘推定’，表明立法中已经参照和推定，而不是赋予法官（自由）裁量权。”

这样一来,能否大体上给法律中的“参照”一个较为合理的规范归结？笔者认为,法律中的“参照”一词,一般表明一个授权结果。这种授权结果具有选择性特征,因此,在授权范围内,它属于任意性规范。一般所谓任意性规范,是指规范给人们提供了某种选择权,依据该选择权,法律主体能够选择、变更或排除适用相关规范。可以认为,所有权利规范都是选择性或任意性规范,因为权利规范本身给人们提供了既可行使(如支持、反对等),也可放弃行使的选择空间。而权力规范在权力主体拥有的自由裁量权范围之内,它也是一种任意性规范。笔者的理解是,当“参照”这个词结构在法律规范中时,其规范特征决定了主要是给公权主体以法律授权,并且相关授权本身对权力主体具有参考作用,而不具有强行作用。退一步讲,由“参照”所引发的授权规范,即便具有某种强行性特征,也局限于某种可选择的框架、范围或空间之内。所以,权力主体在该框架、范围或空间内,仍然具有任意选择权。

我们知道,权力规范有两种:一种是自由裁量权规范;另一种是严格羁束权规范。后者和普通义务规范一样,只能被归结为强行性规范之列,即凡是公权主体,面对严格羁束性的权力,只能按照授权不折不扣地实施,不能有任何自由裁量。在这里,权力和责任(职权和职责)不但具有一体两面的特征,[①]而且完全是合二为一、融为一体,甚至在实践中难分彼此。把它们在概念上勉强地分开,也仅仅是为了更深入地认识问题和研究问题的需要。在实践中要硬性划分,只能是出力不讨好。因此,严格羁束权只能属于强行性规范的范畴。

但是,自由裁量权则不是如此,公权主体的行为在自由裁量权范围之内,虽然也应当遵循合理地行使和运用自由裁量权的要求(行政或司法合理性原则),但只要其行为不超越自由裁量权的法定范围,就具有合法性,因而权力主体一般不能因此承担法律上的不利后果。显然,对涉及自由裁量权的法律规范可以纳入任意性规范的视野中观察。在这个意义上,和“参照”相关的法律规范,理应属于任意性规范。

如果说强行性规范具有规范效力的强弱之分的话,那么,任意性规范也有两种,即非限制任意性规范和限制任意性规范。所谓非限制任意性规范,也可称为绝对任意性规范,或无条件任意规范,是指对任意性规范没有或很少附加条件的法律规范,即人们对相关规范的运用和行使,

---

① 关于权力和责任之一体两面特征的论述,参见谢晖:《法学范畴的矛盾辨思》,山东人民出版社1999年版,第303页以下。

除了受法律的一般限制之外（如权利的适当行使原则——不能违背、损害他人、集体或国家利益等），不受其他任何限制。如选举权，可以在选举中投赞成票，也可以投反对票，赞成或反对的对象不限，还可以放弃选举权等。显然，权利规范作为任意性规范更具有非限制性和绝对性的特征。所谓限制性任意规范，也可称为相对任意性规范或附条件任意规范，是指对任意性规范附加了严格的限制条件的规范。在相关规范的运用和实施中，法律主体必须严守这些条件的制约；否则，行为不但无效，而且应承担相应的违法责任。一般来说，和自由裁量权相关的法律规范就属于限制任意性规范。如前所述，由于和“参照”相关的法律规范，大多是给执法者或司法者授予自由裁量权，因此，因“参照”而致的法律规范，在我看来是一种“限制任意规范”，[①]这就像在大学给学生的课程安排中有限选课一样。

对“参照”及其相关规范之性质的理解不同，会导致“参照”一旦和“应当”这个引起弱强行性规范的概念相遭遇、相搭配时，在逻辑上就可能存在一个能否成立、有无瑕疵的重要问题。因此，由此出发进一步探讨“应当参照”可能存在的逻辑上瑕疵和实践悖论，对否论“应当/参照”的语词搭配就不无意义。

三、“应当参照”：强行规范与任意规范的悖论

两个词义相反的词汇间能否通过某种搭配和修饰，形成统一、圆润、无歧义的逻辑效果？这是颇值得认真探讨的问题。尤其法律作为由语言文字构成的规范体系，更应讲究词与词之间的搭配、修饰和安排得没有逻辑瑕疵，否则，就不但不能产生应有的实践效力，而且会因之导致人们对法律的无所适从，或者人们因为法律的瑕疵、歧义和冲突而各自主张、各行其是。笔者所引用的律师、法官们对“参照”一词的不同看法，一旦落实在实践中，就必然会导致同案异判的情形。网友“周永坤微博”这样回答笔者的问题：“参照者，参考一下，好就照办，不好就滚蛋”，并且强调“我相信这是最符合原意的界定”。尽管其说法有些玩世不恭，或者是激愤之词，但他的留言对揭示法律词汇中的问题还是有一定帮助的。

（一）按词语的规范意义，法律中词语的意义搭配或修辞关系

事实上，两个含义相反的词汇组合不可能产生统一的逻辑效果，因

---

① 或许，“限制任意规范”这种提法听起来很别扭，推敲起来也无不矛盾，似乎完全可以用附条件任意规范或者相对任意规范取代之。笔者认为，这三种用法都可以，未必一种用法一定比另一种用法好。无论哪种用法，只要能说明问题就行。

之,也不可能产生统一的实践效果,否则违背逻辑的同一律,如"违法/合法""平等/特权""纳税/逃税"等词汇的组合,不但无法产生逻辑上和实践上的统一效力,反而只能破坏人们判断是非的标准。如此,则借助逻辑的排中律,[①]假如它们出现在肯定的判断句式中,就只能保留其中一个概念作为判断准据,从而排除另一个概念作为判断准据。因为它们不能是亦此亦彼的关系,而只能是非此即彼的关系。在这一前提基础上,可以把法律中词语的意义搭配或修饰关系,按照词语的规范意义,划分为如下三种:

其一,法律中的两个词都是虚词或实词(动词),且其规范意义相同或相近时,它们之间是不能相互修饰;否则,会造成法律规定的同义反复,势必造成词语的浪费和无用。例如,"应当/必须"这两个词,其规范意义都属于强行性规范的范畴,尽管其各自所引导的法律规范强行性程度不一,但一方面,它们各自有能力引导法律规范,给人们以行为方向;另一方面,因为它们各自所表达的规范意义相同,因此,应当和必须之间没有相互的修饰功能。把它们搭配在一起,在形式上不伦不类,在内容上多此一举。而法律中的两个词既有虚词,也有实词(动词)时,尽管其规范意义相同或相近,法律虚词对法律实词仍具有修饰功能。例如,"必须/根据""应当/按照"等,都可以形成修饰关系。尽管在这种情形下,"根据"或"按照"作为动词,本身具有强行性规范特征,即本身具有"必须"和"应当"的行为规范指向;但是,在它们前面搭配上"必须"或"应当"加以修饰,不但不是多余,反而更能准确、稳定、突出或强调"根据"和"按照"的强行性特征。

其二,法律中的两个词都是虚词或实词(动词),且其规范意义相反时,它们之间是不能搭配,即便硬性搭配,也无法在实践中产生规范效果,或者即便有效果,只能是负面效果。例如,"必须/可以"分别作为两个法律中常用的虚词,就不具有相互修饰的效果,硬性搭配的结果,只能引起行为模式的混乱。因为它们分别指向的行为规范是强行性规范和任意性规范。同样,在法律中,"应当/不得"这两个虚词也不能搭配,更不能修饰,因为它们分别指向的规范模式是必行规范和禁止规范。那么,法律中的两个词分别是虚词和实词(动词),且其规范意义相反时能

---

① 所谓同一律是指:"任何思想如果反应某客观对象,那么,它就反映这个客观对象";所谓排中律则是指:"任何思想或者反映某客观对象,或者不反映这个客观对象……任何思想或者是真实的,或者是虚假的",参见金岳霖主编:《形式逻辑》,人民出版社1979年版,第265页以下。

否搭配，并产生修饰效果？这要分别不同情况而论。当虚词的搭配和修饰能够改变实词（动词）的规范属性时，可以搭配。例如“不得/参照”，尽管“不得”和“参照”两词的规范性质不同，甚至相反，但“不得”可以改变“参照”的规范性质。反之，如果虚词和实词（动词）的规范性质相反，且两者的搭配使用无法改变实词（动词）的规范性质时，就不能搭配使用，因为一旦这样的词汇间搭配使用，只能因为语词意义的矛盾及其搭配后的歧义，给人们的行为带来无所适从的效果。如“可以/按照”“必须/参照”等，表面看上去搭配使用似乎也无妨，但在严谨的法律中搭配使用，必然会造成人们判断的失误。因为在这种搭配结构中，虚词的规范功能不但无法改变实词（动词）的固有规范意义，甚至还能产生相反的规范意义。所以，立法中应避免使用这样的搭配。

其三，法律中的两个词分别是虚词和实词（动词），但动词的规范意义并不明确一般指向时，虚词和实词（动词）的搭配使用能否产生修饰效果？对此，应予作出肯定的回答，不但如此，而且在法律中，这种搭配最常用。因为虚词在这里的重要功用是能够直接改变规范意义不明确的实词（动词）的规范性质。如“办理”这一词汇，其规范性质不具有独立性，如果离开虚词的修饰，办理的规范指向究竟是什么，人们会堕入云里雾里。即使一个人“办理/身份证”，从而借助名词“身份证”限制了办理的规范范围，也只能说明办理在这里完成了一个“个别规范”，而不能说明这里的办理就是“普遍规范”。只有“办理”这个词和虚词搭配时，才能通过虚词的修饰作用，改变“办理”的规范性质，并把“办理”结构在普遍规范体系中，如“可以办理”“应当办理”“不得办理”“必须办理”等。

（二）“应当参照”的逻辑效果

问题一：“应当”和“参照”的规范性质是相同的还是相反的？尽管在前文中笔者也指出了对“参照”一词可能会形成不同的理解，甚至根据一些词典的解释寻根溯源，可以把它的规范性质理解为强行性的。但是，笔者倾向于它是“限制任意规范”，而不是强行性规范。因此，“应当”和“参照”两个词的规范性质是相反的。“应当”所引导的必然是弱强行性规范，而“参照”本身却是一个“限制任意规范”。这样，“应当参照”就是规范意义相反的两个词搭配在一起。

问题二：“应当”和“参照”的搭配能否对后者产生递进的修辞效果？因为两个词在规范的逻辑路向上，不但不是相向而行，反而是相背而行,因此,前者对后者不但不能产生递进的修辞效果,反而只能产生理解的歧义,并进而导致人们行为的冲突。特别对司法活动而言,依据“应当”的导引,“参照”似乎是强制性的。法官只能“参照”,不能不“参照”。但是,依循“参照”的本义,法官可以“参照”,也可以不“参照”。显然,这种语词搭配上的困惑所带来的理解歧义,对法律实践可能带来的危害。

问题三:“应当参照”的搭配结构能否使“应当”改变“参照”的规范路向?这其实也是说一个强行性规范和一个任意性规范搭配时前者能否改变后者的规范性质?尽管在法律中有些虚词和其规范意义相反的实词(动词)搭配后会产生后者规范意义的改变,但“应当”和“参照”的搭配却不能产生这样的效果。因为只要是“参照”,就只能意味着选择。应当参照的逻辑搭配显然是有些驴唇不对马嘴的。

为了进一步理解相关问题,不妨对我国规定“应当参照”的两部基本法中的相关规定试做分析:

先来分析我国《刑事诉讼法》有关“应当参照”的具体规定:该法第240条规定:“第二审人民法院对不服第一审裁定的上诉或者抗诉,经过审查后,应当参照本法第二百二十六条、第二百三十八条和第二百三十九条的规定,分别情形用裁定驳回上诉、抗诉,或者撤销、变更原裁定。”其实,当第240条的上述规定赋予法院“分别情形”的时候,法院本身就拥有了对上诉和抗诉行为对第236条、第239条和第238条的酌情选择权。但是,这种酌情选择权只能限定在上述条文中。可第240条中规定的“应当参照”,还是让人容易误解为既然是“参照”,就可以“参照”一下,也可以干脆不“参照”,因为“应当”在此并没有改变“参照”的规范性质。因此,把该条中的“应当参照”改为“应当根据”或许更为妥当。因为只有这样,规范内部的逻辑关系才能自洽。

再来分析我国《物权法》有关“应当参照”的具体规定:该法第195条最后一句规定:“抵押财产折价或者变卖的,应当参照市场价格。”第219条最后一句规定:“质押财产折价或者变卖的,应当参照市场价格。”第236条最后一句规定:“留置财产折价或者变卖的,应当参照市场价格。”在这里,“参照”一词和“应当”搭配在一起,似乎都具有了强行性属性,但是事实上,法律规定中所指向的参照事物(条文、市场价格等),都明显地具有选择性因素,因此,“参照”就具有授权性质,不具有强行性质。至于“物权法”中的参照“市场价格”,因为“市场价格”本身的多元性、地域性，就更是一个明显具有选择性的授权规范，而不是强制性的义务规范。因此，把这样多元的“参照”意义和“应当”搭配起来，就显得很不合拍。“应当”在此不但不能改变“参照”的规范性质，而且庶几让“参照”的选择性架空了“应当”的强行性。与其如此，不如把这里的“应当参照”改为“可以参照”，或者直接用“参照”，岂不更好？

如上分析皆表明，我国立法中有关“应当参照”的语词搭配结构，因为面临着两个词所分别指向的规范意义的明显冲突，因此，其在实践中必然会隐含多样的风险。最大的风险是他提供了公权主体根据对其是否有利而规避法律的条件。例如，该是法律强行性地发挥作用的地方，因为“参照”的可选择性和任意性，公权主体可以人为地改变它，从而使强行性规范选择性地失效；而该是按照法律可以任意性行为的地方，因为“应当”的强行性，公权主体也可以人为改变它，从而使任意性规范选择性地失效。无论上述哪种情形，对于法律的统一性和严肃性而言，都不是什么福音，而只能是糟践。那么，面对这样的问题，究竟在法律中应如何处理相关词语的搭配问题？这需要具体地回到有关词语的搭配结构中去。

四、或者“应当依照”，或者“可以参照”

“应当参照”的逻辑困境和实践危害，必然提示我们在立法中，需要特别关注词语之间的意义搭配。立法活动理应是运用最精确的文字，并在文字之间作出最准确的逻辑搭配。因为立法毕竟是为“为生民立命”“为万世开太平”①的事业。一部法律为什么对数亿甚至数十亿在它调整下的人们发生效力？诚如前述，最关键的在于有理，法律有理总是其有力的前提。法律无理时也可能会在一时有力，但那一定是暴力的结果，而不是国民普遍自觉遵循的结果。那么，法律的有理究竟应体现在什么地方？笔者认为，它至少应体现为两点：

其一，法律和它要调整的社会事实的吻合。法律作为一套系统的行为符号模式，②尽管源自人们的生活，但并不意味着它本身就是人们的生活，也不意味着人们的生活就可以直接取代法律，由生活本身作为法律给人们发号施令。尽管在法律发展的历史长河中，作为生活符号体系的

---

① 尽管不能指望法律对张载“四句”中的“为天地立心”“为往圣继绝学”有什么贡献，但“为生民立命”“为万世开太平”理应是法律的基本宗旨。

② 关于法律与符号的关系，参见谢晖：《法律的意义追问——诠释学视野中的法哲学》，商务印书馆2003年版，第36页以下。

法律,既有借助行为符号表达的,也有借助语言(歌唱)形式表达的。[1]但是,自从文字符号形式作为最严谨、最准确、最稳定也最具有传播扩张性的符号表达形式以来,人类的法律越来越青睐通过文字符号作表达。这就势必出现文字符号如何与社会事实相衔接的问题。毕竟,人们的生活世界是无限多样的,而文字能够表达的则是概括含混的。法律既要求高度概括生活,还要求准确表达生活,这让承载法律的文字有时候捉襟见肘。无论如何,法律需要关照生活、提炼生活、概括生活,并反过来规范生活。所以,法律如何与生活世界本身的规定性高度吻合,是法律在实体上有理的基本根据。倘若法律内容和人们的生活世界离题万里、南辕北辙,就不可能更好地规范生活世界,因为它不是有理的。

其二,从以上论述更不难发现,法律的有理,如果在实体上是法律内容对应生活事实的话,那么,在形式上,则是法律文字间如何搭配、如何表达的问题。所有的文字都是人类对具体事实世界的概括和规范的表达,如"树"这个字,就概括并规范地表达世间所有类型的作为物质存在,乃至精神想象(如画面中的树)的树,从而该文字领有了对树这一客观事实的概括性和规范性。当一个人非要把草说成是树的时候,人们可以嘲笑他草树不分。"指鹿为马"之所以臭名昭著,不在于这几个字本身,而在于这几个字颠覆了鹿和马本来的规范文字,从而导致是非颠倒、随意构陷。这样,人们的日常生活在一定程度上,就处在文字的世界,形式合理性取代了事情本身而成为"事情本身"。但是,问题还不止于此,由于文字作为独立于客观事实世界的精神产物,其本身在发展中也变得越来越复杂,诚如卡西尔所言:符号(当然包括文字)"不仅是普遍的,而且是极其多变的",[2]因此,何种文字能更准确地表达客观生活世界?文字的何种组合更能表现客观事物的理,从而更有理地展示它的规范功能?这对制定法律而言实在不应是被忽略的问题。在一定意义上甚至可以说:

---

① 至今在我国一些农村地区,特别是西南少数民族地区,通用于一个族群、一个地区或一个村庄的规范体系——民间法,往往是通过代代相传的行为示范(如瑶族的"石牌制度"、苗族的"草标制度"等,参见周世中:《论瑶族石牌的性质及其现实影响》,载《河北法学》2006年第11期;徐晓光:《芭茅草与草标——苗族口承习惯法中的文化符号》,载《贵州民族研究》2008年第2期),还有的是通过声音(特别是歌声)的传递表达的。如在贵州一些苗族村寨,法律(民间法)被用威严又不失严谨的歌声唱出来(参见谢晖等主编:《民间法》(第8卷),山东人民出版社2009年版,第394页以下;徐晓光:《原生的法——黔东南苗族侗族地区的法人类学调查》,中国政法大学出版社2010年版,第63页以下)。

② [德]卡西尔:《人论》,甘阳译,上海译文出版社1985年版,第46页。

恰恰是文字之间的合理配置状况，才决定了法律有理的程度和层次。在现实生活中，人们对生活事实的理解可谓大同小异，但对生活事实的表达可谓大相径庭。法律作为人们普遍有效的规范体系，必须寻求对生活事实的统一理解、统一概括和统一规范。因此，它是人们对生活事实的理解底线或基本理解。进言之，由此导致的必然结果是：法律的制定，不仅是法律对生活的关照、概括、模拟和规范，更是文字之间的博弈、组合、配置和游戏。在这个意义上，法律可以是纯粹精神领域的作业。这一作业就是法律的词语配置要符合逻辑。正因如此，法律表达的是工具合理性问题，或者是形式合理性问题。在法治社会，法律提供给人们何种事情，我们的交往行为就呈现为这种事情。法律在形式上的有理及其效用，在此可见一斑。

以如上的理论言说回过头来再看“应当参照”这样的词语组合，不难发现因为“参照”这个词本身已经具有了“可以”的选择属性，因此，它自身的规范向度十分明显，那就是按照该词本来的规范向度，人们可以选择参照，也可以选择不参照。究竟在何种情形下选择参照，何种情形下选择不参照，这应由选择者作出决定，而不是由他人予以命令，也不能由立法者通过“应当”“必须”一类的规范词，强制性地改变“参照”一词本来的规范属性，即通过法律的命令迫使人们“参照”，①更何况，即便立法要借助“应当”“必须”等规范词强制性地改变它，还存在一个不能改变的问题，即“应当参照”依然是“参照”，而不是“依照”或“根据”。既然不能改变，那么，强制性改变的必然结果是扰乱人们对法律规定的一般理解，并最终影响法律对社会秩序的经纬和规范。

以指导性案例制度为例，当人民法院判决类似案件时究竟如何“参照”？如果遵循“应当”的规定，那么，指导性案例就变成法院判决类似案件的实际法律根据，即使类似案件有白纸黑字的法律规定，人民法院审理时依然要参照指导性案例，否则，就违背了规定中“应当”的强行性指令。如果放弃“应当”，而仅仅遵循“参照”的一般词义和规定，人民法院

① 关于“参照”的效力究竟应被理解为“可以”还是“应当”，网友“政法小组”作出了分别对待的陈述：“分事情区分对待，理解不尽相同。一是看领域，比如民法领域有名合同参照无名合同的规定；二是看相关事项是否属于硬性的；三是看立法有无空白；四是看是同级参照，还是下级参照上级。”尽管它没有进一步说明哪种情况下“参照”属于“可以”范畴，哪种情况下“参照”属于“应当”范畴，但他认为对“参照”的效力应在不同的语境中区别对待的意思甚为明了。而笔者更想论述的是只要“参照”自身不能解释为强行性的，那么，它就不能被“应当”“必须”这类具有强行性规范指令的虚词所修饰或规范。

则可以选择参照,也可以选择不参照。至于什么时候选择参照,什么时候选择不参照,尽管取决于法院和法官。但是,站在法治的基本要求视角,至少可以作出如下设想:当更具国家法律对相关案件能形成明确的解决方案时,可以不参照;否则,只有说理价值,没有裁判根据的价值。甚至当国务院的行政法规、部门规章、地方性法规以及司法解释等都业已对解决相关案件作出了明晰安排的时候,也无须参照,因为再参照效力位阶不明晰的指导性案例,显然是对效力位阶已明确的上述法规、规章的僭越。可见,只有当国家法律、行政法规、部门规章、地方性法规对某类案件的审理没有具体规定,或者具体规定模糊不明时,才是参照指导性案例的真正场域。

或以为,“应当参照”指导性案例,不仅是在裁判根据意义上参照之,更是在理由说明意义上参照之。甚至只能是在理由说明意义上参照之。① 但一般来说,指导性案例的指导价值主要是法官在个案中构造的“裁判规范”②,而不是理由说明(更何况裁判理由中本身包含了裁判根据这个理由)。这正如判例法国家的判例对法官而言,其规范作用主要在于判例中的规范部分③(尽管事实和理由的异同对比是择取规范的前提)一样。所以,倘将指导性案例的作用仅限于帮助法官在类似案件中说明理由,而对裁判本身规范作用不大,那么,这一制度设立的初衷就很可怀疑。这里的“应当参照”对案件裁判的实际意义也可以忽略不计。

既然“应当参照”的词语搭配因为“应当”和“参照”两词无法形成修饰关系,或者作为虚词的“应当”无法改变作为实词(动词)的“参照”,所以,两者的搭配逻辑不通,那么,对这样的不足,究竟应采取何种办法予以救济?

还以“指导性案例制度”的有关规定为例,可以设想如下两种情形:

第一种情形是对于“指导性案例”,法官在办理类似案件时只能照

---

① 如冯文生就强调:“先例式参照的实质根据是‘裁判理由’。一‘案’(实为一个生效裁判)之所以能够成为‘例’,是因为它解决了前人没有遇到或没有解决过的诉讼难题,其中的裁判理由能够为解答当事人或法官在待决案件诉讼中遇到的法律适用疑问提供实质依据。”即通过技术上的“异同比对”、程序上的“归类取舍”,得出“裁判理由”(参见冯文生:《审判案例指导中的“参照”问题研究》,载《清华法学》2011 年第 3 期)。

② 笔者关于裁判规范的论述,参见谢晖:《大、小传统的沟通理性》,中国政法大学出版社 2011 年版,第 314 页以下。

③ 参见谢晖:《判例规则与法律职业——兼论法官判案的创造》,载《金陵法律评论》2002 年秋季卷。

办,不能对其视而不见,那么,和其相关的语词搭配可以选择“应当依照”“应当根据”或者“应当按照”等。尽管“依照”“根据”“按照”这些词汇都是具有强行性特征的动词,但在其前面加上“应当”这个具有一般强制性规范引导的虚词,不但可以加强其语气,而且能够确保相关规范的实践效果,防止因为理解上的歧义而导致规范效力的流失。

或许有读者会问,既然如此,那么为什么不抛开“应当”的修饰,而直接运用“依照”“根据”“按照”这些具有强行性规范特征的词汇?这样不是既能避免立法中词的浪费,也能达成强行性规范的效果,从而维护指导性案例的效力吗?对于这样的疑问,我要持肯定的立场。除了考虑立法习惯以及使上述动词在“应当”修饰之下更具有确定性这两点原因之外,一定要抛开“应当”一类虚词的修饰,我以为并无不可。不过,尽管如此,我还是主张能用“应当”等强制规范效力引导词(规范词)修饰,就尽量运用。因为毕竟“应当”等词汇具有一般的强制引导性,而“依照”、“根据”或“按照”等只具有特殊的强制规范性。

第二种情形是对于指导性案例,法官在办理类似案件的时候仅作为“参照”,法官在诸多规范中有选择适用某种或某些规范于特定案件的权力,那么,与其搭配的词汇最好是“可以”,即“可以参照”。因为“可以”和“参照”一样,都具有任意性特征。区别仅在于前者是虚词,并能够一般性地引导其他实词,甚至改变某些实词的规范性质。而后者是实词(动词),它只能保障该词本身的规范属性,并可限制或作用于名词,而不能引导、更不能改变其他词(无论动词,还是名词)的规范属性。这样,具有任意性规范特征并具有一般引导性功能的“可以”对同样具有任意性特征的“参照”加以修饰,可以起到加强“参照”的规范属性,并避免歧义,使“参照”的规范特征和效力更能凸显的效果。

当然,和前文预设的第一种情形中的问题一样,为了立法文字的节省,也可以在立法中抛开“可以”这样的一般规范词或引导词,而直接运用“参照”,我以为这也未尝不可。只是立法习惯、“可以”所具有的对于实词的修饰和普遍(一般)规范功能以及“可以”对“参照”规范特征的进一步强化和稳定化,是“参照”本身的规范性所无法实现的,因此,立法中运用“参照”的地方,加上“可以”这个修饰词,并非多余。

总之,“应当参照”的搭配在规范逻辑上是种难以体现规范自洽性的搭配,它只能损伤相关规范的实践效力,而不能增进其实践效力。如果某一规范是用来照办的,不妨用“应当依照”,如果某一规范是用来参照的,不妨用"可以参照"。所以,相关词汇的搭配只能是要么"应当依照",要么"可以参照",而不能是"应当参照",也不能是"可以依照"。

五、认真对待法律虚词中的"法眼"及其运用

"法眼"作为一个形容词,用来说明某个词汇在法律中的重要性。作为"法眼"的词汇,既可以是实词,也可以是虚词。前者如权利、义务、责任、职权、职责、公民、法人、物、财产、合同、根据、参照、依据等,涉及内容较多,既有名词性的"法眼",也有动词性的"法眼",名词性的"法眼"一般表示法律主体或法律客体,动词性的"法眼"只能指向法律行为。如果把法律分类为概念、规则和原则的话,则在法律中无论名词,还是动词,都需要概念化,都属于法律概念体系。但对法律规则而言,动词的作用更大。因为动词决定着法律规则三要素中的行为导向。当然,每部法律中有不同的"法眼",如在刑法中,犯罪与刑罚就是当仁不让的"法眼";在民法中,债、合同、物权、侵权等则是当仁不让的"法眼"。除了名词和动词之外的实词,像形容词,如"严重""较轻";量词,如"元""轻伤";数词,如"四十五周岁""无期";代词等,在法律中很难成为"法眼"。

和实词作为"法眼"相比较,虚词一旦作为"法眼",对法律规范更具有普遍的意义,①因此,也更为重要。能够作为"法眼"的虚词,通常对法律的规范性质具有引导功能和决定意义。在法律中,最常见的作为"法眼"的虚词有:应当、可以、不得、得、必须、是、能、不能、但是、有、没有等。特别是其中的应当、可以、必须、不得、是、但是六个词,更是虚词"法眼"中更应关注者,②因为这些词通常决定着法律规范的具体运作方向乃至性质。正因如此,有些学者把这些词径称为法律中的"规范性语词"或"规范词"。钱锦宇对规范性语词的界定是:"在规范逻辑结构中,建构规范性语言,并赋予其以规范性和行为指示性的规范性语词(如'必须'、'应当'、'禁止'和'可以'),又称价值词或道义语词。"③而魏治勋在研

---

① 当然,并不是所有的虚词都能够作为"法眼",甚至有些虚词,如叹词就根本不入立法者的法眼,因为它不能对理性地、准确地理解法律有所帮助,反而会把感性情感因素带入法律中,影响法律的准确性和理性。连词和介词尽管在法律中经常会出现,但一般也不能成为法律的关键词或"法眼",因为它们不能决定某一法律规范的性质,只能帮助完善某一规范的严谨程度。所以,能够成为"法眼"的副词,就只能落到助词的肩上了。即便如此,并非法律中所有的助词都能构成"法眼",而只有一般规范引导性的"规范词"才能成为"法眼"。

② 这些词是否都属于虚词的范畴,至少针对某些词,如"应当",在不同时期人们还有完全不同的看法。参见周赟:《立法用规范词研究》,法律出版社 2011 年版,第 2 页以下。

③ 参见钱锦宇:《法体系的规范根基——基本必为性规范研究》,山东人民出版社 2011 年版,第 21 页。

究"不得"及其引导的禁止性法律规范时，就用规范词来归结"不得"这个词的属性。[①] 事实上，对法律中虚词关键词("法眼")的关注，在我国古代的一些律学家那里已经开始了，[②]这表明法律中虚词关键词或规范词在古今法律中都具有一样的特殊意义。

遗憾的是，我国的法学研究尽管在近三十年间取得了明显的成就和进步，但深入法律规范内部而对法律语言的研究，特别是对能够担当"法眼"的法律虚词之研究，虽然已经开了头，但由此引起的学术关注度还很不够，实践关注度更加不堪。[③] 至于这些词如何与法律中的实词搭配使用，在何种条件下某虚词关键词可以和实词搭配，何种条件下不能搭配，与何种实词能够搭配，与何种诗词不能搭配等，更是研究不足，甚至还没有研究。这或许正是人们不求甚解、人云亦云地首肯"应当参照"这类规定的缘由。这对实践的危害是在立法上，人们对相关词汇的搭配抱持粗放型的态度，那种精益求精的立法精神无以彰显；而在执法上，立法在某些方面的粗放型必然导致司法和行政活动有时无所适从、各行其是，类似案件得不到类似处理，类似问题得不到类似解决，从而对普通公民的法律感造成严重的误导。这种情形，在前述脚注中我就法律中"参照"一词的网上调查及网友们截然不同的结论中就可显而易见地看出来。

凡此种种，势必要求认真对待、必须关注法律中具有一般规范属性，或者能够导出人们行为模式的法律虚词及其运用。那么，为什么要认真对待之？又如何样必须关注之？

其实，认真对待是指学术研究、立法活动以及执法活动中对法律虚

---

① 参见魏治勋：《禁止性法律规范的概念》，山东人民出版社2008年版，第38页以下。

② 如在《读律佩觿》中，清代律学家王明德就已经极富见地地提出了"律母"和"律眼"这样的概念。他所讲的"律母"即当时刑律中通常能决定规范性质的八个词，分别为："以""准""皆""各""其""及""即""若"；而他所谓"律眼"则指当时刑律中常出现的另外一些词，如"例""杂""但""并""依""从"等。为什么这些词是读律、用律的基础？王明德是这样阐述的："盖律有律之母，律有律之眼，不知母，故不可以读律，而不知眼，更不可以用律。"[参见(清)王明德：《读律佩觿》，法律出版社2001年版，第2页。]由上可见，王明德所谓"律母"，全部属于虚词范畴；而其所谓"律眼"，既有虚词，也有实词。由此足见在王明德心目中，法律虚词关键词(规范词)的重要性。事实上，这种重要性不是来自某位学者的发现或者主张，而是以法律来规范人们的交往行为时，作为规范词的虚词对人们行为的明确、一般的指向或引导功能，不得不促使人们去认真对待它、关注它。

③ 据笔者所知，在一些立法或者人大制定规范性文件的活动中，相关工作人员也会不时询问有关专家一些虚词关键词在法律中的用法，笔者也曾被某省人大征求过相关意见，但这种情形并没受到普遍重视。相关情形的实践危害，同时也可参见周赟：《立法用规范词研究》，法律出版社2011年版的相关论述。

词中的"法眼"所应有的态度问题。在一定意义上,态度决定行动。当人们认为相关的研究不过是小题大做、无关宏旨时,就不可能产生对它们的必须关注;同样,当人们对相关词汇的误用、滥用听之任之,甚至当有人提出应认真对待时,不无讥讽地说这不过是鸡蛋里头挑骨头时,无论在理论层面,还是在实践层面,都不可能引起人们对相关词汇的高度关注。因此,认真对待的态度,是深入研究并仔细推敲相关词汇实践用法的主观思想基础。

为什么要认真对待法律虚词中的"法眼"及其运用?其基本缘由是这些"法眼"及其运用决定着法律规范的运作方向,即在法律规范的逻辑结构中,是它们提供并引导法律规范的行为导向,从而连接法律规范的另外两个要素——条件预设和处置后果。在实践中,主体依照法律能做什么、不能做什么、应做什么、可做什么等日常行为,都有赖于这些词汇在法律中的准确运用和安排。一旦它们运用不准确,法律必然会出现歧义,人们的交往行为也必然会出现混乱。所以,理论上不弄清这些词汇的语义价值以及它们与其他词汇搭配使用的逻辑价值,立法上不能正确运用这些词汇,那么,法律的实践效果可想而知。可见。认真对待法律虚词中的"法眼",关键取决于这些词汇在法律中对其他词汇(实词)的一般规范导向作用。没有它们的规范导向作用,其他词汇的规范功能就是"个别的",而非"一般的",进而法律秩序就无法在立法层面得以设计,也很难在实践层面得以保障。

而必须关注是指学术研究、立法活动以及执法活动中对法律虚词中的"法眼"及其运用所应有的行为取向问题。法学学术研究中应当把相关问题作为核心问题之一而努力攻坚。尽管法学学术研究的领域和命题甚多,但能够扭住法律规范最重要的概念和问题进行研究,无疑更能获得法律的要津所在。我国近三十年法学研究的每一进步,都从诸如权利、义务、物权、侵权行为、诉权、注意义务、无罪推定、羁押等基础性概念的探讨入手。但既往的研究,更关注的是法律中的实词。法学研究的进一步深入,必须突出对法律虚词中的关键词及其运用研究,特别是法律中有关虚词和实词的搭配结构、搭配条件、搭配方式及其一般规律的研究。而立法和执法活动对相关问题的关注,乃是在深入的学术研究基础上,谨慎、理性并恰当地安排和运用法律虚词中的关键词(规范词),特别是这些法律虚词和实词的合理搭配、合理解释和运用,尤为重要,从而更好地架构并践行法律秩序。

其实，这两个方面的关注，都需要借助研究，或者是一般的学理研究，或者是实践运用研究。在这里，对研究方法的关切或许更值得一提。我以为要真正做好有关法律虚词关键词及其运用的研究，掌握规范研究方法，语法、语义和语用研究方法是最基本的要求。

规范研究方法的核心是既要坚持以法律规范作为研究的对象，也要在法律规范内部寻求规范本身所应有的知识内涵、结构规律以及运作方式等。在这其中，由于法律虚词关键词在法律规范的结构中不仅具有黏合剂的功能，更具有法律引导实词之运作方向，从而确定人们在实践中如何行为的功能，因此，对这些词汇的规范功能进行深入研究，特别是对这些词汇与法律实词的结构方式、搭配条件、修饰功能等进行系统化的研究，是真正深化规范研究，并在研究中进一步积累规范分析方法的一条捷径，当然，这也是一条充满艰辛的探索路径。

语法、语义和语用研究方法是研究法律虚词中的关键词及其运用时无法回避的分析思路。尽管这些方法不是法学研究本有的方法，而是其借助语言学的研究方法，但正如前文所言，自从文字取得了知识储备、传播和表达的优势地位以来，人类的法律基本上以文字的方式表达出来，甚至在严格法治条件下，人类的日常行为，不过表现为法律的“事情本身”。因此，对法律规范内部知识的研究，如果不借助语义学和语用学的研究方法，就显得手足无措。甚至规范研究本身，就是一种语言研究——对“法言法语”的语义、语用、语法进行研究。[①] 众所周知，法律语言尽管源自普通语言，但又是普通语言的加工、提炼和升华。因此，对法律规范以及法律中虚词关键词（“法眼”）的研究，语法学、语义学和语用学研究总是随时用得着的工具。

综上所述，认真对待并关注法律中的虚词关键词及其运用，关注对这些关键词研究时的规范研究方法、语法、语义和语用研究方法，不仅是深化法学研究的需要和门径，更是构建规则治理事业——法治的基础性作业。

---

① 对法律话语的精彩且深入的研究，参见由廖美珍主编的《法律语言学译丛》5 部作品（包括［美］约翰吉·本斯：《法律语言学导论》，程朝阳等译，法律出版社 2007 年版；［美］约翰·M. 康利：《法律、语言与权力》，程朝阳译，法律出版社 2007 年版；［美］彼得·古德里奇：《法律话语》赵洪芳等译；［美］劳伦斯·M. 索兰：《法官话语》，张清等译，法律出版社 2007 年版；［美］布赖恩比·克斯：《法律、语言与法律的确定性》，邱昭继译，法律出版社 2007 年版）。

图书在版编目(CIP)数据

法律方法论：文化、社会、规范／谢晖著. -- 北京：法律出版社，2020
ISBN 978-7-5197-4715-2

Ⅰ. ①法… Ⅱ. ①谢… Ⅲ. ①法律-方法论 Ⅳ. ①D90-03

中国版本图书馆CIP数据核字(2020)第117017号

法律方法论：文化、社会、规范
FALÜ FANGFALUN: WENHUA, SHEHUI, GUIFAN

谢　晖　著

策划编辑 周丽君
责任编辑 周丽君
装帧设计 贾丹丹

出版 法律出版社
总发行 中国法律图书有限公司
经销 新华书店
印刷 中煤(北京)印务有限公司
责任校对 郭艳萍　周诗湄
责任印制 张建伟

编辑统筹 独立项目策划部
开本 710毫米×1000毫米　1/16
印张 28.25
字数 462千
版本 2020年11月第1版
印次 2020年11月第1次印刷

法律出版社／北京市丰台区莲花池西里7号(100073)
网址／www.lawpress.com.cn
投稿邮箱／info@lawpress.com.cn
举报维权邮箱／jbwq@lawpress.com.cn
销售热线／400-660-8393
咨询电话／010-63939796

中国法律图书有限公司／北京市丰台区莲花池西里7号(100073)
全国各地中法图分、子公司销售电话：
统一销售客服／400-660-8393/6393
第一法律书店／010-83938432/8433　西安分公司／029-85330678　重庆分公司／023-67453036
上海分公司／021-62071639/1636　深圳分公司／0755-83072995

书号：ISBN 978-7-5197-4715-2　**定价**：96.00元
(如有缺页或倒装，中国法律图书有限公司负责退换)